Literatur der Psychoanalyse

Herausgegeben
von Alexander Mitscherlich

Karl Menninger

Selbstzerstörung

*Psychoanalyse des
Selbstmords*

Suhrkamp Verlag

Titel der Originalausgabe *Man Against Himself*
Aus dem Amerikanischen von Hilde Weller

Erste Auflage 1974
© Karl Menninger 1938
© dieser Ausgabe Suhrkamp Verlag Frankfurt am Main 1974
Satz und Druck: MZ-Verlagsdruckerei GmbH, Memmingen
Printed in Germany

Inhalt

Vorwort der Übersetzerin 9

Vorwort 11

Teil I Zerstörung 13
Eros und Thanatos 15

Teil II Selbstmord 23
1. Das Tabu 25
2. Die Motive 29
3. Zusammenfassung 98

Teil III Chronischer Selbstmord 101
1. Askese und Märtyrertum 103
2. Neurotische Krankheiten 164
3. Alkoholismus 180
4. Asoziales Verhalten 208
5. Psychose 237

Teil IV Fokaler Selbstmord 255
1. Definitionen 257
2. Selbstverstümmelungen 259
3. Simulieren 317
4. Multiple Operationen 328
5. Absichtliche Unfälle 350
6. Impotenz und Frigidität 369

Teil V Organischer Selbstmord 385
1. Das Gesamtheitskonzept in der Medizin 387
2. Der psychologische Faktor im organischen Leiden 397
3. Die Wahl des kleineren Übels 444

Teil VI Rekonstruktion 455
1. Klinische Methoden 457
2. Soziale Methoden 498

Register 514

Für jene, die im Kampf gegen den Tod Intelligenz einsetzen wollten, um den Lebenswillen über den Todeswunsch siegen zu sehen, und um den blinden Zwang, dem Haß als Preis des Lebens Opfergaben darzubringen, durch Liebe zu ersetzen.

Vorwort der Übersetzerin

Dieses 1938 erstmals erschienene und seither immer wieder neuaufgelegte Buch ist in mehr als einer Hinsicht auch heute noch von großem Interesse und in mancher Beziehung sogar erstaunlich aktuell.
Zunächst darf man sagen, daß es unter psychoanalytischen Gesichtspunkten keine vergleichbar umfassende Darstellung der Selbstmordproblematik gibt wie die vorliegende. Es ist nicht nur vom »direkten« Selbstmord oder Selbstmordversuch die Rede, vielmehr geht Menninger dem meist unbewußten Selbstzerstörungsverlangen des Menschen in seinen verschiedensten – oftmals verschleierten und scheinbar absurden – Ausdrucksformen nach, sei es, daß es als Märtyrer- oder Asketentum, als organisches Leiden, Sucht oder als abweichendes Sozialverhalten in Erscheinung tritt. Zudem begnügt er sich nicht mit einer bloßen Situationsschilderung, sondern versucht Möglichkeiten aufzuzeigen, die dem Menschen eine weniger selbstzerstörerische Zukunft eröffnen könnten.
Begreiflicherweise wird ein heutiger Leser vermissen, daß die gesellschaftlichen Bezüge nicht eingehender berücksichtigt werden, obgleich man nicht sagen kann, daß sie völlig fehlen. Im Kapitel über die Kriminalität finden sich zum Beispiel Passagen, die unmittelbar an die gegenwärtige politische Situation in den USA denken lassen. So dürfte insbesondere überraschen, daß Menninger schon damals unumwunden anprangerte, daß die Staatsorgane selbst zu kriminellen Mitteln greifen, und er scheut sich nicht, auf die Parallelen zwischen der Organisation des Staates und dem Gangstertum hinzuweisen.
Mit viel Scharfsinn hat Menninger auch bereits die Gefahren erkannt, die der Menschheit durch die schrankenlose Ausbeutung und die damit unvermeidlich verbundene Zerstörung unserer natürlichen Umwelt drohen. Allerdings erblickte

er darin seinerzeit eher die Auswirkungen eines typisch amerikanischen gedankenlosen Individualismus als die Folgen eines vorwiegend profitorientierten Gesellschaftssystems.
Auch das uns Heutige so sehr berührende Thema der Aggression spielt bei ihm eine überragende Rolle, wenn auch in erster Linie – seinem Thema entsprechend – die Aggression gegen das Selbst und ihre sinnvolle Ablenkung auf nützliche Ziele. Gerade in diesen, aber auch in anderen Zusammenhängen mögen uns manche Vorstellungen Menningers über die Möglichkeiten, der Selbstzerstörung Einhalt zu gebieten, gar zu optimistisch anmuten. Dies kommt auch dort zum Ausdruck, wo er Deutschland als Beispiel für die partielle Selbstzerstörung eines Volkes nennt, das »viele seiner interessantesten und intelligentesten Persönlichkeiten ausgestoßen und verfolgt« habe! Aber ebenso wie die damaligen politischen Verhältnisse in Europa, insbesondere in Deutschland und Österreich, es verhinderten, daß Menningers Buch zur Kenntnis des deutschen Publikums gelangte, herrschten offenbar in den Vereinigten Staaten noch Vorstellungen über die hiesige Situation, die trotz der bereits seit fünf Jahren bestehenden Hitler-Tyrannei von einer realistischen Beurteilung weit entfernt waren.
Seit dem ersten Erscheinen des Buches sind mittlerweile mehr als drei Jahrzehnte vergangen – Jahrzehnte, die wohl wie kaum eine entsprechende Zeitspanne vorher Umwälzungen ungeheuren Ausmaßes auf vielen Gebieten mit sich gebracht haben. Die politische Weltkarte von 1974 hat nur noch wenig Ähnlichkeit mit der von 1938, und ebenso wenig Ähnlichkeit haben viele unserer heutigen Auffassungen mit den damaligen. Angesichts dessen ist es überraschend, wieviel Frische und Aktualität Menningers Buch bewahrt hat, so daß eine deutsche Ausgabe nach so langer Zeit vollauf berechtigt erscheint, zumal das reiche Material eine Fülle nach wie vor wissenswerter Informationen bietet.

Hilde Weller

Frankfurt am Main, im März 1974

Vorwort

Es ist nichts Neues, daß die Welt voller Haß ist, daß Menschen einander zerstören und daß sich unsere Kultur über der Asche ausgeplünderter Völker und dezimierter natürlicher Ressourcen erhoben hat. Aber es war eine der späten Blüten des Freudschen Genies, diese Destruktivität, diesen Beweis einer geistigen Bösartigkeit in unserem Innern, auf einen Trieb zurückzuführen und diesen als Korrelat jenes nützlichen, fruchtbaren Triebes zu erkennen, der der Liebe entstammt. Wir haben begriffen, daß das Kind nicht nur lernen muß, weise zu lieben, sondern ebenso rasch zu hassen, damit es zerstörerische Neigungen von sich ab- und Feinden zuwenden kann, die es tatsächlich bedrohen, anstatt sie auf die Freundlichen und Wehrlosen zu richten, die häufigeren Opfer destruktiver Energie.
Dennoch ist es wahr, daß sich letztlich jeder Mensch selbst tötet, auf seine eigene, selbstgewählte Weise, schnell oder langsam, früher oder später. Wir alle empfinden dies unbestimmt; es gibt so viele Gelegenheiten, es vor unseren Augen geschehen zu sehen. Die Methoden sind zahllos, und sie sind es, die unsere Aufmerksamkeit erregen. Einige davon interessieren die Chirurgen, einige interessieren Anwälte und Geistliche, manche interessieren die Herzspezialisten, andere die Soziologen. Sie alle aber müssen denjenigen interessieren, der die Persönlichkeit als eine Einheit betrachtet.
Ich glaube, daß unsere beste Verteidigung gegen die Selbstzerstörung in der entschlossenen Anwendung der Intelligenz auf die Phänomenologie des Menschen liegt. Wenn unsere Natur nun einmal so beschaffen ist, wäre es besser, sie zu kennen, und zwar in all ihren vielgestaltigen Manifestationen. Sämtliche Formen der Selbstzerstörung aus dem Blickwinkel ihrer herrschenden Prinzipien zu sehen, erschiene als logischer Fortschritt in Richtung auf Selbsterhaltung und eine einheitliche Anschauung der medizinischen Wissenschaft.

Dieses Buch ist ein Versuch, die Arbeit zu vollenden und in der Richtung weiterzuführen, die von Ferenczi, Groddeck, Jelliffe, White, Alexander, Simmel und anderen eingeschlagen wurde. Sie haben diese Prinzipien konsequent auf das Verständnis menschlichen Leidens und all jene Fehlschläge und Kapitulationen angewandt, die wir als Varianten des Selbstmords zu betrachten vorschlagen. Niemand ist sich der Ungleichheiten der folgenden Beispiele und des spekulativen Charakters eines Teils der Theorie bewußter als ich. Doch bitte ich diesbezüglich den Leser um Nachsicht, dem ich zu bedenken gebe, daß es besser ist, eine Theorie zu haben – selbst eine falsche –, als Ereignisse dem reinen Zufall zuzuschreiben. »Zufalls«-Erklärungen lassen uns im Dunkel – eine Theorie wird zu Bestätigung oder Ablehnung führen.

K. A. M.

Teil I
Zerstörung

Eros und Thanatos

So sehr wir uns auch mühen mögen, es ist schwierig, unser Universum als etwas Harmonisches anzusehen; statt dessen stehen wir überall vor Konfliktsituationen. Liebe und Haß, Produktion und Konsum, Schöpfung und Zerstörung – der dauernde Krieg widerstreitender Tendenzen scheint geradezu der dynamische Kern der Welt zu sein. Emsig erklimmt der Mensch die Stufenleiter seines Lebens, besteht Gefahren, die ihm von Krankheit und Unfall, wilden Tieren und Bakterien, der bösartigen Macht der Naturkräfte und rachelüsternen Mitmenschen drohen. Gegen diese zahllosen Mächte der Zerstörung hat wissenschaftliche Intelligenz ihre lange, schmale Verteidigungslinie gezogen und kämpft unablässig in dem Bemühen, die Vernichtung der Menschheit zu verhindern. Kein Wunder, daß der erschreckte Mensch bei Magie und Mysterium ebenso Schutz sucht wie bei der Medizin.
Immer wieder haben sich in den jüngst vergangenen Jahren die Fluten des Ohio, des Mississippi und anderer Ströme über Felder und Städte dicht bevölkerter Gebiete ergossen, haben Häuser und Gärten, Bücher und Besitztümer, Nahrung und Fabriken einer Million Menschen davongeschwemmt. Fast zur gleichen Zeit und im selben Land starben Bäume an Trockenheit, verdorrte das Gras in der Hitze, kamen Rinder vor Durst und Hunger um; Vögel und kleine Wildtiere verschwanden, und eine braun-graue Kruste überzog das normale Grün der Landschaft. Ebenso wurde kürzlich die pazifische Küste von Erdbeben erschüttert, die die geduldige Arbeit von Jahren vernichteten, und am Atlantik verwüsteten Hurrikane das Land.
Während das spektakuläre Wüten der Natur Zerstörung über wehrlose Millionen brachte, lagen weitere Millionen in den Krankenhäusern und fielen langsam oder schnell den zerstörerischen Angriffen von Bakterien, Giftstoffen, Krebs zum Opfer. Und hier und da war dieses Elend durchsetzt

von den ständig sich zutragenden Unfällen bei den gewöhnlichen Vorhaben des Lebens, die in harten, unerwarteten Schlägen Tod und Zerstörung mit sich brachten.
Man sollte meinen, daß sich die bedrohte Menschheit angesichts des überwältigenden Wütens des Schicksals oder der Natur in weltumspannender Brüderlichkeit dem Tod und der Zerstörung mannhaft entgegenwerfen würde. Aber das ist nicht der Fall. Wer das menschliche Verhalten erforscht, kann der Erkenntnis nicht ausweichen, daß wir mit einem Feind innerhalb der eigenen Linien zu rechnen haben. Es wird zunehmend deutlicher, daß ein Teil der Zerstörung, die wie ein Fluch über der Erde liegt, *Selbst*zerstörung ist; die außerordentliche Neigung des Menschen, sich mit äußeren Kräften im Angriff auf seine eigene Existenz zu verbünden, ist eins der bemerkenswertesten biologischen Phänomene.
Menschen fliegen über schöne alte Städte und werfen Sprengbomben auf Museen und Kirchen, auf große Gebäude und kleine Kinder. Sie werden dabei von den offiziellen Vertretern von zweihundert Millionen anderer Menschen ermutigt, die alle täglich mit ihren Steuern zur wahnwitzigen Produktion von Instrumenten beitragen, dazu bestimmt, andere menschliche Wesen zu zerfetzen und zu verstümmeln, Wesen, die ihnen gleichen, die von denselben Trieben, denselben Empfindungen beherrscht sind, denselben kleinen Vergnügungen nachgehen und ebenso wie sie wissen, daß der Tod kommen und alle diese Dinge nur zu rasch beenden wird.
Dieser Anblick würde sich jemandem bieten, der unseren Planeten flüchtig beobachtete, und wenn er tiefer in das Leben von Einzelnen und Gemeinschaften hineinschaute, würde er noch mehr sehen, was ihn verwirrte. Er würde Zänkereien, Haß und Kampf sehen, nutzlose Verschwendung und kleinliche Zerstörungslust. Er würde Leute sehen, die sich selbst opfern, um andere zu verletzen, die Zeit, Mühe und Energie vergeuden, um die jämmerlich kurze Unterbrechung der Vergessenheit, die wir Leben nennen, zu verkürzen. Und am erstaunlichsten von allem: Er würde einige sehen, die – als hätten sie nichts anderes zu zerstören – ihre Waffen gegen sich selbst richten.
Ob dies, wie ich vermute, einen Besucher vom Mars verblüffen würde, wissen wir nicht, aber sicherlich muß es jeder-

mann in Erstaunen versetzen, der annimmt – wie wir es vielleicht alle zeitweise tun –, daß die Menschen wirklich wollen, was sie zu wollen vorgeben: Leben, Freiheit und Glück.
Der Arzt beispielsweise macht seine täglichen Visiten in dem festen Glauben, daß er dem Ruf derer folgt, die ihr Leben zu verlängern und ihr Leiden zu verringern wünschen. Er mißt dem Leben großen Wert bei und nimmt an, dies sei eine universelle Einstellung. Er macht ungeheure Anstrengungen, das Leben eines einzelnen unbedeutenden Kindes oder eines einzelnen nutzlosen Greises zu retten. Naiv unterschreibt er die absolute Wahrheit des Ausspruchs, daß Selbsterhaltung das oberste Gesetz des Lebens sei. Er empfindet sich selbst als Retter der Menschheit, als Bollwerk gegen die Horden des Todes.
Plötzlich, vielleicht auch allmählich, wird er desillusioniert. Er entdeckt, daß seine Patienten häufig gar nicht so gesund werden wollen, wie sie sagen. Er entdeckt, daß die sie umringenden, besorgten Verwandten oft ebenso wenig wünschen, daß sie gesund werden. Er entdeckt, daß nicht nur die Natur, nicht nur Bakterien und Giftstoffe seinen Bemühungen Widerstand entgegensetzen, sondern auch irgendein perverser Kitzel im Patienten selbst. Einer meiner alten Professoren meinte einmal, der Arzt müsse vor allem bemüht sein, die Angehörigen davon abzuhalten, den Patienten umzubringen, und im übrigen auf Gott – und gelegentlich den Chirurgen – vertrauen. Aber der erfahrene Arzt tut wirklich mehr als das. Er hält nicht nur die Angehörigen fern, sondern er versucht außerdem den Patienten daran zu hindern, Dinge zu tun, die eher der Krankheit als der Genesung dienen.
Es waren solche Beobachtungen, die Sigmund Freud veranlaßten, die Theorie des Todestriebes zu formulieren. Nach dieser Vorstellung bestehen von Anfang an in uns allen starke Neigungen zur Selbstzerstörung, die aber nur in Ausnahmefällen, wo viele Umstände und Faktoren zusammenkommen, um ihn zu ermöglichen, in Gestalt eines tatsächlichen Selbstmordes in Erscheinung treten.
Doch es erhebt sich die Frage: Wenn ein starker Trieb zum Tode uns alle beherrscht, wenn wir im Grunde unseres Herzens alle sterben wollen – warum kämpfen so viele dagegen

an, warum begehen wir nicht alle Selbstmord, wie viele Philosophen geraten haben? In mancher Hinsicht erscheint es logischer, nachzuforschen, weshalb irgend jemand angesichts der äußeren und inneren Schwierigkeiten am Leben bleibt, als zu beweisen, warum wir sterben, denn nicht alle Menschen leben weiter, aber allen gelingt es letztlich zu sterben. Mit anderen Worten, weshalb triumphiert der Wunsch zu leben *jemals,* wenn auch nur vorübergehend, über den Wunsch zu sterben?

Freud geht ferner von der Annahme aus, daß die Lebens- und Todestriebe – wir wollen sie die konstruktiven und die destruktiven Tendenzen der Persönlichkeit nennen – sich ständig in Konflikt und Interaktion miteinander befinden, so wie es bei ähnlichen Kräften in der Physik, der Chemie und der Biologie der Fall ist. Zu schaffen und zu zerstören, aufzubauen und niederzureißen – das sind Anabolismus und Katabolismus der Persönlichkeit nicht weniger als der Zellen und der Blutkörperchen, d.h. der beiden Richtungen, in denen die gleichen Energien sich betätigen.

Diese ursprünglich nach innen gerichteten und mit den inneren Problemen des Selbst, des Ichs verbundenen Kräfte wenden sich zuletzt nach außen und gegen andere Objekte. Dem entsprechen körperliches Wachstum und Persönlichkeitsentwicklung. Von diesem Standpunkt aus bedeutet ein Entwicklungsversagen die mangelhafte Außenwendung der auf das Selbst gerichteten Destruktivität und Konstruktivität, mit der wir hypothetisch geboren werden. Anstatt ihre Feinde zu bekämpfen, zerstören solche Menschen sich selbst; anstatt ihre Freunde, Musik oder das Bauen eines Hauses zu lieben, lieben solche Menschen nur sich selbst. (Haß und Liebe sind emotionale Repräsentanten destruktiver und konstruktiver Neigungen.) Aber keine Entwicklung ist vollkommen frei von selbstzerstörerischen Tendenzen. Man könnte vielmehr sagen, daß die Phänomene des Lebens, das verschiedenen Individuen eigentümliche Verhalten das Endergebnis dieser miteinander in Widerspruch stehenden Faktoren ausdrücken. Eine Art – häufig sehr unsicheren – Gleichgewichts wird erreicht und bewahrt, bis es durch neue Entwicklungen in der Umwelt, die eine neue Ordnung mit möglicherweise ganz anderen Ergebnissen hervorbringen, gestört wird.

Von diesen Vorstellungen ausgehend, können wir verstehen, weshalb manche Menschen sich schnell töten, manche langsam und manche gar nicht; weshalb manche ihren Tod selbst herbeiführen, während andere Angriffen auf ihr Leben tapfer und bewundernswert standhalten, denen ihre Mitmenschen rasch erlegen wären. Jedoch spielt sich vieles dieser Art so automatisch und unbewußt ab, daß es auf den ersten Blick als unlösbare Aufgabe erscheint, die Einzelheiten eines bestimmten Geschäfts oder Kompromisses zwischen den Lebens- und Todestrieben auszumachen. Aus eben diesem Grunde liefert uns die Einführung der psychoanalytischen Untersuchungsmethode ein vollkommen neues Verständnis dieses Prozesses durch die Erhellung seiner Details. Sie läßt uns erkennen, wie die Aufschiebung des Todes mitunter vom Lebenstrieb teuer erkauft wird.

Der Charakter dieser Prämie, die für die Aufschiebung des Todes gezahlt wird, ist nach Grad und Art recht verschieden.[1] In manchen Fällen sind die Bedingungen äußerst eng und begrenzt, in anderen sind sie liberaler. Diese Prämien, diese Kompromisse zwischen Lebens- und Todestrieb, wie wir sie beim Menschen beobachten, sind Gegenstand dieses Buches. Es ist gewissermaßen eine Untersuchung über den Preis des Lebens – »the high cost of living«, wie einer meiner Kollegen es nannte.

Wenn sich ein Wiesel oder Nerz die eigene Pfote abfrißt, um aus der Falle zu entkommen, dann tut es das – soweit wir es

---

[1] Ferenczi entwickelte diese Freudsche Theorie in seinem bemerkenswerten Aufsatz *The Problem of Acceptance of Unpleasant Ideas; Advances in Knowledge of the Sense of Reality* weiter (*Further Contributions to the Theory and Technique of Psychoanalysis*. London 1926).
Alexander hat den Mechanismus im Detail beschrieben: »Vom Augenblick der Geburt an«, so schrieb er, »macht der seelische Apparat unausgesetzt die schmerzliche Erfahrung, daß die Welt nicht länger so exakt auf seine subjektiven Bedürfnisse abgestimmt ist, wie es im Mutterleib der Fall war. Aber je unabhängiger das Kind wird, desto besser lernt es begreifen, daß der Weg zur Lust über Ausdauer, Verzicht und Leiden führt. Während es als Säugling nur in der *passiven* Form des Hungers Verzicht leisten muß, lernt es später, daß es oft das Leiden *aktiv* aufsuchen muß, um Lust zu gewinnen, und dieses aktive Aufsuchen des Leidens aus taktischen Gründen, das uns oft so paradox erscheint, ist charakteristisch für die Beziehungen des Ichs zur Realität und zum Überich.« – Franz Alexander: *The Need for Punishment and the Death Instinct*, The International Journal of Psychoanalysis, Bd. 10, 1929, S. 260.

beurteilen können – bewußt und absichtlich und akzeptiert sozusagen die volle Verantwortung für die selbsterhaltende Selbstzerstörung. Manche menschlichen Individuen, die um der Erhaltung des Lebens willen zu ähnlichen Opfern gezwungen sind, akzeptieren die Verantwortung ebenfalls und begründen ihr Verhalten so logisch, wie sie es vermögen, mitunter zutreffend, oft irrig, aber gewöhnlich recht plausibel. Zu ihnen gehören auch jene, deren Selbstmord ganz vernünftig erscheint, etwa wenn ein alter Mann, der einem qualvollen Tod durch Krebs entgegengeht, ruhig Gift nimmt. Aber auch der abgeschwächte Selbstmord in Form von Askese und Märtyrertum oder zahlreichen chirurgischen Eingriffen gehört hierher.

In anderen Fällen akzeptiert der Mensch die Verantwortung für die Selbstzerstörung unwillig und nur zum Teil, ohne den Versuch zu machen, sie zu erklären oder zu rechtfertigen, so daß sein Handeln absichtslos erscheint, wie z. B. bei chronischem Alkoholismus oder Morphinismus.

Aber man begegnet auch solchen, die keinerlei Verantwortung für die Selbstzerstörung übernehmen; die Verantwortung wird auf das Schicksal, Feinde oder äußere Umstände projiziert. Man erkennt das bei manchen sogenannten Unfällen, denen häufig eine unbewußte Absicht zugrunde liegt.

Schließlich gibt es eine vierte Gruppe, wo das Ich des Individuums weder die Verantwortung für die Selbstzerstörung akzeptiert noch irgendeinen Versuch unternimmt, sie zu erklären oder zu rechtfertigen.

Bei allen Genannten ist der Selbstzerstörungstrieb implizit oder explizit vorhanden. Wenn wir ihn so in Gruppen auftreten sehen, erregt er unser Interesse und fordert, daß wir die verschiedenen Weisen, wie Menschen Selbstmord begehen – mitunter ohne es selbst zu wissen –, analytisch erforschen. Eine solche analytische Untersuchung habe ich hier versucht.

Plan des Buches

Das Buch beruht auf folgendem Plan: Wir wollen zunächst jene Fehlschläge bei dem oben beschriebenen Versuch, zu einem Kompromiß zu gelangen, erörtern, die mit dem sofortigen, mehr oder weniger freiwilligen Tode enden – mit anderen Worten, dem Selbstmord. Wir wollen herauszufinden suchen, welche zugrunde liegenden Motive diese Wahl bestimmt haben, weshalb bei manchen Menschen der Wunsch zu sterben den Wunsch zu leben so völlig auslöscht, und zwar mit voller Zustimmung der bewußten Intelligenz. Gleichzeitig wollen wir Hinweise zu geben versuchen, inwieweit solche Neigungen zu erkennen sind, bevor es zu einem so katastrophalen Resultat kommt.

Wir werden dann verschiedene Formen erfolgreicherer Kompromisse untersuchen, bei denen der Trieb zur Zerstörung des Selbst verdünnt und abgelenkt erscheint, so daß der Tod zumindest hinausgezögert wird, wenngleich zu einem unangemessen hohen Preis in Form des Leidens, des Versagens, der Entbehrung. Es wird uns ebenso interessieren zu entdecken, weshalb solche Menschen nicht geradewegs Selbstmord begehen, wie auch zu erfahren, was sie so heftig zur Selbstverstümmelung und Selbstbeeinträchtigung treibt.

Das wird uns zur Betrachtung vieler Formen von Selbstzerstörung führen – verkümmerten, verzerrten, chronischen Formen –, zu all jenen Fehlschlägen im Leben, die eher in direkter Beziehung zu offensichtlichen Mißverständnissen und Fehlplanungen auf seiten des Individuums als zu unausweichlichen schicksalhaften realen Ereignissen zu stehen scheinen. Hierher gehört auch die große Zahl derer, die zeigen, daß sie Erfolg nicht ertragen können, denen alles gelingt, nur nicht der Erfolg, und die noch größere Zahl jener, die in allem versagen, außer darin, das Versagen auf die Spitze zu treiben.

Und schließlich wollen wir untersuchen, inwieweit und mit welchen Mitteln es möglich ist, die bösartigen selbstzerstörerischen Strömungen willkürlich abzulenken und den Katastrophen und Opfern auszuweichen, durch die sie häufig und in wechselndem Ausmaß beeinträchtigt werden. Das schließt eine Betrachtung der Methoden ein, derer wir uns bedienen können, um den Lebenstrieb bei seiner Verteidigung gegen die zerstörerischen Tendenzen zu stärken, nicht nur um den Selbstmord in seiner kruden, unmittelbaren Form zu verhindern, sondern um das weit umfassendere Problem der Verringerung erschwerten Lebens und übermäßig kostspieliger Kompromisse im Kampf zwischen Leben und Tod zu bewältigen.

Der erste Abschnitt des Buches ist daher eine Analyse der tieferen Motive für Selbstmord, d. h. Selbstmord im allgemein akzeptierten Sprachgebrauch. Der nächste Abschnitt ist chronischen Selbstmordformen mit diffusen Wirkungen gewidmet. Im dritten Abschnitt werden die eher fokalen Formen der Selbstzerstörung beleuchtet, während im vierten Abschnitt die Theorie der Selbstzerstörung auf das Problem körperlicher Krankheit ausgedehnt wird – eine Ausdehnung, die vorerst als weitgehend hypothetisch angesehen werden muß. Der letzte Abschnitt schließlich beschäftigt sich mit den verfügbaren Methoden zur Bekämpfung der Selbstzerstörung und trägt deshalb die Überschrift »Rekonstruktion«.

Teil II
Selbstmord

1. Das Tabu

Es gibt gewisse Themen, die wir oft scherzhaft behandeln, so als wollten wir der Notwendigkeit aus dem Wege gehen, sie jemals ernsthaft diskutieren zu müssen. Der Selbstmord ist eines von ihnen. Das auf dem Selbstmord ruhende Tabu ist so stark, daß manche Menschen das Wort nicht aussprechen, manche Zeitungen keine Berichte darüber bringen, und selbst Wissenschaftler haben vermieden, ihn zu erforschen.
Kein Wunder also, daß ein Freund und Ratgeber beunruhigt war, als er ein halbes Dutzend Titelvorschläge für dieses Buch hörte. Alle hatten mit dem düsteren Thema zu tun, dem Thema, das vermutlich eben jene Leser abschrecken würde, die die Endergebnisse der Analyse am meisten schätzen würden. Wie ich bereits andeutete, werden wir schließlich zu der Schlußfolgerung gelangen, daß es viele Arten gibt, wie der Lebenswille über den Wunsch zu sterben triumphieren kann, viele Mittel der Erlösung von der Selbstzerstörung, aber bevor wir sie beurteilen können, müssen wir die furchtbare Tatsache untersuchen, daß Menschen sich selbst töten, und daß diese Realität durch eine Vogel-Strauß-Politik nicht im geringsten gemildert wird.
Während der letzten 24 Minuten hat sich irgendwo in den Vereinigten Staaten ein Mensch umgebracht. Das geschieht etwa sechzigmal am Tage, jeden Tag, und 22 000mal im Jahr. Hier handelt es sich nur um die Vereinigten Staaten; in einigen europäischen Ländern ist die Rate doppelt so hoch. Sie ist überall höher als die für Mord.
Unter diesen Umständen sollte man annehmen, daß ein weitverbreitetes allgemeines Interesse an diesem Thema besteht, daß viele Untersuchungen und Forschungsprojekte im Gange sind, daß unsere medizinischen Zeitschriften und unsere Bibliotheken Bücher über das Thema enthalten. Dem ist nicht so. Es gibt Romane, Dramen, Legenden in Fülle, die sich mit Selbstmord befassen – Selbstmord in der Phantasie.

Aber die wissenschaftliche Literatur darüber ist überraschend spärlich. Dies ist, wie ich meine, ein weiterer Beweis für das auf dem Gegenstand lastende Tabu, ein Tabu, das mit heftig verdrängten Emotionen zu tun hat. Die Menschen lieben es nicht, ernsthaft und realistisch über den Selbstmord nachzudenken.
In der Tat wurde mein eigenes Interesse an dem Thema dadurch geweckt, daß mich das Wirken dieses Tabus im Zusammenhang mit den Verwandten einiger meiner Patienten mit Staunen und Neugier erfüllte. Folgendes geschah: Patienten, die unserer Obhut anvertraut waren, während sie eine tiefe, vorübergehende Depression durchmachten und mit Selbstmord drohten, begannen sich zu erholen. Die Angehörigen versuchten daraufhin, ihre Entlassung zu erreichen, wobei sie unsere Warnung, daß es zu früh sei und noch immer eine Selbstmordgefahr bestehe, völlig in den Wind schlugen. Häufig machten sie sich über die Vorstellung lustig, daß ihr Angehöriger so etwas tun könne; sie bestanden darauf, daß er nur bluffe, es nicht ernst meine, es nicht tun würde usw. Ein paar Tage oder Wochen später konnte man dann in einer Zeitungsanzeige lesen, daß unser Patient durch Erhängen, Erschießen oder Ertrinken den Tod gefunden hatte. Ich besitze eine große Sammlung solcher Zeitungsausschnitte, und an jeden ist der Wortlaut der Warnung angeheftet, die den ungeduldigen Angehörigen zuteil geworden war.
So wurde zum Beispiel ein sehr guter Freund von mir, der wegen einer Depression in Behandlung war, von einer Angehörigen, gegen die er feindselige Gefühle hegte, der er aber gehorchen mußte, aufgeweckt, aus dem Bett gezerrt und mitten in der Nacht aus dem Krankenhaus geholt. Wir erklärten dieser Frau, daß es außerordentlich unvernünftig von ihr sei, ihn herauszuholen, und daß bei der Tiefe seiner Depression Selbstmordgefahr bestünde; er selbst war gegen seine Entlassung aus dem Krankenhaus und bat, bleiben zu dürfen. Aber die Angehörige brachte ihn von einem Ort zum anderen und schließlich nach Hause, wo er dank ihrer liebevollen Pflege gesund werden sollte; kurz darauf beging er Selbstmord. Er war ein fähiger Wissenschaftler, ein Mann mit Zukunft.
Ich habe das so häufig geschehen sehen, daß mich das Pro-

blem zu interessieren begann, weshalb Menschen den Selbstmord nicht als Realität betrachten, und wessen Aufgabe es sei, Selbstmord zu verhüten. Wir Ärzte, die wir hart arbeiten, um ein Leben zu retten, das uns mitunter der Rettung gar nicht wert erscheint, müssen auch eine gewisse Verantwortung für die Rettung solcher Menschenleben tragen, die oft vielversprechend sind und – um es einmal so auszudrükken – in einem Augenblick impulsiver Fehleinschätzung der Situation zerstört werden, einem Augenblick schicksalhaften Mißverständnisses wie dem Romeos, als er die schlafende Julia fand und sie tot wähnte. Aber wir können es nicht allein schaffen. Wir bemühen uns um die Mithilfe der Angehörigen, um einen möglichen Selbstmord zu verhüten, und sie müssen, wenn sie menschlich empfinden, solche Warnungen ernst nehmen und entsprechend handeln. Die Tatsache bleibt bestehen, daß der Selbstmord nach wie vor viel weniger Beachtung findet, als es bei der Schwere und Häufigkeit des Problems erforderlich wäre.

Das Thema ist zu umfangreich, als daß man es in einem einzigen Buch erschöpfend behandeln könnte. Ich werde daher nicht den Versuch unternehmen, alle historischen, statistischen, soziologischen und klinischen Aspekte des Selbstmords darzustellen, sondern werde auf die Untersuchung der unbewußten (und deshalb gewöhnlich vernachlässigten) psychologischen Faktoren das Hauptgewicht legen. Die *Encyclopaedia Britannica*, *Hastings Encyclopaedia of Religion and Ethics* und ähnliche Nachschlagewerke enthalten eine Fülle interessanter Berichte über die verschiedenen Methoden sowie über Auffassungen, Konsequenzen und Interpretationen des Selbstmords. Vieles davon hat sich im Laufe der Zeit geändert, und es gibt beträchtliche Unterschiede der Auffassung in verschiedenen Ländern. Statistische Untersuchungen haben zahlreiche Autoren, insbesondere aber auch Versicherungsgesellschaften interessiert, trotz der Tatsache, daß die meisten Statistiken erhebliche Fehlerquellen enthalten. Soweit man Statistiken trauen kann, begehen bei zivilisierten Völkern mehr Männer Selbstmord, obgleich Frauen häufiger Selbstmordversuche machen als Männer. Die Häufigkeit des Selbstmords variiert bei Männern in direkter Proportion zu ihrem Alter; sie ist doppelt so häufig bei Männern von 40 als bei Männern von 20 Jahren. Bei Frauen gibt es keine solche Variation. Selbstmord wird im Frühling öfter verübt als in jeder anderen Jahreszeit, er ist häufiger bei Ledigen als bei Verheirateten, in der Stadt häufiger als in ländlichen Gebieten, in Friedenszeiten häufiger als im Krieg und bei Protestanten häufiger als bei Katholiken.[1]

Louis I. Dublin und Bessie Bunzel verdanken wir eine gute allgemeine Übersicht zum Thema[2], einschließlich einiger historischer, anthropologischer, psychologischer und statistischer Daten.

Klinische Untersuchungen über den Selbstmord sind selten und im ganzen gesehen recht unbefriedigend. Ruth Shonle Cavan schrieb eine der ersten psychologischen Studien in neuerer Zeit[3]; gelegentlich erschienen Artikel in medizinischen Zeitschriften mit Titeln wie *Differential Diagnostic Types of Suicide*[4], *Suicide and Mental Disease*[5] und *Suicide, Possibilities of Prevention by Early Recognition of Some Danger Signals*[6]. Im allgemeinen jedoch hat der Selbstmord überraschend wenig Interesse bei Ärzten gefunden.

Man hätte einiges von den Psychoanalytikern erwarten können, deren Interesse am Tabuierten von der Bekanntschaft mit den psychischen Kräften der Verdrängung herrührt. Aber selbst sie haben wenig beigesteuert. Gerechterweise müssen wir allerdings hinzufügen, daß zwar die Selbstmordhandlung als solche von ihnen nicht gründlich erforscht wurde, die Absicht, Selbstmord zu begehen, aber Gegenstand vieler Untersuchungen Freuds, Abrahams, Alexanders und anderer gewesen ist. Im nächsten Kapitel wollen wir ihrer Spur folgen

---

1 Eine lebendige, allgemeinverständliche Zusammenfassung von Statistiken und Theorien gibt Henry A. Davidson in: *Beware of Loneliness, Coronet,* März 1937.

2 L. I. Dublin und B. Bunzel: *To Be or Not to Be! A Study of Suicide.* New York 1933.

3 Ruth Shonle Cavan: *Suicide.* Chicago 1927.

4 Gregory Zilboorg: *Archives of Neurology and Psychiatry.* Bd. 35, 1936, S. 270-291.

5 Gerald R. Jameison: *Archives of Neurology and Psychiatry.* Bd. 36, 1936, S. 1.

6 Ruth Fairbank: *Journal of the American Medical Association, 98,* S. 1711-1714. Siehe auch die Untersuchung von Merrill Moore: *Cases of Attempted Suicide in a General Hospital. The New England Journal of Medicine,* August 1937, S. 291-303.

und das Tabu durchbrechen, das auf dem Thema liegt, sowie die noch stärkere Verdrängung der geheimen Motive, die sich vereinigen, um die Selbstmordhandlung zu erzwingen.

2. Die Motive

Auf den ersten Blick könnte es müßig erscheinen, eine Erklärung des Selbstmords anzubieten. Nach allgemeiner Auffassung ist der Selbstmord nichts Rätselhaftes. Zungenfertige Erklärungen kann man mit monotoner Unveränderlichkeit in den Tageszeitungen, in Berichten der Versicherungsgesellschaften, auf Totenscheinen und in statistischen Übersichten lesen. Selbstmord ist, folgt man diesen Mitteilungen, die einfache und logische Konsequenz von schlechter Gesundheit, Entmutigung, finanziellen Schwierigkeiten, Demütigungen, Frustration oder unerwiderter Liebe. Was einen am meisten erstaunt, ist nicht, daß diese simplen Erklärungen ständig offeriert werden, sondern daß sie so bereitwillig und ohne zu fragen in einer Welt akzeptiert werden, in der Wissenschaft und alltägliche Erfahrung gleichermaßen die Unzuverlässigkeit des Offenkundigen bestätigen. In bezug auf die Motive für einen Mord beispielsweise gibt es diese Leichtgläubigkeit und mangelnde Neugier nicht. Zu tausenden werden Kriminalromane herausgebracht, in denen die offensichtliche Lösung durch die subtile Beharrlichkeit des Detektiv-Helden widerlegt wird. Es ist bezeichnend, daß fast nie die Erklärung für einen *Selbstmord* in diesen Geschichten gesucht wird, sondern die für einen *Mord*.
Man braucht nur ein Mindestmaß an Nachdenken, um jedermann zu überzeugen, daß so einfache Erklärungen wie die obengenannten überhaupt nichts erklären.
Die populäre Selbstmordanalyse ließe sich auf die Formel bringen: »Selbstmord ist Flucht aus einer unerträglichen Lebenslage. Ist die Situation äußerer, sichtbarer Art, dann ist der Selbstmord tapfer; ist der Kampf ein innerer, unsichtbarer, dann ist Selbstmord verrückt.« Diese Vorstellung von der Selbstzerstörung als einer Flucht vor der Realität, vor

Krankheit, Schande, Armut oder ähnlichem hat wegen ihrer Einfachheit etwas Verführerisches. Es ist eine Parallele zu anderen Fluchterscheinungen, etwa indem man in Urlaub geht, Feste feiert, einschläft, im Delirium herumwandert oder im Rausch Zuflucht sucht.

Aber es besteht ein wesentlicher Unterschied zwischen diesen Fluchtarten, die alle den Charakter vorübergehender Ersatzhandlungen tragen, und dem Selbstmord, der eben nicht vorübergehend ist. Man kann nicht nichts durch etwas ersetzen, wie Hamlet in seinem berühmten Monolog sinniert. Es kann als unumstößlich betrachtet werden, daß der menschliche Geist sich ein Nichtsein nicht vorzustellen vermag, und daher verrät die Tat des Menschen, der einen Selbstmord erwägt, seinen Glauben an irgendeine Art zukünftigen Lebens, das erträglicher ist als das gegenwärtige – mag er sich auch sonst für noch so ungläubig oder skeptisch halten. An und für sich ist dies noch kein Beweis dafür, daß der Selbstmörder bereits begonnen hat, in irrationaler Weise die Unwirklichkeit als Wirklichkeit zu akzeptieren, denn der Glaube an ein zukünftiges Leben wird von Millionen Menschen geteilt und bildet das wesentliche Merkmal vieler Religionen. Und obgleich es verstandesmäßig von vielen Wissenschaftlern und anderen bestritten wird, lebt im Unbewußten eines jeden gefühlsmäßig die Erwartung eines zukünftigen oder vielmehr ewigen Lebens. Im Unbewußten sind wir alle noch immer Tiere, und es besteht kein Grund zu der Annahme, daß irgendein Tier den Tod fürchte; bei uns Menschen ist es die Intelligenz, die »Feige aus uns allen« macht.

Die oben dargestellte populäre Analyse wäre daher korrekter, wenn sie besagte, daß Selbstmord eine *versuchte* Flucht aus einer unerträglichen Lebenslage sei. Das würde unsere Aufmerksamkeit stärker auf die Irrationalität dieser Analyse und die Macht, die die Phantasie über solche Individuen hat, lenken. Sie würde noch immer den Trugschluß bestehen lassen, der in der Annahme liegt, daß die Kräfte, die die Flucht erzwingen, ausschließlich von außen kommen. Verhalten wird niemals nur durch äußere Kräfte bestimmt; es kommen auch Impulse aus dem Inneren, deren Anpassung an die äußere Realität notwendigerweise Belastungen und Anstrengungen mit sich bringt, die äußerst schmerzhaft sein können, aber

außer für einige wenige zu ertragen sind. Zahllose Beweise aus der Geschichte und wissenschaftlich-klinischen Berichten könnten beigebracht werden, die zeigen, daß *für manche Menschen keine Realität, sei sie noch so schrecklich, unerträglich ist.*
Denn wir wissen, daß das Individuum stets in gewissem Ausmaß seine Umgebung selbst erschafft und demnach der Selbstmörder auf irgendeine Weise dazu beitragen muß, eben das hervorzubringen, vor dem er in den Selbstmord flieht. Wenn wir die Tat dynamisch erklären sollen, sind wir demnach gezwungen, eine Erklärung für den Wunsch zu suchen, sich selbst in solche Bedrängnis zu bringen, der man nur durch Selbstmord entrinnen kann. Mit anderen Worten, wenn man um der eigenen unbewußten Absichten willen eine scheinbare Rechtfertigung der Selbstzerstörung in der äußeren Realität anbietet, dann sind die unbewußten Absichten für das Verständnis des Selbstmords bedeutungsvoller als die scheinbar einfachen, unausweichlichen äußeren Umstände.
Das wird von vielen Romanciers sehr gut gezeigt, die beschrieben haben, auf welche Weise der Mensch, der schließlich Selbstmord begeht, lange zuvor mit seiner Selbstzerstörung begonnen hat.[1] Der Titel eines solchen Romans[2] leitet sich von einer alten Legende ab, deren eine Version folgendermaßen lautet: Ein Diener lief voll Furcht zu seinem Herrn und berichtete, daß er auf dem Markt vom Tod gestoßen und bedroht worden sei und deshalb wünsche, so schnell wie möglich nach Samarra zu gehen, wo der Tod ihn nicht finden würde. Sein Herr ließ ihn ziehen und ging selbst auf den Marktplatz; als er den Tod erblickte, fragte er ihn, weshalb er den Diener bedroht habe. Darauf erwiderte der Tod, es habe sich nicht um eine Drohung, sondern um eine Geste der Überraschung gehandelt, weil er den Mann in Bagdad sah, den er in dieser Nacht in Samarra treffen sollte.
Nach Alexander Woollcott ist diese Geschichte auf etwa fünfzig verschiedene Quellen zurückgeführt worden, einschließlich Longfellow, Voltaire und Cocteau; sie ist, wie Woollcott glaubt, zweifellos sehr alten Ursprungs. Das würde zeigen, daß die Idee, man halte eine Verabredung mit

1 Siehe z. B. Thomas Mann: *Der Tod in Venedig.*
2 John O'Hara: *Appointment in Samarra.* New York 1934.

dem Tode unweigerlich ein, selbst während man scheinbar vor ihm flieht, intuitiv als ein allgemeines Phänomen menschlicher Erfahrung betrachtet wird, gleichgültig ob die Kraft, die uns zum Tode treibt, auf das Schicksal projiziert oder als selbständiger Trieb anerkannt wird.

Wir alle wissen mittlerweile, daß wir uns nicht auf bewußte Motive verlassen können, um menschliches Verhalten zu erklären. Es gibt zu viele Beispiele, wo die Motive von der betreffenden Person nicht eingestanden, nicht gedeutet werden können und, was am bezeichnendsten ist, ihr überhaupt nicht bekannt sind. Die Psychoanalyse versetzt uns in die Lage, in bestimmten Fällen diese Hindernisse zu überwinden, weil sie uns den Zugang zu den unbewußten Motiven ermöglicht. Deshalb erlaubt uns diese Untersuchungsmethode, die scheinbare Sinnlosigkeit des Selbstmords oder seine unzureichende Erklärung dem Verständnis nahezubringen.

Es liegen nunmehr so viele Beobachtungen vor, daß dies unternommen werden kann, gewiß unvollkommen, aber zumindest in Umrissen. Diese Schlußfolgerungen sind es, die ich dem Leser in systematischer Weise vorlegen möchte. Um das zu tun, müssen wir vor allem die naive Vorstellung aufgeben, Selbstmord sei eine einfache Sache, und erkennen, daß er vom psychologischen Standpunkt aus äußerst komplex ist, ganz gleich, welchen Anschein es haben mag. In der Tat stellt die volkstümliche Vorstellung von den einfachen kausalen Zusammenhängen ein beträchtliches Hindernis bei der Erforschung des Selbstmords dar. Wäre es so einfach, gäbe es für dieses Buch keinerlei Berechtigung, andererseits aber wäre Selbstmord unendlich viel alltäglicher.

Von einem wohlhabenden Mann wird eines Tages berichtet, er habe sich umgebracht. Es wird festgestellt, daß er Fehlinvestitionen gemacht hat, daß aber sein Tod seiner andernfalls mittellosen Familie eine hohe Versicherungssumme einbringt. Das Problem und seine Lösung scheinen also einfach und offensichtlich genug. Ein Mann hat tapfer seinen Untergang in einer Weise auf sich genommen, die seinen Angehörigen zugute kommt.

Aber weshalb sollen wir mit unseren Deutungen erst zu diesem späten Zeitpunkt im Leben eines solchen Mannes beginnen, dem Zeitpunkt, wenn er sein Vermögen verliert?³ Sollten wir nicht zu erfahren versuchen, wie er dazu kam, daß er es verlor? Und noch näherliegend: Sollten wir nicht nachforschen, wie er sein Vermögen erwarb, weshalb er so darauf aus war, Geld anzuhäufen, und welche Mittel er benutzte, um diesen Zwang zu befriedigen, welche unbewußten und vielleicht auch bewußten Schuldgefühle damit und mit den Opfern und Strafen verbunden waren, die der Erwerb ihn und seine Familie kostete? Aber die große Mehrheit derer, die Geld haben und es verlieren, bringt sich nicht um; so wissen wir immer noch nicht, welche tieferliegenden Motive dieser Mann für seine Tat hatte. Alles, was ein solcher Fall uns wirklich lehrt, ist die Erkenntnis, wie schwierig und komplex das Problem wird, sobald wir nicht nur einen flüchtigen Blick auf die Umstände werfen.

Oder aber betrachten wir ein so typisches Beispiel wie den Kassierer einer Kleinstadtbank, einen ruhigen, freundlichen und allgemein geachteten Mann, den nahezu jeder in der Gemeinde kennt. Eines Nachmittags schloß er sich nach Geschäftsschluß in seinem Büro ein und wurde am nächsten Morgen erschossen aufgefunden. Danach stellte man in seinen Büchern ein Defizit fest, und es wurde nachgewiesen, daß er heimlich Tausende von Dollars auf die Seite gebracht hatte. Seine Freunde weigerten sich eine Zeitlang, es für möglich zu halten, daß ein so bekannter, angesehener Mann etwas Derartiges getan haben könne. Schließlich stimmte man allgemein überein, daß er plötzlich den Verstand verloren, der überwältigenden Versuchung nachgegeben habe, dann von Reue verzehrt wurde, deren angemessene, wenngleich tragische Konsequenz der Selbstmord war.

[3] Nach vorherrschender Meinung ist der Verlust von Geld eine häufige Ursache von Selbstmord und psychischer Störung. Ihr ist oft genug entgegengetreten worden, aber sie besteht nichtsdestoweniger weiter. Mein Bruder und Leona Chidester untersuchten Statistiken und Einzelfälle, um nachzuweisen, daß finanzielle Verluste, wirkliche wie eingebildete, einen sehr geringen Prozentsatz der Gesamtzahl von Faktoren, die Geisteskrankheiten auslösen, ausmachen, und selbst die aus diesem Grunde begangenen Selbstmorde waren während der großen Wirtschaftskrise (1931–1934) *seltener* als in besseren Zeiten. W. C. Menninger und Leona Chidester: *The Role of Financial Loss in the Precipitation of Mental Illness. Journal of the American Medical Association*, 6. Mai 1933, S. 1398.

Einige Wochen später kam jedoch ein neues Moment ins Spiel. Es wurde entdeckt, daß dieser Mann »eine Affäre« mit einer Frau gehabt hatte. Nun hielt die Erklärung seines Selbstmords, die so einfach zu sein schien, nicht mehr stand; die Frage mußte aufs neue bedacht und eine Lösung gefunden werden. »Das ist also die wirkliche Erklärung der Angelegenheit«, sagten die Leute in der Stadt. »Wenn ein vernünftiger, angesehener verheirateter Mann sich in eine unmoralische Affäre verstrickt, vergißt er bald alles, was der Anstand fordert.« Eine andere Version lautete: »Er brauchte das Geld einfach, um die Frau zu unterhalten. Eigentlich war sie es, die ihn getötet hat.«

Nachdenklichere Beobachter hingegen würden sicherlich die wirkliche Bedeutung einer verwickelten sexuellen Beziehung dieser Art im Leben eines scheinbar normal angepaßten Mannes zu ergründen versuchen, zumindest die Frage, weshalb eine solche Verstrickung ihn gegen die finanzielle Versuchung machtlos werden ließ. Nur wenige der engsten Freunde dieses Mannes wußten, daß die Beziehung zu seiner Frau äußerst unglücklich gewesen war, und nur sein Arzt wußte, daß sie wegen der Frigidität der Frau seit zwanzig Jahren eine platonische Ehe geführt hatten.

»In Wirklichkeit war seine Frau schuld«, sagten diese wenigen, »sie war immer kalt und lieblos.«

Aber liegt es nicht auf der Hand, daß auch damit die Sache – der tragische Verlauf – nicht ausreichend erklärt ist? Weshalb heiratete er eine solche Frau? Konnte er ihre Gefühlsreaktionen nicht verändern? Weshalb lebte er zwanzig Jahre mit ihr zusammen?

Und hier könnte nun einer, der diesen Mann seit seiner Kindheit kannte, die Stimme erheben und sagen: »Ja, aber Sie haben seine Mutter nicht gekannt! Auch sie war eine kalte und harte Frau, die sich mehr für Geld als für ihre Kinder interessierte. Kein Wunder, daß er unfähig war, eine vernünftige Wahl zu treffen, als er heiratete, oder mit seiner Ehefrau geschickter und befriedigender umzugehen. Ja, wenn Sie nur seine Mutter gekannt hätten ...«

Wir haben nun die kausale Verknüpfung weit hinter die einfache Erklärung zurückgeführt, die seinen Mitbürgern so klar erschien. Wir erkennen, wie irrig und oberflächlich diese ursprüngliche Erklärung war. Wir dürfen aber nicht annehmen, daß die bloße Weiterverfolgung der Kausalkette die Motive vollständiger erhellt. Sie zeigt uns lediglich, wie verschieden die Tat im Licht jedes Stücks zusätzlicher Beweise erscheint, aber wir sind noch immer nur im Besitz der offensichtlichsten äußeren Fakten. Unsere Geschichte ist etwas inhaltsreicher als die in der Zeitung, doch sie ist weit davon entfernt zu erklären, weshalb das Leben dieses Mannes zunehmend unbefriedigender wurde und weshalb es mit Selbstmord endete. Wir können lediglich sehen, *daß dieser Mensch anfing, Selbstmord zu begehen, lange bevor er zur Pistole griff und lange bevor er das Geld aus der Bank stahl.* Wir wissen noch immer nicht, weshalb er nicht imstande war, seinen Lebenstrieb erfolgreicher gegen die zerstörerischen Kräfte zu mobilisieren, die ihn überwältigten.

Wir sind jedoch zu der Annahme berechtigt, daß diese Art mit dem Leben umzugehen entweder durch irgendeine angeborene konstitutionelle Variante, Anomalie oder Schwäche des Individuums bestimmt ist oder aber durch die Beschleunigung oder gewaltige Verstärkung der zerstörerischen Tendenzen der Persönlichkeit während der Entwicklungsjahre. In beiden Fällen liegt es auf der Hand, daß die Selbstvernichtungstendenzen sich sehr früh regten und den gesamten Verlauf der Entwicklung des Individuums stark beeinflußten, und zwar in der Weise, daß sie den wohltätigen Lebenstrieb verdüsterten und schließlich besiegten.

Eine solche Betrachtung des Selbstmords schließt eine naive Beurteilung etwa über den »Mut« oder die »Unvernunft«, die dazu gehöre, vollständig aus, ebenso wie alle kausalen Erklärungen in statistischen Erhebungen und ähnlichem.[4] Ich

---

[4] Früher enthielten selbst höchst wissenschaftliche Darstellungen des Selbstmords diese naiven Annahmen, und man schrieb ihm mit schlichter Endgültigkeit alle möglichen Ursachen zu. Moderne Kapazitäten sind vorsichtiger, aber noch immer besteht die Neigung, »auslösende«, »primäre« und »sekundäre« Faktoren aufzuzählen, wozu Vorstellungen wie »Erschöpfung«, »finanzielle Schwierigkeiten«, »Einsamkeit«, »Wunsch nach Anerkennung«, »schlechte Untersuchungsmethoden« und »Liebesaffären« gezählt werden. Eine neuere Untersuchung (Raphael, Power und Berridge: *The Question of Suicide as a Problem in College Mental Hygiene. American Journal of Orthopsychiatry,* Januar 1937, S. 1-14) enthält Tabellen mit über 150 solcher »Faktoren«, jeder auf einen Einzelfall angewendet. Das sind Symptome, keine Faktoren.

wiederhole, daß psychologisch gesehen der Selbstmord eine sehr komplexe Tat ist und nicht eine einfache, zufällige, isolierte logische oder auch unerklärliche Zwangshandlung. Die Analyse seiner Ursachen ist nicht nur wegen der Unzuverlässigkeit bewußter und offenkundiger Motive schwierig, sondern vor allem aufgrund der Tatsache, daß ein gelungener Selbstmord sich der Erklärung entzieht, und (wie wir später sehen werden) die Erfolglosigkeit – sogar beim Selbstmord – das mathematische Resultat der als Vektoren wirkenden Bestandteile bewußter und unbewußter Wünsche exakt auszudrücken vermag. Wenn der oben beschriebene Mann noch lebte und bereit wäre, als Untersuchungsobjekt zu fungieren, dann könnten wir die frühen Einflüsse und Erlebnisse analysieren und feststellen, welche spezifischen Neigungen zu seinem Untergang führten.

Das ist ein wichtiger Punkt, denn es ist ganz logisch zu fragen, wie man über Selbstmordmotive sprechen kann, wenn der Mensch tot ist und daher nicht psychoanalysiert werden kann. Aber die Antwort ist einfach. Es sind viele psychoanalytische Untersuchungen angestellt worden bei Menschen, die auf sehr entschlossene, realistische Weise einen Selbstmordversuch unternommen haben und nur infolge zufälliger Entdeckung durch Freunde, Verwandte oder die Polizei gerettet wurden, bevor die volle Wirkung des Gases oder Giftes eingetreten war.[5]

---

[5] Gelegentlich erkennen und bekennen Selbstmordopfer *einige* der unbewußten Motive, die die Tat erzwangen, in dem Intervall zwischen der Ausführung und dem Augenblick des Todes. Das wird an den Beispielen, die in den folgenden Zeitungsausschnitten enthalten sind, besonders deutlich:

Ein Träumer bringt sich um
Lebte nur noch lange genug, um seltsame Erschießung zu erklären

Roseburg, Oregon, 13. März (AP) – Der Landespolizei wurde berichtet, daß eine im Traum abgefeuerte Pistolenkugel Phillip Pezoldt, Siedler im abgelegenen Diamond Rock-Bezirk, getötet habe. Mrs. Louis Neiderheiser erzählte den Polizeibeamten, sie habe einen Schuß gehört und sei daraufhin in die Hütte von Pezoldt gegangen, den sie sterbend antraf. Sie sagte, er hätte hervorgestoßen, daß er im Traum die Pistole unter seinem Kopfkissen hervorgezogen und auf sich geschossen habe. *Topeka Daily Capital*, 14. 3. 1935

In Staunton, Virginia, schlief Arthur Fournier im Bus ein und träumte, er sei auf See. Noch im Schlaf sprang er auf und schrie: »Sie sinkt! Springt heraus, wenn ihr euer Leben retten wollt!« Da er kein Narr war, der an Bord eines

Außerdem *wollten* manche während ihrer Behandlung Selbstmord begehen, wurden aber durch die Vorbeugungsmaßnahmen der Ärzte und des Pflegepersonals daran gehindert. Die Motive dieser Menschen waren uns durch praktische Erfahrung vertraut. Und schließlich treten im Lauf einer psychoanalytischen Behandlung bei vielen Patienten zwar schwach ausgeprägte, aber doch deutlich ausgesprochene Selbstmordneigungen in Erscheinung. Die Grundlage der folgenden Darlegungen ist ein Kompositum der Resultate psychiatrischer und psychoanalytischer Beobachtungen, die nicht nur der Verfasser gemacht hat, sondern auch viele Vorgänger und Zeitgenossen, die entsprechende Möglichkeiten zur Forschung hatten.

Drei Komponenten der Selbstmordhandlung

Es ist nicht schwer festzustellen, daß die Selbstmordhandlung verschiedene Elemente enthält. Vor allem ist es ein *Mord*. In der deutschen Sprache drückt sich dies bereits in dem Wort *Selbstmord** aus, und die Vorstellung von Mord ist auch in allen früheren äquivalenten philologischen Bezeichnungen implizit enthalten.

Aber Selbstmord ist auch Mord *durch das* Selbst. Es ist ein Tod, bei dem Mörder und Ermordeter in einer Person vereinigt sind. Wir wissen, daß Mordmotive außerordentlich verschiedenartig sind, ebenso wie die Motive für den Wunsch, ermordet zu werden. Aber das ist etwas ganz anderes und nicht halb so absurd, wie es den Anschein haben mag. Denn da beim Selbstmord ein Selbst vorhanden ist, das den Mord akzeptiert und begierig scheint, das zu tun, müssen wir die Motive für diese seltsame Unterwerfung ergründen. Wenn sich der Leser eine Szene auf dem Schlachtfeld ausmalt, bei der ein furchtbar leidender Verwundeter einen anderen bittet, ihn zu töten, wird er bereitwillig zugeben, daß die Gefühle des *Mörders* sehr verschieden wären, je nachdem ob er

---

sinkenden Schiffes verblieb, sprang Arthur Fournier durchs Fenster und wurde getötet. *Time*, 9. 11. 1931

* Suizid (suicide) bedeutet dagegen Selbsttötung. D. Übers.

ein Freund oder Feind des Verwundeten ist. Die Gefühle des Mannes hingegen, der *ermordet zu werden wünscht,* d. h. aus seinem Todeskampf erlöst zu werden, wären in jedem Fall die gleichen.

Bei vielen Selbstmorden ist es ganz offensichtlich, daß eins dieser beiden Elemente stärker ist als das andere. Man sieht Menschen, die sterben möchten, aber nicht die Hand gegen sich selbst erheben können; sie werfen sich vor fahrende Züge, oder aber sie flehen ihre Gefolgsleute an, sie niederzumachen, wie Saulus oder Brutus.

Schließlich wird wahrscheinlich kein Selbstmord vollendet, wenn der Selbstmörder – neben dem Wunsch zu töten und getötet zu werden – nicht auch zu sterben wünscht. Paradoxerweise scheinen viele Selbstmörder trotz der Heftigkeit des Angriffs gegen sich selbst und trotz der damit verbundenen Kapitulation nicht sehr begierig zu sterben. Jeder Arzt in einer Klinik hat auf der Wachstation mit Möchtegern-Selbstmördern zu tun gehabt, die ihn bitten, ihnen das Leben zu retten. Die Tatsache, daß Sterben und Ermordetwerden zum gleichen Ziel führen, soweit es sich um die Auslöschung der Person handelt, veranlaßt den praktisch denkenden Menschen zu glauben: »Wenn einer sich selbst töten will oder sich aus irgendeinem Grunde so elend fühlt, daß er bereit ist, sich töten zu lassen, dann muß er sicherlich auch wünschen zu sterben.« Aber das obengenannte Beispiel ist nur einer von vielen Beweisen, daß dem nicht so ist. Morden und Gemordetwerden enthalten Elemente von Gewalt, während das Sterben mit dem Verzicht auf Leben und Glück verbunden ist. Eine umfassendere Erörterung dieser beiden Elemente soll später folgen. Für den Augenblick mag der Hinweis genügen, daß beim Selbstmordversuch der Wunsch zu sterben vorhanden sein kann oder auch nicht oder in sehr verschiedener Ausprägung, ebenso wie die außerdem genannten Wünsche.

Insgesamt muß demnach der Selbstmord als eine eigentümliche Todesart betrachtet werden, die drei innere Elemente enthält: Das Element des Sterbens, das des Tötens und das des Getötetwerdens. Jedes dieser Elemente erfordert eine gesonderte Analyse; jedes ist ein Akt, für den es unbewußte und bewußte Motive gibt. Die letzteren liegen gewöhnlich auf der Hand; uns sollen nun vorwiegend die unbewußten Motive beschäftigen.

a) Der Wunsch zu töten

Der Zerstörungstrieb, der selbst im Herzen des kleinen Kindes schlummert, zeigt sich fast vom Augenblick der Geburt an in Form von nach außen gerichteter, von Wut begleiteter Aggressivität. Experimente der behavioristischen Psychologen[6] und Beobachtungen der Kinderanalytiker[7] haben über jeden Zweifel bewiesen, daß eine Einschränkung oder Bedrohung dieses Triebes beim kleinsten Baby heftigen Widerwillen und Protest auslöst. Wir brauchen keine Experimente, um zu beweisen, daß dies auf die Erwachsenen ebenso zutrifft.[8]
Die Störung des vorgeburtlichen Wohlbefindens des Kindes durch den gewaltsamen Akt der Geburt ist die erste dieser Einschränkungen.[9]
Konkreter sind die Reaktionen des Kindes auf das Auftauchen eines Rivalen und auf den drohenden Entzug von Befriedigungen, etwa das Stillen. Solche Drohungen, die durch Angriff energisch abgewehrt werden, bringen prompt die (zuvor schlummernden) aggressiven Triebe zum Vorschein. Im wesentlichen gilt der Angriff der Vernichtung des Eindringlings. Damit verbunden sind Gefühle des Grolls und der

---

6 J. B. Watson: *Psychology from the Standpoint of a Behaviorist.* Philadelphia 1924.
7 Melanie Klein: *The Psychoanalysis of Children.* New York 1932.
8 Erst kürzlich hat jedoch die Psychologie diesen Gegenstand experimentell und quantitativ untersucht. Siehe z. B. T. Dembo: *Der Ärger als dynamisches Problem, Untersuchungen zur Handlungs- und Affektpsychologie,* Bd. 10, hg. v. K. Lewin, *Psychologische Forschung.* Berlin 1931, Bd. 15, S. 1-144; K. Lewin: *A Dynamic Theory of Personality.* New York 1935; J. F. Brown: *The Modified Dembo Technique, Bull. of the Menninger Clinic,* Juli 1937; J. B. Watson und Rosalie Rayner Watson, Hinweis auf Watson: op cit.; S. Rosenzweig: *A Test for Types of Reaction to Frustration, Amer. J. Orthopsychiatry,* Oktober 1935, S. 395-403.
9 Die Bedeutung des Geburtstraumas, auf die zunächst Freud hinwies und der Rank später übermäßiges Gewicht beilegte, wird verschieden interpretiert. Es kann aber wenig Zweifel bestehen, daß in ihm das Muster aller nachfolgenden Frustrationsängste zu erblicken ist, wie sie etwa mit der Entwöhnung, dem Weggang der Eltern etc. verbunden sind.

Furcht – Furcht vor Vergeltung und sonstigen Folgen. Das Endergebnis ist der Wunsch, die Quelle der drohenden Entbehrung, die Ursache der Furcht zu beseitigen. (Als Folge davon kann Angst vor Konsequenzen auf anderen Gebieten auftreten.)

Beseitigen, vertreiben, sich entledigen, zunichte machen sind sämtlich euphemistische Synonyme für zerstören. Solche Wünsche repräsentieren in der spezialisierteren üblichen Redeweise des zivilisierten Erwachsenen schlichtweg den Wunsch zu töten – nicht unter lustvollen sadistischen Aspekten, sondern zum Zweck primitiver Selbstverteidigung. Natürlich wird dieser Wunsch gewöhnlich verdrängt, außer in der unzivilisierten Gesellschaft von Wilden, Verbrechern und Psychotikern. Er wird mittels zahlreicher innerer und äußerer Faktoren verdrängt, die wir später im einzelnen erörtern wollen. Das machtvollste dieser Abschreckungsmittel ist ein neutralisierender Impuls, der gleichfalls dem Triebleben des Individuums entspringt. Die Aggressionen werden durch die Beimischung positiver Gefühle gemildert; der Haß verwandelt sich, wie wir sagen, mehr oder weniger vollständig in Liebe. Der Eindringling erweist sich schließlich als gar nicht so übler Bursche; es lohnt sich, mit ihm zu handeln, später mit ihm zusammenzuarbeiten oder sich gar mit ihm zu verbünden. Der Leser wird an viele Beispiele dieser Art denken: die Griechen und die Römer, die Sachsen und die Normannen, die amerikanischen Indianer und die Kolonisten sowie eine Fülle persönlicher Beispiele, wo der geschworene Feind zum guten Freund wurde. Das geschieht natürlich nicht immer; mitunter ist die Feindseligkeit zu stark, um überwunden zu werden, und manchmal ist sie von so kurzer Dauer, daß wir uns nicht erinnern können, jemals etwas anderes als von Anfang an die freundschaftlichsten Gefühle gegenüber einem Menschen gehegt zu haben.[10] Freud hat auf dieses Prinzip aufmerksam gemacht, nämlich daß Feindseligkeit gewöhnlich den Weg zum Kontakt mit neuen Objekten ebnet, der allmählich von der warmen Hülle der Liebe bedeckt wird,

---

10 Eine gründliche Untersuchung über die Bedeutung unbewußter Motive für den Wunsch zu töten, die Wahl der getöteten Person und der zu ihrer Ermordung gewählten Methode sowie des Geständnisses des Verbrechens sind in Theodor Reiks Buch *Der unbekannte Mörder*. Wien 1932, enthalten.

so wie Pflanzenwuchs nach und nach einen steinigen Abhang überzieht.
Wenn die Zerstörungstriebe, der Wunsch zu töten – ob nach außen oder gegen das Selbst gerichtet – ausreichend neutralisiert werden, so daß sie hinter den vorhandenen konstruktiven und positiven Gefühlen vollkommen verschwinden, dann wird das Ergebnis nicht mehr Zerstörung und Mord sein, sondern vielmehr Aufbau und Schöpfung; Leben wird nicht mehr genommen, sondern hervorgebracht werden. In diesem Sinne ist die Zeugung, der Vollzug des Koitus, die polare Antithese des Mordes. Konstruktivität und Kreativität können sich natürlich auch anders als in dieser unmittelbaren biologischen Form äußern. Und aus Rücksicht auf die alten Moralbegriffe, die besagten, daß ein Prozeß desto »niedriger« sei, je primitiver er ist, wurden diese »Abweichungen nach oben« Sublimierungen genannt. Eine Seitenabweichung oder -verschiebung – etwa das Töten eines Rehs anstelle eines Familienmitglieds – ist genau genommen keine Sublimierung, obwohl wir es gelegentlich so nennen.
Wenn die Infusion des erotischen Elements, des »Lebenstriebes«, nicht stark genug ist, um die zerstörerischen Neigungen zu neutralisieren, vermag es doch ihren Charakter beträchtlich zu verändern, so daß zwar Zerstörung noch immer beabsichtigt und auch erreicht wird, aber in weniger vollständiger Weise und weniger direkt in der Ausführung. Es kann zu einem Hin und Her der Absichten kommen; man beobachtet das an Stimmungs- und Gefühlsschwankungen zwischen Liebespaaren, Freunden, Feinden. Man bildet sich ein, es an dem Wechsel zwischen Grausamkeit und Mitleid zu beobachten, den eine Katze gegenüber der gefangenen Maus und manche Eltern gegenüber ihren Kindern zeigen. Aber die bekannteste Erscheinungsform partieller Erotisierung der Grausamkeit ist der Sadismus – das Aufwallen bewußter Lust beim Zerstörungsakt.
Dieses Phänomen ist in seinen unverhohlenen Ausprägungen so unerfreulich, daß es bei flüchtigem Nachdenken schwierig erscheinen mag, zu glauben, daß es eine Art Verbesserung darstellen könnte. Man ist geneigt anzunehmen, daß die Erotisierung der Grausamkeit ihre Virulenz eher verstärkt als verringert. Der Mann, der ein Pferd schlägt und dabei

sinnliche Lust zu erkennen gibt, erweckt größeren Widerwillen in uns als der Mann, der, sei es auch nur aus Ärger und keinem sonstigen plausiblen Grund, sein Pferd erschießt. Wir glauben, daß der erste zu seiner größeren Grausamkeit durch das stimuliert wird, was wir perverse, anomale Sexualität nennen. Und damit haben wir teilweise recht. Seine Sexualität ist pervers, weil sie partiell ist[11]; wäre sie vollkommen, würde sie ihn nicht nur davor bewahren, das Pferd zu töten, sondern es auch nur zu schlagen. Der Mann, der sein Pferd auf der Stelle tötete, mag uns humaner erschienen sein, aber die Logik zwingt uns, ihn als weniger zivilisiert und destruktiver anzusehen als den sadistischen Peiniger.

Dies wird augenblicklich klar, wenn wir uns anstelle des Pferdes ein Kind denken. Der Mann, der sein Kind aus Verärgerung oder irgendeinem anderen Grunde tötet, gilt der Gesellschaft als todeswürdig. Die partielle Erotisierung der unbeherrschten Aggressivität eines solchen Mannes könnte einen Mord durch das lustvolle Auspeitschen des Kindes ersetzt haben, das ihn ins Gefängnis oder in eine Anstalt hätte bringen können, sicherlich aber kein Kapitalverbrechen gewesen wäre.

Ein wenig mehr Erotisierung, und was wir Sadismus nennen, verwandelt sich in jene strengen, scheinbaren Freundlichkeiten, die für viele Lehrer, Richter und andere mit Autorität Ausgestattete bezeichnend sind, die liebevoll austeilen, was, wie sie ihren Opfern versichern, »ihnen mehr weh tut als diesen«. Es handelt sich nicht immer um Strafen. Es kann ein zwanghaftes Bestehen auf Regel und Ritual im Namen irgendeines hohen Ideals sein: Gesetz, Erziehung, Religion, Charakterbildung. Die darin verborgene Heuchelei bleibt gewöhnlich denen, die sie üben, völlig verborgen, nicht aber ihren Opfern.

11 Technisch gesehen ist diese Erklärung unvollständig. Beim Sadismus handelt es sich nicht nur um ungenügende Erotisierung, sondern es besteht eine unvollständige Fusion von Triebströmungen; der erotische Trend heftet sich an den Akt anstatt an das Objekt. So wird beispielsweise das Auspeitschen an sich, partiell unabhängig von dem individuellen Pferd, dem Kind, der Frau, die ausgepeitscht werden, erotisiert – es ist Zweck, nicht Mittel. Dies impliziert einen gesteigerten Narzißmus, da der Akt stets an das Subjekt (seinen Urheber) enger gebunden ist als an das Objekt. Dieser ganze Tatbestand ist jedoch noch von erheblicher Dunkelheit umgeben.

Die gegen das Selbst gerichtete Destruktivität kann teilweise oder vollständig erotisiert sein. Mitunter scheint die Lust an der Selbstquälerei, von der im nächsten Abschnitt nochmals die Rede sein wird, die Motivation zur Selbstzerstörung zu erhöhen. Tatsächlich müssen wir bedenken, daß sie stets eine gnadenvolle Rettung darstellt – ungenügend zwar, aber doch ausreichend, um Farbe und Erscheinung der totalen Destruktivität des Aktes zu verändern, wenn nicht gar ihn wirklich zu vereiteln.

Man beobachtet häufig, wie nach einer solchen Provokation ein sofortiger Selbstmord als Folge des Zurückflutens der Aggressivität nur durch tapfere, ausdauernde Bekämpfung von seiten der erotischen Triebe verhindert wird. Bei einer Serie solcher Ereignisse kann man manchmal sehen, daß die letzteren an Boden verlieren und es schließlich wirklich zum Selbstmord kommt. Über einen solchen Fall habe ich oben berichtet (den betrügerischen Bankkassierer). Bei anderen Gelegenheiten scheint der Lebenstrieb ein wenig die Oberhand über die zerstörerischen Neigungen zu gewinnen, und es folgt eine Reihe von Ereignissen von abnehmender Bösartigkeit. So wurde z. B. ein Mann, den ich kannte, so wütend über seinen Bruder, daß er bewußt plante, ihn zu töten. Er bezähmte sich jedoch, nicht nur wegen strafrechtlicher und anderer Konsequenzen, sondern weil er, um seiner Mutter willen, sich zutiefst verpflichtet fühlte, den Bruder zu beschützen. Angesichts dessen, was er als verbrecherischen Wunsch ansah, erfaßte ihn solche Reue, daß er mehrere Selbstmordversuche unternahm, die alle knapp scheiterten. Aus Gründen, die ihm nicht ganz klar waren, begann er dann so unbekümmert leichtsinnig Auto zu fahren, daß ein katastrophales Ergebnis sicher zu sein schien. Aber trotz mehrerer schwerer Unfälle kam er nicht ums Leben. Als nächstes hegte er die Vorstellung, sich eine tödliche Krankheit zuzuziehen und versuchte eine Syphilis zu bekommen, indem er sich mehrmals der Ansteckungsgefahr aussetzte. Es gelang ihm aber nur, sich eine Gonorrhöe zuzuziehen, deren Behandlung er vollkommen vernachlässigte.

Danach wandte er sich in ausschweifender Weise dem Alkohol zu. Trotz all dieser Dinge hatte er bis zu dieser Zeit weiterhin das Wohlwollen seiner Frau und seines Arbeitgebers genossen, die beide seine guten Eigenschaften zu gut kannten, um durch sein unerklärliches Verhalten getäuscht zu werden. Nun aber brachte er es fertig, es mit beiden zu verderben, indem er seinen Arbeitgeber durch Streitereien absichtlich provozierte, und seine Frau an den Rand der Scheidung trieb, indem er verkündete, er liebe sie nicht.

So lang und vielfältig diese Aufzählung gegen das Selbst gerichteter Aggressionen auch ist, läßt sie doch eine abnehmende Intensität erkennen. Ein tatsächlicher Selbstmord wurde verhütet, ebenso wie die ernsten Auswirkungen der meisten anderen Vorfälle. Er fand bald eine andere Stellung, und seine Frau kehrte zu ihm zurück.

Eine vollkommenere Mischung konstruktiver und destruktiver Triebe bewirtet jene positiven Bindungen an Objekte der Umgebung, die zu einem normalen Liebesleben führen, was durch die Fähigkeit zur Unterscheidung zwischen wirklichen Feinden und wirklichen Freunden, zwischen jenen Dingen, die im Interesse des persönlichen und allgemeinen Wohls gehaßt und zerstört, und jenen Dingen, die geliebt werden sollten, bewiesen wird. Persönlichkeitswachstum, Erziehung, soziales Verhalten und kreative Fähigkeiten entwickeln sich nur, wenn solche Aggressionen in zunehmendem Maße nach außen anstatt nach innen gerichtet, auf die richtigen Angriffsobjekte konzentriert und vollständig durch Liebe neutralisiert werden, wenn es sich um erwünschte Objekte handelt. Auf diese Weise werden Selbstliebe und Selbsthaß, primärer Narzißmus und primäre Selbstzerstörung ihrer primitiven Beschäftigung mit dem Selbst entzogen und für die Außenwelt nutzbar gemacht.

Unter gewissen Umständen kommt es nun aber zu einem Bruch in dieser so bequemen und befriedigenden Energieverteilung. Vernünftig investierte Liebe und Haß lösen sich von den Objekten ihrer Zuneigung und erfordern eine Neubesetzung. Natürlich geschieht dies in einem gewissen Ausmaß ständig, vor allem in den aktiveren Jugendjahren. Aber unter verschiedenen Bedingungen werden plötzliche Neuinvestierungen großer Energiemengen erforderlich – traumatische Situationen entstehen, die die vorherige bequeme Anpassung gewaltsam unterbrechen. Oder die Aufrechterhaltung einer scheinbar gelungenen Wiederanpassung begegnet zunehmenden Schwierigkeiten. Man kann sich leicht vorstellen, welche plötzlichen Ereignisse eine solche Wiederanpassung erforderlich machen können: der Tod eines geliebten oder auch eines gehaßten Menschen, die plötzliche Beeinträchtigung von Arbeitsmöglichkeiten, der Verlust einer Stellung, eine falsche Anklage oder Beschuldigung – kurzum alles, was eine Neuinvestierung von Liebe und insbesondere Haß durch die plötzliche oder drohende Unterbrechung bestehender Besetzungen notwendig macht. Ich werde später detaillierter auf den spezifischen Charakter solcher auslösenden Ereignisse eingehen. Im Augenblick interessiert es uns, was mit dem unterbrochenen Strom von Liebe und Haß geschieht, die auf diese Weise unvermittelt und gewaltsam aus ihren äußeren Verankerungen gerissen wurden.

Beim normalen Menschen, und das heißt bei den meisten, kommt es nach einer vorübergehenden Periode von Kummer und Angst zu einer allmählichen Besetzung neuer Objekte. Bei gewissen Individuen jedoch, deren prädisponierende Eigentümlichkeiten wir später diskutieren wollen, geschieht dies nicht – *kann* es nicht geschehen. Statt dessen werden die zuvor verschlungenen Stränge von Liebe und Haß ihres Gegenstandes beraubt, sie werden getrennt und kehren zu ihrem Ursprung zurück – zum Individuum. Wie zu Beginn übernehmen also wieder die aggressiven oder zerstörerischen Triebe die Führung, denen sich die erotischen Triebe mehr oder weniger rasch anschließen. Wird der Abstand zu groß, dann erreichen die destruktiven Impulse ihr Ziel: die Zerstörung. In dem Maße, wie die konstruktiven Tendenzen ihre todeswütigen Vorläufer überholen und neutralisieren, wird die suizidale Wirkung abgelenkt, umgeleitet oder gänzlich vereitelt.

Anders ausgedrückt besagt diese Selbstmordtheorie, daß der Wunsch zu töten, dem unvermittelt gewisse äußere Gelegenheiten oder Objekte an unbewußter Befriedigung entzogen werden, sich gegen die Person des »Wünschenden« richten und als Selbstmord auswirken kann. Diese Theorie würde den Tatsachen entsprechen, wenn a) gezeigt werden kann, daß tatsächlich ein Zurückstrahlen destruktiver Tendenzen auf das Individuum erfolgt, so daß das Selbst wie ein äußeres Objekt behandelt wird; wenn sich b) Menschen mit Selbstmordneigungen bei näherer Untersuchung in bezug auf ihre Objektbeziehungen als hoch *ambivalent* erweisen, d. h. mit ihren bewußten positiven Bindungen große, kaum zu beherrschende Mengen unbewußter Feindseligkeit (den Wunsch zu töten) maskieren, und c) wenn bei solchen Menschen ein Selbstmord tatsächlich aus Anlaß einer plötzlichen Unterbrechung ihrer der obigen Schilderung entsprechenden Objektbeziehungen ausgelöst wird.[12]

Wir werden diese drei Voraussetzungen der Reihe nach untersuchen. Dabei prüfen wir zuerst die Frage, wie es einem Menschen möglich ist, sich selbst als äußeres Objekt zu behandeln, das häufig mit eben dem Objekt identifiziert wird, dem Liebe und Haß und insbesondere der unbewußte Wunsch zu töten galten.

Wir wissen aus den Phantasien erwachsener Patienten, aus Träumen, Empfindungen, Erinnerungen, Wiederholungshandlungen und Verhaltensmustern, daß es im Unbewußten – in den primitiven infantilen Schichten der Persönlichkeit – möglich ist, den eigenen Körper nicht als Teil des Selbst zu betrachten, und es ist ebenso möglich, den eigenen Körper so zu behandeln, als umschlösse er den Körper eines anderen. Wir nennen das letztere *Identifizierung*[13] oder, genauer, *Introjektion,* weil eine Person, mit der man sich identifiziert, in das Selbst introjiziert wird. So teilt etwa eine Mutter die Freude ihrer Tochter am Collegebesuch durch den psychischen Vorgang der Identifizierung mit der Tochter, d. h. sie ist in der Tochter, ein Teil und gleichzeitig außerhalb von ihr. Ein Liebender trägt die Geliebte, bildlich gesprochen, in sich. Deshalb kann jede Behandlung, die man dem anderen zuteil werden lassen möchte, logischerweise zugleich dem Selbst gelten. Diese Rückwendung feindseliger Gefühle auf das Selbst dient so, wenn eine solche Introjektion (häufig unbewußt) stattgefunden hat, einem nützlichen psychologischen Zweck. Es ist das wohlbekannte Muster, das man »die

---

12 Es erübrigt sich zu beweisen, daß diese Form der Selbstzerstörung direkter Ausdruck einer primitiven Triebneigung ist. Diese Hypothese Freuds kann im Augenblick nicht verifiziert werden; sie stimmt aber mit den Tatsachen weitgehend überein und ist bisher nicht schlüssig widerlegt worden.

13 In der Psychoanalyse nennen wir das Empfinden, als sei man ein anderer, *Identifizierung,* während die Identifizierung eines anderen mit dem eigenen Selbst als *Introjektion* bezeichnet wird.

Katze treten« nennt, wobei man selbst (der eigene Körper) als Katze benutzt wird.
Ich pflegte zum Beispiel manchmal mit einem Freund Golf zu spielen, der zwar gute Manieren hatte, aber recht reizbar war und mit ungewöhnlicher Empfindlichkeit auf kleinste Geräusche oder Störungen reagierte, wenn er sich den Ball zurechtlegte. Einmal bekam sein Balljunge unglücklicherweise einen Schluckauf, was meinen Freund zunehmend irritierte. Es gelang ihm, sich bis gegen Ende des Spiels zu beherrschen, aber als er gerade zu einem sehr schwierigen Schlag ansetzte, wurde das gespannte Schweigen durch die erfolglosen Bemühungen des Balljungen, sein Zwerchfell unter Kontrolle zu bekommen, unterbrochen. Mit vor Wut gerötetem Gesicht richtete mein Freund sich auf und war im Begriff zu explodieren, als einige Golfspielerinnen aus seiner Bekanntschaft, die sich vom nächstgelegenen Erdhaufen entfernten, vorbeigingen. Er schluckte sofort hinunter, was er gerade hatte sagen wollen, aber mit einer Geste voll wilder Verzweiflung schwang er seinen Schläger in weitem Bogen und traf dabei mit solcher Wucht seinen Fußknöchel, daß er einen Schmerzensschrei ausstieß und zum Clubhaus hinken mußte. Kurz darauf las ich in der Zeitung von einem Mann, der sich auf genau dieselbe Weise tatsächlich das Bein gebrochen hatte. Ist in diesem Fall nicht klar, daß sich der Wunsch des Mannes, den Balljungen zu schlagen, ersatzweise gegen ihn selbst gerichtet hatte?
Manche Menschen begreifen intuitiv sofort die Wahrheit einer solchen Feststellung, während anderen die ganze Sache phantastisch erscheint. »Es war einfach ein Unfall«, werden sie sagen. »Aus Wut verlor er die Beherrschung, und so geschah es, daß sein Schläger ihn traf. Woher wollen Sie wissen, daß das Absicht war?«
Es gibt eine Anzahl von Gründen, daß wir so denken. An erster Stelle werden uns die Opfer etwas Derartiges erzählen, wenn wir sie fragen, denn bedauerlicherweise wissen sie es nicht anders. Das können wir häufig aus den mit der Handlung verbundenen Umständen schließen. Jeder Mann hat beispielsweise schon einmal bemerkt, daß er sich eher beim Rasieren schneidet, wenn er auf jemand ärgerlich ist, und oft hört man Männer sagen: »Heute morgen habe ich meine Wut

an mir selbst ausgelassen.« Eine Freundin von mir, Frau eines Arztes, in deren Haus ich zu Gast war, wurde sehr ärgerlich über ihr Mädchen, weil sie das Mittagessen verdorben hatte. Um eine Szene zu vermeiden, entließ sie sie, ohne ein Wort zu sagen, kehrte dann wutgeladen ins Wohnzimmer zurück und ließ sich auf den Stuhl fallen, von dem sie sich wenige Augenblicke zuvor erhoben hatte. Auf dem Stuhl hatte sie ihre Schere liegengelassen, die nun etwa zweieinhalb Zentimeter tief in den Oberschenkel eindrang. Sie sprang auf und rief voller Schmerz und Verzweiflung aus: »Daran ist nur das Mädchen schuld!« So unlogisch diese Begründung klang, war sie doch in einem gewissen Sinn vollkommen richtig.

Häufig liest man in der Zeitung (z. B. in einer, die ich gerade in der Hand halte), ein Junge, der von seinem Vater wegen einer belanglosen Verfehlung ausgescholten wurde, habe sich wenige Stunden später in der Wohnung erhängt. Wir sind gewohnt, solche Handlungsweisen intuitiv richtig als Racheakte zu deuten. Jeder Leser wird sich erinnern können, daß er in seiner Kindheit ähnliche Gefühle gehegt hat, die aber glücklicherweise in der Phantasie befriedigt wurden und nicht zur Tat führten. Wir stellten uns vor, wie traurig unsere Eltern sein würden, weil sie uns so schlecht behandelt hatten. Aber dieser Junge ging darüber hinaus. Sein Haß war so stark, daß er bereit war, sein Leben zu opfern, um ihm Luft zu machen. Gewiß, seine Tat traf den Vater, aber nicht annähernd so sehr wie ihn selbst. Es mußte der Vater sein, den er eigentlich hatte töten wollen. Wir wissen, daß manche Jungen ihre Väter unter eben solchen Umständen wirklich umbringen, aber dieser Junge konnte das nicht tun: vielleicht liebte er seinen Vater zu sehr, um ihn zu töten; vielleicht fürchtete er ihn zu sehr; vielleicht fürchtete er die Folgen – gleichviel, er konnte es nicht tun. Aber er konnte den Vater, den er in sich selbst trug, töten – technisch ausgedrückt: den *introjizierten* Vater. Jeder Junge introjiziert den Vater bis zu einem gewissen Grade während der Jahre, in denen er heranwächst. Wahrscheinlich vermag so mancher Mann, der dies liest, bewußt zu erkennen, daß er den Vater in seinem Herzen trägt. Im primitiven Denken des Unbewußten handelt es sich dabei nicht nur um eine Redensart.

Vor einigen Jahren stieß ich auf die folgende recht typische Zeitungsmeldung:

BÖRSENVERLUSTE VERURSACHEN SELBSTMORD
A. B. C., 32 Jahre alt, Flieger im Weltkrieg, hinterließ einen Brief, aus dem hervorging, daß er durch Verluste an der Börse mittellos geworden war, und nahm sich gestern im M.-Hotel mit Gift das Leben.
Ein Zimmermädchen entdeckte die Leiche, wenige Stunden nach seinem Tode. Neben ihm standen ein Glas und die Flasche, die den giftigen Trank enthalten hatte. Ein Postskriptum auf dem Brief, den er seiner Schwester ... hinterlassen hatte, lieferte das Motiv für seine Tat. Es lautete: »Ich habe heute morgen alles, was ich besaß, den Börsenmaklern gegeben.« *Chicago Herald and Examiner*, 17. 11. 1930

Eine solche Mitteilung würde wahrscheinlich im allgemeinen vom flüchtigen Leser oder einem moralisierenden Redakteur in der Weise gedeutet werden, daß das Spekulieren an der Börse manche Leute ruinierte und einige davon »das nicht ertragen können«.
So einfache Erklärungen weisen eben jene Mängel auf, von denen wir bereits sprachen. Sie sind viel zu simpel und banal. Sie ziehen nicht in Betracht, welch heftige Gefühlskonflikte sich im Herzen der Opfer abspielen. Natürlich können wir ohne weitere Details als die in der Zeitungsmeldung enthaltenen nicht sicher sein, um welche Konflikte es ging, aber der letzte Satz gibt uns einen bedeutungsvollen Hinweis. Er läßt klar erkennen, wem der Haß dieses Mannes galt. Er enthält keine einfache Erklärung, sondern eine bittere Anklage. Man kann das Opfer fast sagen hören: »Was für ein Narr war ich doch!« So wahr dies auch sein mag, wir müssen bedenken, daß Narren sich nicht töten. Sie sind eher imstande, jene zu töten, die sie zum Narren gehalten haben.
Ich würde annehmen, d. h. aufgrund meiner klinischen Erfahrung bin ich ganz sicher, daß dieser Mann den Makler mit sich selbst identifizierte und sich selbst in Wahrheit in der Absicht tötete, symbolisch den Makler umzubringen. Ich sagte das einem Freund, der über die Idee lachte. »Ich kann mir sogar vorstellen«, sagte er, »daß dieser Bursche selbst gern ein Makler gewesen wäre, weil er soviel Interesse an der Bör-

se hatte, und ich kann mir auch vorstellen, daß er den Makler gehaßt hat, aber wenn er ihn umbringen wollte, warum hat er es dann nicht getan?«
Ich weiß nicht, warum er in diesem speziellen Fall den Makler nicht direkt, sondern indirekt getötet hat. Das hätte nur durch Stunden geduldiger Erforschung aller Verwicklungen im Seelenleben dieses Mannes geklärt werden können. Aber mein Freund war ein redlicher Mann. Einige Wochen später brachte er mir den nachstehenden Zeitungsausschnitt, der tatsächlich einige Wochen früher datiert war als der erste.

BÖRSENKUNDE TÖTET MAKLER UND NIMMT SICH DAS LEBEN
Philadelphia, Pa., 10. Okt. (AP) – G. H. J., 32 Jahre alt, Angehöriger einer bekannten Familie und gehobener Angestellter der Maklerfirma C., wurde heute im Büro der Firma von einem früheren Kunden erschossen, der anschließend die Waffe gegen sich selbst richtete und später im Krankenhaus verstarb.
Auf J. wurden drei Schüsse abgegeben, während er mit dem früheren Kunden sprach ... *Chicago Tribune*, 11. 10. 1930

»Ich fand dies«, sagte mein Freund, »und bin jetzt eher geneigt, an deine Erklärung zu glauben. Du siehst, dieser Bursche tötete den Makler wirklich. Nach deiner Theorie nehme ich an, daß er ihn *zweimal* umbrachte.«
Mein Freund nahm an, daß ich nur theoretisierte, denn er ist mit der psychoanalytischen Literatur nicht vertraut. Die Beispiele, die ich angeführt habe, überzeugen sicher niemanden, der einen wissenschaftlichen Beweis wünscht. Ich biete sie auch nicht als Beweis an, sondern lediglich als Illustration für das, was geschieht, und dafür, wie genau sie der gegebenen Erklärung entsprechen. Auch Statistiken könnten herangezogen werden, um dasselbe zu zeigen – d. h. Mord- und Selbstmordraten stehen in umgekehrt proportionaler Beziehung zueinander. In katholischen Ländern ist im allgemeinen die Mordrate höher als die Selbstmordrate, während in protestantischen Ländern die Selbstmordrate die Mordrate übersteigt. Aber selbst Statistiken können unsere Behauptung nicht beweisen. Der wirkliche Beweis hängt von geduldiger Untersuchung von Beispielen ab, die uns durch Beobachtungen bei der Behandlung von Menschen vor Augen kommen,

die ihre eigenen Motive eingehend studieren. Ich werde solche klinischen Beispiele später mitteilen.

Wir wollen nun die Frage meines skeptischen Freundes genauer betrachten: Weshalb töten diese Menschen, die vor Wut überkochen, nicht den anderen? Warum greifen sie nicht das wirkliche Objekt ihres Hasses an, anstatt diesen Haß in so umständlicher Weise auf jemand oder etwas anderes zu richten?

Zahlreiche auf der Hand liegende Gründe kommen einem in den Sinn. So kann beispielsweise der durch die Realität gesetzte Widerstand zu groß sein – der Anzugreifende kann mächtiger sein als der Angreifer.

Oder aber der Angriff auf einen Feind kann durch verschiedene innere Faktoren, vornehmlich Furcht, verhindert werden. Da ist vor allem die Furcht vor den Folgen – eine intelligente, berechtigte Furcht. Natürlich hat man Angst davor, ins Gefängnis oder an den Galgen zu kommen. Aber es gibt andere Befürchtungen, die sogar noch abschreckender sind als diese, etwa die dem Gewissen entstammende Furcht. Wahrscheinlich würden einige von uns nicht wenige Verbrechen begehen, wenn wir nicht ertappt würden. Aber niemand kann vollkommen seinem Gewissen entrinnen, und in manchen Fällen besitzt es eine ungeheure Macht. Gewiß, man kann mit dem Gewissen handeln, so daß mancher, der es nicht fertigbringt, der Straßenbahn ein paar Cents vorzuenthalten, ungerührt seinen Konkurrenten um Hunderttausende von Dollars betrügt. Ein solcher Mensch – wie jener in Äsops Fabel, der die Schlangen verschonte und die Würmer tötete – mag nicht zögern, einen Mord zu begehen (soweit es sein Gewissen betrifft), wenn er Gelegenheit hat, in einer anderen Richtung eine leichte Sühne zu leisten. Aber die Tatsache bleibt bestehen, daß das Gewissen eine starke Abschreckung und ein harter Richter ist. So mancher findet es allein aus diesem Grund leichter, sein Opfer indirekt zu töten, d. h. indem er sich selbst angreift – wie der japanische Gläubiger, der sich auf der Türschwelle seines Schuldners das Leben nimmt.

Aber es gibt noch andere Ängste als die vor den Folgen oder dem Gewissen. Eine dieser Ängste, die den aggressiven Trieb durch Einschüchterung schwächt, ist die Furcht vor feindseligen Absichten auf seiten des anderen, eine Furcht, die die Gefährlichkeit des Widersachers in einem Maße vergrößert, das den Tatsachen nicht entspricht. Oft weiß man im Innersten, daß man die Macht oder die Bösartigkeit des Feindes überschätzt, weil man ihm etwas von dem Haß zuschreibt, den man nur selbst fühlt. Ein wenig davon wirkt als Anreiz, zuviel hingegen als Einschüchterung. Einschüchterung erfordert ein Abweichen vom Ziel, und daher ist es entweder eine andere Person oder – am bequemsten – das Selbst, das der Wucht des Angriffs ausgesetzt wird.

Schließlich kann der Verzicht auf eine direkte Aggression auf eine Schwächung durch die Beimischung erotischer Elemente zurückzuführen sein. Das bedeutet einfach, daß es uns außerordentlich schwerfällt, jemanden zu töten, den wir lieben. Liebe und Haß sind stets gleichzeitig am Werk, wenngleich die Proportionen sich ändern können. Ich habe schon erklärt, daß es ein fundamentales psychologisches Prinzip ist, daß Liebe auf Haß zu folgen und ihn zu neutralisieren pflegt, ebenso wie Giftstoffe in einem Fluß allmählich durch den Wasserstoff aus der Luft neutralisiert werden. Wenn also der Haß, d. h. die Destruktivität, nicht schnell oder kraftvoll genug handelt, wird die Entwicklung dieser erotischen Infusion ihn aufhalten, ihm einen Strich durch die Rechnung machen. Man beobachtet das häufig in Kriegen, besonders wenn diese sich sehr lange hinziehen, und nirgends deutlicher als in dem biblischen Bericht über den Konflikt zwischen den Juden und den Philistern, wo die geistigen Führer Israels ständig fürchteten, es könnten sich freundschaftliche Beziehungen herstellen, Gebräuche übernommen, die Waffen niedergelegt werden. Samson, Prototyp des Israeliten, kämpfte tapfer, bis das erotische Element, d. h. seine Sympathie für die Philister, insbesondere für Dalilah, ihn in einer Weise seiner Kraft beraubte, die durch die wohlbekannte Geschichte in beispielhafter Weise klar wird.

Nachdem wir die psychische Introjektion untersucht haben, wollen wir uns nun der Untersuchung der beiden anderen Kriterien zuwenden: der Persönlichkeit von Individuen, die stark zur Introjektion neigen, und der Natur der sie herbeiführenden Ereignisse. Wir können diese beiden schwer voneinander trennen, wollen es aber doch versuchen.

Für eine große Zahl von Selbstmorden ist es bezeichnend, daß das auslösende Ereignis unangemessen erscheint. Wir haben bereits gesehen, daß diese Selbstmorde nicht nach ihrem äußeren Bild beurteilt werden dürfen, wollen aber einige von ihnen näher betrachten. Ein Mädchen tötete sich, weil sie deprimiert war, nachdem sie ihr Haar auf Lockenwickler getan hatte; ein Mann brachte sich um, weil er nicht mehr Golf spielen konnte; eine Frau beging Selbstmord, weil sie zweimal den Zug versäumt hatte; ein Junge nahm sich das Leben, weil sein Kanarienvogel gestorben war. Diese Liste könnte endlos fortgesetzt werden. Jeder Leser wird imstande sein, einige Beispiele anzuführen.[14]

In diesen Fällen wurde dem Haar, dem Golfspiel, dem Kanarienvogel ein übersteigerter Wert beigemessen, so daß bei ihrem Verlust – selbst dem drohenden Verlust – der Rückstoß gelockerter emotionaler Bindungen tödlich war. Aber weshalb kommt es überhaupt zu derart extremen Überbewertungen und Fehleinschätzungen? Wir können die Frage nicht beiseiteschieben, indem wir sagen, es habe sich eben um dumme Menschen gehandelt; wir müssen ergründen, weshalb ihre Dummheit sich auf diese besondere Weise äußerte, wenn wir verstehen wollen, wieso aggressive Tendenzen sich gegen das Selbst richten können.

Klinische Beobachtungen haben bestätigt, daß solche Individuen insofern emotional oder psychisch unreif sind, als sie niemals über infantile Formen des Liebens und Geliebtwerdens hinausgelangten. Das Kind liebt mit dem Mund; die normale Entwicklung setzt voraus, daß in hohem Maße andere Formen, Liebe zu geben und zu empfangen, erworben werden. Und ebenso wie der Säugling sich gegen die Entwöhnung wehrt und glaubt, daß ihm etwas genommen werde, was ihm rechtmäßig zustehe, so können diese in ihrer Persönlichkeitsentwicklung vorwiegend infantil und »oral«

14 Einige der obigen Beispiele haben wir unseren eigenen Akten entnommen. Andere stammen aus einem Artikel mit dem Titel *New Reasons for Suicide. Current Opinion*, Juni 1923, S. 728. Der folgende Fall wurde in *Time*, 7. 12. 1936, berichtet:
Der Bauer Jovan Bata, 60 Jahre alt, aus Nadrljan kaufte zum ersten Mal eine Kuh. Eine Woche später fand er das Tier tot in seinem Stall. »Über diesen Verlust komme ich nicht hinweg«, schrieb der Bauer, bevor er sich an einem Balken erhängte.

gebliebenen Menschen nichts ertragen, was ihnen gegen den Strich geht. Es ist daher wirklich keine Übertreibung, wenn man sagt, daß für solche Individuen wie in den oben genannten Fällen die überbewerteten Objekte – das Haar, das Golfspiel, der Kanarienvogel etc. – Äquivalente der Mutterbrust sind. Das Kind glaubt, daß es sterben müsse, wenn sie ihm entzogen wird, wie es ja auch tatsächlich der Fall wäre, wenn kein Ersatz dafür geboten würde. Aber nicht nur das – es ist auch wütend auf die Person, die es beraubt hat. Eine Untersuchung des Phantasielebens von Kindern, wie sie beispielsweise Melanie Klein[15] durchgeführt hat, sowie Untersuchungen der Sitten primitiver Stämme etwa von Roheim[16] und anderen, lassen zweifelsfrei erkennen, daß das Saugen an der Brust nicht weit von Kannibalismus entfernt ist, und daß das Kind, wenn es dazu imstande wäre, nicht nur die Milch austrinken, sondern die Brust selbst und die ganze Mutter verschlingen würde. Es würde zum Teil aus demselben Grund so handeln wie der Mann, der die Gans tötete, die die goldenen Eier legte: nämlich aus seinem unersättlichen und zwingenden Verlangen. Ein gleichermaßen starkes Motiv ist aber das bereits erwähnte feindselige, das darin zum Ausdruck kommt, daß das Kind in die Brustwarze beißt, wenn die Mutter es abzusetzen versucht. Um das zu glauben, braucht man nur daran zu denken, wie ein Hund sich verhält, wenn man ihm seinen Knochen wegnehmen will – er wird gewiß nicht zögern, die Hand zu beißen, die ihm Nahrung gibt. Das Beißen ist nur der erste Schritt zum Verschlingen, das die Wilden tatsächlich ausführen. Wenn wir uns erinnern, daß im Zeitenlauf »zivilisierte« Menschen von den Kannibalen nur ein paar Sekunden, von den wilden Tieren nur wenige Minuten entfernt sind, wird es uns nicht überraschen zu entdecken, daß im Unbewußten der Kannibalismus noch nicht ausgelöscht ist. Millionen frommer Christen gedenken des Todes ihres Heilands mehrmals im Jahr in Form einer Zeremonie, bei der der Geistliche klar verkündet, daß die Gemeinde nunmehr den Leib des Herrn essen und sein Blut trinken werde. Selbst nachdem Calvin im Streit mit der

---

15 Melanie Klein: op. cit.
16 Geza Roheim: *Social Anthropology: A Psychoanalytic Study in Anthropology and a History of Australian Totemism.* New York 1926.

Kirche, daß das Brot nicht wirklich der Leib Christi sei, gesiegt hatte, wurde klar ausgesprochen, daß es den Leib Christi *symbolisiere*. Theologen würden wahrscheinlich verneinen, daß dieser symbolische Kannibalismus einen aggressiven Charakter habe. Es ist sicherlich eine einfache, primitive und unmittelbar biologische Art und Weise, Liebe zu zeigen, aber zugleich kann das Verspeisen des Leibes eines anderen auch Ausdruck von Haß sein, wie sie etwa als Kinderphantasien in Märchen wie *Jack the Giant Killer*, dem *Gingerbread Man* oder *Rotkäppchen* (wo der Wolf sich als Großmutter verkleidet und das kleine Mädchen aufessen will) dargestellt sind. Beide Bedeutungen sind wahrscheinlich stets in der Handlung impliziert, differieren aber in ihren Proportionen nach den jeweiligen Umständen.

Ich habe mich besonders bemüht, die Grundlage dieser oralen Einstellungen klarzumachen, weil es wahrscheinlich erscheint, daß die Introjektion eine bevorzugte psychopathologische Methode jener Individuen ist, die niemals ihre infantilen oralen Neigungen aufgegeben haben. Vielleicht ist dies teilweise darauf zurückzuführen, daß die Introjektion das psychische Äquivalent des Verspeisens einer anderen Person ist.

Eine der Quellen unseres Verständnisses für diese oralen Persönlichkeitsstrukturen ist die als Melancholie* bezeichnete Krankheit. In ihrer typischen Form wird sie durch den Verlust eines geliebten Wesens ausgelöst. Der normale Mensch reagiert für eine gewisse Zeit mit Trauer, d. h. er fühlt, daß ihm etwas Schönes und Begehrenswertes genommen wurde und sein Leben dadurch ärmer geworden ist. Aber die Zeit heilt solche Wunden – Tag für Tag wird der schmerzliche Verlust geringer empfunden. Aber bei der Melancholie führt der Verlust des geliebten Wesens – nicht unbedingt durch den Tod, sondern in der Tat häufiger durch das Verlassenwerden – zu einer andersartigen Reaktion. Grübeln und Traurigkeit sind zwar dieselben, doch haben sie einen anderen Inhalt und werden schwerer anstatt leichter. Nicht die Welt scheint arm und leer, sondern etwas im Innern des Menschen selbst. Er klagt, daß er sich wertlos, elend und

---
* Nach modernem Sprachgebrauch wird die Melancholie als Depression bezeichnet. Anm. d. Übers.

traurig fühle. Oft sagt er, er verdiene das Leben nicht und bittet, ins Gefängnis oder an den Galgen gebracht zu werden. Es ist klar, daß er sich selbst haßt.
Bei einem solchen Menschen erkennt man (nun, da Freud, Abraham und Ferenczi uns den Weg gewiesen haben), daß er sich nur ein wenig mehr haßt als er sich liebt. Obgleich er darüber redet, wie unwürdig er ist, verlangt er von den Menschen seiner Umgebung ein übergroßes Maß an Aufmerksamkeit, Sympathie, Besorgnis und Pflege. Doch fallen Liebe und Haß, die er nun in so wirrer und unfruchtbarer Weise gegen sich selbst richtet, aus einem offenkundigen Grund auf ihn zurück. Sie galten früher dem verlorenen Liebesobjekt, nur war der Haß zu jener Zeit unbewußt. Wenn das Liebesobjekt verloren ist, bleiben die Gefühle zurück und ergießen sich gewissermaßen in den leeren Raum, ohne einen Halt zu finden. Ein solcher Zustand kann nicht länger andauern, als ein Mann, der sich über einen Abgrund hinweg an einem Baum auf der gegenüberliegenden Seite festhält, in dieser Lage zu verweilen vermag, wenn der Baum nachgibt. Wenn ich mir eine phantastische Beschreibung des Geschehens erlauben darf, würde ich mir ein elastisches Band der Liebe zwischen unserem Patienten und seinem Liebesobjekt vorstellen, ein Band, das einen inneren Kern von Feindseligkeit vollständig verbirgt. Wird das Liebesobjekt plötzlich entfernt, schnellt dieses Liebesband, anstatt wie beim normalen Menschen allmählich absorbiert und zurückgeleitet zu werden, auf das Selbst zurück und zerbricht dabei in die Komponenten Liebe und Haß. Zwei Dinge sind also geschehen: die Richtung des Gefühls hat sich notwendigerweise verändert, seine beiden Elemente wurden entmischt und treten daher unverhüllt zutage. Auf diese Weise kann der melancholische Patient sich in bittern Selbstanklagen und -angriffen ergehen, weil die vorher verborgene Feindseligkeit, die er einst dem Liebesobjekt gegenüber empfand, sich nun gegen ihn selbst richtet, da sein Ich Bestandteil jenes Objekts geworden ist.
Ich habe versprochen, daß wir herausfinden würden, ob bei Menschen, die zum Selbstmord neigen, definitiv gezeigt werden kann, daß ihre Persönlichkeitsstruktur von einer starken Ambivalenz bestimmt ist. Ich habe mich bereits auf die empirische Tatsache bezogen – eine Tatsache, die sowohl

Allgemeingut ist als auch auf beruflicher Erfahrung beruht –, daß Melancholiker eine starke Selbstmordneigung zeigen, aber ich habe nicht gezeigt, daß sie ambivalent sind. Ich werde auch nicht versuchen, das zu tun, da es bereits wiederholt in den Schriften psychoanalytischer Autoren herausgearbeitet worden ist (siehe die vorgenannten Namen; der Leser kann auch die revidierte Fassung meines Buches *The Human Mind* zu Rate ziehen, wo diese Theorien bei der Beschreibung der zykloiden Persönlichkeit zusammenfassend dargestellt sind). Unter Psychoanalytikern besteht nunmehr allgemeine Übereinstimmung, daß die Stadien der psychosexuellen Entwicklung zwischen der frühesten Phase vollkommener intrauteriner Selbstzufriedenheit und der Endphase der reifen, normalen, objektgerichteten Liebe sämtlich ambivalent sind; d. h. sie sind alle instabile Durchgangsphasen, in denen Elemente der Liebe wie des Hasses aktiv und unvollkommen miteinander vermischt sind. Der Melancholiker ist ein Persönlichkeitstyp, der stark von traumatischen Ereignissen (Frustrationen) des oralen Stadiums seiner Entwicklung – dem Stillen und der Entwöhnung – beeinflußt ist. Wir kennen nicht alle Gründe, weshalb manche Individuen von diesen oralen Enttäuschungen so sehr betroffen werden; einige Beobachter glauben an einen sogenannten konstitutionellen oder Erbfaktor, andere sehen darin lediglich den Versuch, unsere Unwissenheit hinter vagen Konzepten zu verbergen. Wir wissen aber und sind uns darin einig, daß für jene Individuen, deren Beziehungen zur Außenwelt fortgesetzt durch dieses Entwicklungsstadium stark beeinflußt oder bestimmt werden, anstatt daß diese Verhaltensweise zugunsten einer reiferen aufgegeben wird, eine starke Ambivalenz kennzeichnend ist, bei der häufig die Unterdrückung des einen oder anderen Elements ihrer Gefühlsbeziehungen in zyklischer Form miteinander abwechselt. Manche Menschen zeigen ihre Ambivalenz dadurch, daß sie sozusagen mit einer Hand freundlich und großzügig sind und mit der anderen kleinlich, oder daß sie mit der einen Hand schlagen und mit der anderen streicheln. Andere wieder zeigen lange Perioden der Großzügigkeit, Freundlichkeit oder offener Zuneigung, um plötzlich ein entgegengesetztes Verhalten und Einstellung an den Tag zu legen. Solche Perioden können eine Woche,

ein Jahr oder auch ein Jahrzehnt dauern. Prüft man die Bindung solcher Individuen an ihre Liebesobjekte genau, entdeckt man Beweise unbewußter Feindseligkeit, die sich in subtiler Form in der Art, den Bedingungen oder Folgen der Liebe verraten, und bei einer Provokation, die oft erstaunlich geringfügig sein kann, tritt diese Feindseligkeit offen hervor. Gewöhnlich zeigt sie sich nur in Träumen, Gedanken, Impulsen – das Gewissen wirft sie dann rasch auf das Selbst zurück. Eine liebende Mutter (dieses Typs) wird plötzlich durch den Gedanken erschreckt, sie könnte ihrem Kind etwas zu Leide tun; gleich darauf denkt sie nur noch an ihre eigene Schlechtigkeit und Selbstzerstörung. (Der normale Mensch würde einen solchen Gedanken als absurd von sich weisen und ihn »vergessen«, d. h. verdrängen.)
Ich kann diese Ambivalenz und ihre typische Abhängigkeit von oralen Charaktermerkmalen an einer Frau veranschaulichen, die in ihren frühen Lebensjahren folgenschweren oralen Versagungen ausgesetzt war. (Ihre Kindheit war von solcher Dramatik erfüllt und ihre Ablösung von der Abhängigkeit von der Mutter so schwierig, daß ihr Leben zum Thema eines vielgelesenen realistischen Romans wurde.) Nichtsdestoweniger war sie eine bewundernswerte, tüchtige und interessante Frau geworden, aber eine, die stets unzufrieden war. Unzufrieden ist dabei wirklich noch zu milde ausgedrückt. In ihren Beziehungen zu andern Menschen war sie buchstäblich unersättlich. Die Menschen mußten sie einfach gern haben, da sie sich so liebenswürdig gab, aber bald wurde ihnen bewußt, daß sie sie mit Liebe umschlang, ja, wie jemand es nannte, sie wie eine Krake umklammerte. Das kann nicht besser zum Ausdruck gebracht werden als mit den Worten ihrer Schwester, die ihr einmal schrieb:
»Du mußt erkennen, meine liebe Schwester, daß Du Deine Liebhaber verscheuchst, weil Du sie so sehr liebst. Du liebst heftig und wünschst, daß sie Dich noch heftiger lieben sollen. Aber Deine Liebe verschlingt, ja verzehrt die anderen buchstäblich. Du kannst Deinen Liebhaber nicht verspeisen wie einen Kuchen, verstehst Du? Zumindest kannst Du, wenn Du es tust, nicht erwarten, daß er Dir erhalten bleibt.«
Wie so oft bei solchen Menschen, hatte diese Frau eine Neigung, sich Liebhaber auszusuchen, deren Lebensumstände es

ganz unmöglich machten, daß sie sie je besitzen konnte. Einer von ihnen, den sie während ihrer Behandlung innig liebte, hieß Allen und wurde gewöhnlich »Al« genannt. Kurz nach der Trennung, die von ihm ausgegangen war, machte die Patientin einen Selbstmordversuch, indem sie eine Überdosis des Medikaments *Allonal* nahm. Sie hatte einen Traum, in dem sie und eine Gruppe von Männern, die aus dem Analytiker, dem Liebhaber Allen, ihrem Vater und ihrem Bruder, auf den sie sehr eifersüchtig war, und anderen bestand, sich in einem Auto befanden und verunglückten. Alle außer ihr wurden getötet. »Ja«, sagte sie ganz unvermittelt, »sie wurden alle getötet. Al und alle.«* Dieser verbale Hinweis machte sofort deutlich, daß sie beim Versuch, sich mit dem Medikament Allonal das Leben zu nehmen, gleichzeitig ihren Liebhaber und die übrigen enttäuschenden Männer verschlang. Diese Verschlingungstendenz war in all ihren Handlungen so offensichtlich, daß sogar ihre Schwester sie entdeckt hatte. So gewann sie Al trotz seiner Flucht durch die orale Einverleibung und zugleich zerstörte sie ihn mit Hilfe derselben Methode, d. h. durch einen zerstörerischen Angriff gegen ihre eigene Person, in die Al einverleibt worden war (bzw. wurde). In Wahrheit wäre ihre Selbsttötung, wie sie wohl wußte, ein tragischer Schlag für Al, einen labilen, von der Situation vollkommen überforderten und bedrückten Menschen, gewesen. Und gleichzeitig wäre auch der Analytiker stark betroffen worden, da die Analyse der Patientin für viele Beobachter und Kritiker kein Geheimnis war. Aber man sieht hier, daß die realen Faktoren in solchen Fällen nicht das Primäre sind – sie werden dadurch nur überdeterminiert.
Menschen, die diese Art einer unentwickelten infantilen oder »oralen« Charakterstruktur aufweisen, sind daher geneigt, mit einer solchen Spaltung und Umkehrung der Triebströmungen zu reagieren, wenn sie gewissen – für sie unerträglichen – Enttäuschungen und Versagungen ausgesetzt werden. Das ist die bekannteste Form eines jähen Umschwungs ambivalenter Strömungen, die als Selbstmord oder Melancholie in Erscheinung tritt.
Aber noch eine andere Form des Umschwungs wird häufig

* Englisch: Al and all. Schnell ausgesprochen, klingt »Al and all« sehr ähnlich wie Allonal. Anm. d. Übers.

bei diesem Persönlichkeitstyp beobachtet. (Es gibt noch andere Persönlichkeitstypen, die zum Selbstmord neigen; von ihnen soll später die Rede sein.) In der Tat ist ein Ereignis völlig entgegengesetzter Art imstande, dieselbe Reaktion hervorzurufen. Anstatt wegen eines Mißgeschicks Selbstmord zu begehen, reagieren manche dieser Menschen in genau derselben Weise auf ein unverhofftes Glück. Sie können bestimmte große Erfolge nicht ertragen. Ich habe Männer und Frauen gekannt, die unmittelbar nach einer Beförderung, einer Einkommenserhöhung oder der plötzlichen Erkenntnis der Bedeutung und des Ansehens, das sie bei ihrer Umwelt genossen, von Depressionen überwältigt wurden und Selbstmord begingen oder versuchten. Ich entsinne mich eines Mannes, der teils infolge eines guten Urteilsvermögens, teils weil er Glück hatte, seine Bank erfolgreich zu leiten vermochte, während gleichzeitig die Bank seines Konkurrenten und viele andere Banken Bankrott machten. Kaum war ihm das voll zum Bewußtsein gekommen, wurde er depressiv und erschoß sich schließlich. Ich entsinne mich eines anderen Mannes, den seine Geschäftstüchtigkeit befähigt hatte, in der gleichen Zeitspanne einer allgemeinen Wirtschaftskrise mehrere Unternehmen erfolgreich zu betreiben – er reagierte auf dieselbe Weise. Und die obenerwähnte Frau, die so schwer depressiv wurde, nachdem sie ihren geliebten Al verloren hatte, führte in der Folge mehrere Jahre lang ein recht friedliches Dasein, obgleich ihre Lebensumstände beträchtliche Entbehrungen und Einsamkeit mit sich brachten. Dann lernte sie einen wohlhabenden jungen Mann kennen, der sie heiraten wollte, aber obwohl sie ihn liebte und seinen Antrag annehmen wollte, stürzte sie ihr unerwartetes Glück erneut in eine Depression mit Selbstmordgedanken.

Wie können wir das erklären? In Wahrheit ist es weniger paradox, als es den Anschein haben mag. Manche Individuen sind, wie wir gesehen haben, von Natur aus ambivalent, und so sehr manche von ihnen ihre emotionale Unabhängigkeit, ihre Distanz und ihr objektives Urteil beteuern mögen, im Grunde ihres Herzens möchten sie nur zu gern derart ehrgeizige Bestrebungen mit einer passiveren Existenz vertauschen. Kurz gesagt, sie möchten geliebt werden. Häufig grollen sie sich selbst wegen ihrer Unfähigkeit, ihren Wunsch

nach Passivität und rezeptiver Befriedigung einzugestehen oder zu erfüllen. Man könnte sagen, daß solche Menschen weit reifer, gebildeter, gütiger und begabter seien, als es ihren wirklichen Fähigkeiten entsprechen würde. Alexander hat dies zutreffend als ein Leben bezeichnet, das die vorhandenen Gefühlskräfte übersteigt. Aber damit bleibt noch ungeklärt, weshalb sie als Reaktion auf Erfolg depressiv oder suizidal werden. Freud hat als erster darauf hingewiesen, daß es sich um die Reaktion auf die Mißbilligung durch ein übergroßes, »hypertrophiertes« Gewissen handle. Ein solcher Mensch führt sein ganzes Leben unter dem Diktat seines Gewissens, das sagt: »Du mußt arbeiten, du mußt verzichten, du mußt Opfer bringen, du mußt verdienen, du mußt geben, du mußt etwas erreichen, du mußt die Erwartung verleugnen, mit Gütern, Liebe, einem leichten Leben gesegnet zu werden. Natürlich hättest du das gern, aber du darfst es nicht haben. Denn hättest du es, so würde es bedeuten, daß du einen anderen beraubt oder vertrieben hast, daß ein anderer versagt, daß du dir die Position angeeignet hast, die einst dein beneideter kleiner Bruder oder ein anderes Familienmitglied eingenommen hat. Das ist dir bei Todesstrafe untersagt.«
Wenn also die Realität mit dem Gewissen in Konflikt gerät, wenn Glück oder harte Arbeit eben jene Belohnung mit sich bringen, die völlig angemessen zu sein scheint, reagiert das Gewissen mit einem Verbot, das die Ökonomie der Triebinvestitionen stört. Der Wunsch, getötet zu werden, den wir kurz diskutieren wollen, ergibt sich aus der Reaktion auf das tyrannische Gewissen. Solche Menschen verlieren ihre Objekte und verfügen nicht über Methoden, ihren Haß zu sublimieren, und sie reagieren auf diese Unterbrechung ebenso wie jene, die in ihrem Liebesprogramm unterbrochen oder frustriert werden. Die Häufigkeit, mit der Menschen, die sich in den mittleren Lebensjahren von aktiver Berufstätigkeit mit der Aussicht zurückziehen, zehn oder zwanzig Jahre geruhsamer Entspannung vor sich zu haben, prompt von einer Krankheit befallen werden, legt nahe, daß, wenn kein bewußter und absichtlicher Selbstmord infolge dieser Umstellung verübt wird, dasselbe Ziel unbewußt von den somatischen Vorgängen angesteuert wird. Aber damit nehmen wir das Thema eines späteren Kapitels vorweg.

Wir müssen ein letztes Wort zu jenen anderen Persönlichkeitstypen sagen, bei denen eine Selbstmordneigung besteht. Jene Individuen, deren Infantilität sich in ihrem Unvermögen äußert, etwas anderes zu tun, als »haben zu wollen, was sie wollen, wenn sie es wollen«, und die keinerlei Verzögerung ihrer Befriedigung zu überbrücken vermögen, müssen nicht den erwähnten ambivalenten oralen Typ verkörpern. Sie können einer etwas späteren oder gar einer noch primitiveren psychischen Organisationsstufe angehören, doch ist Ambivalenz noch immer ein charakteristisches Merkmal. Nochmals: es gibt Menschen, deren früheste Lebenserfahrungen so erschreckend und entmutigend waren, die sich so frühzeitig von der Härte der Realität und dem Mangel an Liebe überzeugen mußten, daß sie ständig darauf gefaßt sind, alle Versuche, Liebe oder Glück in dieser Welt zu gewinnen, als nutzlos und unerwünscht aufgeben zu müssen. Das beobachten wir am schizoiden Persönlichkeitstyp. Bei diesen Menschen sind alle Objektbindungen außerordentlich spärlich und schwach; es ist für sie deshalb weder so unerwartet noch so umwälzend, wenn ihre Wünsche durchkreuzt werden, vielmehr wird dadurch eher eine vollkommene Hinwendung aller Interessen auf das Selbst ausgelöst oder eine Abkehr von der Realität in Form einer Psychose. Gelegentlich suchen sie jedoch nicht in der Psychose Zuflucht, sondern im Selbstmord.

Rekapitulieren wir: wir haben unsere Theorie insoweit bestätigt gefunden, als wir zeigen konnten, daß die Introjektion eine psychische Realität ist, die bei Individuen einer bestimmten unreifen Persönlichkeitsstruktur infolge einer schweren Enttäuschung, Frustration oder ihrem Gegenteil tatsächlich zum Selbstmord führen kann. Wir sollten daher annehmen, daß Selbstmord in einer primitiven Gesellschaft häufiger ist als in einer zivilisierten. Das ist auch zweifellos der Fall, wie Forscher bestätigen, die sich mit dem Gegenstand beschäftigt haben.[17] (Aus demselben Grund könnten wir erwarten, daß mildere Selbstmordformen häufiger bei zivilisierten Völkern vorkommen.) Primitive Völker und Menschen mit unreifer Persönlichkeit sind unfähiger, positive Objektbindungen aufzunehmen, die von starker Ambivalenz

17 Gregory Zilboorg: *Considerations on Suicide, with Particular Reference to that of the Young.* Amer. Journ. Orthopsychiat. Jan. 1937, S. 15-31.

frei sind, und sie sind deshalb stärker auf die Gnade der Umstände angewiesen, die sie ihrer labilen Liebesobjekte berauben könnten.

Daß solche Störungen von Bindungen, die sehr heftig oder andererseits sehr trivial erscheinen mögen, eine Introjektion des Wunsches zu töten auslösen und zum vollendeten Selbstmord führen, wird durch die lange Liste bereits erwähnter auslösender Faktoren bestätigt. Vergleicht man diese mit der Liste von Ursachen, die bei Wilden zum Selbstmord führen, wird man nur geringfügige Unterschiede entdecken. Westermarck[18] sagt z. B.: »Die Ursachen, die bei Wilden zum Selbstmord führen, sind vielfältig: enttäuschte Liebe oder Eifersucht, Kummer über den Tod eines Kindes, des Gatten oder der Gattin, Furcht vor Strafe, Sklaverei oder brutale Behandlung durch den Gatten, Reue, Scham oder verwundeter Stolz, Ärger oder Rache. In manchen Fällen tötet sich ein Beleidigter mit der ausdrücklichen Absicht, sich an seinem Beleidiger zu rächen. So heißt es bei den Tschi-sprechenden Völkern der Goldküste: ›Falls ein Mensch Selbstmord begeht und diese Tat vorher dem Verhalten eines anderen zuschreibt, so muß dieser andere laut Gesetz das gleiche Schicksal erleiden.‹ Dies wird ›sich selbst töten auf dem Kopf eines anderen‹ genannt, und der Mensch, der durch sein Verhalten angeblich den Selbstmörder zu seiner unbesonnenen Tat getrieben hat, soll einen Tod genau derselben Art erleiden – es sei denn, die Familie des Selbstmörders ließe sich durch eine Entschädigung in Form von Geld besänftigen.

Bei den Tschuwaschen war es früher Sitte, sich an der Tür ihrer Feinde zu erhängen; bei den Thlinkets, die auf den Savage-Inseln im Pazifischen Ozean leben, begeht ein Mensch, der außerstande ist, auf andere Weise Rache zu üben, Selbstmord, um seinen Beleidiger der Vergeltung durch die überlebenden Verwandten und Freunde zu überantworten.

Das gleiche tun die Chinesen, nicht nur weil das Gesetz die Verantwortung für die Tat demjenigen zuschreibt, der sie veranlaßte, sondern auch weil die körperlose Seele den Feind angeblich besser zu verfolgen vermag als der lebende Mensch. Das glaubten auch die Brahmanen.«

18 Edward Westermarck: *The Origin and Development of the Moral Ideas*. 2 Bde., London 1906.

Daß diese unbewußten Mechanismen des Selbstmords von vielen Menschen intuitiv wahrgenommen werden, kann unmittelbar aus einer Karikatur, die am 17. November 1934 im *New Yorker* veröffentlicht wurde, geschlossen werden. Auf der ersten Zeichnung sieht man einen Mann, der verzweifelt neben dem Bild einer Frau sitzt und einen Revolver in der rechten Hand hält. Auf den folgenden Zeichnungen hebt er zunächst den Revolver und setzt ihn mit resignierter Miene an die Schläfe. Dann scheint ihm ein Gedanke zu kommen, er senkt den Revolver, wobei er einen weiteren Blick auf das Bild der Frau wirft. Auf der letzten Zeichnung hat er den Kopf zurückgeworfen, er richtet den Revolver auf das Bild der Frau, drückt ab, das Bild wird in Fetzen gerissen, während sich auf seinem Gesicht Triumph und Befriedigung, gemischt mit offensichtlichem Ärger, spiegeln.[19]

All das stimmt mit dem überein, was wir empirisch über den Selbstmord wissen – von seinem Vorkommen bei labilen Jugendlichen und starren Persönlichkeiten mittleren Alters, von seiner Auslösung durch unglückliche Liebesbeziehungen, finanzielle und familiäre Schwierigkeiten. In all diesen Fällen ist der Wunsch zu töten latent vorhanden; mitunter verbirgt er sich hinter heftigster Liebesleidenschaft, liebevollster mütterlicher Geduld oder gewissenhaftester Rechtschaffenheit. Oft begehen jene Selbstmord, die zu den angesehensten Mitgliedern der Gemeinde gehören – die großzügigsten, aufrechtesten, intelligentesten. Es mag deshalb als Schock empfunden werden, daß ich ihnen – ebenso wie allen anderen Selbstmördern – irgendwelche Mängel in ihrer Persönlichkeitsstruktur, emotionale Unreife oder seelische Primitivität zuschreibe. Der Mann, der sich umbringt, hat schließlich getötet und

---

[19] Nicht nur Psychoanalytiker haben auf das Rachemotiv beim Selbstmord hingewiesen. (G. Bermann *Archiva de Medicina Leg.*, Lissabon, April 1931, S. 1-33) stützt das, was er als neue Hypothese ansieht, auf persönliche Gespräche mit Menschen, die einen Selbstmordversuch unternommen hatten und einer gründlichen psychiatrischen und allgemeinen Untersuchung ihrer Lebensverhältnisse unterzogen worden waren. Nach seiner Vorstellung ist Selbstmord stets eine Form der Rache an irgendeiner Person oder der Gesellschaft insgesamt. Rache an einem Angehörigen oder Liebhaber liegt oft auf der Hand, aber er glaubt, daß dasselbe bei Selbstmorden sowohl von Anarchisten als auch jenen, die wegen ihrer eigenen Unzulänglichkeit und Ressentiments die Menschheit als ganzes angreifen oder Rachegefühle gegen sie hegen, der Fall ist.

muß demnach – wie der Anschein beweist – von dem Impuls oder, psychologisch ausgedrückt, dem Wunsch zu töten, beherrscht worden sein. Wir alle hegen solche Impulse, solche Wünsche – das ist nicht anomal. Aber die meisten von uns können ihnen widerstehen, und ganz gleich, mit wieviel Spitzfindigkeit versucht wird, den Selbstmord zu rechtfertigen oder zu glorifizieren, die Tatsache bleibt bestehen, daß es sich um einen Mord handelt, eine Klimax der Zerstörung, und daß seine Absichten, Motive und Folgen mit dieser unausweichlichen Tatsache zusammenhängen.

Soviel also zu dem aus primitiver Destruktivität erwachsenden *Wunsch zu töten,* der nur mit einer schwachen Neutralisierung eines oder mehrerer Objekte besetzt ist, deren plötzliche Entfernung oder Untreue die Bindung auflöst, die Elemente der emotionalen Bande entmischt und dem nunmehr freigesetzten Mordimpuls gestattet, sich der Person, von der er ausging, als Ersatzobjekt zu bemächtigen und so einen Ersatzmord zu begehen.

b) Der Wunsch, getötet zu werden

Wir kommen nun zum zweiten Selbstmordelement, der Umkehrung des Tötungsmotivs, nämlich dem Wunsch, *getötet zu werden.* Weshalb sollte jemand wünschen, nicht zu sterben oder zu töten, sondern *getötet zu werden?*

Getötetwerden ist die extreme Form der *Unterwerfung,* so wie Töten die extreme Form der *Aggression* ist, und die Lust an der Unterwerfung, an Schmerz und Niederlage, selbst wenn sie mit dem Tode enden, ist das Wesen des Masochismus, d. h. die umgekehrte oder nach innen gekehrte Reaktion auf das Lust-Unlust-Prinzip. Aber es wäre eine irreführende übermäßige Simplifizierung, es dabei bewenden zu lassen. Wir müssen nun zu verstehen versuchen, wieso aus Bestrafung Befriedigung erwachsen kann – jenes außerordentliche Phänomen also, das wir allenthalben an Menschen unserer Umgebung beobachten, die ihre Krankheit genießen, und an jenen, die sich selbst in mißliche Umstände bringen, unter denen sie leiden.

Mitunter nimmt die passive Suche nach einer Methode, Selbstmord zu begehen, ohne dafür die Verantwortung übernehmen zu müssen, äußerst absurde Formen an. Ein Patient, der sich seelisch furchtbar elend fühlte, bediente sich des volkstümlichen Irrglaubens darüber, wie man sich erkältet, und versuchte sich umzubringen, indem er ein heißes Bad nahm und sich dann in der Hoffnung, eine Lungenentzündung zu bekommen, ans offene Fenster stellte. Ein anderer Patient, der ständig davon sprach, wie wünschenswert doch ein Selbstmord sei und der in der Tat gerettet worden war, nachdem er in seiner Garage einen sehr ernsten Selbstvernichtungsversuch mittels Kohlenmonoxyd unternommen hatte, versprach, niemals einen offensichtlichen Selbstmord zu begehen. Er war jedoch davon überzeugt, ein schwaches Herz zu haben, und gab sich intensiver sportlicher Tätigkeit hin, weil er hoffte, an Herzversagen zu sterben. Das hätte (für ihn) den doppelten Vorteil gehabt, daß er seine Selbstzerstörung erreicht und zudem das schlechte Urteilsvermögen der Ärzte bewiesen hätte, die ihm erlaubt hatten, sich sportlich zu betätigen. Aber seiner bewußten Absicht zum Trotz brach er nicht zusammen, sondern zu seinem eigenen und jedermanns Erstaunen gewann er eine Tennismeisterschaft, wobei er mehrere erfahrenere und bessere Spieler besiegte. Als Reaktion darauf zog er sich vollkommen vom Sport zurück, da dieser ihn bei der Erreichung seines ursprünglichen Ziels im Stich gelassen hatte. Die Erklärung für den Wunsch zu leiden und sich dem Schmerz und selbst dem Tode zu unterwerfen, findet sich in der Natur unseres Gewissens. Jedermann weiß aus praktischer Erfahrung, was Gewissen ist. Wir besitzen eine intuitive Kenntnis davon, und wir sind uns seiner ebenso bewußt, wie wir uns der Existenz der Polizei bewußt sind, auch wenn wir in der Stadt keine Polizisten sehen. Aber diese Kenntnis des Gewissens ist nicht sehr wissenschaftlich. Das Gewissen wird heutzutage ausdrücklich als innere, psychische Repräsentanz von Autorität definiert, ursprünglich und vorwiegend der elterlichen Autorität, die sich aber im späteren Leben mit den herrschenden ethischen, religiösen und gesellschaftlichen Maßstäben verbindet. Es wird weitgehend im Säuglingsalter und in der Kindheit geformt und hält selten mit den Veränderungen in der äußeren Umwelt Schritt. Wir alle wissen, daß es uns mitunter Dinge tun läßt, deren Sinn wir nicht einsehen, und daß es uns daran hindert, andere Dinge zu tun, die wir gern täten und zu deren Unterlassung kein vernünftiger Grund besteht. Das Gewissen ist oft ein guter Führer, manchmal aber auch ein schlechter. Doch ob gut oder schlecht, wir müssen stets mit ihm rechnen. Wie jedermann weiß, kann es bestochen oder gekauft, niemals aber ignoriert werden. Weniger bekannt ist, daß das Gewissen zum Teil unbewußt funktioniert; es gibt Dinge, deretwegen wir uns schuldig fühlen, ohne es zu wissen. Viele Menschen, die glauben, sie setzten sich über ihr Gewissen hinweg, oder die behaupten, niemals unter Schuldgefühlen zu leiden, zeigen durch ihre Handlungen, daß dies nicht zutrifft. Wir alle kennen Beispiele dieser Art, z. B. die Pfarrerstochter, die in Auflehnung gegen ihre puritanische Erziehung nach Greenwich Village zieht. Mit einer großen und offensichtlich neurotischen Anstrengung gelingt es ihr, Sitte, Konvention und Moral zu trotzen. Jedoch sie tut es mit solcher Heftigkeit und so deutlichem Unbehagen, daß sie geradezu zu einem Standardtyp der Persönlichkeit geworden ist, die enttäuscht und erfolglos gegen die Tyrannei des Gewissens rebelliert.

Man glaubt, daß die Macht des Gewissens einem Teil der ursprünglichen aggressiven Triebe entstammt, die, anstatt ihre zerstörerische Wirkung auf die Außenwelt zu richten, in eine Art inneren Richter oder König umgewandelt werden. Nehmen wir an, ein kleiner Volksstamm versuchte, sich in einem großen unbekannten Land anzusiedeln. Die meisten erwachsenen Männer würden ausgesandt werden, um als Jäger oder Soldaten mit feindseligen Elementen der angrenzenden Gebiete zu kämpfen; einige würden jedoch zurückbleiben, um als Polizisten die Ordnung im Innern aufrechtzuerhalten. Wenn wir uns vorstellen, daß einige dieser Polizisten Zivilkleidung tragen und daher unerkannt bleiben, haben wir ein treffendes Bild von der inneren Organisation des Seelenlebens.

Die Gewissenstätigkeit wird von bestimmten Gesetzen regiert mit denen wir aufgrund klinischer Erfahrung vertraut geworden sind. Eines davon besagt, daß das Ich proportional zu der nach außen gerichteten Destruktivität leiden muß. Es ist, als müsse jener Teil des im Ich zurückgehaltenen Zerstörungstriebes im Mikrokosmos der Persönlichkeit eine Aktivität entfalten, die genau der entspricht, die das Ich gegen den Makrokosmos im Äußeren richtet. Wenn das Individuum einen anderen auf bestimmte Weise angreift, dann richtet das Gewissen einen Angriff gleicher Art gegen das Ich. Diese Formel ist uns aus der gesellschaftlichen Organisation als Prinzip der Vergeltung bekannt, der intuitiven Basis aller Strafsysteme.

Zweitens hat das Ich die schwierige Aufgabe, zu versuchen, daß die starken Triebforderungen der Persönlichkeit nicht nur den von der Außenwelt gebotenen Möglichkeiten, sondern auch dem Diktat des Gewissens angepaßt werden. Es muß z. B. nicht nur mit dem Hunger des Menschen und der Tatsache, daß Nahrung schwer zu erringen ist, fertig werden, sondern auch mit der inneren Übereinkunft, daß gewisse Nahrungsmittel, die man findet, nicht gegessen werden dürfen. Bei dieser Aufgabe, die Forderungen der Triebe, des Gewissens und der Realität aufeinander abzustimmen, erkennt nun das Ich manche Realitäten als unüberwindlich, d. h. Wünsche verändern sie nicht; die Triebe sind ebenfalls ganz oder zumindest relativ unbezwingbar. Aber mit dem Gewissen läßt sich handeln, und daher ersinnt das Ich alle erdenklichen Möglichkeiten, die Schwierigkeit seiner Aufgabe zu erleichtern und seine Leiden zu lindern.

Mitunter jedoch sind die Forderungen des Gewissens so groß und so unerbittlich, daß sie nicht zu erfüllen sind. Die relative Macht des Gewissens wie auch das Maß, in dem es bestochen werden kann, variieren sowohl zwischen verschiedenen Individuen als auch bei einem Individuum unter verschiedenen Umständen erheblich. Bei der Melancholie zum Beispiel, jener Gemütskrankheit, die wir oben besprochen haben, scheint eine enorme Überentwicklung des Gewissens vorzuliegen, so daß der englische Psychiater Glover vorgeschlagen hat, dieses Leiden als »chronische Hyperplasie* des Überichs (Gewissens)« zu bezeichnen. In der Frage des Gewissens besteht eine große Divergenz zwischen dem Gesichtspunkt der Gesellschaft im allgemeinen und dem der Psychiater. Die Welt betrachtet einen sehr gewissenhaften Menschen als starken und bewundernswerten Charakter. Deshalb sind die Leute mitunter

* Übermäßige Zellproduktion in einem Teil bzw. Vergrößerung aufgrund quantitativer Zunahme durch Zellteilung. Anm. d. Übers.

etwas schockiert und verwirrt, wenn sie erfahren, daß Psychiater das Gewissen eines solchen Menschen als neurotisches Stigma und Inkubus betrachten. »Weshalb?« fragen sie. »Weil es«, so antworten wir, »unerbittliche Forderungen an ein bereits überlastetes Individuum stellt. Das mag zu vielen guten Taten führen, aber sie werden unter einem inneren Zwang vollbracht, der ihren Urheber um die Freude an seinem Tun bringt.« »Aber was würden Sie denn tun?« fragen sie. »Sollen die Menschen ihr Gewissen über Bord werfen? Bringt die Bezeichnung ›gewissenlos‹ nicht die Bedrohung zum Ausdruck, die in einem solchen Zustand läge?«
»Nein«, würden wir erwidern, »denn erstens kann niemand sein Gewissen wegwerfen. Bestenfalls verliert er nur jenen überwuchernden Teil davon, der unbelehrbar bleibt und unvernünftige Forderungen an ihn stellt. Zweitens können wir uns des Gewissens in dem Maße entledigen, das wir durch Intelligenz zu ersetzen vermögen. Das wird sich jedermann im besten Sinne des Wortes als moralischer empfehlen. So ist es der schwächste aller möglichen Gründe, daß wir uns einer bösen Tat, in unserem Falle eines Mords, enthalten, weil er unser Gewissen belastet. Davon Abstand zu nehmen, weil es zwingendere, vernünftigere und menschlichere Verhaltensweisen gibt, bezeugt, daß man – zumindest in diesem Punkt – zu bewußter Selbstbemeisterung gelangt ist, der größten Errungenschaft des Menschen. Und wegen seiner Stumpfheit, seiner Grausamkeit und Korrumpierbarkeit schließlich wird viel Böses im Namen des Gewissens begangen, wovon das barbarische Verhalten so ›gewissenhafter‹ Persönlichkeiten wie Cotton Mather, John Brown, Torquemada, der ›Blutigen Maria‹ und vieler anderer Zeugnis ablegt.
Eine weitere Tatsache oder auch ein ›Gesetz‹ des Gewissens: ein Schuldgefühl muß nicht von einer wirklichen Aggression herrühren. Im Unbewußten ist der Wunsch zu zerstören der tatsächlichen Zerstörung völlig gleichwertig, insoweit es das Ich der Bestrafung aussetzt. Die katholische Kirche erkennt das an, indem sie sogar die bösen *Gedanken* in der Beichte zu erfahren wünscht.
Dostojewskij hat das in den *Brüdern Karamasoff* sehr beredt geschildert: Dimitri, der seinen Vater nicht getötet hatte, wünschte nichtsdestoweniger genauso bestraft zu werden,

als ob er es getan hätte. Er sammelte alle möglichen Indizienbeweise und brachte sie vor. Er unterwarf sich der fürchterlichen Tortur des Prozesses und ließ sich lebenslänglich einkerkern, obgleich es ihm ein Leichtes gewesen wäre, dem Urteil durch ein angemessenes Verhalten im Gerichtssaal zu entgehen. Sein Bruder Iwan wurde durch die ganze Angelegenheit zur Raserei getrieben, und wütend beschuldigte er den Gerichtshof, daß es absurd sei, diese Sache derartig aufzubauschen, da jeder im Raum genauso schuldig sei wie Dimitri. »Jeder von euch hat den Tod seines Vaters herbeigewünscht!« schreit er ihnen zu. »Warum verfolgt ihr meinen Bruder, der nichts weiter getan hat als das?« Aber Dimitri wußte, daß der Wunsch, den Vater zu töten, so wie er es getan hatte – er war sogar so weit gegangen, Pläne dafür zu machen –, ihn fast ebenso sehr mit Schuld belud, als ob er die Tat wirklich vollbracht hätte.

Freud[20] hat auf die bedeutungsvolle Parallele hingewiesen, daß Dostojewskijs Vater von unbekannter Hand ermordet wurde. Als Dostojewskij später wegen eines Verbrechens, an dem er unschuldig war, verurteilt wurde, ertrug er die furchtbare Strafe, ohne zusammenzubrechen, vermutlich weil er – wie seine Romanfigur Dimitri – unbewußt an einem Schuldgefühl wegen des Todes seines Vaters und einem entsprechenden Strafbedürfnis litt. Er tötete seinen Vater nicht nur nicht, er liebte ihn und wünschte bewußt nicht seinen Tod – dennoch wissen wir, daß es im Unbewußten so ist, wie Iwan sagte. Das ist auch das Thema von *Ödipus Rex*, *Hamlet* und vielen anderen Tragödien seit Sophokles, Äschylos und Shakespeare.

Und so kommt es, daß einer, der Mordwünsche hegt, auch – zumindest unbewußt – ein Strafbedürfnis entsprechenden Maßes hat. Wir erkennen die Wahrheit einer Feststellung, die Freud vor vielen Jahren traf, daß *viele Selbstmorde versteckte Morde sind*, nicht nur aufgrund der oben erörterten Introjektion, sondern auch, weil nur Mord im Unbewußten die Todesstrafe rechtfertigt, sogar wenn beide dem Selbst zu-

---

[20] S. Freud: *Dostojewskij und die Vatertötung*. Ges. Werke, Bd. XIV, S. 399-418; ebenso in S. Freud: *Bildende Kunst und Literatur* (Studienausgabe Bd. 10). Hrsg. A. Mitscherlich, A. Richards u. J. Strachey, 3. Aufl., Ffm. 1970, S. 267-286.

gefügt werden. Mit anderen Worten, Melancholiker töten sehr selten jemand anderen als sich selbst, obgleich ihre Triebfeder der Wunsch ist, jemand anderen zu töten.
Der Leser muß daran erinnert werden, daß der Wunsch zu töten gewöhnlich unbewußt ist; er kann einmal oder gelegentlich bewußt gewesen sein, ist dann aber verdrängt und bewußt unter einer liebenden, beschützenden, gehorsamen Haltung verborgen worden. Dies und die Art, wie das der verdrängten Emotion anhaftende Schuldgefühl wirkt, um den Wunsch zu sterben wachzurufen, wird im folgenden Fall eines zweimal vermiedenen Selbstmords anschaulich illustriert.
Frau Z. war eine Schwedin aus guter Familie, deren Vater, ein bekannter Jurist und Richter, sehr autokratisch war. Er schickte seine Tochter auf ein teures Pensionat und dann für ein Jahr nach Europa. Nach ihrer Rückkehr aus dem Ausland verlangte er, daß sie einen viele Jahre älteren Freund der Familie heiratete, obgleich er zu dieser Zeit wegen eines Krebsleidens dem Tode entgegensah. Wie immer gehorchte sie dem Vater ohne Widerspruch.
Fünfzehn Monate später starb ihr Mann und hinterließ ihr ein kleines Vermögen. Aber obwohl sie niemals behauptet hatte, ihn zu lieben, wurde sie nun schwer depressiv. Sie faßte den Gedanken, daß *sie* sehr krank sei, verlangte, operiert zu werden, und erreichte das auch! Danach unternahm sie einen Selbstmordversuch, indem sie in der Küche das Gas aufdrehte, wurde aber entdeckt, ins Krankenhaus gebracht und gerettet.
Sie erholte sich und verliebte sich in einen anderen Freund ihres Vaters, ebenfalls Jurist und viele Jahre älter als sie; sie bat ihn, sie zu heiraten, was er schließlich tat. Kurz danach starb ihr Vater, und sie reagierte darauf mit einer zweiten Depression und einem zweiten Selbstmordversuch.
Wer mit psychiatrischen Krankengeschichten nicht vertraut ist, würde glauben, daß dies die Geschichte einer labilen Frau sei, die mit übergroßem Kummer auf den Verlust geliebter Menschen reagiere. Die sorgfältige Untersuchung der Umstände liefert uns jedoch eine bessere Erklärung ihrer Selbstmordneigungen. Sie hatte das sehr bestimmte Gefühl, daß ihre erste Ehe den Tod ihres Mannes beschleunigt hatte. Aber selbst wenn dies zutraf – warum sollte sie Verantwor-

tung und Schuld empfinden, wenn doch wohlbekannt war, daß sie ihn auf ausdrücklichen Wunsch ihres Vaters und nicht aus eigenem Verlangen geheiratet hatte? Sollten wir nicht vermuten, daß ihr Gefühl, sie habe ihn getötet, einen Wunsch ausdrückte? Ein solcher Wunsch könnte unter ähnlichen Umständen jedem kommen, und in diesem Fall wurde er zweifellos durch einen tieferliegenden, früheren Todeswunsch gegenüber dem Vater verstärkt, den sie gleichzeitig geliebt und gehaßt hatte, gehaßt, weil sein autokratisches Verhalten ihr Leben so sehr bestimmt hatte, daß sie sogar in eine tragische Ehe hineingezwungen worden war. Das Schuldgefühl wegen ihrer Todeswünsche, das noch dadurch verstärkt wurde, daß sie das Geld ihres Mannes geerbt hatte, führte zunächst zu einer Depression, dann zu dem Zwang, sich einer Operation zu unterziehen, und schließlich zu einem direkteren Versuch der Selbstbestrafung durch Selbstmord. Da der Selbstmord verhindert worden war, mußte sie ihre Schuldgefühle durch den Mechanismus des *Ungeschehenmachens* erleichtern. Sie näherte sich einem anderen Vaterersatz und nötigte ihn, sie zu heiraten, so als wollte sie sagen: »Bitte, nimm mich! Stelle mich nochmals auf die Probe. Laß mich meine Beziehung zu einem Mann wiederholen, ohne ihn zu töten. Ich werde nicht so destruktiv sein. Ich will nicht, daß du stirbst, sondern ich möchte mich dir unterwerfen. Tu mit mir, was du willst.«

Es ergab sich nun, was ich bisher nicht erwähnt habe, daß dieser zweite Mann ein recht strenger Mann war, der unwissentlich ihr Strafbedürfnis in einer milden, aber ausreichenden Weise befriedigte. Sie war sehr glücklich mit ihm, bis ihr wirklicher Vater, das ursprüngliche Objekt ihrer Liebe, aber auch ihrer tiefen unbewußten Abneigung, starb. Dieses Ereignis ließ das Gefühl des Verlusts und zugleich das Schuldgefühl wegen ihrer Todeswünsche wieder aufleben, und das Schuldgefühl erzwang die Wiederholung des Versuches einer selbst-auferlegten Exekution.

Eine depressive Patientin beging Selbstmord einen Tag nachdem sie erstmals freimütig von ihrer seit langem schlummernden Feindseligkeit gegenüber ihrer Mutter gesprochen hatte, wobei der Wunsch nach dem Tode der Mutter nicht nur implizit zum Ausdruck kam. Ein anderer Patient machte einen

Selbstmordversuch, nachdem er einen Brief von seinen Eltern erhalten hatte, über den er sich besonders ärgerte. Unter technischen Gesichtspunkten ist es von Bedeutung, daß psychotische Patienten, die eine starke Neigung zum Agieren haben, besonders dann äußerst sorgfältig beobachtet werden müssen, wenn sie eine klinische Besserung zu zeigen scheinen, bei der lange verdrängte feindselige Gefühle in zunehmendem Maße zum Ausdruck kommen.

Fälle wie der obige könnten von jedem Psychiater vorgebracht werden. Vielleicht besitzen die nicht so schlüssigen, dafür aber um so anregenderen Schilderungen in den anschaulichen, oft kurz und bündigen Selbstmordberichten der Tagespresse einen gewissen unerwarteten Wert. Natürlich fehlt der klare Blick für die unbewußten Faktoren. Aber andererseits fehlen auch die Komplikationen der analytischen Situation, und mitunter sind die Hinweise auf analytische Prinzipien außerordentlich deutlich. Betrachten wir beispielsweise den vielsagenden Bericht über einen Scharfrichter, der schließlich seine beruflichen Fähigkeiten gegen sich selbst richtete. Die Last der Schuld, die ein solcher Mensch mit sich herumträgt, kann vielleicht nicht deutlicher veranschaulicht werden.

LEICHENBESCHAUER SAGT: SCHARFRICHTER TÖTETE SICH SELBST
Auburn, New York, 23. Februar (AP) – Der knappe Bericht des Leichenbeschauers klärte heute das Geheimnis um den Tod von J. K. L., 55 Jahre alt, früherer Scharfrichter des Staates und seit langem bekannt als Auburns »geheimnisvoller Mann«.

»Tod durch Selbstmord« lauteten die kryptischen Worte, die Dr. W. E. W. benutzte, um das Resultat der Autopsie bekanntzugeben. Der pensionierte Scharfrichter war gestern tot in seinem Keller aufgefunden worden.

Die eisernen Nerven, die L. in die Lage versetzt hatten, während seiner Laufbahn 141 Männern in aller Ruhe zum Tod auf dem elektrischen Stuhl zu verhelfen, verließen ihn bis zum Schluß nicht, wie der Bericht des Arztes erkennen läßt. Zwei Wunden wurden an der Leiche festgestellt: eine auf der linken Seite des Brustkorbs, die nicht sofort zum Tode führte, worauf ein zweiter Schuß in die rechte Schläfe folgte.   *Topeka Daily Capital*, 24. 2. 1929

Ossorgin schildert etwas sehr Ähnliches in seinem ausgezeichneten Roman *Quiet Street*. Hier wird der abgestumpfte Scharfrichter angesichts gegen ihn gerichteter Drohungen von Panik befallen. Er wird nach einer Operation vom Tod ereilt, da sein Körper scheinbar keine Kraft zur Genesung besaß.

Das Vererbungsproblem beim Selbstmord

Ein Begleitumstand von Selbstmorden, der häufig in Zeitungsberichten und allgemeinen Diskussionen erwähnt wird, verweist auf ein Problem, das an dieser Stelle erörtert werden sollte. Hier ein Beispiel:

Er wiederholt die Tat seines Vaters
X., Kansas, 30. Januar – Heute erreichte uns die Nachricht, daß M. N., 29 Jahre alt, Lehrer für Landwirtschaft an der Volksschule in X., Nebraska, Selbstmord begangen hat. Er hatte an der State University studiert und bis vor einigen Jahren hier gelebt. *Sein Vater beging vor etwa 6 Jahren Selbstmord.* *Topeka Daily Capital*, 21. 1. 1932

Das Problem des Selbstmords innerhalb von Familien ist bisher nahezu keiner kompetenten wissenschaftlichen Untersuchung unterzogen worden. Zeitungsberichte wie der obige lassen vermuten, daß nach Ansicht der Allgemeinheit die Selbstmordneigung erblich ist. Bei meinen eigenen Untersuchungen bin ich auf mehrere Familien gestoßen, bei denen dies sicherlich der Fall zu sein scheint. So kam beispielsweise eine 61jährige Patientin wegen starker Selbstmordneigungen zu uns, die sie mehrere Male zu befriedigen versucht hatte. Drei Schwestern der Patientin hatten sich auf die gleiche Weise umgebracht. Die Mutter der Patientin und deren Mutter hatten ebenfalls auf die gleiche Art Selbstmord verübt. Die Mutter der Patientin war außerdem ein Zwilling, und ihr Zwillingsbruder hatte sich gleichfalls getötet!
In einer anderen, hochangesehenen Familie gab es 5 Söhne und 2 Töchter. Der älteste Sohn hatte sich mit 35 Jahren umgebracht, der jüngste bekam Depressionen und machte mehrere Selbstmordversuche, starb aber schließlich 30jährig aus anderer Ursache, ein dritter Bruder beging auf ähnliche Weise Selbstmord wie der älteste, ein weiterer Bruder erschoß

sich, und eine der Schwestern nahm auf einer Gesellschaft Gift und starb. Von dieser ganzen Familie sind nur noch zwei Kinder am Leben.

Ich habe auch zahlreiche Beispiele gesammelt, bei denen Brüder oder Schwestern Selbstmord begingen. In einem Fall töteten sich drei Schwestern zu gleicher Zeit.

So überzeugend diese Beispiele auch sein mögen, gibt es doch keinen haltbaren wissenschaftlichen Beweis für die Erblichkeit der Selbstmordneigung, und viele psychoanalytische Fallgeschichten zeigen, daß gehäufte Selbstmorde in einer Familie auf psychologischer Grundlage zu erklären sind. Oberflächlich betrachtet, kann man von Suggestion sprechen.[22] Geht man aber der Sache auf den Grund, dann stößt man auf die wohlbekannte Tatsache, daß unbewußte Todeswünsche am stärksten gegenüber Familienmitgliedern sind. Stirbt ein Familienmitglied oder tötet es sich selbst, werden unbewußte Todeswünsche anderer Familienmitglieder unvermutet befriedigt. Dadurch wird eine plötzliche, überwältigende Woge von Schuldgefühlen ausgelöst, die an die Stelle des nunmehr erfüllten Mordwunsches treten. Diese Woge kann so groß und überwältigend sein, daß der Schuldige mit dem Tode bestraft werden muß. Manchmal geschieht dies, wie jeder Psychoanalytiker weiß, durch Träume von Hinrichtungen, vom Hängen oder einer anderen Todesart oder aber von einer Verurteilung zu lebenslänglicher Haft. In anderen Fällen führt das Element der Suggestion dazu, das Todesurteil an sich selbst tatsächlich zu vollstrecken.

Außerdem können wir im Fall eines Selbstmords mehrerer Geschwister nur das Vorhandensein einer gleichartigen psychischen Struktur vermuten, die sich aus einem gemeinsamen Familienhintergrund ergibt, um das gleichartige Verhalten zu erklären. Natürlich sind keine zwei Individuen, selbst Zwillinge, genau gleich oder haben genau die gleiche Um-

---

[22] Die gewählte Methode ist oft identisch und sogar der Zeitpunkt kann übereinstimmen. So wird z. B. berichtet, daß die Gräfin von Cardigan alljährlich am Tage des Selbstmords ihrer Mutter mit Selbstmordwünschen zu kämpfen hatte. Sie pflegte zu bemerken: »Wenn ich mich heute nicht umbringe, muß ich noch ein Jahr länger leben.« Nach acht Jahren schließlich, fast zur gleichen Stunde wie die Mutter, gelang es Lady Cardigan, sich umzubringen. Selbst der überzeugteste Anhänger der Vererbungstheorie würde nicht erwarten, daß der Selbstmordtrieb in jährlichen Abständen wiederkehrt.

gebung, aber selbst Geschwister, die in großer räumlicher Entfernung leben, können ähnliche Auswirkungen der Behandlung durch einen pathologischen Vater zeigen.
Aus diesen Gründen können wir sagen, daß es überflüssig ist, zur Erklärung gehäufter Selbstmorde in einer Familie die Vererbung heranzuziehen.

Die Bedeutung der angewandten Methoden

Im Zusammenhang damit, wie das Strafbedürfnis und der Wunsch zu töten durch Selbstmord befriedigt werden, müssen wir der Bedeutung der angewandten Methoden einige Aufmerksamkeit schenken. Es besteht weitgehende Übereinstimmung darüber, daß, statistisch gesehen, Männer das Erschießen vorzuziehen scheinen, während Frauen Gift nehmen, den Gashahn aufdrehen oder ins Wasser gehen. Dies steht offensichtlich in Beziehung zur männlichen und weiblichen Rolle im Leben: aktiv-aggressiv und passiv-rezeptiv.
Sehr aufschlußreich ist die Untersuchung einiger ungewöhnlicher Methoden. Sie zeigen deutlich das Strafbedürfnis, und die Form der Bestrafung läßt häufig erkennen, daß bestimmten symbolischen Handlungen ein besonderer erotischer Wert beigemessen wird. Der folgende Ausschnitt aus einem Artikel[23], der vor 30 Jahren veröffentlicht wurde, ist an Klarheit der Darstellung dieser Phänomene nicht zu übertreffen:
»Nichts ist überraschender in den Annalen des Selbstmords als die außerordentliche Vielfalt und Neuheit der Methoden, zu denen der Mensch in seinen Bemühungen, den Leiden und Mißgeschicken des Lebens zu entfliehen, gegriffen hat. Man würde natürlich annehmen, daß ein Mensch, der beschlossen hat, seinem Leben ein Ende zu machen, dies auf die leichteste, angenehmste und schmerzloseste Art tun würde. Aber die Literatur über diesen Gegenstand beweist schlüssig, daß sich alljährlich Hunderte von Selbstmördern auf die schwierigste, qualvollste und ungewöhnlichste Weise das Leben nehmen. Es gibt kaum eine mögliche oder vorstellbare Methode der Selbstzerstörung, die nicht ausprobiert worden ist. Als ich den ersten Fallbericht über eine Selbstverbrennung mittels

---

23 George Kennan: *Problems of Suicide, McClure's Magazine*, Bd. 31, S. 227.

Kerosin und einem Streichholz aus der Zeitung ausschnitt, hielt ich das für eine recht bemerkenswerte und ungewöhnliche Art, sich das Leben zu nehmen. Aber bald entdeckte ich, daß Selbstverbrennung vergleichsweise häufig vorkommt.
... Ich habe gut dokumentierte Fälle, bei denen Männer oder Frauen Selbstmord begingen, indem sie sich in den Wipfeln hoher Bäume erhängten oder dort Gift nahmen, sich in rotierende Kreissägen warfen, Dynamit in ihrem Mund explodieren ließen, sich glühendheiße Feuerhaken in den Rachen stießen, glühendheiße Öfen umklammerten, sich im winterlichen Schneetreiben nackt auszogen und so oder auf Eisblöcken erfroren, indem sie sich die Kehle an Stacheldrahtzäunen zerfetzten, sich kopfüber in Tonnen stürzten und sich ertränkten, indem sie sich in die Krater von Vulkanen stürzten oder sich erschossen, indem sie auf raffinierte Weise ein Gewehr und eine Nähmaschine miteinander kombinierten. Menschen erdrosselten sich mit Strähnen ihres eigenen Haares, sie schluckten giftige Spinnen, durchbohrten sich das Herz mit Korkenziehern und Stopfnadeln, schnitten sich die Kehle mit Handsägen und Schafscheren durch, sie verschluckten in Streifen geschnittene Unterwäsche und Schnallen von Hosenträgern, sie zwangen Pferdegespanne, ihnen die Köpfe abzureißen, sie stürzten sich in Kübel voll Schmierseife und in Brennöfen mit geschmolzenem Glas, sie sprangen im Schlachthaus in Blutbehälter, sie köpften sich mit selbstgemachten Guillotinen und sie kreuzigten sich selbst.«
In früherer Zeit wären so ungewöhnliche Methoden lediglich als Beweis für den Wahnsinnscharakter der Selbstmordhandlung angesehen worden, aber damals glaubte man noch, das sogenannte wahnsinnige Benehmen habe keinen Sinn. Das Werk Freuds und in diesem speziellen Zusammenhang auch das Jungs[24] haben seither längst den Blick und das Verständnis der Psychiater in bezug auf die Bedeutung und den Sinn jedes Wortes und jeder Handlung des psychotischen Patienten geschärft. Psychotisches Verhalten ist dem Uneingeweihten zum Teil deshalb unverständlich, weil es so offen, so klar und unverhüllt den Inhalt des Unbewußten preisgibt. Es gibt natürlich auch andere Gründe, etwa den, daß die

24 Carl G. Jung: *Über die Psychologie der Dementia praecox* (1907). Studienausgabe Olten und Freiburg/Br. 1972.

benutzten Symbole archaischer Natur sind. Jede menschliche Sprache beruht auf dem Gebrauch von Symbolen, aber diese Symbole sind größtenteils willkürlich und mechanisch standardisiert, während in der Sprache und dem Verhalten des psychotischen Patienten primitivere Symbole verwandt werden, die uns trotz ihrer universellen Gültigkeit nicht vertraut sind.

Wir haben demnach kein Recht, eine bestimmte Methode, Selbstmord zu begehen, als sinnlos zu bezeichnen. Aus der klinischen Erfahrung wissen wir mit hinreichender Sicherheit, was einige dieser Symbole – und das heißt, dieser Methoden – bedeuten. Betrachten wir zum Beispiel den obenerwähnten Fall eines Selbstmords durch Umklammern eines glühendheißen Ofens. Abgesehen von den Motiven, die den selbstzerstörerischen Akt bestimmen, läßt eine solche Tat vermuten, daß der Wunsch geliebt zu werden ein krankhaftes Ausmaß erreicht hat, daß ein Gefühl von so ungeheurer innerer Kälte vorhanden ist, daß die Umklammerung eines glühendheißen Ofens als endgültiger Höhepunkt destruktiver Befriedigung empfunden wird – so als wollte man sagen: »Endlich ist mein Herz warm.« Dem Kliniker, der mit neurotischen Patienten arbeitet, ist die bittere Klage, die Welt sei ein eisiger Ort, so vertraut, daß er dies weniger unglaublich finden wird als der praktische Arzt, der mehr auf äußeres als auf inneres Leiden eingestellt ist.

Beim Selbstmord durch Selbstkreuzigung handelt es sich wiederum um eine ganz offensichtliche Identifizierung mit Christus, und messianische Sehnsüchte solcher Art in weniger extremer Form werden als durchaus normal angesehen. Die christliche Religion lehrt, daß man versuchen solle, Jesus so ähnlich wie möglich zu werden, und bei manchen Sekten – wie etwa den Hermanos Penitentes von Neu-Mexiko – geht das bis zu einer Schein-Kreuzigung des frömmsten Mitglieds. Es wird an ein Kreuz geschlagen, das dann aufgerichtet wird. Von da ist es wirklich nur ein kleiner Schritt zum selbstauferlegten Märtyrertum derselben Art.

Beim Hineinspringen in flüssiges Glas, Kübel voll Schmierseife, Vulkane usw. handelt es sich natürlich nur um dramatischere und schmerzvollere Formen des Ertränkens. Die Bedeutung von Ertränkungsphantasien war eine der frühe-

sten psychoanalytischen Entdeckungen; das Ertränken wird als Selbstmordart häufig in Betracht gezogen oder auch ausgeführt; es spielt aber auch im Seelenleben vieler Menschen verhüllt oder unverhüllt eine Rolle. Werden solche Phantasien einer psychoanalytischen Prüfung unterzogen, dann scheinen sie ganz entschieden mit dem Wunsch zusammenzuhängen, zur ungetrübten Seligkeit intrauteriner Existenz zurückzukehren, eine Art Umkehr des ersten großen Erlebnisses – der Geburt. In meinem Buch *The Human Mind* habe ich zahlreiche Beispiele für diese Phantasie aus der Bibel, der Dichtung, aus zufälligen Unterhaltungen von Menschen auf der Straße, aus Kirchengesangbüchern, Zeitungsberichten, aus Äußerungen von Patienten im Sanatorium und aus den Schriften von Shelley und Freud angeführt.
Wenn die Frage gestellt würde, weshalb der Selbstmörder für das Ertrinken einen so schrecklichen Ort auswählt, brauchten wir uns nur zu erinnern, daß solche Phantasien von einem starken Schuldgefühl begleitet sein können, und es gibt eine damit einhergehende wohlbekannte Vorstellung, daß der Mutterleib oder der Eintritt in ihn etwas Furchtbares sei. Das erkennen wir an den mythologischen Darstellungen vom Eintritt in das jenseitige Leben: dem Zerberus, dem düsteren Styx, dem Fegefeuer und so weiter.
In diesem Zusammenhang fällt einem die ungewöhnliche Laufbahn von Harry Houdini (Erich Weiss) ein, der sich mit besonderer Vorliebe aus scheinbar nicht zu sprengenden Fesseln aller Art und unentrinnbaren Situationen befreite: »Zwangsjacken, Ketten, Handschellen, Gefängniszellen, Kisten, Körben, Glaskästen, Schreibtischen mit Rolltüren und sogar Eisenkesseln. Mit festgebundenen Armen sprang er von Brücken, mit dem Kopf nach unten hängend an einem Takelblock befestigt, befreite er sich aus den Maschen zusammenschnürender Vorrichtungen. Er ließ sich in Ketten legen und sechs Fuß unter der Erde vergraben, in Stahlkammern einschließen und in riesige, vernagelte Kisten verpacken. Als er einmal nach Anstrengungen von über einer Stunde freikam, sagte er: ›Der Schmerz, die Qual, die Todesangst und das Elend dieses Kampfes werden für immer in meiner Seele weiterleben.‹ Die Variationen seiner Entfesselungsakte waren zahllos, nichts war zu bizarr, mühsam oder schwierig,

solange es sich darum handelte, eine einengende Kraft zu überwinden.«[25] Am dramatischsten war es, daß er sich aus vergrabenen Särgen und unter Wasser aus Ketten befreite. Damit verbunden – ihm unbewußt – ist die Tatsache, daß er eine ungewöhnlich starke Bindung an seine Mutter[26] hatte, die sein ganzes Leben entscheidend beeinflußte. Hier wird die Anwendbarkeit der obigen Erklärung deutlich. Am Jahrestag des Todestages seiner Mutter im Jahre 1925 fügte er in sein Tagebuch eine Abschrift des Gedichts von Masefield für dessen Mutter ein:

> »In the dark womb where I began
> My mother's life made me a man.
> Through all the months of human birth
> Her beauty fed my common earth.
> I cannot see, nor breathe, nor stir,
> But through the death of some of her.«

(Aus: »C. L. M.«, in: *The Poems and Plays of John Masefield*, New York 1918, S. 111)

Bragman bemerkt treffend, daß »fast alle aufsehenerregenden Kraftproben Houdinis eine Art Pseudoselbstmord darstellten«.

Kehren wir zu der Bedeutung anderer Methoden zurück. Daß man sich von einem Lastwagen, einer Dampfwalze oder einem Zug überfahren läßt, entspricht so genau der passiven Unterwerfung unter eine unwiderstehliche Macht, daß es als weiterer klarer Beweis für die Gültigkeit der zweiten Selbstmordkomponente gelten kann, die wir oben erörtert haben: den Wunsch, getötet zu werden.

Was schließlich die Analogie zum Vergiften und Erschießen betrifft, so sollten wir überlegen, welchen Sinn es beispiels-

---

25 Siehe Louis J. Bragman: *Houdini Escapes From Reality. The Psychoanalytic Review*, Oktober 1929, S. 404.
26 In sein Tagebuch schrieb er Dinge wie diese: »Ich bereite die Briefe meiner Geheiligten Mutter zur Abschrift vor, so daß ich sie in Buchform fassen kann ... Ich lasse die Briefe meiner geliebten Mutter in gutem Deutsch auf der Schreibmaschine schreiben, so daß ich sie leicht lesen kann. Viele bittere Tränen habe ich vergossen. In dem ganzen Stoß von Briefen, die ich seit 1900 gesammelt habe, ist jeder ein Liebesbrief, ein Gebet zu Gott um Schutz für seine Kinder, daß wir gute Menschen sein sollen ... Nach der Vorstellung hatte ich eine schreckliche Aufregung wegen meiner geliebten Mutter.«

weise haben könnte, daß jemand sich einen glühendheißen Feuerhaken in den Rachen stößt. Jeder Arzt wundert sich, weshalb manche Patienten, die sich vergiften wollen, dies tun, indem sie eine so unsichere, aber in jedem Fall qualvolle Methode wählen, wie Phenol zu trinken. Einer dieser Patienten trank in aller Ruhe ungereinigte Salzsäure, die natürlich wieder ausgespien wurde; er versuchte danach zu wiederholten Malen, auf diese Weise Selbstmord zu begehen, indem er die Säure mit Ingwerbier vermischte. Da die Verbrennungen eine Speiseröhrenverengung verursacht hatten, wurden langwierige chirurgische Behandlungen erforderlich; unter anderem mußte die Speiseröhre täglich mit einer Bougie erweitert werden. Solange die qualvolle (intraorale) Behandlung andauerte, schien der Patient ganz fröhlich und guter Dinge und lehnte jede psychoanalytische Behandlung als unnötig ab. Er wurde schließlich entlassen, kehrte nach Hause und in sein Geschäft zurück und verübte ein Jahr später Selbstmord, indem er Feuerwerkskörper verschluckte!

Diese Methoden hängen sehr wahrscheinlich mit einem starken oralen Verlangen zusammen, dessen Ursprung wir bereits erörtert haben, d. h. mit einer starken Intensivierung der erotischen Funktion des Mundes, die mit einer pathologischen Übersteigerung des Bedürfnisses verbunden ist, Liebe auf infantile Art, d. h. durch den Mund, zu empfangen. Wer mit Freuds *Drei Abhandlungen zur Sexualtheorie* vertraut ist, wird die Beziehung solcher Methoden zum ständigen Daumenlutschen des Kindes oder zur Fellatio des Erwachsenen erkennen. Derselbe Mund, der die verbotene Lust mit so erschreckender Heftigkeit begehrt, ist auch der Ort, der eine Bestrafung von entsprechendem Ausmaß auf sich nimmt. Ein Kind, dessen Mutter ihm den Mund mit Seife ausscheuert, weil es geflucht hat, kann sich gut vorstellen, daß, würde es bei noch verpönteren oralen Phantasien oder Aktivitäten angetroffen, wie sie bei jedem Erwachsenen auftreten, nicht weniger schreckliche Strafen zu erwarten hätte wie das Ausbrennen seines Rachens mit Feuer oder Säure.

Dieses Beschäftigtsein mit Phantasien über sexuelle Lust durch den Mund erscheint jenen, die mit dem Phantasieleben neurotischer Patienten nicht vertraut sind, stets erschreckend und unglaubhaft. Selbst Ärzte, die ihre Patienten gut kennen, können nicht glauben, daß diese derart widerwärtige Gedanken hegen. Man muß bedenken, daß die Patienten selbst mehr als jeder andere erschrecken, wenn sie sie bei sich entdecken. Gerade diese furchtbare Widerwärtigkeit und die mit ihr einhergehende Angst vor Strafe rufen so starke Gefühlsspannungen bei einem Patienten hervor, dessen frühe orale Erziehung in irgendeiner Weise mangelhaft oder übertrieben war, so daß sie ihn ohne bewußtes Wissen zu solchen Wünschen prädisponierte. Wird ein solcher Konflikt unerträglich, kann er – wie in den genannten Fallbeispielen – in so erschreckend dramatischer Form der Befriedigung und Bestrafung *per os* in Erscheinung treten.

Was all diese Methoden in allen Einzelheiten für diese Patienten bedeutet haben, werden wir nie erfahren, aber ihre Ähnlichkeit mit neurotischen Phantasien und Träumen, die uns aus der Psychoanalyse wohlvertraut sind, läßt wenig Zweifel über ihre Bedeutung im allgemeinen und bestärkt, was wir über die Selbstmordmotive gesagt haben, daß nämlich der Selbstmord Mord und Sühne in einem repräsentiert. Wir bemerken jedoch, daß in diesem Mord und in der sühnenden Unterwerfung ein neues Element enthalten ist, das weniger gewalttätig und dafür romantischer ist. Dieses merkwürdige Element, das sich bei näherer Untersuchung als weit wichtiger erweisen wird, als es zunächst scheinen mag, ist das erotische Element.

Das erotische Element

So wie zerstörerische Aktivitäten, die gegen eine andere Person gerichtet sind, durch Liebe gemildert oder sogar völlig verschleiert werden, so kann die passive Unterwerfung unter Gewalttätigkeit erotisiert werden, d. h. sie kann konstruktiven und Liebesneigungen bestimmte Möglichkeiten zur Entwicklung und teilweisen oder völligen Verschmelzung mit den aggressiven Tendenzen bieten. Erotisierung bedeutet schlicht, wie wir bereits sahen, daß die lustspendenden konstruktiven Eigenschaften hinzugefügt oder aufgepfropft werden. Sie können jenen Punkt teilweiser Verschmelzung erreichen, der als bewußte sexuelle Befriedigung durch Leiden erscheint. Lustgewinn durch Schmerz wird *Masochismus* genannt; er ist ein klinisches Phänomen, das Gegenstand zahlreicher psychologischer Untersuchungen gewesen ist.[27] Es ist eine bekannte Tatsache, daß manche Menschen es lieben, geschlagen zu werden, und daß dies mit unmißverständlichen Anzeichen sexuellen Genusses verbunden ist. Aber es fällt schwer, sich vorzustellen, daß selbst solche Individuen ihren lustvollen Schmerz so ausgedehnt sehen möchten, daß sie sich totschlagen lassen. Doch Nancy Sykes (aus *Oliver Twist*) tat dies, und wir alle kennen Menschen wie sie. Von manchen Märtyrern aus alter Zeit wird berichtet, daß sie höchste Lust und Freude zum Ausdruck brachten, weil sie sterben sollten, und zwar unter den blutigsten und qualvollsten Umständen, die man sich vorstellen kann. Dies ist nur verständlich, wenn wir an das Prinzip denken, daß die durch Liebe und erotische Gefühle gekennzeichneten konstruktiven Neigungen den destruktiven Tendenzen nachfolgen.

Eine der Vorkehrungen zur Steigerung lustvoller Befriedigung, indem man sich den Angriffen anderer aussetzt oder sich selbst angreift, hängt von dem ab, was wir Exhibitionismus nennen. Exhibitionismus ist eine krankhafte Befriedigung durch Zurschaustellung vor anderen. Er wird zwar im allgemeinen als aggressiver Akt angesehen und deshalb verabscheut, ist aber, geht man der Sache wirklich auf den Grund, eine passive Lust. Er stellt sicherlich eine extreme und dramatische Unterwerfung gegenüber dem Zuschauer dar – nicht aggressiv, sondern masochistisch: »Um des Kitzels und der Befriedigung willen, die meine Hingabe an den Tod dir bereiten mögen, unterwerfe ich mich so.« Und so wird das Verlangen nach Strafe in dramatischer Weise befriedigt und von der narzißtischen Lust, sich zur Schau zu stellen und die Gefühle anderer anzusprechen, begleitet bzw. besänftigt.

Allerdings sind so eindeutige Illustrationen dieses Prinzips wie das folgende selten:

Er »illustriert« einen Selbstmord
Herausgeforderter Partygast trinkt Gift, mit dem sich ein Mädchen getötet hat

T., Penn., 1. 1. 1930 (AP) – L. M., 26, starb heute an den Wirkungen eines Giftes, das er letzte Nacht auf einer Neujahrs-

[27] Freud, Rado, Horney u. a.

party genommen hatte, nachdem er herausgefordert worden war. Die Gäste unterhielten sich über den kürzlich erfolgten Selbstmord von Fräulein E. V., 19, als M. in die Küche ging und eine Flasche mit dem gleichen Gift, das das Mädchen genommen hatte, holte. Er kehrte zu den Gästen zurück und fragte, ob irgend jemand sich getrauen würde, ihn zum Trinken aufzufordern. In der Annahme, daß er die Flasche mit Wasser gefüllt habe und scherze, wagte ein Gast die Herausforderung, und M. leerte die Flasche.

Oscar Wilde[28] verstand dies genau, wie folgende kleine Erzählung zeigt:

»Nun, als Dunkelheit über die Erde kam, entzündete Joseph von Arimathia eine Fackel aus Fichtenholz und stieg den Hügel hinab ins Tal, denn er hatte im eigenen Hause zu tun.

Und im Tale der Betrübnis sah er auf den spitzen Steinen einen Jüngling knien, der war nackt und weinte. Sein Haar war honigfarben, und sein Leib war eine weiße Blume, doch hatte er seinen Leib mit Dornen verwundet und auf sein Haar Asche gesetzt als eine Krone.

Und der Reiche sagte zu dem Jüngling, der nackt war und weinte: ›Ich bin nicht verwundert, daß dein Kummer so groß ist, denn sicher war Er ein gerechter Mann.‹

Und der Jüngling gab die Antwort: ›Nicht um Ihn weine ich, ich weine um mich selber. Auch ich habe Wasser in Wein verwandelt und heilte die Aussätzigen und gab den Blinden das Gesicht wieder. Ich bin über den Wassern gewandelt, und aus den Grabhöhlen vertrieb ich die Teufel. Ich habe die Hungrigen in der Wüste gespeist, da keine Nahrung war, und weckte die Toten aus ihren engen Häusern auf, und auf mein Gebet und vor einer großen Menge Volkes vertrocknete ein fruchtbeladener Feigenbaum. Alles, was dieser Mensch getan hat, habe auch ich getan. Und doch haben sie mich nicht gekreuzigt.‹«

In enger Beziehung zum exhibitionistischen Motiv beim Selbstmord steht die Masturbation. Man hat beobachtet, daß Selbstmordversuche mitunter dann folgen, wenn jemand bei gewohnheitsmäßigen autoerotischen Aktivitäten gestört wurde. Eine solche Störung kann in Form eines Verbots durch

---

28 O. Wilde: *Die Erzählungen und Märchen*. Leipzig 1910, S. 212.

andere oder durch das eigene Gewissen eintreten. In beiden Fällen sind die Mechanismen, die zum Selbstmord treiben, dieselben: die Masturbation verursacht ein schweres Schuldgefühl, weil sie im Unbewußten stets eine Aggression gegen jemanden repräsentiert. Diese Schuld verlangt Bestrafung, und solange die autoerotischen Aktivitäten fortgesetzt werden, ist die Strafe in der Befriedigung enthalten, da die Masturbation von vielen als schwere Gefährdung der Gesundheit und des Lebens in dieser Welt wie im Jenseits angesehen wird. Dieses Gefühl einer Gefahr und eines verzweifelten Risikos erhöht das masochistische Vergnügen an der Tat. Kommt es aber zu einer Unterbrechung, dann wird der selbstbestrafenden erotischen Befriedigung ein abruptes Ende gesetzt, während die Aggressionen durch das auferlegte Verbot stimuliert werden. Die zerstörerischen Tendenzen richten sich dann gegen das Selbst, sie werden ihrer erotischen Milderung teilweise beraubt, und es wird Zuflucht im Selbstmord gesucht – nicht nur, weil er eine gewaltsamere sexuelle Beschäftigung mit dem Selbst darstellt, sondern auch, weil er ein Mittel zur Bestrafung jener ist, von denen das Opfer glaubt, daß sie für seine Entbehrungen verantwortlich seien. So wie das Kind, wenn es in seinen Vergnügungen von den Eltern gestört wurde, kann der Erwachsene jetzt sagen: »Ihr seht, wohin eure Hartherzigkeit, eure Verbote und euer Mangel an Liebe mich getrieben haben.« Die selbstauferlegte Strafe (wegen des Genusses) ist also gleichzeitig die Bestrafung derer, die diesen Genuß unterbunden haben.[29] Die aggressive sexuelle Beschäftigung des Selbst mit dem Selbst ist das Wesen der masturbatorischen Befriedigung, und da dies, wie wir gesehen haben, auch auf den Selbstmord zutrifft, können wir mitunter das eine als Ersatz für das andere betrachten.

Die psychoanalytische Ansicht über die Masturbation geht dahin, daß sie selbstzerstörerisch ist, aber nicht in der allgemein angenommenen Weise, sondern in dem Sinne, daß sie ein Beschäftigtsein mit dem Selbst repräsentiert, das auf aggressiven Gefühlen gegenüber anderen beruht.

---

[29] Dieses Argument wurde von Stekel in einer Diskussion über den Selbstmord vor der Wiener Psychoanalytischen Gesellschaft im Juni 1910 vorgebracht, an der auch Freud und andere teilnahmen.

Ein kluger Hinweis Georg Groddecks[30] brachte mich im Hinblick auf die Beziehung der Schöpfungsgeschichte zu den Lebens- und Todestrieben auf folgenden Gedanken: »Es ist keine Rede davon, daß der Mann umgewandelt wird ... er ... bleibt, was er war, ein Wesen, das auf sich selbst gerichtet ist, das sich selbst liebt, das seine eigene Lust sucht und findet. Nur jemand, der ihm dabei hilft, ist entstanden. Jemand, der ihm einen Teil seiner Lust woanders als an seinem Körper unterzubringen ermöglicht.«

Natürlich will Groddeck nicht sagen, daß Eva geschaffen wurde, um Adam zu retten. Aber er stellt die Frage, weshalb es – vom philosophischen Standpunkt aus – zwei Geschlechter geben müsse. Die Biologen haben ihre Erklärung dafür, die Psychologen haben das Recht zu einer eigenen Erklärung. Unter dem Gesichtspunkt der Triebtheorie könnte es sein, daß die Differenzierung deshalb besteht, um die Entwicklung des Lebenstriebes durch seine Kultivierung in der Objektbesetzung zu erlauben – eines Objekts, das dem Selbst hinreichend ähnlich ist, um annehmbar zu sein, und unähnlich genug, um es zu ergänzen. Das bedeutet schlichtweg, daß wir in der kurzen Zeitspanne, in der wir (einen anderen als uns selbst) lieben, auch leben, und entspricht mit erstaunlicher Genauigkeit zahlreichen Aussprüchen, die Jesus und Plato zugeschrieben werden.

Im Zusammenhang mit der Masturbation als Selbstmordfaktor dürfen wir nicht versäumen, jene gelegentlichen Selbstmorde zu erwähnen, die in direkter Beziehung zur *Prüfungsangst* stehen. Es ist wohlbekannt, daß viele Menschen eine übertriebene und neurotische Angst vor Prüfungen haben. Diese Angst des Jugendlichen und des Schulkindes kann, wie Sadger[31] als erster bemerkte, in vielen Fällen auf die Furcht zurückgeführt werden, über gewisse Gewohnheiten befragt zu werden. Sadger wies darauf hin, daß manche Selbstmorde von Schulkindern aus übersteigerter Prüfungsangst unzweifelhaft auf der Furcht vor Entdeckung ihrer Masturbation beruhten. Er berichtet von einem sehr repräsentativen Fall.[32]

---

30 Georg Groddeck: *Das Buch vom Es.* Leipzig–Wien–Zürich 1923, S. 101.
31 J. Sadger: *Concerning Fears of Examinations and Dreams of Examinations.* Internationale Zeitschrift für Psychoanalyse, Bd. 6, 1920, S. 140-150.
32 Zit. in Menninger, *The Human Mind.*

Es gibt noch eine andere Methode, wie der Lebenstrieb paradoxerweise durch den selbst herbeigeführten Tod befriedigt wird. Sie hängt mit der verhängnisvollsten libidinösen Besetzung, dem Narzißmus, zusammen. Sich selbst zu töten anstatt vom Schicksal ereilt und geschlagen zu werden, bewahrt einem die Illusion der Allmacht, weil man selbst durch und im Selbstmord Meister über Leben und Tod ist. Solche Allmachtsphantasien, so hoch sie auch von Dichtern und Schizophrenen gepriesen wurden, sind nichtsdestoweniger als Relikte aus der Kindheit anzusehen. Sie gehen von der Annahme aus, daß ein zukünftiges Leben, eine Reinkarnation Gewißheit sei, so daß ein solcher Selbstmord – nach der bewußten Interpretation des Opfers – kein wirklicher Tod ist. Dieselbe dereistische* Phantasie ist am Werk, wenn der Selbstmord gewählt wird, um dem Tod durch andere zu entgehen, oder um Mut, Frömmigkeit, Unerschrockenheit usw. zu beweisen. Dem bereits anläßlich des exhibitionistischen Selbstmords erwähnten Narzißmus wird hier durch inhaltslose Phantasien Vorschub geleistet.

c) Der Wunsch zu sterben

Wer jemals am Bett eines Patienten, der an einer selbstzugefügten Verletzung stirbt, gesessen und dem Flehen gelauscht hat, der Arzt möge ein Leben retten, dessen Zerstörung noch vor wenigen Stunden oder Minuten versucht wurde, muß von dem Widerspruch beeindruckt gewesen sein, daß einer, der sich töten wollte, nicht sterben will!

Im allgemeinen glaubt man, daß der Patient einem plötzlichen Impuls nachgegeben und nunmehr »seine Meinung geändert« habe. Diese Annahme verrät uns nicht, weshalb die Tat diese Meinungsänderung hervorgebracht haben sollte. Der Schmerz ist gewöhnlich nicht groß, und die Aussicht auf

---

* Dereistisch nennt man ein Verhalten, das der Realität nicht angepaßt ist und die »innere Welt frei nach den eigenen Strebungen, Wünschen und Befürchtungen gestaltet«. Die Bezeichnung Dereismus wurde von dem bedeutenden Schweizer Psychiater Eugen Bleuler (1857-1939) eingeführt. Er wollte damit den anfänglich verwendeten Begriff Autismus erweitern, um Verwechslungen zwischen dem autistischen Verhalten Schizophrener und einem ähnlichen Verhalten Geistesgesunder auszuschließen. Anm. d. Übers.

den Tod ist tatsächlich geringer als vor dem Versuch, denn »wo Leben ist, ist Hoffnung«. Man hat den Eindruck, daß bei solchen Menschen der Selbstmordversuch mitunter eine Art unehrlicher Schauspielerei ist und daß ihre Fähigkeit, sich der Realität zu stellen, so schwach entwickelt ist, daß sie vorgehen, als könnten sie sich tatsächlich töten, ohne zu sterben.[33] Wir haben Grund zu glauben, daß Kinder eine solche Vorstellung vom Tod haben – als sei er ein »Fortgehen« und als gebe es von solchem Fortgehen eine Wiederkehr. In der Tat beruht die Vorstellung von einem zukünftigen Leben, die für viele Menschen so real ist, auf dieser Gleichsetzung von Tod und Fortgehen. (Dies ähnelt, wie Freud ausführte, der Fröhlichkeit, die ein Kind zeigt, mit dem man Verstecken spielt.)

Man muß unterscheiden zwischen dem *bewußten* Wunsch zu sterben (oder dem Wunsch, nicht zu sterben) und dem unbewußten Wunsch zu sterben, von denen der erste, wie wir gesehen haben, aus zahlreichen kooperierenden und konfligierenden Vektoren resultiert. Man vermutet das Vorhandensein eines unbewußten Wunsches, *nicht* zu sterben – oder richtiger: das Nichtvorhandensein des Wunsches zu sterben – bei sehr vielen Selbstmordversuchen, die wegen mangelhafter Methoden fehlschlagen. Viele Berichte über solche Fälle erscheinen in den Zeitungen, z. B.:

»Herr Q. R. S. aus Los Angeles versuchte zunächst, sich an einem Kronleuchter zu erhängen. Der Kronleuchter fiel herunter. Er schnitt sich die Kehle durch und lebte noch immer. Er öffnete seine Pulsadern und lebte noch immer. Er öffnete die Adern an den Ellenbogen. Zwei Kriminalbeamte und ein Arzt erschienen und erklärten ihn für tot. Da sprang Q. R. S. aus dem Bett und begann eine Prügelei mit allen dreien.« *Time*, 17. 11. 1930

---

33 Wahrscheinlich trifft dies immer zu, wie ich im ersten Kapitel ausführte – aber manche Menschen scheinen sich ganz bewußt damit auseinandergesetzt zu haben. Mein Psychoanalytiker-Kollege N. Lionel Blitzsten aus Chikago hat darauf hingewiesen, daß gewisse Depressive beim Beobachter den Eindruck von Unwahrhaftigkeit und Schauspielerei hervorrufen, für den er die Bezeichnung »Amphithymie« geprägt hat. Siehe N. L. Blitzsten: *Amphithymia. Arch. Neurol. & Psychiat.*, Nov. 1936, S. 1021-1036.

»In Fort Lee, New Jersey, schrieb O. P. zwei Abschiedsbriefe, kletterte auf das Geländer einer Brücke, bereit, aus einer Höhe von 7,50 m in den Tod zu springen. Als er schwankte, rief der Polizist C. K. ihm zu: ›Steig herunter oder ich schieße!‹ Und O. P. stieg herunter.« *Time*, 16. 7. 1934

»In Denver brach T. S. in Lachen aus, als eine Pistole, die er für einen Dollar gekauft hatte, um sich umzubringen, explodierte, wobei eine Kugel an seiner Brust abprallte, ohne ihm Schaden zuzufügen. Nachdem Polizisten ihn beruhigt hatten, erklärte T. S., er würde versuchen, weiterzuleben.«
Time, 7. 12. 1936

Machtvolle Selbstzerstörungstendenzen mit auffallend aggressiven und strafenden Zügen, die in jedem Falle dadurch beeinträchtigt wurden, daß der Wunsch zu sterben verhältnismäßig schwach ausgeprägt schien, werden im Bericht über den Dichter William Cowper erwähnt, der in Forbes Winslows *Anatomy of Suicide*, erschienen 1840, enthalten ist. Dieser Bericht stimmt im allgemeinen so sehr mit einem bestimmten Patiententyp, der jedem Psychiater vertraut ist, überein, daß ich hier ausführlich daraus zitieren möchte:

»Ein Freund verschaffte ihm eine Stellung als vortragender Schriftführer (reading clerk*) im Oberhaus, ohne zu bedenken, daß die nervöse Schüchternheit, die ein öffentliches Auftreten zum ›tödlichen Gift‹ machte, ihm niemals gestatten würde, die Pflichten dieses Amtes wahrzunehmen. Diese Schwierigkeit wurde aber dem Dichter bewußt, und Schwermut beeinträchtigte sofort seine Fähigkeiten. Auf seinen Wunsch erhielt er statt dessen eine Stellung als Journalführer, aber bevor er sein Amt antreten konnte, mußte er eine öffentliche Prüfung vor dem Haus über sich ergehen lassen. Das machte ihn ganz verzweifelt. Er besaß nicht genug Entschlossenheit, etwas abzulehnen, wozu er nicht die Kraft hatte. Das Interesse seines Freundes sowie sein eigenes Ansehen und die Notwendigkeit, Geld zu verdienen, drängten ihn zu einem Versuch, von dem er von Anfang an wußte, daß

---

* Ein »reading clerk« im englischen Oberhaus hat die Aufgabe, die Anwesenheitsliste der Peers zu führen, die Urkunden über die Bestallung der neuernannten Peers vorzutragen, die Vereidigung vorzunehmen, Gesetzesanträge vorzulesen etc. Anm. d. Übers.

er niemals gelingen konnte. In diesem elenden Zustand – er glich dem von Goldsmiths Reisenden, der zu ängstlich war, um zu verweilen, und zu schwach, um weiterzufahren – brachte er täglich sechs Stunden in der Kanzlei zu, wo er die Bücher prüfte, um sich auf seine Bestallung vorzubereiten. Jedesmal, wenn er das Büro betrat, glichen seine Gefühle denen eines Mannes an der Richtstätte, und sein Blick streifte die Bücher nur mechanisch, ohne daß er ihnen die geringste Information zu entnehmen vermochte. Als die Zeit der Prüfung näherkam, wurde seine Qual immer heftiger; er hoffte und glaubte, daß ihm durch Wahnsinn Erleichterung zuteil werden würde; er versuchte auch, sich zum Selbstmord durchzuringen, obgleich sein Gewissen ernstlich dagegen sprach. Nichts konnte ihn davon überzeugen, daß es im Recht war, aber seine Verzweiflung hielt an, und er besorgte sich von einem Apotheker die Mittel zur Selbstzerstörung. Am Vortag seines öffentlichen Auftretens sah er einen Brief in der Zeitung, der seinem verwirrten Geist wie eine bösartige Verleumdung seiner Person erschien. Er warf die Zeitung sofort zu Boden und stürzte hinaus in die Felder, entschlossen, sich in einem Graben zu ertränken, aber dann kam ihm der Gedanke, daß er aus dem Lande fliehen könnte. Mit gleicher Heftigkeit ging er daran, eilige Vorbereitungen für seine Flucht zu treffen. Doch während er damit beschäftigt war, seine Koffer zu packen, änderte er seine Meinung, warf sich in eine Droschke und befahl dem Kutscher, ihn zum Tower-Kai zu fahren. Er wollte sich in den Fluß stürzen, dachte aber nicht daran, daß es unmöglich sein würde, seinen Vorsatz an diesem öffentlichen Platz unbeobachtet auszuführen. Als er sich dem Wasser näherte, erblickte er einen Dienstmann, der auf ein paar Gepäckstücken saß. Daraufhin bestieg er wieder die Droschke und kehrte zu seiner Wohnung im Justizpalast zurück. Unterwegs versuchte er, das Laudanum zu trinken, aber jedesmal, wenn er es an die Lippen hob, wurde er von krampfhafter Erregung geschüttelt. Er bedauerte, daß ihm diese Gelegenheit entschwand, war aber unfähig, sie auszunutzen und erreichte schließlich halbtot vor Angst seine Wohnung. Dann schloß er die Tür und warf sich auf sein Bett, das Laudanum neben sich, und versuchte, sich selbst zu der Tat anzustacheln. Doch eine innere Stimme schien dies ständig zu verbieten; so oft er die Hand nach dem Gift ausstreckte, verkrampften sich seine Finger und hielten ihn zurück. In diesem Augenblick kamen einige Mitbewohner herein, und er verbarg seine Erregung. Als er wieder allein war, ging eine Veränderung mit ihm vor, und die Tat erschien ihm so abscheulich, daß er das Laudanum fortwarf und das Fläschchen in Stücke sprang. Den Rest des Tages verbrachte er in dumpfer Gefühllosigkeit, und nachts schlief er wie gewöhnlich. Als er aber um drei Uhr morgens erwachte, nahm er sein Federmesser und legte sich mit seinem ganzen Gewicht darauf, wobei die Spitze auf sein Herz gerichtet war. Das Messer zerbrach und drang nicht ein. Bei Tagesanbruch erhob er sich, legte einen starken Gurt um seinen Hals und befestigte ihn am Bettgestell. Er gab nach; nachdem er es aber an der Tür befestigt hatte, war ihm mehr Erfolg beschieden – er blieb hängen, bis er das Bewußtsein verlor. Nach einer Weile zerriß der Gurt, er fiel zu Boden und blieb so am Leben. Aber der Konflikt war zu schwer gewesen, als daß seine Vernunft ihn hätte ertragen können. Er verachtete sich selbst stärker als man ausdrücken oder sich vorstellen kann. Sobald er auf die Straße trat, schien es, als sei jedes Auge mit Abscheu und Zorn auf ihn gerichtet. Er glaubte, Gott so sehr gekränkt zu haben, daß seine Schuld niemals vergeben werden könnte, und sein ganzes Herz war erfüllt von Qualen ungestümer Verzweiflung.«

Und was ist mit denen, die wie die Dichter und Philosophen überzeugt sind, daß man den Tod herbeiwünschen solle, und die sich dennoch nicht dazu aufraffen können, sich selbst zu töten oder getötet zu werden? Leopardi zum Beispiel, »der größte moderne Dichter Italiens, der in auserlesenen Versen den Tod herbeisehnte, seit er ein Knabe war, floh als erster in elender Angst aus dem Cholera-verseuchten Neapel. Selbst der große Montaigne, dessen kühle Meditationen über den Tod allein ausreichen, ihn unsterblich zu machen, erschrak wie ein Kaninchen, als in Bordeaux die Pest ausbrach«.[34] Alle

---

34 Zit. nach Axel Munthe: *Das Buch von San Michele*. Vorwort zur amerikanischen Ausgabe. A. A. Brill (*The Death Instinct in Relation to Normal and Abnormal Life, Medical Leaves*, 1937, S. 18-24), der an Bryants *Thanatopsis* und Gedichte von Goethe, Byron, Shelley, Keats und Poe erinnert, verweist auf diese Beschäftigung der Dichter und vieler Jugendlicher mit Gedanken an den Tod.

die Pessimisten, von Schopenhauer angefangen, waren überzeugt, daß der Tod wünschenswert sei, konnten sich aber dennoch nicht der Notwendigkeit entziehen, weiterzuleben.[35] Wissenschaftliche Untersuchungen scheinen zu beweisen, daß bewußte Todeswünsche außerordentlich weit verbreitet sind.[36] Besonders auffällig ist das häufig bei seelischen Erkrankungen, insbesondere bei den Leidenden, die Freud folgendermaßen beschreibt:

»In einigen anderen Selbstanklagen scheint er ... die Wahrheit nur schärfer zu erfassen ... Wenn er sich in gesteigerter Selbstkritik als kleinlichen, egoistischen, unaufrichtigen, unselbständigen Menschen schildert, der nur immer bestrebt war, die Schwächen seines Wesens zu verbergen, so mag er sich unseres Wissens der Selbsterkenntnis ziemlich angenähert haben, und wir fragen uns nur, warum man erst krank werden muß, um solcher Wahrheit zugänglich zu sein.«[37]

Solche Patienten, insbesondere jene mit überlegener Intelligenz und leichterer Erkrankung, bringen oft nahezu unwiderlegbare Argumente dafür vor, daß der Tod erwünscht sei. Mit leidenschaftlicher Beredsamkeit und makelloser Logik weisen sie darauf hin, daß das Leben hart sei, bitter, nichtig und hoffnungslos, daß es mehr Schmerz als Freude bereite, daß es für sie weder Nutzen noch Sinn hat und daß sie keiner-

---

[35] Eine Untersuchung, die vor einigen Jahren in Breslau durchgeführt wurde, hat ergeben, daß im Gefolge des Weltkrieges die Selbstmordversuche in erheblich höherem Maße zugenommen hatten als die Selbstmorde. Man könnte erklären, daß die Deutschen – ebenso wie viele andere im Weltkrieg – ihr gerüttelt Maß an Tod erhalten hatten. Dies erregte auf allen Seiten einen überdurchschnittlichen Widerstand gegen den Todestrieb zugunsten des Lebenstriebs – oder der Liebe. Die letztere ist, wie wir sehen werden, nicht nur für die sexuelle Aktivität verantwortlich, die ebenfalls in den auf den Großen Krieg folgenden Jahren stieg, sie steht auch in enger Verbindung mit dem Wunsch, zu töten und getötet zu werden – wichtigen Komponenten der Selbstmordhandlung, wie wir erklärt haben. Wir sollten daher erwarten, daß Selbstmord*versuche* häufiger sind, ebenso wie Verhinderungen dieser Versuche im Interesse der Selbsterhaltung. Das entspricht genau W. Opplers Untersuchungsergebnissen (*Increase of Attempted Suicide and Their Reasons. Archiv für Psychiatrie und Nervenkrankheiten*, 8. 10. 1927, S. 95; 28. 1. 1928, S. 335).

[36] Ruth Shone Cavan: *Suicide. Univ. of Chicago Press*, 1928. W. Bromberg und P. Schilder: *Death and Dying: A comparative Study of the Attitudes and Mental Reactions Toward Death and Dying. The Psychoanalytic Review*, Bd. 20, 1933, S. 133.

[37] S. Freud: *Trauer und Melancholie, Ges. Werke*, Bd. X., S. 432.

lei Veranlassung sehen weiterzuleben. Ich zitiere eine meiner Patientinnen, die einige ihrer bitteren Überlegungen während einer Zeit niederschrieb, als sie so depressiv war, daß sie ständiger Hospitalisierung und Überwachung bedurfte:
»Fragt mich nicht, warum ich sterben möchte. Besäße ich mehr Kraft, würde ich euch auffordern, mir zu sagen, weshalb ich leben soll. Aber jetzt frage ich nur mich, und selbst das ist schwer, wenn man von vornherein überzeugt ist, daß der Tod vorzuziehen ist.
Wenn man objektiv spricht oder es zumindest versucht, bin ich wahnsinnig, aber ich bin sehr bedrückt durch die Wahnideen, die ich habe, und ich kann nicht begreifen, wo der Wahn endet und die Realität anfängt. Ich lebe in einer Welt, in der mir der Wahn unter einer fürchterlichen Maske ins Gesicht starrt, hinter der sich für mich die Realität zu verbergen scheint.
Es gelingt mir nicht, ermutigende Erfolge und Anerkennung zu erlangen, die mich zu größeren Anstrengungen veranlassen könnten. Vielmehr möchte ich dieser Welt den Rücken zuwenden und mich mit den unfühlenden Elementen vermischen, um nicht die kleinste Spur von Verantwortung für die dämonischen Ungeheuerlichkeiten zu tragen, die auf der Erde geschehen.
Das Ich, das mich einst befriedigte, erscheint mir jetzt so erbärmlich, daß ich mich selbst verabscheue, weil ich mich täuschen ließ. Ein Ich, so nutzlos wie das meine, ohne Wert für mich oder andere, sollte lieber aus der Welt verschwinden, und seine anmutige Geste sollte darin bestehen, daß es ein wenig die Oberfläche eines Flusses kräuselt, in dem es mit wonnevoller Endgültigkeit versinkt.«
Kommt in diesem bewußten Todeswunsch stets der Todestrieb unverhüllt zum Ausdruck? Ich glaube nicht. Ernest Jones[38] sagt: »Bei den milderen Formen der Zyklothymie können wir oft die interessante Beobachtung machen, daß der Patient in seiner depressiven Stimmung in stärkerem Maße das Gefühl hat, normal zu sein, das Leben so wahrzunehmen, wie es wirklich ist, und zu erkennen, daß er nur von verschie-

---

[38] Ernest Jones: *The Concept of a Normal Mind.* In: *Our Neurotic Age,* hg. Samuel D. Schmalhausen, New York 1932.

denen Illusionen beeinflußt war, die seine Wahrnehmung der Wirklichkeit verzerrten, als er sich in glücklicherer Verfassung befand. Nichtsdestoweniger zeigt die Tiefenanalyse ständig, daß selbst der philosophische Pessimismus in bezug auf das Leben mit inneren Hemmungen des Frohsinns und der Selbstgenügsamkeit zusammenhängt, die – betrachtet man ihren Ursprung und ihre Wandlung nach beendeter Analyse – nur als Artefakte der Entwicklung des Individuums angesehen werden können.«

Der Todestrieb tritt wahrscheinlich in den Taten von Draufgängern deutlicher in Erscheinung als in den pessimistischen Grübeleien melancholischer Patienten und Philosophen. Wie Alexander ausführte, vermag nichts anderes die Lust von Bergsteigern[39], Rennfahrern, Fassadenkletterern, die sich unnötigerweise großen Gefahren aussetzten[40], besser zu er-

[39] Das bezieht sich natürlich nicht auf das Bergsteigen im üblichen Sinne, sondern auf die todesverachtenden Aufstiege, an denen die Mitglieder zahlreicher europäischer und amerikanischer Clubs begeistert teilnehmen, die zu diesem Zweck gegründet werden. Daß dies auch der Allgemeinheit nicht ganz verborgen geblieben ist, geht aus vielen einschlägigen Zeitschriftenartikeln hervor, die in den letzten Jahren erschienen sind. Einer davon schreibt die Neigung, unglaubliche Risiken einzugehen, den Auswirkungen des Weltkriegs zu:
»Jetzt nach dem Krieg war der typische Bergsteiger ein Junge von 18 bis 19 Jahren mit hagerem Gesicht und allzu ernstem Gesichtsausdruck für sein Alter. Man sah, daß er zu jung war, um im Kampf gestanden zu haben, aber man wußte, daß er den Krieg erlebt hatte. Er sah das Elend um sich herum und meinte, daß seiner Generation nur eine kärgliche Zukunft beschieden sei. Seine Einstellung zum Leben wurde fatalistisch, und da er nur wenig Schönheit sah, nach der zu streben sich lohnte, widmete er sich statt dessen der Bewunderung von Härte und Gefahr, d. h. dem Tod.
... Der Wesensgehalt des Kletterns besteht darin, daß es, ebenso wie das Leben, gefährlich sein soll. Er glaubt, daß denjenigen die größte Befriedigung zuteil wird, die nicht nur bis an die Grenze ihrer Leistungsfähigkeit gehen, sondern gelegentlich auch bereit sind, Risiken auf sich zu nehmen, bei denen diese Grenze überschritten wird. Einer ihrer Sprecher drückte es folgendermaßen aus: ›Beim Bergsteigen lohnt es sich, bewußt, freiwillig und verdienstvoll das Leben aufs Spiel zu setzen.‹« (Edwin Muller: *It's Foolish to Get Killed. Saturday Evening Post*, 9. 6. 1934.)
[40] Könnte es eine noch dramatischere Illustration hierfür geben als die unglaublich gefahrvolle (und tödliche) Ballonexpedition Salomon Andrées zum Nordpol, dessen Tagebuch ich folgende Zeilen entnehme:
»Ich kann nicht leugnen, daß wir alle drei von einem Gefühl des Stolzes durchdrungen sind. Wir glauben, daß wir nach dem, was wir getan haben, dem Tod ohne weiteres ins Auge sehen können. Ist das Ganze nicht vielleicht Aus-

klären. Mitunter wird der Trieb, dem Tode zu trotzen, zum hervorstechenden Charaktermerkmal.[41] »Die narzißtische Befriedigung der eigenen Leistungsfähigkeit mag zwar dabei immer noch eine gewisse Rolle spielen, doch wird niemand den von dieser narzißtischen Befriedigung vollständig unabhängigen Drang übersehen, mit dem Tode zu spielen, sich der ernsten Lebensgefahr auszusetzen. Hier vermuten wir etwas wie die Vorlust des Todestriebes.«[42]
Meines Erachtens können wir auch die Beobachtung, daß die physiologischen Prozesse ebenfalls in der Lage zu sein scheinen, die Persönlichkeit insgesamt günstig oder ungünstig zu beeinflussen, als Beweis für das Vorhandensein des Todestriebes betrachten. Das von Freud als »somatisches Entgegenkommen« bezeichnete Phänomen können wir uns als eine Art biologische Anerkennung der von der Psyche modifizierten oder gelenkten Triebneigungen vorstellen. Man beobachtet etwas Derartiges häufig, wie an einem Fall von Dr. Catherine Bacon aus Chicago klar wird. Die bewußten selbstzerstörerischen Aktivitäten dieser Patientin gingen nur so weit, daß sie sich absichtlich kratzte, um eine Hautinfektion hervorzurufen, woran sie zu sterben hoffte. Das kommt beim Simulieren häufig vor. Einer meiner Patienten setzte sich absichtlich an zugige Plätze, in der Hoffnung, eine Lungenentzündung zu bekommen und zu sterben. Aber was ent-

druck eines außerordentlich starken Individualitätsgefühls, das es nicht ertragen kann, wie ein Durchschnittsmensch gelebt zu haben und gestorben zu sein, vergessen von späteren Generationen? Ist es Ehrgeiz?
Das Knarren der Führungsseile im Schnee und das Klatschen der Segel sind die einzigen Geräusche, die man außer dem Ächzen des Korbes hört.« (Siehe S. Andrée: *The Record of a Tragic Adventure*. New York 1930, und besonders Russell Owens Bericht darüber in der *New York Times* vom 16.11.1930 unter der vielsagenden Überschrift *Andrée, Who Dared the Impossible*.)
41 Siehe z. B. den Bericht von Mark Ridge (*Time* vom 19. 3. 1934), der darauf bestand, einen von ihm selbst entworfenen »Stratosphärenanzug« auszuprobieren, indem er sich bei einer Temperatur von $-55°$ in einen mit Trockeneis gefüllten Stahlbehälter einschließen ließ. »Der Draufgänger Ridge, 28 Jahre alt, war seit langem entschlossen, sein Leben für die Wissenschaft aufs Spiel zu setzen.« Natürlich füllen Beispiele, die von mehr Vernunft und nicht weniger Mut zeugen, die Seiten der Medizingeschichte. Aber in diesen Fällen überwiegt der Nutzen für die Gesellschaft den ganz individuellen Drang, dem Tod eine beträchtliche Chance zu geben.
42 Franz Alexander: *Strafbedürfnis und Todestrieb. Int. Zs. f. Psychoanalyse*, 1929, S. 238.

scheidet darüber, ob diese Infektionen sich als tödliche erweisen oder nicht? Können wir mit den Bakteriologen annehmen, daß es sich hierbei lediglich um die quantitativen Verhältnisse zwischen Virulenz und Resistenz, d. h. um puren Zufall handelt? Es ist möglich, daß solche Infektionen in eben jenen Fällen schwerere Formen annehmen, wo starke selbstzerstörerische Tendenzen am Werke sind, die man nachweisen kann oder auch nicht, und es kann sein, daß die Stärke des Todestriebes darüber entscheidet, ob die äußeren Gelegenheiten zur Selbstzerstörung biologisch akzeptiert werden.

Es gibt noch eine andere gängige Vorstellung, die ich erwähnen möchte. Man hat vermutet, daß der Todeswunsch nur eine weitere Maskierung einer häufig beobachteten Erscheinung sei, die man allgemein als Geburtsphantasie oder genauer als das Verlangen, in den Mutterleib zurückzukehren, interpretiert. Wie ich bereits sagte, soll insbesondere der Selbstmord durch Ertränken die symbolische Bedeutung dieser Neigung deutlich machen. Ich halte es jedoch für möglich, daß es sich bei dieser Interpretation um eine genaue Umkehrung handelt, und daß Geburtsphantasien und die verschiedenen Phänomene, die als Verlangen, in den Frieden des Mutterleibs zurückzukehren, gedeutet werden, nur bildliche Repräsentanzen dessen sind, was im tiefsten Grunde als der unbewußte Wunsch zu sterben erscheint.

Die ganze Theorie des Todestriebes und damit auch der »Wunsch zu sterben« als Element des Selbstmords ist nur eine Hypothese, während das Vorhandensein der beiden anderen Elemente als erwiesene Tatsache zu betrachten ist. Dennoch ist es interessant, über ihre genaue Beziehung zum Phänomen des Selbstmords nachzudenken.

Um die klinischen Fakten völlig zu erklären, sind wir gezwungen, einen undifferenzierten Anteil des ursprünglichen Stroms selbstzerstörerischer Energie (»Todestrieb«) zu postulieren, der sich von dem getrennt hat, der einerseits in nach außen gerichtete Aggression im Dienst der Selbsterhaltung, andererseits in Gewissensbildung umgewandelt wurde. Wir können ferner annehmen, daß dieser undifferenzierte Rest selbstzerstörerischer Energie schließlich zum Tod des (normalen) Individuums führt, indem er sich allmählich aus dem Zustand der Latenz löst, zu dem er durch die Aktivität des

Lebenstriebes vorübergehend verurteilt war. Andererseits sprengt er bei einem Menschen, der Selbstmord begeht, plötzlich seine Bande, ergreift die Macht und setzt dem Leben des Individuums unmittelbar ein Ende. Eine solche Wendung muß als Ausnahme betrachtet werden, die nur angesichts einer gewissen relativen Schwäche des Lebenstriebes auftritt, d. h. eines Defizits der Fähigkeit, Liebe zu empfinden, da es die Funktion der Liebe (der erotischen Triebe) ist, zerstörerische Neigungen in Maßnahmen zur Selbstverteidigung und gesellschaftlich nützlicher Anpassung oder aber in Gewissen zu verwandeln. Gewiß, nach und nach versagen alle diese Vorkehrungen, und der Tod siegt. Aber manchmal droht er vorzeitig zu gewinnen, wobei ihm oft das unvollständige oder nutzlose Wirken der neutralisierenden Liebeskräfte zu Hilfe kommt. In solchen Fällen ist es möglich, wie wir in den folgenden Kapiteln sehen werden, eine zeitweilige Immunität durch Opfer zu erkaufen.

Man findet eine analoge Illustration (die möglicherweise mit einer tiefreichenden vitalistischen Parallele zusammenhängt) in der Art und Weise, wie sich die Vegetation entwickelt und ausbreitet, indem sie harte, leblose Substanzen des anorganischen Erdreichs in weiche und schöne Gewebe verwandelt und dadurch den Boden vor vernichtender Erosion und Auflösung bewahrt, die andernfalls sein Geschick gewesen wären. Während sie wächst und gedeiht, kann die Vegetation die Elemente der Erde, der Luft und des Wassers absorbieren, nutzbar und vorübergehend fruchtbar machen. Aber früher oder später tragen die anorganischen Elemente den Sieg davon: Winde versteppen, Wasser überfluten die Erde, und so werden die Nährer des Lebens zu seinen Zerstörern. Diese anorganischen Substanzen vernichten aber nicht nur die Vegetation, sondern – wie jedem Bauern zu seinem Leidwesen bewußt ist – sie zerstören sogar sich selbst: der Boden wird weggewaschen, Feuchtigkeit verdunstet, und nur die Luft und unfruchtbarer Sand bleiben zurück.

3. Rekapitulation

Es war meine Absicht, im ersten Abschnitt folgende Punkte herauszustellen:

1. Daß die Destruktivität in der Welt nicht nur dem Schicksal und den Naturgewalten zugeschrieben werden kann, sondern zum Teil dem Menschen selbst zur Last gelegt werden muß;

2. daß diese Destruktivität des Menschen einen beträchtlichen Teil Selbst-Destruktivität enthält, was in paradoxem Widerspruch zu der Regel steht, Selbsterhaltung sei das höchste Gesetz des Lebens;

3. daß die beste theoretische Erklärung aller uns gegenwärtig bekannten Tatsachen Freuds Hypothese eines Todestriebs (oder primärer Zerstörungstriebe) ist, dem ein Lebenstrieb (oder primär schöpferische und konstruktive Triebe) gegenübersteht; die verschiedenen Interaktionsphasen zwischen beiden sind in den psychischen und biologischen Phänomenen des Lebens verkörpert;

4. daß nach Freuds Vorstellung sowohl destruktive als auch konstruktive Neigungen ursprünglich auf das Selbst gerichtet sind, aber im Zusammenhang mit Geburt, Wachstum und Lebenserfahrungen zunehmend nach außen gerichtet werden. Bei seinen Kontakten mit anderen reagiert das Individuum zunächst mit einer Extroversion seiner aggressiven Neigungen, worauf die Extroversion der erotischen oder konstruktiven Tendenzen folgt, die durch Vermischung mit den ersteren zu verschiedenen Graden der Neutralisierung von Destruktivität führen können;

5. daß bei gewaltsamer Störung dieser äußeren Besetzungen (oder wenn ihre Aufrechterhaltung zu schwierig ist) destruktive wie konstruktive Triebe zu ihrem Ursprung zurückkehren, d. h. zum Selbst;

6. daß die destruktiven Tendenzen, wenn es zur Entmischung kommt, wiederum die Führung übernehmen und ständig vorherrschen können, so daß die Selbstzerstörung mehr oder weniger überwiegt, und daß man in diesem Fall Beweise für den Wunsch zu töten und den Wunsch getötet zu werden entdecken kann, ebenso wie für die erotisierten Formen dieser beiden Wünsche;

7. daß in jenen Fällen, wo selbstzerstörerische Impulse eingeholt und teilweise, aber nicht vollständig neutralisiert werden, die vielen Formen partieller oder chronischer Selbstzerstörung in Erscheinung treten, die in den folgenden Kapiteln besprochen werden sollen;

8. daß in jenen Fällen, wo die selbstzerstörerischen Impulse den neutralisierenden konstruktiven Trieben zu weit vorauseilen oder sie übersteigen, das dramatische Resultat die unmittelbare Selbstzerstörung ist, die wir Selbstmord nennen;

9. daß die gründliche Untersuchung der tieferliegenden Selbstmordmotive diese Hypothese bestätigen würde, indem regelmäßig Elemente auftauchen, die mindestens zwei, möglicherweise aber drei Quellen entstammen. Dabei handelt es sich a) um Impulse, die der primären Aggressivität entstammen und sich in einem Tötungswunsch kristallisieren, b) um Impulse, die einer Modifizierung der primitiven Aggressivität entstammen, nämlich dem Gewissen, das sich im Wunsch, getötet zu werden, kristallisiert, und c) glaube ich, daß ein Teil der ursprünglichen, primär gegen das Selbst gerichteten Aggressivität − der Wunsch zu sterben − sich mit den zivilisierteren Motiven verbindet und die vektoriellen Kräfte insgesamt erhöht, die die überstürzte Selbstzerstörung erzwingen.

10. Dies wird zweifellos durch äußere Faktoren kompliziert − gesellschaftliche Einstellungen, Familienmuster, Gebräuche innerhalb der Gemeinde und auch durch jene Realitätsentstellungen, die mit einer unvollständigen Persönlichkeitsentwicklung einhergehen. Das Individuum, dessen Kindheitserlebnisse sein Gefühlswachstum so gehemmt haben, daß es ihm schwerfällt, die geeigneten äußeren Objekte zur Absorption seiner Liebe und seines Hasses zu finden und sich zu erhalten, wird wahrscheinlich auch in seiner Fähigkeit zur Realitätsprüfung so beeinträchtigt sein, daß der Selbstmord lediglich ein Spiel ist, wie etwa »Die Reise nach Jerusalem«.

11. Wir sind überzeugt, daß sich der Selbstmord nicht als Folge von Vererbung, Suggestion oder eines der Symptome von Fehlanpassung erklären läßt, die ihm so häufig vorausgehen. Vielmehr können wir oftmals das ständige Fortschreiten selbstzerstörerischer Tendenzen beobachten, die lange vor der Ausführung der schicksalhaften Tat auftreten.

12. Nachdem wir das Wirken destruktiver und konstruktiver Tendenzen untersucht haben, die unmittelbar zum Selbstmord führen, können wir nun fortfahren und jene Beispiele besser gelungener Neutralisierung prüfen, die als chronische oder abgeschwächte Formen von Selbstzerstörung in Erscheinung treten.

Teil III
Chronischer Selbstmord

1. Askese und Märtyrertum

Einleitung

Im Gegensatz zu den plötzlichen, akuten Manifestationen von Selbstzerstörung, die in der Selbstmordhandlung zum Ausdruck kommen, könnten, wie ich meine, jene Formen der Selbstzerstörung, bei denen das Individuum einen langsamen Selbstmord begeht – gewissermaßen Selbstmord in Etappen –, *chronischer* Selbstmord oder chronische Selbstzerstörung genannt werden.

Die Askese beispielsweise mit ihren vielfältigen, einfallsreichen Vorkehrungen zur Verlängerung des Lebens, um größere Leiden zu erdulden, ist die ausgeklügeltste Form des langsamen Todes. Viele Fälle langanhaltender neurotischer Krankheit gehören ebenfalls in diese Kategorie von Formen gehemmten Selbstmords, wobei der Patient sich oft zäh an ein Leben klammert, das nicht lebenswert erscheint. Der Alkoholismus ist eine etwas robustere, aber gewiß nicht weniger gehemmte Art, zur Selbstzerstörung zu gelangen. Ferner gibt es Formen chronischen Selbstmords, die auffallender sind, etwa Märtyrertum oder auch sogenanntes »chronisches Pech«, bei denen das Individuum – vielleicht mit provozierenden Mitteln – seine eigene Zerstörung betreibt und sie mit Würde trägt. Scharfsinnig und mit großer Geschicklichkeit manipuliert hier das Opfer seine Situation entsprechend seinen Zielen und schlägt dann daraus Kapital – all das natürlich unbewußt.

Wir schlagen vor, diese chronischen, milderen Formen der Selbstzerstörung psychologisch zu untersuchen und die dabei entdeckten Motive mit jenen für den direkten, unverhüllten Selbstmord in Beziehung zu setzen, die wir zuvor diskutiert haben, nämlich einer nach außen gerichteten aggressiven Komponente, einem Strafbedürfnis, d. h. der Hinnahme von Bestrafung aus einem Schuldgefühl heraus; einem erotischen

Motiv (Lustgewinn, dessen im wesentlichen sexueller Charakter unter vielfachen Verhüllungen verborgen wird) und schließlich einem selbstzerstörerischen Impuls, dessen einziges Ziel die Auslöschung des Individuums ist.

Zwischen chronischem und »akutem« Selbstmord besteht ein grundlegender Unterschied. Beim erstgenannten verschiebt das Individuum den Tod auf einen unbestimmten Zeitpunkt um den Preis von Leiden und Beeinträchtigung seiner Funktionsfähigkeit, was einem *partiellen* Selbstmord gleichkommt – gewiß, einem Leben im Zeichen des Todes, aber nichtsdestoweniger Leben. Bei solchen Menschen steigert sich jedoch der zerstörerische Drang oft in zunehmendem Maße und fordert immer größere Leistungen, bis das Individuum schließlich gleichsam zahlungsunfähig ist und vor dem wirklichen Tode kapitulieren muß. Natürlich läuft dieser Prozeß allmählichen Verzichts in jedem Menschen ab. Musonius drückte das folgendermaßen aus:

»So wie ein Hausherr, der seine Miete nicht erhalten hat, die Türen verschließt, die Dachbalken entfernt und den Brunnen zuschüttet, so scheine ich aus diesem kleinen Körper vertrieben zu werden, wenn die Natur, die ihn mir geliehen hat, mir nach und nach Augen und Ohren, Hände und Füße nimmt.«

Aber bei manchen Menschen werden die natürlichen Vorgänge durch aktive Mitarbeit von seiten der Persönlichkeit beschleunigt.

Nietzsche hat gesagt, daß das Christentum nur zwei Arten des Selbstmords zulasse: Märtyrertum und den langsamen Selbstmord des Asketen, und daß es diese beiden mit den höchsten Würden und Erwartungen belohne, während es alle übrigen aufs fürchterlichste schmähe.

Nach den Berichten über die Kasteiungen der Mönche in den Klöstern der Frühzeit und des Mittelalters hat es den Anschein, daß viele von ihnen ihr Leben durch diese beiden Methoden verkürzt haben. Vom Hl. Franz von Assisi wird berichtet, daß er in einem lichten Augenblick bei seinem Tode erklärt habe, er habe gegen seinen Körper gesündigt, indem er ihn Entbehrungen ausgesetzt habe. Er bildete sich ein, er habe bei einem nächtlichen Gebet eine Stimme sagen hören: »Franziskus, es gibt keinen Sünder auf der Welt, dem, wenn

er bereut, Gott nicht verzeihen wird. Wer aber sich selbst durch schwere Bußen tötet, der findet keine Gnade in Ewigkeit.« Er hielt die Stimme allerdings für die des Teufels![1]
Es liegt auf der Hand, daß sich der Asket mehr oder weniger durch selbstauferlegte Härten zerstört, hingegen ist es schwieriger festzustellen, daß es sich beim Martyrium um *Selbstzerstörung* handelt, da sie gewöhnlich auf passive Art erreicht wird. Im Gegensatz zum Asketen, der sich freiwillig zu einem Leben der Härte, des Hungers, der Kasteiung verurteilt, wird der Märtyrer von anderen mißhandelt, während er irgendeinem Ideal nacheifert. Es scheint daher, daß die Bestrafung zufällig und unbeabsichtigt sei, und vielleicht trifft das auch in vielen Fällen zu. Märtyrertum wird mitunter, wie andere Formen von Größe, einem Menschen auferlegt, aber in manchen Fällen scheint es freiwillig (obgleich gewöhnlich unbewußt) gesucht zu werden.[2]

[1] Charles Berthond Hase: *St. François d'Assise, étude historique d'après le Dr. Karl Hase.* Paris 1864, S. 137 f.
[2] Es gibt zahlreiche Beispiele freiwilligen Märtyrertums in der Geschichte der Frühkirche. »Unmittelbarer, freiwilliger Selbstmord«, sagt Lecky (W. E. H. Lecky: *History of European Morals.* New York 1884, Bd. 2, S. 48), »der in der Sittengeschichte der Antike einen so hervorragenden Platz einnimmt, verschwand fast völlig in der Kirche. Aber jenseits ihres Bereichs konstituierten sich im 4. Jahrhundert die Circumcellionen als Apostel des Todes. Sie trieben nicht nur die Sitte, Märtyrertum zu provozieren, auf die Spitze, indem sie die Versammlungen der Heiden herausforderten und beleidigten, sondern sie töteten sich selbst in großer Zahl, wobei sie offenbar glaubten, daß dies eine Art Märtyrertum sei und ihnen das ewige Leben sichern würde. Sie versammelten sich zu Hunderten – der Hl. Augustin spricht sogar von Tausenden – und stürzten sich mit fanatischer Lust von den Vorsprüngen überhängender Klippen herab, bis die darunter liegenden Felsen von ihrem Blut gerötet waren.« Die Heiligen Augustin und Optatus haben über diese Selbstmorde in ihren Werken gegen die Donatisten berichtet.
Tertullian (vgl. Arthur James Mason: *The Historic Martyrs of the Primitive Church,* London 1905, S. 106) schrieb: »Während der heftigen Verfolgung durch Arrisu Antonius in Asien versammelten sich alle Christen einer Stadt und traten geschlossen vor sein Tribunal. Er ließ einige von ihnen hinrichten und sagte zu den übrigen: ›Unselige Geschöpfe! Wenn ihr sterben wollt, könnt ihr euch selbst Abgründe und Stricke suchen!‹«
Solch flagrante Beispiele provokativen Märtyrertums einer großen Gruppe scheinen selten zu sein. Es gibt aber viele Fälle, in denen der Märtyrer sein Schicksal zu begrüßen und sogar große Befriedigung aus seinem Leiden zu ziehen schien. Einige davon werden in diesem Kapitel beschrieben, doch soll nicht versucht werden, die Märtyrer in »absichtliche« und »zufällige« einzuteilen.

Die heroischen Opfer von Wissenschaftlern, die bewußt die mit ihrer Forschung verbundenen tödlichen Risiken eingehen, Patrioten, die ihr Leben für die Freiheit einsetzen, Heilige der Kirchen und andere Menschen, die ihre Existenz für das Wohl der Gesellschaft oder derer, die sie lieben, hingeben, werden gewöhnlich nicht als selbstmörderisch angesehen, da die soziale Nützlichkeit des eingeschlagenen Kurses – das Element der Kreativität – eher den Sieg des konstruktiven als des destruktiven Elements der Persönlichkeit anzeigt. Das Individuum mag seine Zerstörung gewollt haben oder auch nicht, wenn aber der gesellschaftliche oder reale Wert seines Opfers im Vordergrund steht, dann liegt darin der Beweis, daß die selbstzerstörerischen Kräfte nicht triumphiert haben. Charles Dickens' Schilderung von Sydney Carton ist daher bei aller romantischen Abwendung von Realitäten und Wahrscheinlichkeiten psychologisch zutreffend. Der Märtyrer, der seine Aggressionen vollkommen meistert und Erlösung findet, erreicht das mittels eines letzten, wenngleich kostspieligen Sieges der Liebe.

Für unser Konzept der Selbstzerstörung habe ich daher jene Beispiele von Selbstaufopferung gewählt, bei denen der Wunsch, das Selbst zu zerstören, klarer hervortritt und vergleichsweise geringfügig mit neutralisierenden Impulsen des Lebens und der Liebe vermischt ist – Beispiele, bei denen der Beweis erbracht werden kann, daß das Opfer sein Schicksal nicht nur akzeptierte, sondern sich darin sonnte und es für seine eigenen Zwecke ausnutzte, oder bei denen das Individuum die Mittel zu seiner Zerstörung bewußt auswählte, sowie Beispiele, bei denen das Element des gesellschaftlichen Werts, das in der Nützlichkeit des Opfers zum Ausdruck kommt, fehlte oder persönlicher Befriedigung entschieden untergeordnet war.

In ähnlicher Weise kann sich auch die Askese in manchen Fällen als konstruktiv erweisen, je nach den Zielen, die bewußt damit verfolgt werden. Die disziplinierte Beherrschung des Körpers zu einem höheren Zweck (wie beispielsweise die Enthaltsamkeit des Sportlers im Training oder die des Kranken, der vorübergehend den üblichen Genüssen entsagen muß) ist von jenen Formen der Askese zu unterscheiden, die den Körper zerstören oder seine Ansprüche völlig vernachlässigen.

a) Klinische Untersuchungen von Märtyrertum und Askese

Während es einerseits viele historische Fälle von Askese und Märtyrertum gibt, die wir alle mehr oder weniger gut kennen, gibt es auch näherliegende Beispiele, die insbesondere den Psychiatern als klinische Fälle vertraut sind. Die ersteren werden von der Allgemeinheit gern glorifiziert, während man die letzteren mit Verachtung, Belustigung und manchmal mit Entrüstung betrachtet. In unserem materialistischen Zeitalter muß der Märtyrer sein Märtyrertum mehr oder weniger durch dessen soziale Nützlichkeit rechtfertigen; aber es gab eine Zeit, in der das nicht nötig war, als Märtyrertum um seiner selbst willen existierte. Diese »klinischen Märtyrer« liefern uns den Hauptanteil des Materials für die in diesem Kapitel vorgenommene Untersuchung.
Die Psychiatrie ist nicht daran interessiert, diese Menschen zu rechtfertigen oder zu verurteilen, sondern daran, ihre Persönlichkeitsstruktur und die psychischen Mechanismen zu untersuchen, die dazu führen, daß ihnen die größte Befriedigung in ihrem Leben durch Leiden oder Entbehrungen zuteil wird. Dieses Paradoxon der Freude, die dem Schmerz entspringt, ist vielleicht eines der entscheidenden Rätsel der Psychologie und hat viele Theorien und Weltanschauungen hervorgebracht. Wenn bewußt erkannt wird, daß diese Freude sexueller Natur ist, bezeichnen wir die Erscheinung als offenen *Masochismus,* und nach psychoanalytischer Ansicht ist dieses erotische Element bis zu einem gewissen Grade in allen derartigen Phänomenen enthalten, auch wenn es nicht als solches erkannt wird. Daher geht die psychoanalytische Literatur, insbesondere in ihren Anfängen, vielfach von der Annahme aus, daß der Masochismus das Hauptmerkmal des Märtyrertums sei – eine Annahme, die von neueren Entdeckungen auf dem Gebiet der unbewußten Motivation nicht gestützt wird.
Der psychoanalytischen Forschung bieten sich immer wieder klinische Beispiele von Askese und Märtyrertum in Gestalt neurotischen Leidens, das durch die Unfähigkeit charakterisiert ist, die Freuden des Lebens zu genießen, sowie durch

den Zwang, in beklagenswerte Situationen zu geraten und Trost aus der Sympathie zu schöpfen, die durch dieses Los erzeugt wird. Ich werde die Hauptmerkmale an einigen typischen Fällen demonstrieren.

Beim ersten handelt es sich um eine Frau, die sowohl Askese als auch Märtyrertum als hervorstechende Charaktersymptome aufwies. Obgleich in vieler Hinsicht vom Glück begünstigt, war sie für die meisten ihrer Freunde ein Gegenstand großen Mitleids wegen des Märtyrertums, das ihr von den Menschen wie von Gott auferlegt zu sein schien. Einem weit kleineren Kreis erschien sie in der Rolle der Asketin, die völlig außerstande war, Gelegenheiten, das Leben zu genießen, wahrzunehmen – eine Unfähigkeit, die ihnen als beabsichtigt und sinnlos erschien.

Unter großen Opfern für ihre Eltern wurde sie als junges Mädchen auf ein College geschickt, wo sie ihre Bildungsmöglichkeiten gegen ihre gesellschaftlichen Erwartungen ausspielte und umgekehrt. Vom gesellschaftlichen Leben schloß sie sich unter dem Vorwand aus, daß sie studieren müsse, und ihre Studien vernachlässigte sie unter dem Vorwand, ein Mädchen habe auch ein Recht auf Geselligkeit. Sie verließ das College und obgleich ebenso ungewöhnlich begabt wie schön, bestand sie darauf, eine unbedeutende, eintönige Bürotätigkeit anzunehmen, in die sie sich eifrig stürzte, bis sie krank wurde. Einige Zeit später bildete sie eines ihrer Talente aus und wurde eine tüchtige Musikerin. Ein paar Jahre danach versagte sie sich sämtliche Möglichkeiten, Musik zu lehren oder zu studieren, und nach zehn Jahren hatte sie offenbar alles vergessen, was sie einmal über Musik und deren Wiedergabe gewußt hatte. (Wie sehr erinnert dies an die Asketen des Mittelalters, die ihre Befriedigung spendenden Gaben verleugneten, wie etwa jener hochbegabte Linguist, der zwanzig Sprachen beherrschte, sich aber die Buße eines dreißigjährigen Schweigens auferlegte.)

Einige Jahre später hatte sie durch einen Glücksfall Gelegenheit, in New York zu leben, was die Erfüllung eines langgehegten Wunsches bedeutete. Aber nach ihrer Ankunft versagte sie sich beharrlich alle großstädtischen Vergnügungen. Alle Stätten des Vergnügens, wie Kunstausstellungen, Bibliotheken, Konzerte, Museen, die zu schätzen sie durchaus

die Intelligenz besaß, wurden vollständig gemieden. Man darf aber auch nicht annehmen, daß sie ihre Zeit statt dessen mit leichtfertigen Amüsements vertat. Sie widmete sich eifrig der unangenehmen Aufgabe, ihrem Ehemann zu helfen, der diese Hilfe aber durchaus nicht benötigte. Mit ihrer Zustimmung, wenn auch nicht nach ihrem Wunsch, lebten sie in einer schäbigen Wohnung. Sie schloß keine Freundschaften, sondern führte alles in allem ein monotones, farbloses Leben. Ihr einziger Trost war das ungeheure Mitleid, das sie sich selbst bei dem Gedanken an ihr Elend zuwandte. Hierin scheint sie sich allerdings vom asketischen Charakter zu unterscheiden, der auf seine Selbstverleugnung und Entbehrungen stolz ist und sich nur insgeheim bemitleidet.
Später fielen dieser Frau noch mehr Möglichkeiten zu Vergnügungen und gesellschaftlicher Bildung in den Schoß. Sie lebte einige Jahre in einer europäischen Hauptstadt und bereiste gemächlich den Kontinent, die Britischen Inseln und den Fernen Osten. Aber auch diesmal gab sie sich ihrer sonderbaren Selbstaufopferung hin, zumindest soweit es sich um echte Freude handelte. Sie schloß mehr Bekanntschaften (keine Freundschaften), trank mehr und ging auf Parties, aber sie genoß nichts davon. Die berufliche Position ihres Mannes bei der amerikanischen Regierung verschaffte ihr Zutritt zu den höchsten Gesellschaftskreisen, und durch sein Geld und seinen guten Geschmack in puncto Garderobe wurde sie eine der bestangezogenen Frauen in Europa, wie ich einmal eine Freundin von ihr sagen hörte. Eine Zeitlang war sie sehr begehrt, aber ihre seltsame Unfähigkeit, irgend etwas zu genießen, ließen ihre Freunde ein solches Gefühl der Flüchtigkeit ihrer Beziehungen empfinden, daß man sie nach und nach allein ließ.
Ihre asketische Einstellung erstreckte sich auch auf ihre ehelichen Beziehungen. Trotz des bewußten Wunsches, anders zu sein, war sie nicht nur sexuell frigide, sie konnte sich nicht einmal reinen Gewissens die sonstigen Freuden des Ehelebens gönnen. So vermochte sie beispielsweise nicht zu glauben, daß sie ein Kind haben sollte, so sehr sie es sich auch wünschte. Erst nach zehnjähriger Ehe wurde sie schwanger. Kaum war das eingetreten, als sie ihren Mann vollständig abzulehnen begann, als ob sie fühlte, daß sie nur auf einen

einzigen Menschen Anspruch erheben dürfte. Sie nahm das Kind, ging nach England und lebte dort einige Jahre in völliger Abgeschiedenheit und Einsamkeit. Freundschaft, die ihr dort von neuen Bekannten angetragen wurde, wies sie zurück oder ließ sie zumindest langsam einschlafen. Ihr Mann schickte ihr viel Geld, und sie brachte es fertig, es auszugeben, ohne daß man viel davon sah. Sie trug triste, langweilige Kleider, wohnte in einem unbequemen kleinen Haus, vernachlässigte ihr Äußeres, so daß von ihrer früheren Schönheit kaum etwas übrig blieb, weigerte sich, irgend jemand einzuladen, selbst wenn es sich um die Erwiderung von Einladungen handelte, die sie gelegentlich von anderen erhielt – kurz gesagt, sie führte das Leben einer asketischen Einsiedlerin.

Viele weitere Beispiele ihres asketischen Verhaltens könnten gegeben werden, aber ich will nun beschreiben, auf welche Weise sie die Rolle der Märtyrerin spielte. Ich unterscheide diese von der Rolle des Asketen insofern, als sie sich die meisten oben geschilderten Entbehrungen und Einschränkungen selbst auferlegt hatte und sich freimütig dazu bekannte. Beim Märtyrertum hält sich das Individuum für das Opfer grausamer Umstände oder anderer Menschen; er stellt sich so dar oder schafft selbst den Grund dafür. In dieser Hinsicht denkt der Asket etwas klarer als der Märtyrer, der zu demselben Leiden gelangt und die Verantwortung dafür projiziert, weil er nicht erkennt, daß er es sich in hohem Maße selbst auferlegt hat. Diese Frau neigte dazu, für einen Teil des Leidens, das sie erduldete, anderen die Schuld zu geben. Sie tat das eher indirekt als durch offene Anschuldigungen. So beschuldigte sie zwar ihren Ehemann nicht, daß er sie in jenes einsame englische Dorf geschickt habe, doch ließ sie das durchblicken, und sie erkannte sogar an, daß er allen Grund dazu gehabt habe, weil sie so unfreundlich, gleichgültig und unzufrieden gewesen war. Während sie allein lebte, war sie wiederholt krank; eine ernstere Erkrankung hielt mehrere Monate an. Bei solchen Anlässen war sie wirklich eine bedauernswerte Gestalt: allein mit ihrem Kind, von ihrem Mann und allen, die sie kannte, weit entfernt, selbst abgeschlossen von den Menschen in der neuen Umgebung, krank, einsam und elend. Die mit Bestürzung gemischte Sympathie,

die das bei ihren Angehörigen und den Angehörigen ihres Mannes auslöste, war die einzige Befriedigung von seiten anderer, die ihr zuteil wurde.
In der nachfolgenden psychoanalytischen Behandlung wiederholte sie – wie dies psychoanalytische Patienten stets tun – die Methoden, die in ihrer Kindheit erfolgreich gewesen waren, später aber so kläglich versagt hatten, d. h. sie versuchte einerseits Mitleid zu erwecken, indem sie sich in eine traurige Lage brachte, oder aber, indem sie den Analytiker oder andere Personen für die Leiden verantwortlich zu machen trachtete, die ihr beschieden waren. Sie bekam z. B. eine leichte Halsentzündung und lehnte daraufhin mehrere Einladungen seitens einer Bekannten zu gesellschaftlichen Veranstaltungen ab. Sie bat den Analytiker, ihren Hals zu untersuchen und ihr etwas zu verschreiben. Man sagte ihr, daß solche Behandlungen nicht zur Psychoanalyse gehörten; sie wurde statt dessen an einen Hals-Nasen-Arzt verwiesen. Diesen suchte sie auch auf, behauptete aber, daß sich ihr Zustand durch seine Behandlung verschlechtert hätte. Die Halsentzündung wurde dann tatsächlich schlimmer, und sie war für eine Woche ans Bett gefesselt. Nachdem sich ihr Zustand soweit gebessert hatte, daß sie ihre Analyse wieder aufnehmen konnte, beschuldigte sie den Analytiker der Interesselosigkeit, weil er ihren Hals nicht untersucht, sie vernachlässigt und ihr kein Medikament verschrieben hatte, daß er sie an einen Doktor verwiesen hatte, durch den sich ihr Zustand verschlechterte, daß er froh gewesen sei, sie für eine Woche losgewesen zu sein und sich deshalb in Wirklichkeit über ihr Leiden gefreut habe. Dann nahm sie plötzlich alles zurück, stieß einen langen Seufzer aus, so als hätte sie sich in ihr Schicksal ergeben, und behauptete, sie würde all das als das ihr bestimmte Los im Leben auf sich nehmen.
Ein solches Märtyrertum mag mit der Vorstellung des Lesers nicht übereinstimmen, der Märtyrertum als freudig ertragenes Leiden begreift. Ebenso fehlt ihrer Askese die Selbstzufriedenheit, die manche namhafte Asketen ausstrahlen, doch man sollte bedenken, daß diese Frau als Märtyrerin wie als Asketin *versagt* hat, d. h. Märtyrertum und Askese vermochten sie nicht völlig zu tragen. Wäre das der Fall gewesen, hätte sie niemals eine Behandlung gebraucht. (Echte

Märtyrer sehen keinerlei Grund, eine *Behandlung* zu suchen – ausgerechnet Behandlung!) Psychiater würden Märtyrer und Asketen als Individuen ansehen, die vollkommen dazu übergegangen sind, das Leben in unrealistischer Weise zu interpretieren – eine Art gesellschaftlich annehmbarer Psychose. Die Neurose steht hinsichtlich ihrer Verbindung zur Realität irgendwo zwischen Normalität und Psychose, und die Tatsache, daß diese Frau als Märtyrerin wie als Asketin versagte, machte sie zur Neurotikerin, rettete sie vor einer »schönen« Psychose und ermöglichte ihr die Rückkehr zur Normalität, die durch die Behandlung erreicht wurde.
Eingedenk der Tatsache, daß erwachsenes Verhalten dieser Art wahrscheinlich durch Kindheitserlebnisse bestimmt ist, wollen wir die Kindheit dieser Frau untersuchen und dabei insbesondere die Umstände, die sie veranlaßten, die asketische Märtyrerrolle zu spielen.
In ihren Träumen erlebte sie sich im allgemeinen als Negerin, als schreckliches altes Weib, als dickes, reizloses Mädchen oder in irgendeiner anderen häßlichen Gestalt. Wie wir bereits bemerkt haben, hat es fast den Anschein, als habe sie etwas Derartiges werden wollen. Doch als Kind war sie sehr hübsch gewesen – eine Tatsache, von der ihre armen, aber ehrgeizigen Eltern profitiert hatten, die viele Opfer brachten, um sie ausnutzen zu können. Sie versagten sich selbst und ihren anderen Kindern vieles, um dieser Tochter schöne Kleider zu kaufen und ihr die gesellschaftlichen Möglichkeiten zu verschaffen, die die kleine Stadt, in der sie lebten, allenfalls bot. Gladys, eine ältere Schwester, war vielleicht subjektiv wie objektiv die Hauptleidtragende. Denn während unsere Patientin keine häuslichen Tätigkeiten zu lernen brauchte noch von ihr erwartet wurde, daß sie sich im Haushalt beschäftigte, sondern lediglich, daß sie ein untätiges Leben als hübsches Mädchen führte, wurde Gladys beigebracht, daß sie weniger hübsch war und geringere Aussichten hatte, eine gute Partie zu machen. Deshalb mußte sie kochen lernen und sich in puncto Garderobe zugunsten der aussichtsreicheren jüngeren Schwester bescheiden. Die Patientin wurde buchstäblich zur Königin der Familie gemacht, wofür Mutter, Vater, Schwester und die jüngeren Kinder zu leiden hatten.
Ihre unselige Befriedigung über diese Ehre war von einem

derartigen Schuldgefühl begleitet, daß sie schließlich nicht mehr imstande war, die Früchte zu genießen, und das ist einer der Gründe dafür, daß sie (im späteren Leben) immer gezwungen war zu beweisen, daß sie *nicht* glücklich, *nicht* bevorzugt, *nicht* beneidenswert war, sondern gerade das Gegenteil zutraf. Weshalb sie ein solches Schuldgefühl haben mußte, wird deutlicher, wenn man sieht, was denen widerfuhr, deren Opfer ihren Erfolg ermöglichten. Gladys, die ältere Schwester, verbrachte ihr Leben als hart arbeitende alte Jungfer im Hause der alternden Eltern. Der Vater machte bankrott und verließ die Familie. Die lebte trübselig und mittellos dahin und war auf die milden Gaben angewiesen, die die übrigen Kinder ihr zukommen ließen.
Dies erklärt das Element von Schuld und Selbstbestrafung, das ein regelmäßiges Motiv für Märtyrertum zu sein scheint. Aber es gibt gewöhnlich noch andere Motive, und auch diese konnten bei der Patientin festgestellt werden.
Wir wollen untersuchen, auf welche Weise Märtyrertum und Askese von ihr als Aggressionen benutzt wurden, d. h. als Angriffswaffen. Dieser Aspekt trat sicherlich gegenüber ihrem Ehemann klar zutage. Sie vernichtete beinahe seine Karriere, indem sie fortgesetzt verhinderte, daß er seine Chancen in vollem Umfang wahrnehmen und nutzen konnte, und weil es stets den Anschein hatte, als behandelte er sie schmählich und sei an ihrem Elend schuld. Seine Fähigkeiten und seine Großzügigkeit ermöglichten es ihr zu reisen und ein so angenehmes Leben zu führen. Er bot ihr mancherlei Luxus, und es war keineswegs seine Schuld, daß sie ihn nicht genoß. Als Dank dafür gab sie sich nicht nur alle Mühe, ihn in den Augen anderer als einen Schurken erscheinen zu lassen, sondern sie beschimpfte ihn und machte ihm so bittere und ungerechte Vorwürfe wegen ihrer Leiden, daß sein häusliches Leben unerträglich wurde. Zur Linderung ihrer selbstauferlegten Beschwerden suchte sie ärztliche Hilfe, die viele tausend Dollar verschlang.
Nachdem wir nun das aggressive Element in ihrem Märtyrertum erkennen, müssen wir die Erklärung dafür ebenfalls in ihrer Kindheit suchen. Es hängt teilweise mit den bereits berichteten Umständen zusammen, wozu noch ein weiterer Punkt kommt. Man kann wohl annehmen, daß es der Patien-

tin gefiel, zur Schönheit der Stadt gemacht zu werden (wenn es ihr auch vielleicht einige Gewissensbisse verursachte – was später ganz sicher der Fall war). Die Familie glaubte das jedenfalls bestimmt. Tatsache war aber, daß sie sich bereits als Mädchen der materialistischen Absichten voll bewußt war, die sich hinter den Opfern ihrer Familie verbargen – sie erkannte, daß man ihre Schönheit zum Zwecke des eigenen finanziellen und sozialen Aufstiegs ausbeuten wollte. Die tiefe Verbitterung, die ihrer Empfindlichkeit zugrunde lag, wurde während ihrer psychoanalytischen Behandlung sehr deutlich; sie wurde in sonderbarer Weise bei deren Abschluß reflektiert, indem sie sich eine Zeitlang eigensinnig weigerte, zu einem normalen Leben zurückzukehren, weil das doch nur dem Analytiker zugute kommen würde. Sie war von ihrer Familie ausgebeutet und zum Schaustück für die Welt gemacht worden, angeblich um ihrer eigenen Zukunft willen, in Wahrheit aber zum Vorteil der Familie. Nun war es der Analytiker, der sie nach ihrer Meinung nicht so sehr um ihrer selbst willen gesund machen wollte, sondern weil er der Welt zeigen wollte, was für ein guter Analytiker er war. Aus diesem Grunde weigerte sie sich lange Zeit, ihre Musik wieder aufzunehmen, so sehr sie auch bewußt wünschte, es zu tun, und trotz der Tatsache, daß ihre Darbietungen gefragt waren. Auf diese Weise versuchte sie sich am Analytiker zu rächen, der ihr unaufrichtig erschien, ebenso wie sie Rache an ihrer eigenen Familie wegen der von ihr (berechtigterweise) als unaufrichtig empfundenen Zuwendungen übte. Die Erkenntnis der Unaufrichtigkeit ihrer Familie war so bitter für sie, daß sie niemals ganz glauben konnte, daß jene, die sie zu lieben vorgaben, es ehrlich meinten. Das war zum Teil auch darauf zurückzuführen, daß sie selbst niemals ganz aufrichtig gewesen war, aber fühlte, daß ihr diese Unaufrichtigkeit aufgezwungen worden war.[3]

Zuletzt wollen wir das erotische Moment im Martyrium dieser Frau betrachten, das in ihrer Analyse sich sehr lebhaft in der Art äußerte, wie sie ihr Leiden gebrauchte oder zu gebrauchen versuchte, um die Liebe des Arztes zu erringen

---

[3] Ich neige zu der Ansicht, daß dieses Element der Unaufrichtigkeit möglicherweise der wichtigste und charakteristischste Faktor des Märtyrertums ist, der dadurch reflektiert wird, daß der Märtyrer stets so überaus aufrichtig erscheint.

(wie sie es zuvor mit anderen getan hatte, jedoch ohne Einsicht). Das Beispiel ihrer Halsentzündung wurde bereits erwähnt; es gab Dutzende dieser Art. Sie erinnerte sich während ihrer Analyse beispielsweise an Vorfälle wie den folgenden.

Als sie die Grundschule besuchte und noch nicht das Alter erreicht hatte, in dem sie als Jugendliche ausgenutzt wurde, hatte sie entdeckt, daß sie nach Belieben Nasenbluten hervorrufen konnte, indem sie hinter einem vorgehaltenen Buch oder hinter dem Pult gegen ihre Nase schlug, und daß dieses Nasenbluten ihr dann als Entschuldigung diente, um nicht an der Arbeit in der Klasse teilzunehmen, und ihr zudem das Mitgefühl von Lehrern und Klassenkameraden einbrachte.

Während der Analyse wurde ihr klar, daß sich hinter ihrer Reue ein höheres Motiv verbarg. Um es in ihren eigenen Worten zu sagen: »Während ich vorgab, mich wegen des Sieges über meine Schwester schuldig zu fühlen und mich scheinbar selbst bestrafte, versuchte ich in Wirklichkeit, dasselbe Ziel mit anderen Mitteln zu erreichen. Ich versuchte immer noch Aufmerksamkeit zu erregen, nur tat ich es, indem ich mein Leiden und mein elendes Aussehen zur Schau stellte anstatt meine hübschen Kleider und meine Locken.« Diesen Exhibitionismus aus erotischen Gründen haben wir bereits erörtert, aber in diesem Martyrium waren ein tieferer erotischer Wert und eine tiefere Bedeutung enthalten, was sich im Lauf der Analyse als eine der entscheidenden Entdeckungen herausstellte. Unter dem Lack der Unaufrichtigkeit, der Angeberei, dem seichten Anspruch und der Koketterie verbarg sich das tiefe Verlangen der Patientin, geliebt zu werden, und das Gefühl, daß sie betrogen worden war. Wie sehr die Familie sie auch »förderte« und herausputzte, um die Bewunderung der Umwelt zu erlangen, war es doch die ältere Tochter Gladys, die – besonders vom Vater – wirklich geliebt wurde. Die Mutter bevorzugte zwar unsere Patientin etwas, aber diese Bevorzugung wurde von dieser als unaufrichtig und daher unannehmbar empfunden. Die Zurückweisung konnte aber nicht vollständig sein, da sie dann überhaupt niemanden mehr gehabt hätte, der sie liebte. Aus diesem Grunde hatte sie sich bis zu einem gewissen Grad mit der Mutter identifiziert, für die sie niemals große Zuneigung gefühlt oder gezeigt hatte. Die Mutter hatte sich selbst verleugnet und die Märtyrerin gespielt, um die Patientin vorwärtszubringen. Obgleich das von der Patientin als unaufrichtiger Liebesbeweis empfunden wurde, war es doch alles, was sie besaß, und so klammerte sie sich trotz ihrer innerlichen Ablehnung daran. Man kann das alles ganz einfach ausdrücken, indem man sagt, daß ihr erotische Befriedigung nur dadurch zuteil werden konnte, daß sie sich mit der Mutter in ihrem Elend identifizierte.

Wir mußten etwas weiter ausholen, um zu erkennen, in welcher Weise Askese und Märtyrertum einer Frau mit verschütteten Gefühlen von Schuld, Rache und entstellter Liebe verbunden waren, die sämtlich in der Kindheit entstanden und sich latent weiterentwickelten, bis sie in der Lebensmitte zu voller Blüte gelangten. Sieht man von anderen Fakten ihres Lebens und ihrer Persönlichkeit ab, scheinen diese Gefühle fast zu offenkundig, doch waren sie weder für sie selbst noch für ihre Freunde so klar. Wie alle Neurotiker war sie ein Rätsel für ihre Freunde, die ihr ahnungslos das Mitgefühl erwiesen, dessen sie scheinbar bedurfte.

Ein weiterer typischer Fall offensichtlich neurotischen Märtyrertums kann hier kurz herangezogen werden, da er die strukturelle Ähnlichkeit dieser klinischen Märtyrer verdeutlicht. Der Fall stammt von Stekel.[4]

Eine 23jährige Frau kam zur Behandlung, angeblich weil sie in drei Ehejahren frigide geblieben war. Es bestanden jedoch viele weitere Symptome. Ihr Leben war völlig freudlos, und sie nahm an nichts Anteil. (Diese Unfähigkeit, sich freudig für etwas zu interessieren, ist charakteristisch für das Leben vieler Hausfrauen und von Myerson[5] für würdig befunden worden, mit der Bezeichnung *Anhedonie* bedacht zu werden.) Sie litt ständig unter Kopfschmerzen und Depressionen, weinte unausgesetzt, manchmal wochenlang hintereinander. Sie war die ergebene Sklavin ihrer Familie und verließ den häuslichen Kreis nie. Bevor sie irgendeinen noch so belanglosen Entschluß faßte, suchte sie Rat bei ihrer Mutter und ihrer Schwester. In allen häuslichen Angelegenheiten, der Erziehung des Kindes, der Auswahl ihrer Kleidung berief sie

[4] Wilhelm Stekel: *Sadismus und Masochismus*. Wien 1925.
[5] Abraham Myerson: *The Nervous Housewife*. Boston 1920.

sich auf deren Meinung. Sie beklagte sich, daß ihr Mann ihr nicht täglich bestimmte Aufgaben zuwies, die sie zu erfüllen hätte, und daß er sie nicht zu den Dingen anhielt, die sie hätte tun sollen.

Obgleich protestantischen Glaubens, war dieses Mädchen auf eine katholische Klosterschule geschickt worden, bis sie 18 Jahre alt war, weil es in ihrer Gemeinde keine guten allgemeinen Schulen gab. Sie war sehr fromm. Oft schlief sie wie eine Büßerin auf dem nackten Fußboden, auf den lediglich ein dünnes Laken gebreitet war. Sie hatte Nonne werden wollen, konnte sich aber nicht überwinden, ihre frühen sexuellen Betätigungen zu beichten, die aus allerlei sexuellen Spielereien mit Spielgefährten, einem älteren Bruder und einem Onkel bestanden, der sie verführt hatte. Um für diese Sünden zu büßen, hatte sie sich geschworen, sich niemals einem Mann hinzugeben; sie glaubte, es stehe ihr nicht zu, sexuelle Freuden zu genießen.

Ihre Aggressionen waren am ausgeprägtesten gegenüber ihrem Ehemann. Von Zeit zu Zeit wurde sie von einer Kaufmanie erfaßt, obgleich sie im allgemeinen recht sparsam war. Bei solchen Gelegenheiten verschwendete sie große Summen für wertlose und überflüssige Gegenstände, die zu kaufen sie sich gezwungen fühlte und die sie später wegwarf. Ihr Mann tadelte sie wegen ihrer Extravaganz, sie beschloß feierlich, es niemals wieder zu tun, gab aber bald erneut derselben Versuchung nach. Es gab viele weitere indirekte Beweise für ihre feindselige Einstellung zu ihrem Mann: ihre übermäßige Abhängigkeit und mangelnde Initiative, die Offenheit in bezug auf ihre Phantasien und die Liebe anderer Männer, ihre Frigidität, ihre Unzufriedenheit. Sie konnte ihr Kind nicht versorgen, weil es sie so nervös machte. Im Lauf der Behandlung bekannte sie, daß sie oft den Wunsch hatte, das Kind zu schlagen und es manchmal am liebsten erwürgt hätte.

Man kann mit Bestimmtheit sagen, daß Tausende, wenn nicht Millionen solcher Haushaltsmärtyrerinnen in diesem Lande, zu eben dieser Stunde ihr trübseliges Dasein hinschleppen.[6] Ich würde es tatsächlich sehr bedauern, wenn

---

6 Siehe A. Myerson: *The Neurosis of the Housewife. Medicine and Surgery,* März 1918, sowie das bereits zitierte Buch desselben Autors.

die extremen Beispiele von Askese und Märtyrertum, die ich ausgewählt habe, um die Wesensähnlichkeit solchen Verhaltens mit den dramatischeren Formen der Selbstzerstörung zu veranschaulichen, den Leser zu der Annahme verführen würden, daß es sich nur um gelegentliche und groteske Vorkommnisse handle. Wahrscheinlich ist gerade das Gegenteil der Fall, das heißt, daß wir alle bis zu einem gewissen Grade im Gewande des Märtyrertums der Selbstzerstörung huldigen und uns gegen Tadel oder Verdacht mittels verschiedener Rationalisierungen verteidigen. Wir könnten in der Tat geraume Zeit der Betrachtung jener chronischen Selbstmorde bei Freunden widmen, die sich selbst keinesfalls als neurotisch oder psychotisch empfinden und selbstverständlich nicht als religiöse Märtyrer. Da ist der soeben beförderte Angestellte, der seine Aussichten auf den endgültigen Aufstieg, den er anzustreben schien, durch etwas zunichte macht, das mitunter wie gewollte Sorglosigkeit oder gar absichtliche Nachlässigkeit erscheint. Da ist der Mann, der nach stetigem Vorwärtskommen und allen Anzeichen einer vielversprechenden Zukunft plötzlich den Kurs ändert und eine Richtung einschlägt, die von jedermann als weniger erfolgversprechend angesehen wird. Da ist ferner der Mann, der plötzlich ohne ausreichenden Grund entmutigt wird, aufgibt und zum Entsetzen all derer, die ihm wohlgesinnt sind, resigniert. Der Mann, der beachtliche Erfolge erzielt, nur um dessen Früchte und sein Ansehen durch eine Reihe von Handlungen zunichte zu machen, die darauf abgestellt scheinen, genau die entgegengesetzte Einstellung bei den Menschen seiner Umgebung zu erzeugen – diese und viele andere Beispiele kommen einem in den Sinn. Ein Leser eines frühen Entwurfs meines Manuskripts schrieb mir: »Ich war kürzlich Zeuge der drohenden Zerstörung der Karriere eines der begabtesten Männer, die ich je gekannt habe, durch einen Vorgang, der einem tatsächlichen Selbstmord in so auffallender Weise ähnelte, daß er Ihre Hauptthese vollkommen bestätigte. Ich verbrachte mehrere Stunden mit dem Versuch, ihn darauf hinzuweisen, daß es zwar eine gewisse reale Berechtigung für seine Gefühle gab, daß aber diese Gefühle, die ihn schließlich veranlaßten, seinen Rücktritt anzubieten, zur wirklichen Situation in keinerlei Verhältnis standen und folglich neurotisch waren;

daß er versuchen sollte, sich der Welt anzupassen, anstatt zu erwarten, daß sich die Welt ihm anpaßte ... Diese Fälle sind häufig; der Mechanismus ist wahrscheinlich mehr oder weniger bei jedem Menschen zu finden, und er wird gewöhnlich weder von ihm selbst noch von seinen Freunden oder seinem Arzt richtig erkannt.«
Manchmal wird er allerdings von den Freunden, nicht aber von dem Betreffenden selbst erkannt. Ich kannte einmal eine Frau mit großem gesellschaftlichem Ehrgeiz. Abgesehen davon war sie ein angenehmer Mensch, zu dessen Gunsten vieles sprach. Bei einer bestimmten Gelegenheit wurde sie zu einer kleinen Gesellschaft eingeladen, die ihr für ihren sozialen Aufstieg nicht besonders wichtig erschien, und so benahm sie sich ausnehmend unhöflich und plump. Dadurch besiegelte sie ihre gesellschaftliche Laufbahn so endgültig, als ob sie ein Verbrechen begangen hätte. Einige der Anwesenden gehörten zu den maßgebenden Leuten in der Gesellschaft des betreffenden Stadtteils, und einige andere waren geschulte Klatschmäuler. Beide zusammen sorgten dafür, daß das Los der armen Frau entschieden war, und zwar infolge eines Verhaltens, das nicht als zufällige Ungeschicklichkeit angesehen werden kann, sondern als ein Ausdruck von Aggressivität und fundamentaler Feindseligkeit, die sich hinter ihrem normalerweise liebenswürdigen Äußeren verbargen. Daß aber diese Episode selbstzerstörerisch war und einen Zug in der Persönlichkeit dieser Frau bloßlegte, entging ihren Bekannten, die Zeugen des Vorfalls waren, keineswegs.
Das gleiche geschieht viel häufiger als wir ahnen. Jeder Leser kann sich wahrscheinlich an zahlreiche Fälle erinnern, wo es ihm gelang, sich selbst um eine Belohnung oder einen Erfolg zu bringen, der ihm ohne seine selbstzerstörerische Handlungsweise sicher gewesen wäre. Aber erst wenn ein derartiger Selbstbetrug die Grenzen des Erträglichen übersteigt, werden wir aufgeschreckt oder suchen Hilfe. Oft kann man im eigenen Leben Serien selbstverschuldeter Niederlagen entdecken, die gewöhnlich nach gleichbleibenden Mustern ablaufen. Ich erinnere mich an einen Mann, bei dem das in jedem Bereich seines Lebens zu beobachten war. Er hatte bei Frauen besonderes Glück und errang schließlich ein attraktives Mädchen;

sie lebten sich jedoch auseinander und wurden geschieden.[7] Er wurde ein ausgezeichneter Golfspieler und gewann viele Wettkämpfe. Aber auf dem Höhepunkt seiner Erfolge begann ein fortgesetztes Nachlassen, das durch noch so eifriges Training nicht zu beheben war. Er erzählte mir, er habe eine besondere Eigenart bei seinem Golfspiel bemerkt: oft habe er eine Ausscheidung lange vor ihrem Ende praktisch gewonnen gehabt, um sie dann bei den letzten Löchern in ganz unerwarteter Weise zu verlieren. Genauso verhielt er sich natürlich bei allen Dingen im Leben: er verspielte seinen Erfolg, sobald er ihn in Händen hatte, und entsprach so Freuds Charaktertyp, der Erfolg nicht ertragen kann, weil mit diesem Erfolg ein Schuldgefühl verknüpft ist.

Das Verhaltensmuster dieses Mannes wurde ferner dadurch veranschaulicht, daß er innerhalb weniger Jahre große finanzielle Erfolge errang und dann nicht nur sein eigenes Geld bis auf den letzten Heller verlor, sondern auch das Geld einer Anzahl anderer Leute, das ihm anvertraut worden war.

Die Motive solchen Asketen- und Märtyrertums des Alltags sind wahrscheinlich dieselben wie bei den bereits diskutierten neurotischen Fällen. Zweifellos versuchen wir oft zu versagen, versuchen uns zu zerstören und tun es auch in eben dem Augenblick, wenn wir den Erfolg in Händen zu haben glauben.

Psychotische Märtyrer

Die unbewußten Motive von Asketen- und Märtyrertum werden weit dramatischer und zugleich durchsichtiger, wenn sie im Leben jener Individuen auftreten, die eine stärkere Beziehung zu ihren Überzeugungen (oder Zwängen) haben als zur Realität. Ich meine Askese und Märtyrertum, wie man sie bei Psychotikern beobachtet. In jedem psychiatrischen Krankenhaus ist man mit vielen ihrer Formen vertraut, zum Beispiel dem wohlbekannten Erlöserwahn, der oft solche Ausmaße erreicht, daß es zu Versuchen der Selbstkreuzigung kommt.

Es dürfte für unsere Ausführungen von Nutzen sein, hier

[7] Diese Flucht vor der Liebe als eine Sonderform der Selbstzerstörung soll im Zusammenhang mit den historischen Asketen noch genauer erörtert werden.

zwei repräsentative Beispiele zu nennen, bei denen die Elemente von Aggression, Erotik und Selbstbestrafung klar zu unterscheiden sind. Wir werden dann einige berühmte Persönlichkeiten untersuchen, die vor so langer Zeit lebten, daß sie eine psychiatrische Diagnose nicht zu fürchten hatten, deren Verhalten aber eine entsprechende Analyse nicht weniger nahelegt.[8]

Der Patient K. war das zweitgeborene von acht Kindern aus der Vereinigung einer höchst idealistischen Mutter und eines harten Vaters, der Alkoholiker war. Als ganz kleines Kind war der Patient sehr durch die ihm von der Mutter vermittelte religiöse Erziehung beeindruckt worden, bei der das Leiden Jesu und die Schrecken der Hölle besonders betont wurden.

Trotzdem zeigte er ein gewisses Maß jugendlichen Aufbegehrens, indem er sich einer ordinären Ausdrucksweise bediente, log und die üblichen geringfügigen Diebstähle beging. Aber mit 16 Jahren wurde er getauft und faßte den Entschluß, »das Leben eines guten Christen zu führen«. Er begann alle regelmäßigen Gottesdienste zu besuchen und nahm gelegentlich aktiven Anteil an Erweckungsversammlungen.

Der Vater des Patienten hatte eine kleine Fabrik gegründet, die die Söhne unter Führung des Patienten beträchtlich vergrößert hatten, so daß die Familie recht wohlhabend wurde. Einige der Brüder zogen sich aus dem Geschäft zurück, um andere Pläne zu verfolgen, so daß der Patient praktisch in den vollen Besitz eines großen Unternehmens kam, das er aufgrund seiner hohen Begabung und seines Einfallsreichtums zu beachtlichem Erfolg führte.

Während er noch geschäftlich aktiv war, wurde der Patient zunehmend religiöser, und im Alter von 35 Jahren entschied er, er habe genug Geld verdient und wolle den Rest seines Lebens nun lieber Gott als seinen eigenen »egoistischen Interessen« widmen. Er weckte weitreichende Begeisterung für die Unterstützung gewisser öffentlicher Arbeiten, wobei er beträchtliche persönliche und finanzielle Opfer brachte, unter anderem eine Spende von über hunderttausend Dollar. Er

---

[8] Ich habe bei der Untersuchung der historischen Märtyrer nicht versucht, zwischen solchen, die wir heute für psychotisch halten würden, und anderen zu unterscheiden.

hielt es für seine Pflicht, dies »als guter Christ zum Wohle aller Gotteskinder« zu tun. Seine Großzügigkeit hatte jedoch zur Folge, daß sich sein eigenes Unternehmen weiter vergrößerte, und dieses unerwartete Resultat erforderte noch größere Anstrengungen von seiner Seite, um eine Tat zu vollbringen, die ihn wirklich etwas kostete.

In dieser Stimmung wurde er in eine Kampagne gegen etwas hineingezogen, was er als unwürdige Schaustellung von Religion empfand. Er wurde sehr erregt und gab mehrere tausend Dollar aus, um seine Einwände zur Geltung zu bringen, bevor er durch das Eingreifen von Verwandten gezwungen wurde, davon abzulassen. Sie wußten nicht recht, was sie mit ihm machen sollten. Zwar hatte er große Summen scheinbar unsinnig hinausgeworfen, während er selber mittlerweile äußerst bescheiden und anspruchslos lebte, doch waren seine Aktivitäten bisher dem Familienunternehmen indirekt zugute gekommen. Nun aber wurde unmißverständlich klar, daß die Vorstellungen von Opfer, Dienen und Unterwerfung bei ihm pathologische Ausmaße angenommen hatten, und eine psychiatrische Untersuchung ergab, daß er geisteskrank war. Er glaubte, ein privates Nervensanatorium sei zu gut für ihn und begab sich statt dessen in eine staatliche Anstalt. Hier unternahm er wiederholte Fluchtversuche, um, wie er selbst sagte, »gefangen und geschlagen zu werden«. Bei einer solchen Gelegenheit wurde ihm dieser Wunsch so gründlich erfüllt, daß er wegen der erlittenen Verletzungen wochenlang ans Bett gefesselt war.

Als er schließlich aus dem Krankenhaus entlassen wurde, suchte er ein Hotelzimmer auf und verbrachte dort drei einsame Tage damit, »sich selbst zu kreuzigen«. Absichtlich verbrannte er sich Hände und Füße an der Zentralheizung, stach sich in die Fußsohlen und Handflächen und schnitt sich das Kreuzeszeichen in die Stirn. Er aß weder noch schlief er, sondern betete unaufhörlich und leidenschaftlich.

Es entwickelte sich eine Sepsis und Wundbrand an den Zehen, so daß mehrere Zehen amputiert werden mußten und er monatelang krank lag. Seine eigene Erklärung des Vorfalls lautete, er glaubte, sich selbst bestrafen zu müssen, um Gott von seiner Aufrichtigkeit zu überzeugen, wenn er ein Leben als guter Christ führen wolle. Auf diese Weise hoffte er letztlich die ersehnte Belohnung zu erlangen, nämlich die Liebe einer reinen und schönen Frau. Dies führte zu seiner Beichte über bedrückende Schuldgefühle, die von Masturbation und Phantasien über sittenlose Frauen herrührten. Zweifellos waren diese Gefühle des Unwerts und der Sündhaftigkeit sowie sein Strafbedürfnis mächtige Kräfte, die ihn zu dieser und späteren Selbstverstümmelungen anstachelten.

Der asketische Zug zeigte sich bei diesem Patienten auf vielfache Weise. Er vernachlässigte seinen Betrieb vollständig und gab ihn schließlich auf. Er weigerte sich, Geld von seiner Familie anzunehmen, selbst wenn er es benötigte. Eines Tages verschenkte er seine Kleider an einen Landstreicher und nahm dafür dessen Lumpen an. Er lief meilenweit barfuß durch Schnee und Matsch, wobei einige der ihm verbliebenen Zehen erfroren. Er hungerte auf der Straße, als er per Anhalter nach Chicago fuhr, um sich dort für eine der öffentlichen Einrichtungen einzusetzen, für die er sich lebhaft interessierte. Immer wieder weigerte er sich, Hilfe anzunehmen, die ihm angeboten wurde, indem er behauptete, er müsse die gleichen Entbehrungen auf sich nehmen wie seine christlichen Brüder.

Als er einmal mit dem Auto unterwegs war, verschenkte er seinen letzten Benzingutschein. Nachdem der Treibstoff verbraucht war, stieg er ruhig aus dem Wagen und ging den Rest des Weges zu Fuß. Wie er so die Straße entlangwanderte, in abgerissener Kleidung, ohne etwas zu essen und ohne Geld, fand er eine Zweidollarnote. Er betrachtete dies als ein Wunder, als einen Beweis, daß Gott über ihm wache, aber da es eine Gabe Gottes war, mußte er sie Gott zurückgeben. So behielt er das Geld nur so lange, bis er an einer Kirche vorbeikam, wo er es verschenkte.

Es wurde bereits darauf hingewiesen, daß die erotischen Vorstellungen des Patienten eng mit seiner religiösen Einstellung verknüpft waren. Er behauptete, seit seinem fünften Lebensjahr der leidenschaftlichste Mensch der Welt gewesen zu sein. Sein ganzes Leben hindurch sehnte er sich nach der großen Liebe und Leidenschaft eines reinen Mädchens, so wie die Bibel es beschreibt, und er war bereit, jeden Schmerz und jede Entbehrung auf sich zu nehmen, um eine solche Liebe zu erringen. Er sagte, daß in seinem Dasein Schmerz, Frieden und Liebe verkörpert seien. In den Jahren, die seiner Ehe-

schließung vorausgingen, hatte er sich oft verliebt, aber sobald die Beziehung intimer zu werden begann, wurde der Patient unruhig. Er fürchtete die schrecklichen Folgen dessen, was er »Unzucht« nannte. Die Mädchen, die ihm nicht einmal erlaubten, sie zu berühren, verehrte er heftig und brachte ihnen wegen ihrer Reinheit höchste Achtung entgegen.
Nachdem er einmal geträumt hatte, er hätte sexuellen Kontakt mit einer Frau gehabt, bedrückten ihn seine Schuldgefühle so sehr, daß er sich eiligst aus dem Bett erhob, ein siedend heißes Bad nahm und sich dabei schwere Verbrennungen zuzog. Als er diesen Vorfall berichtete, fügte er hinzu: »Je mehr ich leide, desto leidenschaftlicher werde ich.« Er sagte, er hätte den Höhepunkt seiner Leidenschaft nie erreicht, aber »Gott weiß, daß ich ihn eines Tages zu erleben hoffe, wenn nicht in dieser Welt, dann in jener, oder ich will zu Gott beten, daß er mich von diesem leidenschaftlichen Ding befreit, denn seit meiner Kindheit hat mich diese Spannung mehr gequält, als irgend jemand ahnen kann.«
Die Dynamik des freiwilligen Martyriums dieses Patienten läßt sich zum Teil aus dem schließen, was über seine Herkunft mitgeteilt wurde. Seine Verehrung für die Mutter und seine Furcht vor dem herrschsüchtigen Vater veranlaßten ihn, die Rolle des »braven Kindes« zu übernehmen, weil er nur auf diese Weise sicher war, Liebe und erotische Befriedigung zu erlangen. Diese Einstellung bedeutete, daß jegliche Sexualität und alle normalen Aggressionen als »böse« abgelehnt werden mußten. Weil er den allmächtigen Vater zugleich fürchtete und liebte, mußte er sich in einem sehr frühen Alter mit seiner frommen Mutter identifizieren. (Er selbst datierte den Beginn seiner »leidenschaftlichen Gefühle« auf das fünfte Lebensjahr, etwa die Zeit also, in der nach der Freudschen Theorie das Kind hin- und hergerissen ist zwischen dem Verlangen, dem Vater die Mutter wegzunehmen und sie für sich allein zu haben, und seiner Angst vor der überlegenen Stärke des Vaters und dem Wunsch, ihn gnädig zu stimmen.) Die Identifizierung selbst trug bereits den Charakter des Märtyrertums (da die Mutter in ihrer Beziehung zum Vater eine Märtyrerin war). Später trat dieses Märtyrerideal klarer in Erscheinung, als er sich mit Jesus identifizierte, der ebenfalls der Sohn eines mächtigen strafenden Vaters war und sich

kein Sexualleben gestattete. Der Patient, von diesem Ideal weit entfernt, war ständig gezwungen, sich außergewöhnliche Bußen für sein Schwelgen in sexuellen Phantasien aufzuerlegen, Bußen, in denen er sich wiederum mit Jesus identifizierte und masochistische Lust aus seinen Selbstkreuzigungsversuchen zog. Er unterschied sich darin insofern vom wahren Masochisten, als er nicht wünschte, daß ihm seine Qualen von einer persönlichen Vaterimago zugefügt würden, und auch darin, daß er – wie die Märtyrer und Asketen früherer Zeiten – sogar vor sich selbst die erotische Befriedigung verleugnete, die ihm seine Bußen einbrachten. Die aggressive Komponente im Märtyrertum des Patienten zeigte sich in seinem aufreizenden Verhalten gegenüber seiner Familie und seinen Freunden; er vernachlässigte sie und gab enorme Summen aus, die für ihre Bedürfnisse hätten verwendet werden können. Ebenso liebte er es eingestandenermaßen zu kämpfen. Auch daß er Frauen nachlief, denen an seiner Verehrung nichts gelegen war, hatte etwas Aggressives, da er es häufig so sehr auf die Spitze trieb, daß es für die Frauen peinlich war. Er zankte sich ständig mit seiner Frau, obgleich er sich andererseits von ihr schlagen ließ, ohne auch nur den Versuch zu machen, sich zu verteidigen.[9]

Der Fall des Herrn Y. war noch dramatischer. Er war ein reicher, gebildeter 40jähriger Kubaner. Zwei Jahre, bevor die folgenden Beobachtungen gemacht wurden, hatte sich ein Vorfall zugetragen, dem er große Bedeutung beimaß. Er hatte in Havanna auf der Straße eine Frau gesehen, die ihn unwiderstehlich anzog, und er folgte ihr bis zu ihrer Wohnung. Er sah sie ins Haus eintreten und verschwinden. In diesem Augenblick bemerkte er einen Blumenhändler, der im Innenhof des Hauses saß und Blumenkränze an einer langen Stange aufgereiht hatte. Plötzlich schien es ihm, als habe das Zusammentreffen des geheimnisvollen, schönen Mädchens und des Blumenhändlers eine symbolische Bedeutung in dem Sinne, daß er zwischen dem Leben, das das Mädchen repräsentierte, und dem Tode, verkörpert durch den Mann mit den Kränzen, wählen müsse. Er entschloß sich, das Leben zu wählen, und klopfte kühn an die Wohnungstür, hinter der die

[9] Ein detaillierter Bericht über diesen Fall findet sich bei Norman Reider: *Self-Mutilation in Paranoia.* J. Kansas Med. Soc., April 1936, S. 133-136.

Frau verschwunden war. Es erschien ihm als gutes Omen, daß die Frau, die ihn so fasziniert hatte, öffnete und ihn in liebenswürdiger Weise hereinbat. Er verabschiedete sich bald und ging nach Hause.
Nach dem Erlebnis dieses Nachmittags war er etwas müde und legte sich hin, um zu ruhen. Er grübelte darüber nach, daß seine »Wahl« des »Lebens« eine glückliche gewesen war, so glücklich in der Tat, daß es angebracht schien, ein Opfer zu bringen, um nicht die Rache Gottes auf sich zu ziehen. Er beschloß daher, daß er die Beziehungen zu seiner Frau lösen müsse, obgleich sie stets die ergebenste, zärtlichste Gattin war, die er sich nur wünschen konnte, und die nur darauf bedacht war, ihn glücklich zu machen. Sie konnte ihm keine Kinder schenken, weil sie unfruchtbar war, aber das legte er ihr nicht zur Last. Während er so grübelte, schlief er ein und verfehlte seine Frau, die er zum Abendessen hatte treffen wollen. Er betrachtete das als ein Zeichen des Himmels, daß sein Entschluß, dieses Opfer zu bringen, gebilligt worden war.
Um diese Zeit bemerkte er, daß die Menschen ihn seltsam ansahen, daß ihm eigenartige Dinge in seinem Amt widerfuhren, daß seine Briefe kontrolliert wurden und daß die Leute sonderbare Dinge zu ihm sagten. Das alles überzeugte ihn um so mehr, daß er auf irgendeine Art von einer Macht auserwählt worden war, die er nicht beeinflussen konnte und die ihm unbekannt war. Zu dieser Zeit hatte er Anzeigen über den Film »Im Zeichen des Kreuzes« gesehen, und sofort begriff er, daß dies das Symbol jener Macht oder Organisation war, die ihn zu einer großen Mission auserkoren hatte. Als nächstes fing der Patient an, sich durch Menschen irritiert zu fühlen, die er »Schlappschwänze« nannte. Um zu beweisen, daß er selbst kein »Schlappschwanz«, sondern ein starker Mann war, beschloß er, die Führung des Geschäfts selbst zu übernehmen und entließ sämtliche Angestellten mit einer Ausnahme – einem engen Freund. Er rief die Direktoren der Gesellschaft an, um ihnen mitzuteilen, daß er die regelmäßige Konferenz verschiebe und eine neue einberufen würde, wenn er es für ratsam hielte. In den folgenden Tagen wurde er zunehmend verwirrter, streitsüchtig und feindselig gegen seine Frau, die er aus seiner Gegenwart verbannte und zu töten drohte, falls sie den Raum betrete, in dem er sich aufhielt.

Als der Patient einige Monate später auf die eben beschriebene Zeitspanne zurückblickte, glaubte er, es sei ein Versuch gewesen, ein solches Benehmen an den Tag zu legen, daß es seine Abreise von Kuba in die Vereinigten Staaten zur Folge haben würde. Als er in dieses Land gebracht wurde, um sich einer psychiatrischen Behandlung zu unterziehen, vermutete er, er sei von seiner Regierung dazu bestimmt worden, die Vereinigten Staaten mit Millionen von Kindern zu bevölkern, die er von Tausenden von Mädchen bekommen würde. Anfangs bestand er energisch darauf, sofort damit zu beginnen, aber als ihm das verwehrt wurde, deutete er die Weigerung in der Weise, daß er nicht genügend Opfer gebracht habe, um einer so großartigen Mission würdig zu sein.

Um sich vorzubereiten, verbrannte er sich mit Zigaretten und bat viele Male um ein Messer, um sich Wunden zufügen zu können. Obgleich er sich Tag und Nacht in der Obhut einer Spezialpflegerin befand, gelang es ihm, sich mittels der Dampfheizung eine schwere Verbrennung am Arm beizubringen, während er sich schlafend stellte, wobei sich nicht einmal sein Gesichtsausdruck veränderte. Mehrere Tage lang verweigerte er die Nahrung, obwohl er sehr gern aß und alle erdenklichen Anstrengungen unternommen wurden, ihn mit seinen Lieblingsdelikatessen in Versuchung zu führen. Als er zum Essen gezwungen wurde, nahm er nichts zu sich außer einer höchst unappetitlichen Mischung aus Milch, Eiern, Orangensaft, Lebertran, Zucker und Salz. Eine seiner Fastenzeiten dauerte drei Monate. Während dieser Zeit verzichtete er auf das Rauchen, Lesen, Tanzen (woran er stets viel Vergnügen gehabt hatte), auf Kinobesuche und Spaziergänge. In seiner alten, abgetragenen Kleidung saß er allein in seinem Zimmer und weigerte sich, mit irgend jemand zu sprechen. Als man ihm mitteilte, daß seine Schwester von einer wahrscheinlich tödlichen Krankheit befallen war, sagte er dazu lediglich, er habe praktisch alles aufgegeben und nun schiene es, daß er auch noch seine Schwester aufgeben müsse. Er zeigte kein Interesse, seine geschäftlichen Verpflichtungen wieder aufzunehmen; solche Angelegenheiten seien weltlicher Art, und er habe seit langem all dem entsagt.

Später steigerte sich Herrn Y.s Haß gegen die Leute, die er »Schlappschwänze« nannte, immer mehr. Er sagte, sie würden versuchen, ihn »weich« zu machen, indem sie das Beispiel eines leichten Lebens gäben. Diese Leute wären außerstande, solche Härten zu ertragen, wie er sie sich selbst auferlegt hätte, und leisteten nichts Produktives. Er glaubte das absolute Gegenstück solcher Menschen zu sein, weil er für eine Mission von unschätzbarem Wert für die Welt auserwählt sei, die einen Mann von Eisen erfordere.

Nachdem man Herrn Y. besser kennengelernt hatte, stellte sich heraus, daß seine Krankheit ein Kampf gegen homosexuelle Impulse war. In seiner eigenen Erzählung wendete er sich von dem Händler, der Blumenkränze auf einer Stange aufgereiht hatte (für den Patienten wahrscheinlich ein Geschlechtssymbol), ab und dem fremden Mädchen zu. Daß er das Mädchen wählte, war eine Flucht vor der homosexuellen Versuchung zu heterosexuellem Handeln. Nach diesem Vorfall, bei dem ihm die perverse sexuelle Versuchung wahrscheinlich nahezu bewußt wurde, verstärkte er seine Abwehr, indem er sich plötzlich von einem unbekümmerten passiven Individuum, dessen größte Wonne es war, sich im Hause zu schaffen zu machen, in einen aggressiven Trinker verwandelte, der begann, Bordelle aufzusuchen und mit seinen Freunden zu streiten. In dem Sanatorium, in das er später aufgenommen wurde, bemerkte man, daß er unruhig wurde, sobald man versuchte, ihn von Pflegern anstatt von Schwestern betreuen zu lassen. Sein ständiges Betonen seiner Potenz war genau so eine Abwehr wie sein Haß auf die »Schlappschwänze«. Dies wurde durch Traummaterial noch mehr erhärtet. Er träumte, daß er sich verheiratete; aber zu seiner großen Verwunderung war er eine Frau und kein Mann, und ein Mann – ein Freund von ihm –, der eine lange Stange in der Hand hielt, versuchte fortgesetzt, ihn damit zu durchbohren.

In diesem Fall sind die verschiedenen Elemente von Märtyrer- und Asketentum deutlich sichtbar. Das erotische Element war offenkundig; es war verworrener Art und bediente sich einer heterosexuellen Fassade, um homosexuelle Neigungen zu verleugnen. Das Selbstbestrafungselement wurde vom Patienten ebenfalls freimütig bekannt (und in unmißverständlicher Weise ausgelebt). Am wenigsten überzeugend erscheint vielleicht demjenigen, der dies liest, ohne den Patienten zu kennen, der Nachweis einer aggressiven Absicht oder Handlung. Wenn man aber zeigen könnte, wie eigensinnig dieser Mann sich weigerte, seinen häuslichen oder geschäftlichen Verpflichtungen nachzukommen, wie wütend er wurde, sobald bestimmte Personen erwähnt wurden, mit denen er in Fehde lag, wie schwierig er als Patient war, dann würden solche Zweifel gänzlich schwinden. Er war ein Märtyrer und Asket – bei dem trotzige Aggression, sexuelle Verwirrung und Schuld, für die er sich selbst bestrafte, reliefartig hervortraten.

b) Die historischen Märtyrer und Asketen

Die bisher genannten Beispiele haben den Nachteil, daß sie dem Leser allzu extrem erscheinen mögen. »Vielleicht«, so wird dieser Leser sagen, »gibt es so außergewöhnliche Menschen wirklich, und vielleicht tun sie so außergewöhnliche Dinge aus so außergewöhnlichen Gründen. Aber es ist nicht das, was ich unter Märtyrertum verstehe, bei dem es sich um eine nüchterne Angelegenheit ohne verrückte Hintergründe handelt.« Für den Psychiater hingegen besteht kein so gewaltiger Unterschied zwischen dem »Verrückten« und dem »Normalen«, sondern nur ein Unterschied hinsichtlich des Grades und der Deutlichkeit. Der psychotische Mensch – der »verrückte« Märtyrer – wird eher soziale Werte geringschätzen oder sie seinen eigenen Trieben unterordnen, aber er gibt auch die Motive seiner Handlungen unmittelbarer preis als der Normale, der sie sorgfältig verbirgt.
Wie vollkommen die zugrundeliegenden psychologischen Faktoren des Märtyrertums beispielsweise durch Rationalisierungen verdunkelt wurden – »die große Sache«, die »unausweichlichen Umstände« – wird offensichtlich, wenn man die Berichte über die historischen Märtyrer und Asketen untersucht. Dies sollte man tun, um in vollem Ausmaß zu erfassen, wie weit gesellschaftlich gebilligte Selbstzerstörung getrieben wurde. Die Methoden variierten stark und reichten von jenen Formen, wo Menschen mit dem Ziel geistiger Vervollkommnung auf eine Ehe verzichteten, den Vergnügungen des Lebens entsagten, fasteten, ihren Besitz den Armen schenkten und in größter Einfachheit lebten, jedoch

ohne sich von der menschlichen Gesellschaft abzuwenden, bis zu jenen Formen, wo die Menschen nach Heiligkeit strebten, sich völlig von ihren Mitmenschen zurückzogen und als Eremiten in größter Armut und Einsamkeit lebten und sich zusätzliche Qualen auferlegten, indem sie hungerten, sich kasteiten, den Elementen aussetzten.[10]

Der Hl. Hieronymus berichtet mit einem Schauder der Bewunderung, er habe einen Mönch gesehen, der dreißig Jahre lang ausschließlich von einer kleinen Menge Gerstenbrot und schmutzigem Wasser lebte; ein anderer habe in einem Loch gehaust und täglich nie mehr als fünf Feigen zu sich genommen, während ein dritter sein Haar nur am Ostersonntag schnitt, niemals seine Kleider wusch, niemals sein Gewand wechselte, bis es in Fetzen fiel, und fastete, bis seine Augen trübe wurden und seine Haut »wie Bimsstein« ... Sechs Monate lang, so wird berichtet, schlief der Hl. Makarius in einem Sumpf und setzte seinen Körper den Stichen giftiger Fliegen aus. Er pflegte ein 70 Pfund schweres Eisengewicht mit sich herumzutragen. Sein Schüler, der Hl. Eusebius, trug 150 Pfund Eisen mit sich herum und lebte drei Jahre lang in einer ausgetrockneten Quelle. Der Hl. Sabinus aß nur Getreide, das verfault war, nachdem es einen Monat in Wasser gelegen hatte. Der Hl. Besarion verbrachte 40 Tage und Nächte in einer Dornenhecke und legte sich 40 Jahre hindurch niemals zum Schlafen nieder, eine Buße, die sich auch der Hl. Pachomius 15 Jahre lang auferlegte. Manche Heilige, z. B. Marcian, nahmen nur einmal am Tage ein so kärgliches Mahl zu sich, daß sie ständig Hunger litten. Von einem von ihnen wird berichtet, daß seine tägliche Nahrung aus 170

---

10 Asketen pflegten sich vorzugsweise in die Wüste zurückzuziehen. Sie befriedigte ihr Verlangen nach Einsamkeit und einem Minimum an äußeren Reizen. Ferner galt sie als Wohnstätte der Gottheit (siehe Moses, Jesaiah, Jesus, Mohammed). Die Essener, jene interessante Gemeinschaft vorchristlicher Juden, die in strengster Einfachheit lebten und von Josephus als die ersten den Historikern bekannten Asketen angesehen wurden, sollen aus der Wüste stammen und als Einsiedler dorthin zurückgekehrt sein. Das Verlangen des Asketen, in die Wüste zu gehen, wird von Schjelderup (*Die Askese*. Berlin 1928) als symbolische Rückkehr zum Frieden und zur Ruhe des Mutterschoßes erklärt. Er hat eine eindrucksvolle Sammlung zum Thema des Asketentums zusammengetragen: aus literarischen Quellen, seinen Erfahrungen in europäischen und orientalischen Klöstern und aus der Analyse zweier Patienten.

Gramm Brot und ein paar Kräutern bestand, daß er sich niemals auf eine Matte oder ein Bett legte, um sich im Schlaf zu entspannen, daß sich vielmehr infolge übergroßer Ermattung seine Augenlider beim Essen schlossen und die Nahrung aus seinem Mund fiel ... Von einem andern berühmten Heiligen namens Johannes wird berichtet, daß er drei volle Jahre ins Gebet versunken an einen Felsen gelehnt stand, daß er sich während dieser ganzen Zeit niemals setzte oder hinlegte, daß seine einzige Nahrung das Sakrament war, welches ihm an den Sonntagen gebracht wurde. Manche Einsiedler lebten in den verlassenen Höhlen wilder Tiere, andere in ausgetrockneten Quellen, während wieder andere zwischen Gräbern einen geeigneten Ruheplatz erblickten. Manche verschmähten jegliche Kleidung und krochen umher wie wilde Tiere, nur mit ihrem verfilzten Haar bedeckt. In Mesopotamien und Teilen Syriens gab es eine Sekte, die unter dem Namen »die Grasenden« bekannt war. Sie wohnten niemals unter einem Dach, aßen weder Fleisch noch Brot, sondern verbrachten ihr ganzes Leben auf den Bergweiden und aßen Gras wie die Rinder. Die Reinlichkeit des Körpers wurde als Beschmutzung der Seele betrachtet, und diejenigen Heiligen wurden am höchsten verehrt, die zu einer abscheulichen Masse von verklumptem Dreck geworden waren. (Lecky: op. cit., Bd. 2, S. 107-109).

Eine Asketin der Neuen Welt ist von Willa Cather[11] mit schönem Zartgefühl geschildert worden. Jeanne Le Ber, einzige Tochter des reichsten Kaufmanns von Montreal, war in ihrer Kindheit sehr verwöhnt worden. Ihr Vater, der die Geselligkeit liebte und alle angesehenen Besucher Montreals zu sich einlud, führte seine reizende Tochter gern den Gästen vor, die sie mit Geschenken und Aufmerksamkeiten überschütteten.

Obgleich warmherzig und freundlich, zeigte das Kind früh einen asketischen Zug. Als sie eine auswärtige Schule besuchte, verschenkte sie die Süßigkeiten, die ihr von zu Hause geschickt wurden. Unter den prächtigen schönen Kleidern, die ihr Vater ihr kaufte, trug sie stets ein härenes Hemd direkt auf der Haut.

Als sie ins heiratsfähige Alter kam, setzte ihr Vater, der

---

11 Willa Cather: *Shadows on the Rock*. New York 1934, S. 150-153.

wünschte, daß sie eine gute Partie machen solle, eine große Mitgift für sie aus. Es stellten sich auch viele Verehrer ein, darunter ein Spielkamerad aus ihrer Kindheit. Aber Jeanne bat darum, in ein Kloster eintreten zu dürfen. Ihre Eltern und sogar ihre geistlichen Betreuer flehten sie an, nicht die Weihen zu nehmen, aber sie erhielt die Erlaubnis, zu Hause ein zurückgezogenes Leben zu führen. Sie legte ein Keuschheitsgelübde ab, das fünf Jahre gelten sollte, in denen sie mit keinem Angehörigen ihrer Familie sprechen würde. Ihre Eltern stimmten dem zu in der Hoffnung, daß ein derartiger Entschluß eines 17jährigen Mädchens bald ins Wanken geraten würde, aber von dem Tag an, an dem sie sich zurückzog, sprach sie nicht mit ihnen, und sie sahen sie nur, wenn sie sich an ihnen vorbei in die Kirche stahl. Ihr Vater, dem die Vernichtung seiner Hoffnungen das Herz brach, zog sich vom geselligen Leben zurück und mied sein Heim. Als die Mutter auf dem Totenbett lag, ließ sie ihre Tochter zu sich bitten, aber Jeanne weigerte sich zu kommen.

Als die fünf Jahre um waren, erneuerte sie ihr Gelübde, und nachdem sie zehn Jahre im Hause ihrer Eltern wie ein Einsiedler gelebt hatte, nahm sie ihre Mitgift und baute damit eine Kapelle, in der sie hinter dem Altar eine Zelle für sich errichten ließ. Die Zelle war dreifach unterteilt: ein Gitter zu ebener Erde erlaubte ihr, an der Messe in der Kapelle teilzunehmen, ohne selbst gesehen zu werden. Ihre Nahrung, die einfach und kärglich war, wurde ihr durch ein kleines Fenster gereicht. Der erste Stock war ein Schlafraum, gerade groß genug für ein schmales Bett, wo sie selbst in den kältesten kanadischen Nächten nur mit einer dünnen Decke schlief, doch war ihr Kopfkissen nur wenige Zentimeter vom Heiligen Sakrament entfernt. Im zweiten Stock stickte sie schöne Altardecken und Gewänder, oder sie spann Garn und strickte Strümpfe für die Armen.

In diesem engen Steinturm war sie lebend begraben. Sie verließ ihn niemals, sei es auch nur, um Luft zu schnappen und Bewegung zu haben, außer um Mitternacht, wenn sie täglich in die Kirche ging und eine Stunde betete. Im Winter hatte sie ein Öfchen, das sie nur bei kältester Witterung anzündete, damit ihre Finger nicht zu steif zum Arbeiten wurden. Man sagt, daß sie bei all dieser Selbstverleugnung von ihrer Le-

bensweise so entzückt war, daß sie ihre Zelle der ganzen übrigen Welt vorzog.
Ich überlasse es dem Leser zu entscheiden, welche Details dieses glänzende Beispiel von Askese und selbstgewähltem Märtyrertum von den genannten klinischen Beispielen unterscheiden. Die Elemente von Freude durch Schmerz, von Liebe, die im Leiden Erfüllung findet, von Selbstverleugnung, wenn nicht »Bestrafung«, und von Aggression gegen die Eltern und den Freund (indem sie enttäuscht und abgewiesen werden) sind deutlich genug.
Ein anderes historisches Beispiel, das dieselbe Autorin anführt, ist das Martyrium eines frühen Missionars in Kanada, Noël Chabanel, der bei einem Überfall der Irokesen ums Leben kam. Er kam nach Amerika aus Toulouse, wo er Professor der Rhetorik gewesen war. Er war ein kultivierter, feinsinniger Mann, für das harte Leben eines Missionars unter Wilden ganz ungeeignet. Trotzdem wollte er ihr Leben teilen, um ihre Sprache zu lernen und sie zu bekehren. In ihren verrauchten Wigwams, wo er mit Hunden und den Wilden zusammen schlief und aß, von Ungeziefer geplagt und voll Ekel über den Schmutz, die Gerüche und das schäbige, schlecht zubereitete Essen, das aus Hundefleisch und ähnlichen Köstlichkeiten bestand, litt er endlose Qualen. Kein Wunder, daß er nach fünfjährigem Studium die Sprache dieses Volkes, das ihm zuwider war, noch immer nicht beherrschte, obgleich er neben seiner französischen Muttersprache Griechisch, Hebräisch, Italienisch und Spanisch sprach. Die Indianer betrachteten den vornehmen jungen Gelehrten mit Verachtung und benutzten jede Gelegenheit, um ihn zu verletzen oder zu schockieren. Einmal veranlaßten sie ihn, Fleisch zu essen, von dem sie ihm später sagten, es sei Menschenfleisch gewesen, um sich dann über seine Verzweiflung zu amüsieren. Im Gegensatz zu anderen Missionaren konnte er sich niemals an die Entbehrungen und Härten gewöhnen, führte aber ein elendes Dasein. Er schlief im Schnee, um den schmutzigen Indianerbehausungen zu entfliehen, aß rohes Maismehl, war die Zielscheibe derber Witze, gedemütigt, weil er die selbstgewählte Arbeit so erfolglos tat, abgestoßen und krank durch die Brutalität und Unanständigkeit der Wilden und von ständigem Heimweh nach Frankreich gequält.

Angesichts seiner Verzweiflung und völligen Ungeeignetheit für die Aufgabe empfahl ihm ein Vorgesetzter, nach Frankreich zurückzukehren. Aber Vater Chabanel, die Möglichkeit seiner Erlösung vor Augen, kehrte der Schönheit und dem Frieden seines früheren Lebens für immer den Rücken, indem er gelobte, bis ans Ende seines Daseins in der Huronenmission zu bleiben. Er starb zwei Jahre später auf seiner Station in der Wildnis, und es wurde nie bekannt, ob er an den Entbehrungen zugrunde gegangen oder von den Indianern ermordet worden war.

Bußen sind bis in die Gegenwart hinein Bestandteil religiöser Anbetung bei verschiedenen Sekten gewesen. In den Vereinigten Staaten sind die bekanntesten davon vielleicht die mexikanisch-amerikanischen Flagellanten, Los Hermanos Penitentes de Sangre de Cristo, im allgemeinen einfach »Penitentes« genannt, die im Norden Mexikos und im Süden Colorados lebten. Nach der Kirchengeschichte entstand und blühte diese Sekte im 13. und 14. Jahrhundert; sie geißelten sich öffentlich, um den Zorn Gottes zu besänftigen.[12]

Eine andere seltsame Sekte dieser Art sind die Philipowtsi, die Baring beschrieben hat.[13] Er sagt, daß im 18. Jahrhundert ganze Familien, ja sogar Dörfer, die dieser Sekte angehörten, sich selbst verbarrikadierten, um Hungers zu sterben. Während der Regierung von Alexander II. überredete ein Bauer zwanzig andere, in den Wald zu gehen und zu verhungern.

Eine andere russische Vereinigung, von der Stepniak[14] berichtet, nannte ihre Mitglieder *Christen*, aber Außenstehende verwandelten diesen Namen spöttisch in *Chlisten*, was »Peitschen« bedeutet, da die Selbstgeißelung ein wichtiger Bestandteil ihrer religiösen Gebräuche war. Sie lehnten das Familienleben ab und predigten absolute Enthaltsamkeit. Die Skopzen oder Kastraten (von denen später die Rede sein soll) gehörten dieser Gruppe an.

Es muß gesagt werden, daß diese harten Bräuche nicht nur von solchen geübt wurden, die vom Christentum herkamen. Bei den meisten Religionen sind die gleichen Phänomene zu

---

12 Siehe Alice Corbin Henderson: *Brothers of Light*. New York 1937.
13 Maurice Baring: *The Russian People*, London 1911, S. 352-354.
14 Michael Dragomanoff Stepniak: *The Russian Peasantry*. New York 1888.

beobachten. Asketische Praktiken werden sowohl von Mohammedanern[15] als auch von Anhängern des Buddhismus, des Brahmanentums und vieler anderer Glaubensrichtungen gepflegt.[16] Juden, Griechen, Römer und viele andere glaubten an das Opfer, um dem Neid der Götter zuvorzukommen.[17] Juvenal beschreibt, daß die Sühneriten des Isiskultes große Begeisterung in Rom erweckten. Frauen zerschlugen im Winter morgens das Eis des Tibers, um dreimal ins Wasser zu tauchen, sie schleppten sich mit blutenden Knien um das

15 Miyan Hatim von Sambal, der 1562 starb, wanderte 10 Jahre barhäuptig und barfüßig umher und schlief niemals in einem Bett. Muhamad Ghawth verbrachte 12 Jahre in den Hügeln nördlich des Ganges und unterwarf sich schweren Entbehrungen; er aß Blätter von den Bäumen und schlief in Höhlen. Scheik Burhan verzichtete nahezu 50 Jahre bis zu seinem Tode auf Fleisch und die meisten anderen Nahrungsmittel ... Gegen Ende seines Lebens trank er auch kein Wasser mehr und verbrachte seine Zeit meditierend in einer kleinen dunklen Zelle. (James Hastings: *Encyclopedia of Religion and Ethics.* New York 1910.)

16 »Hindu-Asketen verharren in unbeweglichen Stellungen, Gesicht oder Arme zum Himmel erhoben, bis die Sehnen schrumpfen und die Stellung zu Starrheit versteift. Sie setzen sich völlig unbekleidet den Unbilden der Witterung aus, zerfetzen ihre Körper mit Messern oder nähren sich von Aas und Exkrementen. Unter den Mohammedanern Indiens gab es Fakire, die schwere Ketten oder Kanonenkugeln trugen oder jahrelang auf Händen und Knien krochen. Andere lagen auf Nagelbetten, wieder andere schwangen sich monatelang vor einem langsamen Feuer hin und her, während tropische Sonnenglut vom Himmel strahlte. Moderne Juden wissen, daß manche frömmlerischen Mitglieder der Synagoge sich vor dem Beginn des Versöhnungsfestes der Buße der freiwilligen Geißelung unterziehen, wobei sich jeweils zwei Personen mit einer Peitsche mit drei Riemen 39 Streiche oder 13 Peitschenhiebe verabreichen. Bei den Anhängern Zarathustras galten 30 Streiche mit der Sraoschokarana als Sühne, die die Menschen von ihren Sünden reinigt ... Herodot berichtet, daß die alten Ägypter sich schlugen, während die von ihnen dargebrachten Opfergaben verbrannt wurden, und daß die karianischen Einwohner Ägyptens bei solchen Gelegenheiten ihre Gesichter mit Messern zerschnitten. Unter den alten Mexikanern war das Vergießen von Blut eine bevorzugte und weitverbreitete Art, für seine Sünden zu büßen und Gottergebenheit zu zeigen ... ›Sie zerfetzten ihr Fleisch, als sei es gefühllos, und ließen ihr Blut so reichlich fließen, daß es wie eine überflüssige Körperflüssigkeit wirkte.‹ (Clavigero: *History of Mexico.*) Die Selbstkasteiung war auch Teil des religiösen Kultes bei vielen unzivilisierten Stämmen Nordamerikas.« (Edward Westermarck: *The Origin and Development of the Moral Ideas.* Bd. II, London 1906, S. 353.)

17 Schillers berühmtes Gedicht »Der Ring des Polykrates« gibt eine gedrängte Darstellung dieses Gefühls. Siehe auch Money-Kyrle: *The Meaning of Sacrifice.* London 1930.

Tarquinische Feld oder unternahmen lange Pilgerfahrten nach Ägypten, um die Göttin gütig zu stimmen.

Das asketische Ideal beschränkt sich nicht auf das religiöse Denken; die Theorie, daß der Körper mittels Selbstverleugnung dem Geist unterzuordnen sei, wurde von vielen heidnischen Philosophen gelehrt, einschließlich Platon und Cicero.

So interessant diese weitverbreiteten asketischen Praktiken waren, wäre es doch unmöglich, alle ihre individuellen psychologischen Motive aufzuspüren. Wir sollten nicht übersehen, daß das historische Asketen- und Märtyrertum unter den Verhältnissen, in denen es florierte, eine gewisse logische Berechtigung hatte. Daß Menschen sich alltägliche Annehmlichkeiten oder gar Notwendigkeiten versagten oder sich Gefahren aussetzten, die uns unnötig erscheinen, könnte bedeuten, daß ihre Einstellung von starken unbewußten individuellen Neigungen zur Selbstzerstörung bestimmt war, aber gleichzeitig wurden diese Impulse zweifellos von gewissen allgemeinen Einflüssen des Zeitalters oder der Kultur stimuliert, die besagten, daß durch solche Methoden das Leben in einem anderen – höheren – Sinne eher bewahrt als zerstört werde. Jede Kultur enthält viele Elemente, die selbstzerstörerische Neigungen des Individuums ermutigen und erleichtern. Diese Einflüsse können mechanischer, ökonomischer, philosophischer, erzieherischer, soziologischer oder moralischer Art sein. Wir sind nicht in der Lage, die Destruktivität einiger dieser Neigungen in unserer eigenen Kultur objektiv einzuschätzen, weil wir ihr zu nahe sind, um die richtige Perspektive zu besitzen. Es kann sogar sein, daß in den kommenden Jahren unsere Zeit als diejenige betrachtet wird, in der die selbstvernichtenden Tendenzen des Menschen einen Höhepunkt erreicht haben. (Man betrachte z. B. unsere Verkehrsunfälle, unsere militaristischen Aktivitäten, unsere Vergeudung natürlicher Hilfsquellen und unsere Vernachlässigung menschlicher Werte.)

Ich mag daher zu Recht kritisiert werden, wenn es scheint, als habe es sich bei den erstaunlichen Beispielen für dieses Phänomen, die ich herausgegriffen habe, um besonders selbstzerstörerische religiöse Eiferer gehandelt, während sie innerhalb ihrer kulturellen Umwelt dies nicht in höherem Maße waren als jede beliebige eng verbundene Gruppe, die ein Ideal gegen eine feindliche Gesellschaft verteidigt. Das war nicht meine Absicht. Diese frühen Märtyrer sind lediglich durch die vorliegenden genauen, wissenschaftlichen und häufig sehr farbigen Berichte dem Studium zugänglicher als jede andere Gruppe. Deshalb habe ich mich so ausgiebig auf religiöse Chroniken wie auf historische Darstellungen bezogen, als ich Beispiele für Askese und Märtyrertum zusammentrug, um Faktoren der Reue, der Aggression und Erotik zu veranschaulichen, die bereits bei anderen Formen chronischer Selbstzerstörung dargestellt wurden.

Die Komponente der Selbstbestrafung

Es wurde berichtet, daß ein Indianer namens Inepegut, der in White Rocks in Utah lebte, seine Mutter tötete, als er betrunken war. Er verließ den Stamm und tat Buße, indem er über dreißig Jahre lang wie ein Verbrecher, der sich selbst verurteilt hat, als Einsiedler von der geringen Nahrung lebte, die ihm mitleidige Seelen überließen. Er trug keine Kleider und lebte im Winter und Sommer ohne ein Dach über dem Kopf, der Hitze und Kälte gleichermaßen ausgesetzt. Er schlief auf der bloßen Erde, so daß sein Haar mitunter anfror und losgehackt werden mußte.

Das Motiv der Selbstbestrafung, das in dieser Geschichte so leicht zu entdecken ist, tritt im allgemeinen im Leben der Märtyrer und Asketen aus Legende und Geschichte nicht so klar zutage, nicht weil die Bußen weniger streng, sondern weil die Taten, für die sie sich selbst bestraften, nicht so offenkundig sind.[18] Die heiligen Männer sagten selbst, daß sie

---

18 Man kann aus folgendem seine eigenen Schlüsse ziehen: Hitler verzichtet auf Alkohol, Tabak, Fleisch und Ehe. (*Mein Kampf*. München 1927.) Mussolini trinkt niemals hochprozentige Alkoholika, ist Vegetarier, hat seit dem Weltkrieg nicht mehr geraucht; er nimmt weder Kaffee noch Tee zu sich, sondern lediglich Lindenblütentee. (*Time*. Bd. 29, 15. 3. 37.) Trotzki trinkt keinen Alkohol, ißt nur einmal in der Woche Fleisch, raucht nicht und hat jedem verboten, in seiner Gegenwart zu rauchen. (*New York Times*, 27. 2. 1937.)
»Die Größe eines Mannes scheint auf seiner Fähigkeit zu morden zu beruhen«, sagt Fielding in *Jonathan Wild*. Vielleicht bewahren diese mächtigen Männer ihr seelisches Gleichgewicht, indem sie ihre Aggressivität durch Askese kompensieren.

Sünder seien und daß ihr Leiden Sühne bedeutete, aber man ist geneigt, diese Behauptungen als Beweise eines außerordentlich zarten Gewissens abzutun, anstatt sie als Schuldbeweise anzusehen, und dabei zu vergessen, daß das Strafbedürfnis nicht unbedingt mit gräßlichen Verbrechen oder schrecklichen Sünden zusammenhängen muß. Außergewöhnliche Anstrengungen, um sich Schmerz und Schmach zuzufügen, sind *prima facie* der Beweis, daß das Individuum unter Schuldgefühlen leidet und zu seiner Erleichterung Bestrafung sucht. Die meisten Menschen erkennen nicht, daß das Gewissen des durchschnittlichen Individuums in seinen Forderungen nicht mit der realen Welt übereinstimmt, da sie weit starrer und der Vernunft weniger zugänglich sind. Im Bereich des Unbewußten werden Phantasieverbrechen genauso schwer mit Schuld belastet wie wirkliche Verbrechen und müssen bestraft werden. Selbst Triebimpulse, die an sich unschuldig sind, können zur Quelle endloser Reue werden.

Entsprechend der psychoanalytischen Theorie sind Selbstverdammung und Selbstkritik Widerspiegelungen elterlicher Einstellungen und Funktionen, die das Kind zu einem frühen Zeitpunkt seines Lebens verinnerlicht hat und als Richtschnur seines zukünftigen Verhaltens benutzt. Zweifellos sind die Einschränkungen durch die Zivilisation und die von den meisten Religionen geforderten Verzichte dazu angetan, die elterlichen Einstellungen zu verstärken, aber sie sind nicht in erster Linie für Schuldgefühle verantwortlich, die selbst bei primitiven Völkern wirksam sind, wo es Glauben und Weltanschauung in einem höheren Sinne nicht gibt.[19]

Die Geschichte legt reiches Zeugnis vom Vorhandensein des Schuldgefühls der Asketen ab. Es gibt Berichte darüber, daß ihr seelisches Leiden so groß war, daß sie trotz aller selbst-

---

[19] Westermarck: op. cit., glaubt, daß Askese »selten bei Völkern zu beobachten ist, die keinen lebhaften Begriff von Sünde haben«, und er schließt daraus, daß bestimmte Religionen das Schuldgefühl bei Völkern intensiviert haben, die vorher davon nahezu frei waren, und daß das Sühnebedürfnis dadurch dringender wurde. Ohne die Richtigkeit dieser Auffassung zu bestreiten, hat die psychoanalytische Forschung die These schlüssig zurückgewiesen, daß das Schuldgefühl im wesentlichen religiösen Lehren entspringt. Religiöse Vorstellungen haben ihren Ursprung vielmehr in tiefen seelischen Bedürfnissen des Menschen, und sie sind dazu bestimmt, einigen davon Ausdruck zu verleihen; auch das Schuldbewußtsein gehört hierher.

auferlegten Torturen keinen Frieden fanden, sondern mit Versuchungen in Form eingebildeter Dämonen und böser Geister[20] kämpften und von unheiligen Gedanken gequält wurden, indem sie sich vom Teufel verführt glaubten, der sie (wie sie meinten) in Gestalt einer schönen Frau mitten in der Nacht in ihren elenden Zellen aufsuchte. Offenbar wurden sie trotz all ihrer Bußen von einer überwältigenden Last von Verzweiflung und Furcht niedergedrückt. Was den Kummer über ihre Sünden anbetrifft, so wird von einem Heiligen berichtet, daß kein Tag verging, ohne daß er Tränen vergoß, und von einem anderen, daß ihm die Wimpern ausfielen wegen seines ständigen Weinens.

Manche vermochten ihre Schuldgefühle auf einen Teil ihrer selbst zu projizieren (den Körper), und indem sie ihn mißhandelten und vernachlässigten, ihr Gewissen zu beschwichtigen. Sie behaupteten, daß der Körper böse sei, daß er den geistigen Dingen des Lebens zuwiderliefe und mit seinen Ansprüchen den Menschen daran hinderte, volle Heiligkeit zu erlangen. Wenn er durch die Grausamkeiten, die ihm zugefügt wurden, zugrunde ging – um so besser. (Man vergleiche diese Einstellung mit der des oben erwähnten psychotischen Patienten, der auf verschiedene Weise an seinem Körper Rache nahm.)

Selbstbestrafung dieser Art war nicht nur erforderlich, um das Gewissen zu erleichtern, sondern auch um die Furcht vor noch schwererer Bestrafung (und möglicher Vernichtung) durch eine höhere Gewalt zu beschwichtigen. Es ist schwer zu verstehen, weshalb der Gedanke auftauchen konnte, Leiden sei Gott wohlgefällig, wenn man nicht die Theorie akzeptiert, daß es dazu bestimmt war, eine rächende Macht zu besänf-

---

20 In einer Darstellung der Versuchung des Hl. Antonius durch einen Schüler von Hieronymus Bosch im Metropolitan Museum werden groteske Formen benutzt, um Versuchungen und böse Gedanken zu versinnbildlichen. Während die Symbolik zunächst dunkel erscheint, entdeckt man bei näherer Untersuchung viele vertraute Ideen. Auge und Ohr eines alten Mannes zum Beispiel stellen vermutlich die immer wachsamen Eltern dar, und die schöne nackte Frau, die von derben Tiergestalten umgeben ist, repräsentiert die Erniedrigung des Geschlechts. Die lasziven Stellungen einiger finsterer Kreaturen veranschaulichen den Charakter der Versuchungen noch deutlicher. Man braucht allerdings nicht anzunehmen, daß sich der Künstler der symbolischen Bedeutung seiner Gestalten bewußt war.

tigen und zu entwaffnen. Es erhebt sich dann die Frage, weshalb die Angst vor Strafe mit Handlungen wie Essen und Trinken und sexueller Lust verbunden war, und weshalb man glaubte, der Rache zu entgehen, wenn man sich ihrer enthielte. Die psychoanalytische Erklärung hierfür lautet, daß im Leben des Individuums ursprünglich die höheren Mächte, die es zu besänftigen gilt, die Eltern sind, und daß asketische Praktiken durch deren Einstellung bestimmt werden. Das Kind empfindet großen Widerwillen gegen die Eltern, weil sie seine Wünsche durchkreuzen, ist aber im allgemeinen sehr darauf bedacht, dies zu verbergen, da es ihr Mißfallen fürchtet. Mitunter begeht es aber dennoch verbotene Taten und deshalb wie auch wegen seiner heimlichen Rebellion fühlt es sich schuldig und ängstlich. Um sein Gewissen zu beruhigen und schwereren Strafen von seiten der Eltern zu entgehen, kann es sich auf irgendeine Weise selbst bestrafen oder sich etwas versagen. Da die Sexualität von so vielen Tabus umgeben und für das Kind absolut verboten ist, ist es klar, daß sie mit einem so schweren Bann belegt wird, der auch durch das ganze erwachsene Leben seine Gültigkeit behält.

Der Ursprung der Neigung, sich selbst dem Hungertode preiszugeben, ist dunkler, es sei denn, man begnügte sich mit der Erklärung, Fasten sei eben ein wirksames Mittel, sich Leiden zuzufügen und aus diesem Grund dem Individuum, das sich selbst bestrafen wolle, willkommen. Es ist aber bekannt, daß im Unbewußten die Strafe gewöhnlich zum Verbrechen in enger Beziehung steht. Wir müssen uns demnach wieder in die Kindheitssituation zurückversetzen, um eine treffendere Erklärung dafür zu finden, daß dem Verlangen nach Nahrung nicht stattgegeben wird. Eine asketische Neigung ist oft bei Kindern festgestellt worden, die die Nahrungsaufnahme verweigern. Hier ist eine Vermischung mehrerer Motive solchen Verhaltens dazu angetan, Verwirrung auszulösen. Es kann sein, daß das kleine Kind Aufmerksamkeit, Mitleid oder Anteilnahme erregen möchte, um Macht über die Eltern auszuüben oder aber sie herauszufordern oder zu ärgern, indem es nicht ißt. Aber stärker als all diese Motive ist die Angst des Kindes vor einer eingebildeten Gefahr, die mit dem Akt des Essens verbunden ist. Für das Kind hat er eine besondere psychologische Bedeutung, die mit infantilen Phantasien über das Verspeisen von Menschen zusammenhängt. Psychoanalytiker[21] und andere Forscher haben Beweise dafür gefunden, daß im Unbewußten der Kannibalismus nicht in dem Maße überwunden ist, wie es der gesellschaftliche Brauch seit Urzeiten gebietet. Ich habe darauf bereits bei der Darstellung des oralen Charakters (S. 53 ff.) hingewiesen. Wenn der Akt des Essens insgesamt zu sehr von der Phantasie, jemanden zu essen, oder von der Furcht, von jemandem gegessen zu werden, belastet wird, führen Unbehagen, Schuld und Angst des Kindes zu einer Hemmung. Man kann die Regel aufstellen, daß eine Hemmung sich immer dann entwickeln wird, wenn Angst und Schuld mit einem Objekt in Verbindung stehen.

Das Verschlingen seiner Feinde ist (phylogenetisch und ontogenetisch) seinem Wesen nach eine kindliche Phantasie; man darf aber nicht vergessen, daß viele infantile Denkweisen im Unbewußten weiterbestehen und das Verhalten des Erwachsenen beherrschen, obgleich, wie Melanie Klein ausgeführt hat, der normale Erwachsene seine Abneigungen auf alle möglichen Arten rationalisieren kann, während beim Kind solche Gewohnheiten als Ungezogenheit oder exzentrisches Wesen betrachtet werden. So kann der Erwachsene einen Widerwillen gegen Fleisch dadurch rationalisieren, daß Obst und Gemüse bekömmlicher seien, daß es eine schlechte Gewohnheit sei, Fleisch zu essen, daß sein Magen Fleisch nicht verdauen könne, oder daß seine Enthaltsamkeit gottgefällig sei.

Besondere Abneigungen gegen das Essen, die manchmal soweit gehen, daß jede Nahrungsaufnahme verweigert wird, sind im allgemeinen beim manisch-depressiven Syndrom zu beobachten, wo dieses Symptom häufig eine besondere Be-

---

21 Siehe insbesondere Sigmund Freud: *Die Zukunft einer Illusion*; ders.: *Hemmung, Symptom und Angst*; Karl Abraham: *Selected Papers on Psycho-Analysis*. London 1927, S. 251, 257, 276, 420, 488; Lillian Malcove: *Body Mutilation and Learning to Eat*. Psa. Quart. 1933, S. 557-561; M. D. Eder: *On the Economics and the Future of the Super-Ego*. Int. J. Psychoanalysis, 1929, S. 251; Ernest Jones: *Recent Advances in Psychoanalysis*, Int. J. Psychoanalysis, 1920, S. 165; Otto Fenichel: *Outlines of Clinical Psychoanalysis*. New York 1934; Nolan D. Lewis: *The Psychology of the Castration Reaction*. Psa. Review, 1928, S. 53; Melanie Klein: *The Psycho-Analysis of Children*. New York 1932, S. 219-220.

deutung gewinnt. Die Krankheit ist auch durch Gefühle der Schuld und der Wertlosigkeit sowie durch Selbstbestrafungsmaßnahmen gekennzeichnet. Infantile kannibalistische Phantasien spielen eine wichtige Rolle bei dieser Krankheit, die gewöhnlich dadurch ausgelöst wird, daß man von einem Liebesobjekt enttäuscht wurde. Der Patient reagiert auf diese Enttäuschung nicht mit einem wirklichen Angriff auf das Objekt, sondern mit der unbewußten Phantasie, daß man sich durch Verschlingen an ihm räche. Auf diese Weise tötet er den Enttäuschenden und bewahrt ihn gleichzeitig liebend in sich selbst.[22]

Es ist diese große »Sünde«, deretwegen sich der Melancholiker mit so viel Bitterkeit anklagt. Die Abneigung gegen Nahrung ist zugleich Verleugnung und Bestrafung der phantasierten Tat.

Die aggressive Komponente

Neben den dunkleren Elementen von Schuld, die zu sühnen Märtyrer und Asketen gezwungen zu sein scheinen, enthält das Märtyrertum offenbar auch gewisse positive Befriedigungen, die wir analysieren sollten. Dazu gehört der bekannte Zerstörungs- und Aggressionstrieb, den wir bei der Analyse geheimer Selbstmordmotive entdeckten. Da die Zivilisation uns zwingt, ihn zu beherrschen oder zu verheimlichen, müssen wir in der Tat erwarten, daß er auch verborgen wird. Sicherlich ist er im Bewußtsein der Öffentlichkeit im allgemeinen nicht mit jenen verbunden, die einer großen Sache dienen, und im Falle von Märtyrern, wenngleich häufig zu beobachten, wird er gewöhnlich sowohl von Kritikern als auch von

---

22 Vgl. Longfellows Phantasie:

Meine Feste soll euch [seine Töchter] bannen;
Nimmer laß ich euch heraus,
Und das Bollwerk meines Herzens
Werde euch zum Kerkerhaus.

Da sollt ihr für immer bleiben,
Bis zu meines Daseins Ziel,
Bis die Mauern mürbe wurden
Und mein Schloß zu Staub zerfiel.

Die Stunde der Kinder. In: *Sämmtliche Poetische Werke*, 2. Bd., Leipzig o. J.

Bewunderern wegen des ungeheuren Preises, der für das Privileg gezahlt wird, nur zögernd vermutet. In einer wissenschaftlichen Betrachtung der psychologischen Verhaltensmotive können wir jedoch eine wichtige Determinante nicht deshalb übersehen, weil ihre Befriedigung dem Individuum einen hohen Preis abfordert. Außerdem impliziert das starke Schuldgefühl, das dem Strafbedürfnis zugrundeliegt, welches bei vielen Asketen und Märtyrern wahrzunehmen ist, Aggressivität und Destruktivität, die entweder beabsichtigt oder doch praktiziert werden und nach denen wir systematisch suchen müssen.

Manchmal ist es ganz evident: Hungerstreiks zum Beispiel haben eine offen bekundete aggressive Absicht. Es scheint zunächst der menschlichen Natur entgegengesetzt, daß ein Individuum einem anderen einfach dadurch seinen Willen aufzwingen kann, daß er seinen Gegner zum Zeugen seines Leidens macht und ihn so dazu bringt, die moralische, aber unlogische Verantwortung dafür zu tragen. Dennoch hat dieser Appell sich oft als wirksam erwiesen, wo direktere Aggressionen versagten. Man sagt, daß er häufig von den Opfern der Konquistadoren benutzt wurde. Der Massenselbstmordversuch der hungernden ungarischen Bergarbeiter ist ein weiterer Fall dieser Art. Gläubiger pflegten sich vor die Türe ihrer Schuldner zu setzen und damit zu drohen, daß sie verhungern würden, wenn man sie nicht bezahlte. Eine indische Legende[23] berichtet, daß ein Radja einstmals das Haus eines Brahmanen zu zerstören und seine Ländereien zu konfiszieren befahl. Der Brahmane vergalt es ihm, indem er vor dem Tor des Palastes fastete, bis er starb, und dann zu einem Rachegeist wurde, der den Radja und sein Haus vernichtete. Diese Legende zeigt eine bemerkenswerte Ähnlichkeit mit dem Verhalten des Kindes, das zu sich selbst sagt (und welches Kind hätte das nicht getan?), wenn es auf seine Eltern ärgerlich ist: »Es wird ihnen leid tun, wenn ich sterbe.«

Von solchem bewußt gelenkten aggressiven Leiden zu jener Form, bei dem der Leidende sich seines Wunsches, andere zu verletzen, nicht bewüßt ist, ist es nur ein kleiner Schritt. Es ist oft bemerkt worden, daß durch die unnatürliche Unter-

---

23 Mitgeteilt von Westermarck in: *The Origin and Development of Moral Ideas,* Bd. II, S. 649.

drückung von Triebimpulsen die Persönlichkeit zu verkümmern und ihre Fähigkeit zu sozialer Anpassung geschwächt zu werden pflegt. So wurde der Asket oft zum Einsiedler, der alle Bande der Zuneigung zu seiner Familie und seinen Mitmenschen löst. Es wird allgemein angenommen, daß schwere Beschränkungen normaler körperlicher Vergnügungen Eigenschaften wie gute Laune, Großzügigkeit, Offenheit und Tatkraft beeinträchtigen, und bis zu einem gewissen Grad trifft dies zu. Die psychoanalytische Theorie legt jedoch größeres Gewicht auf entwicklungsgeschichtliche Faktoren, da sie glaubt, daß das ursprüngliche Versagen bei der Entwicklung liebevoller Triebe, die die feindseligen Instinkte neutralisieren und zur Entstehung von Toleranz, Großzügigkeit und Freundlichkeit führen würden, für Strenge und Starrheit der Persönlichkeit verantwortlich ist. Die eiserne Beherrschung, mit der der Asket gewisse Formen von Aktivität (und oft fast jede Form von Aktivität, sei sie destruktiv oder kreativ) unterdrückt, reicht nicht aus, um die außerordentlich heftigen Aggressionen desjenigen in Schach zu halten, dessen Entwicklung zur Liebe durchkreuzt oder erstickt wurde, aber sie reicht aus, um Form und Richtung ihres Erscheinungsbildes zu verändern. Es wirkt gewöhnlich passiv, so daß Unannehmlichkeiten oder Verletzungen, die einem anderen zugefügt wurden, nebensächlich erscheinen, gemessen an der größeren Qual des Leidenden; oder es wird der Anschein erweckt, als ob der Schaden, den andere erlitten haben, ohne persönliches Zutun durch die Sache verursacht wurde, der sich der Asket oder Märtyrer verschrieben hat. So wird das Gewissen von der Verantwortung für die Aggression entlastet.

Das Wesen der Aggression des Märtyrers ist niemals klarer zum Ausdruck gebracht worden als in den vier Zeilen von Clarence Day:

As the Worm Turns

When lovely woman weds a Tartar
And learns too late that love is grim,
How sedulously she plays the martyr
And meanwhile makes one out of him.
The New Yorker, 2. März 1935

Bei einer Untersuchung der typischen Aggressionen des Märtyrers fällt unmittelbar ins Auge, daß sich diese im allgemeinen gegen jene Personen richten, die ihm am nächsten stehen, gewöhnlich seine Familienmitglieder. Von einem Heiligen wurde gesagt, er sei so wohltätig gewesen, daß er niemanden hart oder unmenschlich behandelt habe, *außer seinen Angehörigen.* Das ist weniger seltsam, als es auf den ersten Blick scheinen mag, da die Neigung, gegen jene grausam zu sein, die man am meisten liebt, in jedem von uns lebendig ist. Die Notwendigkeit zu hassen ist genauso fundamental wie die Notwendigkeit zu lieben, und beide Emotionen sind in unseren Gefühlen für die Menschen, die uns umgeben, vereint. Gewöhnlich ist das Bedürfnis, zu lieben und geliebt zu werden, ausreichend entwickelt, um die Beziehungen zur Familie zu bestimmen, obgleich der häufige Zusammenbruch solcher engen Beziehungen für den unterschwelligen Haß Zeugnis ablegt. Beim Märtyrer hingegen sind nach unserer Auffassung die Liebestriebe schwach entwickelt, so daß die Haßempfindungen überwältigende Kraft erlangen.
Einer der Helden meines Landes, John Brown, führte einen berühmten Kampf gegen die Sklaverei. Zwanzig Jahre lang lebte er in Armut, zog mahnend, bittend, kämpfend umher, legte Brände und tötete, bis er schließlich wegen Verrat und Mord gehängt wurde. Er besaß den wahren Märtyrergeist. Mehrere Male, bevor der Tag der Urteilsvollstreckung kam, sagte er: »Ich tauge jetzt unendlich mehr dazu, zu hängen, als zu irgend etwas anderem.« Es war, als sei er von Anbeginn entschlossen gewesen, für die Sache zu sterben, der er seinen ungestümen, raubvogelhaften Geist gewidmet hatte. Sein Anwalt schrieb über ihn: »Er antwortete, daß er nicht durch die Gefängnistür gehen würde, auch wenn sie weit offen stünde ... Ja, ich glaube, es ist am besten, die Hoffnung aufzugeben, unseren alten Freund zu retten. Denn er *will* hängen! Der Himmel sei seiner Seele gnädig, der alte Mann *will* hängen!«
Während Brown durch das Land zog und seiner Vision mit unerschrockenem, fanatischem Eifer folgte, kämpfte seine geduldige Frau mit Kälte, Hunger und jämmerlicher Armut auf einem trostlosen Bauernhof in den Adirondacks. Zur Familie gehörten 13 Kinder, von denen 9 starben. Sie

wohnten in einem baufälligen, unverputzten Haus und waren dem Verhungern nahe in den langen harten Wintern ohne Geld und Nahrung. Als die Söhne alt genug waren, um ihrem Vater nützlich zu sein, schickte er nach ihnen und bat sie, sich für seinen heiligen Krieg zu opfern. Der milde Einspruch der Mutter gegen das Hergeben des Sohnes, der mannhaft versucht hatte, den Platz des Vaters als Haushaltsvorstand auszufüllen und eine Verantwortung zu übernehmen, die für seine jungen Schultern zu schwer war, wurde rücksichtslos verworfen und mußte vor den Forderungen weichen, die Brown als recht erachtete. Einmal schrieb dieser Sohn seinem Vater, daß seine Brüder mit ihren eigenen Familien zu tun hätten und nicht länger für eine so blutige, hoffnungslose Sache kämpfen würden. Sie hatten erfahren, was es hieß, daß man in Kansas nach ihnen jagte, von ihrem Vater, dem »gefürchtetsten Mann der Gegend«, eingeschüchtert zu werden, und für seine Mordtaten, die sie verabscheuten, ins Gefängnis zu gehen. Ein Sohn war wahnsinnig geworden. Einen weiteren hatte man erschossen. Aber noch immer hielt der Vater sie grimmig an sein Vorhaben gefesselt. »Sage meinen Söhnen, daß ich sie nicht entlasse, obgleich sie so sehr gegen mich sind«, schrieb er. Und er tat es auch nicht, denn zwei von ihnen erlitten einen schrecklichen Tod nach einer Belagerung in Harpers Ferry. Als tausend Mann die Stadt umzingelten und alles gegen Brown und seine Handvoll Männer sprach, weigerte er sich zu kapitulieren, schickte aber einen von seinen jungen Leuten aus, um mit dem Feind eine Feuereinstellung auszuhandeln. Der Mann wurde sofort gefangengenommen. Dann sandte Brown seinen eigenen Sohn – eben jenen, auf den die Mutter sich gestützt und den sie hatte bei sich behalten wollen –, um mit den Truppen zu verhandeln. Er wurde niedergeschossen und vor den Augen seines Vaters tödlich verwundet. Mühsam schleppte er sich zu dem Waffenlager zurück, um eines qualvollen Todes zu sterben. Noch immer weigerte sich der alte Mann zu kapitulieren und wurde mit Gewalt ergriffen. Er schien kein Mitleid mit seinen Söhnen zu empfinden, kein Erweichen, als sie ihn baten, sie ziehen und in Frieden leben zu lassen.[24]

[24] Nähere Einzelheiten siehe bei Leonhard Ehrlich: *God's Angry Man*. New York 1932, dem die obigen Mitteilungen entnommen sind.

Immer wieder stößt man in den Geschichten der Märtyrer auf diese Gefühllosigkeit gegenüber dem Leiden geliebter Menschen. Große Entdecker und Wissenschaftler haben die engsten Familienbande und Pflichten beiseitegeworfen, um einsame Expeditionen und gefährliche Missionen zu unternehmen. Wir alle kennen den »Sklaven« des Geschäfts, der das Glück seiner Familie und sich selbst seinem Ehrgeiz opfert. Es gibt zahllose Beispiele für die unbewußten Aggressionen dessen, der sich selbst opfert – Künstler, die um der Kunst willen ihr bisheriges Leben aufgeben (und ihre Familie verlassen, wie Gauguin es tat); Revolutionäre, die durch ihre leidenschaftliche Hingabe an ein Ideal ihr eigenes Leben ebenso gefährden wie das ihrer Familie und ihrer Freunde; Hausfrauen, die zu Märtyrerinnen ihrer Familie und ihrer häuslichen Pflichten werden und auf diese Weise ihre ganze Umgebung unglücklich machen. Unsere psychologischen Untersuchungen verbieten uns die naive Annahme, daß eine so massive Gleichgültigkeit gegenüber dem Behagen und dem Wohlergehen anderer stets rein zufällig und unvermeidlich sei.

Viele frühe Berichte über Heilige beschäftigen sich mit der Flucht vor der Mutter und nicht allein der Flucht vor ihr, sondern auch mit ihrer tatsächlichen Zurückweisung. Oft wird berichtet, daß die Mutter (oder Schwester) dem Asketen in seine Zurückgezogenheit gefolgt sei und ihn gebeten habe, mit ihr zu sprechen, während der Heilige sein Herz verhärtete und sich weigerte, etwas mit ihr zu tun zu haben. Die mit der Zurückweisung der Mutter verbundene Lust tritt in diesen Geschichten offen zutage. Mitunter flehte die Mutter einen Vorgesetzten an, dem Sohn zu befehlen, daß er sie empfange, und der Sohn verfiel auf so listige Mittel, sich zu verkleiden oder die Augen zu schließen, wenn er sie aufsuchte, so daß die Mutter ihn nicht erkannte und er sie nicht sah.

Der heilige Poemen und seine sechs Brüder hatten ihre Mutter verlassen, um ein Leben der Askese zu führen. Die alte Frau ging allein in die Wüste, um vor ihrem Tod ihre Kinder noch einmal zu sehen. Sie erblickte sie, als sie im Begriff waren, ihre Zellen zu verlassen, um in die Kirche zu gehen, aber sie liefen sofort in die Zellen zurück und schlugen ihr die Tür vor der Nase zu. Sie blieb draußen, weinte bitterlich und flehte sie an, sie zu empfangen. Sie aber weigerten sich, die Tür zu öffnen, und riefen ihr zu, sie würde sie nach dem Tode sehen.

Die Geschichte des berühmten Simeon Stylites ist hinsichtlich seiner aggressiven Einstellung zu seiner Mutter noch aufschlußreicher. Lecky berichtet über ihn: »Seine Eltern hatten ihn leidenschaftlich geliebt, und wenn wir seinem Lobredner und Biographen glauben können, begann er seine Heiligenlaufbahn damit, seinem Vater das Herz zu brechen, der vor Kummer über seine Flucht starb. Seine Mutter jedoch siechte dahin. Siebenundzwanzig Jahre nach seinem Verschwinden, zu einer Zeit, als seine Kasteiungen ihn berühmt gemacht hatten, hörte sie zum ersten Mal, wo er war, und eilte ihn zu besuchen. Aber all ihre Mühe war vergebens. Keine Frau hatte Zutritt zu seiner Behausung, und er gestattete der Mutter nicht einmal, einen Blick in sein Antlitz zu werfen. Ihre Beschwörungen und Tränen waren mit Worten bitteren, beredten Tadels gemischt. ›Mein Sohn‹, so soll sie gesagt haben, ›warum hast du das getan? Ich habe dich in meinem Leib getragen, du hast meine Seele mit Kummer gemartert. Ich gab dir Milch aus meiner Brust, du hast meine Augen mit Tränen gefüllt. Für die Küsse, die ich dir gab, hast du mir die Qual eines gebrochenen Herzens bereitet; für alles, was ich für dich getan und gelitten habe, hast du mir mit dem grausamsten Unrecht heimgezahlt.‹ Schließlich sandte ihr der Heilige die Botschaft, daß sie ihn bald sehen würde. Drei Tage und drei Nächte hatte sie geweint und ihn umsonst beschworen, und nun, erschöpft von Alter, Kummer und Entbehrung, sank sie entkräftet zur Erde und hauchte ihren letzten Seufzer vor dieser ungastlichen Tür. Dann trat der Heilige, begleitet von seinen Anhängern, zum ersten Mal heraus. Er vergoß einige fromme Tränen über dem Leichnam seiner gemordeten Mutter und sprach ein Gebet, in dem er ihre Seele dem Himmel anempfahl ... Und dann – unter dem bewundernden Gemurmel seiner Schüler – kehrte der heilige Muttermörder zu seinen frommen Pflichten zurück.«

Das war jener Heilige, dessen Kasteiungen diejenigen fast aller Asketen seiner Zeit an Einfallsreichtum und Schmerzhaftigkeit übertrafen. »Ein entsetzlicher, für die Umstehenden unerträglicher Gestank ging von seinem Körper aus,

Würmer fielen an ihm herab, sobald er sich bewegte, und füllten sein Bett. Mitunter verließ er das Kloster und schlief in einer ausgetrockneten Quelle, in der angeblich Dämonen hausen sollten. Er erbaute nacheinander drei Säulen, deren letzte 60 Fuß hoch war und kaum zwei Ellen Durchmesser hatte. Auf dieser Säule verweilte er dreißig Jahre, jeder Witterung ausgesetzt, wobei er seinen Körper rasch und unaufhörlich im Gebet fast bis zu den Fußspitzen neigte. Ein Zuschauer versuchte, diese raschen Bewegungen zu zählen, gab aber vor Ermattung auf, als er bis 1244 gekommen war. Ein ganzes Jahr lang, so hören wir, stand der Heilige Simeon auf einem Bein. Das andere Bein war mit abscheulichen Geschwüren bedeckt, und sein Biograph, der an seiner Seite stand, mußte die Würmer, die von seinem Körper herabfielen, aufheben und sie wieder in die Wunden legen, wobei der Heilige dem Wurm sagte: ›Iß, was Gott dir gegeben hat.‹«[25]

Unbewußter Stolz und Befriedigung darüber, einen geliebten Menschen herausgefordert und verletzt zu haben, gehen aus dem Tagebuch der bemerkenswerten Märtyrerin Perpetua[26] hervor, einer jungen Frau von guter Herkunft und Erziehung, der einzigen Tochter nachgiebiger Eltern. Obwohl sie erst 22 Jahre alt war, unterschied sie sich durch ihre feste Entschlossenheit von der kleinen Gruppe früher Christen, mit denen sie zusammen eingekerkert war. Sie berichtet von ihren Kämpfen mit ihrem alternden Vater, erzählt, wie sie all seinen Versuchen widerstand, sie von einem, wie er meinte, gefährlichen Glauben abzubringen. Bei einer Gelegenheit erboste ihn ihr Trotz derartig, daß er sich über sie warf, um ihr die Augen auszureißen, aber »besiegt davonging«, wie sie befriedigt feststellt und hinzufügt: »Einige Tage lang dankte ich Gott, weil ich meinen Vater nicht sehen mußte, und ich war erfrischt durch seine Abwesenheit.«

In dem Tagebuch, das sie vermutlich kurz vor ihrem Martyrium geschrieben hat, als sie im Gefängnis war, werden verschiedene schmerzliche Szenen mit ihrem Vater geschildert. Gequält von Sorgen kam er zu ihr, flehte sie an, Mitleid mit seinem grauen Haupt zu haben. Er erinnerte sie daran,

25 Dieses Zitat und das im vorhergehenden Abschnitt sind aus Lecky: op. cit., S. 134, entnommen.
26 S. Mason: op. cit., S. 85-105.

daß er sie allen ihren Brüdern vorgezogen hatte, und bat sie, nicht ihre Familie zu ruinieren, indem sie sie Zorn und Verdacht aussetzte, »denn nicht einer von uns wird als freier Mann sprechen können, wenn dir etwas zustoßen sollte«. Er kam zu ihrem Prozeß mit ihrem kleinen Sohn im Arm und flehte um Erbarmen für das Kind. Hilarian, der Prokurator, der das Verfahren leitete, wurde durch den verzweifelten Kummer des alten Mannes gerührt und beschwor Perpetua, das graue Haupt des Vaters und das zarte Alter ihres Sohnes zu schonen, aber sie hörte nicht auf ihn. Schließlich, so sagte sie, als ihr Vater weiterhin darauf beharrte, sie überreden zu wollen, befahl Hilarian, ihn abzuweisen, und jemand schlug den armen alten Mann mit einem Stock. Aber sie war noch nicht fertig mit ihm, denn als die Tage der Kampfspiele in der Arena näherrückten, kam er wieder zu ihr. Er riß sich den Bart aus und warf sich mit dem Angesicht in den Staub, wobei er »Worte sprach, die die ganze Schöpfung rühren konnten«. Perpetua aber war nicht von ihrem Vorsatz abzubringen.

Den Tod Perpetuas schildert Tertullian, der berichtet, daß sie bis zum Ende ihren Mut bewahrte, wobei sie mit dem Tribun über gewisse Anordnungen der Spiele so energisch stritt, daß sie ihren Willen durchsetzte. Später erweckte sie die Bewunderung der Menge durch ihren Mut in der Arena, und zuletzt, nachdem sie von einem wilden Stier niedergeworfen worden war, besaß sie noch die Kraft, die zitternde Hand eines jungen Gladiators zu fassen und die Spitze des Schwertes selbst auf ihren Hals zu richten. »Vielleicht«, so meint der Chronist, »hätte eine solche Frau anders nicht getötet werden können ... wenn sie es nicht selbst gewollt hätte.«[27]

Provokante Aggressionen

Von den bereits beschriebenen Aggressionen unterscheiden sich jene in gewisser Weise, deren Hauptziel es zu sein scheint, Verfolgung oder Bestrafung zu provozieren, um selbstbestrafende oder masochistische Befriedigung zu erlangen. In den Tagen der frühen Christenheit brach sich der fanatische

---

27 Zit. nach Mason: op. cit., S. 85-105.

Eifer einiger ihrer Anhänger in Ausfällen gegen die Heiden Bahn, bei denen sie Tempel verbrannten, Götterbilder zerstörten, Altäre umstürzten und mit den Bauern kämpften, die die Schreine ihrer Götter zu verteidigen versuchten. Diese Angriffe erzürnten das Volk und gefährdeten das Leben aller Christen. Das Konzil von Illiberis, eines der ersten Kirchenkonzile, hielt es für nötig, einen Erlaß zu beschließen, nach dem der Titel des Märtyrers jenen verweigert wurde, die wegen solcher aufreizender Angriffe hingerichtet wurden. Dennoch erblickten manche Eiferer eine hohe Ehre in einem Martyrium, das als Ergebnis der Aufreizung des Volkes durch waghalsige und herausfordernde Taten errungen wurde, wie die Geschichte von Apphian und Ädesius zeigt.[28] Die beiden jungen Männer waren Brüder und entstammten einer vornehmen Familie aus Lycia. Apphian wurde Christ und lief von zu Hause fort nach Cäsarea, wo er sich einer Studentengemeinde anschloß und fast ein Jahr lang ein Leben strenger Askese führte, als ein Edikt erlassen wurde, das die gesamte Bevölkerung verpflichtete, an Opferriten teilzunehmen. Der Statthalter war im Begriff, den Göttern ein Trankopfer darzubringen, als Apphian durch eine Kette von Soldaten und Beamten schlüpfte, die Hand des Statthalters ergriff und ihn bat, von seinem Tun abzulassen. Er wurde verhaftet und über Nacht in den Gefängnisstock geworfen. Man griff zu weiteren Foltermethoden, um ihn zum Widerruf zu bewegen, z. B. indem man in Öl getauchte Lumpen um seine Beine wickelte und sie in Brand setzte. Schließlich wurde er ins Meer geworfen.

Sein Bruder Ädesius war entschlossen, sich von ihm nicht ausstechen zu lassen. Er besaß eine gute Erziehung, war mit der lateinischen und griechischen Literatur vertraut. Bald nach dem Tode seines Bruders wurde er zu harter Arbeit in den Kupferminen Palästinas verurteilt. Nach seiner Entlassung ergriff er den schweren Beruf eines Philosophen, bis eines Tages der Statthalter von Ägypten einige Christinnen in Alexandria verurteilte, wo Ädesius sich aufhielt. Er ging zum Statthalter, schlug ihn erst mit der rechten, dann mit der linken Hand ins Gesicht und warf ihn zu Boden. Wie

---

28 S. Mason: op. cit., S. 290-292.

sein Bruder wurde er mehreren Foltern unterzogen und dann ins Meer geworfen. Die Tatsache, daß keiner dieser beiden jungen Männer die hohen Ziele verwirklichte, die ihren Eltern vorgeschwebt hatten; daß einer von ihnen sein Elternhaus verlassen haben soll, weil er es unerträglich fand, und ihre nahezu identischen Angriffe auf eine hochgestellte Persönlichkeit lassen einen Autoritätskonflikt vermuten, für den sie mit ihrem Leben zahlten. Trotz und Herausforderung der Autorität sind, wie wir gesehen haben, charakteristisch für viele Märtyrer und Asketen. Man sollte das offensichtliche Verlangen, mit der Autorität zu kämpfen und überwältigt zu werden (was sicherlich der Fall sein würde), nicht übersehen. Mit dem Trotz soll rasche und sichere Bestrafung bezweckt werden.

Häufig scheinen sich die Obrigkeiten dieses provokatorischen Elements bewußt gewesen zu sein und versucht zu haben, es nicht zu befriedigen. Sie standen vor der schwierigen Aufgabe, auf der einen Seite die Leute unter Kontrolle zu halten, die durch die militanten Methoden der Christen erzürnt worden waren, und auf der anderen Seite die fanatischen Mitglieder der christlichen Gemeinden zu unterwerfen, ohne ihrem leidenschaftlichen Verlangen nach Märtyrertum stattzugeben. Rivalität zwischen Kandidaten für ein Martyrium scheint eine allgemeine Erscheinung gewesen zu sein.[29]

29 Dieses Element wird in der Legende von dem betagten Asketen Leo deutlich, der an der Südküste Kleinasiens lebte (Mason: op. cit., S. 200-201). Ein Freund von ihm war als Märtyrer gestorben, und er war verzweifelt, weil sein eigenes Leben verschont geblieben war. Eines Nachts träumte er, daß sein gemarterter Freund vor ihm in einer rauschenden Wasserflut stand. Indem er gegen die Strömung ankämpfte, gelang es ihm, den Punkt zu erreichen, wo sein Freund sich befand. Am nächsten Tage machte er sich auf, um am Grab des Freundes zu beten. Als er an einen heidnischen Tempel gelangte, stürzte der alte Mann hinein, warf die angezündeten Lampen und Kerzen herunter und stieß Beleidigungen aus. Er wurde verhaftet und vor Gericht gestellt. Anstatt auf die Anklage einzugehen, hielt er dem Richter eine Rede. Es wird berichtet, daß der Richter mit dem alten Mann Geduld hatte, aber schließlich dem Aufruhr der empörten Menge nachgab und anordnete, daß er in den Fluß zu werfen sei, was den Gefangenen mit großer Freude erfüllte.
Ein ähnlicher Fall ist der von Theodor, einem Soldaten und Einwohner von Syrien. Er bekannte offen, daß er Christ sei und wurde demzufolge zur Vernehmung vor den Statthalter der Provinz gebracht. Er verurteilte die Anbetung heidnischer Götter in unmißverständlicher Weise, aber die Obrigkeit

Ein Autor erklärt, daß man den Richtern verzeihen müsse, wenn sie die Geduld mit den Märtyrern verloren, da deren Antworten auf die Fragen des Gerichts derart aufreizend waren, wie es in den *Akten der Märtyrer* berichtet wird. Statt dessen gibt es viele Beispiele dafür, daß die Richter im Gegenteil große Geduld und Freundlichkeit bewiesen, indem sie sich bemühten, die Märtyrer vor dem Geschick zu bewahren, auf das sie versessen zu sein schienen. Äußerungen etwa derart: »Wir zeugen für den ewigen Herrscher, und deshalb kümmern wir uns nicht um die Autorität der Sterblichen!« waren darauf berechnet, der Autorität des Gerichts zu trotzen. Henker und Richter waren ihre unerfreuliche Aufgabe oft leid und versuchten sie dadurch abzukürzen, daß sie Freispruch für die Angeklagten forderten. Häufig bot der Richter an – gerührt von der Jugend und Unerfahrenheit mancher, die vor ihn gebracht wurden –, die jungen Christen auf Ehrenwort in die Obhut von Verwandten zu entlassen. In etlichen Fällen retteten Advokaten, die gegen den Willen des Märtyrers von Freunden beauftragt worden waren, den Gefangenen, indem sie dem Richter den Fall falsch darstellten, der nur zu gern bereit war, auf sie statt auf den Angeklagten

war geneigt, Nachsicht zu üben und ihn nicht zu verhaften. In der Nacht benutzte Theodor seine Freiheit, um den Tempel der Göttermutter (die in der Provinz besondere Verehrung genoß) in Brand zu stecken, der im Zentrum der Stadt stand. Er verbarg seine Tat nicht, sondern rühmte sich vielmehr der Zerstörung. Aber selbst dann noch widerstrebte es den Behörden, ihn zu bestrafen; sie boten ihm nicht nur Vergebung, sondern sogar eine Beförderung an, wenn er opfern würde. (Der Brauch, Weihrauch vor den Statuen des Kaisers zu verbrennen, war die übliche Form der Ehrung, die von Christen verlangt wurde, die mit dem Gesetz in Konflikt gekommen waren. In den Augen mancher Autoritäten war er eher eine Loyalitätsprobe gegenüber der zivilen Obrigkeit als ein Bekenntnis zu einem bestimmten Glauben, und die Weigerung der Christen, dem zu entsprechen, weckte ähnliche Gefühle der Ungeduld wie jene, die lange Zeit später durch die Weigerung der Quäker, vor Gericht einen Eid abzulegen, hervorgerufen wurden [Lecky: op. cit., Bd. I, S. 405]. Die Juden weigerten sich ebenfalls, dem Kaiser zu opfern. Sie wurden jedoch selten bedrängt, da ihre Religion, wenngleich exklusiv, nicht aggressiv war, weshalb ihnen die Freiheit gewährt wurde, offiziellen nationalen Riten fernzubleiben.)
Theodor aber reagierte auf dieses Angebot mit Beschimpfungen und Beleidigungen der Götter und des Kaisers. Als er schließlich gefoltert wurde, um seinen Widerstand zu brechen, begann er zu singen. Sein Biograph sagt: »Eine kurze, aber fröhliche Gefangenschaft endete im Tod durch Verbrennen.« (Mason: op. cit., S. 233-234.)

zu hören. Aber die Märtyrer machten diese freundlichen Bemühungen zu ihren Gunsten immer wieder zunichte, indem sie ihre Verachtung für die Obrigkeit und ihr Verlangen nach einem ruhmreichen Tod wütend hinausschrien.

Die erotische Komponente

Wir haben bereits von Befriedigungen anderer Art beim Märtyrertum gesprochen – Befriedigungen positiver Natur, die sich dem trostlosen Leiden entgegenzustellen und es in schmerzhafte Ekstase zu verwandeln pflegen. Unsere klinische Erfahrung wie auch das Studium historischer Dokumente lassen uns vermuten, daß in manchen Fällen selbst bei solchen Leiden körperliche Lust empfunden wird, die der Lust bei der Befriedigung des Geschlechtstriebs verwandt, wenn nicht gar mit ihr identisch ist. Es ist wohlbekannt, daß manche Männer und Frauen die unglaublichsten Anstrengungen machen, um sich Grausamkeiten zu unterwerfen, aus denen sie bewußt sexuelle Befriedigung schöpfen – wahrscheinlich besser bekannt, als daß masochistische Phänomene auch bei der Passion für Leiden und den mystischen und ekstatischen Erlebnissen eine Rolle spielen können (wenngleich unerkannt und uneingestandenermaßen), die vielen durch Entbehrungen, Erniedrigung und körperliche Folter um einer Sache willen zuteil werden. Diese Erlebnisse werden in historischen Dokumenten oft mit sinnfälligen Worten beschrieben.
Neben dieser Befriedigung gibt es andere, die, obwohl denselben Triebelementen entstammend, eher dazu dienen, das Schicksal erträglich zu machen statt es herbeizuführen. Einige davon werden in den zeitgenössischen Schriften ausführlich dargestellt. Zu ihnen gehört die Ausnutzung des Leidens, um Macht und Ansehen in dieser Welt oder im Jenseits zu erlangen, wie auch der Exhibitionismus – beide sind in den Berichten über das Leben vieler Märtyrer auffallend häufig vertreten.
Ob die erotische Befriedigung, die aus dem Leiden gezogen wird, primär (Motivation) oder sekundär (Ausnutzung) ist, ist oft nicht festzustellen, weil die Möglichkeit besteht, daß die nachfolgende *Ausnutzung* der Situation als determinierendes Motiv wirkt, wenngleich es wahrscheinlich nicht so

mächtig ist wie die direkteren Triebabkömmlinge (Neutralisierung von Aggression durch erotische Beimischung). Daß das Paradoxon von Lust aus Schmerz vorhanden war und die Märtyrer beeinflußte, läßt sich anhand der historischen Berichte leicht nachweisen; ich habe versucht, darüber hinauszugehen und mehrere Beispiele auszuwählen, die die mögliche Natur der Befriedigung in gewissen Situationen zeigen.
Viele Märtyrer wurden in ihrem Leiden dadurch aufrechterhalten, daß sie Macht zu erringen hofften, da sie wußten, daß ihren Gebeten weit mehr Wirksamkeit zugeschrieben wurde als denen gewöhnlicher Menschen. Niedergeschriebene Träume und Visionen beweisen eine kindliche Einschätzung der Vornehmheit und der besonderen Privilegien, die durch das Märtyrertum angeblich zu erreichen waren. In diesem weltfremden, aber dennoch zwingenden Durst nach Macht ging man davon aus, daß das Maß des Leidens wichtig war, um den Grad der Erhöhung zu bestimmen. Cyprian schrieb an vier Christen, die seit Monaten in Rom gefangen lagen: »Gerade die Verzögerung eures Martyriums erhebt euch zu noch größeren Höhen, und die Länge der Zeit, weit entfernt, euren Ruhm zu mindern, verstärkt ihn nur ... Jeder Tag bringt eine neue Auszeichnung. Eure Verdienste werden größer mit jedem Monat, der über euch hinweggeht. Der Mann, der sogleich leidet, erringt nur einen Sieg; wem aber ständige Bürden auferlegt werden und wer Schmerzen erduldet, ohne besiegt zu werden, dem gebührt täglich die Krone.«[30] (Dieses Argument könnte zur Aufklärung der Frage beitragen, weshalb chronische Formen der Selbstzerstörung oft direkteren Formen vorgezogen werden.[31])
Diesem Durst nach Macht ist die Befriedigung verwandt, die dadurch errungen wird, daß man die eigene Stärke angesichts grausamer Behandlung zur Schau stellt. Die erotische Wurzel des Exhibitionismus ist leicht zu erkennen. Eitelkeit (Narzißmus) in unverhüllter Form wird von der Gesellschaft

---

30 Mason: op. cit., S. 153.
31 Siehe die Prahlerei des Hl. Antonius in Flauberts *Die Versuchung des Heiligen Antonius*: »Siehe! Dreißig Jahre und mehr habe ich ohne Unterlaß in der Wüste gehaust und geseufzt! ... und jene, die enthauptet, mit glühenden Eisen gefoltert oder lebendig verbrannt wurden, haben vielleicht weniger Verdienste als ich, da mein ganzes Leben nichts als ein unausgesetztes Martyrium war.«

mit Mißfallen bedacht – vielleicht wegen ihres antisozialen Charakters, aber auch wegen ihrer erotischen Bedeutung. Sich selbst in klassischer, unverhüllter Form zur Schau zu stellen, d. h. den nackten Körper darzubieten, ist gesetzlich verboten, und die flagrante Offenbarung von persönlichem Egoismus begegnet allgemeiner Ablehnung. Ein Schauspieler oder Unterhalter macht sich unbeliebt, wenn seine Kunst von Eigenliebe durchdrungen ist. Aber in indirekter, gesellschaftlich akzeptabler Form wird Exhibitionismus bewundert, vorausgesetzt, daß sein subjektives Motiv hinreichend verschleiert wird. Asketen- und Märtyrertum – insbesondere das letztere – sind zwei der wirkungsvollsten Formen solcher Verschleierung, weil sie mit großem, oft ganz unverhältnismäßigem Leiden verbunden sind.

Die erlebte Befriedigung braucht von keinerlei bewußten Lustgefühlen begleitet zu sein. In der Tat würden uns die Berichte vermuten lassen, daß die Asketen im allgemeinen ihre »frommen Übungen« (wie ein Autor ihre ermüdenden Zwangsrituale nannte) trübselig genug ausführten. Ihre Handlungen erscheinen eher von Besessenheit als von bewußter Lust geprägt, obgleich manche Heilige von mystischen Ekstasen in Verbindung mit ihren Entbehrungen Zeugnis ablegten. Von den Märtyrern jedoch wird oft gesagt, daß sie freudig, ja sogar lustig waren, als sie ihr Leben impulsiv wegwarfen.

Ein Beispiel dafür, daß das exhibitionistische Element stark ausgeprägt zu sein schien, gibt jener junge Christ, der wegen seines Glaubens dazu verurteilt wurde, sofort in einen Fluß geworfen zu werden. Der junge Mann war sehr enttäuscht und soll gesagt haben: »Ich dachte, ich würde alle die Foltern zu erleiden haben, mit denen ihr mich bedroht habt, und schließlich durch das Schwert enden. Aber ihr habt nichts davon mit mir gemacht. Tut es – ich flehe euch an, damit ihr seht, wie Christen durch ihren Glauben lernen, den Tod zu verachten.« Der Statthalter soll insoweit barmherzig (!) gewesen sein, als er dem Urteil den Tod durch das Schwert hinzufügte, und der junge Mann dankte ihm dafür, daß er das Ausmaß seiner Leiden vergrößert hatte.[32]

---

[32] Mason: op. cit., S. 351.

Man könnte argumentieren, daß das Verlangen des Märtyrers nach Selbstauslöschung ihn in vielen Fällen jeder Möglichkeit zu exhibitionistischer Befriedigung beraubt. Das hieße aber annehmen, daß er ein großes Publikum braucht; häufig werden die Leiden nur vor einer einzigen Person zur Schau gestellt, und in anderen Fällen scheint es ihm zu genügen, daß seine eigene Wertschätzung befriedigt wird (obwohl dies, technisch gesprochen, reiner und nicht sekundärer Narzißmus oder Exhibitionismus ist) wie beim Narziß der griechischen Mythologie. Bei der religiösen Selbstverstümmelung kann sich der Exhibitionismus an einen Gott richten. Der Brauch, sich vor einem Gott zu demütigen – ein Mittel, den Gott zu erhöhen und sich selbst öffentlich zu erniedrigen –, ist weit verbreitet. Westermarck spricht von der maurischen Sitte, Heilige zu fesseln und in einen Teich zu werfen, damit ihr beklagenswerter Zustand Gott veranlasse, Regen zu senden. Man könnte daher erwarten, daß eines der Leidensmotive des Märtyrers darin bestehe, bei dem Gott, dem er dient, sowie den Anhängern Mitleid und Sorge zu erwecken. Wir haben bereits erwähnt, daß diese Einstellung ihre Entstehung dem Wunsch des Kindes verdankt, die Anteilnahme seiner Eltern zu erlangen. Mitleid, der Liebe verwandt, wird manchmal anstelle von Liebe akzeptiert und eifrig angestrebt.

Jedoch außer dem Exhibitionismus scheint das Leiden des Märtyrers und Asketen keine Beziehung zur Befriedigung erotischer Impulse zu haben, ja, es scheint tatsächlich mit dem Verzicht auf jedes sexuelle Interesse einherzugehen. Die Neigung, auf die Sexualität zu verzichten, war bei den Anhängern der frühen Kirche ebenso ausgeprägt wie in den genannten klinischen Fällen. Wir wollen dafür einige Beispiele geben.[33] So verlangte der Hl. Nilus, der eine Frau und zwei Kinder hatte, sich den Asketen anzuschließen, und brachte seine Frau schließlich dazu, einer Trennung zuzustimmen. Der Hl. Ammon grüßte seine Braut in der Hochzeitsnacht mit einer Schmährede auf die Übel des Ehestandes, und sie beschlossen, sich sofort zu trennen. Die Hl. Melanie überzeugte ihren Gatten in einem langen, ernsten Gespräch, ihr zu ge-

---

[33] Lecky: op. cit., Bd. II, S. 322.

statten, sich dem asketischen Ideal zu weihen, und der Hl. Abraham lief seiner Frau in der Hochzeitsnacht davon.³⁴
Obwohl die weniger fanatischen Kirchenführer die Ausbreitung solcher Lehren mit Besorgnis sahen und anordneten, daß Ehepaare nur mit gegenseitiger Zustimmung ein asketisches Leben führen sollten, wurde es nach volkstümlicher Auffassung dennoch als Beweis von Heiligkeit angesehen, wenn man sich geschlechtlicher Beziehungen enthielt.
Man könnte wohl fragen, welche erotische Befriedigung durch eine so offenkundige Flucht vor der Sexualität zu erreichen sei, und man ist recht beeindruckt durch die Gewissensstrenge, die solchen Individuen nicht nur erotische, sondern jegliche Lust am Leben verwehrt. Dieses Element ist das einzige, das vom Märtyrer wie von der übrigen Welt wahrgenommen wird, während die masochistische Lust, die er aus der Situation gewinnt, im allgemeinen völlig übersehen wird und nur aus der außerordentlich sorgfältigen Beobachtung des Verhaltens des leidenden Individuums geschlossen werden kann.
Zu den Legenden über Heilige, die vor der Ehe flohen, gehört die des Hl. Alexis, der seine Braut in der Hochzeitsnacht verließ. Viele Jahre später kehrte er in sein Vaterhaus zurück, wo seine Frau noch immer darüber trauerte, daß er sie verlassen hatte. Im Namen der Barmherzigkeit bat er um eine Unterkunft und lebte dort unerkannt von seiner Familie bis zu seinem Tode. Der bei diesem Arrangement mögliche erotische Gewinn liegt auf der Hand. Die Situation gestattete es dem einsamen, liebelosen Mann bei seinen Lieben zu leben, heimatlos zu sein und doch ein Heim zu haben, von seinem Vater ernährt und versorgt zu werden wie in seiner Kindheit, Gegenstand der Verehrung und doch von der Bürde von Reife und Ehe frei zu sein. So wurde ihm ein einzig-

34 Unter den zahlreichen Legenden dieser Art ist eine, die von Lecky (Bd. II, S. 323) Gregor von Tours zugeschrieben wird. Sie berichtet von einem reichen jungen Gallier, der seiner jungen Braut leidenschaftlich zugetan war. In ihrer Hochzeitsnacht gestand sie ihm unter Tränen, daß sie gelobt habe, ihre Jungfräulichkeit zu bewahren, und beklagte, daß ihre Liebe zu ihm sie zu dieser Heirat verführt hatte. Er versprach, daß sie die Freiheit habe, ihr Gelübde zu halten, obwohl sie vereint bleiben würden. Und es ist überliefert, daß ihr Gatte bei ihrem Tode nach mehreren Jahren erklärte, er habe sie Gott so makellos zurückgegeben, wie er sie empfangen hatte.

artiger Grad von Befriedigung unter dem Schein großer Entbehrung zuteil, da er sich die Freude versagte, sich seiner Familie zu erkennen zu geben.

Die Geschichte von Polyeuktus und Nearchus[35], die Gegenstand eines Dramas von Corneille ist, zeigt fast unverhüllt die erotische Motivation für die Wahl des Martyriums. Ob historisch in allen Einzelheiten zutreffend oder nicht – interessant ist die Geschichte deshalb, weil sie erkennen läßt, daß der Autor die zutiefst persönliche (erotische) Befriedigung intuitiv erfaßt hat, die ein Mensch im Leiden für eine abstrakte Sache suchen und finden kann.

Die meisten Formen von Masochismus fordern, daß die Strafe oder Mißhandlung durch ein liebendes Wesen erfolgt oder zumindest sanktioniert wird, wenn auch beim religiösen Masochisten diese Notwendigkeit durch mystische Ekstasen

---

35 Polyeuktus und Nearchus waren Soldaten und enge Freunde in derselben römischen Legion. Nearchus war Christ, und als ein Edikt gegen die Christen erlassen wurde, mied er seinen Freund, um ihn nicht in Verdacht und Gefahr zu bringen. Polyeuktus war dadurch sehr betrübt, und sein Kummer wuchs noch, als er entdeckte, daß Nearchus glaubte, ihre Freundschaft müsse mit dem Tode enden, da Ungläubige verloren waren. Er beschloß, das Los seines Freundes zu teilen. Nearchus freute sich darüber, fürchtete aber, daß der Glaube seines Freundes nicht gefestigt genug sei, um die furchtbaren Prüfungen zu bestehen, denen er ausgesetzt sein würde. Polyeuktus hingegen hegte keinerlei derartige Befürchtungen; er fürchtete lediglich, daß man ihn zu Tode bringen würde, bevor er die Taufe empfangen hatte, und daß er dadurch von seinem Freund getrennt würde. Nachdem er in dieser Hinsicht beruhigt worden war, brannte er darauf, seinen Glauben zu beweisen. Er führte seinen Freund an den Platz, wo das Edikt gegen die Christen angeschlagen war, las es voll Zorn, riß es herunter und vernichtete es. Wenige Augenblicke später begegnete ihnen eine Prozession, die Götterbilder zum Tempel trug. Polyeuktus entriß ihnen die Götterbilder, warf sie zu Boden und trampelte darauf herum. Beide wurden verhaftet und vor den Friedensrichter gebracht, welcher Polyeuktus' Schwiegervater war. Dieser war bekümmert über die Wendung, die die Ereignisse genommen hatten, und flehte Polyeuktus an, sich nicht weiter zu kompromittieren, bis er seine Frau gesprochen habe, aber Polyeuktus blieb hart und sagte, Frau und Kind bedeuteten ihm nichts, wenn sie nicht denselben Schritt täten wie er. Er wies seinen Schwiegervater zurecht, weil er versucht hatte, ihn von seinem Wege abzubringen, und er ließ sich auch von den Tränen seiner Frau nicht rühren. Dem Schwiegervater blieb nach den geltenden Gesetzen keine andere Wahl, als ihn zum Tode zu verurteilen. Polyeuktus nahm das Urteil ruhig an und sagte, er sähe einen jungen Mann, der ihm vorangehe (seine christlichen Gefährten glaubten, daß es Christus sei). Seine letzten Worte waren solche der Ermutigung und Zuneigung für seinen Freund Nearchus. (Mason: op. cit., S. 120-122.)

des Geistes verschleiert sein mag. Vater William Doyle zum Beispiel, ein Jesuit und moderner Märtyrer, der 1917 im Krieg fiel, erlegte sich selbst große Härten auf: Er trug ein härenes Hemd, Ketten, setzte sich Nesseln und Dornen und eiskaltem Wasser um Mitternacht aus; er lag auf dem kalten Steinfußboden der Kapelle, geißelte sich und vergönnte seinem herzhaften Appetit nichts als das absolut Notwendige. In seinem Notizbuch beschreibt er die Versuchungen, die er im Zusammenhang mit Zucker, Kuchen, Honig, Marmelade und anderen Delikatessen zu bestehen hatte, im einzelnen: »Heftige Versuchung, Kuchen zu essen; widerstand mehrmals. Überwand das Verlangen, Marmelade, Honig und Zucker zu essen. Starke Versuchung, Kuchen etc. zu essen. Trank kalten Tee. Versucht, Süßigkeiten zu essen.«

Daß diese Opfer in einem sehr persönlichen Sinn Gott geweiht waren, wird durch folgende Eintragungen in sein Tagebuch bestätigt: »Gott hat mich ernstlich ermahnt, während meiner Zurückgezogenheit vollkommen auf Butter zu verzichten« und: »Gegen Ende meiner Zurückgezogenheit kam mir die Erleuchtung, daß nun, nachdem ich Jesus hinsichtlich des Essens alle erdenklichen Opfer gebracht habe, Er mich jetzt zur Zurückhaltung in bezug auf die Menge auffordern wird.« Diese persönliche Beziehung zu einem strengen, aber liebenden Gott wird weiterhin durch seine eigenen Worte bewiesen: »Ich sehne mich danach, abends in die Ruhe und Stille meines Zimmerchens zurückzukehren, und doch fürchte ich mich davor, denn Er ist dort so liebevoll zu mir ... Es ist ein so hilfloses Gefühl, auf den Wogen der Liebe gleichsam umhergeworfen zu werden, die glühende, brennende Liebe Seines Herzens zu empfinden, zu wissen, daß Er nach Liebe verlangt, und dann zu erkennen, daß *ein* Menschenherz zu winzig ist.« »... manchmal fühle ich mich halb wahnsinnig vor der Liebe Gottes.« Und weiter: »Jede Faser Seines göttlichen Wesens bebt vor Liebe zu mir ... jeder Schlag Seines gütigen Herzens ist eine Wallung heftiger Zuneigung zu mir ...« Man kann die erotische Befriedigung durch derartige mystische Erlebnisse[36] nicht bezweifeln.

36 Charles Macfie Campbell: *Human Personality and the Environment.* New York 1934, S. 25-28. (Aus: Alfred O'Rahilly: *Father William Doyle, S. J.: A Spiritual Study.* New York 1925.)

Es gibt aber auch eine andere Form des Masochismus, wo das Leiden an sich die einzige Quelle der Befriedigung ist, ganz unabhängig von dem, der es zufügt. Freud nennt sie die »moralische Form des Masochismus«. Das Leiden ist das Wichtige, ganz gleich, ob es von Freunden, Feinden oder einem unpersönlichen Schicksal kommt. Die Befriedigung, die ein derartiger Masochismus bietet, zeigt sich in dem Eifer, mit dem der Mensch Situationen aufsucht, in denen er leiden muß, und in der Lösung der Spannung, die das Leiden ihm stets bereitet. Daß das, was bezeichnenderweise »Schmerzlust« genannt wird, das Individuum überwältigen und seiner übersteigerten Moral eine eigentümlich »unmoralische« Färbung geben kann, ist von nüchternen Beobachtern immer wieder festgestellt worden. So kann der Asket »versucht« sein zu sündigen, um desto härter zu büßen, und der Märtyrer »provoziert« seine Verfolger mit einer Raserei, die die Grenzen rechtschaffenen Eifers übersteigt.

Dies wurde von den frühen Kirchenvätern erkannt und mißbilligt, die dazu übergingen, jenen Gläubigen Strafen aufzuerlegen, die sich allzu bereitwillig dem Leiden überließen. Wer sich freiwillig nach dem Martyrium drängte, wurde getadelt, auch wenn sein Prozeß gut ausging. »Es ist nicht Christi Wille, daß wir uns selbst den Knechten und Söldnern des Teufels ausliefern und die Schuld weiterer Tötungen über sie bringen, indem wir sie zwingen, grausamer zu sein, als sie sonst gewesen wären«, sagte der Bischof von Alexandrien.[37] Er tadelte jene nicht, die Geld dafür zahlten, ihrer Religion unbehelligt nachgehen zu können; er ermahnte seine Anhänger, sich selbst zu schützen, indem sie sich verbargen, wenn Gefahr drohte, selbst wenn andere an ihrer Stelle festgenommen wurden, und er sprach alle Christen von Schuld frei, die mit roher Gewalt gezwungen wurden, Opfer darzubringen.

Nichtsdestoweniger leitete weiterhin glühende Leidenschaft die Märtyrer. Während der Märtyrerepidemie, die die frühe Kirche schüttelte, »schienen die Menschen tatsächlich in den Tod verliebt zu sein«.[38] Von Ignatius, dem Bischof von Antiochia in Syrien, wird berichtet, daß er sich vor seinem

---

37 Zit. nach Mason: op. cit., S. 312-314.
38 Lecky: op. cit., Bd. I, S. 391.

Martyrium in einem Zustand überirdischer Verzückung befunden habe. Er war dazu verurteilt worden, in Rom mit wilden Tieren zu kämpfen und schrieb auf seinem Wege von Antiochia sieben Episteln. Seine einzige Furcht war die, daß einflußreiche Christen in Rom seine Begnadigung erreichen könnten. »Ich fürchte gerade, daß Eure Liebe mir ein Leid antun könnte ... O, daß ich die wilden Tiere genießen könnte, die auf mich warten. Ich will sie anfeuern, kurzen Prozeß mit mir zu machen ... Wenn sie es nicht von selber tun, werde ich sie dazu bringen. Mögen Feuer und Kreuz, Ringen mit wilden Tieren über mich kommen, mögen meine Knochen zersplittern, meine Glieder zerfetzt, mein ganzer Körper zermalmt werden, grausame Martern des Teufels mich treffen – nur laßt mich zu Jesus Christus gelangen.« Es wird berichtet[39], daß nichts, was bisher geschehen war, den Ruhm des Martyriums so erhöhte wie »der geistige Rausch, mit dem dieser glühende syrische Prophet wie ein Meteor von Osten nach Westen schoß, um zu sterben«.

Die Religionsgeschichte ist voll von Berichten über ähnlich leidenschaftliche Märtyrer. Von einem englischen Märtyrer, der viele Jahre später lebte als die frühen Christen, wird berichtet[40], daß er während der drei Monate seiner Gefangenschaft so fröhlich war, daß sich viele darüber wunderten, denn er war zu Hause stets sehr zurückhaltend gewesen. Als er zur Hinrichtung geführt wurde, bemerkte man, daß er das Schafott noch vor dem Henker erreichte, »als wäre er ein Bräutigam, der zu seiner Hochzeit geht«. Edward Burden, ein anderer englischer Märtyrer, litt an Tuberkulose und lag krank auf seinem Gefängnisbett, als ihn die Aufforderung erreichte, vor Gericht zu erscheinen. Gestärkt durch die Aussicht auf ein baldiges Martyrium (das nicht verweigert wurde), eilte er mit solcher Bereitwilligkeit zum Gericht, daß die Richter den Gefängniswärter schalten, weil er gesagt hatte, es handle sich um einen kranken Mann.

Zusammenfassung

In diesem Kapitel haben wir uns mit der Tatsache beschäftigt,

39 Mason: op. cit., S. 17-20.
40 John Hungerford Pollen: *Acts of English Martyrs*. London 1891.

daß das Verhalten vieler Märtyrer und das der meisten Asketen im wesentlichen selbstzerstörerisch ist, unabhängig davon, ob man das Opfer als Heiligen, Helden, psychiatrischen Patienten oder verrückten Freund betrachtet. Bei näherer Untersuchung stellt man fest, daß die Komponenten der Selbstzerstörung bei Asketen- und Märtyrertum offenbar mit jenen identisch sind, die den tatsächlichen Selbstmord bestimmen: selbstbestrafenden, aggressiven und erotischen Komponenten. Allerdings sind ihre Proportionen offensichtlich verschieden. Denn die Aufschiebung des Todes beweist einen höheren Grad von Neutralisierung des zerstörerischen Elements, eine Neutralisierung, die je nach den obwaltenden Umständen stark zu variieren scheint. Der Charakter der Wechselwirkung zwischen diesen Vektoren kann an einigen Beispielen studiert werden, deren Zahl zu gering ist, um Verallgemeinerungen über die bereits angedeuteten hinaus zu gestatten: Beim chronischen Selbstmord sind die erotischen Elemente die stärkeren, die destruktiven relativ schwächer als beim direkten sofortigen Selbstmord. Aber der Kampf ist hart und blutig selbst bei jenen, die unter Aufbringung eines großen Opfers eine kleine Lebensflamme verhältnismäßig lange Zeit unterhalten können.

Philosophisch Gesinnte könnten argumentieren, daß jedes Individuum, welches den Forderungen der Zivilisation entspricht, indem es seine Gelüste einschränkt und seine aggressiven Triebe beherrscht, eine asketische Ader entwickelt habe. Folgt man diesem Gedankengang, erscheint Erziehung als eine Übung in Askese – eine Askese, die im selbstlosen, alltäglichen Opfer des Individuums für seine Kinder und das soziale Wohlergehen seiner Gemeinde zu voller Blüte gelangt. Die Parallele zwischen dem Opfer des Individuums für das Allgemeinwohl und dem in diesem Kapitel beschriebenen Phänomen kann jedoch nicht sehr weit geführt werden, ohne daß ein wichtiger Unterschied zutage tritt. Beim normalen Individuum werden die Verzichte durch die äußere Realität diktiert – Gesundheit, Gesellschaft, wirtschaftliche Notwendigkeit –, und sie sind dazu bestimmt, ihm reale Belohnungen zu verschaffen. Mit anderen Worten, sie werden als Bedingungen des Lebens akzeptiert. Beim Opfer chronischen Selbstmords andererseits werden die Verzichte stärker durch innere Notwendigkeit als durch die äußere Realität diktiert, und obwohl das Individuum selbst sie als Mittel zur Verewigung des Lebens ansehen mag, erscheinen sie dem objektiven Beobachter als offene Selbstzerstörung.

2. Neurotische Krankheiten

Es gibt gewisse Arten des Martyriums, die nicht die gleiche allgemeine Anerkennung genießen wie die von uns beschriebenen konventionellen Formen. Ihnen scheint das Element der *Freiwilligkeit* zu fehlen, und doch können sie kaum als unfreiwilliges Opfer bezeichnet werden, weil sie nicht im Dienste eines Ideals gebracht werden, sondern rein persönliche, ja egoistische Angelegenheiten zu sein scheinen. Aus diesem Grunde wird ihnen die Anerkennung vorenthalten, die dem Martyrium gezollt wird, bei dem das Individuum um einer Sache willen sich selbst opfert.
Die Märtyrer, von denen ich jetzt spreche, sind auch nicht so geradezu hinsichtlich des Bekenntnisses ihrer Absichten. Der orthodoxe Märtyrer stellt sich seinem Schicksal im vollen Bewußtsein der Notwendigkeit des Opfers. Die Opfer chronischer Selbstzerstörung, die zu beschreiben wir im Begriff sind, bestreiten bis zuletzt, daß die Zerstörung, die sie trifft, in irgendeiner Weise von ihnen gewollt sei. Ich beziehe mich auf das Martyrium chronischer Krankheit.
Natürlich schließe ich hier jene chronischen Krankheiten aus, deren Entstehung auf zufällige oder äußere Einwirkungen zurückgeht. Ein Opfer der Krebskrankheit, eines Autounfalls, den ein anderer verursacht hat, oder einer Erbkrankheit kann sicherlich nicht als Märtyrer aus eigenem Willen angesehen werden. Ich denke hauptsächlich an jene Fälle, die von den Ärzten als neurotische Kranke oder Hypochonder bezeichnet werden, will aber das Auftreten körperlicher Symptome und echter physischer Verletzungen keineswegs ausschließen. Wir wissen, wie manche Individuen jede Krankheit ausnutzen und ihre Bedeutung und Schwere verzerren; die größere Anfälligkeit solcher Menschen für Krankheiten ist

ebenfalls wohlbekannt. Wie Forsyth[1] treffend bemerkt hat, besteht die Therapie für diese Patienten gewöhnlich darin, daß sie unnötiger medizinischer oder chirurgischer Behandlung unterworfen werden, wodurch der neurotische Zustand verstärkt wird, oder darin, daß man ihnen erzählt, der Arzt *glaube* nicht, daß irgend etwas nicht in Ordnung sei, vermute aber, daß irgendein Organ oder Organsystem der Beobachtung und Fürsorge bedürfe, oder schließlich darin, daß man den Patienten sagt, es gebe keinerlei Beweis für ein organisches Leiden; die ganze Sache sei »funktional«, »eingebildet«, »existiere nur in ihrem Kopf«, womit impliziert wird, daß sie Lügner, Simulanten oder »verflixte Neurotiker« seien, die die unzureichende Sorgfalt verdienen, die mit einer solchen Charakterisierung notwendigerweise einhergeht. All das spielt den unbewußten Bedürfnissen dieser Patienten in die Hände und rechtfertigt ihr Gefühl, mißverstanden, vernachlässigt, schlecht behandelt, kurzum, *gemartert* zu werden.

Diese chronisch kranken Märtyrer sind so bekannt, zumindest den Ärzten, daß es Eulen nach Athen tragen hieße, lediglich symptomatische Schilderungen oder Fallberichte über solche Menschen herzubeten. Wahrscheinlich fällt die Mehrzahl aller Patienten, die Ärzte und andere aufsuchen, um Linderung ihrer Leiden zu erlangen, in diese Kategorie. Daher glaube ich, daß es uns obliegt, einige repräsentative Fälle genauestens unter psychologischen Gesichtspunkten zu untersuchen, um die Ähnlichkeit der psychologischen Motivation in diesen Fällen mit jener der konventionelleren und weniger verschleierten Formen chronischer Selbstzerstörung darzustellen, die im vorigen Kapitel behandelt wurden.

Ich will zwei Beispiele anführen. Der eine davon war so extrem und von so langer Dauer, daß er zwar psychiatrisch recht gut beobachtet und verstanden werden konnte, der Patient aber jeder Art von Behandlung vollkommen unzugänglich war. Der andere Fall, der ebenfalls zunächst für hoffnungslos gehalten, aber schließlich geheilt wurde, ist hier weniger wegen seines Ausgangs von Bedeutung, sondern weil durch die Behandlung die ausschlaggebenden Motive der

---

[1] D. Forsyth: *Place of Psychology in Medical Curriculum. Proceedings of Royal Society of Medicine,* Bd. 25, 1932, S. 1200-1212.

Krankheit erhellt wurden. Beide Patienten waren Frauen; vielleicht neigen Frauen öfter zu dieser Form der Selbstzerstörung als Männer.

Die erste Patientin war verheiratet, 60 Jahre alt und trotz ihrer zahllosen Beschwerden recht gut erhalten. Ihr Leben lang hatte sie ihrem Körper große Aufmerksamkeit gewidmet. Abgesehen davon, daß sie die Schwere jedes gewöhnlichen körperlichen Leidens – und solche waren vergleichsweise selten – stets übertrieb, hatte sie vor verschiedenen Krankheiten ständig Angst und bildete sich häufig ein, bösartige Beschwerden zu haben.

Trotz ihrer Neurose hatte sie viele gute Stellungen bekleidet. Aber alle diese Positionen hatte sie von sich aus wegen ihrer wirklichen oder eingebildeten Leiden aufgegeben. Neben den üblichen Kinderkrankheiten war die erste Krankheit, an die sie sich erinnern konnte, ein Grippeanfall im Alter von 24 Jahren. In späteren Jahren meinte sie oft, daß all ihre nachfolgenden Schwierigkeiten, all ihr Elend auf diesen Grippeanfall zurückzuführen seien. Es war jedoch typisch für sie, alles der jeweils letzten Krankheit zuzuschreiben und zu behaupten, daß es ihr gut gegangen sei, bis *das* geschehen mußte und ihr einen »Rückschlag« verursacht hatte.

Ihre ganze Geschichte war eine Folge von Vorkommnissen, die etwa folgendermaßen abliefen: Nachdem sie sich langsam von der letzten Erkrankung erholt hatte, gelang es ihr, eine Stellung zu finden, zwanghaft, aber mit vielen neurotischen Beschwerden und erheblichem Unbehagen einige Jahre zu arbeiten, worauf dann eine neue Krankheit sich einstellte – sei es auch nur ein Abszeß im Ohr oder eine Grippe. Daraufhin gab sie ihre Stellung auf, übertrieb die Symptome ungeheuer, verlangte ständige Aufmerksamkeit, Mitleid und Besorgnis, irritierte ihre Verwandten, Ärzte und Pfleger bis zur Verzweiflung, wurde gesund, nahm eine neue Stellung an – und das Ganze wiederholte sich.

Sie gab eine gute Position auf, um einen mittellosen Tunichtgut zu heiraten, der intellektuell und kulturell erheblich unter ihr stand. Die neurotische Heirat war von Anfang an ein Fehlschlag. Sie war noch kein Jahr verheiratet, als sie ständig zu jammern und zu schimpfen begann und über die verschiedensten körperlichen Symptome klagte, die sich allmählich auf eine angebliche »chronische Blinddarmentzündung« konzentrierten, ein Leiden, das heutzutage von den meisten Ärzten als Erfindung angesehen wird. Schließlich setzte sie eine Operation durch, aber die schwere Hypochondrie und Invalidität, die sie in die Nervenklinik brachten, begannen damals ernste Formen anzunehmen. Wie üblich, schob sie alles auf die Operation. Erstens hätte sie niemals vorgenommen werden dürfen, meinte sie, der Arzt habe sie zu früh aus dem Krankenhaus nach Hause entlassen, sie hätte nicht dorthin gehen dürfen, wohin sie gegangen war. Immer hieß es: »Wenn das nicht passiert wäre« oder »Wenn ich etwas anderes gemacht hätte, dann hätten sich dieser ganze Ärger und die Krankheit vermeiden lassen«.

Nachdem sie einmal im Krankenhaus war, betrachtete sie sich als zu geschwächt und erschöpft, um sich jemals wieder erholen zu können. Dutzende Male am Tage fühlte sie ihren Puls und war über jede kleinste wirkliche oder eingebildete Abweichung beunruhigt. Sie konstatierte jede neue Empfindung in der Herzgegend oder anderswo in der Brust und interpretierte sie als Anzeichen einer schweren Herzkrankheit. Eine Zeitlang war sie äußerst besorgt über ihre Schilddrüse; sie glaubte, daß sie sich vergrößerte und daß eine Operation erforderlich wäre, die sie nicht überleben würde. Sie war niemals frei von Sorgen über ihre Verdauung und achtete peinlich genau auf ihre Ernährung, um Stuhlgang zu verhindern; sie war ängstlich, wenn sie ihn nahen fühlte, und war es schließlich soweit, wurde sie von Schwäche und Erschöpfung gepackt, so daß sie mehrere Stunden liegen mußte, um sich zu erholen. Wurde zufällig etwas Wasser auf ihren Kopf oder ihr Ohr gespritzt, beklagte sie sich und fürchtete tagelang, es könne zu einer Infektion des Ohres kommen. Wenn sie jemanden anstieß und sich zufällig ein wenig am Auge verletzte, schrie und jammerte sie tagelang, daß sie blind sei, und sie war beinahe enttäuscht, wenn sie feststellte, daß das nicht der Fall war. Als sie zum Zahnarzt gebracht wurde, weil sie einen bösen Abszeß am Zahn hatte, wimmerte und trauerte sie tagelang, lief umher, wobei sie ein Handtuch oder Taschentuch an den Mund preßte, weigerte sich, ihren Mund untersuchen zu lassen, und sagte, daß sie nun niemals wieder gesund werden würde, während es ihr vorher gut gegangen sei. Während einer Kälteperiode zog sie sich eine leichte Erkältung zu und blieb im Bett – ein Bild des Jammers und Leidens, bis die Erkältung vorüberging und eine neue unheilbare Krankheit auftrat. Wenn sie ermutigt werden konnte, einen kleinen Spaziergang zu machen, ein Weilchen in der Sonne zu sitzen oder ein paar Stufen zur Hydrotherapie hinunterzugehen, beklagte sie sich bei ihrer Rückkehr bitterlich, daß sie sich übernommen und wehgetan habe, was einzig die Schuld derer war, die sie zum Gehen veranlaßt hatten.

Wir wollen nun Ursprung und Entwicklung dieser Symptome und Gebrechen näher betrachten. Die Patientin war die zweite von drei Schwestern – sie war drei Jahre jünger als die älteste und neun Jahre älter als die jüngste. Ihr Vater, ein paranoider, verantwortungsloser Mann, bevorzugte die älteste Schwester bis zur Geburt der jüngsten und wandte dann dieser all seine Aufmerksamkeit zu. Die Patientin wurde von ihm stets geringschätzig behandelt und erhielt für gewisse Unarten Prügel, während das bei den Schwestern niemals der Fall war. Die Patientin schlief im Bett zwischen ihren Eltern, bis sie etwa sechs Jahre alt war. Sie erinnert sich, daß sie nicht einschlafen konnte, wenn sie sich nicht am Ohrläppchen des Vaters festhielt oder ihre Hand an die Wange der Mutter legte. Später, als sie allein schlief, erwachte sie nachts oft, fand alles ruhig und lauschte angestrengt auf den Atem jedes Familienmitglieds. Wenn sie ihn nicht hören konnte, wurde sie von Schrecken gepackt und mußte aufstehen, herumgehen und selbst nachsehen, ob alle noch am Leben waren; erst dann konnte sie weiterschlafen. Sie hatte bewußte Todeswünsche gegenüber ihrer jüngeren Schwester, die sie mit Entsetzen erfüllten, und sie fühlte sogar den Drang, sie mit einem Messer anzugreifen. Gleichzeitig empfand sie Angst vor Verletzungen ihres eigenen Körpers und davor, nicht genügend beten zu können, um Zerstörung von sich selbst und den übrigen Familienmitgliedern abzuwenden. Daran erkennen wir, daß sie Bestrafung in Form von Verletzung oder Krankheit fürchtete, die sie anderen wünschte.

Die Patientin war während ihrer ganzen Kindheit sehr prüde in bezug auf sexuelle Dinge, begann aber mit dreizehn Jahren zu masturbieren, womit die ausgeprägtesten Angstgefühle hinsichtlich einer Verletzung ihres Körpers einhergingen. Oft untersuchte sie sich genau vor dem Spiegel, insbesondere ihr Gesicht und die Genitalien, um zu sehen, ob Zeichen einer Verletzung vorhanden waren. Sie fürchtete, blind zu werden oder sich innerlich irgendwie zu verletzen. Beim Masturbieren phantasierte sie heftige Angriffe auf sich selbst und Verletzung oder Tod für andere Familienmitglieder. Sie glaubte, sie habe niemals genug Liebe, sondern nur Tadel und Strafe von ihren Eltern erhalten, insbesondere von ihrem Vater, und zweifellos hatte sie ihre Eltern provoziert, sie zu bestrafen, um wenigstens diese Form der Aufmerksamkeit zu erlangen.

Nachdem sie im Alter von 18 Jahren ihre erotischen Empfindungen besiegt hatte, fühlte sie sich fünf Jahre lang sehr rein und keusch. Später hingegen, wenn mit ihrer Arbeit etwas nicht in Ordnung war, hatte sie ein Gefühl der Angst, dem ein spontaner Orgasmus folgte, ohne daß irgendeine genitale Stimulierung vorhergegangen war. So wurde deutlich, daß Masturbation und sexuelle Befriedigung mit Angst und Strafe in Verbindung gebracht worden waren. Sie heiratete erst mit 37 Jahren, entwickelte sofort nach ihrer Heirat eine heftige Syphilophobie und glaubte, durch diese gefürchtete Krankheit vernichtet zu werden.

Im Krankenhaus erklärte sie oft, sie würde sich umbringen, da das der einzige Ausweg für sie sei. Wenn sie ängstlich und verwirrt war, phantasierte sie, sie würde sich den Hals oder die Pulsadern mit einem Stück Glas oder einem Messer durchschneiden, dann ins Badezimmer gehen, sich in die Wanne setzen und in ihrem eigenen Blut sterben. Oft phantasierte sie auch, daß sie sich erhängen oder Gift in ihren After einführen würde. Hinterher allerdings wurde sie häufig von Schrecken erfaßt, daß sie sich unheilbare Wunden zugefügt habe, indem sie sich ihren Phantasien überlassen hatte: ihrem Herzen, der Schilddrüse, ihrer allgemeinen körperlichen Gesundheit. Dann wurde sie so verwirrt, daß sie wiederum glaubte, das einzige, was ihr übrigbliebe, sei der Selbstmord. So vernichtete sich die Patientin in ihrer Phantasie hunderte von Malen, wobei die Phantasie die symbolische Bedeutung eines sexuellen Angriffs hatte, den sie sowohl ersehnte als auch fürchtete. Ihre selbstzerstörerischen Phantasien wurden durch ihre Wut auf die Schwestern oder Ärzte ausgelöst, weil diese ihr angeblich mit Geringschätzung begegneten oder sie schlecht behandelten. Es liegt auf der Hand, wie dadurch die Situation der frühen Kindheit wiederholt wurde.

Ihre häufigen, aber nur vorübergehenden Besserungen waren immer darauf zurückzuführen, daß der Arzt ihr Zuneigung bezeigte, vor allem, wenn sie ein sexuelles Moment darin zu entdecken glaubte. So fühlte sie sich zum Beispiel einen ganzen Nachmittag lang erleichtert, wenn sie sexuelle Probleme mit ihm diskutiert und er sie ihr erklärt hatte. Dann fing sie an, in ihrer üblichen Weise über sexuelle Dinge zu phantasieren, d. h. als Angriff, und wurde ängstlich, vor allem wenn sie lustvolle genitale Sensationen erlebte. Bei einer Gelegenheit zog der Arzt seine Hose hoch und richtete seine Weste, als er aufstand, um nach einem Besuch ihr Zimmer zu verlassen. Sie glaubte, er habe das getan, um sexuelle Empfindungen in ihr zu erwecken, und einige Stunden lang hatte sie ein wohltuendes Gefühl der Lust und Zufriedenheit, bis etwas geschah, das sie als Zurückweisung deuten konnte. Dann wurde sie aufs neue verwirrt, ärgerlich und von sadomasochistischen Phantasien überwältigt. Die ganze Zeit hindurch sprach sie auf keine Behandlung an.

Man erkennt an einem solchen Fall alle Elemente der Selbstzerstörung, die bei der Analyse der tieferreichenden Selbstmordmotive zutage gefördert werden, jedoch verbunden mit einem rettenden oder schonenden Element, das Zuflucht in der Chronizität gewährt. Diese arme Frau starb tausend Tode, und während ihre Todeswünsche gegenüber anderen wahrscheinlich niemanden umbrachten, machten sie sicherlich viele Menschen sehr unglücklich. Solche Patienten sind jedem Arzt zu seinem Leidwesen bekannt.

Sie sind Märtyrer im wörtlichen Sinne, und gleichzeitig machen sie Märtyrer aus anderen. Ihrem Martyrium liegen dieselben unbewußten Motive zugrunde wie dem der historischen Märtyrer, von denen im vorigen Kapitel die Rede war: erotisierte Aggression und Selbstbestrafung. Die bewußten Motive hingegen sind bei diesen kranken Märtyrern offensichtlich sehr verschieden. Es hat den Anschein, als ob ihre ganze Sorge nicht einer großen Sache, einem religiösen oder romantischen Zweck gelte, sondern ausschließlich der eigenen

Person, und wenn ihr Leiden noch irgend etwas anderes bewirken sollte, bleibt es ihnen gewöhnlich verborgen oder wird nachträglich wie ein Postskriptum interpretiert. Man erinnert sich, wie leicht es den Freunden Hiobs fiel, die Tugenden und Gründe zu erklären, die seine Heimsuchungen verursachten. Ich entsinne mich eines moderneren Heiligen, der von Rheumatismus geplagt wurde und seine Zweifel mit der tapferen Erklärung abwies: »Gott kann sich nicht bei jedem darauf verlassen, daß er zu leiden versteht.« Anderen bereitet die Wirkung, die sie auf die Ärzte und ihre Freunde ausüben, größere Befriedigung als die Überlegung, in welchem Maße sie Gott gefällt.

Als nächstes möchte ich in etwas ausführlicherer Form die Geschichte einer ähnlichen Patientin berichten, die etwas jünger, aber genauso leidend, genauso hoffnungslos scheinend, genauso resistent gegen viele Therapien war, die sie gehabt hatte. Sie war die Tochter eines gebürtigen vornehmen Kaliforniers, dem seine Pferde, Gemüseplantagen und Reichtum nicht über die ständige Angst hinweghelfen konnten, die ihm diese kranke Tochter bereitete.

Ich sah sie zum ersten Mal im Bett, ausgestreckt, ein schmächtiges, zartes, ätherisch aussehendes Mädchen, unfähig zu gehen und kaum imstande zu sprechen. Sie litt ständig unter großen, qualvollen Schmerzen. Außer den Schmerzen, die von einem Teil ihres Körpers zum anderen wanderten, wurde sie unausgesetzt von Kopfweh geplagt. Sie konnte nicht essen, Verdauung und Menstruation waren außerordentlich unregelmäßig, und sie schlief nur, wenn sie Schlafmittel in hoher Dosierung erhielt. All das hatte ziemlich plötzlich vor sechzehn Jahren angefangen, und seither hatten akute Anfälle mit partiellen Remissionen abgewechselt. Ihr ganzes erwachsenes Leben war eine Pilgerfahrt von einem Arzt zum anderen, von einem Krankenhaus zum anderen gewesen, um Erleichterung ihres schweren Leidens zu finden. Aber ihre Pilgerfahrten waren erfolglos geblieben, denn ihr Zustand hatte sich nicht gebessert, und mehrere Ärzte hatten ihr gesagt, sie würde bis an ihr Lebensende ein Krüppel und Invalide bleiben. Andere erweckten Hoffnung auf diese oder jene Behandlung. Mehr als ein Dutzend größerer und kleinerer Operationen hatten stattgefunden, ganz zu schweigen von

anderen Behandlungsmethoden, Medikamenten, Diäten etc. Sie selbst hatte alle Hoffnung aufgegeben und erwartete nichts mehr von irgendeiner Therapie. Mit einem Krankenwagen wurde sie in die Klinik gebracht, wo sie sich tagelang kaum bewegte. Wenn es absolut notwendig war, daß sie es tat, verzerrte sich ihr Gesicht qualvoll, gekrümmt warf sie sich von einer Seite auf die andere, wölbte den Rücken empor, preßte die Hand auf Leib oder Rücken und stöhnte leise, so als kämpfe sie darum, einen stärkeren Ausdruck ihres schweren Leidens zu verhindern. Sie schilderte die Schmerzen in ihrer Seite in der Weise, daß sie das Gefühl habe, als befände sich darin etwas »Weiches und Geschwollenes« oder als würde man mit glühenden Messern auf sie einstechen.
Physikalische, neurologische und Laboruntersuchungen ergaben eine unzureichende physiologische oder strukturelle Basis für den Schmerz. Es gab zwar viele Operationsnarben, aber nichts Organisches, das ihr Leiden erklärt hätte. Bei dieser chronisch Kranken, einer »Märtyrerin« dieses Typs, deren Zustand medizinischen (und religiösen) Bemühungen seit 16 Jahren getrotzt hatte, die nach so langer Zeit noch immer so heftig litt, daß sie kaum zu sprechen vermochte, war kaum zu erwarten, daß ein therapeutischer Erfolg möglich oder auch nur wahrscheinlich sein könnte. Dennoch war diese Frau zwei Jahre später medizinisch und sozial gesund. Das ist nicht deshalb von Wichtigkeit, weil es den Wert der psychoanalytischen Methode, die hier angewandt wurde, dartut, sondern als Beweis, daß unter bestimmten Bedingungen ein nutzloses, kostspieliges Martyrium aufgegeben werden kann, und vor allem, weil die Motive solcher Phänomene bloßgelegt und mit denen verglichen werden können, die wir zuvor untersucht haben.
Natürlich gibt es viele Faktoren in der Geschichte der Patientin, die ich mit Rücksicht auf die berufliche Diskretion und aus Platzgründen nicht in meinen Bericht aufnehmen kann. Ebenso will ich nicht im einzelnen mitteilen, wie sie allmählich dazu kam, die psychologischen Faktoren ihres Falls in Betracht zu ziehen, insbesondere nachdem sie von Anfang an behauptet hatte, ihre Symptome seien physischer Art und jene, die ihnen psychologische Ursachen zuschrieben, wären im Irrtum; sie würden ihre Motive und ihre Ehrlichkeit in

Zweifel ziehen, indem sie unterstellten, ihre Schmerzen seien nur eingebildet. Natürlich versicherte man ihr, daß ihre Symptome nicht eingebildet waren, aber auch, daß sie sich irren könnte, wenn sie glaubte, daß solche Schmerzen und Leiden nicht psychologischen Ursprungs sein könnten. Anstatt darauf hinzuweisen, daß ihre Krankheit ihr offensichtlich Befriedigung verschaffe – eine Maßnahme, die nur ihren Groll erweckt hätte –, wurde ihr nahegelegt, daß, da sie den Sinn ihres Leidens nicht kenne, eine Erklärung vielleicht im Unbewußten zu finden sei, welches mit Hilfe der psychoanalytischen Methode erforscht werden könne. Schließlich begann sie eine Psychoanalyse – nicht, weil sie selbst eine Hoffnung daran knüpfte, sondern »Mutter zuliebe«, wie sie sagte.
Immer wenn Patienten in dieser offensichtlich (aber unbewußt) heuchlerischen Weise darüber sprechen, daß sie einem anderen zuliebe gesund werden wollen, vermuten wir, daß ihre Feindseligkeit gegenüber dieser Person so groß ist, daß sie Gemeinplätze wie die Tatsache übersehen können, daß niemand um eines anderen als seiner selbst willen gesund wird oder bleibt. Andererseits wissen wir, daß es Menschen gibt, die krank werden, weil sie einen anderen zu verletzen wünschen, und die zitierte Äußerung ist ein Hinweis auf die teilweise Erkenntnis seitens der Patientin, daß sie ihre Krankheit als Waffe gegen die Person benutzt, um deretwillen sie nun erklärt, gesund werden zu wollen. Mit anderen Worten, es handelt sich um eine teilweise wahre Behauptung, die bedeutet: »Ich will jetzt versuchen, etwas von meiner Feindseligkeit gegen Sowieso aufzugeben.«
Unser Verdacht erwies sich in diesem Fall als wohlbegründet. Es dauerte nicht lange, bis die Patientin ganz offen zugab, sie wünschte, ihre Mutter hätte sie anders aufgezogen, dann, daß sie Groll und Bitterkeit gegenüber ihrer Mutter empfinde, und schließlich, daß sie sich an Kindheitsphantasien über den Tod der Mutter erinnere.
Dafür gab es gute Gründe. Einmal hatte die Erziehung durch die Mutter ein Höchstmaß an Unterdrückung und Einschränkung enthalten. Sie hatte ihrer Tochter nichts über Sexualität erzählt, außer daß sie unglücklicherweise ein Mädchen sei und die Konsequenzen dieses Geschicks zu tragen haben würde, daß sie sich wie alle weiblichen Wesen mit geduldi-

gem Leiden der rücksichtslosen Herrschaft des Mannes unterwerfen müsse. Furcht und Groll gegenüber den Männern waren um so größer, als die Patientin das einzige Mädchen in einer Familie mit fünf Kindern war und die Eltern den Jungen viele Vorrechte einräumten, die sie der Patientin verweigerten. Um die Sache noch schlimmer zu machen, war sie im Alter von zwölf Jahren, gerade als die Menstruation einsetzte (was sie sehr beängstigte), in ein sehr strenges Mädchenpensionat in der Schweiz geschickt worden, wo sie sechs Jahre lang keinerlei Kontakt mit Jungen haben durfte.

Die Patientin gab die fromme Heuchlermaske langen Leidens bald auf, die es ihr ermöglicht hatte, ihre Krankheit als unfreiwilliges Martyrium erscheinen zu lassen. Sie begann ganz klar zu erkennen, und zwar indem sie diese Formel häufig wiederholte, daß die wellenartig wiederkehrende Krankheit Ausdruck ihres Hasses war. Wegen des Grolls, den sie gegen ihre Eltern, insbesondere die Mutter, empfand, übte sie mit Hilfe der einzigen Form von Aggression, die ihr zu Gebote stand – nämlich passiver Resignation – Vergeltung. (Im Sanatorium exemplifizierte sie das, indem sie sich weigerte, die kleinste Kleinigkeit für sich selbst zu tun und sich noch bei den einfachsten Handreichungen völlig auf die Schwestern verließ.) Wegen seiner aggressiven, feindseligen Absicht verursachte dieser passive Widerstand dann ein schlechtes Gewissen und Schuldgefühle, die sie durch vermehrte religiöse Übungen, vor allem aber durch zunehmend schmerzvollere Symptome zu besänftigen suchte. Um sich selbst und der Welt zu beweisen, daß sie tatsächlich für ihre Schuld sühnte, mußte sie Ärzte und Schwestern davon überzeugen, daß sie tatsächlich litt. Auf diese Weise zog sie aus ihrer Passivität und Untätigkeit verstärkten Gewinn. Dies wiederum führte zu bewußten Empfindungen der Entmutigung, Verzweiflung, zu Selbstvorwürfen und Schuld, und der ganze Zyklus wiederholte sich, wobei er jedesmal schwerer und schwerer wurde, wie ein Schneeball, den man einen Hügel hinunterrollt. Sie kehrte die normale weibliche Methode, Aufmerksamkeit zu erwecken, indem man Schönheit, Attraktivität, Intelligenz ins Spiel bringt, um und schien zu sagen: »Seht wie krank, elend und schmerzgepeinigt ich bin.« Reiche psychoanalytische Erfahrung hat gezeigt, daß dieser Ersatz für

Liebe in Form von Mitleid auf einem Schuldgefühl beruht, das von starker, aber gehemmter Aggression herrührt.
Wir können nicht sämtliche Details der Analyse dieser Patientin erörtern, doch bedarf es einer ausreichenden Erklärung für die außerordentlich weitgehende Einbeziehung körperlicher Symptome und die Zustimmung zu mehreren Operationen. Den ersten Hinweis bot ein Traum:
Sie und eine andere Person befanden sich in einem Haus. Diese andere Person schien ein Teil ihrer selbst und gleichzeitig ein Mann zu sein. Sie hatte Angst, daß jemand den Mann sehen würde. So sprang sie ins Bett und zog die Decke über den Kopf, sagte aber dann, als spräche sie zu dem Mann, der ein Teil ihrer selbst war: »Was macht es, wenn sie dich sehen? Warum versuchst du, es länger zu verbergen?«
Dieser Traum war eine Vorankündigung, daß sie sich zunehmend des Grolls über ihre Weiblichkeit und des Neides, den sie Männern gegenüber fühlte, bewußt wurde. Sie erkennt (im Traum), daß sie glaubt, teils Mann, teils Frau zu sein, aber versucht, den »männlichen« Teil zu verbergen. Tatsächlich konnte man sagen, daß sich ihr ganzes Leben um den Wunsch drehte, ein Junge zu sein wie ihre Brüder, sowie um das Schuldgefühl wegen der Vorstellung, daß sie nur ein Junge werden könnte, indem sie sie ihrer Männlichkeit beraubte. Das erwies sich als das unbewußte Motiv dafür, daß sie sich wiederholt Operationen aussetzte. Eines Tages, als sie sich in der Kirche befand, die sie wegen ihres Sühnerituals zwanghaft aufgesucht hatte, wurde ihr plötzlich klar, daß sie vielleicht zu leiden wünschte wie Jesus, wie sie es offensichtlich so lange Zeit getan hatte. Das war so weit gegangen, daß sie sogar dieselben Schmerzen in der Seite empfunden hatte wie Jesus, und zwar aus folgenden Gründen: Jesus war ein Mann, d. h. indem man Jesus war, konnte man ein Mann sein, selbst wenn man litt.
Ein so »unreligiöser Gedanke«, wie sie es nannte, beunruhigte sie sehr, aber später kam sie darauf zurück und erkannte, daß er die Grundlage eines Großteils ihres religiösen Eifers war. Er erklärte ihren Wunsch, an Wunder zu glauben, die gewissenhafte Erfüllung kirchlicher Gebote, ihr Gefühl, daß sie eines Tages belohnt und Gott ihre Gebete erhören würde. Sie glaubte, daß ihr vielleicht das Privileg zuteil werden wür-

de, ein Mann zu werden, wenn sie schwere Leiden erduldete. Dies trat nach und nach in ihrer Analyse sehr klar hervor. Sie beklagte sich ständig, daß sie nicht weiterkäme. Es war nicht klar, was sie sich von der Analyse versprach, aber offensichtlich erwartete sie, daß etwas Wundervolles sich ereignen würde. Sie hoffte, daß die Analyse ihren lebenslangen Wunsch nach Maskulinität befriedigen würde. Zu diesem Zweck versicherte sie dem Analytiker, daß sie an Wunder glaube, und deutete an, daß sie hoffte, während ihrer Analyse würde ein solches Wunder geschehen. Auf jede Art zeigte sie, daß sie unbewußt die Einstellung hatte, die Analyse würde alle Leiden lohnen, die sie ihr verursachte, wenn sie sie zum Mann machte.

Daraus können wir entnehmen, daß die Symptome dieses Mädchens in direkter Beziehung zu ihrem Bruderhaß und Neid auf den Mann sowie der damit verbundenen Schuld standen. Da die Eltern nach ihrer Meinung für ihre Diskriminierung, weil sie ein Mädchen und kein Junge war, verantwortlich waren, war es logisch, daß sie ihrem Groll gegen sie indirekt Ausdruck verlieh, und das konnte sie tun, indem sie sich der Krankheit bediente. Auf diese Weise vermochten die Symptome ihre Phantasie zu befriedigen, sie für diese Phantasie zu bestrafen und es ihr zu ermöglichen, einen Realitätswert anstelle der Phantasie oder zusätzlich zu ihr zu erhalten. Die Familie hatte Tausende von Dollars für sie ausgegeben, und sie hatte buchstäblich die Aufmerksamkeit und die Dienste Hunderter von Ärzten und Schwestern in Anspruch genommen. Sie hatte immer wieder Teile ihres Körpers geopfert – stets mit einer scheinbar realen Begründung. Häufig genügt aber diese Methode, wiederholt Teile des Körpers zu opfern, nicht, um die Emotionen, die dazu geführt haben, zu besänftigen.

Nach mehreren Monaten psychoanalytischer Behandlung kam es zu einem Prozeß, den wir Wiederherstellung (Restitution) nennen. In ihren Träumen, Phantasien, freien Assoziationen und bewußten Gedanken verleugnete sie nicht nur ihre männlichen Ambitionen, ihren Neid auf die Brüder, insbesondere deren Körper, sondern es zeigte sich auch eine entschiedene Neigung zu geben, statt zu nehmen. So träumte sie z. B., daß sie ihren Brüdern Geschenke machte, während

sie in früheren Träumen stets etwas von ihnen erhalten hatte. Während sie früher geträumt hatte, daß sie ihre kleinen Brüder oder Teile von ihnen gegessen hatte, und daß diese Mahlzeit in ihrer Seite sitze und ihr Schmerzen verursache, begann sie nun zu träumen, daß sie ihre Brüder oder andere Leute fütterte und auf eine eher mütterliche Weise handelte. Den Analytiker, ihre Eltern und andere, die in früheren Stadien der Analyse in ihren Träumen und Phantasien als Tyrannen, farbige Dienstboten oder Könige aufgetreten waren, begann sie nun in realistischeren Tönen als ihre Freunde darzustellen, die sie als ihresgleichen betrachten konnte und von denen sie auch entsprechend geachtet wurde. Dieser gesteigerte Grad von Objektivität spiegelte sich auch in ihrer allgemein gebesserten sozialen Anpassung wider.
Für den Leser mag es von Interesse sein, wenn auch weniger in bezug auf die Theorie, die nachfolgende Entwicklung zu erfahren. Durch die psychoanalytische Behandlung wurde Einsicht in den Ursprung der Phobien und Zwänge gewonnen und die Ausgangssituation in einem Maße wiederbelebt, das ausreichte, die Gefühle der Enttäuschung und des Grolls zu korrigieren. Was die körperlichen Symptome anlangte, so befreite sich die Patientin völlig davon. Ihre Schmerzen verschwanden, und ihre physiologischen Funktionen liefen mit der Periodizität und Schmerzlosigkeit ab, wie sie bei der normalen Frau üblich sind. In ihrem äußeren Verhalten wurde sie ein ganz anderer Mensch. Ihr Aussehen veränderte sich in unglaublich vorteilhafter Weise. Während sie vorher mit ihren Leiden und neuen Vorschlägen für deren Behandlung beschäftigt gewesen war, wandte sie sich nun in zunehmendem Maße normalen weiblichen Interessen und Vergnügungen zu. Sie kehrte auf das College zurück und nahm an mehreren Kursen, die sie interessierten, teil. Auch am geselligen Leben beteiligte sie sich aktiv: sie gab und besuchte Gesellschaften. Bald darauf lernte sie einen Bergwerksingenieur kennen; sie verlobte sich mit ihm, heiratete ihn und ist jetzt Mutter zweier Kinder.
Ich habe den glücklichen Ausgang dieses Falles nicht berichtet, um ein Patentrezept anzubieten. Die Psychoanalyse hat therapeutische Fehlschläge ebenso wie Erfolge zu melden, aber weder diesen noch jenen gilt im Augenblick unser Inter-

esse. Dies sind die Tatsachen: Diese Frau hatte sich aus Gründen, die wir völlig zu beseitigen vermochten, nahezu zwanzig Jahre lang an ein Kreuz der Invalidität geschlagen, an das sie durch wohlgemeinte, aber vergebliche Versuche, ihr durch chirurgische und medizinische Methoden zu helfen, genagelt blieb. Es handelt sich hier nicht um eine Betrachtung über diese Behandlungsmethoden noch über jene, die sie anwandten; das selbstzerstörerische Verhalten lag zum Teil in der Beharrlichkeit, mit der die Patientin sich auf die Ärzte stürzte und diese Art der Behandlung forderte. Der erste Schritt zu ihrer Rettung wurde von einem jener Ärzte getan, der sie von sich aus darauf hinwies – auf Kosten eines zeitweiligen Verlustes ihrer Freundschaft –, daß die von ihr verlangte Behandlung für ihren Fall ungeeignet sei, und der darauf bestand, daß sie die Möglichkeit einer psychiatrischen Untersuchung und Behandlung einer vernünftigen Erwägung unterzog.

Zusammenfassung

Zusammenfassend können wir sagen, daß Elemente eines aggressiven Neides und damit einhergehender erotisierter Selbstbestrafung in erster Linie für die chronische stückweise Selbstzerstörung dieser kranken Märtyrer verantwortlich waren. Die sekundäre Nützlichkeit der Krankheit in beiden Fällen enthielt diese Elemente der Aggression, Selbstbestrafung und des erotischen Krankheitsgewinns. Das ist, wie wir uns erinnern, genau dieselbe Formel, die wir bei den Märtyrern und Asketen fanden. Das praktische Ergebnis ist aber insofern verschieden, als der Märtyrer und Asket eher Anerkennung findet, da er sich einer Sache verschreibt, die in der Allgemeinheit stärkeren Anklang findet. Der Neurotiker ist – wie jeder, der mit ihm zu tun hat, sofort bemerkt – egozentrischer oder, um eine psychoanalytische Bezeichnung zu gebrauchen, narzißtischer. Zumindest ist sein Narzißmus stärker mit Körperempfindungen verbunden und kann nicht, wie im Fall des Märtyrers, durch das weniger greifbare Element sozialer Anerkennung befriedigt werden. Dieser Unterschied erscheint größer als er wirklich ist, weil es manche neurotische Individuen verstehen, Sympathie und Interesse vieler Leute –

abgesehen von Ärzten und Pflegern – zu erringen, während andere jedermann vor den Kopf stoßen, Ärzte und Pfleger inbegriffen.

Bei der chronischen Krankheit stehen wir vor einem manifesten Konflikt zwischen dem Wunsch zu leben und dem Wunsch zu sterben. Manchmal tritt dies in den bewußten Produktionen solcher Patienten offen zutage; sie erklären frank und frei, daß sie »lieber tot wären, als noch länger so zu leiden«. Oft bezeichnen sie ihren Zustand als Tod bei lebendigem Leib; manchmal sind es die Verwandten und Freunde, die erkennen, daß ein solches Leiden wenig besser ist als der Tod und daß der Tod sogar eine Erlösung wäre. Tatsache ist jedoch, daß chronisch Kranke dieses Typs selten jung sterben und trotz häufiger Drohungen mit Selbstmord selten dazu ihre Zuflucht nehmen.

Wie sollen wir das psychologisch und psychodynamisch deuten? Wir können natürlich bei der naiven Annahme bleiben, die oft vom Patienten selbst geäußert wird, daß er nämlich das unglückliche Opfer eines grausamen Geschicks sei. Aber das Material, das wir gerade vorgelegt haben – ganz zu schweigen von der Erfahrung eines jeden praktizierenden Arztes –, überzeugt uns davon, daß dieses »Schicksal« in hohem Maße gewählt und selbst auferlegt wurde. Nun ist es leicht, die ganze Angelegenheit damit abzutun, daß man sagt, es handle sich ganz einfach um Masochismus. Aber Masochismus ist keineswegs eine simple Sache. Er ist eine sehr komplexe Resultante aus vielen Faktoren. Die außerordentliche Tatsache, daß ein Mensch das Leiden genießt oder den Schmerz der Lust vorzieht, ist nicht leicht zu erklären. Wir können es nur verstehen, wenn wir erkennen, daß die sichtbaren Leiden eines solchen Menschen weit geringfügiger sind als die nicht sichtbaren oder vielmehr die nicht sichtbaren Ängste vor dem Leiden. Um es ganz einfach auszudrücken: für manche Individuen ist es besser, bemitleidet als ignoriert zu werden; es ist schrecklicher, in völlige Dunkelheit gestoßen zu werden, sei es in dem Sinne, daß man sich selbst überlassen und ungeliebt ist, sei es in dem Sinne, daß man kastriert oder tot ist, als daß man ein noch so schweres Leiden erduldet. Daher ist solchen Individuen Liebe nur in Gestalt von Mitleid erreichbar, was aber doch besser ist als Tod oder Verlassenheit.

Doch dies sind lediglich allgemeine Grundsätze, und sie legen zu wenig Gewicht auf die Tatsache, daß ein solcher Handel, ein solcher Kompromiß mit dem wirklichen oder eingebildeten Schicksal, einen ungeheuren Preis, ein kostspieliges Opfer, das Opfer eines beträchtlichen Teils der Persönlichkeit fordert. In diesem Sinne ist der Preis, den der chronisch Kranke für das Leben zahlt, buchstäblich selbstzerstörerisch. Man muß jedoch erkennen, daß eine solche Einschätzung oder vielmehr Fehleinschätzung des eigenen Schicksals, eine solche Fehldeutung der eigenen Lebenssituation, nicht aufrecht erhalten werden könnte, würde sie nicht durch häufige Erfahrungen oder Mißverständnisse untermauert. Sie wird gewissermaßen zementiert, weil mit ihr eine Art Befriedigung verbunden ist, und diese Befriedigung muß meines Erachtens zum Teil davon abhängen, daß sie Gelegenheit zu einem gewissen Maß an triebhafter Selbstzerstörung bietet.

Mit anderen Worten, ich glaube, wir können chronische Krankheit als hinausgezögerte Schlacht zwischen den Kräften der Zerstörung und der Erotisierung ansehen, d. h. zwischen dem Willen zu leben und dem Willen zu zerstören (und zu sterben). Wäre der Todestrieb etwas stärker oder die Verteidigung etwas schwächer, so würde der Patient an der Krankheit sterben. Wären die erotischen Möglichkeiten etwas größer, würden sie die destruktiven Neigungen besiegen und der Patient würde andere Weisen des Lebens und Liebens finden als das unfreiwillige Martyrium der Krankheit, das, so kostspielig es auch ist, seine einzige Befriedigung im Leben darstellt.

3. Alkoholismus

Noch vor wenigen Jahren hätte man sofort angenommen, daß ein Psychiater, der sich mit dem Thema Alkohol beschäftigte, hauptsächlich das berühmte Syndrom des *Delirium tremens* behandeln würde. Als Student an der Harvard Medical School vor zwanzig Jahren wurde ich zusammen mit meinen Kommilitonen genauestens über die Details der

Differentialdiagnose unterrichtet, die das Delirium tremens von einem halben Dutzend anderer psychotischer Bilder unterscheiden, die ihm in gewisser Weise ähneln. Und das war alles, was ich über den Alkohol und seine Funktion bei der Beeinträchtigung der geistigen Gesundheit lernte.

In der psychiatrischen Praxis, wo mir täglich Patienten vor Augen kommen, einschließlich vieler, die der Alkohol ruiniert oder fast ruiniert hat, habe ich in all den Jahren nicht drei Fälle von Delirium tremens gesehen. Es ist nicht etwa so, daß dieses Leiden vom Erdboden verschwunden ist, denn ich bin sicher, daß in Krankenhäuser und Gefängnisse täglich neue Fälle eingeliefert werden.[1] Aber sie interessieren die Psychiater heutzutage nicht so sehr wie jene Fälle, die Gelegenheit bieten, mehr die Gründe als die Folgen des Trinkens zu erfahren.

Ich glaube nicht, daß sich darin ein Wandel der Wirkungen des Alkohols auf den Menschen ausdrückt, sondern vielmehr, daß sich hier am deutlichsten zeigt, wie sehr sich die Vorstellungen und das Interesse der Psychiatrie über die Wichtigkeit des Problems geändert haben. Früher blickten wir neugierig – und sicherlich auch teilnahmsvoll und human – auf die Endergebnisse bei Menschen, deren Hirn schließlich in einem dramatischen Schauspiel auf die kumulative Überdosis eines Gifts reagierte. Jene unvergleichlich zahlreicheren Personen, deren Selbstvergiftung weniger lebhafte Symptome hervorbrachte, die nicht mit Halluzinationen und Schrecken verbunden waren, stellten ein soziales und kein psychiatrisches Problem dar. Die Psychologie des Menschen, der unter dem Zwang steht, sich trotz allem Unglück, Reue und guten

[1] »Dr. Karl M. Bowman, Direktor der Psychiatrie am Bellevue Hospital in New York City, erörterte kürzlich in einer Ansprache vor der New York Academy of Medicine die Notwendigkeit wirksamerer Maßnahmen zur Behandlung chronischer Alkoholiker. Er gab an, daß seine Abteilung am Bellevue Hospital monatlich 1000 Fälle von Alkoholismus behandle, und wies auf die Tatsache hin, daß eine vorübergehende Behandlung, Geld- oder Gefängnisstrafen nicht dazu angetan seien, Trinker zu heilen. Er empfahl die Errichtung staatlicher Institutionen für Langzeitbehandlungen chronischer Trinker und psychopathischer Alkoholiker. Leichtere Fälle von Alkoholismus sollten während kürzerer Krankenhausaufenthalte behandelt werden. Er machte darauf aufmerksam, daß gegenwärtig nur jene Alkoholiker angemessene Betreuung fänden, deren Familien es sich leisten können, für die Behandlung in privaten Sanatorien zu zahlen.« (*Mental Hygiene News*, New York, Januar 1937.)

Vorsätzen durch Selbstvergiftung zugrunde zu richten, entging den Psychiatern auf die eine oder andere Weise und wurde der Kirche, den Sozialarbeitern, Verfechtern der Prohibition oder dem Teufel überlassen.

Trunkenheit ist so alt wie Noah, aber Trunkenheit ist nicht Alkoholismus. Viele betrinken sich, ohne jemals süchtig zu werden. Andererseits sieht man gelegentlich einen Alkoholiker, der niemals oder selten im üblichen Sinne »betrunken« ist (da er ständig teilweise intoxiert ist und die Wirkungen verheimlicht werden, weil ein vergleichender Hintergrund fehlt). Es ist nicht meine Absicht, die Funktion des Alkohols im Leben eines normalen Menschen oder die Annehmlichkeiten des Trinkens in Gesellschaft zu diskutieren. Vieles weist darauf hin, daß in unserer Zivilisation der Alkohol eine sehr nützliche Aufgabe zu erfüllen hat und eine Quelle gesteigerten Glücksempfindens und verringerter Feindseligkeit sein kann.

Dennoch besteht das Phänomen der Selbstzerstörung durch die unwiderstehliche Sucht zu wiederholtem, übermäßigem Alkoholgenuß.[2] Jeder kennt Beispiele dafür: Menschen, die unter einem unwiderstehlichen Drang zu leiden scheinen, alle Verpflichtungen und alle Chancen wegzuwerfen und ihr Kartenhaus über sich zusammenstürzen zu lassen, indem sie sich betrinken. Jeder Sozialarbeiter könnte Familien benennen, die von Bitterkeit und Verzweiflung erfüllt sind, weil Vater, Ehemann, Sohn oder gar Mutter dem Alkohol verfallen sind. Weiterhin könnte jeder Psychiater (und natürlich auch andere) ebenso wie der Autor zahllose prominente und früher erfolgreiche oder potentiell erfolgreiche Männer anführen, deren Leben auf diese eigentümliche Weise buchstäblich ruiniert wurde. Ich sage »eigentümlich«, weil es paradox ist, daß eine Substanz, die dem Menschen Vergnügen, Erleichterung und Anregung gibt und seit Jahrhunderten gegeben hat, für einige zum Instrument der Selbstzerstörung werden soll.

Manch einer mag hier versucht sein, scherzhaft zu erwidern,

---

[2] Die Medikamentensucht ist psychologisch ähnlich, unterscheidet sich aber insofern, als alle Gewöhnung an Narkotika mit einem gesellschaftlichen Tabu belegt ist, während der Alkoholgenuß gesellschaftlich gebilligt wird. Er ist dadurch weit gefährlicher und wird viel häufiger zur Grundlage einer Sucht.

daß, wenn es sich tatsächlich um Selbstzerstörung handelt, es wenigstens eine angenehme Form davon sei. Dem könnte niemand, der mit den Leiden eines Alkoholikers und seiner Familie wirklich vertraut ist, zustimmen. Dem zufälligen Beobachter mag es lustig vorkommen, aber für die Familie des Trinkers und letztlich auch für ihn selbst ist es eine Tragödie, über die sich nicht spaßen läßt.

Und dennoch ist in diesem Scherz eine kleine Wahrheit enthalten. Es ist ein Beispiel für das, was man »Galgenhumor« genannt hat – wie im Fall des Verurteilten, der auf dem Wege zur Hinrichtung bemerkte: »Das soll mir aber bestimmt eine Lehre sein.«

Da es zutrifft, daß der Alkohol die Eigenschaft hat, eine gewisse Erleichterung zu verschaffen, wenn es darum geht, der schmerzlichen Realität ins Auge zu sehen, oder auch andere psychische Qualen, die sich aus Gefühlskonflikten ergeben, zu bewältigen – insoweit er genossen wird, um Schmerzen zu lindern –, kann man das Trinken von Alkohol als Versuch zur Selbstheilung ansehen. Manche Alkoholiker sehen das ein, aber viele andere können nicht davon überzeugt werden, daß ihre periodischen Sauftouren etwas anderes sind als lustige kleine Gelegenheiten, die ihnen niemand vorhalten sollte, auch wenn sie in einer recht schmutzigen, unerfreulichen Patsche enden und diese und jene Enttäuschung verursachen. Dieser Wunsch, wie ein Kind behandelt zu werden, dem man die schwersten Aggressionen nachsieht, ist sehr charakteristisch für den Persönlichkeitstyp, der übermäßigen Alkoholgenuß so unwiderstehlich findet.

Das führt uns zu der Frage, welcher Persönlichkeitstyp oder welche prädisponierenden Erlebnisse jeder Persönlichkeit dazu führen, diese Art des Selbstmords zu wählen. Um hierüber zu einem Schluß zu kommen, möchte ich einige typische Situationen beschreiben.

Geht man der Geschichte des Trinkens bei jenen Individuen auf den Grund, die später seine Opfer werden, fällt es gewöhnlich schwer zu sagen, wann das gesellige und relativ harmlose Trinken von der bösartigeren, zwanghaften Form des Trinkens abgelöst wurde. Tatsächlich ist dies eine der heimtückischen Gefahren des Alkohols für labile Individuen. Eine typische Beschreibung des frühen Stadiums würde etwa folgendermaßen lauten: George ist der älteste Sohn einer bekannten Familie. Auf der Oberschule ist er im Umgang mit den anderen wie auch sportlich erfolgreich. Er ist kein glänzender Schüler, aber seine Lehrer und alle Kameraden haben ihn gern. Er kommt auf die Universität. Bis dahin war er mit Alkohol wenig in Berührung gekommen; seine Eltern lehnten ihn in jeder Form ab. Auf der Universität wird ziemlich stark getrunken, aber er beteiligt sich daran zunächst nur wenig. Dann trifft er immer öfter die eine oder andere Gruppe von Kameraden, mit denen er den Abend oder das Wochenende verbringt und mehr und mehr trinkt. Seine Eltern bekommen Wind davon, und es gibt einen Familienkrach. Er ist sehr demütig und reuevoll und verspricht, es nie mehr wieder zu tun. Drei Monate später gibt es Berichte über wiederholte Trunkenheit und Drohungen, ihn zu relegieren. Es folgt ein weiterer Familienkrach, mehr Reue, neue Versprechungen.

Gelegentlich (tatsächlich ziemlich selten) werden die Eltern zu diesem Zeitpunkt einen Psychiater konsultieren, und was sie erzählen, faßt man ihre Worte, Gesten, Einstellungen und Verhalten zusammen, ist etwa folgendes: »Wir sind ziemlich wichtige Leute, wissen Sie, und wir haben einen sehr ordentlichen Sohn, eigentlich ein außergewöhnlicher Bursche. Er besucht jetzt die Universität, und kürzlich hat es ein bißchen Ärger wegen Trinkens gegeben. Wir wissen natürlich, daß es ein wenig absurd ist, so etwas allzu ernst zu nehmen, oder zu glauben, daß es einen Psychiater interessieren könnte, denn der Junge ist ja nicht verrückt. Tatsächlich ist mit ihm alles in Ordnung, außer der schlechten Gesellschaft. Wir glauben nicht, daß er irgendeine Behandlung braucht, aber vielleicht können Sie ihm ein bißchen Angst machen und drohen, ihn ein oder zwei Tage einzusperren, wenn er nicht aufhört zu trinken. Sagen Sie ihm, er würde Delirium tremens bekommen. Er ist einfach durch zuviel Spaß dort an der Universität verwöhnt worden.«

Obwohl es Ausnahmen von der Regel gibt, sind im allgemeinen die Eltern von Alkoholikern aus Gründen, die wir später besser verstehen werden, von eigentümlicher Blindheit für die Leiden ihrer Kinder. Sie glauben, weil ihr Kind in der Oberschule beliebt ist oder am College in eine *fraternity* oder eine Sportmannschaft aufgenommen wird, daß mit ihm alles in Ordnung sei, daß Friede und Glück sein Herz erfüllen. Solche Eltern haben wenig Verständnis für die schweigend (und oft unbewußt) erduldeten Leiden von Jugendlichen, die einen gesunden Eindruck machen und als gesund angesehen werden. Wenn diese Leidenden einmal die zeitweilig besänftigende Kraft des Alkohols entdecken, ist mehr erforderlich als Familienszenen, Vorwürfe und Drohungen, um eine Wiederholung zu verhindern. Wir Psychiater wissen das aus vielfältiger Erfahrung, aber die meisten von uns haben festgestellt, daß es völlig zwecklos ist, solche Eltern überzeugen zu wollen, daß wir keine Schwarzseher sind, die ihnen ein radikaleres Behandlungsprogramm aufdrängen wollen, für das sie nicht die geringste Notwendigkeit sehen. Sie setzen uns mit den fanatischsten Prohibitionisten gleich, deren pauschale Ablehnung des Alkohols wahrscheinlich mehr Schaden als Gutes gestiftet hat, indem sie die Menschen abhielten, einen sinnvollen Gebrauch davon zu machen.

Im allgemeinen aber konsultieren die Eltern uns nicht – sie konsultieren überhaupt niemanden. Binnen kurzem geht der Junge von der Universität ab und tritt eine Stellung an. Die Eltern hören vielleicht einige Gerüchte über Zechgelage am Wochenende, aber sie werden als belanglos abgetan. Die Nachricht, daß der Sohn wegen Trunkenheit seine Stellung verloren hat, kommt dann als großer Schock.

Sehr wahrscheinlich kehrt er entmutigt nach Hause zurück. Der Vater ist gereizt, tadelt ein solches Verhalten und äußert seinen Abscheu. Die Mutter weint. Der Sohn ist vollkommen gedemütigt, zeigt offensichtlich Reue, ähnelt einem großen Kind und weiß das. Wieder bringt er Entschuldigungen, Entschlüsse und Versprechungen vor. Einige Monate vergehen, und wieder sehen sich die Angehörigen in ihrem Glauben bestätigt, daß ihr guter Junge seine schlechte Angewohnheit aufgegeben habe und von nun an ein glückliches Leben führen wird.

Das tut er natürlich nicht. Ich könnte Fallgeschichte auf Fallgeschichte türmen und zeigen, daß die Laufbahn des Alkoholikers aus solchen aufeinanderfolgenden Episoden besteht: neue Stellungen, neues Trinken, neue Entlassungen, neue Szenen, neue Versprechungen, neue Enttäuschungen.

Gewiß, es gibt viele Variationen. Im allgemeinen wird früh geheiratet, was finanzielle Unterstützung durch die Eltern mit sich bringt. Es können Kinder da sein, was das Bild kompliziert. Manchmal ist die Ehefrau hilfreich, häufiger nicht; oft beteiligt sie sich selbst an den alkoholischen Ausschweifungen. Ich erinnere mich an ein Beispiel, wo die Frau eines Alkoholikers sich auf eine Sauftour begab, während ihr Mann wegen Alkoholismus in Behandlung war. Sie nahm ihre beiden schreckerfüllten kleinen Töchter mit, fuhr 500 Meilen zu dem Sanatorium, wo ihr Mann in stationärer Behandlung war, und verlangte, daß er die Behandlung aufgebe und sich ihr anschließe.

Eine weitere Komplikation besteht darin, daß diese Opfer trotz ihrer suchthaften Neigung zu Exzessen mitunter recht gesund sind, ja, sogar überraschend gesund. Manche fangen erst ernstlich an zu trinken, nachdem sie beträchtliche Erfolge errungen haben. Der Leser wird sich erinnern, daß wir eben dies in Verbindung mit dem Selbstmord beobachtet haben: manche töten sich, versuchen es zu tun oder haben das Bedürfnis danach, nachdem sie einen Erfolg oder Anerkennung errungen haben. Wir wollen die Erklärung hier nicht wiederholen, sondern lediglich auf die Parallelität hinweisen.

Früher oder später jedoch manövrieren sich die meisten Alkoholiker selbst in eine hoffnungslose Sackgasse hinein. Sie verlieren alle ihre Freunde, entfremden sich ihren Frauen, bringen ihre Eltern dazu, sich von ihnen abzuwenden[3], oder sie kommen mit dem Gesetz in Konflikt wegen Autounfällen oder Sexualdelikten in betrunkenem Zustand, Scheckfälschung, Exhibitionismus etc. (Letztere sind natürlich nicht unbedingt Sackgassen – gewöhnlich kommt es zu einer Häufung von Umständen, die dazu führen.) Romanciers haben das beschrieben: Hemingway, Scott Fitzgerald, John O'Hara, John Dos Passos.

Ich weiß nicht, was gewöhnlich danach geschieht. Der Psychiater sieht natürlich nur einen kleinen Prozentsatz dieser Menschen. Wir wissen, daß manche im Gefängnis landen, manche im Obdachlosenasyl, manche begehen Selbstmord.

---

[3] Einen Vater hörte ich aus Verzweiflung über zahllose Versuche, seinem Sohn zu helfen, sagen: »Er kann in der Gosse liegen und verfaulen, ehe ich noch einmal einen Finger krümme, um ihm zu helfen.«

Wir wissen auch, daß viele von einem Sanatorium zum anderen, von einer sogenannten »Kur« zur anderen wandern. Diejenigen, die wir schließlich sehen, sind im allgemeinen zu uns gekommen, weil Angehörige und Freunde so verzweifelt und gereizt waren, daß sie es nicht länger aushalten konnten. Es ist in der Tat sehr selten, daß ein Alkoholiker freiwillig einen Psychiater aufsucht. Gewöhnlich geschieht es aufgrund ärztlichen, juristischen oder moralischen – mitunter körperlichen – Zwangs von außen. Ihre gelegentlichen Versuche, sich selbst zu retten, ihr ungezügeltes Verlangen nach Perioden trunkener Gefühllosigkeit zu dämpfen, sind gewöhnlich unecht; sie sind unaufrichtig, halbherzig, oft ausgesprochen heuchlerisch. Der Grund dafür liegt nicht in irgendeiner bösartigen Perversität, sondern in der tiefen Hoffnungslosigkeit und Verzweiflung, unter denen jeder Alkoholiker insgeheim leidet. Für ihn bedeuten die Bemühungen irgendwelcher anderer Personen oder Institutionen, ihn von seiner Sucht zu befreien, daß sie ihn der einzigen Linderung berauben wollen, die ihm in unerträglichem Leiden geblieben ist, mag diese Linderung für ihn noch so kostspielig, katastrophal und enttäuschend gewesen sein. Aus diesem Grunde gehen solche Patienten gewöhnlich Psychiatern und psychiatrischen Krankenhäusern aus dem Wege, wo die grundlegende Ursache ihres Alkoholismus womöglich entdeckt werden könnte, und spielen mit dem Gedanken, daß eine Angeltour, eine Farm für Sommerfrischler, ein Pflegeheim, eine sogenannte »Kur« oder einfach eine »Ruhepause« die Sache schon in Ordnung bringen werde.

Wenn aber Alkoholiker tatsächlich in ein psychiatrisches Krankenhaus kommen, ist ihre Aufnahme regelmäßig mit gewissen eigentümlichen Umständen verbunden. Zunächst einmal pflegen sie betrunken zu sein, obgleich sie im Zustand der Ernüchterung nach einem Exzeß waren, als sie den Entschluß faßten, eine psychiatrische Behandlung aufzunehmen. Die Vorwegnahme der Entziehungsqualen, die Vorstellung von der »letzten Chance« und manchmal eine Welle des Grolls gegen »wohlmeinende, aber im Irrtum befindliche Freunde« verursachen einen letzten Ausbruch. Darauf folgt gewöhnlich eine Periode reuevoller Scham. Darin teilt der Patient einerseits die Einstellung der strengeren Religionsgruppen, daß Trinken eine Sünde sei, deren man sich aus moralischer Überzeugung zu enthalten habe, und andererseits die Mischung aus Ablehnung, Enttäuschung und Mitleid seiner Angehörigen und Freunde.

In diesem Zustand verspricht der Patient alles und entspricht sämtlichen Regeln und Erwartungen. Aber allmählich weicht das zunehmender Anmaßung und Grobheit – im Krankenhaus ist alles »schrecklich«, und der Patient ist »vollkommen geheilt und bereit, sofort seine Arbeit aufzunehmen« (selbst wenn überhaupt keine Arbeit mehr existiert, weil der Patient seine sämtlichen Möglichkeiten vollkommen zerstört hat).

In diesem Zusammenhang muß ich von einem anderen sonderbaren, aber fast unveränderlichen Phänomen berichten. Das ist der charakteristische pathologische Optimismus, an dem sowohl der Patient als auch alle seine Familienmitglieder regelmäßig zu leiden scheinen. Das Wort »leiden« wurde mit Überlegung gewählt, weil diese Einstellung in der Regel das ernsthafteste Hindernis für die erfolgreiche Behandlung des Leidens bildet. Ganz gleich wie verzweifelt der Fall zunächst scheinen mag oder wie schrecklich oder tragisch der Verlauf, gewöhnlich ist es nur eine Sache weniger Wochen oder Monate, bis der Patient und (was wirklich noch viel merkwürdiger ist) seine Angehörigen überzeugt sind, daß er nun vollkommen gesund, seine Psyche vollkommen verändert sei, daß er niemals wieder einer solchen Gewohnheit verfallen werde, daß man ihm dementsprechend vertrauen sollte und er seine Aufgaben im Leben in vollem Umfang wieder erfüllen könnte. Selbst wenn dieser Trick, dieselben Versprechungen und Enttäuschungen sich stets aufs neue wiederholt haben, wirken sie immer noch, weil die Familienmitglieder daran glauben *wollen*. Es ist der Circulus vitiosus der Interaktion zwischen den beiderseitigen Aggressionen von Patient und Familie.

Es scheint fast zu offensichtlich, um der Erwähnung zu bedürfen, daß ein solcher Optimismus und solche falsche Sicherheit nur auf Selbsttäuschung beruhen und dem Zweck dienen, der erforderlichen gründlichen Veränderung der zugrundeliegenden Psychopathologie aus dem Wege zu gehen. Der Alkoholiker leidet insgeheim an einem unaussprechlichen Schrecken, dem er nicht ins Antlitz zu sehen wagt. Er kennt nur das Mittel des Ertränkens der Furcht, indem er trinkt, und diese »Kur« (das Trinken) wird dann schlimmer als die Krankheit, zumindest was den äußeren Anschein anlangt. Will man ihm in die Karten sehen, gibt er lieber zeitweilig den Versuch zur Selbstheilung auf, als daß er den Grund dafür bekennt oder sich ihm stellt, und akzeptiert eine aussichtsreichere, wissenschaftlich angewandte Kur, vor der er bald wieder davonläuft, wie gehabt.

Manche Alkoholkranken kann man aber, wenn man sich ihnen in der richtigen Weise nähert, dazu bringen, daß sie herauszufinden versuchen, was hinter dem Zwang zum Alkohol steht, welch große Angst sie zu dieser selbstmörderischen Bequemlichkeit treibt. Daß er äußeren Lebensschwierigkeiten entstamme, ist ein Alibi, das kein Alkoholiker einem Psychiater anbietet, der sein Vertrauen gewonnen hat. Gewiß, es gibt Schwierigkeiten in der Welt und so manche Probleme, die die Seele des Tapfersten bedrängen würden; aber nicht diese sind es, oder zumindest nicht sie allein, die die Lösung durch Alkohol erzwingen. (Wäre es so, müßten wir alle Alkoholiker werden.) Nein, das Opfer des Alkoholismus weiß, was die meisten seiner Kritiker nicht wissen, daß Alkoholismus keine Krankheit ist, wenigstens nicht die hauptsächliche Krankheit, unter der er leidet. Außerdem weiß er, daß er den Ursprung oder das Wesen der schrecklichen Qual und Furcht in seinem Innern nicht kennt, die ihn zu blinder Selbstzerstörung durch Alkohol zwingen. Er ist wie ein armes Tier, das vergiftet oder von Feuer ereilt wurde und blindlings ins Meer stürzt, um einen Tod zu erleiden, indem es vor einem anderen flieht.

Wir sehen in der Tat häufig Patienten, die mit *bewußten* Selbstmordabsichten anfangen und damit enden, daß sie sich betrinken (oder die sich zunächst betrinken, um einen Selbstmordversuch zu unternehmen), als ob dies ein weniger gewisser Tod wäre (was auch stimmt!) als das Erschießen. Viele Patienten, die wegen Alkoholismus behandelt werden, beschäftigen sich in ihren nüchternen Augenblicken mit Gedanken an Selbstzerstörung, die mitunter mit der Erkenntnis ihres eigenen Unwerts, ihrer Sündhaftigkeit und Untüchtigkeit gekoppelt sind. Manche Patienten führen diese Selbstmordabsichten sogar teilweise aus, gewissermaßen obwohl sie sich betrinken. Einer zum Beispiel zerschnitt sich wiederholt das Gesicht mit einem Rasiermesser. Ein anderer brachte sich Messerstiche bei. Mehrere sprangen aus großen Höhen – oder versuchten es –, und es scheint kaum erforderlich, von den Tausenden von Fällen zu sprechen, wo Menschen auf den Selbstmord zusteuern, indem sie sich betrinken und dann versuchen, Auto zu fahren.

Demnach kann Alkoholismus nicht als Krankheit, sondern als selbstmörderische *Flucht vor der Krankheit* verstanden werden, als unglückseliger Versuch der Selbstheilung eines unsichtbaren inneren Konflikts, der durch äußere Konflikte verschärft, jedoch nicht (wie viele glauben) primär verursacht wird. Es ist buchstäblich wahr, daß der Alkoholiker, wie er selbst sagt, nicht weiß, weshalb er trinkt.

Wir hingegen wissen heute nach mühsamer psychoanalytischer Erforschung des unbewußten Seelenlebens zahlreicher Alkoholiker[4], warum manche von ihnen trinken. Warum? Beginnen wir mit den oberflächlicheren Aspekten. »Alkoholiker« sind fast immer fröhliche, gesellige, gesprächige Burschen, die sich sehr beliebt machen, ja, die tatsächlich *gezwungen* zu sein scheinen, sich beliebt zu machen und dabei sehr geschickt sind. Man braucht aber nur ein wenig tiefer zu schürfen, um zu entdecken, daß dieser übermäßige Wunsch, geliebt zu werden, der sie soviel Mühe kostet, um in dem

---

[4] Sandor Rado: *The Psychic Affects of Intoxicants. Int. J. of Psychoanalysis*, Bd. 7, 1926, S. 396-402; Sandor Rado: *The Psychoanalysis of Pharmacothymia* (Drug Addiction). *Psychoanalytic Quarterly*, Bd. 2, 1933, S. 1-23; Ernst Simmel: *Zum Problem von Zwang und Sucht*. Bericht V. allg. ärztl. Kongreß f. Psychotherapie, 1930; Robert P. Knight: *The Dynamics and Treatment of Alcohol Addiction*. Vorgetragen auf dem 14. Kongreß der Internationalen Psychoanalytischen Vereinigung, Marienbad, 4. 8. 1936, veröffentlicht im *Bulletin of the Menninger Clinic*, Bd. 1, 1937, S. 233-250; Robert P. Knight: *The Psychodynamics of Chronic Alcoholism. J. of Nerv. and Ment. Dis.*, Nov. 1937, S. 538-548.

Knight glaubt, daß es mindestens zwei hauptsächliche klinische Varianten des Alkoholismus gibt: 1. jene, bei der der Alkoholismus als reaktives Symptom im Verlauf einer neurotischen Erkrankung im Erwachsenenleben auftritt, und 2. jene, bei der der Alkoholismus das auffälligste von zahlreichen Mitteln ist, die von einem in seiner Entwicklung seit frühester Kindheit deformierten Charakter benutzt werden. Eine solche Unterscheidung ist klinisch von höchstem Wert. Die erste Variante hat natürlich eine weit bessere Prognose, aber wenngleich die gesamte Persönlichkeitsentwicklung sehr verschieden ist, sind die psychologischen Motive im wesentlichen bei beiden Typen gleich.

einen oder anderen Kreis als charmant zu gelten und Beliebtheit zu erringen, ein starkes Gefühl der Unsicherheit verrät, ein Gefühl, das ständig verleugnet, kompensiert oder betäubt werden muß.
Aus klinischer Erfahrung wissen wir auch, daß solche Gefühle der Unsicherheit und Minderwertigkeit weniger auf tatsächlichen realen Vergleichen beruhen als vielmehr auf unbewußten, »irrationalen« Gründen – im allgemeinen auf Gefühlen starker Frustration und Wut und auf Furcht und Schuld, die durch diese Wut ausgelöst werden. All das ist natürlich unbewußt. Aber einstmals war es *voll* bewußt, nur zu bewußt. Tatsächlich ist es eine zusätzliche Funktion des Alkoholgenusses, solche Gefühle und Erinnerungen zu unterdrücken, die aufzutauchen, wieder bewußt zu werden drohen. Solche Individuen haben als Kinder bittere Enttäuschungen erlebt, die *unvergeßlich und unverzeihlich* waren! Sie fühlen mit Recht, daß sie betrogen wurden, und ihr ganzes späteres Leben ist eine verlängerte, verhüllte Reaktion auf dieses Gefühl.
Es ist wahr, daß jedes Kind Enttäuschung und Frustration erlebt – das liegt unvermeidlich im Wesen der Realität. Wir werden in eine Welt hineingeboren, wo wir lernen müssen, unser Dasein nicht entsprechend dem Lustprinzip zu führen, sondern entsprechend dem Realitätsprinzip, das wir durch schmerzliche Erprobung Schritt für Schritt entdecken. Wir alle mußten entwöhnt werden, wir alle mußten die Abhängigkeit von den Eltern aufgeben, wir alle mußten auf den Glauben an den Heiligen Nikolaus verzichten. In dieser Hinsicht erleidet also der Alkoholiker wahrscheinlich in der Kindheit nichts, was sich qualitativ von dem unterscheidet, was wir alle zu erleiden haben – aber anscheinend besteht ein quantitativer Unterschied. Der Alkoholiker erlitt tatsächlich eine größere Enttäuschung, als er zu ertragen vermochte. Sie war so groß, daß sie seine Persönlichkeitsentwicklung entschieden beeinflußte, so daß er in gewisser Beziehung sein Leben lang das bleibt, was wir einen »oralen Charakter« nennen. Wir haben davon bereits bei der Diskussion über die Melancholie gesprochen; ich will hier nur wiederholen, daß der orale Charakter durch die auffälligen Überbleibsel jenes Stadiums der psychischen Entwicklung gekennzeichnet ist, in

dem die Einstellung des Kindes zur Welt durch seinen Wunsch bestimmt war, sie durch den Mund in sich aufzunehmen und mit dem Mund alles zu zerstören, was sich seinen Forderungen widersetzte.

Trinken (in dem Sinne, wie wir es jetzt gebrauchen) ist eine typisch kindliche Rachereaktion. Erstens wird es mit dem Mund ausgeführt, zweitens verleiht es den magischen Fähigkeiten der begehrten Substanz einen scheinbar hohen Wert und, was noch wichtiger ist, sein praktischer aggressiver Wert ist indirekt. Die Rachereaktion des Erwachsenen wäre von direkterer Aggressivität. So würde zum Beispiel ein reifer Mensch, der aus guten Gründen ärgerlich auf seinen Vater ist, die Sache zur Sprache bringen und damit erledigen, statt seinem Vater durch Ausschweifungen Kummer und Verbitterung zu bereiten. Aber der Alkoholiker kann nicht riskieren, die Liebesobjekte aufzugeben, an die er sich klammert, mag er auch bewußt oder unbewußt Ärger und Groll gegen sie hegen. Außerdem verwechselt er wie alle Neurotiker seine Freunde mit seinen (theoretischen) Feinden und behandelt jene, die er zu lieben glaubt, als wären sie mit denen identisch, die er haßt oder *früher* gehaßt hat. So leidet der Alkoholiker zugleich unter dem Wunsch, seine Liebesobjekte zu zerstören, und der Furcht, sie zu verlieren. Er fürchtet auch die Folgen der Aggression, mit der er ihnen ständig zu begegnen gezwungen ist, und vor der er sich nur durch heftigen inneren Zwang zurückhalten kann. Dieser steigert sich mit der Zeit bis zu einem Punkt, der ihn eine Form der Betäubung suchen läßt, die indirekt eben jene Aggressionen und andere Folgen heraufbeschwört, von denen er so sehr fürchtete, daß er ihnen nachgeben würde.

In dieser starken Ambivalenz des Alkoholikers, dieser konflikthaften und verwirrenden Haltung von Liebe und Haß, erblickt man eine auszugsweise Darstellung und damit eine teilweise Erklärung für den Charakter der großen Enttäuschung, die er einst erlitt. Statt einer logischen Ableitung möchte ich wiederum auf empirische Beobachtungen zurückgreifen. Bei jenen Fällen, die eindringlichen anamnestischen und psychologischen Untersuchungen unterzogen wurden, haben wir immer wieder festgestellt, daß die Eltern von Alkoholikern die unvermeidliche Enttäuschung des Kindes durch künstliche, wenngleich unabsichtliche Mittel enorm vergrößerten. Anscheinend taten sie das gewöhnlich, indem sie das Kind veranlaßten, mehr Befriedigung zu erwarten, als sie zu geben bereit waren oder als die Realität ihnen zu geben erlaubte. Einige spezifische Beispiele sollen veranschaulichen, was ich meine.

Die Mutter eines Alkoholikers stillte ihr Kind, bis es fast drei Jahre alt war, weil sie dieses Erlebnis so liebte. Sie war dann verzweifelt, weil die Entwöhnung so schwierig war. Schließlich erreichte sie ihr Ziel, indem sie ihre Brüste mit Ruß schwärzte, um das Kind zu erschrecken und ihm Widerwillen einzuflößen. Die Mutter eines anderen Alkoholikers machte ihr Kind in einem solchen Maß zu ihrem Liebling, daß sie die anderen Kinder fast übersah; natürlich mußte diese Rolle aufgegeben werden, als der Junge etwas älter wurde. Der Vater eines anderen Alkoholikers tat gewohnheitsmäßig folgendes: Er schickte seinen Sohn wiederholt zum Drugstore an der Ecke, um Zigarren und andere Dinge zu holen, wobei er ihm auftrug, dem Verkäufer nur das magische Wort »Anschreiben« zu sagen. Eines Tages gebrauchte der Sohn dieselbe Formel, um ein paar Süßigkeiten zu bekommen; er fand nichts dabei, sein Wissen auf dieses Bedürfnis auszudehnen. Als der Vater davon erfuhr, verabfolgte er dem Kind zu dessen Erstaunen und Groll eine schwere Tracht Prügel.[5] Ein anderer Vater hielt seinen Sohn dazu an, zu arbeiten und sich ein Sparkonto anzulegen. Dann eignete er, der Vater, sich das Konto an.

Diese inkonsequente Einstellung zum Kind verrät Ambivalenz seitens der Eltern und erklärt, weshalb diese Patienten so oft von Freunden und Verwandten als »verwöhnt« bezeichnet werden; »ein verwöhntes Kind, das niemals erwachsen geworden ist« und ähnliche Äußerungen, die sowohl einen Tadel für das »Kind« als auch für seine Eltern enthalten, sind zu vernehmen. Solche Benennungen sind teilweise korrekt, doch die Annahme, diese Kinder seien »verwöhnt«, weil man ihnen zuviel Liebe zuteil werden ließ, ist irrig. Ich bezweifle sehr, daß irgendein Kind jemals durch zuviel Liebe verwöhnt wird. Was als übermäßige Liebe seitens der Eltern

---

[5] Zit. von Knight: op. cit.

erscheint, ist oft nur kaum verschleierter Haß oder Schuld, und diese Tatsache wird vom Kind wahrgenommen, wenn schon nicht von den Nachbarn. Übermäßig besorgte und beschützende Mütter und Väter, die große Geschenke machen, um sich der Notwendigkeit zu entziehen, Zeit und Gedanken an ihr Kind zu wenden; Eltern, die das Kind ausnutzen, fördern oder unterdrücken, um ihren eigenen Narzißmus zu befriedigen, können nicht als Eltern angesehen werden, die ihre Kinder lieben, so sehr sie selbst das auch glauben mögen. Und für all diese gegen es gerichteten Aggressionen wird das Kind sicherlich eines Tages, vielleicht sehr zu seinen eigenen Lasten, volle und schreckliche Rache nehmen.

All diese theoretischen Ausführungen werden viel verständlicher werden, wenn man sie an einem bestimmten Fall studiert.

Jonathan Richardson war der Sohn eines Mannes, der zu den angesehensten seiner Generation und seines Fachs in den Vereinigten Staaten gehörte. Wir sahen den Patienten erstmals im Alter von 35 Jahren. Die vorangegangenen 15 Jahre seines Lebens hatten aus einer traurigen Serie von Mißerfolgen und der Zerstörung von Aufstiegsmöglichkeiten bestanden, wie sie wenigen Menschen geboten werden. Die scheinbare Ursache seines Versagens war der Alkohol; tatsächlich war die Tragödie seines Lebens von eben der Art, wie sie jene, die den Verkauf und Genuß von Alkohol verurteilen, als abschreckendes Beispiel zu berichten pflegen.

Er war ein sehr gut aussehender Mann mit tadelloser Figur und einem hübschen Gesicht. Er besaß ausgezeichnete Manieren und eine gute, wenn nicht überlegene Intelligenz. Diese Dinge führten zusammen mit dem Ansehen und Vermögen seiner Familie dazu, daß er außerordentlich beliebt war, wohin er kam. Er hatte im gesellschaftlichen Leben eine führende Rolle gespielt, war ein bekannter Sportler und ein beliebter Führer der Studentenschaft an der großen, bekannten Universität, auf die er geschickt wurde. Seine Beliebtheit hatte ihn auch nicht unbescheiden gemacht; er war weder arrogant noch snobistisch oder angeberisch. In der Tat bestand sein einziger Fehler während seiner jungen Jahre darin, daß er seine glückliche Lage mit einer gewissen Passivität akzeptierte, statt energisch zu versuchen, sie zu verdienen oder das

Beste daraus zu machen. Während seiner ersten Studienjahre trank er überhaupt nicht.

Er verließ die Universität, wo er nach Ansicht seines Vaters nicht hart genug arbeitete, und ging auf eine andere Schule, um in der geschäftlichen Richtung seines Vaters ausgebildet zu werden und dafür gerüstet zu sein, die große Verantwortung zu übernehmen, die auf ihn als späteren Inhaber der Firma zukommen würde. Das war das große Ziel, das sein Vater für ihn in Aussicht genommen hatte. Aber er zeigte eine sonderbare Reaktion auf seine Chancen, die niemand verstehen konnte. Zunächst war es mangelnde Begeisterung über die Arbeit und später eine absolute Abneigung dagegen. Trotz scheinbar gewissenhafter Bemühungen scheiterte er schließlich völlig in allen Kursen, die mit der Berufslaufbahn zu tun hatten.

Im Zusammenhang mit diesem Versagen begann er zu trinken. Wiederholt ging er an Abenden, wo er hätte studieren sollen, aus, um ein paar Stunden zu entspannen, was damit endete, daß er sich vollkommen betrank und am nächsten Tag den Unterricht versäumte. Verzweifelt bestand sein Vater darauf, daß er nochmals die Schule wechselte, aber hier geschah dasselbe. Mittlerweile hatte er entschieden, daß er nicht in das Geschäft seines Vaters eintreten wollte, daß er dafür weder Neigung noch Interesse hatte, und daß die große Chance ihm nichts bedeutete. Sein Vater konnte Gegenargumente vorbringen, und er gab dann stets zu, daß dieser wahrscheinlich recht hatte. Dann versank er in Schweigen und (bei der nächstbesten Gelegenheit) in eine neue Trunkenheitsphase.

Er hatte ein gewisses Zeichentalent und bat um die Erlaubnis, dieses Talent ausbilden zu dürfen, aber sein Vater hielt es für lächerlich, daß sein Sohn, dem solche Möglichkeiten in der Geschäftswelt offenstanden, in der Kunst dilettieren wollte, für die er bestenfalls eine mittelmäßige Begabung zu haben schien.

Dann geschahen verschiedene Dinge fast gleichzeitig: Der Weltkrieg brach aus, und der Patient, ungeachtet der Beförderungsmöglichkeiten, die das Ansehen seines Vaters ihm eröffnet hätte, trat als einfacher Soldat in die Armee ein und arbeitete sich aus eigener Kraft bis zum Offizier empor. Er heiratete eine Frau, von der sich später zeigte, daß sie ebenso intelligent, vernünftig und geduldig wie schön war. Zu jener Zeit jedoch war sie die Ursache seiner wiederholten Bestrafung, da er sich ohne Urlaub von der Truppe entfernte, um sie zu sehen. Er fuhr fort, heimlich zu trinken, und nach seiner Entlassung mehr denn je.

Mittlerweile hatte sich der Vater vollkommen mit der Tatsache abgefunden, daß sein Sohn niemals in das Geschäft eintreten würde, und war nur noch darauf bedacht, ihn vom Trinken abzubringen und ihm eine Tätigkeit zu verschaffen, durch die er sich ernähren konnte. Während der nächsten zehn Jahre finanzierte er ein Projekt nach dem anderen, lieh dem Sohn Tausende von Dollars, gründete immer wieder neue Firmen für ihn, die der Sohn sämtlich zum Bankrott führte. Alle diese Fehlschläge waren von gleicher Art. Zunächst ungeheure Begeisterung, eine Anfangsperiode voll harter Arbeit, die Aufnahme vieler Kontakte, eine Phase voll guten Willens, Popularität und Aussicht auf Erfolg, dann zunehmende Enttäuschung der Kunden wegen seiner Abwesenheit vom Geschäft (Trinken), gesteigertes Trinken und abnehmende Umsätze – das Ganze endend in Bankrott, Verhaftung und drohender oder wirklicher Gefängnisstrafe, plötzlichem Verschwinden oder einem anderen dramatischen Finale. Während all dieser Vorkommnisse bewahrte er ein freundliches, verbindliches, ernstes Wesen, das jedermann davon überzeugte, daß er seine Ausschweifungen bereute und auf dem Wege der Besserung war.

»Ich habe alles weggeworfen«, pflegte er zu sagen, »ich habe meiner Mutter das Herz gebrochen, ich habe die besten geschäftlichen Möglichkeiten verspielt, die ein Mann jemals hatte, habe meine Jugend vergeudet, Bildungsmöglichkeiten vernachlässigt, mich mit der Verantwortung für eine liebende Frau und Kinder belastet, die ich nicht ernähren kann, und was habe ich davon gehabt? Nichts! Eine Menge Besäufnisse, die mir nicht einmal Spaß gemacht haben.«

Werfen wir nun einen Blick auf die Psychologie, die hinter dem Trinken dieses Mannes steht. Er war unseres Erachtens für den Alkoholismus prädestiniert. Er hatte einen mächtigen, freigebigen, aber unausgeglichenen (d. h. ambivalenten) Vater, eine duldsame und unkritische (daher ebenfalls ambivalente) Mutter, und er hatte eine Schwester, die die Eltern entschieden bevorzugten.

Ein Wort der Erklärung über diese Menschen. Der Vater, dem jeder Sohn unbewußt nacheifert, stand in diesem Fall auf einem sehr hohen Gipfel. Dies allein machte es dem Jungen schwer, weil die Größe des Vaters ihm unerreichbar schien. Dazu kam aber noch, daß der Vater seine Position unbarmherzig ausnutzte. Er behandelte seinen Sohn von oben herab, war mitunter brutal, bei anderen Gelegenheiten sentimental bis zur Rührseligkeit. Ein Vater, der immer streng ist, gibt seinem Sohn etwas, wogegen er ankämpfen kann. Ein Vater wie dieser, der den Sohn sarkastisch lächerlich macht und demütigt, bis dieser schluchzend vom Tisch aufsteht, und ein andermal vor anderen mit dem Sohn in dessen Gegenwart prahlt und ihn mit Geschenken überschüttet, erweckt furchtbare Feindschaft und fordert zugleich ihre Unterdrückung. Der Sohn ist nicht nur erbittert über die Härte, sondern durch die gelegentliche Freundlichkeit an normalen Vergeltungsversuchen verhindert.

Außerdem grollte dieser Sohn seinem Vater wegen der Bevorzugung der Schwester. So normal das seitens des Vaters sein mochte, im Sohn erweckte es – wie das stets der Fall ist – unbewußten Neid auf die weibliche Position, weil die Haltung des Vaters ihr gegenüber von gleichmäßigerer Freundlichkeit war. Die normale Lösung des Gefühlskonflikts aufgrund dieser Familiensituation hätte für den Jungen darin bestanden, sich an seine Mutter zu wenden, um die Hilfe zu finden, die er im heranwachsenden Alter benötigte, und sich dann von der Familie zu lösen und sich gastlicheren und weniger konfliktvollen Gefilden zuzuwenden. Aber hier gibt es gewisse Schwierigkeiten. Die Frauen so überlegener Männer, wie es der Vater dieses Jungen war, pflegen ihre eigenen privaten Neurosen zu haben, wovon eine der verbreitetsten die Neigung ist, den Ehemann als Liebesobjekt aufzugeben und sich dem Sohn zuzuwenden. Das führt zu weiteren Komplikationen; es überwältigt den Sohn mit Liebe aus einer Quelle, die ihn entweder im Zustand eines verwöhnten Kindes halten möchte, das keine männliche Anstrengung zu unternehmen braucht, um Liebe zu gewinnen, oder seine Furcht vor dem mächtigen Vater verstärkt, in dessen Domäne er eindringt. Man könnte sagen, daß solche Jungen, erzürnt durch die Geringschätzung ihrer Väter oder durch die ihren Schwestern (oder sonst jemand) erwiesene Bevorzugung, in übersteigertem Maße nach der Zuneigung der Mutter verlangen, aber diese Liebe aus Angst vor dem mächtigen Vater nur in infantiler Weise von ihr annehmen und Säuglinge bleiben.

Genau dies geschah bei dem Patienten, den ich geschildert habe. Wie es sich in seinem späteren Leben widerspiegelte, läßt sich an seiner obigen kurzen Fallgeschichte ablesen. Der Junge wurde durch seine Minderwertigkeitsgefühle gegenüber dem Vater, seinen Neid auf die Schwester und seine orale Abhängigkeit von der Mutter zur Annahme einer extrem passiven Rolle im Leben gezwungen. Alle Merkmale des typischen Alkoholikers, die ich oben beschrieben habe, lassen sich auf seine essentielle Passivität und den Wunsch zurückführen, die Liebe der Menschen durch übermäßige Freundlichkeit und Unterwürfigkeit zu erringen, statt durch männliche Leistung. Aber obwohl passiv in ihren Methoden, fehlt es Alkoholikern keineswegs an Aggressivität.[6] Tatsächlich verwenden sie ihre Passivität in der aggressivsten Weise gegen jene, die ihnen im Wege stehen. Aus diesem Grunde entwickelt oder steigert sich der Alkoholismus häufig kurz nach der Heirat in pathologischer Weise. Das entsprechend veranlagte Individuum sucht bei der Ehefrau mehr mütterliche Befriedigung als die durchschnittliche oder normale Frau zu geben bereit ist. Es ist bezeichnend, daß der Ehemann sie mangelnder Zärtlichkeit beschuldigt, und daß er selbst nur widerwillig bereit ist, seine Pflichten ihr gegenüber zu übernehmen. Das Ergebnis dieses Gefühls, benachteiligt zu werden, ist die Rückkehr zur Flasche, die gleichzeitig zur Befriedigung für ihn und zur Aggression ihr gegenüber wird.

Im Falle von Jonathan Richardson erinnern wir uns, daß sein Trinken vor seiner Heirat begann, und zwar als sein Vater darauf bestand, daß er die Universität wechselte. Der Vater wünschte, daß der Sohn sein Nachfolger im Geschäft würde. Der Sohn war dazu aus vielen Gründen nicht in der

---

6 Es ist ein weitverbreiteter Irrtum zu glauben, daß Passivität und Aggressivität Gegensätze seien. Passivität ist in ihrer Absicht und Wirkung oft sehr aggressiv.

Lage. Es implizierte eine unerwünschte Identifizierung mit dem Vater. Außerdem hätte es insofern eine unerträgliche Situation für ihn bedeutet, als er sich dem Vergleich und der Rivalität mit dem Vater ausgesetzt hätte, den er so sehr fürchtete. (Es ist typisch für orale Charaktere, daß sie schlechte Gewinner und schlechte Verlierer sind; sie können beides nicht ertragen und gehen daher Konkurrenz aller Art aus dem Wege.) Jonathan wollte lieber Künstler sein – eine weitere weibliche Identifizierung (womit nichts gegen Künstler gesagt sein soll; ich gebrauche das Wort Kunst hier so, wie *er* es verstand, was einer Nachahmung seiner Mutter entsprach). In diesem Punkt versuchte sein Vater, ihn zu behindern, und er versuchte seinerseits den Ehrgeiz, den der Vater für ihn hegte, zu dämpfen. Er tat das jedoch in einer Weise, die für den Alkoholiker bezeichnend ist. Er gab sich den Anschein, als wollte er den Wünschen des Vaters entsprechen, und schien nur deshalb zu scheitern, weil er der Versuchung zum Trinken erlag (was ein symbolisches Äquivalent für den Rückzug des Kindes zur Mutter darstellt).
Es gibt ein weiteres Element in diesem Fall, das nicht bei allen Alkoholikern vorkommt, aber sehr häufig ist. Das ist die Tatsache, daß der Vater des Patienten selbst ein starker Trinker war. Die älteren Psychiater betrachteten dies als einen sehr wichtigen Punkt, da sie der Meinung waren, daß der Alkoholismus erblich sei. Natürlich glaubt das heutzutage kaum ein Wissenschaftler, obgleich es noch immer eine sehr verbreitete Ansicht ist. Es ist unmöglich, daß der Alkoholismus erblich ist; wenn aber der Vater Alkoholiker ist, lernt der Sohn spielend, wie er die Vergeltung üben kann, zu der er sich später gedrängt fühlt. Viele Alkoholiker haben Eltern, die, wie jedermann weiß, sich durch ihre Nüchternheit und Selbstbescheidung auszeichnen. Natürlich ist in solchen Elternhäusern der Alkohol eine noch stärkere Waffe.
Ein solcher Fall zeigt so klar wie möglich verschiedene Funktionen des Alkoholismus. Am auffallendsten erscheint manchen das Minderwertigkeitsgefühl, das durch den Alkoholismus gemildert zu werden scheint; viele Leute haben diese Beobachtung introspektiv gemacht, und der eben geschilderte Fall scheint ein gutes Beispiel dafür zu sein. Aber man sollte nicht vergessen, daß ein so starkes Bewußtsein von Minder-

wertigkeit gewöhnlich auf Schuldgefühlen beruht, deren Ursache Neid und Feindseligkeit sind. Die freudige Stimmung, die nach ein paar Gläsern eines alkoholischen Getränkes Hemmungen beseitigt, kann nicht unmittelbar mit den Gefühlen eines Menschen verglichen werden, der alkoholsüchtig ist. Erstens hört der Alkoholiker niemals in dem Stadium auf, in dem solche Gefühle der Gehobenheit genossen werden können, sondern er trinkt solange weiter, bis sein Verhalten tatsächlich seine soziale und intellektuelle Unfähigkeit oder »Minderwertigkeit« eher erhöht als verringert. Dies und die flüchtigste Beobachtung des Verhaltens solcher Menschen genügt, um jedermann von der unbewußt aggressiven Funktion des Trinkens zu überzeugen. Es erscheint kaum erforderlich, diese Behauptung zu beweisen: jeder kennt das unpassende Benehmen Betrunkener auf Gesellschaften, bei öffentlichen Versammlungen und im privaten Kreis. Alkoholiker als Patienten verursachen in psychiatrischen Krankenhäusern mehr Ärger als alle anderen; nicht wegen ständiger Unannehmlichkeiten oder aufsässigen Verhaltens, sondern eher wegen des Gegensatzes zwischen oberflächlicher Liebenswürdigkeit, höflichem Entgegenkommen und kleinlicher Nörgelei und gelegentlichem unerwarteten unbeherrschten Lärmen, mit dem sie jeder Zurückweisung ihrer unaufhörlichen Aufdringlichkeit begegnen. Sie können einfach die Entbehrungen nicht ertragen, die ein Leben in der Realität mit sich bringt (selbst die modifizierte Welt des Krankenhauses). Tatsächlich kann man sagen, daß es einem Alkoholiker anfängt »besser zu gehen«, wenn er entdeckt, daß er sich nicht nur dadurch gewohnheitsmäßig unbeliebt macht, daß er sich betrinkt. William Seabrook[7] beschreibt das ehrlich und genau in seinem erstaunlich offenen Bericht über seine Erfahrungen während einer Behandlung wegen Alkoholismus. Für jeden, den das Problem interessiert, ist dieses Buch eine unerläßliche Fundgrube, obwohl das, was der Autor als tiefenpsychologische Studie über sich selbst angesehen haben mag, ganz offensichtlich in einem relativ unwichtigen Stadium abgebrochen wurde, jedenfalls soweit man dem vorliegenden Bericht entnehmen kann.
Ich habe gesagt, daß die Minderwertigkeitsgefühle des Alko-

[7] William Seabrook: *Asylum*. New York 1935.

holikers häufig einem Schuldgefühl entstammen. Manchen Menschen ist das vor dem Trinken bewußt, aber in der Mehrzahl der Fälle wird es (von ihnen selbst und von manchen Ärzten) irrtümlicherweise den physiologischen Wirkungen des Trinkens (Kater, Katzenjammer) zugeschrieben. Aber dieses Schuldgefühl hängt nicht so sehr mit der unmittelbaren Aggressivität, die mit dem Trinken verbunden ist, zusammen, sondern mit der fundamentalen Aggressivität, die dahinter steht, mit der niemals vollkommen unterdrückten Feindseligkeit, die, wie ich glaube, eine der Hauptdeterminanten der Neurose des Alkoholikers ist. In manchen Fällen wird dies erst bei eingehender Untersuchung deutlich, aber in anderen – wie dem folgenden – wird man unmittelbar damit konfrontiert.

Es handelte sich um einen ernsten, intelligenten jungen Mann von 23 Jahren, der aussah und sich benahm, als wäre er 30. Nach dem Besuch eines Internats, wo er ein hervorragender Schüler war und seine Abschlußprüfung mit Auszeichnung bestand, wurde er wegen übermäßigen Trinkens von der Universität verwiesen. In der Folge verlor er wegen Trinkens und unsittlichen Lebenswandels eine Stellung nach der anderen. Er kam in ernstem Zustand in die Klinik und war entschlossen, Hilfe zu suchen und sich klarzumachen, welche Konsequenzen es haben würde, wenn er ein hoffnungsloser Trinker werden sollte. Es war ihm damit um so ernster, weil sein Vater kürzlich verstorben war. Dadurch war ihm eine beträchtliche Verantwortung zugefallen, und er empfand stärkere Reue, die ihm zwar niemals ganz gefehlt, ihn aber andererseits nicht am Trinken gehindert hatte.

Er war sehr beunruhigt, weil er wiederholt träumte, im Gefängnis zu sein. Er erinnerte sich, daß er kurz nach dem Tode seines Vaters mehrmals durch einen Alptraum geweckt wurde, in dem er sah, wie sich die Leiche seines Vaters ärgerlich und drohend aus dem Grabe erhob. Der Vater, ein erfolgreicher, intelligenter, weitblickender Mann, war über diesen Sohn sehr enttäuscht und war ihm streng und vorwurfsvoll begegnet. Der Patient bekannte, die Überzeugung nicht loswerden zu können, daß der Vater so verzweifelt über sein Trinken war, daß dies mit zu seinem Tode beigetragen habe. Das erklärt die Alpträume des Patienten und den

Gefängnistraum. »Ich erkenne, daß ich meinen Vater getötet habe«, sagte er, »kein Wunder, daß ich davon träume, ins Gefängnis zu kommen.«

Der Patient fuhr fort zu träumen, daß er gehängt oder ins Gefängnis geworfen würde. Das beunruhigte ihn so sehr, daß er erneut trank und erneut bereute. »Ich bin nichts weiter als ein besoffener Landstreicher und ein heruntergekommener Kerl«, sagte er, »es macht nichts, wenn ich mich tottrinke; ich bin nicht wert, gerettet zu werden.«

Er brach die Behandlung ab und verließ die Anstalt (der er dennoch die freundlichsten Gefühle bewahrte), entschlossen, seine Absicht der Selbstzerstörung auszuführen. Er fuhr fort zu trinken, wurde in einen Autounfall verwickelt, bei dem ein Mann getötet wurde (wie in seinem »prophetischen« Traum), und er wurde tatsächlich wegen Totschlags angeklagt (ebenfalls in Übereinstimmung mit seinen Träumen), wurde jedoch freigesprochen.

Eine Zeitlang ging er zu einem anderen Psychoanalytiker, brach aber die Behandlung wiederum ab und trat ins Berufsleben ein, wo er leidlichen Erfolg hatte. Wegen seiner Angst in Verbindung mit dem Autounfall hatte er mittlerweile zu trinken aufgehört, litt aber statt dessen nunmehr an einer Anzahl nahezu lähmender neurotischer Symptome, Ängste, Hemmungen, körperlichen Beschwerden und krankhaften Ideen. Der Ersatz einer Neurosenform durch eine andere wird hier schlagend bewiesen.

Dieser Fall zeigt auch das recht typische sexuelle Verhaltensmuster des Alkoholikers, bei dem Aggressivität und Schuldgefühle zum erotischen Wert des Trinkens in Beziehung gesetzt werden. Das schreckliche Schuldgefühl in bezug auf den Vater, die beinahe gewollt aufreizende Art ihm gegenüber verbanden sich mit einer starken Anziehung, die ihn in einen Konflikt zwischen seinem Wunsch nach passiver erotischer Abhängigkeit vom Vater und der Zurückweisung dieses Wunsches hineinführte. Es kann fast als Axiom gelten, daß Alkoholiker trotz erheblicher heterosexueller Aktivität insgeheim große Angst vor den Frauen und vor der Heterosexualität im allgemeinen haben, da sie ihnen offenbar sehr gefahrvoll erscheint. Häufig erkennen sie, daß sie keine normalen sexuellen Kräfte oder Interessen besitzen, und sie geben offen zu, daß sie weniger die sexuelle Befriedigung bei der Frau suchen als vielmehr Zuneigung, Pflege, Liebe – womit sie mütterliche Betreuung meinen. Schließlich rebelliert die normale Ehefrau dagegen, dies einem erwachsenen Mann zu geben, der angeblich ihr Beschützer sein soll. Das Resultat ist unvermeidlich. Der Patient nimmt ihr und allen Frauen gegenüber eine bekümmerte, verächtliche, materialistische oder gar bewußt feindselige Haltung ein und wendet sich Männern zu, wobei er in seinem Verhalten eine Mischung von Freundlichkeit und Provokation, zeitweiliger Fröhlichkeit und Aufgeschlossenheit erkennen läßt. Schließlich aber fühlt er sich elend und hat das Gefühl eines persönlichen Verlustes. Während er mit Saufkumpanen trinkt, die einen Vaterersatz darzustellen scheinen, bereitet er seinem wirklichen Vater Kummer und Ärger und weist seine wirkliche Mutter oder einen Mutterersatz zurück. Dies wiederum weckt Reue, die zu Selbstherabsetzung und Selbstschädigung führt. Mittlerweile überlegt die verzweifelte Ehefrau, ob sie die Scheidung einreichen soll. Sofort rauscht der kleinkindliche Gatte mit Tränen, Bitten und Versprechungen zu ihr zurück, denen sie sehr wahrscheinlich glaubt, und der ganze Kreislauf beginnt von vorn.

Die selbstzerstörerischen Folgen des Alkoholismus, die so offenkundig sind, scheinen zum Teil beiläufiger Art, das heißt, sie sind unerwünschte Konsequenzen selbstauferlegter Bemühungen, sich von inneren Gefahren zu befreien. Sobald diese inneren Gefahren das Individuum durch seine eigenen Triebe zu zerstören drohen, wird der Alkoholismus gewählt oder als Ersatz benutzt, um als eine Art geringerer Selbstzerstörung zu dienen und eine gefährlichere Selbstzerstörung zu verhindern.

Wir haben gesagt, daß viele, wenn nicht alle Menschen vor demselben Problem stehen und daß dieselbe Lösung jedem zu Gebote steht. Die Frage ist, welche speziellen Probleme den potentiellen Alkoholiker bedrängen, und weshalb er diese spezielle Methode wählt, um sie zu lösen. Die angeführten Fälle veranschaulichen etwas von den konditionierenden Erfahrungen, die die Entstehung der emotionalen Probleme des Alkoholikers wie auch diese Form eines Lösungsversuchs begünstigen. Sie stehen in Verbindung mit der Enttäuschung des frühen oralen, rezeptiven Verlangens dieser Individuen, d. h. ihrem Liebesbedürfnis und den angstvollen Ressentiments, die durch diese Enttäuschung erzeugt werden, sowie mit der damit einhergehenden Vorwegnahme von Strafe oder Vernichtung als Folge geübter oder phantasierter Vergeltung.

Der Alkoholismus löst das Problem auf elegante Weise, weil er das Individuum in die Lage versetzt, Vergeltungen und Aggressionen zu verwirklichen, häufig gegenüber demjenigen, gegen den sie auch ursprünglich gerichtet waren. Außerdem jedoch garantiert er ein gewisses Maß an Strafe, die nicht so furchtbar ist wie die, die unter den ursprünglichen Umständen befürchtet wurde.

Weiterhin liefert er die orale Liebe – *symbolisch* in Form einer kostbaren Flüssigkeit, die mit dem Munde eingenommen wird, die »Muttermilch«, die einst so sehr begehrt wurde, und *real* in Form fröhlicher Geselligkeit und Sentimentalität, die das Trinken in Gesellschaft begleiten. Gewiß, manchmal erscheint dies als Ersatz für heterosexuelle Objektliebe, aber der Alkoholiker – wie alle oralen Charaktere – macht keinen großen Unterschied in bezug auf die Geschlechter. Tatsächlich kann sich sein Groll stärker gegen Frauen als gegen Männer richten. Aber er wendet sich gegen die Frauen weniger wegen ihres Geschlechts, sondern wegen ihrer Ähnlichkeit mit der Mutter, der er Enttäuschungsabsichten unterstellt, das heißt, weniger auf einer sexuellen als auf einer persönlichen Ebene. Viele Alkoholiker pflegen homosexuelle (oder heterosexuelle) Beziehungen nur, wenn sie betrunken sind, aber diese verschiedenen Fakten bestätigen nur unsere Meinung, daß alle Arten von Selbstzerstörung teilweise (unvollständig) erotisiert sind, das heißt, daß sie als Quelle der Lust benutzt werden.

Die allgemeinen Behandlungsprobleme werde ich im letzten Abschnitt einer genaueren Betrachtung unterziehen. Der Alkoholismus ist jedoch eine weitverbreitete Sucht, und die gegenwärtigen Behandlungsmethoden sind bekanntermaßen so unzureichend, daß ich es für angebracht halte, eine kurze Übersicht über die Behandlungsweisen einzufügen, die sich daraus herleiten, daß der Alkoholismus als eine Art Selbstzerstörung anzusehen ist, wie oben ausgeführt.

Sieht man das Problem des Alkoholismus unter diesem Gesichtspunkt, dann wird klar, daß die allgemeinen Richtlinien seiner erfolgreichen Behandlung sich notwendigerweise sehr von denen unterscheiden müssen, die auf der alten Vorstellung beruhen, daß es sich um eine schlechte Angewohnheit oder um ein unglückliches Erbe handle. Eine wirksame Behandlung des Alkoholismus besteht natürlich in der Behandlung dessen, was ihn hervorruft. Das bedeutet die allmähliche Beseitigung der Tendenz, auf Frustrationen übermäßig zu reagieren, und die fortschreitende Befreiung von jenen tiefen, inneren Angst- und Unsicherheitsgefühlen sowie der kindlichen Erwartung und des Grolls, die das Leiden regelmäßig begleiten.

Insofern jedoch diese Merkmale eine ausgesprochene Charakterdeformierung von langer Dauer, die modifizierten Resultate von Schäden, die in der Kindheit erlitten wurden, darstellen, kann ihre Beseitigung nur erreicht werden, indem eine vollständige, gründliche Wiederherstellung der gesamten Persönlichkeit erfolgt.

Soweit mir bekannt ist, gibt es nur eine Behandlungsmethode, die dies zu erreichen versucht: die Psychoanalyse. Ich sage nicht, daß der Alkoholismus nicht auf andere Weise geheilt werden kann. Ich habe es in einem Fall beobachtet, wo ein sehr intelligenter und entschlossener Mann es durch jahrelange Wachsamkeit an einem einsamen Ort erreichte; ich weiß, daß es infolge religiöser Bekehrung geschah, und ich bin sicher, daß es gelegentlich in nicht allzu schweren Fällen durch psychiatrische Unterredungen und Ratschläge gelingt. Wir alle wissen, daß eine »Heilung« mitunter dadurch erzielt wird, daß der Alkoholismus durch eine andere Neurose ersetzt wird. So werden aus Alkoholikern manchmal Hypochonder oder religiöse Fanatiker. Und um den Tatsachen gerecht zu werden, muß man schließlich hinzufügen, daß es mitunter plötzlich im Gefolge heftiger Gemütsbewegungen oder auch banaler Zufälle geschieht; eine Erklärung für diese Metamorphose gibt es in solchen Fällen nicht.

Andererseits habe ich es niemals erlebt, daß ein Alkoholiker durch bloßes Einsperren geheilt wurde, selbst wenn ihm der Alkohol während dieser Zeit völlig vorenthalten wurde. Das bezieht sich ebenso auf langdauernde wie auf kurzfristige »Kuren«. Ich habe mit Direktoren zahlreicher staatlicher Anstalten gesprochen, in denen Alkoholiker behandelt wurden, und ihre Beobachtungen stimmen mit meinen überein. Tatsächlich hat sich einer unserer Freunde, der Leiter einer solchen Anstalt ist, kürzlich geweigert, der Aufnahme weiterer Alkoholiker in seinem Krankenhaus zuzustimmen, nicht weil es ihm an wissenschaftlichem Interesse mangelte, sondern weil er überzeugt ist, daß der Aufenthalt in einem Krankenhaus Kosten verursacht, die weder dem Patienten noch dem Staat etwas einbringen.

Es ist nicht schwierig zu erkennen, weshalb eine solche Behandlung den Charakter nicht verändern und die zugrundeliegenden Wünsche nicht befriedigen kann. Sobald der Alkoholiker entlassen wird, bieten sich ihm dieselben Gelegenheiten, die innere Unruhe zu besänftigen, die so heftig nach Besänftigung verlangt.

Um die Charakterveränderung zu erreichen, die erforderlich ist, um sich von der Alkoholsucht zu befreien, bedarf es der psychologischen »Chirurgie«, das heißt, der Psychoanalyse. *Theoretisch* ist sie das Mittel der Wahl; *praktisch* stehen ihr viele ernste Schwierigkeiten im Wege. Erstens kann eine psychoanalytische Behandlung nicht in wenigen Monaten durchgeführt werden. Es ist eine typische Alkoholikerphantasie, daß die Wiederherstellung eines Charakters, der 30 und mehr Jahre hindurch gebildet (oder vielmehr: verbildet) worden ist, in drei, sechs oder auch zwölf Monaten erreicht werden könne. Die Behandlung des Alkoholismus ist ebenso wie die Behandlung der Tuberkulose eine langwierige Sache. Das bedeutet, daß sie viel Geld und Zeit kostet. Das ist traurig, aber wahr. Verwandte oder Patienten glauben zu machen, daß eine fundamentale Veränderung (mit oder ohne Analyse) in wenigen Wochen oder Monaten zu erreichen sei, heißt nur, sie mit Sicherheit zu enttäuschen.

Außerdem sind die meisten Alkoholiker zu tief »gesunken«, zu weit davon entfernt, nach dem Realitätsprinzip zu handeln, als daß sie in üblicher Weise psychoanalytisch behandelt werden könnten. Mit anderen Worten, sie müssen in einer speziellen Umgebung behandelt werden, was praktisch bedeutet, daß sie unter Bewachung bleiben müssen und jede Möglichkeit, sich Alkohol zu verschaffen, ausgeschaltet werden muß. Soweit ihr allgemeines Verhalten es rechtfertigt, sieht dieser Plan auch vor, daß ihnen zunehmend mehr Freiheit gewährt wird. Durch richtige Lenkung der aggressiven Tendenzen kann, wenn diese immer unmittelbarer hervortreten und immer weniger durch neurotische Hemmungen hintertrieben werden, die therapeutische Wirksamkeit der Behandlung unterstützt werden. Sportliche und Wettbewerbsneigungen werden ermutigt, und sobald wie möglich sind geschäftliche oder andere sublimierte Aggressionen aufzunehmen.

Unserer Meinung und Erfahrung nach stellen also Isolierung *plus* Psychoanalyse *plus* richtige Lenkung der wachsenden Fähigkeit zu nach außen gerichteten Aggressionen das beste Therapieprogramm für dieses Leiden dar. Selbst dies ist nicht immer von Erfolg gekrönt; aber es hat bewirkt, daß einige Menschen geheilt wurden und blieben nicht nur in bezug auf das Trinken, sondern auch in bezug auf die damit verbundene Infantilität und die Charakterdeformierungen, die zum Trinken führen. Das kann, soviel ich weiß, gegenwärtig von keiner anderen Behandlung des Alkoholismus gesagt werden.

Zusammenfassung

Der Alkoholismus kann demnach als eine Form der Selbstzerstörung betrachtet werden, die verwandt wird, um eine noch schwerere Selbstzerstörung zu vermeiden. Diese entsteht durch Faktoren von Aggressivität, die durch enttäuschte, unbefriedigte Erotik erzeugt wird, sowie durch ein Strafbedürfnis aus Schuldgefühl wegen dieser Aggressivität. Der Alkoholismus ist ferner dadurch gekennzeichnet, daß die Selbstzerstörung *trotz* und zugleich *mit Hilfe* eben des Mittels vollbracht wird, das vom Leidenden benutzt wird, um seine Schmerzen zu lindern und der gefürchteten Zerstörung aus dem Wege zu gehen.

4. Asoziales Verhalten

Es ist seit langem allgemein bekannt, daß viele Menschen sich in einem Maß ihrer Verpflichtung gegenüber der Realität und der Rücksichtnahme auf ihre Mitmenschen entziehen, das zwar noch nicht als »Wahnsinn« zu bezeichnen ist, jedenfalls aber als selbstzerstörerisch angesehen werden muß und psychiatrische Hilfe erfordert. Bei dem, was man beispielsweise sexuelle *Perversion* nennt, wird das Opfer von infantilen Tendenzen überwältigt, die es niemals hemmenden Einflüssen der Gesellschaft so weit unterzuordnen vermochte, daß es in annehmbarer Weise Befriedigung finden kann. Der Betreffende ist vielmehr gezwungen, sexuell unreif zu bleiben und diese Unreife anderen aufzuzwingen, so daß die Gesellschaft ihn widerwillig und verachtungsvoll duldet oder aber gänzlich verstößt. Ferner gibt es jene, bei denen die unbeherrschbaren aggressiven Triebe das Verlangen nach erotischer Befriedigung übersteigen und die Schranken von Urteil, Gewissen und gesellschaftlichen Verboten durchbrechen, um ungeachtet des späteren Verlusts unmittelbar ans Ziel zu gelangen. Das nennen wir *Kriminalität*; für sie verfügt die Gesellschaft über traditionelle Behandlungsmethoden, die eher dramatisch als wirkungsvoll sind und ursprünglich dazu bestimmt waren, zu strafen und abzuschrecken. Schließlich gibt es Individuen, die von ihren Impulsen nicht weniger getrieben werden als Verbrecher und sexuell Abartige, die aber ihre Bestrafung nicht dem Staat oder gesellschaftlichen Organisationen überlassen, sondern es fertigbringen, sie sich (indirekt) selbst aufzuerlegen. Diese Störung trug in der Geschichte der Psychiatrie verschiedene Namen; ich habe die Bezeichnung »perverse Persönlichkeit« vorgeschlagen und sie in meinem Buch *The Human Mind* benutzt. Die neueste Benennung lautet »neurotischer Charakter«. Der neurotische Charakter unterscheidet sich von der Neurose in der Weise, daß die Symptome des ersteren sich in seinem Verhalten zeigen, die letztere häufiger in Empfindungen und körperlichen Beschwerden.

Alle drei dieser offensichtlich aggressiven Verhaltensformen wirken wie Bumerangs auf ihre unglücklichen Träger, da sie diesen unbefriedigenden Zielen gewöhnlich zugetrieben werden, um schließlich das zu erleiden, was sie ursprünglich (oft mit Erfolg) anderen zufügen wollten. Das Endergebnis ist also Selbstzerstörung.

Vielleicht erübrigt es sich darauf hinzuweisen, daß nicht alle äußere Aggressivität in ihrer Wirkung selbstzerstörerisch ist. Von einem Mann, der rechtmäßig gegen eine Bedrohung seiner Familie, seines Glücks, seines Ansehens, seiner Ideale kämpft, kann nicht gesagt werden, daß er Selbstzerstörung anstrebe – ganz im Gegenteil. Ein Mann, der unter solchen Umständen nicht kämpft, ist in passiver Weise selbstzerstörerisch. Bei den klinischen Formen, die ich beschrieben habe, ist die Aggressivität ein zweischneidiges Schwert; sie zerstört das Individuum nicht weniger sicher und oft vollständiger als irgend jemand anders und fällt daher in die allgemeine Kategorie selbstzerstörerischen Verhaltens.

Mir ist klar, daß man in einen logischen oder philosophischen Streit über die hier vertretene teleologische Annahme geraten kann, daß das Ergebnis (Selbstzerstörung) beabsichtigt war. Wenn die Intensität eines (positiven) Verlangens schlichtweg überwältigend ist und alle anderen Überlegungen aufwiegt, von denen manche zum Tod führen *oder führen können*, könnte man sagen, daß die Selbstzerstörung ein kalkuliertes Risiko oder sogar eine zwar widerwillig, aber beiläufig akzeptierte Strafe war. Meine Position ist die pragmatisch-klinische, die nicht so sehr auf der Hypothese beruht, daß das, was geschieht, gewünscht war (psychischer Determinismus), als auf meiner Erfahrung beim psychoanalytischen Studium dieser Menschen. Fast immer entdeckt und bekennt der Patient, daß sein unkontrollierbares Verlangen Elemente von Feindseligkeit und Schuld enthielt, die Strafe forderten. Sie verstärkten das Drängen des Triebs und die Neigung, die Wahrscheinlichkeit gefährlicher Konsequenzen herunterzuspielen. Der vorübergehende Glaube an ein rettendes »Glück« und die Geringschätzung von Vernunft und Urteilsvermögen sind Bestandteile der Technik der Selbstzerstörung.[1]

---

[1] Würde beispielsweise irgend jemand annehmen, daß es sich um etwas anderes als einen selbstzerstörerischen Impuls handeln könnte – gleichgültig, wie dringlich

Ich will die genauere Untersuchung psychotischer Selbstzerstörung zunächst aufschieben und die eben erwähnten drei Formen verhüllter Selbstzerstörung getrennt behandeln: den neurotischen Charakter, Kriminalität und sexuelle Perversion, indem ich einige repräsentative Beispiele anführe und zeige, in welcher Weise die selbstzerstörerischen Elemente sich bei näherer Untersuchung unterscheiden lassen, lange bevor sie manifest werden.

a) Neurotischer Charakter

Diese Form chronischer Selbstzerstörung, die durch aggressives Verhalten bemäntelt wird, hat viel Ähnlichkeit mit dem Alkoholismus, nur daß das Individuum sich durch unsinniges Verhalten ruiniert statt durch Trinken. Aber ich beziehe mich nicht auf eine einzelne unüberlegte Handlung, sondern gewissermaßen auf eine gewisse beständige *Sucht* zu »schlechtem« (d. h. aggressivem) Verhalten, dessen Endresultat für das Individuum katastrophal ist. Solche Individuen können die Rolle des Alkoholikers, des Neurotikers oder des durch und durch Kriminellen spielen – sie scheitern immer. Man könnte sagen, es gelingt ihnen immer zu scheitern. Wenn sie beispielsweise eine kriminelle Laufbahn einschlagen, ist die Ausführung ihrer Verbrechen dumm; sie scheinen mehr darauf bedacht, gefaßt zu werden, statt zu entkommen. Oft tun sie alles Erdenkliche, um die Verteidigungsbemühungen ihrer Anwälte zu behindern; kurz gesagt, sie scheinen die Bestrafung herbeizuwünschen. Wenn sie aber höher zielen und einen scheinbar würdigeren Plan verfolgen, bringen sie es geschickt fertig, ihn immer wieder in einer Katastrophe enden zu lassen.

die Angelegenheit scheinen möchte –, wenn man zehntausend, zwanzigtausend oder noch mehr Dollar für einen einzigen Dollar riskiert, womit möglicherweise noch eine Gefängnisstrafe verbunden ist? Und dennoch: »*Schlechtes Geschäft.* New York, 18. 5. 1935 (AP) – 29 Jahre und 10 Monate war T. W. Postbediensteter. Im Juli wäre er mit einer Pension in den Ruhestand getreten. Heute aber wurde er für schuldig befunden, eine 1-Dollar-Note aus einem Briefumschlag entwendet zu haben. Ein Dollar kostete ihn 1200 Dollar Pension im Jahr bis an sein Lebensende sowie ein Jahr und einen Tag Gefängnis.« – *Topeka Daily Capital*, 19. 5. 1935.

In der älteren psychiatrischen Terminologie wurden diese Patienten *psychopathische Persönlichkeiten* genannt, und unter dieser Bezeichnung sind sie noch immer den meisten Psychiatern bekannt. Viele ausführliche Berichte sind über sie verfaßt worden, aber erst seit der Einführung psychoanalytischer Begriffe versteht man sie dynamisch. Man muß zugeben, daß sie durch ihre aufreizende Art, ihre Aggressivität und unbegreiflich schlechtes Urteilsvermögen so viele Emotionen beim Arzt (und allen anderen, mit denen sie in Berührung kommen) wecken, daß es sehr schwierig ist, ihnen gegenüber lange genug objektiv zu bleiben, um sie wirklich zu verstehen. Nichtsdestoweniger ist das in einer genügenden Zahl von Fällen gelungen, um nunmehr das allgemeine Schema ihres Lebens recht gut begreifen zu können. Anders als der neurotische Kranke und der Alkoholiker sind sie durchaus in der Lage, ihre Aggressionen direkt zu äußern, aber sie sind nicht fähig, dies in besonnener Weise zu tun oder, sagen wir, mit genügend Unterscheidungsvermögen, um ihnen Qualen des Gewissens zu ersparen. Die Gesellschaft können sie eine Zeitlang zum Narren halten, ihr eigenes Gewissen niemals. Sie sind daher einerseits instinktiv gezwungen, sich aggressiv zu verhalten, was sich der Neurotiker verbieten würde, und sie werden andererseits durch ihr Gewissen dazu getrieben, Bestrafung zu suchen, was ein normaler Mensch vermeiden würde. Aus diesem Grund haben ihre Aggressionen oft den Charakter von Provokationen, wie die eines Kindes, das sich wegen einer heimlichen Übertretung schuldig fühlt und seinen Vater durch eine offensichtliche kleine Aggression zu strafender Vergeltung reizt.

Alexander[2] gebührt Anerkennung dafür, den neurotischen Charakter in verschiedenen Artikeln am ausführlichsten dargestellt zu haben. Viele seiner Untersuchungen beschäftigen sich mit Verbrechern oder, wie wir sagen sollten, mit neurotischen Charakteren, die als Verbrecher im Gefängnis saßen. Es sollte aber nicht vergessen werden, daß viele neurotische Charaktere, insbesondere solche, deren gesellschaft-

---

2 Franz Alexander: *Psychoanalysis of the Total Personality.* Nerv. and Ment. Dis. Publ. Co., New York und Wahington 1930; ders. und Hugo Staub: *The Criminal, the Judge and the Public.* New York 1931; ders. und William Healy: *Roots of Crime. Psychoanalytic Studies.* New York 1935.

liches oder ökonomisches Prestige sie schützt, diesen rechtlichen Konsequenzen lange Zeit, wenn nicht für immer, entgehen können. Ein typischer Fall dieser Art soll hier folgen.

Es handelte sich um den Sohn wohlhabender, vornehmer Eltern aus Boston, die hauptsächlich die Opfer der meisten seiner Aggressionen waren. Diese hatten in frühem Alter begonnen; eine seiner frühesten Erinnerungen war Brandstiftung an einem der Außengebäude des Familienbesitzes. Mit sieben Jahren hatte er seinen Eltern bereits Geld, Schmuck und andere Gegenstände gestohlen, die er manchmal zerstörte; den Schmuck versetzte er, um Geld für Süßigkeiten zu bekommen. Er wurde auf eine Privatschule geschickt, wo er wegen seiner Locken und seines mädchenhaften Äußeren zunächst als »Schlappschwanz« bezeichnet wurde, doch es gelang ihm, sich als Schulschreck zu etablieren, indem er alle anderen Jungen zusammenschlug und die Neuankömmlinge einschüchterte. Besondere Lust bereitete es ihm, einige körperlich behinderte Kinder in der Schule grausam zu quälen und zu necken. Wiederholt wurde er von der Schule verwiesen. In sehr jugendlichem Alter begann er sich sexuell zu betätigen, wobei er viele Mädchen, mit denen er vorübergehende Liebschaften hatte, in äußerst gemeiner und verächtlicher Weise kränkte. Schließlich wurde er in ein Internat in Virginia geschickt, wo er so sehr gegen die Regeln verstieß, daß er relegiert wurde. Nachdem er in ein zweites Internat aufgenommen worden war, stellte er sich gegen die Vorgesetzten und seine Eltern, indem er sich weigerte zu lernen und deshalb sitzenblieb. Daß das nicht auf einen geistigen Defekt zurückzuführen war, wurde durch spätere psychometrische Tests klar bewiesen, die zeigten, daß er tatsächlich eine überlegene Intelligenz besaß.

Auf seinen eigenen Wunsch hin wurde ihm erlaubt, eine Stellung in einer Bank anzunehmen, die er dem hohen persönlichen und geschäftlichen Ansehen seines Vaters verdankte, aber wieder verlor, weil er wiederholt in Unannehmlichkeiten wegen Trinkens, Autounfällen, gefährlichen Fahrens und Verhaftung verwickelt war. Er brach in die Häuser mehrerer Verwandter ein und entwendete Schmuck, Geld und Alkoholika. Er kam mit einigen Gangstern in Philadelphia in

Kontakt, eröffnete ein privates Spielkasino, erlitt aber schwere Verluste bei diesem Unternehmen, und um Geld zu beschaffen, mit dem er seine Verluste ausgleichen wollte, beging er Fälschungen. Dabei wurde er gefaßt, aber der Einfluß seiner Familie bewahrte ihn vor der Strafverfolgung.

Diese wenigen wichtigen Ereignisse aus seinem Leben genügen, um sein Verhaltensmuster zu zeigen. Die Zeit dazwischen war mit unzähligen kleinen Vergehen gegen seine Eltern und die Gesellschaft im allgemeinen ausgefüllt, für deren Aufzählung man Seiten brauchen würde.

Seine Erscheinung jedoch strafte alles Lügen. Er hatte einen frischen, jungenhaften Gesichtsausdruck und ein höfliches, angenehmes Wesen, das ihn augenblicklich zu einem Menschen stempelte, der überragende gesellschaftliche Vorteile genossen hatte. Er erklärte mit bezwingender Liebenswürdigkeit, daß er nicht wisse, weshalb er durch seine Handlungen ständig in solche Unannehmlichkeiten geriete, und hoffe, von uns darüber aufgeklärt zu werden. Die psychoanalytische Untersuchung, der er sich mit »ehrlicher« Skepsis und zeitweise leicht zynischem Amüsement unterzog, enthüllte bald bestimmte Gründe für sein Verhalten, die ihn sehr überraschten.

Die äußeren Umstände, unter denen er aufgewachsen war, schienen nahezu ideal. Vater und Mutter waren aufrechte und angesehene Bürger, sein einziges Geschwister war eine ältere Schwester, die keinen Grund zu früher Rivalität zu bieten schien, und es gab keinen äußeren Druck durch wirtschaftliche oder gesellschaftliche Schwierigkeiten. Trotz dieses schönen Scheins war aber die Situation in der frühen Kindheit mit unüberwindlichen Hindernissen für eine normale Entwicklung belastet. Zu einem sehr frühen Zeitpunkt seines Lebens war diesem Patienten ein Minderwertigkeitsgefühl eingeflößt worden, und vieles an seinem späteren Verhalten war als Kompensationsversuch dafür zu verstehen. Dies zeigte sich deutlich in einem Traum, den er kurz nach dem Beginn seiner Analyse berichtete.

»Ich war bei einem Radrennen, wie man sie oft in der Wochenschau sieht. Ich lag an der Spitze. Ein Bursche hinter mir fing an zu spurten, so als wollte er mich überholen. Mir war es immer absurd vorgekommen, daß der Anführer sich überholen ließ, wie man es oft im Film sah, und ich sagte mir: ›Ich werd's ihnen schon zeigen.‹ Ich strengte mich furchtbar an und blieb an der Spitze der ganzen Mannschaft. Aber ich glaube, es kostete mich mein Leben, denn ich begann so schnell zu fahren, daß ich die Kurve nicht nehmen konnte, und das letzte, woran ich mich erinnere, war ein Krachen, als ich in die Luft flog.«

Dieser Traum zeigt in lebhaften Farben das Muster der Selbstzerstörung dieses Jungen. Er mußte stets bei allem der erste sein, und im vergeblichen Bemühen, diese unmögliche Forderung zu erfüllen, mißachtete er die Realität und erlitt so Schiffbruch.

Was hatte sein Selbstvertrauen als Kind so bedroht, daß er zu diesen zerstörerischen Bemühungen um Selbstbehauptung gezwungen war?

Zunächst war seine früheste Rivalin seine Schwester gewesen, die, nachdem sich das anfängliche Interesse, das die Geburt des Brüderchens in der Familie erregte, etwas gelegt hatte, ihn dieser wichtigen Position durch bewußte Anstrengungen beraubte. Daß dies die Grenzen gewöhnlicher kindlicher Rivalität überschritt, zeigte sich an der zunehmenden Verlogenheit, Gemeinheit und hinterlistigen Betrügerei, die sie anwendete, um ihre Favoritenstellung zu wahren. Wahrscheinlich fühlte auch sie sich in ihrer Position sehr bedroht und gezwungen, zu solchen Mitteln zu greifen, doch ist sie nicht Gegenstand unserer Untersuchung. Es wurde von den Eltern offen zugegeben, daß sie in steigendem Maße ihr Lieblingskind wurde, während der Bruder als schwarzes Schaf galt, der nichts tat, um ihnen Freude zu machen, aber alles, um sie zu ärgern.

Wenn diese Eltern in den Genuß von Informationen und Instruktionen über moderne Kindererziehung gekommen wären, hätten sie vielleicht erkannt, daß vieles am Verhalten des Jungen nicht nur aufreizend, sondern auch vergeltend war, das heißt, er nahm nicht nur Rache, weil er sich zurückgesetzt fühlte, sondern er versuchte auch auf diese aufrührerische Weise die Liebe zu bekommen, die ihm, wie er meinte, vorenthalten wurde. Das erkannten sie aber nicht, und so spielten sie ihm direkt in die Hände, indem sie ihn streng bestraften, eine Methode, die natürlich das Gefühl, daß ihm

Unrecht geschehe, nur verstärkte und ihn zu noch größerer Aggressivität anstachelte.

Selbst die Formen der Bestrafung, die die Eltern anwandten, waren unglücklich gewählt. Der Vater schlug den Jungen manchmal, aber häufiger stieß er dramatische, gleichwohl unehrliche Drohungen aus, deren Hohlheit das Kind sofort erkannte. So brachte er zum Beispiel den Jungen mehrmals zur Polizei, nachdem er das vorher mit den Beamten abgemacht hatte. Die Mutter andererseits neigte dazu, ihn heftig zu kneifen, was sie unter Umständen tat, daß er durch Weinen oder Schreien unliebsames Aufsehen erregt hätte. Sie demütigte ihn, indem sie ihn zwang, lange Zeit Kleider zu tragen und mit Locken in die Volksschule zu gehen. Er war daher schon früh gezwungen, sich gegen furchtbare Schläge zu verteidigen, die seiner Selbstachtung und seiner Männlichkeit zugefügt wurden, während ihm gleichzeitig täglich bewiesen wurde, daß ein Mädchen zu sein bedeutete, Gunstbeweise zu empfangen, während Betrug, unfaires Verhalten und Falschheit übersehen wurden. Aus psychoanalytischen Untersuchungen wissen wir, daß jeder Junge durch manche Vorteile, die den Mädchen zuzufließen scheinen, ernstlich herausgefordert wird, und daß er aus diesem Grund zwischen seinen natürlichen männlichen Strebungen und der Versuchung hin- und hergerissen wird, diese zugunsten der passiv-rezeptiven weiblichen Haltung aufzugeben. Wenn er außerdem Eltern hat, deren Unaufrichtigkeit und Grausamkeit vom Kind bald erkannt werden und sein Gefühl der Hilflosigkeit und Unsicherheit stark erhöhen, dann bleibt ihm kaum etwas anderes übrig, als sich träger Passivität oder direkter Homosexualität zu überlassen oder aber beides durch heftiges Agieren in entgegengesetzter Richtung zu verleugnen und gleichzeitig heimlich jene passiven Befriedigungen zu suchen, die verstohlen hinter der aggressiven Fassade erschlichen werden können.

Dieser Junge wählte den letzteren Weg. Unbewußt stellte er sich auf den Standpunkt, daß ohnehin nichts, was er tat, den Eltern gefallen würde, daß sie unfair und unfreundlich zu ihm gewesen waren und daß deshalb kein Anlaß bestand, ihnen gefallen zu wollen, so daß sein einziger Lebenszweck darin lag, auf die bequemste Weise zu bekommen, was er sich gerade wünschen mochte. Bewußt zeigte sich das durch die unerklärliche Abneigung, die er allem gegenüber empfand, was er nach dem Wunsch der Eltern tun sollte, und den außerordentlichen Hang, alles das zu tun, was die Eltern nicht wollten. Einige Ideale seiner Eltern stimmten mit denen der Gesellschaft im allgemeinen überein, und die Tatsache, daß die Aggressionen des Patienten gegen seine Eltern gleichzeitig bis zu einem gewissen Grad auch die Gesellschaft trafen, bedeutete eine unglückliche Komplikation.

Bisher habe ich nur gezeigt, wie ein Junge durch die Behandlung, die ihm seine wohlmeinenden Eltern in der Kindheit angedeihen ließen, so verletzt wurde, daß er zum »bösen Jungen« und später zum »bösen Mann« wurde. Das würde erklären, wie er zu dem wurde, was man einen *Verbrecher* nennen könnte, aber nicht, wie zu dem, was wir einen *neurotischen Charakter* nennen würden. Der Unterschied liegt darin, daß ein neurotischer Charakter sich nicht erlaubt, von seinen Aggressionen zu profitieren, andererseits aber regelmäßig unmittelbar auf die Bestrafung zuzusteuern scheint. Dies traf auf den geschilderten Patienten genau zu. All sein Trinken, Stehlen, Fälschen, Vergewaltigen, Autozertrümmern, Raufen usw. brachte ihm keinerlei substantiellen Gewinn ein. Das gestohlene Geld verlor er, seine Fälschungen wurden sofort entdeckt, das Trinken machte ihn krank, die Mädchen, die er in Schwierigkeiten brachte, beunruhigten ihn nahezu tödlich, die Freunde, die er durch großzügigen Aufwand und herzliche Freundlichkeit zu gewinnen geglaubt hatte, verließen ihn stets. Er war ständig in Nöten und tatsächlich sehr unglücklich. Während er sich unter meiner Beobachtung befand, erreichte er immer wieder eine Oase relativen Friedens, den er bald durch eine aggressive Handlung gegen jemanden störte, und die natürliche Reaktion darauf benutzte er als Rechtfertigung für eine schwerere Aggression von einer Art, die, wie jedermann vollkommen klar war, ihn unweigerlich in neue Schwierigkeiten stürzen mußte. Wenn der Schlag dann erfolgt war und die Strafe ihn mit voller Härte getroffen hatte, versank er nach anfänglichem Getöse und einem Wirbel von Gegenbeschuldigungen in eine Stimmung der Verzweiflung und halbherzigen Grübelns über die möglichen Gründe, weshalb ein derart unsinniges Verhalten ihm noch vor wenigen Tagen so sinnvoll erschienen war. Wenn man ihn darauf hinwies, daß er es absichtlich darauf anlegte, sich selbst zu bestrafen, bestritt er energisch, auch nur ein Schuldgefühl zu hegen. Das ist typisch für den neurotischen Charakter.

Alexander und Healy (op. cit.) haben ein unvergeßliches Beispiel für den neurotischen Charakter beschrieben, welches so lebendig zeigt, wie diese Individuen einerseits ihren Gefühlen der Aggressivität und Feindseligkeit nachgeben und andererseits ihr Bedürfnis nach Selbstbestrafung *in die Hände einer amtlichen Instanz projizieren,* daß ich diesen Fall zitieren möchte, um das Bild abzurunden.

Es handelte sich um einen Jungen, das älteste von fünf Kindern einer recht gutgestellten Familie, die ihm alle Möglichkeiten eröffnete. Kein anderes Mitglied der Familie war kriminell noch schienen irgendwelche ungünstigen Umstände bei seiner Erziehung vorzuliegen. Seit seinem achten Lebensjahr hatte er Gegenstände entwendet, was dazu führte, daß er vier- oder fünfmal in Besserungsanstalten untergebracht wurde. Dort fand er wegen seines höflichen und munteren Wesens rasch Freunde. Er gab offen zu, daß ihn etwas zum Stehlen treibe, und daß ihm sein Verhalten selbst ein Rätsel sei.

Mit 16 Jahren stahl er, während er auf Ehrenwort von einer Besserungsanstalt beurlaubt war, einen Koffer. Er kam vor das Jugendgericht und erzählte dem Richter, daß die Anstalten, in denen er bisher gewesen war, ihn nicht hätten heilen können, und daß er eine strengere Bestrafung brauche. Auf eigenen Wunsch wurde er in eine Anstalt für Erwachsene geschickt. Er führte sich gut und wurde auf Ehrenwort entlassen. Bald geriet er in neue Schwierigkeiten, kam aber dann für etwa ein Jahr zur Ruhe, hatte geschäftlichen Erfolg und heiratete. Nach der Geburt seines ersten Kindes wurde er jedoch aufs neue kriminell und machte wiederholt lange Reisen in Autos, die er gestohlen hatte. Er trat in die Marine ein, desertierte aber bald und fuhr fort zu stehlen, bis er verhaftet und in eine andere Anstalt gebracht wurde. Er floh und nahm seine Verbrecherlaufbahn wieder auf. Während dieser ganzen Zeit schrieb er seiner Frau zärtliche Briefe, in denen er erklärte, daß er von einem sonderbaren Drang angetrieben würde, den er nicht verstehen könne, und bat, ihm zu verzeihen. Sein Vater und die Eltern seiner Frau, die ihn wegen seiner gewinnenden Manieren wirklich gern hatten, ließen es sich viel Geld kosten, ihn aus Schwierigkeiten zu befreien, nur um zu erleben, daß er noch schlimmere Eskapaden vollführte. Schließlich wurde er wegen Einbruchs verhaftet und erhielt eine lange Gefängnisstrafe. Hier führte er sich sehr gut, und nachdem er sich bei einer Gefängniskatastrophe als Held erwiesen hatte, wurde er begnadigt. Aber wenige Tage bevor die Begnadigung in Kraft treten sollte, nachdem seine Frau ihn besucht hatte und Pläne für einen neuen Anfang im Geschäft gemacht worden waren, lief er fort und war bald wieder in eine Serie von Diebstählen und Einbrüchen in einem anderen Bundesstaat verwickelt. Wieder wurde er zu einer langen Gefängnisstrafe verurteilt, und wieder interessierten sich Leute für ihn wegen seiner ungewöhnlichen Eigenschaften. Ein Psychiater, der ihn zu dieser Zeit untersuchte, erklärte, er sei kein gewöhnlicher Krimineller, sondern eher ein Mann, der aus innerem Zwang kriminelle Handlungen beginge. Alle Versuche, den Fall mit psychoanalytischen Methoden zu untersuchen, wurden jedoch hintertrieben, und eines Tages flüchtete der junge Mann, während er bei Straßenbauarbeiten beschäftigt war, und ließ sich in einer weit entfernten Stadt unter falschem Namen nieder. Hier beging er Bigamie, fuhr fort zu stehlen, verübte viele sonderbare Verbrechen, die berechnet schienen, die Aufmerksamkeit auf ihn zu lenken und schließlich zu seiner Gefangennahme führten. Zusammen umfaßte das Register dieses jungen Mannes, von dem nicht die Hälfte hier berichtet wurde, zehn oder zwölf Einkerkerungen, viele Verhaftungen, strafende und freundliche Behandlung durch viele Stellen, angefangen bei seinen Eltern, und immer noch blieb er sich und anderen ein Rätsel: ein intelligenter, begabter, gesunder junger Mann, der »hinsichtlich seiner Zukunftsaussichten einen seltsamen Optimismus an den Tag legte«.

Passive neurotische Aggression

Statt mit Lärmen, Kämpfen und Unruhestiften übt das Individuum mitunter seine Aggressionen und bewerkstelligt seine Selbstzerstörung, indem es eine passivere Methode anwendet. Passivität kann genauso aufreizend sein wie aktive Aggression. Tatsächlich sind sogar jene, die ihre Mitmenschen durch Faulheit, Gleichgültigkeit und Unfähigkeit zur Verzweiflung bringen, noch zahlreicher, wenngleich weniger auffällig, als die des oben geschilderten Typs. In solchen Fällen ist der Strafeffekt wahrscheinlich noch heimtückischer und bestimmter, als wenn das Individuum ein Opfer des Schicksals oder unerforschlicher Kräfte wäre, etwa ökonomischer Art, als Opfer der Rache jener, die es verletzt hat.

Mangels einer besseren Bezeichnung könnten wir diese Art des neurotischen Charakters den »hilflosen« Typ nennen. Ein Kind, das bei jeder Gelegenheit von sadistischen Eltern enttäuscht und schlecht behandelt wird, die es als Spielzeug und Folie benutzten, könnte sich passiv der unwürdigen Behandlung, die ihm zugefügt wurde, fügen und sein Leben lang untertänig und passiv bleiben, oder es könnte kämpferisch und feindselig reagieren, was zur Bestrafung herausfordern würde. Es ist dieser letztere Typ, der gewöhnlich als der typische neurotische Charakter bezeichnet wird, aber ich glaube, daß der von mir erwähnte passive Typ vom gleichen Stamm ist und vielleicht nicht weniger häufig, obgleich das – soweit ich weiß – früher nicht erkannt wurde. Seine Vertreter vermögen ihre Aggressivität ebenso weitgehend zu verbergen wie ihre Bestrafung, indem sie ihre Bürde dem Schicksal zuschreiben. Der Fall eines Mannes, den ich sehr gut kannte, soll jenen Typ des neurotischen Charakters demonstrieren, der anderen Menschen ebenso wie sich selbst ungeheuer viel Kummer bereitet, indem er ständig bei Aufgaben versagt, die durchaus im Bereich seiner Möglichkeiten liegen.

Dieser junge Mann wurde uns vom Dekan des College zugewiesen, das er sechs Jahre lang besucht hatte, ohne die Anforderungen zu erfüllen, die zur Erreichung des angestrebten akademischen Grades notwendig waren. Wie die Heiligen des Altertums, die Buße taten, indem sie für zwei Schritte vorwärts einen Schritt zurückgingen, hatte er es fertig gebracht, jeweils nur die Hälfte bis zwei Drittel des Studiums zu erledigen, für das er sich jährlich eingetragen hatte. Seine Unterlagen und unsere Untersuchungen zeigten, daß das nicht darauf zurückzuführen war, daß er unfähig gewesen wäre, den Ansprüchen eines College gerecht zu werden, sondern daß er in jedem Kursus einen Teil der vorgeschriebenen Aufgaben fertigzustellen versäumte. In einem Kurs unterließ er es, ein bestimmtes Thema zu behandeln, in einem anderen vollendete er eine Zeichnung nicht, in einem weiteren lieferte er eine Buchbesprechung oder eine Bibliographie nicht ab, in wieder einem anderen versäumte er eine kleine Laborarbeit und fehlte zu oft in der Klasse. Er war ein charmanter Junge, der zugab, daß er nichts fertigbrachte, mit seiner Arbeit nicht zu Rande kam, aber nicht wußte, was er dagegen tun sollte. In seinem optimistischen Bitten um Hilfe oder »Rat« war er wie ein liebes Kind, das Anerkennung sucht; ebenfalls wie ein Kind suchte er in regelmäßigen Abständen den Arzt auf, nicht um im üblichen Sinn über seine Fortschritte zu berichten, sondern um neue Beweise seines Scheiterns und seiner Unfähigkeit vorzubringen.

Eines Tages erschien er mit dem Programm seiner Aktivitäten. Der Arzt ging es mit ihm durch und wies darauf hin, daß er viel Zeit planlos verschwende, die er seinen Studien widmen könnte. Ein paar Tage später kam er wieder und zeigte stolz einen Aufsatz vor, den er, wie er sagte, in ein paar Stunden niedergeschrieben hatte, nachdem er deshalb zwei Jahre lang nicht die erforderlichen Noten hatte erreichen können. Gleichzeitig erzählte er ganz unschuldig, daß er an jenem Morgen aufgewacht war, und nachdem er sah, daß es regnete, sich umgedreht und weitergeschlafen und auf diese Weise einen Kurs versäumt hatte, bei dem er vor dem Durchfallen stand. Solche naiven Versuche, sich aus dem Sumpf herauszuziehen, in dem er herumzappelte, waren bezeichnend für diesen Patienten.

Er war der einzige Sohn eines dominierenden, tyrannischen, aber auch nachgiebigen Vaters und einer strengen Mutter. Seine zwei Jahre jüngere Schwester war lahm, und die frühen Spiele des Patienten berücksichtigten ihr Leiden ebenso wie das seines besten Freundes, der mit acht Jahren eines qualvollen Todes starb. Er wurde als »Schlappschwanz« angesehen und von den anderen Jungen in der Nachbarschaft herumgestoßen und geneckt, was ihn oft zum Weinen brachte. Er wurde gezwungen, die anderen Jungen in seinem Wägelchen mitzunehmen oder sie Huckepack zu tragen, und sie machten ihn zur Zielscheibe ihrer Bosheiten. Zu Hause und in der Schule wurde er schwer bestraft. Er war ungeschickt in allen Sportarten, zum Teil deshalb, weil seine Mutter ihm nicht genügend Freiheit gewährte, um ungebärdige und schnelle Spiele zu lernen. Als er Rollschuhe geschenkt bekam, konnte er sie nicht benutzen, und er lernte es schließlich, weil man ihn damit verspottete, daß seine kleine Schwester es früher konnte als er. Bis zu seinem zehnten Lebensjahr schlief er in einem Kinderbett, obwohl er so groß war, daß die Füße herausragten. Er hatte kein eigenes Zimmer, sondern schlief zusammen mit Mutter und Schwester.

Als er zwölf Jahre alt war, nahm die Mutter die beiden Kinder und verließ den mächtigen Vater, den der Patient liebte und fürchtete. Einige Zeit später entführte der Vater den Jungen, der dann zum unfreiwilligen Zankapfel der Eltern wurde. Der Vater schickte den Jungen auf eine Militärakademie, wo er von den anderen herumgestoßen und schlecht behandelt wurde. Sie hängten ihn an den Fußgelenken am Fensterkreuz auf und unterwarfen ihn anderen Schikanen, so daß er sich elend und unglücklich fühlte. Der Junge wuchs unfrei, ungeschickt und teilnahmslos heran und war außerstande, irgend etwas erfolgreich zu tun. Der Vater befahl ihm, das College zu besuchen, und der Junge tat es, aber Jahr für Jahr waren die Ergebnisse niederschmetternd. Er blieb stumpf an seinen energischen Vater gebunden, obwohl dieser über sein ständiges Versagen ernstlich ungehalten war. Sein ganzes Interesse galt diesem Elternteil, dem er es anscheinend recht machen wollte, den er aber durch seine infantile Abhängigkeit und seine Weigerung, ein Mann zu werden, täglich enttäuschte und ärgerte.

Ein ähnlich gearteter Fall fortgesetzten Versagens war der eines Farmers in mittleren Jahren, der mit einer langen Liste körperlicher Beschwerden in eine Klinik kam; wir wollen diese für den Augenblick beiseite lassen und nur einige der Verhaltensweisen anführen, die seine Selbstzerstörungstendenzen erkennen lassen.

Als er heiratete, hatte er von seinem Vater und seinem Schwiegervater je eine Farm erhalten. Während der ersten Ehejahre nahm er Hypotheken auf, und 1917 (zu einer Zeit, als es den Bauern wegen der hohen Lebensmittelpreise keineswegs schlecht ging) verlor er alle beide. Mit etwas Geld, das ihm sein Vater vorstreckte, zog er nach Kalifornien, wo er alles in einem Weingut anlegte und wieder verlor. Dann kaufte er (wir wissen nicht mit was für Mitteln) eine Gemüsefarm, aber auch diese verlor er. Da er allerlei Arbeiten verrichtete, verdiente er genug, um einige Lastwagen zu kaufen. Er glaubte, in großem Stil in dieses Geschäft einsteigen zu können, zahlte aber die Raten nicht, und so büßte er auch seine Lastwagen ein. Sein Vater gab ihm nochmals tausend Dollar, die er in eine Tankstelle investierte. Hier war er einigermaßen erfolgreich, bis ihn seine übertriebenen Vorstellungen dazu verleiteten, eine große Garage dazuzubauen. Mit diesem Unternehmen scheiterte er und verlor sowohl die Garage als auch die Tankstelle.

Einige Jahre später bot ihm sein Vater eine Farm an, falls er in den Osten zurückkommen würde, um dort zu leben. Das tat er auch und nahm bald große Hypotheken auf den Grundbesitz auf. Während der Hauptarbeitszeit auf der Farm, die seine ganze Kraft beansprucht hätte, beschloß er plötzlich, eine Reise zurück nach Kalifornien zu unternehmen. Diese Reise wollte er damit finanzieren, daß er andere Leute gegen Bezahlung mitnahm. Vierzehn Leute waren bereit mitzukommen, aber trotzdem verlor er Geld bei der Fahrt, weil einige, die er mitgenommen hatte, zu bezahlen versäumten und er sich nicht ums Kassieren kümmerte. Er kaufte Autos im Osten und fuhr sie nach Kalifornien, weil er sich aus dem Verkaufserlös einen Gewinn versprach. Aber auch dieser Plan scheiterte, und er verkaufte die Wagen mit Verlust. Bei seiner Heimkehr stellte er fest, daß mehrere Hypotheken, die auf seiner Farm ruhten, fällig waren. Um sie zu bezahlen, verkaufte er einige Rinder, die seiner Frau gehörten, aber anstatt das Geld für die Hypotheken zu verwenden, gab er einem Impuls nach, nach Kalifornien zurückzukehren.

Von dort ging er nach Neu-Mexiko und pachtete 14 000 Acres für landwirtschaftliche Unternehmungen großen Stils, aber er verbrauchte soviel Geld, um die Anzahlung für die Pacht zu leisten, daß er nicht genügend bares Geld besaß, um in ausreichender Menge Saatgut zu kaufen. So gab er die ganze Sache auf und kehrte in den Osten zurück, wo er feststellte, daß die Banken ebenso wie seine Angehörigen jegliche Geduld mit ihm verloren hatten. Er wurde aufgefordert, die Hypothekenzahlungen zu leisten, wozu er nicht in der Lage war. Die große Aggressivität dieses Mannes wurde von ihm weitgehend in seine Arbeit investiert, aber entgegen dem Verhalten des normalen Menschen, der diesen Antrieb als Mittel zum Erfolg nutzt, machte es sich dieser Mann zum Ziel, zu scheitern, wobei er nicht nur sein eigenes Geld einbüßte, sondern auch das aller anderen, die ihm vertrauten.

All das klingt so absurd und extrem, daß man sich kaum vorzustellen vermag, wie solche Individuen leben, arbeiten und Geschäftsverbindungen unterhalten können, ohne daß sie ganz allgemein von ihren Freunden und Nachbarn als selbstzerstörerisch angesehen werden, selbst wenn die Dinge schließlich einem Höhepunkt zutreiben. Man nennt sie vielleicht dumm oder schuftig oder glaubt, daß sie vom Pech verfolgt seien. Aber diese deskriptiven Bezeichnungen treffen nicht die zugrundeliegende Psychologie. Einige bemerken vielleicht, daß bei diesem Mann Minderwertigkeitsgefühle zur Überkompensierung in Form von geschäftlichen Unternehmungen führten, die seine Fähigkeiten so weit überstiegen, daß sie zum Scheitern verurteilt waren. Aber selbst das reicht nicht aus, eine solche Strähne fortlaufenden Versagens zu erklären – überkompensatorisches Streben ist gewöhnlich doch bis zu einem gewissen Grad von Erfolg gekrönt. Offensichtliche Dummheit wird hingegen häufig als Angriffswaffe benutzt. Jedoch läßt ein so anhaltendes Scheitern im Verein mit den vielen körperlichen Beschwerden, die hier nicht erörtert wurden, aber Teil des klinischen Bildes waren, erkennen, daß dieser Mann auf dramatische Weise Selbstzerstörung exemplifizierte, die nur leicht verschleiert als Unfähigkeit und Mißgeschick in Erscheinung trat.

Diese Fälle, wie auch die vorangegangenen, lassen wenig Zweifel an der dynamischen Kraft irrationaler und unbewußter Motive, die das sich wiederholende Verhalten des neurotischen Charakters bestimmen. Das Endergebnis ist in hohem Maße selbstzerstörerisch in dem Sinne, wie Märtyrertum, Askese, neurotische Krankheiten und andere Zustände, die wir in diesem Kapitel diskutiert haben, zur Selbstzerstörung führen. Es ist wahr, daß der neurotische Charakter sein Leben rettet – ja, er kann sogar ein paar Krumen normaler Lust retten –, und oft genug genießt er die verrückte Befriedigung so manchen wilden, impulsiven Amüsements. Aber für all das bezahlt er einen zu hohen Preis – den Preis des Leidens, der Einschränkung, der Entbehrung, der Zerstörung von Hoffnung und Freude. Nach sämtlichen Maßstäben der Realität ist es ein schlechtes Geschäft, ein Wegwerfen des Lebens für momentane Befriedigungen.

Man glaube oder sage nicht, daß dem neurotischen Charakter durch die wilden Freuden, für die er so teuer bezahlt, sein heißestes Verlangen erfüllt wird und er daher zu beneiden und nicht zu bedauern sei. So kühne Worte hat jeder Psychiater unzählige Male aus dem Munde dieser Opfer selber gehört, die halb trotzig, halb verzweifelt versuchten, »ein blutiges, doch ungebeugtes Haupt« hochzuhalten. Aber er hat auch die Hohlheit dieses Anspruchs erkannt. Die Realität läßt sich nicht ungestraft verhöhnen, und die Last von Strafe und ernsten Konsequenzen nimmt zu, bis Nachdenklichkeit und Sorge an die Stelle von Munterkeit und Arroganz treten. Erst dann wird der selbstzerstörerische Plan eine wirkungsvolle Therapie zulassen. Unglücklicherweise hat die Selbstzerstörung dann oft bereits einen Punkt erreicht, wo keine Rückkehr mehr möglich ist.

b) Kriminalität

Die wissenschaftliche Erforschung der Kriminalität ist so weit fortgeschritten, daß, wäre ihre Relevanz gesichert, die Erwähnung des Themas in diesem Buch – sei es auch nur skizzenhaft – unmöglich wäre. Ich will daher nur jenen Aspekt der Kriminalität erörtern, der sich auf unsere These bezieht, nämlich die selbstzerstörerischen Motive in der Psychologie des Rechtsbrechers.

Man hat versucht, der amerikanischen Öffentlichkeit das Schlagwort »Verbrechen lohnt sich nicht« schmackhaft zu machen. Kriminalfilme, die Bestrafung der Verbrecher und insbesondere Kriminelle, die (mit Handschellen an den Kriminalbeamten gefesselt) diesen Slogan lauthals proklamieren, sollen offenbar anfällige Jugendliche beeindrucken und davon abhalten, der Verlockung nachzugeben, kriminelle Abkürzungswege durch die Gesellschaft einzuschlagen. Nichtsdestoweniger gibt es weiterhin Verbrechen, und allein die Tatsache, daß man uns ein solches Schlagwort gezielt *predigen* muß, beweist, daß sein Wahrheitsgehalt nicht selbstverständlich ist. Eine große Zahl amerikanischer Bürger zeigt durch ihr Verhalten, daß sie glaubt, Verbrechen *lohne sich sehr wohl*. Inwiefern es sich für sie lohnt, verdient wohl eine psychologische Analyse, denn offenbar bedürfen verschiedene Menschen verschiedener Befriedigungen. Aber selbst wenn man annimmt, daß das Lohnen sich auf den Erwerb materieller Güter bezieht, so hat die amerikanische Öffentlichkeit seit langer Zeit ständig die großartigen Erfolge von Leuten vor Augen – Bankpräsidenten, Handelskettenmagnaten, Managern von Bierkneipen und Bordellen –, die sich ohne Schwierigkeiten der Festnahme oder Verurteilung entziehen. Außerdem erklären die Polizeiverwaltungen vieler unserer größten Städte öffentlich ihre Absicht, kriminelle Methoden bei der Behandlung der Verbrecher anwenden zu wollen, und dies nahezu im gleichen Augenblick, in dem die Instanzen, die Verbrechen verhüten sollen, dem Publikum versichern, daß sich Verbrechen niemals lohnen. Der Polizeichef einer unserer Großstädte kündigte zum Beispiel an: »Beförderungen warten auf die Polizisten, die sie (Gangster und Verdächtige) fertigmachen. Ich werde die Männer befördern, die diese Gorillas zusammentreiben und in den Bau bringen.«[3] In derselben Woche wurde von einem Staatsanwalt im Süden ein Lynchmord verteidigt, so wie nur wenige Jahre zuvor Gouverneur Rolph von Kalifornien in einer berühmten Rede die Lynchjustiz verteidigt hatte. Die amerikanische Öffentlichkeit wird in regelmäßigen Abständen von freimütigen Bekenntnissen seitens prominenter Persönlichkeiten schockiert, daß kriminelle Handlungen erlaubt seien, vorausgesetzt, sie werden von privilegierten Individuen begangen. Dieser innere Vorbehalt, daß andere keine Verbrechen begehen sollen, ich selbst es aber darf, ist ein charakteristisches Element der Psychologie des Amerikaners. Tatsächlich bedarf es nur geringfügigen Nachdenkens, um sich klarzumachen, daß unser

---

[3] *The Nation*, Bd. 141, Nr. 3671, November 1935.

Staatswesen einer Gruppe von Menschen seine Entstehung verdankt, die von Anbeginn beständig den Gesetzen Englands trotzten und sie verletzten. Weiterhin beruhten die meisten großen Vermögen und die sogenannte wirtschaftliche Stabilität unseres Landes in seiner Frühzeit auf der verbrecherischen Zerstörung und Vergeudung natürlicher Hilfsquellen, deren Schändlichkeit und traurige Resultate wir gerade erst in vollem Ausmaß zu erkennen beginnen. Selbst jetzt noch gibt es Millionen amerikanischer Bürger, die es als ihr gottgegebenes Recht ansehen, Waldbestände zu zerstören, Vögel und Wild zu töten und zu verstümmeln, Flüsse zu verseuchen und den Boden unbekümmert um die Folgen derart rücksichtsloser Zerstörung für die Gesellschaft auszubeuten.

Wenn ich mich etwas von unserem Thema entfernt habe, so deshalb, weil es mir einigermaßen zweifelhaft erscheint, den amerikanischen Durchschnittsleser davon überzeugen zu können, daß Kriminalität tatsächlich selbstzerstörerisch ist. Unsere ganze nationale Ideologie stellt das in Frage. Alexander und Healy[4] führen in ihrem Buch beim Vergleich psychologischer Untersuchungen von Kriminellen in Deutschland und den Vereinigten Staaten aus: »Der eindrucksvollste dieser Unterschiede ist die heroische exhibitionistische Auswertung krimineller Taten in Amerika; weit mehr als in Europa spielt dies eine bedeutende Rolle für die Entstehung von Motiven, die Gesetze zu brechen. Trotz offizieller Verurteilung betrachtet die amerikanische Öffentlichkeit nicht nur instinktiv, sondern sogar bewußt Kriminalität mit einer Art pubertärer Heldenverehrung. Gleichzeitig erdrosselt das Maschinenzeitalter mit seinen mechanisierenden und nivellierenden Tendenzen die Individualität und zwingt das Individuum, Teil des Kollektivs zu werden. Die Kriminalität bleibt so eines der wenigen Ventile, durch die das Individuum seinen Groll gegen diesen Druck äußern und seine männliche Souveränität hervorkehren kann ... Die ideologische Basis der amerikanischen Demokratie – eine individualistische Lebensanschauung – ist im Ideal des Selfmademan personifiziert, der, von äußerer Hilfe unabhängig,

---

4 Franz Alexander und William Healy: op. cit., S. 283.

im freien Wettbewerb und bei gleichen Chancen erfolgreich ist.«
Mit anderen Worten, schroffer Individualismus schließt das Recht des einzelnen ein, die Rechte der Gesellschaft zu mißachten, und das ist seinem Wesen nach Kriminalität.
In Wahrheit glauben wir Amerikaner, daß Verbrechen sich nicht lohnt, wenn man geschnappt wird. Die Moral daraus und das Arbeitsprogramm vieler Amerikaner lauten daher: »Sei ein harter Individualist, komme mit deinen Mitmenschen aus, so gut es geht; wenn nötig, übervorteile sie, aber so, daß man dich nicht kriegt.« Wenn einer geschickt ist, kann er es auf diese Weise weit bringen und finanzielle Vorteile ebenso wie öffentliche Anerkennung erringen. Ist einer ungeschickt oder dumm oder macht er einen Fehler, dann ist er nicht länger im Rennen, sondern er wird offiziell als Verbrecher verurteilt und aufgefordert, vor der verblüfften Jugend des Landes zu bezeugen, daß Verbrechen sich nicht lohne.
Diese Abschweifung in bestimmte politische Implikationen der Erforschung der Kriminalität sollte uns nicht davon abhalten, mit wissenschaftlichen Mitteln zu untersuchen, inwiefern kriminelles Verhalten zur Selbstzerstörung führen kann, selbst wenn es das *in Amerika* häufig nicht tut. Sicherlich gibt es so etwas wie ein normales kriminelles Verhalten in dem Sinne, daß manche Menschen auf alle Heuchelei und jeden Versuch, höhere Ideale oder höhere soziale Maßstäbe vorzutäuschen, verzichten, indem sie sich nehmen, was sie wollen, und sich vor Gefangennahme oder Strafe hüten. Der *Missouri Crime Survey*[5] zeigte, daß nur eins von tausend der in diesem Gebiet begangenen Verbrechen tatsächlich eine Bestrafung der Täter nach sich zog. Jede Untersuchung über Kriminelle in diesem Lande sollte daher zwischen gefaßten und nicht gefaßten Kriminellen unterscheiden. Fast alle durchgeführten Untersuchungen zogen ihre Schlüsse über Kriminalität anhand derer, die gefaßt wurden. Wenn wohlbekannt ist, daß die große Mehrzahl nicht gefaßt wird, dann scheint mir dies kein korrektes »sampling« im statistischen Sinne des Wortes zu sein.

[5] Raymond Moley: *The Administration of Criminal Justice in Missouri*. St. Louis 1926.

Sheldon und Eleanor Glueck[6] haben gezeigt, daß diejenigen, die gefaßt werden, weiterhin Verbrechen begehen und aufs neue gefaßt werden. Daß ihre Angriffe gegen die Gesellschaft zu Selbstzerstörung in Form von Einkerkerung, Elend und Entbehrungen führen, liegt auf der Hand.

Aber ich habe bereits darauf hingewiesen, daß ich nicht sicher bin, ob wir alle diese Menschen Verbrecher nennen sollten, wenn wir dasselbe Wort auf jene anwenden, die sich niemals ertappen lassen. Vielleicht sollten wir sie eher als neurotische Kriminelle bezeichnen. Manche von ihnen sind zweifellos dumm und werden aus diesem Grunde gefaßt; andere haben Pech, und einige mögen normale Verbrecher sein, die sich in der Methode geirrt haben. Aber die Mehrzahl wird vielleicht in eine Gruppe hineingehören, die gründlich psychoanalytisch untersucht wurde.[7] Für viele Menschen ist der Impuls, Verbrechen zu begehen – unseres Erachtens eine universale Tendenz – unwiderstehlich, doch können andererseits solche Individuen der Rache des eigenen Gewissens nicht entgehen. Sie sind daher, haben sie einmal ihren aggressiven Impulsen nachgegeben, schließlich gezwungen, vor den Drohungen des eigenen Gewissens, wenn nicht den Einschüchterungen durch das Gesetz, zu kapitulieren. Das führt sie dann dazu, Bestrafung zu suchen, sich fassen zu lassen, provozierende Gesetzesbrüche zu begehen oder sogar »ins Gefängnis einzubrechen«.

Diese Motive sind in einer kürzlichen Untersuchung von Alexander und Healy über psychologische Motive der Kriminalität eingehender dargestellt worden, die bereits erwähnt wurde. Etwa ein Dutzend Kriminelle wurden einer Psychoanalyse unterzogen. In allen Fällen zeigte diese tiefgreifende psychologische Studie etwa die gleiche allgemeine Formel, nämlich den ausgeprägten Wunsch, ein unselbständiges Kind zu bleiben, und einen heftigen Groll gegen gesellschaftliche, ökonomische und andere Kräfte, die seiner Befriedigung im Wege standen, woraus sich folgerichtig eine Kombination gemischter Gefühle der Rache, Selbstbehauptung und Schuld ergab. »Sie haben mich gemein behandelt, ich

6 Sheldon Glueck und Eleanor T. Glueck: *Five Hundred Criminal Careers.* New York 1930.
7 Franz Alexander und Hugo Staub: op. cit.; Theodor Reik: op. cit.

hasse sie, ich brauche sie nicht mehr, ich werde es ihnen heimzahlen, ich werde ihnen abnehmen, was ich haben will – aber ich bereue es, ich fühle mich schuldig, ich werde dafür bestraft werden...«

Daß dies im allgemeinen mit der Formel für andere Methoden der Selbstzerstörung übereinstimmt, ist offensichtlich. Es kommt vielleicht auf folgendes hinaus: Kriminalität ist in manchen Fällen das Resultat überwältigenden Hasses, der in der Kindheit entwickelt wurde und den das Individuum nur um den Preis der Einschüchterung durch das eigene Gewissen in dem Maße zum Ausdruck bringen kann, daß es unbewußt dabei versagt, seine Aggressionen auszutragen und sich entdecken, fassen und bestrafen läßt. Das wurde mir sehr lebendig veranschaulicht, und zwar durch einen der außergewöhnlichsten Menschen, dem ich je begegnet bin, seien sie nun normal oder geisteskrank, kriminell oder nicht kriminell gewesen. Aus den rund tausend Seiten Notizen, die ich über ihn gemacht habe, will ich versuchen, die Geschichte seines Lebens zu kondensieren, um die emotionalen Ursprünge seiner furchtbaren Kriminalität aufzuzeigen. Vor mir liegt das Manuskript dieses bemerkenswerten Mannes, der später auf Anordnung des Bundesgerichtshofs hingerichtet wurde. Es beginnt folgendermaßen:

»Ich bin John Smith, Gefangener Nr. 31614 im Staatsgefängnis der Vereinigten Staaten in – – – Ich bin ein Lügner. Ich bin ein Dieb. Ich bin ein Mörder. Ich bin verkommen. Aber das ändert kein Tüpfelchen an der Wahrheit dessen, was ich hier niedergeschrieben habe. Ich bin jetzt 38 Jahre alt. Von diesen 38 Jahren habe ich 22 Jahre im Gefängnis, in Erziehungsanstalten, in Zuchthäusern zugebracht. In meinem ganzen Leben habe ich niemals irgendeinem Menschen noch mir selbst etwas Gutes angetan. Ich bin ein Stinktier ersten Ranges... Aber was ich auch bin – das Gesetz hat mich dazu gemacht.

Ich habe das Gefühl, daß ich das jetzt schreibe, liegt daran, daß ich bald sterben werde...

Mein ganzes Leben hindurch habe ich destruktiv gelebt. In diesen Aufzeichnungen werde ich zu beweisen versuchen, daß ich auch hätte konstruktiv leben und mir selbst und meinen Mitmenschen hätte nützlich sein können, wenn ich von Anbeginn von den Gesetzen richtig belehrt und behandelt worden wäre ... Ich bin mir vollkommen bewußt, daß ich nichts tauge, daß niemand mich liebt oder achtet. Aber das bekümmert mich überhaupt nicht, weil ich auch niemanden liebe oder achte. Ich verachte, verabscheue und hasse jeden Menschen auf Erden, mich selbst eingeschlossen ... Meine einzigen Gefühle sind jetzt Haß und Furcht. Ich habe alle Kraft verloren, die ich jemals besessen habe, das Leben zu genießen. Ich kann nur leiden ... Jedes anständige Gefühl, das in mir gelebt haben mag, ist vor langer Zeit brutalisiert und aus mir herausgeprügelt worden.«

Die Darstellung wird dann zu einer unerbittlichen Selbstanalyse, in der der Gefangene weder der Gesellschaft noch sich selbst etwas schenkt. Er bekennt freimütig, daß er dreiundzwanzig Männer ermordet habe und keinerlei Reue deswegen empfinde. (Die meisten dieser Morde wurden durch Nachforschungen bestätigt.) Er gibt nicht vor, eine Rechtfertigung für diese Morde zu besitzen, sondern sagt, daß er aus Mordlust tötete, daß sein Haß und sein Wunsch nach Rache dadurch befriedigt wurden, obgleich die Rache nicht am ursprünglichen Objekt seines Hasses vollzogen wurde.

Es ist wirklich unmöglich, auf wenigen Seiten die Einzigartigkeit dieses Mannes zu schildern. Er besaß fast überhaupt keine formale Bildung, hatte sich aber in einem verblüffenden Ausmaß selbst unterrichtet, verfügte über eine überlegene Intelligenz und einen erstaunlichen Mangel an Hemmungen. Ich habe niemals einen Menschen gesehen, dessen destruktive Triebe von seinem bewußten Ich so vollständig akzeptiert und gutgeheißen wurden. Er erläuterte mir in allen Einzelheiten einen Plan, den er entwickelt hatte, um die Vernichtung *der ganzen Menschheit* herbeizuführen. Die Konzeption dieses Planes war keineswegs absurd und schneidet sehr günstig ab bei einem Vergleich mit den patentierten scharfsinnigen Vorrichtungen von Erfindern, die den Rüstungsfabrikanten dienen, welche so stolz auf ihre Einrichtungen zur Steigerung der offiziellen Mordlust sind.

Niemand kann das Manuskript dieses Mannes bis zu Ende lesen, ohne von einem Schauder ergriffen zu werden. Einerseits fanden sich hier furchtbarer Haß und Bitterkeit und eine unglaublich sadistische Grausamkeit, andererseits eine

klare Einschätzung seiner selbst, wehmütiger Glaube an einen Vollzugsbeamten und Zuneigung zu diesem, der einst als jüngerer Mann dem Gefangenen freundlich begegnet war und noch lange Zeit später einen Briefwechsel mit ihm unterhalten hatte, und zudem ein merkwürdiges Interesse an der Verbesserung der Welt trotz seiner Überzeugung, daß nahezu alle Menschen so schlecht seien, daß es besser wäre, wenn sie sämtlich getötet würden. Es war ein widerspruchsvolles Bild krasser Realität, dessen Wirkung sich mit der vergleichen ließe, die man empfinden würde, wenn man in das Innere eines menschlichen Körpers hineinblickte, der durch einen gräßlichen Unfall zerrissen wurde: alle lebensnotwendigen Organe sind bloßgelegt, wobei die Person mit übermenschlicher Fähigkeit, Schmerzen zu ertragen, ausgestattet und bei Bewußtsein ist, so daß sie ruhig über den Unfall und den herannahenden Tod zu reden vermag.
Denn dieser Mann wußte sehr gut, wie und warum seine destruktiven Neigungen eine so überwältigende Stärke erreicht hatten. In früher Kindheit waren ihm einerseits strenge religiöse Lehren erteilt worden, andererseits hatte er Armut erlitten und war aus seinem Elternhaus verstoßen worden, so daß er bereits mit acht Jahren eingesperrt worden war. Mit zwölf Jahren war er Gefangener in einer Boy's Industrial School, wo die offiziell geübte Grausamkeit die Bitternis seiner Kindheitsängste verstärkte. Danach bestand sein Leben nur aus Rache, erneuter Gefangennahme, Bestrafung, Entlassung und wieder Rache, Bestrafung, neuer Bitterkeit.
Dieselben psychologischen Faktoren, die später bei der psychoanalytischen Untersuchung der bereits erwähnten Gefangenen aufgedeckt wurden, entdeckte dieser außergewöhnliche Mensch an sich selbst und legte sie in seinen Kommentaren über seine eigene Psychologie, die Psychologie der Menschheit und der Verbrecher im besonderen nieder. Sie besagen in kurzen Worten, daß Haß wiederum Haß erzeugt, daß das Unrecht, das einem Kind zugefügt wird, unerträgliche Vergeltungsreaktionen weckt, die das Kind unterdrücken und hinausschieben muß, die aber früher oder später in der einen oder anderen Form zutage treten; daß der Lohn der Sünde der Tod ist, daß Mord Selbstmord ausbrütet, daß

Töten nur bedeutet, getötet zu werden, daß es keine wirkliche Sühne gibt außer dem Leiden, und daß bitteres Leiden keine Frucht trägt.

Dieser Gefangene verlangte die Hinrichtung für einen Mord, den er im Gefängnis begangen hatte. Da er in Kansas vor Gericht stand, wo seit langem ein Gesetz und eine Aversion gegen die Todesstrafe bestanden, bemühte man sich ernstlich, seine Hinrichtung zu verhindern, aber indem er auf gewissen Formalitäten beharrte, jeden Rechtsbeistand ablehnte und das Zeugnis von Psychiatern und anderen geschickt widerlegte, gelang es dem Gefangenen, seinen Wunsch, hingerichtet zu werden, durchzusetzen. Die Exekution fand statt; es war der einzige Fall, bei dem in über 50 Jahren in Kansas die Todesstrafe angewendet wurde.

Am Tage der Hinrichtung lief er rasch vorwärts, erstieg bereitwillig den Galgen, wobei er seine Henker zur Eile antrieb, damit sie es hinter sich brachten. Jedermann bemerkte, wie eilig er es hatte zu sterben. Seine Hinrichtung war im Grunde ein Selbstmord, ein direktes Erreichen dessen, wonach er indirekt in seinen ganzen 38 Lebensjahren gesucht hatte.

c) *Perversionen*

Es überschreitet den Rahmen dieses Buches, in eine Diskussion darüber einzutreten, wie und warum die Gesellschaft bestimmte Normen oder akzeptable Verhaltensweisen, etwa hinsichtlich des Ausdrucks sexueller Impulse, vorschreibt, und zu zeigen, wie und warum von Zeit zu Zeit und von Land zu Land diese Maßstäbe sich ändern. Die Tatsache bleibt bestehen, daß verschiedene Formen sexueller Betätigung, die einstmals in zivilisierten Ländern akzeptiert wurden, nunmehr tabu sind, während andererseits zahlreiche Tabus beseitigt wurden, die früher bestanden. Vom sozialen wie vom rechtlichen Standpunkt ist sexuelle Perversion demnach ein wandelbarer Begriff. Vom psychologischen und biologischen Standpunkt ist sie etwas sehr viel Bestimmteres und bezeichnet das überwiegende Beharren, auf infantile Weisen sexuelle Lust zu erlangen, unter Ausschluß oder Behinderung normaler

Modi. Jeder Psychiater wird von Individuen konsultiert, die Dinge anstelle von Menschen lieben oder aber Personen des eigenen anstatt des anderen Geschlechts, oder solchen, bei denen Grausamkeit oder das Erleiden von Schmerzen oder das einfache Ansehen oder Anhören sexueller Vorgänge die normale sexuelle Betätigung ersetzen.

Wir wissen aus den epochemachenden Untersuchungen Freuds, beginnend mit seinen berühmten *Drei Beiträgen zur Sexualtheorie*, daß solche perversen Strömungen in jedem vorhanden sind, daß sie aber beim normalen Menschen zugunsten reiferer Formen der Befriedigung unterdrückt werden. Manchen Individuen fällt nun der Kampf um die Aufgabe dieser infantilen zugunsten reifer Verhaltensweisen aus dem einen oder anderen Grund sehr schwer, und es können verschiedene Dinge geschehen. Manchmal werden sie nur um den Preis der Aufopferung des Sexuallebens überhaupt aufgegeben, manchmal wird auf das Sexualleben nur in seiner direkten Form verzichtet; es wird aber auf zahlreiche indirekte, verhüllte Arten befriedigt. In anderen Fällen wiederum wird überhaupt nicht verzichtet, sondern offene oder heimliche Befriedigung versucht. Wenn letzteres entdeckt wird, werden die Betroffenen von der Gesellschaft ebenso dafür bestraft, daß sie diesen verbotenen sexuellen Impulsen nachgeben, wie jene, die rückhaltlos ihre aggressiven Instinkte befriedigen – die Verbrecher. Die eine Seite der Medaille ist die, daß bestimmte Menschen unter einem inneren Zwang zu stehen scheinen, ihre sexuelle Befriedigung auf perverse Weise zu erlangen. Aber es gibt noch eine andere Seite, die nicht so offensichtlich oder weniger bekannt ist. Daß jemand, der auf diese Weise an infantilen Methoden festhält, statt sich erwachsenen Methoden zuzuwenden, in Schwierigkeiten gerät und letztlich selbst diese Befriedigungen entbehren muß, sollte für jedermann evident genug sein, um als Abschreckung zu wirken. Da jedoch diese Dinge weitergehen, müssen wir annehmen, daß die Triebe entweder zu stark sind oder die vermutete Abschreckung wirkungslos ist, wenn sie nicht gar einen Anreiz darstellt. In jedem Fall muß man zu dem Schluß gelangen, daß die spätere Selbstzerstörung wissentlich akzeptiert, wenn nicht tatsächlich gesucht wird. (Die Blockierung der Stimme der Vernunft wurde bereits erwähnt.) Diese Vorstellung zu vermitteln und zu zeigen, zu welcher Auflösung und Demoralisierung sexuelle Perversion führen kann, war offenbar André Gides Absicht in seinem Roman *Der Immoralist*. Es könnte keine bessere Illustration der selbstzerstörerischen Macht der Perversion gefunden werden als die Erfahrungen von Oscar Wilde und Lord Douglas. Der furchtbare Haß, der unter ihrer gepriesenen Liebe schwelte, erreichte seinen Höhepunkt in dem Verrat, der zu Wildes Einkerkerung und letztlich zur Entehrung von Lord Douglas führte.[8]

Der Groll, den die Gesellschaft gegenüber offen Homosexuellen empfindet und der in den heftigen Attacken zum Ausdruck kommt, die von sich dazu berufen fühlenden Leuten gegen sie geführt werden, enthält sicherlich einen gewissen Anteil unbewußter Angst und übermäßiger Reaktion auf unerkannte homosexuelle Impulse der Angreifer selbst. Er drückt auch etwas Bestimmteres aus, etwas, das Psychiater in ihrem Bemühen um Verständnis und Erklärung des Verhaltens Homosexueller zu übersehen pflegen. Das ist das aggressive Element in der Verführung. Manchmal ist es sehr deutlich. Ich untersuchte einmal eine Frau in einem Frauengefängnis, die in keiner Weise vor mir zu verbergen versuchte, daß sie Dutzende von Mädchen in der Elementar- und Oberschule verführt hatte. Ihre Verführungsmethode bestand darin, daß sie ihnen erzählte, daß Männer schlecht seien und kleine Mädchen verletzten, und ihnen riet, niemals die Grausamkeiten zu erdulden, die die Männer den Frauen zufügten – kurz gesagt, niemals zu erlauben, daß ein Mann sie berührte; daß andererseits Frauen nett, sanft und süß wären, sich lieben und einander sehr glücklich und froh machen könnten, wenn sie bestimmte Techniken anwendeten. Wenn jemand die (wenngleich unbewußte) Aggressivität solcher Verführungen bezweifeln sollte, wird er sich eher davon überzeugen, wenn er hört, daß diese Frau, die einen unbeschreiblichen persönlichen Charme und die scheinbare Sanftheit und Lieblichkeit einer zarten Blume besaß, nicht etwa wegen dieser Verführungen im Gefängnis war, sondern deswegen, weil sie ihren Ehemann mit einem Hammer er-

---

[8] Siehe André Gides *Selbstzeugnis*. Stuttgart 1969.

schlagen und ihn dann in ihrer verschlossenen Wohnung liegen gelassen hatte, während sie fünfzig Meilen weit wegfuhr, um an einer Bridgepartie teilzunehmen.

Daß diese Aggressivität mit Selbstzerstörung verbunden ist, mag nicht so deutlich sein. Es ist vielleicht nicht immer der Fall, manchmal aber in auffallender Weise. Eine ledige Frau von 32 Jahren berichtete über eine lange Reihe sexueller Unregelmäßigkeiten sowohl homosexueller als auch heterosexueller Art, die mit einem Erlebnis begannen, das sie als Sechsjährige mit ihrem älteren Bruder hatte. Solche Erlebnisse sind natürlich sehr häufig und prädisponieren oder führen gewöhnlich nicht zu Homosexualität. In diesem Falle jedoch traten die homosexuellen Impulse und Experimente erstmals in der Adoleszenz auf; sie bestanden in körperlichen Intimitäten mit einem anderen Mädchen. Auch das könnte noch als im Rahmen normaler Erfahrungen liegend angesehen werden, wenn es damit sein Bewenden gehabt hätte. Statt dessen hatte sie aber während der folgenden zehn Jahre viele homosexuelle Verhältnisse, stets ohne ein wirkliches Gefühl der Zuneigung und fast immer mit daraus resultierendem Schaden für sie verbunden. Ihre Arbeit brachte sie in enge Berührung mit jüngeren Mädchen, wobei ihre Berufswahl – sie lehrte künstlerischen Tanz – vermutlich von ihren homosexuellen Neigungen bestimmt worden war. Bei ihrer Lehrtätigkeit legte sie stets ein unverhohlenes oder gar exhibitionistisches homosexuelles Verhalten an den Tag, erwarb sich so einen schlechten Ruf und verlor infolgedessen ihre Stellung. Sie machte dann plötzliche Annäherungsversuche bei Mädchen, die sie eben erst kennengelernt hatte. Natürlich wurde sie gewöhnlich abgewiesen, gemeldet und dann entlassen. Wieder küßte sie Mädchen leidenschaftlich in der Öffentlichkeit, was entsprechende Kommentare auslöste. Sobald sie eine neue Stellung antrat, hatte sie ständig Angst, daß ihr schlechter Ruf bekannt werden und sie die Stellung kosten würde, was auch häufig der Fall war.

Auf diese Weise schadete sie unaufhörlich sich selbst, indem sie Impulsen nachgab, die sie für sexueller Art hielt, während sie in Wirklichkeit aggressiv und selbstzerstörerisch waren. Sie empfand keinerlei Zuneigung für irgendeines ihrer Sexualobjekte. Ihre aggressive Motivierung kam auch darin zum Ausdruck, daß sie unter der Furcht litt, daß sie das Mädchen, zu dem sie sich hingezogen fühlte, körperlich oder gesellschaftlich geschädigt hätte oder schädigen würde. Statt dessen schädigte sie hauptsächlich sich selbst, indem sie ihre eigene Schande und Bestrafung herbeiführte, also buchstäblich ihre Selbstzerstörung.

Ein solches Verhalten ist besser zu verstehen, wenn man ihre Familien- und Entwicklungsgeschichte betrachtet. Sie war die jüngste von sieben lebenden Geschwistern, wovon vier Brüder und zwei Schwestern waren. Einer der Brüder – elf Jahre älter als sie – verführte sie in der Kindheit viele Male und gab ihr oft nur dann Geld zum Ausgeben, wenn sie ihm sexuelle Spiele mit ihr erlaubte. Ihr nächstälterer Bruder – drei Jahre älter als sie – war ihr Abgott. Ihre nächstältere Schwester – acht Jahre älter – war noch ledig, eine launische, unzufriedene Unruhestifterin. Sie lebte noch zu Hause und benahm sich so anstößig, daß die Mutter sie bei verschiedenen Gelegenheiten fast hätte einsperren lassen. Der Vater war ein verantwortungsloser Tunichtgut, der sich ständig offen mit anderen Frauen abgab und oft wochenlang ohne Erklärung von zu Hause fortblieb. Einmal schickte er eine seiner Töchter in die Wohnung seines Bruders zu dessen sexueller Befriedigung.

Die Patientin war immer als Lausbub betrachtet worden, und oft hatte sie tatsächlich gewünscht, ein Junge zu sein. Ihr Interesse für Sport und Körperertüchtigung, männlicher Haarschnitt und Kleidung legten Zeugnis ab für ihre männliche Identifizierung. Andererseits hatte sie sporadisch heterosexuelle Erlebnisse und Interessen, war aber einer Heirat und dauerhafteren heterosexuellen Verhältnissen immer aus dem Wege gegangen. Offenbar hatte die frühe Verführung durch den Bruder und andere Jungen ihre Vorstellung von der masochistischen Rolle der Frau bestätigt und diese erschreckend und unannehmbar gemacht. Auch das verantwortungslose Verhalten ihres Vaters hatte verhindert, daß sie ein ideales Bild von irgendeinem Mann haben konnte. Früher Neid auf die Freiheit und die genitalen Fähigkeiten der Jungen veranlaßten sie, ihre Mädchenrolle zu fliehen und zu versuchen, die Jungen zu imitieren und sich mit ihnen zu identifizieren. Aber die schlechte Behandlung, die ihr tatsächlich von seiten der Eltern und der älteren Geschwister zuteil wurde, weckte soviel Groll in ihr, daß ihre Vorstellung von der sadistischen Rolle des Mannes durch ihre Wut über diese schlechte Behandlung noch verstärkt wurde. In ihrem Sexualverhalten reagierte sie daher aggressive, zerstörerische Impulse gegen Mädchen – Ersatzfiguren für ihre Schwestern und ihre Mutter – ab, empfand aber gleichzeitig soviel Schuld wegen dieses Verhaltens, daß nichts sie daran hindern konnte, Methoden anzuwenden, die sie in Situationen brachten, die zu ihrem Untergang führten.

Zusammenfassung

In diesem Kapitel sollte gezeigt werden, daß sich hinter asozialem Verhalten selbstzerstörerische Absichten verbergen können. Das wird nicht dadurch bewiesen, daß es selbstzerstörerische Folgen hat, doch die Untersuchung repräsentativer Formen offenkundig aggressiven Verhaltens wie beim neurotischen Charakter, Kriminalität und sexueller Perversion scheint die Hypothese in vielen Fällen zu bestätigen. Die Analyse der Motivationen, die hinter solchem Verhalten stehen, weist starke Parallelen – bei verschiedenartiger Anordnung – mit den Motiven für Selbstmord auf, wenn bei ihnen natürlich auch der Todestrieb nicht überwiegt.

5. Psychose

Es ist vielleicht offensichtlich, daß man sich buchstäblich selbst zerstört, wenn man sich soweit von der Realität entfernt, daß man Impulsen nachgibt, die im Gegensatz zu den Naturgesetzen oder den gesellschaftlichen Maßstäben stehen. Wenn diese Abwendung extrem ist, wenn die Impulse so mächtig sind, daß sie allen Hemmungen widerstehen und sich ohne jede Rücksicht auf die Realität in chaotischer, ungeordneter Weise manifestieren, dann haben wir das vor uns, was man medizinisch als *Psychose*, juristisch als *Geisteskrankheit* bezeichnet. Diese Bezeichnungen, insbesondere die zweite, gehen von der als allgemein bekannt vorausgesetzten Tatsache aus, daß diese Zustände ein Stadium und einen Grad der Hilflosigkeit repräsentieren, daß die Gesellschaft solche Individuen trotz ihrer Aggressivität und ihrer gegen die Außenwelt und gegen das Selbst gerichteten Destruktivität toleriert, ohne Vergeltung zu üben, und sich nur vor ihnen zu schützen versucht, indem sie sie unter Quarantäne stellt.

Ich werde nicht alle Formen seelischer Erkrankungen zu schildern versuchen, die regelmäßig oder gelegentlich einen Grad erreichen, den wir Psychose nennen. (Das Wort wird manchmal im obengenannten definitiven Sinn gebraucht, mitunter bezeichnet es aber auch jedes der anerkannten psychiatrischen Krankheitsbilder.) Ich will mich auf zwei Zustandsbilder beschränken, bei denen die selbstzerstörerischen Aspekte der Psychose klar erkennbar sind. Wie sich aus der obigen Definition schließen läßt, ist ein gemeinsames Element aller Psychoseformen der Dereismus, d. h. die Ablehnung des Realitätsprinzips als Determinante des Verhaltens zugunsten des Lustprinzips.[1]

Was immer man über bestimmte Religionen[2] denken mag, die Tatsache, daß sie gesellschaftlich akzeptiert sind, und sei es auch nur von einer kleinen Gruppe, stellt sie außerhalb unserer Betrachtung als einer Form von Psychose *per definitionem*, da ein Teil der Realität soziale Realität, soziale Bräuche, soziale Einstellungen sind. Aber der Psychiater sieht

[1] Bei Depressionen mit starkem Leidensdruck mag es sonderbar erscheinen, zu glauben, daß das Lustprinzip die Herrschaft ausübe, aber es ist aus den Gründen, die in Kapitel 1 dieses Teils erklärt wurden, nichtsdestoweniger wahr.

[2] Es ist wahr, daß auch viele Religionen die Realität in größerem oder geringerem Ausmaß verleugnen. Manche leugnen sie vollständig, manche mißdeuten sie nur. Aber solange sich eine beträchtliche Anzahl von Menschen auf eine solche Verleugnung geeinigt hat, können sie stets erklären, daß sie die »wahre Realität« erkennen und die anderen sich täuschen. In diesem Zusammenhang erinnere ich mich an einen amüsanten Vorfall aus der Krankenhauspraxis. Ein sehr seltsamer, schlecht angepaßter Farmer in den dreißiger Jahren, der zweifellos seit vielen Jahren an einer milden Form von Schizophrenie litt, Stimmen hörte, Erscheinungen sah und auf andere Weise seine geistige Erkrankung verriet, saß unbeweglich Stunde um Stunde da und las *Science and Health*. Eines Tages fragte ich ihn, ob er das verstände, und er antwortete, er verstehe es und glaube daran. »Aber«, so fügte er hinzu, »die Welt glaubt es nicht. Die Welt glaubt das nicht, und sie glaubt auch nicht der Wissenschaft. Aber Sie verstehen die Wissenschaft, und ich verstehe das.« Er unterstellte, daß er und ich gegen die Welt stünden, er mit seiner eigentümlichen Religion und ich mit meiner eigentümlichen Wissenschaft (Psychiatrie). Ihm erschienen beide durchaus vergleichbar.

viele Patienten, deren Ablehnung der Realität so bestimmt, so extrem, so individuell ist, daß niemand daran zweifeln kann, daß sie infantile Methoden benutzen, um sich vor der Ungastlichkeit einer Welt zu schützen, die ihnen feindselig erscheint, und daß sie sich durch eine Abwendung von ihr schützen, die bis zum Extrem der Zerstörung gehen kann. Da gibt es jene, die keine befriedigenden Objektbeziehungen mit der Außenwelt aufrechterhalten können, bei denen Liebe und Haß nicht ohne weiteres aus dem Boden der Kindheit, auf dem sie wuchsen, in die neuen Anforderungen einer sich ändernden Welt verpflanzt werden konnten. Diejenigen, welche auf diese Weise in ihren Fähigkeiten behindert sind, werden schizoide Persönlichkeiten genannt, und ich habe mich an anderer Stelle[3] deskriptiv und dynamisch mit ihnen beschäftigt.

Die schizoide Persönlichkeit, die bei ihrem Verpflanzungsversuch scheitert, wird schizophren. Das Erkennen der Realität und der sinnvolle Umgang mit ihr ist gleichbedeutend mit richtig verteilter Investierung von Liebe und Haß auf die menschlichen und nicht-menschlichen Realitätsanteile, die uns umgeben, und wenn wir dabei versagen, kehren Liebe und Haß, die in die Außenwelt investiert werden sollten, zum Selbst zurück. Wir haben bereits jene Form von seelischer Erkrankung erörtert, die dadurch gekennzeichnet ist, daß große Mengen plötzlich freiwerdenden Hasses zurückkehren. Bei diesem Zustand (Melancholie) kann möglicherweise ein ausreichender Kontakt mit der Realität bewahrt werden, so daß das Individuum trotz seiner Selbstzerstörung nicht das Leben anderer gefährdet und sich sogar an Bemühungen um die Neuorientierung oder -gestaltung seines eigenen Lebens beteiligen kann. Aus diesem Grunde wird die Melancholie mitunter eher als Neurose denn als Psychose bezeichnet. Aber manche Opfer der Melancholie geben jede Bindung an die Realität auf; sie können von extremen Wahnvorstellungen und sogar Mordlust befallen werden. Die Mechanismen sind dieselben wie bei der sogenannten neurotischen Form, aber der Verzicht auf Objektbindungen und Realitätsprüfung ist hier weit größer.

---

3 Vgl. *The Human Mind*. New York 1937.

Die Abkehr von Realitätsmaßstäben befähigt den psychotischen Menschen, sich in einer einzigartigen Weise, die niemand sonst zur Verfügung steht, zu zerstören. Er kann *sich einbilden,* tot zu sein, oder er kann sich einbilden, daß ein Teil von ihm tot oder vernichtet sei. Seine phantasierte teilweise oder vollständige Selbstzerstörung entspricht in ihren Motiven der tatsächlichen Selbstverstümmelung oder dem Selbstmord. Man beschreibt sie technisch manchmal als negative Halluzination oder (zutreffender) als nihilistischen Wahn, und manche ziehen es vor, insbesondere bei *einer* Form dieser phantasierten Zerstörung, den eindrucksvoll klingenden, aber nicht sehr gut definierten Terminus *Depersonalisierung*[4] zu benutzen.

Beim folgenden anschaulichen Fall waren mehrere ernstgemeinte Selbstmordversuche vorausgegangen. Darauf folgten Phantasien über Nicht-Existenz, dann die phantasierte Zerstörung eines Körper*teils* (des Auges) und schließlich wirkliche Versuche, jenen Teil des Körpers zu vernichten – eine Serie selbstzerstörerischer Phänomene, die bis zur Realität fortschritten und damit gefährlicher, aber auch »gesünder« wurden.

Es handelte sich um eine unverheiratete Frau in mittleren Jahren, die immer mit ihrem Vater zusammengelebt hatte. Der Vater starb an einer schleichenden Krankheit und hinterließ der Patientin ein Vermögen, das ihr ein angenehmes Leben gestattete. Aber kaum war er begraben, als die Patientin eine Reihe kaleidoskopischer Symptome entwickelte, die mehrere Internisten verblüfften, sich aber einer Diagnose oder Besserung entzogen. Allmählich nahm das Leiden immer entschiedener die Form einer fluktuierenden Depression an. Eine charakteristische Phase davon bestand im düsteren Beharren der Patientin, daß die Dinge nicht wirklich seien oder vielmehr, daß sie sie nicht als real empfinden könne.

»Ich denke einfach nichts, ich fühle nichts«, sagte sie, wobei sie auf ihrem Stuhl hin- und herschaukelte. »Ich bin nichts, einfach hier, dieser kleine Raum, der mich umgibt – Sie sitzen da und ich sehe Sie, aber Sie bedeuten nichts. Ich würde

---

[4] Die gründlichste psychoanalytische Untersuchung dieses Phänomens stammt von Oberndorf (C. P. Oberndorf: *Depersonalization in Relation to Erotization of Thought.* International Journal of Psychoanalysis, Bd. 15, 1934, S. 271-295).

meine eigene Wohnung nicht erkennen, wenn ich sie sähe. Nichts interessiert mich oder bedeutet mir irgend etwas. Ich liebe niemanden. Ich habe kein Gesicht«, meinte sie, während sie es mit der Hand berührte, »ich habe kein Gesicht, ich habe nichts.« Dann löste sie für den untersuchenden Arzt einige Multiplikationsaufgaben ganz korrekt, nannte den Namen ihrer Heimatstadt und beantwortete Fragen allgemeiner Art richtig. Darauf sagte sie geringschätzig: »Das bedeutet nichts. Es hat nichts mit mir zu tun. Ich glaube, man ist ziemlich übel dran, wenn man einfach nichts ist.«
Drei Monate später – nach einer Periode zunehmender Agitiertheit und körperlicher Ruhelosigkeit – hatte sich der Refrain ihrer Klagen etwas verändert. »Ich habe keine Augen. Das sind nur zwei Löcher. Nein, Sie verstehen das nicht. Ich habe keine Augen, keine Ohren, einfach nichts, nur das hier (dabei berührte sie ihr Gesicht). Das ist es nicht. Ich konnte weder sehen noch hören, seit ich hier bin. Da ist nichts als zwei Löcher.« In dieser Weise fuhr sie unaufhörlich fort, außer wenn sie einschlief oder zwangsernährt wurde.
Sie wurde sehr streitsüchtig und schlug Schwestern und Ärzte, wenn man versuchte, sie zu füttern. Dann begann sie, an ihren Augen herumzupicken, und bei einer Gelegenheit versuchte sie, einen Reißnagel in den Augenwinkel zu stecken. Sie erklärte dies, indem sie sagte, es wären überhaupt keine Augen da, so könne sie auch keinen Schaden anrichten. Oft meinte sie, das einzige, was man tun könne, sei, sie in ein Bettlaken einzuwickeln und nach Hause zu schicken, weil sie weder sehen noch hören könne.
Es verging fast ein Jahr, in dem sie Perioden scheinbarer Fröhlichkeit und geistiger Gesundheit hatte. Auf diese folgten wiederkehrende Depressionen und die Überzeugung, daß sie nicht mehr am Leben sei. Wenn man sie an ihr behagliches Heim erinnerte, an ihre Freunde, ihre finanziellen Mittel, hörte sie nicht hin. Ständig wiederholte sie, daß sie tot sei.
Es gab Hinweise, die nahelegten, daß die depressiven Zyklen von der wiederkehrenden Erfüllung autoerotischer Bedürfnisse abhingen. Sie vermochte diesen offenbar für einige Zeit zu widerstehen, gab ihnen aber schließlich nach und wurde dann von Schuldgefühl überwältigt, weil sie die Autoerotik mit Krankheit in Verbindung brachte und Krankheit wie-

derum mit dem Tod ihres Vaters. Die Wahnvorstellung, tot zu sein, folgte dann als Strafe. Die Komponenten Aggression, Erotisierung und Bestrafung, die uns aus den vorher beschriebenen Formen von Selbstzerstörung so vertraut sind, erscheinen hier in Verbindung mit dieser einzigartigen und buchstäblich »*phantastischen*« Form von *teilweiser* (*Ich-*)Selbstzerstörung.

Das Phänomen der phantasierten Selbstzerstörung (der sogenannten Depersonalisierung) ist so interessant, daß ich ein weiteres Beispiel anführen möchte, das von einem Kollegen berichtet wurde.[5]

Es handelte sich um eine sehr adrette kleine Frau, die ihr Haus so tadellos sauber hielt, daß nach vierzehnjähriger Ehe ihr Mobiliar noch immer funkelnagelneu aussah. Dies verlangte eine große Zahl von Verboten, die sie ihrer Familie und ihren Besuchern auferlegte. Ihr Leben bewegte sich in einem ziemlich engen Kreis. Außer für ihr Heim interessierte sie sich nur noch für die Kirche.

Einige Jahre nach der Geburt ihres zweiten Kindes wurde ein chirurgischer Eingriff für notwendig erachtet, von dem sie sich gut zu erholen schien, auf den aber wiederholt Grippeanfälle folgten, die sie sehr nervös und erregt machten. Tränenüberströmt suchte sie ihre Schwestern auf, und es kostete diese mehrere Tage, sie zu trösten. Die Weinanfälle wurden häufiger. Man bemerkte, daß sie viele Dinge, die sie angefangen hatte, liegenließ. Sie war überzeugt, daß sie einen Kropf bekäme und im Begriff sei, verrückt zu werden. Schließlich machte sie einen Selbstmordversuch, indem sie eine Giftpille nahm. Ein Arzt wurde gerufen, der ihr sofort den Magen auspumpte, und sie wurde gerettet, aber von diesem Moment an *bestand sie darauf, daß sie tot sei*.

Sie erklärte, sie kenne ihren Namen nicht, die Person, deren Name ihr zugeschrieben würde, sei tot, sie erinnere sich an diese Person sehr gut und wisse, daß deren Verhalten keinerlei Ähnlichkeit mit dem ihren habe. Auf diese indirekte Weise schilderte sie ihr vergangenes Leben eingehend, beharrte aber immer darauf, daß »jene Person« tot sei, und sie nicht wisse, wer sie selber sei. Alle möglichen Arten der

[5] Cornelius C. Wholey: *Depersonalization*. Vorgetragen auf dem Jahrestreffen der American Psychiatric Association, Pittsburgh 11. 5. 1937.

Befragung wurden angewandt, alle möglichen logischen Irrtümer wurden ihr vorgehalten, aber der Glaube der Patientin war nicht zu erschüttern.

So sagte z. B. einer der Ärzte zu ihr: »Wenn Sie nicht die Ehefrau von Herrn X sind, dann bezahlt er dafür, daß eine andere Frau hier untergebracht ist.« Sie antwortete: »Ich will Ihnen sagen, wofür er bezahlt. Er bezahlt, daß etwas Böses Jahr um Jahr auf dieser Erde weiterlebt. Jeder Teil meines Körpers fühlt sich wie Nellie; *ich bilde mir ein*, daß er sich so fühlt. O, die Phantasie ist etwas Schreckliches.« Der Arzt wies darauf hin, daß sie dieselbe Narbe an ihrer Hand habe wie Nellie. »O«, erwiderte die Patientin, »das ist auch nur Einbildung.«

Ihr Verhalten stimmte nicht völlig mit ihrem Wahn überein, denn sie versuchte mehrmals, Selbstmord zu begehen. Einmal sprang sie aus einem Fenster im dritten Stock mit der erklärten Absicht, ein offenes Grab zu finden, in das sie hineinkriechen könne, weil sie meinte, daß sie dorthin gehöre. Sie war tot und mußte begraben werden. Sie schien keinerlei Begriff davon zu haben, daß ihr etwas Übles zustoßen könnte.

Diese Selbstzerstörungsversuche veranlaßten wahrscheinlich die Ärzte intuitiv zur Wahl einer Behandlungsweise, die aus völlig verschiedenen Gründen als die angemessene rationalisiert wurde. Die Patientin wurde einer Operation unterzogen, um »entzündete Zähne und Mandeln« zu entfernen. Sie erholte sich prompt, und ihr normaler Geisteszustand stellte sich wieder ein.

Es war die Zeit, als solche erfreulichen Vorkommnisse, die nicht so selten sind, als positiver Beweis für den toxischen Charakter der Geisteskrankheiten und den therapeutischen Wert der Beseitigung der Infektionsherde angesehen wurde. Vielen Tausenden von Menschen wurden infolge der blinden Annahme dieser Theorie Zähne gezogen, Mandeln, Prostata, Dickdarm und andere Organe entfernt. Ein großes psychiatrisches Krankenhaus beschäftigte früher einen Stab von Chirurgen, die unermüdlich entsprechend diesen Vorstellungen arbeiteten. Große Behauptungen wurden aufgestellt und herrliche Versprechungen gemacht. Gelegentlich konnte man gute Resultate verbuchen, und zwar aus Gründen, die sich unseres Erachtens ganz anders erklären lassen als durch die ursprüngliche Theorie, doch gab es viele Enttäuschungen. Langsam gaben die Mediziner die Hoffnung auf, die sich früher an diese Methode und an die Theorie von den Infektionsherden geknüpft hatte, und der toxische Ursprung funktionaler Psychosen ist heutzutage fast vergessen.

Daß es möglich ist, manche Heilungen nach chirurgischen Eingriffen vollkommen mit psychologischen Gründen zu erklären, werden wir im nächsten Abschnitt eingehender erläutern. Der soeben geschilderte Fall veranschaulicht sehr deutlich, wie eine Frau, die wiederholt versucht hatte, sich auf verschiedene Weise zu töten, die zeitweise glaubte, bereits tot zu sein, plötzlich gesund wurde, als sie statt fortgesetzter freundlicher Aufbewahrung einer schmerzhaften blutigen Behandlung unterzogen wurde, wenngleich wir wissen, daß diese kunstgerecht und human ausgeführt wurde.

Fälle wie der eben angeführte, bei denen die Selbstzerstörung phantasiert, aber in der Regel nicht wirklich durchgeführt wird, liegen irgendwo zwischen den klassischen, offen suizidalen Melancholikern und den klassischen Schizophrenen, die sich selten töten, sich aber häufig selbst verstümmeln. Mehrere Beispiele dafür sollen im nächsten Kapitel genannt werden; an dieser Stelle möchte ich mich nur auf jene indirekte Selbstzerstörung beziehen, die aus den typischen Phantasien Schizophrener hervorgehen, daß sie die reale Welt zerstören können oder zerstört haben, und eine eigene Welt geschaffen haben. Das Endresultat, wie wir es in der Klinik häufig sehen, ist eine Gruppe von Patienten, die so völlig in sich selbst versunken, so gleichgültig gegenüber den Gesetzen der Schwerkraft, der Physiologie, der Ökonomie und des guten Geschmacks sind, daß sie gänzlich unverständlich und gänzlich verständnislos erscheinen. (Tatsächlich sind sie weder unverständlich noch verständnislos. Diejenigen, die genügend Geduld besitzen, um mitfühlend und verständnisvoll mit ihnen zu arbeiten, können oft ihrer Rettung dienen.) Es gibt jedoch viele Fälle, die weniger extrem sind, Patienten, die in ihren Phantasien die Realität zerstören, diese Phantasien aber recht erfolgreich verbergen und sie mitunter sogar nützlichen Zwecken zuführen (Sublimierung).

Einer meiner Mitarbeiter[6] hat einen Mann beschrieben, bei dem destruktive Phantasien dieser Art, begleitet von einem allmählichen Rückzug von der gehaßten und gefürchteten Welt, diesen nahezu überwältigten. Mit Hilfe des Arztes war er imstande, sein Gleichgewicht wiederzugewinnen, und er wandelte seine Phantasien von der Zerstörung der Welt mittels einer geheimen Erfindung nach und nach in immer überzeugendere Kriminal- und Abenteuergeschichten um und verkaufte diese an Zeitschriften. Schließlich gab er solche Phantasien ganz auf und fing an, ernste und weniger phantastische Erzählungen zu schreiben.

Man könnte sagen, daß jene Formen von seelischer Krankheit, bei denen der Mensch seine Persönlichkeit verleugnet oder Schimpf und Schmach auf sie häuft, eine Selbstzerstörung verkörpern, die auf das Ich konzentriert ist. Dem kann ein sehr verschiedenartiges Syndrom gegenübergestellt werden, bei dem nicht das Ich, sondern das Über-Ich Gegenstand des Angriffs ist. Das Über-Ich zu lähmen oder zu betäuben, ist häufig das Ziel der Trunkenheit, und der Zustand, den ich meine, hat viel äußere Ähnlichkeit mit ihr. Er wird – unglücklicherweise – *Manie* genannt (auch *Hypomanie* oder die *manische Phase der manisch-depressiven Psychose*). Derartige Benennungen können den Uninformierten veranlassen, sich eine heftig gestörte, rasende Person vorzustellen, die »tobt« und schreit. Ein solches Bild ist selten. Das bekanntere Beispiel ist in seiner Erscheinung kaum von einem »seligen Betrunkenen« oder einer sehr fröhlichen, unbekümmerten Person auf einer lebhaften Party zu unterscheiden. Geschwätz, Possen, absurde Vorschläge, Gelächter und unaufhörliche Energieverschwendung sind charakteristisch. Wie auch beim akuten Alkoholismus sind solche Individuen äußerst reizbar, wenn sie bei ihrem extravaganten, sinnlosen und oft höchst unüberlegten Verhalten gestört oder behindert werden.

Der Zustand unterscheidet sich jedoch vom akuten Alkoholismus in mehreren wichtigen Punkten: erstens klingt er nicht nach wenigen Stunden ab, sondern hält Tage, Wochen oder Monate, gelegentlich jahrelang an. Wichtiger ist die Tatsache, daß eine Art intensiver Ernsthaftigkeit in bezug auf

---

[6] Charles W. Tidd: *Increasing Reality Acceptance by a Schizoid Personality During Analysis.* Bulletin of the Menninger Clinic, Bd. 1, 1937, S. 176-183.

bestimmte Vorschläge und Pläne sich entwickeln kann und diese Personen sich in ungeheure selbstauferlegte Aufgaben verstricken, die unzählige Weiterungen mit sich bringen. Zunächst können diese so vernünftig, ja, sogar so bewundernswert erscheinen, daß sie die Achtung und den Neid anderer erregen, aber bald entdeckt man im Durchschnitt der Fälle die unvernünftigen und irrationalen Ausmaße, die diese Pläne annehmen. Es gibt einige Individuen, die sich in diesem Stadium zu beherrschen vermögen und durch ihre Leistungen berühmt geworden sind, wobei die Welt kaum erkennt, daß es sich bei diesen erstaunlichen Leistungen tatsächlich um die Produktionen geistig gestörter Individuen handelt. Aber selbst in diesen Fällen können die Gesetze und Gefühle der Gesellschaft verletzt werden, und häufig gehen solche Menschen dann ins Gefängnis. Sie können in erschreckende Wut geraten, wenn man sie behindert, und sie scheinen sich niemandem verantwortlich zu fühlen, nicht einmal ihrem eigenen Gewissen.

Das bringt uns zu der theoretischen Formel zurück, die dieses psychiatrische Bild repräsentiert: das Gewissen ist zerstört worden. Vor der Erkrankung können solche Individuen außerordentlich nüchterne, zurückhaltende, achtbare, vorsichtige, bescheidene Menschen gewesen sein, die ein solches Verhalten bei sich oder anderen aufs schärfste verurteilt hätten. Plötzlich ist das Gewissen sozusagen erschlagen. Wir wissen aus unseren früheren Erläuterungen, daß das Gewissen eine verinnerlichte Autoritätsrepräsentanz ist, die in der Kindheit, vermutlich von den Eltern, geformt wird. Die Tötung des Gewissens entspricht dann einem vernichtenden Schlag gegen die verinnerlichten Eltern.

Eine Fallgeschichte wird dies vielleicht deutlicher machen. John Smith war das älteste von fünf Kindern einer mittelständischen Familie in Minnesota. Der Vater war ein kleiner Kaufmann ein guter Familienvater, aber ein sehr ernster, düsterer Mann gewesen. Er verübte Selbstmord, als der Patient zwölf Jahre alt war. Dadurch war der Patient gezwungen, große Verantwortung in diesem jugendlichen Alter zu übernehmen. Durch Fleiß, Ehrlichkeit und ungeheuren Energieaufwand hatte er sich mit dreißig Jahren zur Position eines Abteilungsleiters in einem größeren Fabrikationsbetrieb

hinaufgearbeitet. Seine Angehörigen und andere Verwandte waren sehr stolz auf ihn. Sie sahen in ihm den »armen Jungen, der es geschafft hat«, und der niemals vergaß, seiner mittellosen Mutter und seinen Schwestern zu helfen.
Seine Arbeitgeber betrachteten ihn ebenfalls mit Wohlwollen, nicht nur wegen seiner Energie und Fähigkeiten, sondern auch wegen seines kooperativen und höflichen Verhaltens gegenüber seinen Vorgesetzten. Bei seiner Arbeit ergaben sich viele Fragen, bei denen sein Urteil mit dem des Generaldirektors in Konflikt geriet, eines vorsichtigen, konservativen Mannes, der in vieler Beziehung dem Vater des Patienten ähnelte. Häufig siegten die Ideen von Herrn Smith über die des Vorgesetzten und wirkten sich zum Vorteil der Firma aus. Bei einer Gelegenheit jedoch hatte er ein Projekt unterstützt, das seiner Firma einen schweren finanziellen Verlust einbrachte. Sein Schuldgefühl wegen dieser Angelegenheit war beträchtlich; aber man bemerkte, daß er sich selbst dann schuldig und unbehaglich fühlte, wenn die Projekte, die er trotz der Ablehnung seitens des Direktors durchgesetzt hatte, günstige Ergebnisse brachten.
Eines Tages kam er nicht in sein Büro, was bei einem so methodischen, verläßlichen Mitarbeiter wie ihm sehr ungewöhnlich war. Man nahm an, daß er krank sei und ließ die Sache einige Tage auf sich beruhen. Als man bei ihm zu Hause nachforschte, war seine Frau sehr überrascht. Er hatte ihr erzählt, er müsse für die Firma geschäftlich nach New York reisen, und da auf ihn absolut Verlaß war, hatte sie das nicht bezweifelt. Der Präsident des Unternehmens setzte sich mit dem New Yorker Vertreter in Verbindung, der berichtete, daß Herr Smith ihn am Vortage von einem Hotel aus angerufen habe; er schien nervös und etwas erregt, erwähnte zahlreiche expansive geschäftliche Vorhaben, von denen der Vertreter nichts wußte.
Smith wurde schließlich in einer großen, teuren Hotelsuite entdeckt. Er beschäftigte dort fünf Stenotypistinnen und hatte ein Wartezimmer voller Vertreter von Großunternehmen und in Aussicht genommenen Angestellten, mit denen er im Hinblick auf das neue Geschäft, das er der Firma zu bringen gedachte, Verträge abschließen wollte. In der Tat war er so eifrig damit beschäftigt, diese Pläne mit seinen Be-

suchern zu diskutieren, daß es den Vertretern seiner Firma nicht gelang, ihn für ein paar private Worte beiseite zu nehmen. Als er auf sie aufmerksam wurde, sagte er ihnen mit lauter, erregter Stimme, sie sollten wiederkommen, wenn er mehr Zeit hätte, und ganz im Gegensatz zu seinem sonstigen Wesen beschimpfte er sie, weil sie verspätet eingetroffen wären.

Es gelang ihnen schließlich, ihn zur Besinnung zu bringen, und nachdem sie sich geduldig seine äußerst komplizierten, etwas unzusammenhängenden, aber nicht gänzlich unsinnigen Pläne für eine große Erweiterung des Geschäfts angehört hatten, versuchten sie ihn zu überreden, mit ihnen nach Hause zurückzukehren. Diesen Vorschlag wies er heftig zurück, wobei er sie mit lauter Stimme als stupide, unberufene Narren bezeichnete, die unfähig seien, seine grandiosen Ideen für die Entwicklung *ihres* Geschäfts zu erfassen. Er wurde so wütend, daß er einen der Männer angriff und ihm eine Körperverletzung zugefügt hätte, wäre er nicht zurückgehalten worden. In einem letzten Aufflammen der Wut warf er Flaschen und Möbelstücke aus dem Hotelfenster und stampfte dann in rechtmäßigem Zorn aus dem Zimmer. Auf seinem Weg nach draußen kam er an einigen Hotelbediensteten vorbei, denen er mit ein paar Knüffen und Tritten eine Lektion über die Gefahren des Kommunismus zuteil werden ließ. Bevor die verblüfften Angestellten zur Besinnung kamen, war er in die Lobby hinuntergestiegen, hatte sich eine Handvoll Zigarren von der Theke genommen und forderte alle Hinzukommenden zu einem Ringkampf in der Mitte der Halle auf. Diese Herausforderungen erfolgten in einer vulgären, gemeinen Sprache, die ihm im Normalzustand völlig fremd war.

Als man ihn schließlich festnahm, befand er sich in einer Bar, wo er von Fremden umgeben war, die sich über seine Witze und ausgefallenen Vorschläge höchlichst amüsierten. Er hatte für alle Anwesenden Getränke bestellt und einigen Mädchen 20-Dollar-Noten geschenkt, wobei er ihnen mehr versprach, wenn sie in sein Hotel kommen würden. Man sollte sich klarmachen, daß er unter gewöhnlichen Umständen ein Mann von sehr strenger Moral war, der niemals Alkohol trank oder fluchte und mit Geld stets sparsam umging.

Die Firma, bemüht, Peinlichkeit und Aufsehen durch Verhaftung und Gefängnisaufenthalt zu vermeiden, benachrichtigte die Familie des Patienten, die nach New York kam und ihn sofort in ein Sanatorium brachte. Hier legte sich seine Erregung beträchtlich. Er betrachtete es als einen guten Witz, daß man ihn ins Sanatorium gebracht hatte, und erklärte, seine Firma mache einen schweren Fehler, wenn sie seine Expansionspläne nicht durchführe, meinte aber, wenn sie zu schwerfällig sei, um von seinen hervorragenden Ideen zu profitieren und an seinem Spaß teilzuhaben, sei er durchaus bereit, mit ihr auf einer »2 zu 4«-Basis »weiterzuwerkeln«, anstatt den großen Plan zu verfolgen, den er ausgearbeitet habe. Er sagte, er habe sich wegen des »verdammten Geschäfts« geradezu in einen »Nervenzusammenbruch« hineingearbeitet und würde eine schöne lange Ruhepause im Sanatorium sehr genießen. Er nahm eine höchst gönnerhafte Haltung gegenüber der Anstalt ein, lobte Ärzte und Schwestern und jedermann, der damit zu tun hatte, wobei er erklärte, er habe hier in kurzer Zeit mehr interessante Menschen kennengelernt als in Jahren draußen. Seine neuen Pläne für das Unternehmen waren völlig vergessen. Er hatte, wie er sagte, sein Bestes für sie getan, und sie würden sich nun ohne ihn durchschlagen müssen, bis er sich so lange ausgeruht hätte, wie er es für nötig hielte.

Das ist nur eine kurze Skizze eines einzelnen Falls. Fälle dieser Art sind stets so farbig, daß jeder von ihnen eine Fülle von Details aufweist, die ihn einzigartig erscheinen lassen, aber alle tragen die oben beschriebenen Merkmale.[7] Ich habe diesen Fall berichtet, weil es mir mehr darauf ankam, die typische psychische Struktur zu zeigen, als die veränderlichen Symptome näher zu beschreiben.

Bei diesem Fall wird man sofort durch die Tatsache betroffen, daß der Vater des Patienten Selbstmord beging und damit dem Patienten Aufgaben aufbürdete, auf die er in überkompensatorischer Weise reagierte. Es war, als hätte er beschlossen, seinem Vater nicht nur als erfolgreicher Geschäftsmann nachzueifern, sondern ihn zu übertreffen, und das ge-

---

[7] Nicht alle Patienten mit diesem Leiden bleiben so liebenswürdig, wenn sie hospitalisiert werden, und selbst dieser Patient war zeitweise reizbar und fordernd in einer höchst dominierenden, aggressiven Weise.

lang ihm. Dieser Erfolg reichte jedoch offenbar nicht aus, um sein unersättliches Verlangen nach größeren Erfolgen zu befriedigen, und diese schrankenlose Expansivität wird in seiner Psychose deutlich. Man wird an den kleinen Frosch erinnert, der beim Versuch, den Vater in den Augen seiner Mutter zu übertreffen, sich immer mehr aufblähte, bis er platzte.

Dieser Sieg über den Vater war eine Quelle von Schuldgefühlen. Dazu kam der Neid auf seinen unmittelbaren Vorgesetzten, den Fabrikdirektor. Die Irrtümer, die seiner Firma so hohe Kosten verursacht hatten, vergrößerten die Last noch. Schließlich entwickelte sich ein Spannungszustand, der nicht länger tragbar war, und es drohte die Selbstzerstörung. Aber statt sich geradewegs zu töten, wie es sein Vater getan hatte, beschädigte er nur (für den Augenblick) sein Über-Ich. Es ist also so, als ob er sagen wollte: »Es ist *nicht wahr*, daß ich mich wegen des Todes meines Vaters schuldig fühle, es ist nicht wahr, daß ich mich schuldig fühle, weil ich ihn zu überflügeln versuche, es ist nicht wahr, daß ich mich schuldig fühle, weil ich vom Direktor abhängig bin, ihn gleichzeitig beneide und Schwierigkeiten mit ihm habe, es ist nicht wahr, daß ich mich wegen der Verluste schuldig fühle, die ich meiner Firma verursacht habe, noch brauche ich mich schuldig zu fühlen, weil ich fluche oder trinke oder mich mit Prostituierten abgebe. Ich fühle mich nicht schuldig wegen *irgendwas*! Andererseits fühle ich mich völlig frei von Hemmungen. Ich kenne keine gewöhnliche Einschränkung des Denkens und Handelns, die andere dumm oder faul macht. Ich bin ein freier, mächtiger, glücklicher Mann, der alles tun kann, was er will, der keine Schwierigkeiten, keine Reue, keine Angst kennt.« Das ist die typische Psychologie dieser Krankheit.[8]

Wir erkennen sofort, daß ein beträchtlicher Anteil seines Über-Ichs dennoch dem Tod entrann, weil er trotz seines Freiseins von wirklichen Ängsten und dem Schuldgefühl, an

---

[8] Es mag dem Leser bewußt geworden sein, daß man auch beim akuten Alkoholismus eine teilweise Lähmung oder vorübergehende Zerstörung des Gewissens sieht, aber das – obgleich *bewußte* Absicht mancher Trinker – ist eine sekundäre pharmakologische Wirkung, während die Selbstzerstörung des Gewissens beim manischen Syndrom, die wir beschrieben haben, spontan und primär ist und ohne bewußte Teilnahme der Persönlichkeit stattfindet.

dem er früher gelitten hatte, Impulse beherrschte, die bei einem völlig hemmungslosen Menschen zum Ausdruck gekommen wären. Ein gänzlich gewissenloser Mann, der in ähnlicher Weise stimuliert worden wäre, wäre wirklich Amok gelaufen, hätte getötet, gestohlen oder je nach Laune sonstiges Fehlverhalten an den Tag gelegt. Das geschieht selten. Wir müssen daher unsere Feststellung, daß die manische Psychose die Zerstörung des Über-Ichs repräsentiert, differenzieren und statt dessen sagen, daß sie eine *partielle* Zerstörung oder Lähmung des Über-Ichs repräsentiert. Daß sie mit den anderen Formen von Selbstzerstörung verwandt ist, Aggressivität und Selbstbestrafung und ein greifbares Maß von Erotisierung erkennen läßt, bedarf nach meiner Meinung keines weiteren Beweises.[9]

Da eines der therapeutischen Ziele der psychoanalytischen

---

[9] Der folgende Fall illustriert in dramatischer Weise das gleiche Phänomen.
Eine sehr gewissenhafte, hart arbeitende Stenotypistin war die einzige Ernährerin ihrer zarten, tauben, alten Mutter, mit der sie zusammenlebte. Als sie etwa 27 Jahre alt war, lernte sie einen Geschäftsmann kennen, woraus sich allmählich ein solides Liebesverhältnis entwickelte. Aber ihr Freund behauptete, daß er den Gedanken nicht ertragen könne, daß die Mutter bei ihnen wohnte, und da das Mädchen glaubte, daß sie ihre Mutter nicht verlassen könne, wurde die Heirat von Jahr zu Jahr in der Erwartung hinausgeschoben, daß die kränkliche Mutter bald sterben und die Verantwortung des Mädchens von ihr genommen würde.
Aber die Mutter starb nicht. Die Hoffnungen des Mädchens wurden schwächer und ihr Leben trostloser. Eines Tages zeigte sie plötzlich eine sehr merkwürdige seelische Verfassung. Ein paar Tage lang schien sie bewußtlos zu sein, und als sie zu sich kam, stellte sich eine radikale Veränderung ihrer Persönlichkeit heraus. Anstelle ihrer üblichen Geduld mit der Mutter war sie bitter und ausgesprochen ärgerlich. »Ich habe zehn Jahre darauf gewartet, daß die alte Närrin stirbt, damit ich ein normales Leben führen kann.« Im Gegensatz zu ihrer gewohnten Zurückhaltung gegenüber Männern – typisch für eine prüde alte Jungfer – war sie schockierend offen in ihren Worten und Gesten, sobald ein Mann (zum Beispiel der Arzt) sich näherte. Sie verkündete freimütig, daß sie heiraten wolle, und daß es ihr egal sei, wann und wen. Sie beschimpfte ihre Mutter, verfluchte ihren Arzt, verhöhnte ihren Freund und verhielt sich, kurz gesagt, als habe sie plötzlich alle Hemmungen und Ideale aufgegeben, die zuvor ihren Charakter geformt hatten.
Plötzlich erholte sie sich mit einer vollständigen Amnesie für diese Ferien von der Moral und war wieder eine Frau von so sanfter, leiser, geduldiger Freundlichkeit, daß es denjenigen von uns, die die Episode miterlebt hatten, unglaublich erschien, daß sie selbst vorübergehend so hemmungslos hatte sein können, daß ihr Gewissen für den Augenblick ausgeschaltet war.

Behandlung in der Befreiung des Ichs von der Herrschaft des tyrannischen Über-Ichs und dem Ersatz des Gewissens durch Intelligenz besteht, könnte man sich fragen, ob das hier vertretene Konzept nicht das manische Syndrom und den erfolgreich psychoanalysierten Patienten gleichsetzt. In beiden Fällen ist das Über-Ich, entsprechend der Theorie, ausgeschaltet, und wenn uns das zu einer Absurdität führt, muß etwas mit der Theorie nicht stimmen.

Eine Antwort liegt in dem bereits vorgebrachten Argument, daß beim manischen Syndrom nur ein Teil des Über-Ichs zerstört wird, da es klare Beweise dafür gibt, daß ein anderer Teil erhalten bleibt, auf den der Patient mit Schrecken reagiert. Es gibt aber noch eine andere Erklärung. In der Psychoanalyse wird das Über-Ich nicht plötzlich zerstört, es wird nur zunehmend überflüssiger und daher nutzlos, weil das von seinem ständigen Druck befreite Ich wachsen und größere Macht erwerben kann, indem es Vorurteile durch objektive Realitätsbeurteilung zu ersetzen vermag. Beim manischen Syndrom andererseits wird das Über-Ich oder ein Teil davon plötzlich eliminiert, und es wird von einem schwachen Ich erwartet, mächtige Impulse zu handhaben, die so rasch und unwiderstehlich auftreten, daß es davon überwältigt wird. Von einem kleinen Kind, dem man plötzlich einen Hammer oder eine Schere in die Hand drückt, kann nicht erwartet werden, daß es diese so vernünftig und sicher handhabt, wie es für einen erwachsenen Schreiner oder eine Näherin charakteristisch wäre. Das Ich des manischen Patienten ist stets das eines Kindes, das des erfolgreich psychoanalysierten Menschen ist relativ gereift.

Zusammenfassung

In diesem Kapitel habe ich zu zeigen versucht, daß eine Verleugnung der üblichen Realitätsprinzipien nach Grad und Art eine Psychose darstellt, und daß dies mitunter eine Form von Selbstzerstörung ist. Die Selbstdestruktivität kann gegen das Ich gerichtet sein, wie in jenen Fällen, wo der Psychotiker sich selbst anklagt oder erniedrigt oder sogar erklärt, daß er nicht existiere. Sie kann aber auch gegen das Über-Ich gerichtet sein wie bei jenen, die plötzlich die Fesseln des Gewissens abwerfen. Das würde darauf hinweisen, daß sie zeitweise jenen Teil ihres Selbst ausgeschaltet haben, der gewöhnlich die notwendigen und nicht notwendigen Hemmungen auferlegt. Ich habe auch darauf verwiesen, daß bei der Schizophrenie, dem klassischen Syndrom der Realitätsverleugnung, die Selbstdestruktivität im allgemeinen eher auf gelegentliche körperliche Selbstverstümmelungen als auf eine umfassendere Selbstzerstörung gerichtet ist; die destruktiven Impulse werden in Phantasien umgewandelt und bleiben auf Objekte der Außenwelt gerichtet, wobei sie manchmal das ganze Universum umfassen, während das Individuum, anstatt sich selbst anzugreifen und zu hassen, sich selbst zu lieben scheint – mitunter buchstäblich zu Tode.

Teil IV
Fokaler Selbstmord

1. Definitionen

Im Gegensatz zu den im vorangegangenen Abschnitt erörterten Formen partiellen Selbstmords, bei denen die selbstzerstörerische Aktivität zwar rechtzeitig gemildert wird, in ihrem Fokus aber dennoch generalisiert bleibt, stehen jene, bei denen sie auf den Körper konzentriert ist – im allgemeinen auf einen begrenzten Teil des Körpers. Ich habe diese lokalisierte Selbstzerstörung als *fokalen Selbstmord* bezeichnet.
Gewisse klinische Phänomene, die allen Ärzten vertraut sind, gehören meines Erachtens in diese Kategorie. Ich denke dabei insbesondere an Selbstverstümmelung, Simulieren, zwanghafte multiple Operationen (Polychirurgie), bestimmte unbewußt beabsichtigte Unfälle, die zu lokalen Verletzungen führen, und sexuelle Impotenz. Ich werde sie alle definieren und dann diskutieren, und ich glaube, daß es möglich sein wird, zu beweisen, daß sie im allgemeinen von denselben Motiven und Mechanismen bestimmt werden, die dem direkten Selbstmord zugrunde liegen, außer in bezug auf den Grad der Beteiligung des Todestriebes.
Daß bestimmte organische Erkrankungen ebenfalls Formen fokalen Selbstmords sein können, möchte ich der Erörterung in einem späteren Kapitel vorbehalten. Im Augenblick wollen wir nur jene Selbstzerstörungen betrachten, die mit mechanischen oder manuellen Methoden ausgeführt werden, die der Patient bewußt erkennt und dirigiert.
Unter Selbstverstümmelung verstehe ich 1. jene absichtlichen zerstörerischen Angriffe auf verschiedene Teile des Körpers, denen wir am häufigsten in extremen, bizarren Formen bei Patienten psychiatrischer Krankenhäuser begegnen. In dieselbe Kategorie gehören 2. die diversen Formen selbst zugefügter körperlicher Verletzungen, zu denen Neurotiker neigen. Das Nägelkauen beispielsweise unterscheidet sich nur graduell vom Kauen an den Fingern selbst, und manche Individuen

stehen unter dem Zwang, sich mehr oder weniger heftig in verschiedene andere Körperteile zu beißen. Andere kratzen und kneifen sich unaufhörlich ins eigene Fleisch, reißen sich die Haare aus oder reiben Augen oder Haut solange, bis es zu Entzündungen kommt. Und 3. wollen wir jene Selbstverstümmelungen diskutieren, die von gesellschaftlichen oder religiösen Bräuchen autorisiert, angeregt oder vorgeschrieben werden.

In *Grove's Directory of the Vulgar Tongue* findet sich die früheste englische Definition des Begriffs *Simulieren*: »Eine militärische Bezeichnung für einen, der sich unter dem Vorwand, krank zu sein, seinen Pflichten entzieht.« Bereits 1820 stellte man fest: »Früher waren es Geschwüre an den Beinen, die auf sehr einfache Weise mit künstlichen Mitteln von Soldaten produziert wurden, die zum Simulieren neigten.«[1] Diese strikte Anwendung des Begriffs auf das Militär ist jedoch inzwischen auf alle Formen des Betrugs im Zusammenhang mit Krankheit und Verwundung ausgedehnt worden. Die spezielle Form des Simulierens, auf die ich hier die Aufmerksamkeit lenken möchte, ist Selbstverstümmelung mit der bewußten Absicht, jemanden um eines sogenannten höheren Zieles willen zu täuschen.

Wenn ich von *multiplen Operationen* (bzw. Polychirurgie) spreche, meine ich jene Leute, die gewissermaßen süchtig sind nach chirurgischen Eingriffen, die immer aufs neue Zustandsbilder entwickeln – mitunter mit offenbar beträchtlicher objektiver Begründung –, die es notwendig machen, oder zumindest *notwendig erscheinen lassen,* daß eine Operation durchgeführt und etwas vom Körper weggeschnitten wird. Häufig ist es klar, daß ein solcher Patient sich aus neurotischem Zwang wiederholt der Chirurgie überläßt.

Mit absichtlichen Unfällen beziehe ich mich auf solche Vorkommnisse im Alltagsleben, bei denen der Körper Schaden erleidet infolge von Umständen, die rein zufällig erscheinen, bei denen man aber in bestimmten Fällen nachweisen kann, daß sie ihrem Wesen nach ganz spezifisch unbewußten Tendenzen des Opfers entsprechen, so daß wir zu der Annahme veranlaßt werden, daß sie entweder die Aus-

---

[1] Luscombe, zit. nach Jones und Llewellyn: *Malingering*. Philadelphia 1917, S. 55.

nutzung einer Gelegenheit durch unbewußte selbstzerstörerische Wünsche darstellen oder aber auf irgendeine obskure Weise zu eben diesem Zweck herbeigeführt wurden.
Sexuelle Impotenz bezeichnet das relative oder vollkommene Unvermögen beim Sexualakt; bei der Frau wird sie *Frigidität* genannt. Ich habe Impotenz und Frigidität hier als Formen fokaler Selbstzerstörung einbezogen, weil sie als selbst-bestimmte Hemmung der Funktion eines Teils des Körpers in Wahrheit eine Verleugnung oder funktionale Zerstörung dieses Teils sind.

2. Selbstverstümmelungen

Ich muß den Leser darauf vorbereiten, daß das folgende kein sehr erfreulicher Gegenstand ist. Unsere Erfahrung mit dem Schmerz macht den Gedanken an Selbstverstümmelung noch abstoßender als den Gedanken an Selbstmord, obgleich in der Realität große Unterschiede zugunsten der ersteren sprechen. Wir Ärzte, aus unserer täglichen Erfahrung mit diesen unschönen Anblicken vertraut, vergessen oft, daß für die meisten Menschen die durch diese Tabus errichteten Schranken recht hoch sind und nur von den intelligenteren, objektiveren und reiferen beiseite geschoben werden können. Es ist sicherlich keine Lektüre für Kinder (obwohl eine der Geschichten im Lesebuch für die 3. Klasse, das von der Schulbuchkommission des Staates, in dem ich lebe, angeschafft wurde, einen illustrierten Bericht über die Verstümmelung eines Tieres enthält, die so lebendig ist wie nur irgendeines der klinischen Beispiele, die ich hier geben werde).
Für die Entwicklung unserer Theorie ist es aber unbedingt erforderlich zu beweisen, daß der Selbstmordimpuls sich als Ersatz für das Ganze auf einen Teil konzentrieren kann. Die Selbstverstümmelung ist eine der Arten, wie dies geschieht, und wir müssen sie untersuchen.
Der 30jährige Direktor einer Oberschule bekam eine schwere Depression, die mit dem Wahn verbunden war, daß das ganze Leben voller Kümmernisse wäre, für die in erster

Linie er verantwortlich sei. Er wurde hospitalisiert, und sein Zustand besserte sich etwas. Daraufhin erschien eines Tages seine Mutter und nahm ihn gegen ärztlichen Rat mit, wobei sie darauf bestand, daß sie ihren Sohn besser verstehe und wisse, daß er gesund sei. Sie brachte den Patienten nach Hause, wo er sich einige Tage später nachts ruhig erhob, während die übrigen Familienmitglieder schliefen, und sein zweijähriges Kind tötete, indem er ihm mit einem Hammer den Schädel einschlug; er erklärte, er habe dem Kind das Leid ersparen wollen, das er selbst erdulden mußte. Daraufhin wurde er in eine staatliche Irrenanstalt eingeliefert. Dort unternahm er wiederholt Versuche, sich selbst zu verletzen, und eines Tages gelang es ihm, seinen Arm derart in eine Maschine zu halten, daß ihm die rechte Hand amputiert wurde. Danach erholte er sich rasch und vollständig.

Obgleich dieser Fall nicht psychoanalytisch untersucht wurde, lassen sich auf der Basis klinischer Erfahrung gewisse allgemeine Rückschlüsse bezüglich der unbewußten Mechanismen ziehen, die hinter einem solchen Verhalten stehen. Das ist bei Psychotikern stets leichter als bei Neurotikern, weil in der Psychose unbewußte Tendenzen unverhüllter, d. h. weniger entstellt agiert oder ausgesprochen werden.

Es ist stark zu vermuten, daß dieser Patient sich getrieben fühlte, eine spektakuläre Sühne für ein gleichermaßen spektakuläres Verbrechen zu leisten. Indem er sich selbst auf diese furchtbare Weise verwundete, zahlte er die Strafe für die Ermordung seines Kindes, d. h. er schnitt den bösartigen Arm ab, getreu dem biblischen Befehl: »Wenn dich deine rechte Hand ärgert, hacke sie ab.« Aber das Kind, das er ermordet hatte, war offensichtlich sein wichtigstes Liebesobjekt, und trotz der Behauptung des Dichters, daß »jeder Mann tötet, was er liebt«, wissen wir doch, daß er das nur dann tut, wenn diese Liebe allzu stark von (unbewußtem) Haß durchtränkt ist. Zerstörung ist keine Frucht der Liebe, sondern des Hasses.

Was also ist die Erklärung für einen Haß, der so stark war, daß er diesen Vater zum Mord trieb? Einige Zeit nach seiner Wiederherstellung sprach ich mit ihm. Über seinen Armstumpf schien er sonderbar unbekümmert und gleichgül-

tig. Als ich aber nach dem Tod seines Kindes fragte, zeigte er mehr Gefühl. Mit Tränen in den Augen sagte er: »Wissen Sie, ich werde immer das Gefühl haben, daß meine Mutter zum Teil dafür verantwortlich war. Sie und ich kamen niemals miteinander aus.«
Das ist meiner Meinung nach zweifellos die richtige Lösung. Die Mutter des Patienten war eine sehr aggressive, unsympathische Frau, die über den Zustand des Patienten unterrichtet worden war, fachkundigen Rat aber in den Wind geschlagen hatte. Es ist leicht zu verstehen, daß ein Mensch, der eine solche Mutter hat, ihr gegenüber Haß empfindet. Aber wir wissen aus unserer täglichen Erfahrung, daß ein solcher Haß, wenn er sich nicht gegenüber demjenigen entladen kann, der ihn ausgelöst hat, oft auf einen anderen übertragen wird. Wir wissen auch aus psychiatrischer und psychoanalytischer Erfahrung, daß bei der Melancholie – der Krankheit, an der dieser Patient litt – die Opfer in ihrem eigenen Haß schmoren, der von einem unerkannten äußeren Objekt auf sie selbst zurückfällt.
Ob es sich bei diesem äußeren Objekt unmittelbarer um die Mutter oder um das Töchterchen handelte, ist hier wirklich von sekundärer Bedeutung. Was wir deutlich erkennen, ist, daß dieser Mann jemanden so sehr haßte, daß er einen Mord beging, für den er dann sühnte, indem er sich selbst verstümmelte. Im unbewußten Denken und Fühlen dieses Mannes waren Mutter, Tochter und er selbst partiell identisch. Wenn er sein Kind tötete, um die Mutter zu bestrafen, dann hackte er auch seinen eigenen Arm ab, um sich selbst zu bestrafen.
Die psychologischen Mechanismen bei diesem Beispiel einer Selbstverstümmelung gleichen daher jenen des Selbstmords insofern, als Haß, der einem äußeren Objekt galt, auf das Selbst zurückgeführt und durch Selbstbestrafung verstärkt wurde. Er unterscheidet sich vom Selbstmord dadurch, daß dieser strafende Angriff auf das Selbst, anstatt auf die Gesamtpersönlichkeit konzentriert zu werden, in zwei Teile geteilt wurde: ein Teil auf das Kind, der andere Teil auf den Arm, wobei jeder gegen den anderen ausgespielt wurde.[1]

[1] Vergleiche das folgende Beispiel:
»Giuseppe Mazzolini, 36 Jahre alt, der Schuldscheine für mehrere Freunde

Es fehlt auch jeder überzeugende Beweis für einen Wunsch zu sterben, den wir im Fall des Selbstmords für dominant halten konnten.

»Das ist eine sehr interessante Spekulation«, mag der Leser einwenden, »zwar logisch, aber unbeweisbar. Wie kann man sicher sein, daß diese Interpretationen zutreffen? Es könnten auch andere Erklärungen angeboten werden, die gleichermaßen überzeugend erscheinen würden, zumindest in einem bestimmten Fall, den man auswählen könnte.«

Solche Bedenken sind absolut gerechtfertigt. Ich kann meine Erklärungen für den obigen Fall nur als Analogie und Schlußfolgerung vortragen, da ich ihn nicht untersuchen konnte. Es empfiehlt sich deshalb, sich unmittelbar Selbstverstümmelungen zuzuwenden, bei denen es sich um zugänglicheres Material handelt.

a) Neurotische Selbstverstümmelungen

Es erscheint angebracht, mit der Selbstverstümmelung zu beginnen, wie sie im Laufe oder als Teil einer Neurose auftritt, einmal weil solche Fälle häufig von Psychiatern beobachtet werden und verschiedene Autoren[2] darüber berichtet haben, und zweitens, weil das Verhalten von Neurotikern stets stärker dem der sogenannten normalen Menschen ähnelt und ihnen daher verständlicher erscheint. Die psychoanalytische

---

unterschrieben hatte, wurde zur Zahlung gezwungen, als seine Freunde ihren Verpflichtungen nicht nachkamen. Als auch der letzte nicht zahlte, legte er die Hand, mit der er die Schuldscheine unterschrieben hatte, auf einen Tisch, zog ein Gartenmesser heraus und hackte sich die Hand ab.« – *Time*, 3. 10. 1932.

Auch hier handelt es sich offensichtlich um Haß auf andere, der gegen einen Teil des Selbst gerichtet wird.

2 Im folgenden werden nur einige wenige psychoanalytische Arbeiten zu diesem Thema genannt. A. Stärcke: *The Castration Complex. Int. J. Psychoanalysis*, Juni 1921, S. 179; K. Horney: *On the Genesis of the Castration Complex in Women*. Ebd., Jan. 1924, S. 50-65; E. P. Farrow: *A Castration Complex*. Ebd., Jan. 1925, S. 45-50; C. P. Oberndorf: *The Castration Complex in the Nursery*. Ebd., Juli 1925, S. 324-325; D. Bryan: *Speech and Castration: Two Unusual Analytic Hours*. Ebd., Juli 1925, S. 317-323; N. D. C. Lewis: *Additional Observations on Castration Reaction in Males. Psychoanalytic Review*, April 1931, S. 146-165; Franz Alexander: *The Castration Complex in the Formation of Character. Int. J. Psychoanalysis*, Januar–April 1923, S. 11-42.

Behandlung neurotischer Patienten bietet uns den Vorteil, daß wir deren Intelligenz mit der Erfahrung des Beobachters kombinieren können, um die Masken zu durchdringen, hinter denen sich die Motive und Methoden verbergen.

Ich sage »Methoden«, weil es tatsächlich zutrifft, daß Neurotiker oft die Methode vertuschen, mit der sie die Selbstverstümmelung durchführen. Besonders in dieser Beziehung gleichen sie eher den Simulanten als den psychotischen Patienten, die keine Anstrengung machen, etwas zu verbergen. Das ergibt sich aus der Tatsache, daß der Neurotiker der Realität weit mehr verbunden ist als der psychotische Patient. Der neurotische Patient verstümmelt sich nur selten in irreversibler Weise. Ersatz- und symbolische Formen der Selbstverstümmelung sind hingegen sehr häufig, und Neurotiker verlangen und erreichen Verstümmelung oft mittels anderer, beispielsweise in Gestalt chirurgischer Eingriffe, worüber wir später sprechen werden.

Die Erklärung hierfür liegt nach psychoanalytischer Konzeption in der Natur und dem Zweck der Neurose selbst, nämlich daß sie einen Kompromiß darstellt, durch den die Persönlichkeit vor so direkten und ernsten Konsequenzen der Forderungen der Triebe und des Gewissens bewahrt werden soll. Das Ich, d. h. die unterscheidende Intelligenz, hat die Aufgabe, diese Forderungen zu ordnen, und wenn ihr das nicht gelingt, versucht sie, das Bestmögliche zu erreichen. Sie gibt so wenig wie möglich dem Beharren des Gewissens auf Selbstbestrafung nach. Das Ergebnis mag töricht oder auch schwerwiegend sein, aber es ist das Beste, was das Ich des Neurotikers fertigbringt. Der psychotische Patient andererseits hat aufgehört, einen solchen Kompromiß anzustreben, und daher sieht man bei ihm die für ihn typischen extremen und bizarren Selbstverstümmelungen.

Das Element des Handelns um den bestmöglichen Kompromiß ist die Essenz der ganzen Angelegenheit. Der normale Mensch ist deshalb normal, weil er soviel besser Kompromisse schließen kann als der Neurotiker. Er kann das, weil er nicht so sehr der Gnade seines strengen oder grausamen Gewissens ausgeliefert ist, und dies wiederum ist teilweise auf die Tatsache zurückzuführen, daß er nicht so stark von zerstörerischen Impulsen bewegt wird. Verglichen mit ihm macht der

Neurotiker ein schlechtes Geschäft, aber verglichen mit der totalen Kapitulation des psychotischen Menschen ist das Geschäft des Neurotikers nicht so schlecht.

Im Fall des Mannes beispielsweise, dessen rechte Hand sein Kind getötet hatte, wäre dieser gezwungen gewesen, als Sühne sich selbst zu töten, wenn er vollständig unter der Herrschaft der Forderungen seines Gewissens gestanden hätte. In der Tat geschieht eben dies täglich, wie wir durch Beobachtung sowie durch die im ersten Kapitel dieses Buches enthaltene Darstellung des Selbstmords wissen. Volkstümlich ausgedrückt, war dieser Patient »nicht so verrückt«, das zu tun. Es hat keinen Zweck, sich selbst zu bestrafen, wenn man aufhört zu leben, da der scheinbare Sinn der Selbstbestrafung darin liegt, daß sie uns in die Lage versetzt, hinterher in Frieden weiterzuleben. Wenn der katholische Priester dem reuigen Sünder eine Buße auferlegt, verfehlt er seine eigene Absicht, wenn die betreffende Aufgabe undurchführbar ist. Sein Ziel ist es, das Leben erträglich und frei von dem quälenden Schuldgefühl zu machen, das ein ungesühntes Vergehen weckt.

Dieser Mensch beging also als Ersatz für einen Selbstmord eine Selbstverstümmelung. Statt sein Leben zu opfern, opferte er seinen Arm, was ganz logisch erscheint, da dieser das schuldige Organ war. Es war logisch, wenn man die Personifizierung oder Autonomie verschiedener Körperorgane voraussetzt, und das ist, wie wir sehen werden, eines der Mittel des Unbewußten, sich von Schuld zu befreien. »Nicht ich war schuldig, sondern der Arm; meine Schuld ist gesühnt, und ich habe mein Leben gerettet.« (Man wird sich erinnern, daß er nach diesem Ereignis prompt gesund wurde.)

Aber es muß auf der Hand liegen, daß der normalere Mensch mit seinem Gewissen einen besseren Kompromiß hätte schließen können. Er hätte gesagt: »Ich bereue das, was ich getan habe, mehr als ich sagen kann, aber es würde gar nichts nützen, wenn ich mich nun selbst verletzte. Ich kann mein Kind nicht wieder zum Leben erwecken, aber ich kann vielleicht ein anderes Kind aufziehen. Oder ich kann soviel von meinem Einkommen abgeben, daß ein anderes Kind glücklicher wird, oder ich kann etwas tun, um solche Unwissenheit über Geisteskrankheiten zu verhüten, wie meine Mutter sie an den Tag gelegt hat. Ich werde das und das tun oder dies und jenes geben.« Das wäre die intelligentere Lösung gewesen, aber sie wäre nur einem weitaus normaleren Menschen möglich gewesen, d. h. einem weniger von Haß belasteten und von seinem Gewissen weniger tyrannisierten als der strenge, ernste Schuldirektor es war.

Die von Neurotikern gemachten Kompromisse sind gewöhnlich nicht so extrem wie der gerade genannte, noch sind sie so intelligent wie die normalen Beispiele, die ich angeführt habe. Mitunter sind es – und das ist es, was uns jetzt interessiert – Selbstverstümmelungen. Wie ich bereits erwähnte, können diese Verstümmelungen in verhüllter oder indirekter Weise erreicht werden; als verwirrendes Element treten auch noch die falschen Erklärungen des Patienten über sie hinzu.

Wir können das an einem so bekannten klinischen Beispiel wie dem »Nägelkauen« beobachten. Ein so leichter Grad von Selbstverletzung scheint kaum eine so schreckliche Bezeichnung zu verdienen, aber es ist schließlich mehr der Charakter einer Handlung als ihr Ernsthaftigkeitsgrad, der ihre Klassifizierung bestimmt. Natürlich haben wir alle schon schwere und selbst gefährliche Verstümmelungen durch Nägelkauen gesehen. Ich habe Patienten gehabt, die jeden letzten Rest eines Nagels an jedem Finger abkauten; manche kauten sogar an den Fingern selbst.

Ein kleines Mädchen aus meiner Bekanntschaft hatte sich angewöhnt, in bedenklicher Weise an seinen Fingern zu kauen. Von da ging es zu den Fußnägeln über, in die es so wild hineinbiß, daß es zweimal den Nagel vollständig von der Zehe abriß. Es trat eine Infektion ein, und es wurde zum Chirurgen zur Behandlung gebracht, die natürlich schmerzhaft war; das Kind ertrug sie jedoch stoisch, ohne Tränen oder Widerstand. Es schien vollkommen damit beschäftigt, den Kopf des Chirurgen zu betrachten, der ganz kahl war, und nach Beendigung der Behandlung war sein einziger Kommentar: »Dein Haarschnitt gefällt mir nicht.«

Ein auffallender Umstand an diesem Fall ist das Ausmaß, in dem das Kind die verbreitete Gewohnheit des Nägelkauens betrieb. Es steht außer Zweifel, daß das Kauen zu einer schweren Verletzung führte. Ein zweites interessantes Merkmal ist die anscheinende Gleichgültigkeit des Kindes gegenüber Schmerzen sowohl in bezug auf die ursprüngliche Verletzung als auch bei der Behandlung. Das ist deshalb überraschend, weil es der Gleichgültigkeit gegenüber Schmerzen bei erwachsenen hysterischen Menschen zu entsprechen scheint (wie wir sie in vorangegangenen Abschnitten beschrieben haben), die so stark durch psychologische Motive bewegt waren, daß die Körpersensation, die ihre selbstbestrafende Handlung begleitete, sie kalt ließ.

Schließlich führt die scheinbar zusammenhanglose Bemerkung des Kindes zu einigen interessanten Vermutungen über die Verbindung, die es zwischen seinem eigenen entblößten Zeh und dem unbehaarten Kopf des Chirurgen hergestellt haben mochte, da es offenbar glaubte, daß das Haar *abgeschnitten* worden sei. Das Kind, das nicht davor zurückschreckte, die ganzen Konsequenzen seiner eigenen Handlung zu tragen, blickte mit offenem Abscheu auf die Verwüstung, die der Chirurg, wie es offensichtlich glaubte, auf seinem Kopf angerichtet hatte.

Man braucht sich nur die Verzweiflung, Angst und ohnmächtige Wut vor Augen zu halten, die die Gewohnheit des Nägelkauens ihrer Kinder bei den Müttern auslöst, um zu erkennen, wie groß die Befriedigung der Kinder sein muß und wie zutreffend die unbewußte Intuition der Mütter. Nur Befriedigung einer Art, deretwegen die Mutter sich selbst schuldig fühlt, konnte möglicherweise die unbehagliche, reizbare Intoleranz erregen, mit der sie diese und ähnliche Gewohnheiten betrachtet.

Die Tatsache, daß das Kind an seinen eigenen Fingern und Fingernägeln *knabbert,* legt nahe, daß es sich sowohl um Befriedigung als auch um Bestrafung handelt. Aber die Mutter kann diesen Beweis von Reue nicht erkennen oder willkommen heißen, weil sie ahnt, daß diese Selbstbestrafung demselben Geist entspringt wie bei jenem kleinen Mädchen, das sich auf die Hand schlug, bevor es Süßigkeiten aus dem Büfett stahl (Brill). Die Strafe erlaubt tatsächlich die Fortsetzung schuldhafter Befriedigungen und wird auf diese Weise selbst zu einer Art von Befriedigung.

Klinische Untersuchungen haben klar ergeben, daß es eine enge Verbindung zwischen dem Nägelkauen und einer weniger auffälligen, aber ähnlichen »schlechten Gewohnheit« der

Kindheit gibt – der Masturbation. Die mechanische Parallele liegt auf der Hand; die Finger werden statt zu den Genitalien nunmehr zum Mund geführt, und statt der genitalen Stimulierung wird die labiale Stimulierung, wie wir bereits erwähnt haben, von dem strafenden (verstümmelnden) Element des Beißens (Knabberns) begleitet.

Woher wissen wir das? Erstens wissen wir es durch die Mitteilungen vieler vernünftiger, intelligenter Mütter, die ihre Kinder beobachtet haben, ohne in Panik zu geraten. Zweitens wissen wir es durch wissenschaftliche Beobachtungen von Kindern, die von Kinderanalytikern und von denjenigen gemacht wurden, die in der Sozialarbeit mit Kindern zu tun haben.[3] Schließlich wissen wir es durch die Untersuchungen erwachsener Neurotiker, die sich im Verlauf der Analyse ihrer eigenen Kindheit genau an die Details und die Beziehungen zwischen dem Nägelkauen und der Masturbation erinnern können. Eine meiner Patientinnen beispielsweise fühlte sich während ihrer Analyse plötzlich veranlaßt, einen Klavierkurs zu besuchen, der gründliche Fingerübungen erforderte. Unverdrossen übte sie täglich mehrere Stunden, wobei sie ihre Finger aufs äußerste anstrengte und nicht einmal Schmerzen scheute. Zur gleichen Zeit war sie sehr besorgt über ihre kleine Tochter, die unausgesetzt an ihren Fingernägeln kaute. Sie wurde darüber zunehmend aufgeregter und sprach viel über die Gefahr, daß ein Kind schlechten Gewohnheiten verfallen könnte. Sie fürchtete auch – das heißt, sie war ganz sicher –, daß dieses Kind masturbierte!

[3] Wechsler (David Wechsler: *The Incidence and Significance of Finger-Nail Biting in Children*. Psychoanalytic Review, Bd. 18, April 1931, S. 201-209) schloß aus Beobachtungen an etwa 3000 Kindern im Alter zwischen 1 und 17 Jahren, daß es eine enge Beziehung zwischen dem Auftreten von Nägelkauen und den verschiedenen Stadien der psychosexuellen Entwicklung gibt und daß ihre Intensität entsprechend diesen Phasen variiert, wobei sie ihren Höhepunkt zu Beginn der Pubertät erreicht, wenn die ödipale Situation wiederbelebt und die Schuldgefühle reaktiviert werden. Zwei Jahre später kommt es zu einem plötzlichen signifikanten Abfall, entsprechend der endgültigen Meisterung der ödipalen Situation durch den Jugendlichen. Wechsler fand, daß über 40 % der Mädchen zwischen 12 und 14 und der Jungen zwischen 14 und 16 Jahren Nägelkauer waren. Bei Jungen und Mädchen, die zwei Jahre älter waren, sank der Anteil von Nägelkauern abrupt auf unter 20 %. Der Anstieg erfolgt bei Mädchen und Jungen in verschiedenen Altersstufen, wobei die Differenz der Altersdifferenz zu Beginn der Pubertät entspricht.

Ich fragte sie, wie sie zu dieser Schlußfolgerung gekommen sei. Sie bekannte oder erinnerte sich daraufhin, daß sie selbst als Kind die unbeeinflußbare Gewohnheit gehabt hatte, an den Fingernägeln zu knabbern. Das war von ihrer Mutter, die von ihrem Masturbieren nichts wußte, energisch bekämpft worden. Widerstrebend fügte sie hinzu, daß sie erst kürzlich einem starken Masturbationsdrang nachgegeben hatte. Ich wies darauf hin, daß das in enger zeitlicher Verbindung mit der energischen Bestrafung ihrer Finger gestanden haben müsse. Sie war unangenehm überrascht, als ihr das klar wurde, und intelligent genug, um augenblicklich zu erkennen, daß die Assoziation nicht nur eine chronologische war.[4]

So verbreitet das Nägelkauen auch ist, kennen wir doch keineswegs seine ganze unbewußte Bedeutung. David Levy[5] hat zum Beispiel kürzlich durch experimentelle Arbeit mit Hunden und Kleinkindern gezeigt, daß jene, die nicht ausreichend gesäugt wurden, dazu neigen, sich ersatzweise orale Befriedigung durch Daumenlutschen und möglicherweise auch Nägelkauen zu verschaffen. Es ist, als ob das Kind, das an der Mutterbrust nicht genügend Befriedigung findet, sie unterschiedslos an jeder beliebigen Quelle sucht. Das steht auch nicht im Widerspruch zum Zusammenhang mit der Masturbation, da diese ein späteres und völlig natürliches Stadium der kindlichen Entwicklung von Lustempfindungen ist. Mit anderen Worten, das normale Kind gibt das Saugen als hauptsächliche Form von Lust auf und lernt zu masturbieren; das neurotische Kind verzichtet aus Furcht vor Strafe auf das Masturbieren und ersetzt es durch Nägelkauen oder

---

[4] Ich verdanke Dr. Robert Knight den Hinweis, daß das Nägelkauen mitunter auch völlig anderen Ursprungs sein und eine ganz andere Bedeutung haben kann. Wir wissen, daß bei allen primitiven Fleischfressern eine sehr enge Assoziation zwischen Klaue und Fang besteht, und daß das, was den Fingernägeln entsprechen würde, zusammen mit den Zähnen dazu benutzt wird, Nahrung oder den Feind zu zerreißen. Daß das Kind Phantasien hat, die mit der Vernichtung seiner Feinde durch einen ähnlichen Gebrauch seiner Nägel (Klauen) und Zähne zu tun haben, wird durch die Beobachtungen von Melanie Klein (op. cit.) und anderen bestätigt. In diesem Sinne würde das Kauen an den Nägeln die Vernichtung und Bestrafung einer Waffe durch eine andere darstellen.

[5] David Levy: *Finger-sucking and Accessory Movements in Early Infancy*. American Journal of Psychiatry, Bd. 7, 1928, S. 881-918 und *Experiments on the Sucking Reflex and Social Behavior of Dogs*. American Journal of Orthopsychiatry, Bd. 4, April 1934, S. 203-224.

etwas Ähnliches. Das ist in dem Sinne regressiv, daß auf frühere Zeiten und Lustquellen zurückgegriffen wird, indem der Mund statt der Genitalien benutzt wird. Es handelt sich dann um eine Ersatzbefriedigung und eine gleichzeitig damit einhergehende Bestrafung, die beide in abgeschwächter Form erfolgen.

Schwerere Angriffe auf den Körper, als es das Nägelkauen darstellt, können bei Neurotikern oft beobachtet werden, insbesondere Angriffe auf die Haut, die der Dermatologe neurotische Abschürfungen nennt. Dabei handelt es sich um Fälle, bei denen das Individuum gezwungen zu sein scheint, sich zu kratzen, was manchmal dem unbeherrschbaren Wunsch zugeschrieben wird, ein Jucken zu beseitigen oder ein Ungeziefer zu entfernen, aber häufiger kann der Patient keinerlei Grund angeben. Dr. Joseph Klauder aus Philadelphia konnte in einem Fall sicherstellen, daß das unerträgliche Jucken, das die Patientin dadurch erleichterte, indem sie sich ganze Fleischbrocken herauskratzte, hauptsächlich an jenen beiden Wochentagen auftrat, an denen ihr Ehemann im Sterben gelegen hatte.

Der erstaunlichste Fall neurotischer Selbstverstümmelung, den ich gesehen habe, war der eines 35jährigen Gehilfen eines Heizungsinstallateurs. Bereits mit 12 oder 14 Jahren waren krampfhafte Zuckungen der Arme aufgetreten, die man damals zunächst als Chorea (Veitstanz) ansah. Als sie jedoch allmählich, aber unaufhaltsam schlimmer wurden, wurde diese Diagnose von später zu Rate gezogenen Ärzten bezweifelt und von den meisten verworfen. (Wahrscheinlich handelte es sich um ein Tourette-Syndrom.)

Zwanzig Jahre nach dem Beginn des Leidens bot er ein höchst ungewöhnliches klinisches Bild. Er zeigte eine erstaunliche Vielzahl plötzlicher Zuckungen, Stoß- und Schlagbewegungen, Grimassen, Kopfschütteln und selbst Bellen und Schreien, die unvermittelt während einer Ruheperiode auftraten, in der er einen intelligenten Bericht über sein Leiden geben konnte. Einige Augenblicke hatte er Ruhe und konnte die Unterhaltung fortsetzen, wurde aber sofort aufs neue von den geschilderten Krampfbewegungen etc. überfallen: der Arm flog nach oben, das Bein stieß vorwärts, der Kopf machte eine halbe Drehung, das Zwerchfell verkrampfte sich offenbar heftig, so daß er mitten im Gespräch, das er tapfer fortzusetzen versuchte, vom Stuhl gerissen wurde oder gezwungen war, nach Luft zu schnappen, zu grimassieren oder vollkommen unsinnig und unvorhersehbar zu schreien. Ebenso stieß er bedeutungslose, vulgäre und profane Worte aus, offenbar ohne es zu wollen.

Das war zumindest unser erster Eindruck. Nach und nach wurde aber deutlich, daß seine unfreiwilligen Bewegungen trotz ihrer Variationsbreite sich auf einen ganz bestimmten Punkt richteten. Wie er seit langem erkannt hatte, schienen sie sich sämtlich gegen ihn selbst zu richten, d. h. entweder gegen seinen Körper oder gegen die Ausführung seiner bewußten Wünsche. So waren seine Armzuckungen nahezu stets, wenn man genau hinsah, Körperhaken; beim Treten waren es seine Beine und Füße, die litten – häufig trat er mit einem Fuß gegen den anderen. Oft schlug oder stieß er sich den Daumen ins Gesicht. Auf seiner Stirn war eine große offene Wunde, über die er bemerkte: »Es scheint, als ob ich eine Entzündung bekäme, aber ich lasse ihr keine Ruhe.« Während er das sagte, schlug er in rascher Folge wieder ein halbes dutzendmal darauf. Drei seiner Vorderzähne fehlten, weil er sich mit dem Handrücken auf den Mund geschlagen hatte, während er mit heftigen ruckhaften Bewegungen bei der Arbeit war. (Trotz seines Leidens war er bei einem Heizungsinstallateur in Chicago angestellt.) Seine Hände waren mit den Narben kleinerer Verletzungen bedeckt. »Immer wenn ich ein Messer in die Hand nehme«, sagte er, »und natürlich muß ich das oft tun, dann schneide ich mich; das passiert jedesmal.«

Dieser Patient erfüllt sicherlich alle Anforderungen hinsichtlich der charakteristischen Motive einer Selbstmordhandlung. Seine Angriffe waren heftig, seine Unterwerfung heroisch, und was den Anteil von Schuldgefühl betraf, so ist es recht bezeichnend, daß er im Laufe einer einzigen kurzen Unterhaltung spontan bemerkte, er und seine Mutter wären niemals sehr gut miteinander ausgekommen, weil sie ihn ständig tadelte, insbesondere wegen seiner Neigung, mit Mädchen auszugehen, womit er in bescheidener Weise ein wenig prahlte. Trotz seines Leidens, sagte er, hätte er viele Freunde und wäre gesellschaftlich und sexuell aktiv. »Aber sie sagt, ich bekäme noch meinen Lohn ... und daß ich niemals so geworden wäre, wenn ich mich nicht soviel mit den Mädchen abgegeben hätte!«

Wir können nur vermuten, welcher Zusammenhang zwischen seinen Zwangshandlungen und dem Schuldgefühl bestand, das er durch seine Prahlerei und die Zitierung der Drohungen seiner Mutter verriet. Wir wissen, daß das Leiden in der Kindheit begann, zu einem Zeitpunkt also, in dem sexuelle Betätigung nicht darin besteht, sich »mit Mädchen abzugeben«, sondern in der Masturbation. Deshalb schelten, strafen und bedrohen manche Mütter ihre Kinder. Daß seine Mutter eine solche Mutter war, wissen wir vom Patienten. Die Annahme dürfte berechtigt sein, daß sein körperlicher Selbstmißbrauch die Strafe für seinen genitalen »Selbstmißbrauch« darstellte. Ich habe inzwischen erfahren, daß dieser Mann, der einer achtbaren Familie entstammt, eine Zeitlang mit einer Prostituierten zusammengelebt hat, und daß er durch eine Anzahl heftiger Angriffe gegen sich selbst fast erblindete. Wir sehen hier, wie unerbittlich die Forderungen des Gewissens sein können.

Weniger spektakuläre Fälle habe ich oft gesehen. Ich erinnere mich an eine erfolgreiche junge Frau, die plötzlich von dem Zwang gepackt wurde, sich büschelweise Haar auszureißen[6], und zwar unmittelbar nachdem ihre jüngere Schwester geheiratet hatte, auf die sie immer eifersüchtig gewesen war. In einer persönlichen Mitteilung berichtete Dr. Henry W. Woltman von der Mayo-Klinik, daß er einen Fall von Tri-

---

[6] Dieses Leiden (Trichotillomanie) tritt manchmal, ebenso wie andere hysterische Erkrankungen, epidemisch auf. (H. David: *Pseudo-Alopecia Areata. Brit. J. Dermatol.*, Mai 1922, S. 162.)

Dr. Holdin-Davis (*Brit. J. Dermatol.*, Bd. 26, 1914, S. 207-210) berichtete 1914 über epidemisches Haarausreißen in einem Waisenhaus, in dem zwei oder drei echte Fälle von *Alopecia areata* vorgekommen waren. Die Kinder, die Alopecia hatten, wurden in dem Waisenhaus zu Hauptpersonen, und die anderen rissen sich die Haare aus, um die gleiche Aufmerksamkeit zu erlangen.

Burrows (*Proceedings of the Royal Society of Medicine*, Mai 1933, S. 836-838) hat einen Fall von Trichotillomanie berichtet, bei dem ein dreijähriges Kind seinen Finger anfeuchtete, ein Haar ausriß, dieses untersuchte und wegwarf, und zwar fünfzehn Monate lang. Dr. Burrows fragte beim Leiter der Zoologischen Gesellschaft Gardens an, ob diese Gewohnheit bei den höheren Affenarten in nennenswertem Umfang vorkomme, und erhielt die Auskunft, daß nichts derartiges bei den Primaten beobachtet worden war.

chotillomanie gesehen habe, bei dem die Handlung direkt und bewußt mit der Masturbation in Verbindung stand und sie begleitete, als ob damit für die »Sünde« Buße getan werden sollte. (Vgl. dies mit der obigen Deutung des Nägelkauens.) Man wird eine bessere Vorstellung von der Unwiderstehlichkeit des Zwangs, sich solcherart selbst zu verstümmeln, erhalten, wenn ich aus einem Brief zitiere, den ich leider etwas kürzen mußte:
»Mein ganzes Leben lang litt ich unter Schüchternheit, Selbsterniedrigung und dem Bewußtsein körperlicher Reizlosigkeit. Ich hatte niemals viele Freunde gehabt, und kein Mann hatte jemals Interesse für mich gezeigt. Aber hier liegt mein wirkliches Problem, mein größter Kummer, der wichtigste Grund dafür, daß mein Leben ein Alptraum gewesen ist. Von meinem achten Lebensjahr an begann ich mir Haare auszureißen, so daß große kahle Stellen auf meinem Kopf entstanden. Dann erfaßten mich Scham und Reue, bis das Haar nachgewachsen war. Aber ein paar Monate später überwältigte mich die Gewohnheit aufs neue, und in einer Nacht oder einer Stunde war ich wieder ein verzweifeltes, kahlköpfiges kleines Mädchen und ging meinen einsamen Weg in eine unfreundliche, hämische Schule. Auch meine Familie war verzweifelt, da sie niemals etwas dieser Art gehört hatte und nicht wußte, wovon ich besessen war. Aber sie war niemals unfreundlich zu mir; man ging nur schweigend umher – manchmal auch bittend – und versuchte alles zu tun, um mir zu helfen. Ich leide sehr unter Vorstellungen, wie sehr meine Eltern und Geschwister durch ihr sonderbares Kind gedemütigt worden sein müssen.
Ich war die einzige von uns Schwestern, die echtes goldblondes, lockiges Haar hatte. Aber nun bringt die mißhandelte Kopfhaut nur schwarze, störrische Stoppeln hervor, denn ich habe noch immer diese furchtbare Gewohnheit! Drei Jahre lang wagte ich fast zu glauben, daß sie besiegt sei. Aber dann eines Nachts waren alle Hoffnungen dahin, und ich hatte einen häßlichen kahlen Fleck, so groß wie meine Hand, den nur geschickte Täuschung verbergen konnte. Ich bringe es fertig, das, was von meinem Haar übrig ist, geschickt zu kämmen, aber man kann nicht sagen, wie lange ich es noch verbergen kann. Keinerlei Willensanstrengung von meiner

Seite scheint in der Lage, meine Finger zu kontrollieren, wenn sie einmal zu zupfen anfangen. Und ich habe noch Genuß daran, es aufzuessen, das störrische Haar mit seiner Wurzel zu kauen!
In den ersten Jahren war ich eine glänzende, vielversprechende Schülerin, aber jetzt habe ich weder Konzentration noch Gedächtnis. Ich wünschte nur, ich könnte ein echtes Interesse für Religion oder sonst etwas aufbringen. Hat mir diese Gewohnheit einen nicht wiedergutzumachenden geistigen Schaden zugefügt? Hat sie das empfindliche Gehirn verletzt? Ich fürchte, ich werde bald so versklavt sein, daß mir nichts außer dieser Gewohnheit noch Befriedigung geben wird. Seit fast zwanzig Jahren habe ich mir nun mit Unterbrechungen mein Haar ausgerissen und in diesen Perioden alles andere auf der Welt vergessen.
Glauben Sie, daß ich wahnsinnig werde? Man hat mir gesagt, ich solle ›nicht dran denken‹, mich ›beschäftigen‹. Ein Arzt hat mir geraten, ein Kind zu bekommen. Wenn ich das nur glauben könnte! Aber es wäre unfair gegenüber einem jungen Mann, daß er es mit mir versuchen sollte, und es wäre auch unfair gegenüber einem Kind.«
Man beachte, daß dieses Mädchen selbst darauf hinweist, daß sie schöneres Haar hatte als ihre Schwestern, daß sie seine Schönheit zerstört hat und daß sie wegen der Auswirkungen ihres Leidens auf ihre Schwestern Reue empfindet. Für einen Psychiater sind dies Hinweise auf ein Schuldgefühl in bezug auf die Schwestern und auf den unbewußten Wunsch, sich selbst zu bestrafen und sich weniger schön zu machen als sie. Das wiederum muß aus irgendeinem unbewußten Groll gegen sie entstanden sein.
Ein anderer Fall von Selbstverstümmelung, den ich während mehrerer Monate sehr gründlich untersuchen konnte, hatte ebenfalls mit Haaren zu tun. Ein gut erzogener Geschäftsmann von 27 Jahren pflegte eine Schere zu benutzen und an seinem Haar herumzuschneiden, bis sich ein abstoßend grotesker Effekt einstellte, der durch fleckige Stellen hervorgerufen wurde, wo er zu nahe an die Kopfhaut gekommen war. Der Grund, den er zunächst dafür nannte, war, daß er sehr arm gewesen sei, habe sparen müssen, kein Geld für einen Friseur verschwenden konnte und sich selbst die Haare

schneiden mußte. Da er in Wirklichkeit recht gut gestellt war, mußte er zugeben, daß diese Erklärung kaum überzeugen konnte. Trotzdem konnte er anfangs keinen besseren Grund dafür nennen, weshalb er sich selbst die Haare schnitt. Er war überzeugt, daß sein Haar ausfiele und teilte die allgemeine Ansicht, daß das Wachstum angeregt würde, wenn man das Haar oft schnitt. Das war eine tröstliche Rationalisierung, die mit dem zuvor beobachteten Phänomen in Einklang steht, daß man der Bestrafung zuvorkommt, indem man sich selbst bestraft; das heißt, um zu verhüten, daß ihm sein Haar von äußeren Instanzen weggenommen wurde, schnitt er es selbst ab.

Die weitere Analyse enthüllte die wahren Gründe für seinen Haarschneidezwang. Als Junge hatte er üppiges schwarzes Haar gehabt. Aber er hatte einen blonden Bruder, den jedermann vorzog und auf den er deshalb außerordentlich neidisch und eifersüchtig war. Wegen dieses Hasses auf den jüngeren Bruder quälte er ihn und mißhandelte ihn gelegentlich schwer, weshalb er von seinem Vater Schläge erhielt. Dabei packte der Vater den Jungen bei seinem üppigen Haar und hielt ihn daran fest, während er ihm die Schläge verabfolgte.

Sein ganzes erwachsenes Leben war eine Kette von Katastrophen gewesen, was sich ungefähr auf folgende Formel bringen ließ: Er begann ein neues Vorhaben mit großen Hoffnungen und Versprechungen. Er machte einen guten Eindruck, und wegen seiner Intelligenz und Freundlichkeit kam er rasch vorwärts. Hatte er aber einmal die Gunst von jemandem errungen, fing er einen Streit an oder zog sich berechtigten Tadel zu, bis er schließlich hinausgeworfen, beschimpft, mitunter angegriffen und stets abgelehnt wurde. Das war viele Male geschehen. Mit anderen Worten, er folgte immer aufs neue dem Schema, seinen Bruder anzugreifen, seinem Vater zu trotzen und so Strafe auf sich zu ziehen. Entweder bestrafte er sich selbst unmittelbar oder er richtete es so ein, daß er wegen der Aggressionen gegen andere anstelle seines Vaters und seines Bruders bestraft wurde.

Das Abschneiden seines Haars stellte nicht nur eine Neuauflage seines Wunsches dar, seinem Vater zu entfliehen, sondern in einem realeren Sinne eine Bestrafung seiner selbst. Sein Haar war der eine körperliche Vorzug, auf den er stolz sein konnte, aber es hatte ihn nicht vor Eifersucht bewahrt. Daß er so wild gegen sein Haar wütete, hatte eine andere Bedeutung. Er stammte aus einer jüdischen Familie, aber sein Bruder hatte kein Interesse an der Religion, und er hatte ein Wesen, daß ihn auch Nichtjuden ohne weiteres gesellschaftlich akzeptierten. Aus diesem Grund tat der Bruder, mein Patient, alles Erdenkliche, um sein Judentum herauszukehren. Obgleich nicht so erzogen, wandte er sich der orthodoxen Form des Glaubens zu, die bekanntlich fordert, daß das Haar in seinem Naturzustand belassen wird. Eine Zeitlang befolgte er alle religiösen Vorschriften genauestens, aber er wurde dabei nicht von Frömmigkeit geleitet, sondern von weniger edlen Motiven, hauptsächlich dem, seinen Bruder zurechtzuweisen, zu beschämen und anders zu sein als er. Als er sah, daß das weder seinen Vater noch seinen Bruder beeindruckte, gab er es auf: wieder einmal war er enttäuscht worden. Er konnte diesen von Groll getränkten Verzicht auf sehr verständliche Weise zum Ausdruck bringen, indem er sein Haar beschädigte und wegwarf.

Ein klassischer Fall neurotischer Selbstverstümmelung, bei dem Nase und Zähne betroffen waren, ist der des berühmten Wolfsmannes, den Freud zeitweise analysierte und über den er in seinen Fallgeschichten[7] berichtete; bei einem späteren Wiederaufleben der Neurose wurde er von Dr. Ruth Mack Brunswick behandelt.[8] Das charakteristische Symptom dieser zweiten neurotischen Erkrankung war eine fixierte hypochondrische Zwangsvorstellung bezüglich einer angeblichen Verletzung der Nase, die ihm seiner Meinung nach durch eine ärztliche Behandlung zugefügt worden war. Das Symptom war folgendermaßen in Erscheinung getreten: Seine Mutter hatte ihn besucht; er bemerkte eine Warze auf ihrer Nase und drängte sie, diese operativ entfernen zu lassen. Sie weigerte sich. Dann begann er sich Sorgen um seine eigene Nase zu machen. Er erinnerte sich an unangenehme Erlebnisse in der Kindheit, als man ihn neckte und »Boxernase« genannt hatte, tröstete sich aber dann damit, daß an

---

[7] S. Freud: Aus der Geschichte einer infantilen Neurose. Ges. Werke XII, S. 29-157.
[8] Ruth Mack Brunswick: *The Infantile Neurosis, Further Analysis. Int. J. Psychoanalysis*, Oktober 1928.

seiner Nase nichts auszusetzen sei. Wie schrecklich würde es sein, so dachte er, wenn er eine Warze auf der Nase bekäme; er begann sie zu untersuchen und entdeckte einige verstopfte Talgdrüsen. Etwa um diese Zeit reiste seine Mutter ab. Zwei Wochen später entdeckte er mitten auf der Nase ein Pickelchen. Das erinnerte ihn daran, daß auch eine Tante von ihm so einen Pickel gehabt hatte, und später bestand er darauf, daß sich seine Frau aus dem gleichen Grund in Behandlung begab. Er drückte seinen Pickel mit dem Fingernagel aus und ging dann zu einem Hautarzt, den er bereits früher konsultiert hatte. Er überredete ihn, einige verstopfte Talgdrüsen auf der Nase zu öffnen, so daß nun statt eines Lochs mehrere vorhanden waren.

Innerhalb eines Monats bekam er auch Ärger mit seinen Zähnen, von denen mehrere gezogen worden waren. Er begab sich wiederum zu seinem Zahnarzt und ließ sich einen weiteren Zahn ziehen, aber nicht den, der ihm Schmerzen bereitet hatte, sondern einen gesunden.

Dieser Vorfall nahm ihn vollends gegen die Zahnärzte ein, und er wandte seine Aufmerksamkeit wieder seiner Nase zu. Er betrachtete sie von früh bis spät und lief von einem Arzt zum anderen, um ihre Meinungen einzuholen. Ein Hautarzt sagte ihm, er litte an Gefäßerweiterung, die mit Elektrolyse behandelt werden könne. Der Patient konsultierte mehrere andere Dermatologen, von denen einer ihm eine Diathermie empfahl. Daraufhin kehrte er sofort zu dem ersten zurück, der ihm die Elektrolyse empfohlen hatte, und begann sich dann Sorgen zu machen, daß diese Behandlung Narben zurücklassen könnte. Ein weiterer Hautarzt erklärte ihm, die Narben würden niemals verschwinden. Das versetzte ihn in einen Zustand abgrundtiefer Verzweiflung.

Dieser Teil einer sehr langen Geschichte möge genügen, um zu zeigen, wie er zunächst sein Gesicht (die Nase) selbst mißhandelte, daß er dann Ärzte aufsuchte, um sie zu veranlassen, dasselbe zu tun und ihnen schließlich die ganze Schuld für die Verschandelung zuschrieb. Ebenso machte er es bei seinen Zähnen.

Zusammenfassend erkennen wir, daß er sich zunächst ein Loch zufügte und dann Haut- und Zahnärzte dazu brachte, weitere Löcher zu bohren. Wir erinnern uns, daß seine Mutter, seine Tante und seine Frau Pickel hatten, die ihn beunruhigten. Diese drei Menschen waren Frauen, und mit seiner Vorstellung, daß er einen Schaden habe wie sie, der beseitigt werden müsse, bringt er symbolisch zum Ausdruck: »Ich fühle, daß ich so sein muß, wie sie sind, das heißt, ich möchte eine Frau sein und kein Mann.« Die tiefergehende Analyse dieses Falls machte klar, daß dies einem Schuldgefühl gegenüber seinem Vater entsprang, der ihm viel Geld hinterlassen hatte, sowie gegenüber Professor Freud, von dem er, der Patient, Geld unter falschen Voraussetzungen angenommen hatte. Dafür, daß man dem Vater etwas genommen hat, was einem nicht zusteht, fordert das Gewissen als Vergeltung, daß man in ähnlicher Weise »etwas« entbehren müsse. Hier erkennen wir, daß dieses »etwas« sich im Grunde auf die Geschlechtsorgane bezieht.

Der Sinn der neurotischen Selbstverstümmelung, ihre aggressiven, erotischen und selbstbestrafenden Funktionen sowie ihre Beziehung zu anderen Formen der Selbstzerstörung treten in den folgenden Zeilen eines Gedichts klar hervor:

> »Once a man she knew had cut his thumb
> Off at the base, lest the millenium
> Arrive, and he be found unpunished for
> One adulterous night. Remembering him
> She smiled, and wondered if he entered heaven
> Perhaps through such a self-inflicted whim;
> Surely to her eternal life was given
> For she had cut her whole life at the core.«[9]

b) Religiöse Selbstverstümmelung

Selbstverstümmelung als Form religiösen Brauchtums scheint seit frühesten Zeiten geübt worden zu sein. Wenn wir die Verstümmelungen einbeziehen, die sich religiöse Schwärmer zwar nicht selbst zufügten, denen sie sich aber willig und eifrig unterwarfen, darf man mit Sicherheit behaupten, daß alle Religionen dieses Element enthalten. Wir wollen zu bestimmen versuchen, worin seine exakte Bedeutung liegt.
Verstümmelungen bedeuten Opfer, und das Opfer, das von

[9] Helene Magaret: *The Trumpeting Crane*. New York 1934, S. 121-122.

Heiligen gefordert wird, ist gewöhnlich, wie wir im vorigen Teil gesehen haben, das seines Sexuallebens. Es wird manchmal angenommen, daß diese Verurteilung des Liebeslebens als unvereinbar mit religiösem Eifer eine christliche Neuerung[10] sei, aber dies ist ein Irrtum. Das Christentum machte von Vorstellungen und Haltungen von Religionen Gebrauch, die zur Zeit Christi bereits viele Jahrhunderte alt waren. Selbst in der Mythologie, mit der die mediterranen Religionen so eng verbunden waren, bestand bis zu einem gewissen Grade die Vorstellung, daß der religiöse Führer asexuell sein müsse. Die Phönizier glaubten zum Beispiel, daß Eshmun, der schöne Gott des Frühlings, sich kastriert habe, um den erotischen Annäherungen der Göttin Astronae zu entfliehen, und daß seine Priester das gleiche tun müßten. Ebenso waren laut Frazer[11] die Galli-Priester des Attis, die sich selbst kastrierten – ein alltäglicher Anblick in den Straßen Roms, bevor die Republik ausgerufen wurde.

Die Anbetung von Cybele und Attis[12] wurde in Rom

---

10 Origines (185-254 n. Chr.) kastrierte sich selbst, um in seiner Hingabe an das Christentum nicht behindert zu werden, insbesondere wenn er Frauen unterwies. Er war einer der großen Führer und Lehrer der frühen Kirche, aber seine Selbstverstümmelung wurde von der Bischofssynode als einer der Gründe dafür angegeben, daß er kein Priester sein könne.

11 Sir James George Frazer: *The Golden Bough*. New York 1923.

12 Es gibt zahlreiche Legenden über den Cybele- und Attis-Kult, der nach dem 6. Jahrhundert v. Chr. in Phrygien aufkam. Bezüglich der Erforschung der Folklore und Literatur des Kults bin ich Mrs. Bernice Engle aus Omaha, Nebraska, verpflichtet, die mir gestattete, das Material ihrer Arbeit *Attis: A Study of Castration. Psychoanalytic Review*, Okt. 1936, S. 363-372, zu benutzen. Die Essenz einiger dieser Legenden ist die, daß die Mutter-Göttin Cybele (mitunter auch Agdistis genannt) ursprünglich ein Hermaphrodit war, den die Götter einem Eingriff unterzogen, indem sie die äußeren, das heißt die männlichen, Geschlechtsorgane abschnitten und ihm die weiblichen beließen. Cybele wird als Verwandte des Attis dargestellt, dessen Mutter sie direkt oder indirekt repräsentiert. Attis wächst zum Mann heran und wird von Cybele geliebt, aber von seinen Freunden überredet, eine Königstochter zu heiraten. Bei der Hochzeit erscheint die Mutter-Geliebte und treibt Attis in den Wahnsinn. Er kastriert sich, und seine Braut nimmt sich das Leben. Cybele betrauert die Toten und erhält von Jupiter das Versprechen, daß Attis' Körper nicht verwesen, sein Haar weiterwachsen und sein kleiner Finger fortfahren soll, sich zu bewegen.

Ovid gibt im *Fasti* eine etwas andere Version der Legende. Er berichtet, daß Attis, ein phrygischer Jüngling von großer Schönheit, sich der Göttin Cybele weihte. Sie machte ihn zum Hüter ihrer Tempel und verpflichtete ihn auf ein Keuschheitsgelübde. Er sündigte mit der Baumnymphe Sagaritis,

eingeführt, wo ihre orgiastischen Riten und blutigen Rituale volkstümlich wurden. Aus einer Schilderung dieser Riten[13] gewinnt man sehr deutlich den Eindruck, daß die Selbstverstümmelung dazu diente, das Opfer des Sexuallebens dem höchsten (bekannten) Gott darzubringen. Im wesentlichen bestehen diese Zeremonien, ob tatsächlich oder symbolisch, darin, unter dem Einfluß religiöser Schwärmerei in blutiger und qualvoller Weise seine Männlichkeit zu opfern.
Solche Orgien öffentlicher Selbsttortur wurden als Bestandteil der religiösen Verehrung von verschiedenen Sekten seit jenen frühen Tagen bis zur Gegenwart vollführt. In 1. Könige 18, Vers 28 wird beschrieben, wie die Priester Baals sich bei einer Zeremonie, durch die Regen herbeigezaubert werden sollte, mit Messern und Lanzen stachen, bis das Blut über sie hinwegschoß. Das syrische Wort *ethkasch schaph* bedeutet

die von Cybele vernichtet wurde. Attis wurde daraufhin von Furcht ergriffen und glaubte sich von Fackeln, Geißeln und Furien verfolgt. Er zerfetzte seinen Körper mit einem scharfen Stein, kastrierte sich und schrie: »Das ist mein Lohn: mit meinem Blut zahle ich die verdiente Strafe – mögen jene Teile meines Körpers verderben, die gesündigt haben!«
Attis-Priester, die in den Dienst der Göttin Cybele traten, kastrierten sich stets vorher. Catull schrieb sein Gedicht *Attis* nicht über den Gott der Legende, sondern über einen Hohepriester des Kults. Wie der ursprüngliche Attis, dessen Namen er trägt, kastriert er sich in rasender Wut aus (in den Worten des Dichters) »äußerstem Abscheu vor der Liebe«.
Andere Beispiele der Selbst-Kastration in antiken Religionen finden sich in den Legenden von Zeus und Hekate in Karien, Adonis und Aphrodite in Cypern, Artemis in Ephesus, Atargatis, Adonis und Astarte (Hierapolis), Osiris in Ägypten und Angustudunum in Gallien.
[13] »... Der dritte Tag war bekannt als der Tag des Blutes. Der Archigallus oder Hohepriester nahm Blut aus seinen Armen und bot es als Opfer dar. Er war aber mit diesem blutigen Opfer nicht allein. Aufgewühlt durch die wilde, barbarische Musik schmetternder Zimbeln, dröhnender Trommeln, Hörner und Flöten, wirbelte der niedere Klerus im Tanz herum, wobei sie mit den Köpfen wackelten und das Haar umherschleuderten, bis sie in rasender Erregung und unempfindlich gegen Schmerz ihre Körper mit Tonscherben oder Messern zerschnitten, um den Altar und den heiligen Baum mit ihrem dahinströmenden Blut zu benetzen. Der gräßliche Ritus bildete wahrscheinlich einen Teil der Trauer um Attis und sollte ihn vielleicht für die Auferstehung stärken. Die australischen Eingeborenen fügen sich in ähnlicher Weise über den Gräbern ihrer Freunde Schnitte zu, damit diese wiedergeboren werden können. Außerdem können wir vermuten, wenngleich es nicht ausdrücklich berichtet wird, daß am gleichen Tag des Blutes und zum gleichen Zweck die Novizen ihre Männlichkeit opferten« (Frazer: op. cit.).

wörtlich »sich schneiden« und ist das reguläre Äquivalent für »demütig bitten«. In manchen Fällen folgten auf Menschenopfer religiöse Praktiken, die das Vergießen von Menschenblut ohne Todesfolge involvierten.[14] So wurden beispielsweise in Lakonien am Altar der Artemis Orthia Knaben gegeißelt, anstatt ihr wie früher Männer zu opfern. Euripides stellt Athene dar, wie sie anordnet, daß das Fest der Artemis gefeiert werde, indem die Priesterin ein Messer an eine Menschenkehle hält, bis Blut fließt.

Westermarck (op. cit.) berichtet über eine Zeremonie der Tonga-Insulaner, die »Tutu-nima« genannt wird. Sie besteht darin, daß ein Teil des kleinen Fingers abgeschnitten und den Göttern als Opfer dargebracht wird, um die Genesung eines kranken Angehörigen zu erreichen. Es wurde versichert, daß dies in früheren Zeiten so häufig geschah, daß »kaum ein Mensch auf den Inseln lebte, der nicht einen oder beide kleine Finger oder zumindest beträchtliche Teile davon verloren hatte«.

In der chinesischen Literatur ist häufig von Personen die Rede, die sich Fleisch aus dem Körper schnitten, um kranke Eltern oder die Großeltern väterlicherseits zu retten. »Wir lasen auch oft von Schenkelschneidern (in China), die vorher den Himmel anriefen und die höchste Macht feierlich baten, ihre eigenen Körper als Ersatz für das Leben der Patienten anzunehmen, die sie zu retten wünschten« (de Groot). Bluten als Mittel, die Götter zu versöhnen, wurde in Bengalen und bei den Indianern Perus angewandt.

In Amerika haben wir die bereits erwähnten Flagellanten oder Penitenten. Ihre Geißelungen kommen mitunter Selbstverstümmelungen gleich. Der verstorbene Dr. T. P. Martin aus Taos, Neu-Mexiko, berichtete dem Autor, daß er oft gerufen wurde, um das Leben eines allzu eifrigen Selbstquälers zu retten, der bei diesen Zeremonien ein Blutgefäß getroffen oder sich anderweitig ernstlich verletzt hatte.[15]

---

14 Edward Westermarck: *The Origin and Development of the Moral Ideas.* Bd. I, S. 649.

15 Dr. Helen McLean, Chicago, betonte in einer persönlichen Mitteilung an den Autor diese Freude am Leiden, die diese Gläubigen während der Selbstgeißelungen an den Tag legten, die sie in Neu-Mexiko beobachtete. In der Regel machen sie bei jedem Streich einen Schritt, und unsere Kenntnis der symbolischen

Eine religiöse Vereinigung, die fast noch unsere Zeitgenossin war und bei der im wesentlichen dieselben Riten im Schwange waren wie die oben beschriebenen der alten Phrygier und Syrer, einschließlich der tatsächlichen Selbstkastration, ist die russische Sekte der Skopzen, die im Jahre 1757 gegründet wurde und eine beträchtliche Größe erreichte. Ihr tatsächlicher Umfang ist zwar wegen des Geheimcharakters nicht genau bekannt, doch wird ihre Mitgliederzahl auf über 100 000 geschätzt. Für unsere Zwecke genügt es, die Tatsache festzuhalten, daß an ihren Gebräuchen nicht nur einige wenige psychotische oder exzentrische Individuen teilnahmen, sondern daß sie offenbar die psychischen Bedürfnisse einer zahlreichen Gemeinschaft erfüllte.

Die Skopzen glaubten, daß Adam und Eva, unsere Stammeltern, sündigten, indem sie eine sexuelle Beziehung aufnahmen, und daß die einzige Möglichkeit, für dieses Übel zu sühnen und weitere Sünden zu vermeiden, in der Zerstörung der menschlichen Zeugungsfähigkeit liege. Sie zitierten folgende Bibelstelle: »Ärgert dich aber dein rechtes Auge, so reiß es aus und wirf es von dir. Es ist besser, daß eins deiner Glieder verderbe und nicht der ganze Leib in die Hölle geworfen werde. Ärgert dich deine rechte Hand, so haue sie ab und wirf sie von dir. Es ist besser, daß eins deiner Glieder verderbe und nicht der ganze Leib in die Hölle geworfen werde« (Matth. 5, Vers. 29,30). Dieses Glied war nach Ansicht ihres Gründers Schelivanoff das Organ der Zeugung.[16]

Schelivanoff »taufte sich mit Feuer«, indem er seinen Körper mit einem glühenden Eisen verstümmelte. Er taufte Hunderte auf dieselbe Weise und arbeitete unermüdlich, um neue Anhänger zu gewinnen. Sobald es 144 000 Skopzen auf der Welt gäbe, sollte das Tausendjährige Reich Christi beginnen. Einmal schien es nicht mehr weit entfernt, denn die Zahl der Mitglieder wuchs rapide. Jedermann war verpflichtet, neue

---

Verwendung des Steigens, um sexuelle Aktivität in der Sprache des Unbewußten auszudrücken, würde die Deutung dieser religiösen Zeremonie als einer gleichzeitigen symbolischen sexuellen Befriedigung und tatsächlichen Selbstbestrafung bestätigen.

16 B. Z. Goldberg: *The Sacred Fire.* New York 1935, S. 345-350. Siehe auch O. A. Wall: *Sex and Sex Worship.* St. Louis 1919, S. 211-212; Anatole Leroy-Beaulieu: *The Empire of the Tzars and the Russians.* London 1896, Teil 3, S. 422-437.

Anhänger zu werben. Wer zwölf Verstümmelungen aufweisen konnte, wurde mit der Würde eines Apostels bedacht. Im Osten Rußlands traten ganze Gemeinden zu den Skopzen über. Eine solche Massenbekehrung umfaßte 1700 Seelen. Die Missionare arbeiteten unter den Bettlern und anderen niederen Elementen der Gesellschaft, indem sie sie überzeugten oder bestachen, die neue Religion anzunehmen. Manche wurden sogar unter Anwendung von Gewalt verstümmelt. Man appellierte auch an Neugierde und Abenteuerlust:

»Die bloße Tatsache, daß es Massenbekehrungen zu dieser Sekte gab und daß jeder Bekehrte verstümmelt werden mußte, machte es ganz unmöglich, diese Operationen mit jener Vorsicht und Präzision auszuführen, die nötig gewesen wäre, um ihre Wirksamkeit sicherzustellen ... Viele der Bekehrten nahmen den Eingriff an sich selbst vor und hielten dann vor Schmerz oder Furcht inne. Tatsächlich zog die skopzische Religion diesen Umstand auch in Betracht, indem sie zwei Grade der Verstümmelungen festsetzte, die des Großen Siegels und die des Kleinen Siegels« (Goldberg).

Selbstkastration als Ausdruck des moralischen Empfindens der Gemeinde kann auch in Legende und Überlieferung statt in religiöser Praxis ihren Niederschlag finden, aber ihre Bedeutung wird dadurch um so leichter erkennbar. So hat beispielsweise Malinowski[17] in seiner eingehenden Untersuchung über das Sexualleben der Wilden auf den Trobriand-Inseln zahlreiche erotische Träume und Phantasien dieser Menschen gesammelt. In manchen von ihnen taucht das Thema der Selbstverstümmelung und Selbstkastration als eine Form von Strafe und fehlgeleiteter Aggression auf, die sich genau mit dem vergleichen läßt, was wir davon an anderer Stelle gesehen haben.

Da ist zum Beispiel die Geschichte von Momovala (Bd. 2, S. 411), der einem inzestuösen Impuls gegenüber seiner Tochter nachgibt. Das geschändete Mädchen fleht einen Haifisch an, sie zu verspeisen. Darauf reagiert der Vater mit einem so gewalttätigen sexuellen Angriff auf seine Frau, daß diese ebenfalls stirbt, woraufhin Momovala sich kastriert und den Tod erleidet.

[17] Bronislaw Malinowski: *The Sexual Life of Savages in Northwestern Melanesia.* New York 1929.

Länger und spezifischer ist die Legende von Inuvayla'u. Er soll ein großer Häuptling gewesen sein, den seine Wollust dazu brachte, alle Frauen des Dorfes in der Abwesenheit ihrer Männer sexuell zu mißbrauchen. Schließlich ertappten ihn die Männer *in flagranti* und bestraften ihn, indem sie ihn ins Wasser tauchten. Das erfüllte ihn mit großer Scham und Sorge, und er befahl seiner Mutter, ihren Besitz zusammenzupacken, um in ein anderes Dorf zu ziehen.
Als alles gepackt war, trat er aus seinem Haus, das in der Mitte des Dorfes lag, und stimmte eine laute Wehklage an. Er nahm eine Axt und hackte das Ende seines Penis ab, wobei er jammerte und schrie. Er warf diesen Teil seines Penis auf die Seite, und dieser verwandelte sich in einen großen Stein, von dem die Eingeborenen glauben, daß er heute noch vorhanden sei. Weinend und klagend lief er davon, hackte ab und zu ein Stück von seinem Penis ab und warf es beiseite, wo es zu Stein wurde. Schließlich schnitt er seine Hoden ab, die sich in große weiße Korallenblöcke verwandelten und noch besichtigt werden können. Er zog in ein weit entferntes Dorf, wo er mit seiner Mutter zusammen lebte, Gärten anlegte und fischte. Es gibt verschiedene Variationen dieses Mythos, aber der wesentliche Teil ist, wie Malinowski bemerkt, die sühnende Selbstkastration. Er fügt hinzu, daß die im Mythos erwähnten Steine noch vorhanden sind, obgleich »die Ähnlichkeit mit ihren anatomischen Vorbildern im Laufe der Zeit verschwunden ist, während ihre Größe enorm zugenommen haben muß«.
Trotz der Tatsache, daß die Selbstkastration ein wesentlicher Bestandteil gewisser antiker und moderner religiöser Kulte ist, kann der praktisch gesinnte Mensch der Gegenwart darin kaum die Handlungsweise eines normalen Menschen erblicken. Sie ähnelt zu sehr den Selbstverstümmelungen psychotischer Patienten, die wir in Kürze untersuchen wollen.
Im Augenblick wollen wir prüfen, was daran verrückt erscheint. Liegt es daran, daß das Opfer so groß oder so unnötig ist? Ich glaube, wir können uns ohne weiteres auf das erstere einigen, da die Vorstellung des Verzichts auf das Sexualleben mehr oder weniger in allen Religionen zu finden ist. Aber die Tatsache, daß die Selbstkastration als religiöser Brauch existiert und jahrhundertelang existiert hat, ist von

größter theoretischer Bedeutung, weil sie uns zeigt, welche extreme Form das Opfer annehmen kann. Natürlich ist sie nicht die einzige extreme Form des Opfers. Wir wissen, daß es Religionen gegeben hat, bei denen Kinder lebend verbrannt wurden, die Kirche Eigentum konfiszierte oder übertragen bekam und Märtyrertum in verschiedenen Formen erwartet und gebilligt wurde. Aber hier handelt es sich weniger um das Opfer des Sexuallebens, sondern es geht in erster Linie um das Erdulden von Schmerz und Entbehrung. Darüber haben wir bereits gesprochen. Viele glauben jedoch, daß der Verzicht auf das Sexualleben und insbesondere die Selbstverstümmelung der Genitalien die fundamentale Form des Opfers sei. Es gibt klinische Beweise, die diese Ansicht stützen.

Es ist allgemein bekannt, daß die chirurgische Verstümmelung der Genitalien als religiöser Brauch von Millionen Menschen geübt wird – von Wilden und Zivilisierten, einschließlich der Juden und Mohammedaner, sowie vielen Eingeborenenstämmen in Asien, Afrika und Ozeanien. Wir wissen auch, daß die Beschneidung der Knaben in den Vereinigten Staaten große Verbreitung gefunden hat und in der Praxis vieler Geburtshelfer, Kinderärzte und praktischer Ärzte zu einer Routinemaßnahme geworden ist. Es gibt eine große Zahl von Theorien zur Erklärung des Ursprungs der Beschneidung.[18] Aber die meisten davon sind das, was Psychoanalytiker Rationalisierungen nennen, das heißt, sie versuchen etwas auf der Grundlage irgendeines Nutzens zu erklären, der erst nachträglich entdeckt wurde. Wir können den Ursprung der Beschneidung nur dann zu entdecken hoffen, wenn wir

---

18 Hygienische Erwägungen (Steinmetz), Schutz gegen sexuelle Gefahren (Crawley), Mutprobe (Zaborowski), Opfer und Weihe des Sexuallebens (Barton, Jeremias, Valeton, Lagrange), Intensivierung des Sinnengenusses (Burton), Ausdruck des Glaubens an die Auferstehung (Frazer) sind als Ursachen der Beschneidung angegeben worden. Die meisten Gelehrten, und unter ihnen jene, die die Frage am gründlichsten studiert haben (R. Andree, H. Wilken, Ploss-Renz und L. Gray), betrachten die Beschneidung als einen Initiationsritus, der der Einführung in das Sexualleben dient, und durch die Entfernung der Vorhaut, die als Hindernis gilt, die Zeugung sicherer machen soll. (W. Schmidt und W. Koppers: *Völker und Kulturen*. Regensburg 1924, Teil 1, S. 239-244.) Siehe Grays Artikel in *Hasting's Encyclopedia of Religion and Ethics*, Bd. 3, S. 664 f.

die dynamischen Prinzipien zu verstehen vermögen, die im Menschen den Wunsch wecken, einen Teil seines Körpers zu opfern.
Einen Hinweis darauf, woher dies stammen mag, haben wir bereits durch die oben beschriebenen radikaleren religiösen Bräuche erhalten. Wenn man, anstatt die Genitalien insgesamt zu entfernen, den religiösen Forderungen ebenso gut dadurch entsprechen kann, daß man nur einen Teil davon, nämlich die Vorhaut, beseitigt, ist einem ein außerordentlich praktischer Ersatz gelungen. Daß das allgemeine Prinzip des *pars pro toto* in unserem Leben wirksam ist, kann man allenthalben erkennen. Die Kinder Israels opferten dem Herrn einen Ochsen und gaben damit ihre Bereitschaft zu erkennen, ihm alles zu geben, aber die Mehrheit der Herde hielten sie weise zurück, um den Stamm zu erhalten. Wenn wir bestimmte Freunde besuchen, lassen wir eine Besuchskarte zurück, die nicht nur unseren Namen, sondern uns selbst repräsentiert. Es ist ein Teil von uns, der für das Ganze steht.
Ich will damit sagen, daß fast alle Religionen, die überlebt haben, gelernt haben, einen freizügigen Gebrauch von Symbolen zu machen, und alles deutet darauf hin, daß die Beschneidung ein Symbol für eine radikalere Verstümmelung ist. Aber das *pars pro toto* ist eine besondere Art von Symbolik, die charakteristisch ist für das unbewußte Denken und die Bestechung des Gewissens, von der bereits die Rede war.
Beweise dafür liefern uns klinische Fakten. Ich könnte viele Beispiele aus der psychiatrischen Praxis anführen, die zeigen, daß im Unbewußten Beschneidung und Kastration gleichgesetzt werden. Weil die Furcht vor dem Schneiden in Verbindung mit den Genitalien so weitverbreitet und offenbar von so grundlegender Bedeutung für die Charakterbildung[19] ist, pflegen chirurgische Eingriffe an den Genitalien von starken Emotionen begleitet zu sein, die Psychoanalytiker infolge ihrer täglichen Erfahrung mit der Sprache des Unbewußten der »Kastrationsangst« zuschreiben, das heißt, der Furcht, daß die Genitalien unheilbar verletzt werden könnten. Wie stark diese Furcht sein kann, wird sehr deutlich an

---

19 Siehe z. B. Alexanders Artikel *The Castration Complex in the Formation of Character. Int. J. Psychoanalysis,* Januar-April 1923, S. 11-42.

folgendem Vorfall aus dem früheren Leben eines Patienten, den ich kürzlich sah. Er hatte in sehr jugendlichem Alter entdeckt, daß er einen »Bruch« hatte, wie er es nannte (was natürlich nichts mit den Genitalien zu tun hat, wenn auch diese Tatsache nicht allen Laien bekannt ist). Er glaubte, daß er das vor seinen Eltern geheimhalten müsse, was er bis zu seinem 17. Lebensjahr tat. Zu dieser Zeit gelangte er zu der Überzeugung, daß er eine Operation brauche und unterbreitete die Sache seinem Vater, um Geld zu bekommen. Der Vater regte sich auf, weil er fürchtete, daß eine solche Operation den Jungen »irgendwie« ruinieren könnte, aber nachdem er einige Tage darüber nachgedacht hatte, stimmte er zu und erzählte die Sache am Abend seiner Frau. Seine Frau bekam einen fürchterlichen Wutanfall. Sie sagte, er habe ihr etwas verheimlicht und im Hinblick auf den Jungen etwas Schreckliches geplant, er sei ein Unhold und Schuft. Es endete damit, *daß sie ihren Mann in derselben Nacht erschoß!* Bei einer Untersuchung stellten wir viele Jahre später fest, daß der Junge keinen »Bruch« hatte, sondern eine einseitige Hodenatrophie.

Daß die Beschneidung ebenso wie die drohende Bruchoperation im obigen Fall eine symbolische Kastration darstellt, wird von manchen Menschen intuitiv erfaßt, während es anderen Leuten ganz unvorstellbar erscheint. Eine wirkliche Kastration konnte nach Römischem Recht mit Zustimmung der zu kastrierenden Person oder ihres gesetzlichen Vertreters vorgenommen werden. Später jedoch, als die Römer (Domitian) die Kastration sowohl für freie Männer als auch für Sklaven abschafften, war selbst bei Zustimmung des Betroffenen auch die Beschneidung streng verboten.[20] Mommsen bemerkt, daß Hadrian der erste war, der offenbar nicht aus religiösen Gründen, sondern wegen der oberflächlichen Ähnlichkeit der Operationen Beschneidung und Kastration gleichsetzte, was einer der Gründe war, daß es zu jener Zeit zu einem heftigen Aufstand der Juden kam. Sein Nachfolger erlaubte sie den Juden und auch den Ägyptern. Andernfalls wurde jedoch die Beschneidung der Kastration gleichgesetzt und gleichermaßen bestraft.[20]

20 Theodor Mommsen: *Römisches Strafrecht.* In: K. Binding: *Systemat. Handbuch d. Deutsch. Rechtswiss.,* I. Abt., 4. Teil, S. 637, zit. v. Bryk: op. cit.

Es wird allgemein angenommen, daß Beschneidungsbräuche nur den Männern vorbehalten sind. Dieser Annahme widersprechen aber die Tatsachen, denn die Beschneidung von Frauen ist bei wilden Völkern weitverbreitet, und die unbewußten Motive sind offenbar die gleichen wie bei den Männern. Die bewußten Motive hingegen sind ebenso verschieden wie auch die Methoden. Alle Teile der weiblichen Genitalien werden von den Beschneidern bei verschiedenen primitiven Völkern attackiert: manchmal die Klitoris, manchmal die großen, manchmal die kleinen Schamlippen, manchmal alles zugleich. Die *angeblichen* Gründe sind Förderung der Reinlichkeit, Verminderung der Leidenschaft und damit sicherere Wahrung der Jungfräulichkeit, größere Lust für den Mann, Steigerung der vaginalen auf Kosten der klitorischen Empfindlichkeit, d. h. die Verschiebung der erogenen Zone.[21]
Die Beschneidung der Frau konnte (nach Bryk) nur in einer Kultur entstehen, in der das Mutterrecht herrschte. Die Frau, die sich emanzipierte, konnte es nicht ertragen, vom Mann sexuell ignoriert zu werden. Ebenso bestand der Wunsch, ein äußeres Zeichen der Reife zu besitzen, und der offensichtliche Kurs war eine Parallele zur Beschneidung der Knaben. So wie unsere Damen der Gesellschaft die Männer imitieren, indem sie rauchen, das Haar kurz tragen und fechten, tat es die Frau aus dem Hirtenvolk durch die Beschneidung.[22]

Pubertätsriten

Eine zweite Beweisquelle hinsichtlich der Motive und Bedeutung religiöser Verstümmelung ist in den verschiedenen Initiationszeremonien zu finden, denen Jugendliche in Eingeborenenstämmen in vielen Teilen der Welt unterworfen werden. In der anthropologischen Literatur sind sie als Pubertätsriten bekannt und können ihrem Wesen nach als religiös angesehen werden. Es handelt sich bei ihnen gewöhnlich nicht um *Selbst*verstümmelung, und deshalb gehören sie eigentlich nicht hierher, aber sie finden gemeinschaftlich in einer Weise statt, die deutlich macht, daß die Verstümmelung zwar von anderen vorgenommen wird, aber einige Wünsche des Opfers

21 Felix Bryk: *Voodo-Eros*. New York 1933.
22 Felix Bryk: *Circumcision in Man and Woman*. New York 1934, S. 115 ff.

befriedigt²³, und wäre es auch nur der Wunsch, den allgemeinen Sitten zu entsprechen. Aber diese Sitten sind ein Geistesprodukt der Gruppe und repräsentieren daher Kristallisierungen von »Wünschen« der Individuen, die diese Gruppe bilden.

Die Riten variieren bei den verschiedenen Völkern. In manchen Fällen wird mit viel Geräusch und Aufwand ein Zahn ausgeschlagen; häufiger besteht der hauptsächliche Initiationsritus in einer Beschneidung, die mit einem scharfen Stein, einem Stück Glas oder einem Messer vorgenommen wird; manchmal wird ein Einschnitt in den Penis gemacht und das Blut mit Wasser gemischt, das die Knaben und Männer trinken. Vor und nach der Beschneidung werden die Knaben verschiedenen Torturen unterworfen. Sie müssen tagelang fasten, es werden »fingierte Angriffe auf sie gemacht«, sogenannte »Geister« erscheinen ihnen in der Maske von Tieren und drohen, sie aufzufressen; gelegentlich findet ein wirklicher Kampf zwischen den Männern und ihren Söhnen statt. Manchmal rennen die Jungen Spießruten, während die Männer sie heftig schlagen. Bei den Karesau-Insulanern läßt man die Novizen von schwarzen Ameisen beißen. Die Mandan-Indianer werfen ein Messer mit einer Sägeschneide nach Armen, Schenkeln, Knien, Waden, Brustkorb und Schultern und pressen dann spitze Holzstücke in die Wunden. Alle diese Methoden scheinen für den Kandidaten die Bedeutung des Todes zu haben, auf den die Wiedergeburt folgt. Dieses Wiedergeburtsschauspiel wird auch von den Novizen nach der Zeremonie aufgeführt. Sie scheinen dann ihre ganze frühere Existenz vergessen zu haben, erkennen ihre Angehörigen nicht; sie können weder essen noch sprechen, ja, nicht einmal sich niedersetzen, ohne daß man es ihnen zeigt. Wenn sie diese Formalität nicht erfüllen, müssen sie eine zweite und weit gefährlichere Zeremonie absolvieren, die tatsächlich zum Tode führen kann.

Diesen Riten liegt die Absicht zugrunde, die Jungen von ihren Müttern zu trennen und sie in die Gemeinschaft der Männer

---

23 Ich würde nicht sagen »Opfer«, sondern »Eingeweihter« oder »Bewerber«, weil diese Zeremonien, so heroisch und mitunter schrecklich sie sind, gewöhnlich Gelegenheit zu einem Fest geben und von ausgelassener Freude begleitet sind.

aufzunehmen.[24] Den Frauen ist es bei Todesstrafe verboten, an der Zeremonie und dem Fest teilzunehmen; wenn sie den Riten beiwohnen dürfen, müssen sie sich in großer Entfernung aufstellen. Die Frauen trauern und klagen um ihre Söhne, als ob sie wirklich gestorben wären, und es herrscht große Freude, wenn sie nach Hause zurückkehren.

Dank der Fakten, die Frazer, Malinowski, Bryk und andere Anthropologen zusammengetragen haben, und der psychoanalytischen Beiträge von Freud, Abraham, Rank, Theodor Reik sowie der Zusammenstellung der Beobachtungen und Deutungen durch Roheim haben wir recht klare Vorstellungen über die psychologische Funktion dieser Riten.

Es gibt zwei Meinungen, die beide die Pubertätsriten als zeremonielle Mittel zur Überwindung dessen erklären, was in der Anthropologie als *Inzesttabu* bekannt ist oder, um es psychoanalytisch auszudrücken, als Lösung des Ödipuskomplexes. Der eine Standpunkt besagt, daß die genitale Verstümmelung, die dem Jugendlichen zugefügt wird, die Feindseligkeit der Eltern ihm gegenüber, weil er sich nunmehr ihrer Autorität entzieht, befriedigt, daß sie ihn damit wegen seiner inzestuösen Wünsche bestrafen und ihn hinsichtlich der Erfüllung (späterer) Bedürfnisse einschüchtern wollen, d. h. sie bezweckt eine Unterdrückung der sexuellen und aggressiven Impulse des Jugendlichen in bezug auf seine Eltern. Andererseits haben die Pubertätsriten eine sühnende Funktion, die aber nicht auf die Vergangenheit, sondern auf die Zukunft gerichtet ist, d. h. die Beschneidung und alle zum gleichen Zweck vorgenommenen Verstümmelungen sind der Preis, den der Eingeweihte dafür zahlt, daß ihm fortan die Rechte des Erwachsenen zugebilligt werden.[25]

Die Kastrationsangst, d. h. die Angst des Knaben, daß sein

---

24 Theodor Reik: *Ritual*. New York 1931.
25 Was die Pubertätsriten als Erlaubnis, mit dem Sexualleben zu beginnen, angeht, so sieht A. LeRoy in der Beschneidung ein *interdit levé*; nur durch das blutige Opfer der Verstümmelung des Penis kann das Recht zu seinem Gebrauch erkauft werden. Reik ist der Meinung, »daß das Verbot, dessen teilweise Aufhebung an die Pubertätsriten gebunden ist, zunächst im engen Rahmen der Familie aufgestellt und erst später über diese Grenzen hinaus ausgedehnt worden ist«. (A. LeRoy: *La religion des primitives*. Paris 1906, S. 236; Theodor Reik: *Probleme der Religionspsychologie*. Leipzig und Wien 1919, Bd. 1, S. 981.)

Leben oder sein Penis ihm von den Älteren weggenommen werden könnte, sollte er ihn in der verbotenen sexuellen Richtung gebrauchen, würde ständig über ihm schweben, wenn sie nicht zeremoniell durch die symbolische Kastration beseitigt würde, die die Pubertätsriten darstellen. Statt des ganzen Penis wird nur ein Teil von ihm abgeschnitten, der – wie es bei allen Opfergaben der Fall ist – für das Ganze steht.[26]

In Wahrheit besteht kein Widerspruch zwischen diesen beiden Aspekten der Pubertätsrituale. Beide sind zweifellos zutreffend: der eine betont die Einschüchterung, Unterdrückungs- und Sühneelemente, der andere die gewährenden, versöhnlichen Elemente. Ich kann Reik nicht zustimmen, der die ersteren für wichtiger hält, weil sie unbewußt sind, während die letzteren bewußt sind.

Money-Kyrle[27] erwähnt die komplizierteren Rituale, bei denen die abgelöste Vorhaut oder der gezogene Zahn in einem Baum versteckt wird. Er zitiert Frazers Meinung[28],

---

26 Diese Bedeutung des Opfers, d. h. ein Teil aufzugeben, um das Ganze zu bewahren, ist von verschiedenen Autoren psychoanalytisch untersucht worden. Neben Rank, der bereits erwähnt wurde, hatte Alexander (*Psychoanalysis of the Total Personality*. New York 1930) mit seiner Vorstellung von der Gewissensbestechung im wesentlichen dasselbe im Sinn, und in einem anderen Artikel (*Zur Genese des Kastrationskomplexes, Internationale Zeitschrift für Psychoanalyse*, 1930) beschreibt er den Mechanismus in der Weise, daß anale Werte geopfert werden, um die Genitalien zu bewahren; Rado (*Fear of Castration in Women*. Psychoanalytic Quarterly, Juli-Oktober 1933, S. 425-475) hat ihn als »die Wahl des kleineren Übels« bezeichnet.

27 Money-Kyrle: *The Meaning of Sacrifice*. London 1929, S. 161.

28 Sie besagt, daß die Kastration eher ein Erkaufen von Leben als eine Manifestation des Todestriebes sei: »Frazer glaubte, den seit langem verlorenen Schlüssel zur Bedeutung der Beschneidung in der Tatsache gefunden zu haben, daß die ostafrikanischen Kukuyu die Beschneidung früher mit den Wiedergeburtszeremonien verbunden hatten, die nunmehr getrennt begangen werden, und darin, daß in Zentralaustralien die entfernten Vorhäute in dieselben Totembäume, Totemfelsen und an andere Totemplätze gelegt werden, in denen die Menschenseelen ihre Zeit zwischen der Ablösung vom Individuum und ihrer Wiedergeburt als Kind verbringen. Renz – nach einem Zitat von Zeller (Dr. Moritz: *Die Knabenweihen*. In: *Arbeiten aus dem völkerkundlichen Institut der Universität Bern*. I. Heft, Bern 1923, S. 1-60) – hat ebenfalls darauf hingewiesen, daß die Beschneidungsriten der Wilden, zu denen häufig eine einsame Hütte gehört, in der die Knaben eine lange Zeit zubringen müssen, mit Vorstellungen einer Wiedergeburt aus dem Bauch oder dem Magen eines Geistes einhergehen, wodurch er die Idee Frazers, daß die Beschneidung in mehrfachem Sinn eine Wiedergeburt darstelle, unterstützt.« (Bryk: op. cit.)

daß dies ursprünglich mit der Absicht verbunden gewesen sein mag, die Wiedergeburt der beschnittenen Männer zu gewährleisten, sowie seine eigene psychoanalytische Annahme, daß die Beschneidung dazu dienen könne, die neurotische Todesfurcht zu lindern.
Wenn diese Bedeutung zutrifft, sind solche Verstümmelungen, selbst wenn ihnen die bewußte Absicht zugrundeliegt, die Todesfurcht zu besiegen und damit die Hoffnung auf Wiedergeburt zu stärken, Ersatzopfer. Sie werden vom Über-Ich anstelle der Selbstkastration akzeptiert, die es andernfalls fordern würde. Da ferner oft eine Identitätsbeziehung zwischen der lebenden Seele und der Seele des Ahnen zu bestehen scheint, kann die im Baum verborgene Vorhaut unter einem bestimmten Gesichtspunkt als eine Gabe an den Geist des Vorfahren angesehen werden, der seinerseits nichts anderes ist als eine Projektion des Über-Ichs. Ein solches Opfer könnte leicht mit einer pantomimischen Darstellung der Rückkehr in den Mutterleib verbunden sein.

c) Selbstverstümmelung bei psychotischen Patienten

So fernliegend diese ausgedehnten Spekulationen über die Naturvölker und andere erscheinen mögen, es ist kein so großer Schritt von der Betrachtung des Verhaltens der Wilden zur Betrachtung des Verhaltens von Geisteskranken, das unser nächstes Thema bildet. Wilde und Geisteskranke haben gemeinsam, daß sie ohne Rücksicht auf die Forderungen einer Zivilisation handeln, die primitive Neigungen oft bis zur Unkenntlichkeit verändert. In einem gewissen Sinne ist das, was wir Geisteskrankheit nennen, einfach eine Regression auf den Zustand des Wilden, bei dem solche Einschränkungen nicht beachtet zu werden brauchen.
Unter den vielen Formen psychotischen Verhaltens ist die Selbstverstümmelung keine der häufigsten; andererseits ist sie aber recht typisch, und zwar weil sie offenbar sinnlos ist oder mit so irrationalen und unlogischen Erklärungen begründet wird. Die zugefügten Verletzungen sind recht verschiedenartig, pflegen aber im allgemeinen eher auffällig, blutig und schmerzhaft als lebensgefährlich zu sein. Wie wir

sehen werden, gibt es dafür wahrscheinlich einen ganz bestimmten Grund. Die Selbstverstümmelung kommt bei den meisten der großen Geisteskrankheiten vor: Progressive Paralyse, Manisch-depressive Krankheit, Epilepsie. Delirium. Sie hat daher anscheinend keine feste Beziehung zur Krankheit im klinischen Sinne, sondern ist Ausdruck allgemeinerer Tendenzen. Wir wollen unsere Diskussion durch die Wiedergabe eines tatsächlichen Falls spezifizieren.

Ein junger Mann von 20 Jahren kehrte aus dem Krieg zurück und stellte fest, daß seine Verlobte einen anderen Mann geheiratet hatte. Das war der auslösende Faktor für die Entwicklung einer akuten schizophrenen Erkrankung mit Wahnvorstellungen, Halluzinationen, seltsamen Körperhaltungen, die nach einigen Rückfällen chronisch wurde und dauernde Hospitalisierung erforderte. Vom pflegerischen Standpunkt aus war er ein außerordentlich schwieriger Patient, weil er ständig versuchte, sich selbst zu verletzen. So band er beispielsweise seine Zehen mit Schnur zusammen in der offensichtlichen Absicht, Wundbrand zu erzeugen. Er versteckte sich hinter den schweren Krankenhaustüren, wenn sie sich hinter einem Arzt oder Pfleger schlossen, und legte seine Finger in die Öffnungen, um sie zerschmettern zu lassen. Bei mehreren Gelegenheiten entwendete er Nadeln, die am Kittel einer Schwester steckten, und versuchte, sie sich in die Augen zu stoßen. Er drückte die Finger einer Hand auseinander, und mit Hilfe seines Beines und der anderen Hand versuchte er, sie so heftig zu zerren, daß das Gewebe zwischen ihnen zerriß. Mit Daumen und Fingernagel riß er sich Stücke aus dem Ohrläppchen. Oft ließ er sich mit dem Kopf voran aus dem Bett auf den Fußboden fallen, als wolle er sich den Schädel zerschmettern. Einmal fand man ihn fast erstickt auf, nachdem er sich mehrere große Selleriestangen tief in die Kehle gestoßen hatte.

Bei solchen Beispielen typischer psychotischer Selbstverstümmelungen scheinen alle aggressiven Tendenzen gegen den Aggressor selbst gerichtet zu sein. Wir können nur vermuten, wem sie ursprünglich galten, es sei denn, der Patient erzählt es uns, was dieser nicht tat. Zweifellos waren sie ursprünglich gegen ein äußeres Objekt gerichtet, das angeblich geliebt, unbewußt aber gehaßt wurde.

Ich habe diesen Fall aus verschiedenen Gründen trotz seiner Unvollständigkeit angeführt. Zunächst repräsentiert er in plastischer Weise einige Variationen psychotischer Verstümmelungen.[29] Zweitens demonstriert er das völlige Fehlen des Wunsches, wirklich zu sterben. Jedermann, der fest entschlossen wäre, sich zu töten, hätte es mit einem Hundertstel der Anstrengung tun können, die dieser junge Mann aufwandte, um sich Leiden zuzufügen. Zehn Jahre danach lebt er immer noch. Drittens findet sich hier der verschleierte Beweis für das sexuelle Element. Man erinnert sich, daß seine Psychose dadurch ausgelöst wurde, daß er bei einer Liebesbeziehung Schiffbruch erlitt, und viele seiner Angriffe auf sich selbst haben sexualsymbolischen Charakter.

Der vierte ausschlaggebende Grund liegt in der Tatsache, daß seine Angriffe gegen sich selbst nicht einmalig und deutlich spezifisch waren wie im Fall des Mannes, der sich den Arm abhackte, sowie bei allen anderen genannten Beispielen, sondern vielfältig und weit unklarer lokalisiert. Hand und Arm des Mannes, der sein Kind getötet hatte, waren schuldig. So war es nur angemessen, daß er den kriminellen Arm abhackte. Bei dem obigen Fall aber verwundete sich der junge Mann an den verschiedensten Stellen, und das widerspricht unserer Annahme, daß es sich bei dem angegriffenen Organ oder Körperteil um etwas Spezifisches handle, das zur Wahl des Objektes oder Fokus des selbstzerstörerischen Bemühens führt. Wahrscheinlich gibt es in allen Fällen eine gewisse Konditionierung, d. h. spezifische Erlebnisse, die jenen Teil des Körpers entweder tatsächlich oder symbolisch berühren, was dazu beiträgt, die Auswahl zu bestimmen.

Das war zum Beispiel bei meinem obengenannten Patienten der Fall, der heftige Angriffe gegen sein Haar führte, ohne zu wissen warum. Wir erinnern uns, daß er als Kind sehr schönes Haar hatte, das einzige, worin er seinem bitterlich beneideten Bruder überlegen war. Aber trotz dieses Haares

---

29 Siehe auch R. M. B. MacKenna: *Extensive Self-Mutilation, Presumably following Trichophytic Infection.* Brit. J. Dermatol., Juli 1930, S. 313-319; H. R. Sharma: *Self-Mutilation: Extraordinary Case.* Indian Medical Gazette, Juni 1930, S. 327-328; C. I. Urechia: *Autophagia of Fingers by Patients with General Paralysis and Cervical Pachymeningitis.* Revue Neurologique, Paris, März 1931, S. 350-352.

war der Bruder von den Eltern und nahezu jedermann vorgezogen worden, so daß mein Patient zu der Auffassung gelangte, daß es im Kampf um die Gunst der Welt nutzlos war, so schönes Haar zu haben. Er fühlte sozusagen, daß sein Haar »ihn im Stich gelassen hatte«, denn es verschaffte ihm nicht nur keine Freunde, sondern es war dies üppige Haar, an dem der Vater ihn zu packen pflegte, wenn er ihm Prügel verabfolgte, was gewöhnlich deshalb geschah, weil mein Patient seinen beneideten Bruder mißhandelt hatte. Daher hatte er, ging man von seinem Denken in der Kindheit aus, guten Grund, auf sein Haar ärgerlich zu sein. (Eine derartige Personifizierung eines Körperteils ist recht charakteristisch für primitives »prälogisches« Denken.)

In ähnlicher Weise könnten wir wahrscheinlich zeigen, wenn uns sämtliches Material zugänglich wäre, was ja nicht selten der Fall ist, daß beispielsweise ein Patient, der sein Ohr beschädigt, dies wegen gewisser unerfreulicher Hörerlebnisse in der Kindheit tut, oder daß einer absichtlich sein Auge verletzt, weil er einstmals einen visuellen Schock erlitt, der die Schuldhaftigkeit dieses Organs verstärkte. Es ist, als ob er sagen würde: »Mein Auge war schuld daran, daß mir diese oder jene schreckliche (oder verbotene) Szene enthüllt wurde.«[30] Aus diesem Grunde soll der heimliche Beobachter der nackten Lady Godiva erblindet sein; hier nahm Gott die Bestrafung vor.

Aber wir haben noch nicht die Frage beantwortet, die durch den Fall jenes jungen Mannes aufgeworfen wurde, der alle Teile seines Körpers ohne Unterschied attackierte. Es ist kaum wahrscheinlich, daß er nur wegen wirklicher Erlebnisse einen Groll gegen soviele Teile seiner selbst hegen sollte. Daraus schließen wir, daß es noch ein anderes Ele-

---

[30] Siehe den von Hartmann berichteten Fall. Es handelte sich um eine Frau, die sich beide Augen ausstach, angeblich als »Opfer für Christus«, denn »man sündigt bei solchen Phantasien am meisten mit den Augen«. Man stellte fest, daß sie stets durch gewisse Seherlebnisse, einschließlich des Anblicks nahezu jedes Mannes, erregt wurde. Als Kind hatte sie mit ihren Eltern in einem Zimmer geschlafen und oft die Genitalien ihres Vaters gesehen. Sie hatte die Eltern beim Geschlechtsverkehr beobachtet und war von ihrem Vater gescholten worden, weil sie »immer zusah«. (H. Hartmann: *Self-Mutilation. Jahrb. f. Psychiatrie und Neurologie*, Bd. 44, 1925, S. 31; Zusammenfassung von Keschner: *Arch. Neurol. & Psychiat.*, Bd. 15, März 1926, S. 384-386.)

ment geben muß, das die Wahl des Körperteils bestimmt. Dieses Element hat nichts mit der realen Bedeutung der verschiedenen Teile, sondern mit deren symbolischer Bedeutung zu tun. Die scheinbar unterschiedslosen Attacken des Patienten gegen sich selbst waren in Wirklichkeit nicht so unterschiedslos. Sie betrafen stets Organe oder Körperteile, von denen uns die Erfahrung gelehrt hat, daß sie die Geschlechtsorgane symbolisieren können. Tatsächlich vermitteln klinische Untersuchungen den Anschein, daß alle Versuche, Teile des Körpers zu entfernen, ersatzweise und demnach symbolische Versuche darstellen, ein Organ wegzuschneiden oder zu verstümmeln, das die Genitalien symbolisiert. Die Skopzen und andere haben das, wie wir gesehen haben, direkt getan, anstatt nach einer symbolischen Methode zu diesem Zweck zu suchen, und wie wir in Kürze sehen werden, trifft das gleiche auf viele psychotische Patienten zu.
Bevor wir uns jedoch diesen Beispielen zuwenden, wollen wir etwas eingehender die Vorstellung untersuchen, daß im Unbewußten verschiedene Körperteile die Genitalien repräsentieren können. Wir erkennen das am besten bei der Hysterie, die wir im nächsten Kapitel behandeln werden, aber wir sehen es auch beim *Fetischismus,* wo die Gesamtpersönlichkeit, Körper, Gesicht, sogar die Geschlechtsorgane des geliebten Menschen ohne Interesse für den Patienten sind; ihn interessiert lediglich ein isolierter Teil des Körpers, und dieser Teil sind niemals die Geschlechtsorgane. Solche Individuen werden beispielsweise sexuell erregt und schließlich befriedigt, wenn sie einen Fuß, einen Zeh, einen Finger und mitunter sogar Gegenstände, die nicht eigentlich Teil des Körpers sind, betrachten und liebkosen, etwa einen Schuh oder andere Kleidungsstücke, die dem Geliebten gehören. Wenn solche Patienten psychoanalysiert werden, das heißt, wenn sie die psychischen Beziehungen zwischen diesen Dingen zurückverfolgen, Beziehungen, die sie nicht selbst kannten, enthüllt sich ihnen und uns, daß diese Teile des Körpers von ihnen unbewußt als Ersatz für einen Körperteil genommen wurden, den sie nicht freimütig akzeptieren konnten, weil sie zu sehr unterdrückt und zu ängstlich waren.
Der unbewußte symbolische Ersatz eines Organs durch ein anderes ist keinesfalls auf Hysteriker oder Fetischisten be-

schränkt. Bei ihnen ist es lediglich offensichtlicher, aber wir tun es alle. Ein deutliches Beispiel dafür, daß ein sozial stärker tabuiertes Zubehör durch das Haar ersetzt wird, wurde vor einigen Jahren[31] von einem befreundeten Psychoanalytiker festgehalten, der ein kleines Kind verständnisvoll beobachtet hatte. Der Junge hatte mit 2½ Jahren an einer leichten entzündlichen Verengung der Vorhaut gelitten und war zu einem Chirurgen gebracht worden, der den Zustand durch Dehnung behob. Der kleine Bursche hatte sich tatsächlich sehr tapfer verhalten, und der Chirurg lobte ihn und schenkte ihm eine Süßigkeit. Nachdem das Kind wieder angezogen war und sich verabschiedete, meinte der Chirurg mit lachender Miene, er sei ein tapferer kleiner Bursche, aber das nächste Mal würde er ihm »das ganze Ding abschneiden«, wobei er ihm eine große Chirurgenschere zeigte. Das Kind stieß einen Schreckensschrei aus und rannte zu seinem Vater: »Er zitterte vor Erregung und schluchzte in meinen Armen.« Die Eltern bemühten sich auf jede Weise, dem Kind zu versichern, daß der Chirurg nur gescherzt habe, und allmählich schien es die Episode zu vergessen. Ein Jahr später bekam das Kind eine leichte Entzündung des Penis, die mit lokalen Bädern ohne weiteres zu beheben war. Im Zusammenhang damit begann der Junge aus eigenem Antrieb über sein Erlebnis mit dem Chirurgen im vergangenen Jahr zu sprechen. Er erzählte fröhlich und mit bemerkenswerter Genauigkeit von allen *unwichtigen* Einzelheiten, die er in der Praxis des Chirurgen beobachtet hatte, wobei er vieles erwähnte, das die Eltern vergessen hatten. Aber über den letzten Vorfall, den Scherz mit der Schere, sagte er kein Wort. In der Annahme, daß er den schmerzlichen Eindruck des Erlebnisses beseitigen könnte, fragte ihn der Vater, ob er sich nicht noch an etwas anderes erinnern könne – an etwas, was der Doktor gesagt hatte. Keine Antwort. »Hatte er nicht eine Schere?« Das Kind lachte. »Ach ja, eine Schere. Er machte einen Scherz über die Schere.«
Aber obwohl ihm sein Vater das Stichwort gegeben hatte, konnte er sich nicht erinnern, was für ein Scherz das gewesen

---

[31] Ernst Simmel: *A Screen Memory in Statu Nascendi. Int. J. Psychoanal.*, Okt. 1925, S. 454-457.

war. Schließlich fragte ihn der Vater, ob der Chirurg nicht davon gesprochen habe, daß er etwas abschneiden würde. Sofort rief das Kind fröhlich: »Ach ja, ich erinnere mich. Er sagte, er würde mir *die Haare* abschneiden.«

Dieses Beispiel ist äußerst interessant, weil es so deutlich zeigt, wie ein Kind etwas Schmerzliches verdrängt und durch einen verschleiernden Scherz ersetzt. Fröhlichkeit, Erregung und Lachen des Kindes dienten dem Zweck, die Angst zu verleugnen oder sich davor zu schützen, die so nahe an der Oberfläche lag und in Erscheinung getreten wäre, wenn das Kind die Erinnerung in ihrer ursprünglichen Form mit Bewußtsein akzeptiert hätte.

Es ist auch interessant zu bemerken, daß das Haar als Symbol des Organs gewählt wurde, das der Chirurg ursprünglich abzuschneiden drohte. Das Kind konnte darüber lachen, weil das Abschneiden des Haares nicht so folgenschwer ist: es tut nicht weh, und das Haar wächst wieder nach.[32]

Wir vermögen nun zu erkennen, daß selbst in dem Fall des Jungen, der sein Haar mißhandelte, weil es ihn betrogen hatte, wahrscheinlich eine Verschleierung vorlag, so daß nicht nur die unerfreulichen Erfahrungen mit seinem Bruder, sondern auch die Beziehung zu seinem Sexualleben sein Verhalten bestimmten.

Wir wollen nun einige jener psychotischen Fälle untersuchen, die ihre Genitalien nicht in symbolischer Weise bestrafen oder ablehnen, sondern sich in Form der Selbstkastration direkt verstümmeln.

N. D. C. Lewis[33] hat zahlreiche Fälle dieser Art im Detail

---

[32] Simmel bemerkt sehr richtig, daß der Chirurg unbewußt grausam war, als er seinen Scherz machte; er konnte darüber lachen, weil er seinen wirklichen Absichten so fern lag. Aber dem kleinen Kind erschien die Grausamkeit unverhüllt – es reagierte nicht auf den Scherz, sondern auf die Grausamkeit. Später, nachdem sein Unbewußtes die Erinnerung verschleiert hatte, indem es aus dem Penis das Haar machte, konnte es sich gegen die Angst wehren, indem es ein sehr nützliches Mittel unserer gegenwärtigen Zivilisation anwandte, in der wir unsere Grausamkeit zügeln und uns nur gestatten, unsere Mitmenschen seelisch zu verwunden. »Nichtsdestoweniger gibt es viele Erwachsene, die angesichts solcher Angriffe ihr Leben lang hilflose Kinder bleiben. Sie werden traurig oder verletzt, wenn Menschen sie necken, weil sie, wie wir sagen, ›keinen Spaß verstehen‹ – in Wirklichkeit verstehen sie ihn nur zu gut.«

[33] *The Psychobiology of the Castration Complex. The Psychoanalytic Review,*

beschrieben, und es liegen auch viele weitere, weniger vollständige Berichte vor.[34] Wir wollen einige typische Fälle auswählen. Der folgende Fall wird von Dr. Lewis aus den Akten des St. Elizabeth Hospital berichtet. Über die Vorgeschichte des Mannes ist wenig bekannt. Im Krankenhaus war er zunächst depressiv, teilnahmslos, sehr schmutzig und inkooperativ; er nahm wenig Nahrung zu sich. Er antwortete auf keine Frage und murmelte unzusammenhängend vor sich hin. Mit geschlossenen Augen und flatternden Lidern, ein törichtes Lächeln auf seinen Zügen, saß er da. All das ist typisch für eine Schizophrenie.

Ein Jahr später war er noch immer unsauber und unzugänglich, dazu aber auch noch destruktiv. Er hatte angefangen, ordinäre Redensarten auszustoßen, manchmal wurde er erregt und rannte fluchend hin und her. Gelegentlich schlug er nach Leuten, von denen manche zurückschlugen. Er zerbrach einige Fensterscheiben und wurde sehr laut. In den folgenden ein oder zwei Jahren nahmen seine Aktivität und Kampfeslust zu. Er entwickelte die Angewohnheit, sich auf die Erde zu werfen, offensichtlich in der Absicht, sich zu verletzen, was mitunter auch geschah. Er warf Stühle nach den Pflegern. Schließlich mußte man ihn auf eine geschlossene Station bringen, aber er fuhr fort, sich auf vielerlei Art zu verletzen, so daß er festgemacht werden mußte. Er biß sich in verschiedene

---

Bd. 14, 1927, S. 420-446; Bd. 15, 1928, S. 53-84, 174-209 und 304-323. Ders.: *Additional Observations on the Castration Reaction in Males*, Bd. 18, 1931, S. 146-165.

34 DeMassary, Leroy und Mallet: *Sexual Auto-Mutilation in a Schizophrenic Case*. Annales Médico-psychologiques, Paris (Teil 2), Juli 1929, S. 144-150; C. O. Ferrer: *Self-Mutilation of Hypochondriac Alcoholic Patient*. Semana Médica, Buenos Aires, 9. Jan. 1930, S. 91-93; I. B. Galant: *Masturbation and Auto-Castration in Cases of Paranoid Forms of Dementia Praecox*. J. Nevropat. i Psikhiat., Bd. 21, 1928, S. 307-385; C. Blondel: *Les Auto-mutilations – la castration volontaire*. Tribune Médicale, Paris 1906. N. S. 38, S. 533-536; Eckert: *Zur Frage der Selbstentmannung*. Archiv f. Kriminal-Anthropologie und Kriminalistik, Leipzig 1912, Bd. 46, S. 287; J. Ingegnieros: *Un caso de auto-castraction en un degenerado hereditario con neurasthenia y sifilifobia*. Semana Médica, Bd. 8, Buenos Aires 1901, S. 73; Nacke: *Über Selbstentmannung*. Archiv f. Kriminal-Anthropologie und Kriminalistik, Leipzig 1903, Bd. 12, S. 263; Schmidt-Petersen: *Über Selbst-Kastration*. Zeitschrift für Medizinal-Beamte, Berlin 1902, Bd. 15, S. 735; D. Strock: *Self-Castration*. Journal of the American Medical Association, Bd. 36, 1901, S. 270.

Körperteile und nagte solange an seiner Unterlippe, bis ein chirurgischer Eingriff erforderlich wurde, und trotz sorgfältiger Überwachung zerfetzte er sich schließlich den Hodensack mit den Fingernägeln und entfernte die Hoden.
In diesem Fall können wir nur aus dem unbeugsamen Verhalten des Patienten unsere Schlüsse ziehen, so daß wir zwar nicht sagen, welche Motive der Selbstkastration zugrunde lagen, jedoch erkennen können, wie sich die zerstörerischen Neigungen zunächst nach außen, später nach innen richteten, wobei sie sich auf verschiedene Körperteile und zuletzt auf die Genitalien konzentrierten.
Ein anderer Fall läßt die Motive deutlicher zutage treten. Ein dreißigjähriger Marineoffizier, verheiratet, wurde ins Krankenhaus eingeliefert. Die Exploration ergab, daß er sich selbst mißhandelt und Selbstmord geplant hatte. Er war ruhig, sauber, leicht depressiv.
Die Vorgeschichte ergab, daß sein Vater sehr religiös gewesen war, doch war schwer mit ihm auszukommen, und er hatte die Familie verlassen, als der Patient noch klein war. Die Mutter war gezwungen, für den Unterhalt der Familie sehr schwer zu arbeiten. Der Junge selbst mußte früh zur Arbeit gehen, erhielt aber trotzdem zwischendurch eine angemessene Erziehung. Er war in die Marine eingetreten und hatte es bis zum Rang eines Deckoffiziers gebracht. Ein Jahr vor seiner Einlieferung hatte er angefangen, sich wegen seiner Arbeit Gedanken zu machen, und fragte seine Freunde, ob sie meinten, daß er nicht mehr so tüchtig sei. Er wurde zunehmend depressiver.
Dann hatte er angefangen, seltsame Geräusche wahrzunehmen; er glaubte, daß seine Schiffskameraden über ihn redeten und ihn perverser Praktiken beschuldigten (z. B. homosexuell zu sein). (Individuen mit solchen Befürchtungen und Halluzinationen sind selten *offen* homosexuell, reagieren aber mit Entsetzen auf den Gedanken, daß sie es sein könnten – genauso wie »Normale«, nur in höherem Maße.) Schließlich ging er in den Waschraum und amputierte seinen Penis mit einer Rasierklinge. Auf Befragen sagte der Patient, er sei verwirrt gewesen und habe nicht gewußt, was er tat. Er schien jedoch wenig Besorgnis oder Bedauern zu zeigen. Später sprang er über Bord, kletterte aber an der Ankerkette auf das Schiff

zurück. Er gab jedoch zu, daß die Vorstellung des Ertrinkens ihn stets fasziniert habe.

Die Untersuchung ergab, daß er noch immer Stimmen hörte, die ihm befahlen, seltsame Dinge zu tun, und seine Handlungen kommentierten. Hinsichtlich der Beschuldigung, homosexuell zu sein, war er sehr überrascht, denn er hatte sich niemals in dieser Weise, sondern sehr früh heterosexuell betätigt. Außer der Verstümmelung war sein körperlicher Zustand ausgezeichnet und seine Intelligenz überdurchschnittlich.

Später verkündete der Patient, daß er »zum höchsten Opfer bereit sei« (Selbstmord), und schrieb eine Notiz des Inhalts: »Ich bin pervers und werde die Strafe bezahlen.« Er wurde zunehmend unruhiger und verstörter und neigte dazu, sich mit Patienten und Pflegern anzulegen.

Es könnten noch viele derartige Fälle angeführt werden, aber die genannten genügen, um uns ein umfassendes und recht bestimmtes Bild zu geben. Diese Patienten sind mitunter zunächst lammfromm, werden dann zunehmend aggressiver gegenüber ihrer Umwelt, schließlich sich selbst gegenüber, und alle betonen ihr Schuldgefühl wegen sexueller Verfehlungen. Diese sexuellen Verfehlungen betreffen manchmal Frauen, manchmal andere Männer (Homosexualität) und manchmal autoerotische Handlungen (Masturbation). In allen Fällen wird die Sexualität mit den Genitalien identifiziert. Da die Patienten psychotisch sind und daher in ihrer Logik sehr direkt und unverhüllt, tun sie das Naheliegende, indem sie sich des schuldigen Teils ihres Körpers entledigen.

Es gibt jedoch noch ein weiteres Element, das wir nicht aus dem Auge verlieren dürfen. Ein Mann, der wegen bewußter oder unbewußter homosexueller Impulse im Hinblick auf seine Geschlechtsorgane Schuldgefühle hegt, schlägt zwei Fliegen mit einer Klappe, wenn er sich kastriert. Er bestraft sich selbst, verwandelt sich aber gleichzeitig durch diese Strafe in ein passives, penisloses Individuum, das anatomisch mit der Frau vergleichbar ist. Durch diese anatomische Identifizierung kommt er der Homosexualität, deretwegen er sich schuldig fühlt, näher als vor der Tat. Er fühlt sich schuldig wegen seiner homosexuellen Wünsche, und indem er sich kastriert, scheint er für sie zu sühnen und sie aufzugeben; in

Wahrheit verändert er nur sich selbst, um die aktive Rolle nicht mehr übernehmen zu können und um so mehr zur passiven Rolle prädisponiert zu sein.[35]

Hieraus können wir demnach schließen, daß die psychotische Selbstverstümmelung insofern der Formel für ein neurotisches Symptom entspricht, als erotisches Ziel und Selbstbestrafung zu gleicher Zeit erreicht werden. Es ist, als ob die Trieb- und Verdrängungskräfte einen Handel geschlossen und als Kompromiß das Symptom hervorgebracht hätten, das jedoch nur für ein sehr krankes, machtloses Ich annehmbar sein kann. In dem Maße, wie ein solches Symptom, d. h. ein solcher Kompromiß, wirksam wird, kann ein relativer Frieden erreicht werden. Das Symptom, selbst eine Verstümmelung, ist daher ein Versuch zur Selbstheilung oder zumindest zur Selbsterhaltung. Das gibt uns einen Schlüssel zu dem Widerspruch, daß die lokale Selbstzerstörung eine Form partiellen Selbstmords ist, die den vollendeten Selbstmord verhindern soll.

Bei der psychotischen Selbstverstümmelung hingegen ist der Versuch zur Selbstheilung sehr schwach. Die Selbstverstümmelungen psychotischer Patienten ähneln den Selbstverstümmelungen fanatischer religiöser Sektierer und unterscheiden sich von den Selbstverstümmelungen neurotischer Patienten und den bekannteren zeremoniellen religiösen Verstümmelungen folgendermaßen: psychotische Patienten mißachten die Realität fast völlig, und das Ich macht ein besonders schlechtes Geschäft – tatsächlich fast überhaupt kein Geschäft – mit dem Gewissen. Es opfert alles und gewinnt fast nichts außer Strafe[36] und die sekundären Vorteile der

---

35 Dieses Phänomen entspricht der Formulierung, die zunächst von Freud in *Totem und Tabu* geprägt wurde, wo er im Hinblick auf zeremonielle Feste darauf hinweist, daß durch das Sühneritual das Verbrechen wiederholt wird. Dies wurde ausführlicher von Roheim in seiner Arbeit *Nach dem Tode des Urvaters* und von Abraham in seinen Untersuchungen über die Melancholie diskutiert. Er ist Gegenstand eines ganzen Kapitels in Theodor Reiks *Der unbekannte Mörder* mit dem Titel »Keine Sühne ohne Wiederholung der Tat«. Reik geht noch weiter und zeigt, daß Schwur, Folter und Gottesurteil als symbolische Wiederholung des Verbrechens zum Zweck der Sühne entstanden.

36 Es bedarf kaum eines Beweises, daß die Kastration, sowohl die tatsächliche als auch die symbolische, Jahrhunderte hindurch als Strafmaßnahme gebraucht wurde. Ein klassisches Beispiel ist die Vergeltung, die der Onkel von Heloïse an Abälard übte. Eine derartige Behandlung von Kriegsgefangenen war bei den

Passivität. Es gibt alle aktiven Ziele auf. Auch der Neurotiker bestraft sich durch das Opfer der Selbstkastration, aber es ist eine symbolische, keine reale Kastration. Außerdem benutzt er sie als Genehmigung zur aktiven Befriedigung eines greifbaren und realen Wertes. Sie hat daher einen opportunistischen oder man möchte fast sagen: prophylaktischen Sinn. Der Psychotiker hingegen verstümmelt sich ohne Rücksicht auf den realen Nettogewinn, d. h. er opfert seine Ge-

Mohammedanern natürlich die Regel, und es heißt, daß sie bei den kriegerischen Stämmen Nordafrikas noch immer angewandt wird.
Von Autenrieth (*Abhandlung über den Ursprung der Beschneidung bei wilden und halbwilden Völkern mit Beziehung auf die Beschneidung der Israeliten.* Mit einer Kritik von Prälat v. Flatt, Tübingen 1892) hat tatsächlich vor über hundert Jahren die Entstehung der Beschneidung von dem Brauch mancher Völker abgeleitet, die Genitalien getöteter oder gar lebender Feinde als unschätzbare Siegestrophäe nach Hause zu bringen. Um dem Verdacht zu entgehen, daß diese Siegeszeichen von den eigenen Toten stammten, bedienten sie sich dieses Mittels (der Beschneidung).
Marie Bonaparte (*Die Symbolik der Kopftrophäe.* Imago, Bd. 14, Wien 1928) hat genaue Einzelheiten über die Verbreitung dieses alten Kriegsbrauchs, insbesondere in Ostafrika, mitgeteilt. Daß er selbst in Europa in neuerer Zeit bestanden hat, wird von Kraus (*Münchener Medizinische Wochenschrift*, Bd. 55, Nr. 10, 1908, S. 517) bestätigt, der schreibt, daß »die Montenegriner gewöhnt sind, ihre Gefangenen auf den Feldzügen zu kastrieren und ihre Penisse als Amulette bei sich zu tragen. Viele Krieger besitzen eine ganze Kette mit solchen Amuletten. Die Bandenkriege in Mazedonien, die jahrelang Europas Diplomatenkunst aufs äußerste strapazierten, wären wahrscheinlich längst ausgestorben, wenn die jeweiligen Sieger den fatalen Brauch aufgegeben hätten, ihre gefangenen Feinde zu verstümmeln und auf diese Weise zahllose Rachefeldzüge auszulösen. Auch in sizilianischen Sagen werden ähnliche Verstümmelungen erwähnt«. König Sauls Befehl, daß David ihm hundert Vorhäute der Philister überbringen solle, was dieser prompt ausführte, ist vielleicht ein Hinweis auf einen ähnlichen Kriegsbrauch bei den alten Juden.
»Kastration als Strafe ist bei vielen Völkern Europas auch heute noch üblich. Siehe z. B. Czekanowski (*Forschungen im Nil-Kongo-Zwischen-Gebiet.* Bd. 5, Leipzig 1927, S. 12 ff.) und Pelikan (*Gerichtlich-medizinische Untersuchungen über das Skoptentum in Rußland.* Gießen 1876).« (Felix Bryk: *Circumcision in Man and Woman.* New York, 1934.)
Bei der amerikanischen Lynchjustiz ist ein übliches Vorspiel zum Verbrennen oder Erhängen des Opfers die Amputation seiner Genitalien. In einer Erzählung (*American Spectator*, März 1933), die sich auf wirkliche Vorkommnisse stützt, wird einer Verwandten des verletzten Mädchens gestattet, den Penis des noch lebenden Negers mit einer Benzinfackel zu verbrennen.
Die Beseitigung anderer Körperteile als Strafmaßnahme ist noch bekannter. Die Blendung der jungen Prinzen im Turm und viele ähnliche Bestrafungen sind wohlbekannt. Das Abhacken von Händen und Armen kommt in Kriminal-

schlechtsorgane oder hochwertige Ersatzsymbole, etwa die Augen – oder, besser gesagt, er wirft sie weg.[37]

d) Selbstverstümmelung bei organischen Leiden

Akte der Selbstverstümmelung extremen Ausmaßes werden gelegentlich von physisch Kranken berichtet, die ansonsten keine Anzeichen einer Geisteskrankheit zeigen. Diese sind von großem theoretischem Interesse, da sie eine Absonderung des selbstzerstörerischen Triebes infolge einer organischen Hirnerkrankung zu repräsentieren scheinen. Wie wir sehen werden, unterscheidet sich das psychologische Muster seinem Wesen nach von dem anderer Formen von Selbstverstümmelung, die wir bisher untersucht haben.

akten häufig vor. Peter der Große erließ ein Edikt, wonach allen wegen Mordes Verurteilten Fleisch und Knorpel der Nase entfernt werden und nur die Knochen erhalten bleiben sollten, so daß niemand über die Mördervergangenheit des Opfers jemals in Zweifel sein konnte. Das Abschneiden der Zunge war bis vor relativ kurzer Zeit Teil des Strafgesetzes vieler Länder, einschließlich unseres eigenen. Man wird sich erinnern, daß die Quäker von den Puritanern oft bestraft wurden, indem man ihnen die Ohren abschnitt. Bei der berühmtesten aller Hinrichtungen – der von Damiens, der Ludwig XV. ermordet hatte –, durch die ein immerwährendes Exempel statuiert werden sollte, wurde das Urteil nach verschiedenen anderen Torturen in der Weise vollstreckt, daß an jedes seiner Gliedmaßen ein Pferd gespannt und er »auseinandergerissen« wurde. Ein interessanter Bericht beschreibt die große Schwierigkeit der Prozedur. Ärzte schlugen vor, zunächst die Sehnen zu zerschneiden, was auch getan wurde. »Die Pferde begannen aufs neue zu ziehen, und nach mehrmaligem Zerren wurden ein Schenkel und ein Arm vom Körper gerissen. Damiens blickte auf seine abgetrennten Glieder und besaß noch etwas Bewußtsein, nachdem auch sein zweiter Schenkel weggerissen war. Er verschied auch noch nicht, nachdem sein anderer Arm abgerissen war.« (Edward H. Bierstadt: *Curious Trials and Criminal Cases*. New York 1928, S. 161.)

Schließlich muß man an die wirkliche Kastration denken, wie sie heutzutage in Form der Sterilisierung von Kriminellen und Geisteskranken ausgeführt wird, und ebenso daran, daß manche Chirurgen noch immer zu glauben scheinen, daß die richtige Behandlung sexueller Straftäter und Perversionen die Kastration sei, wobei sie offenbar vorwiegend stärker von moralistischen, sadistischen Gefühlen als von wissenschaftlichen Überlegungen geleitet werden.

37 D. Bryan: *Blindness and Castration. Int. J. of Psychoanal.*, März 1921, S. 71; Harries: *Self-Inflicted Injuries of Eye by Insane Persons. Psychiatrisch-neurologische Wochenschrift*, 6. Juli 1929, S. 342; J. Allen Smith: *Voluntary Propulsion of Both Eyeballs. J. of the American Medical Association*, 30. Januar 1932, S. 398.

Goodhart und Savitsky[38] berichteten den Fall einer 16jährigen Oberschülerin, die mit acht Jahren eine *Encephalitis epidemica* erworben zu haben schien. Obgleich sie nach der akuten Erkrankung ein Jahr lang gesund gewesen war, manifestierte sich das Leiden allmählich unverkennbar in einer chronischen Form, die von Schläfrigkeit und linksseitigem Parkinsonismus gekennzeichnet war. Zusätzlich waren im Alter von 13 Jahren einige Persönlichkeitsveränderungen aufgetreten, hauptsächlich aggressiver Art. Sie log, hatte Wutausbrüche, zerriß ihre Kleider, schlug ihre Mutter und ihre Schwestern und zertrümmerte einmal sogar die Fensterscheiben im Haus. Nach solchen Ausbrüchen empfand sie Reue und wiederholte: »Warum mache ich das? Warum mache ich das? Ich kann nichts dafür.«

Um diese Zeit fing sie an, sich gelegentlich im Badezimmer einzuschließen und kurz danach wiederzuerscheinen, wobei sie aus dem Mund blutete, weil Zähne fehlten. Sie sagte, »sie müsse sie herausbrechen«. Sie tat das immer wieder, bis sie nur noch neun Zähne hatte, die wegen Infektionsgefahr vom Zahnarzt gezogen werden mußten.

Mit 16 Jahren kam sie wegen einer Schwellung und Rötung des rechten Auges ins Krankenhaus. In der Nacht nach der Einlieferung fand sie die Schwester – sie hielt ihr rechtes Auge in der Hand. Die Patientin behauptete, es sei herausgefallen, während sie schlief. Sie beantwortete alle Fragen, ohne zu zögern und wirkte geistig klar und intelligent, und sie klagte nicht über Schmerzen. Die Schwester beschrieb ihr Verhalten als ganz normal, abgesehen von der scheinbaren Gleichgültigkeit in bezug auf das Auge – sie schien nicht im mindesten beunruhigt.

Am nächsten Morgen entdeckte die Schwester, daß auch das *linke* Auge entfernt worden war. Wieder klagte die Patientin nicht über Schmerzen und zeigte keine emotionale Störung. Ein Psychiater, der sie am folgenden Morgen untersuchte, fand nichts Anomales, außer daß sie sich nicht an Einzelheiten ihrer Selbstverstümmelung erinnern konnte.

In der Folge gestand sie weitere Selbstverstümmelungen ein.

---

38 S. P. Goodhart und Nathan Savitsky: *Self-Mutilation in Chronic Encephalitis.* The American Journal of Medical Sciences, Mai 1933, S. 674.

Sie sagte, daß sie durch eine seltsame Macht gezwungen werde, diese »schrecklichen Dinge« zu tun, zeigte aber eine heftige Abneigung, darüber zu sprechen. Sie gab schließlich zu, die Unwahrheit gesagt zu haben, als sie behauptete, nichts über die Augen zu wissen, und gestand, daß sie sie mit ihren eigenen Fingern ausgerissen hatte.

Bei einem von Conn[39] berichteten Fall traten die psychologischen Faktoren deutlicher in Erscheinung. Es handelte sich um eine junge Frau, die mit 21 Jahren plötzlich über starke Schmerzen im Nacken, später im Rücken, zu klagen begann. Diese Schmerzen wurden so heftig, daß sie laut schrie und zwangsweise festgeschnallt werden mußte. Die Schmerzen hielten unvermindert an, und zwei Monate später traten mehrere Gesichts- und Gehörshalluzinationen auf, bei denen die Patientin abwesende Mitglieder ihrer Familie sah und Stimmen hörte, die sie der Masturbation beschuldigten.

Etwa sechs Wochen später, scheinbar noch immer trotz vieler Medikamente unter heftigen Schmerzen leidend, erhob sie sich nachts und brach sich die kleinen Knochen ihrer linken und rechten Hand, wobei sie Bettfedern benutzte, um das zu vollbringen. Außerdem brach sie sich eine Phalanx des linken kleinen Zehs, und in der folgenden Nacht renkte sie sich beide Daumen aus. Als Erklärung gab sie an, daß dadurch ihre Rückenschmerzen gelindert würden. Als ihre Mutter morgens den Raum betrat und die verstümmelten, blutenden Hände sah, die die Patientin »glückselig« vorwies, fiel sie in Ohnmacht.

Sechs Monate nach der Verstümmelung wurde sie in ein ausgezeichnetes Krankenhaus eingewiesen, wo eine sorgfältige Untersuchung vorgenommen wurde. Abgesehen von den verstümmelten Händen – sie beteiligte sich nichtsdestoweniger an der Beschäftigungstherapie –, war der Befund negativ. Bei einer Demonstration »benahm sie sich bewundernswert, sprach mit Vergnügen über ihre Krankheit, teilte Einzelheiten darüber mit, wie sie sich die Finger gebrochen hatte, und war interessiert daran, ihre Hände vorzuführen«. Später jedoch kratzte sie sich solange am Ohr, bis die Knorpel bloßlagen und drohte, ihre Finger noch einmal zu brechen.

39 Jacob F. Conn: *A Case of Marked Self-Mutilation Presenting a Dorsal Root Syndrome. J. of Nerv. and Ment. Dis.*, März 1932, S. 251.

Während der psychiatrischen Untersuchung bei ihrer Einlieferung wurde sie gefragt, was in ihr vorging, als sie sich die Finger brach. Sie erwiderte: »Ich dachte daran, wie es wäre, den Verstand zu verlieren. Ich mußte Blut sehen. Ich wollte Blut fließen sehen. Ich wollte verhindern, daß das Blut mir in den Kopf stieg, um nicht den Verstand zu verlieren, weil meine Periode ausgeblieben war.«

Der Autor berichtet, daß die Familiengeschichte im wesentlichen ungünstig war; die Patientin war die älteste Tochter und das drittälteste Kind einer großen Familie. In dem Büro, wo sie vier Jahre gearbeitet hatte, wurde sie als »ruhig und anständig« bezeichnet; sie habe »die schwierigsten Situationen hervorragend gemeistert«.

Die Einstellung der Familie zur Sexualität war starr. Sie erklärte, zu Hause keine sexuelle Aufklärung erhalten noch irgendein Gespräch über Sexualität gehört zu haben; sie war sehr erschrocken, als sie zum ersten Mal menstruierte. Mit 15 Jahren begann sie zu masturbieren, wobei sie starke Empfindungen von Selbstverachtung und die Vorstellung hatte, »verrückt zu werden«. Sie glaubte, im Falle der Entdeckung verstoßen zu werden und ihrer Familie große Schande zu machen. Trotzdem hatte sie bis zu ihrer Selbstverstümmelung im Alter von 21 Jahren weiterhin masturbiert.

Conn weist darauf hin, daß das Schuldgefühl des Mädchens wegen der Masturbation, ihre Angst, den Verstand zu verlieren, ihre Furcht wegen der ausbleibenden Menstruation und ihr Wunsch, »Blut zu sehen« (als ob sie dadurch versichert werden könnte, daß sie durch die Masturbation nicht anomal oder schwanger geworden war), zusammen mit der halluzinatorischen Episode, bei der sie Stimmen gehört hatte, die sie wegen ihres Masturbierens tadelten, einen überzeugenden Beweis darstellten, daß letzteres das zentrale Thema ihres Schuldgefühls darstellte. Das Gefühl der Erleichterung nach ihrer Selbstverstümmelung, ihr Stolz, als sie ihre (schuldige und bestrafte) blutende Hand ihrer Mutter gegenüber zur Schau stellte und später ihre vernarbten und entstellten Hände anderen Leuten zeigte, bestätigen diese Deutung.

Es erscheint sicher, daß in diesem Fall das Zusammentreffen freier Assoziationen, Erinnerungen, Zwangshandlungen und die klugen Beobachtungen eines einfühlsamen Psychiaters uns ein sehr klares Beispiel eben jener Mechanismen gegeben haben, die wir in anderen Fällen von Selbstverstümmelung vorfinden, nämlich vom Masturbieren herrührendes Schuldgefühl, Furcht vor Strafe, Bedürfnis nach sühnender oder ersatzweiser Bestrafung. Diese wird dann selbst ausgeführt und die Resultate »glücklich und stolz« der Welt vorgewiesen (im obigen Fall zunächst der Mutter als vermeintlicher Repräsentanz des Über-Ichs).

Der Autor weist darauf hin, daß es sich bei dem Syndrom der hinteren (spinalen) Nervenwurzel nicht um eine Infektionskrankheit gehandelt haben muß. Sollte es aber doch der Fall gewesen sein, diente sie nur dazu, unbewußte Selbstverstümmelungstendenzen freizulegen, die normalerweise gehemmt waren.[40]

In einer Untersuchung, die ich vor einigen Jahren anstellte[41], versuchte ich zu zeigen, daß ein vergleichbares Phänomen vorliegt, wenn der Beginn einer Schizophrenie durch eine Infektionskrankheit ausgelöst wird. Das organische Leiden scheint dann unbewußte Neigungen entfesselt zu haben, die nur durch eine maximale Integrationsbemühung unter Kontrolle gehalten worden waren. Die zusätzliche Belastung durch die körperliche Erkrankung konnte dann nicht mehr bewältigt werden. Das mag uns zu der Überlegung veranlassen, welche Funktion die körperliche Erkrankung gehabt haben mag – doch darüber später. Wir können mit Bestimmtheit sagen, daß Selbstverstümmelungen, die in Verbindung mit organischen Hirnerkrankungen ausgelöst werden oder in Erscheinung treten, sich in ihrer psychologischen Struktur offenbar nicht von denen unterscheiden, die wir im Zusam-

---

[40] Im April 1934 sah ich zusammen mit den Ärzten Pery und Brain vom Topeka State Hospital einen Patienten, der an einer chronischen Encephalitis litt und sich fortwährend und so heftig in die Zunge biß, daß gelegentlich chirurgische Maßnahmen erforderlich waren, um gefährliche Blutungen zu verhindern; das gesamte vordere Drittel der Zunge war schwer vernarbt und verstümmelt. Der Patient vermochte keine Erklärung für sein Verhalten anzugeben, außer daß er nicht anders könne. Die psychologischen Motive wurden nicht untersucht.

[41] *The Schizophrenic Syndrome as a Product of Acute Infectuous Disease. Schizophrenia (Dementia Praecox). An Investigation by the Association for Research in Nervous and Mental Disease.* New York 1928, S. 182-204.

menhang mit den Psychosen, Neurosen und religiösen Zeremonien untersucht haben.[42]

e) Selbstverstümmelung in üblichen und konventionellen Formen

Es gibt gewisse Formen der Selbstverstümmelung, die uns aus dem »normalen«, alltäglichen gesellschaftlichen Leben so wohlbekannt sind, daß wir es schwierig finden, sie in direkter Beziehung zu den radikaleren Selbstverstümmelungen der Wilden, Psychotiker, Neurotiker und anderer zu sehen. Tatsächlich wird uns das Selbstzerstörerische einer Handlung erst dann bewußt, wenn wir an Individuen denken, die einer der genannten Kategorien angehören. Dennoch bleibt die Tatsache bestehen, daß wir alle Selbstverstümmelung in dem Sinne betreiben, daß wir Teile unseres Körpers – beispielsweise die Fingernägel – beschneiden, weil es die Konvention verlangt, wenn nicht tieferreichende Forderungen des Unbewußten zugrunde liegen. Die Vorzüge dieser konventionellen Formen der Selbstverstümmelung sind so offensichtlich und so groß, daß ihre ursprünglichen Motive kaum festzustellen sind. Nach dem jedoch, was wir einerseits in Verbindung mit dem Nägelkauen gesehen haben und aus unserer Kenntnis des beherrschenden unbewußten Gesetzes von Klauen und Fängen andererseits, können wir kaum umhin zu vermuten, daß die Sitte des Nägelschneidens unbewußte Determinanten besitzt, die zu den Einschränkungen dieser von der Zivilisation geforderten Tendenzen in Beziehung stehen. Man könnte

---

[42] Selbstverstümmelung und versuchte Selbstkastration sind bei niederen Tieren in direktem Zusammenhang mit emotionalen Konflikten beobachtet worden. I. L. Tinklepaugh (*The Self-Mutilation of a Male Macacus Rhesus Monkey. J. of Mammalogy*, 1928, S. 293) von der Yale Universität beschreibt im Detail ein Erlebnis mit einem Affen im Primaten-Laboratorium des Psychologischen Instituts, der eine ausgesprochene Feindseligkeit an den Tag legte, weil bestimmte Äffinnen eingelassen und eine, die er nicht mochte, gegen eine andere, die er gern hatte, ausgetauscht wurde. Er biß sich in die Füße, riß große Löcher in seine Beine und eine 7 cm lange Wunde in seine Hüfte, riß sich den Hodensack auf, zerfetzte einen Hoden und verstümmelte das Ende seines Schwanzes. Etwa vier Monate lang war er diesem Bericht zufolge in einem »Zustand, der sich mit der depressiven Phase mancher Psychosen vergleichen ließ«.

sagen, daß die Zivilisationserscheinung des Nägelschneidens nicht nur eine Geste der Ablehnung jener primitiven Tendenzen darstellt, die ihre Anwendung forderten, sondern auch eine Selbstschutzmaßnahme gegenüber der Versuchung, diesen Tendenzen nachzugeben.[43] Wir alle wissen, daß solche Gesten und Schutzmaßnahmen mitunter wirkungslos sind.

Konventionelle Praktiken der Selbstverstümmelung sind unter zivilisierten Völkern am häufigsten in bezug auf das Haar anzutreffen. Die weitverbreitete Übung des Rasierens kann als freiwillige Beseitigung eines Teils des Selbst, d. h. als Selbstverstümmelung, angesehen werden. Auch hier handelt es sich um eine Form, bei der der ästhetische Wert für die Gesellschaft weit größer ist als der subjektive Wert für das Individuum, aber dieses Bedürfnis hindert uns nicht daran zu überlegen, worin der subjektive Wert wirklich besteht und weshalb der gesellschaftliche Wert so groß geworden ist.

Einige historische Bedeutungen des Haarschneidens machen offenkundig, daß dieses scheinbar zufällige Ereignis zumindest in der Vergangenheit einen tieferen Sinn hatte.[44] So schnitten beispielsweise Reisende in Ägypten ihr Haar nicht vor dem Ende einer Reise und rasierten sich dann den Kopf als Dankopfer für ihren Gott. Griechische Jünglinge opferten ihr Haar dem heimatlichen Fluß, sobald sie mannbar wurden. Achilles ließ sein Haar nicht schneiden, weil sein Vater es dem Fluß Spercheius gelobt hatte, wenn sein Sohn aus dem Krieg zurückkehren würde. In Arabien und Syrien war das Haareschneiden ein Pubertätsritus. Dieser Brauch wurde auch in Rom befolgt, wo das Haar einer Schutzgottheit geopfert wurde. Nero soll seinen ersten Bart Jupiter geopfert haben. Orest opferte sein Haar am Grabe seines Vaters, und das scheint bei Trauernden allgemein üblich gewesen zu sein. Das höchste Gelübde römischer Seeleute bestand darin, ihr Haar dem Meeresgott zu opfern. Einem Nazarener wurde befohlen, sein Haar wachsen zu lassen, solange er unter einem Gelübde stand; später rasierte er sein Haar am Tor des

---

43 Es gibt eine Legende, wonach die Unreinheit der Schlange, die Adams Fall verursachte, sich *unter den Nägeln* befand! (Siehe *Hasting's Encyclopaedia of Religion and Ethics.* New York 1919.)

44 Die meisten der folgenden Beschreibungen verdanke ich dem Artikel über das Haar in *Hasting's Encyclopaedia of Religion and Ethics.*

Tabernakels und verbrannte es als Opfergabe. Es gab einen Erlaß, wonach das Haar- und Nägelschneiden während eines religiösen Festes verboten war. In vielen dieser Fälle wird die Opferung des Haares als Ersatz für das Opfer des ganzen Menschen betrachtet.

Die amerikanischen Indianer schienen ebenso wie die Griechen das Haar als Sitz des Lebens zu betrachten. Die Skalplocke sollte das Leben des Individuums repräsentieren, und es wurde als schwere Beleidigung angesehen, sie nur leicht zu berühren. Die Pawnee-Indianer schnitten das Haar kurz bis auf einen Streifen, der von der Stirn bis zum Scheitel reichte und mit Fett und Farbe behandelt wurde, so daß er aufrecht und gebogen stand wie ein Horn. Andere Stämme verzierten die Skalplocke mit Ornamenten, die Leistungen und Ehren bezeichneten.

Rangunterschiede wurden oft durch den Haarschnitt ausgedrückt. Im Gegensatz zu den langen Locken des freien Mannes war das Haar des Sklaven kurzgeschoren. Bei den Franken trugen nur die Könige langes Haar.

Das Abschneiden des Haars war bei den Indern und den alten Teutonen die Strafe für Ehebruch und bei den Assyro-Babyloniern für andere Vergehen. (Man vergleiche dies mit dem alten Brauch des Haareschneidens der Verbrecher, um sie von gesetzestreuen Bürgern zu unterscheiden.) Anstatt in die Scheiterhaufen ihrer toten Gatten zu springen, schnitten peruanische Frauen ihr Haar ab und warfen es ins Feuer – eine deutliche Illustration eines partiellen »Selbstmords« anstelle des totalen Suizids.

Daß das Haar sexuelle Stärke symbolisieren kann, wird an der volkstümlichen Vorstellung vom behaarten Mann, Themen wie O'Neills *Hairy Ape*, der Geschichte von Samson und vielen anderen klar. Auch der Umfang des Friseurgewerbes, die Bedeutung bestimmter Haarfarben und -stärken für den Stolz der Frauen und die Zufriedenheit der Männer, wobei Kahlheit Verlegenheit oder gar Scham auslöst, bezeugen dies.

Aber gewisse Übersteigerungen, mit denen Psychiater vertraut sind, vermögen dies noch viel deutlicher zum Ausdruck zu bringen. Neigungen, die in unauffälliger Form wahrscheinlich uns allen eigen sind, lassen sich leicht von denen der unglücklichen Individuen unterscheiden, bei denen sie unverhältnismäßig stark ausgeprägt sind. So ist etwa beim *Haarfetischismus* das stärkste Lustgefühl mit diesem isolierten Teil des Körpers verbunden. Solche Individuen können sich damit zufrieden geben, das Haar der geliebten Person zu bewundern oder zu liebkosen, aber im typischen Fall übertragen sie ihr ganzes Verlangen auf das Haar selbst und wollen es besitzen, was sie häufig erreichen, indem sie es abschneiden. Sie gewinnen ihre Lust aus diesem Akt der Erlangung des Haars und sind voll befriedigt durch den Besitz, obwohl es von der Person abgetrennt ist, von der man annehmen würde, daß ihr die Liebe eigentlich gilt. Der Polizei ist überall bekannt, daß es Haardiebe oder »Haarabschneider« gibt, die oft heimlich das Haar vollkommen Fremder abschneiden.[45]

Ein Psychoanalytiker berichtete den Fall eines Mannes, der in sehr früher Kindheit großes Vergnügen daran fand, das Haar seiner Mutter zu flechten, was einer der Faktoren zu sein schien, die in ihm ein abnormes Interesse an Haar während seines ganzen Lebens weckten. Wenn er sah, daß einem kleinen Spielkameraden die Haare geschnitten wurden, löste das starke Erregung bei ihm aus. Als er älter wurde und regelmäßig zum Friseur ging, erlebte er jedesmal eine ausgesprochen sexuelle Erregung von extremem Ausmaß. Der Durchschnittsmensch kann sich kaum vorstellen, daß ein so alltäglicher Vorgang wie das Haareschneiden sexuelle Erregung oder Befriedigung verursachen kann, und zwar weil der sexuelle Wert des Haares durch den Zivilisationsprozeß so sehr verwässert und verschleiert worden ist. Neurotiker und Psychotiker werfen diese Maske beiseite und bringen die primitiven Empfindungen ans Licht, was sie selbst zwar in Verlegenheit setzt, aber zu unserer Aufklärung beiträgt.

Ein ähnlicher, aber noch erstaunlicherer Fall wurde von Dr. Robert Knight untersucht, der mir freundlicherweise die folgenden Angaben zur Verfügung stellte. Es handelte sich um einen jungen Mann, der sexuell erregt wurde, als er mit

---

45 Die amerikanischen Indianer taten natürlich im wesentlichen das gleiche, indem sie ihre besiegten Feinde skalpierten. Hier fehlte aber das erotische Element oder war zumindest verschleierter, da die sadistische und zerstörerische Befriedigung im Vordergrund steht.

etwa 14 Jahren sich zum ersten Mal zu rasieren versuchte – und das geschah bei jedem nachfolgenden Versuch. Er stand um 4 Uhr morgens auf, um das Badezimmer zwei Stunden lang für sich zu haben, bevor sein Vater sich um 6 Uhr erhob. In dieser Zeit vollzog er im Zusammenhang mit der Entfernung des Bartes ausgedehnte Rituale. Ein sehr schmerzhaftes bestand darin, daß er sich ein Enthaarungsmittel ins Gesicht rieb und die so gebildete Maske mit dem daranhängenden Haar abzog. Zur gleichen Zeit begann der Patient, die Stoppeln mit den Fingernägeln zu bearbeiten und zu versuchen, die Barthaare herauszubohren. Dies führte zur Entstehung einer schweren Akne, die der Patient verschlimmerte, indem er den Eiter aus den Aknepickeln drückte. Der Ausbruch wurde chronisch, so daß das Gesicht des jungen Mannes, als er mit 21 Jahren zur Behandlung kam, von einer *Acne indurata* entstellt war.

Dieser Fall ist nicht nur wegen der sexuellen Bedeutung des Rasierens von besonderem Interesse, sondern auch, weil er die Ausnutzung einer konventionellen Form von Selbstverstümmelung in Verbindung mit einem ausgesprochen neurotischen Verhalten zeigt (Herausbohren der Haare mit den Fingernägeln), wobei beides offensichtlich für den Betreffenden dieselbe Bedeutung hatte.

Eine beiläufige Betrachtung der Verhaltensweisen von Männern und Frauen beim Frisör wird uns zeigen, daß deren Bedeutung selbst normalen Menschen nicht völlig unbekannt ist. Die große Befriedigung, die viele Frauen und manche Männer bei den vielfältigen Tätigkeiten des Frisörs empfinden, die Atmosphäre von Klatsch und Jovialität im Frisiersalon, der Reiz von Frauen in einem Männergeschäft und umgekehrt – diese und andere Einzelheiten deuten darauf hin, daß Frisieren und Haarschneiden noch immer viel von ihrem unbewußten erotischen Wert bewahren. (Das ist insofern interessant, als es sich um das Haar*schneiden* im Gegensatz zum bloßen Kämmen oder Bürsten handelt.) Das Haarschneiden symbolisiert einen partiellen Verzicht auf Manneskraft und Macht, zum Beispiel in der Geschichte von Samson und der Prostituierten Dalilah. Es ist eine Aufgabe primitiver Neigungen zugunsten der stärker desexualisierten Forderungen der Zivilisation. Jemand hat gesagt, daß das Maß der Benutzung des Rasierapparates ein Zivilisationsmerkmal sei.[46]

Wir wissen, daß dieser partielle Verzicht geleistet wird, um schließlich zu einer größeren Befriedigung zu gelangen. Der unrasierte Mann läßt vielleicht mehr Männlichkeit erkennen, doch hat er aufgrund der herrschenden Mode weniger Chancen, weibliche Gunst zu erringen, so daß das kleinere Opfer des Rasierens ihm schließlich größeren Gewinn beschert.

Eine weitere Bestätigung liegt darin, daß die chinesischen Männer ihre Zöpfe abschnitten. Unter dem Einfluß von Sun Yat Sen wurde ein Jahrhunderte alter Brauch innerhalb weniger Monate aufgegeben. Dies wiederum scheint auf den Wunsch hinzuweisen, als Gegengabe für das Opfer eines Totems oder Abzeichens der Männlichkeit von der (westlichen) Zivilisation akzeptiert zu werden.[47]

Dr. Leo Stone hat mich darauf hingewiesen, daß die Tatsache der Identifizierung von Haar und Genitalien erklärt, weshalb die alten und die orthodoxen Juden den Männern nicht nur die Beschneidung vorschreiben, sondern auch das Rasieren verbieten. Das heißt, das Haar wurde bewahrt, als ob es ein Gegengewicht zum Verlust eines Teils der Genitalien bilden sollte. Ich bin mit den Einzelheiten der talmudischen Lehre und des Rituals nicht genügend vertraut, um zu wissen, ob dies durch den Text der ursprünglichen Verbote zusätzlich gestützt wird.

Ein Unterscheidungsmerkmal jener Formen der Selbstverstümmelung, die wir bei normalen Menschen festgestellt haben, besteht darin, daß sie gewöhnlich nicht unwiderruflich sind. Haare und Nägel wachsen wieder. In der Tat argumentieren oft Frauen, die sich überlegen, ob sie ihre Haare schneiden lassen sollen, daß sie sie ja wieder wachsen lassen können,

---

46 Eugen J. Harnik (*Pleasure in Disguise, the Need for Decoration and the Sense of Beauty. Psychoanalytic Quarterly*, Juli 1932, S. 216-261) berichtet über einen arabisch-jüdischen biblischen Mythos über Adam und Eva: »Und als sie von dem Baum gegessen hatten, fiel ihnen das Haar aus und sie standen nackt« (*Die Sagen der Juden*. Bd. 1, Frankfurt 1913, S. 343), der die Bedeutung des Haars als Sexualsymbol erneut beweist.

47 Eine anregende Diskussion über die Symbolik der Kleidung wie der Haartracht siehe in: *The Psychology of Clothes* von J. C. Flügel, *Int. Psychoanal. Library*, Nr. 18, London 1930.

wenn sie sich nicht gefallen sollten. Manchmal läßt man das Haar immer aufs neue abschneiden und wachsen, je nach der psychischen Verfassung des Individuums und dem Wechsel der Mode.

Konventionelle Formen der Selbstverstümmelung unterscheiden sich auch insofern grundlegend von den beschriebenen pathologischen Formen, als sie selten Schmerzen verursachen. Der normale Mensch ist in der Lage, Lust ohne Schuldgefühle zu akzeptieren, und fühlt sich daher nicht gezwungen, selbstbestrafende Sühneleistungen zu vollbringen wie Neurotiker und Psychotiker. Und schließlich unterscheidet die Tatsache, daß die sogenannten »normalen« Selbstverstümmelungen üblich und konventionell sind, diese von anderen Selbstverstümmelungen, von denen die meisten einen starken exhibitionistischen Anteil besitzen und das Individuum gewöhnlich dem Spott, dem Mitleid oder zumindest unangenehmem Aufsehen aussetzen.

Zusammenfassung

Wir wollen nun versuchen, die in diesen Untersuchungen enthaltenen Beweise zusammenzustellen, die auf die Motivation zur Selbstverstümmelung hinweisen, und wir wollen versuchen, einige der zu Anfang erhobenen Fragen zu beantworten.

Wir sehen, daß Selbstverstümmelung unter stark variierenden Umständen und Bedingungen auftritt, einschließlich Neurose, Psychose, religiösem Zeremoniell, gesellschaftlicher Konvention und gelegentlich als Verhaltenssymptom bei bestimmten organischen Leiden. An repräsentativen Beispielen aus all diesen Bereichen können wir bestimmte Motive entdecken, die ein einigermaßen gleichbleibendes Muster erkennen lassen.

Es hat den Anschein, daß Selbstverstümmelung die Aufgabe oder Ablehnung der aktiven (»männlichen«) Rolle symbolisiert, was durch physische Beseitigung oder Verletzung eines Teils des Körpers erreicht wird. Selbst wenn es nicht bereits eine Fülle psychoanalytischer Beweise dafür gäbe, daß der Prototyp aller Selbstverstümmelungen die Selbstkastration ist, bestünden gute Gründe, dies aus unserem Material zu

schließen, in dem wir häufig Selbstkastration unverhüllt antreffen. Und wo ein anderes Organ oder ein anderer Teil des Körpers Gegenstand des Angriffs ist, machen Assoziationen, Phantasien und vergleichbare Analogien deutlich, daß das Ersatzorgan ein unbewußter Repräsentant des Geschlechtsteils ist. Dabei kann es sich, wie wir gesehen haben, um das weibliche oder männliche Genitale handeln, aber es hat stets die Bedeutung von Aktivität, die gewöhnlich dem Mann zugeschrieben wird. Dieses Opfer des Genitales oder eines Ersatzes scheint gewisse erotische und aggressive Bedürfnisse zu befriedigen und zu gleicher Zeit das Bedürfnis nach Bestrafung durch eine selbstauferlegte Buße.
Das aggressive Element der Selbstverstümmelung kann sowohl aktiver als auch passiver Natur sein. Der Akt der Selbstverstümmelung kann sich gegen ein introjiziertes Objekt richten, wie bei dem Mann, der einen anderen haßte und sich selbst den Arm abschlug. Die passive Form der Aggression ist noch auffälliger, da sie eher auf reale und gegenwärtige als auf phantasierte oder weit entfernte Objekte gerichtet ist. Das provozierende Verhalten von nägelkauenden Kindern oder von Simulanten, die ihre Freunde und Ärzte zur Verzweiflung treiben, veranschaulicht das deutlich.
Die erotische Befriedigung, die durch Aufgabe der aktiven zugunsten der passiven Rolle erreicht wird, hängt teilweise mit der angeborenen Bisexualität jedes Menschen und dem unbewußten Neid des Mannes auf die Frauenrolle zusammen. Der erotische Instinkt neigt aber auch dazu, das Beste aus einer schlechten Sache zu machen und aus den Konsequenzen dieser krassen Ausdrucksform der aggressiven, destruktiven Tendenz durch Erotisierung Nutzen zu ziehen. In diesem Sinne ist die Befriedigung durch Selbstverstümmelung sowohl primär als auch sekundär.
Schließlich hat die in der Selbstverstümmelung enthaltene Selbstbestrafung die janushafte Eigenschaft, nach vorwärts wie nach rückwärts zu blicken. Die Selbstverstümmelung sühnt durch Opfer für die aggressiven Taten und Wünsche der Vergangenheit, und sie bietet außerdem einen vorweggenommenen Schutz, um zukünftiger Strafe zuvorzukommen und weitere Vergehen durch Vorauszahlung einer Buße zu erlauben. Selbstverstümmelung durch Aufopferung des ag-

gressiven Organs bewahrt das Individuum vor der Möglichkeit (und damit vor den Folgen) weiterer aktiver Aggressionen.
Unser Material erlaubt uns keine weiterreichenden Aussagen über das Wesen aggressiver Phantasien, aus denen Schuldgefühle erwachsen, als daß sie mit Kastrations- oder Verstümmelungsphantasien zusammenhängen, die ursprünglich gegen Eltern und Geschwister gerichtet waren. Wir wissen aus der Arbeit vieler Analytiker, daß sie im allgemeinen mit dem Ödipuskomplex in Verbindung stehen und aus dem Wunsch hervorgehen, den Vater zu kastrieren und die Mutter zu besitzen, oder die Mutter zu töten oder zu verstümmeln, weil sie »treulos« den Vater oder ein Geschwister bevorzugt.
Aus dieser Zusammenstellung ergibt sich, daß die Selbstverstümmelung der Reingewinn eines Konflikts zwischen 1. den vom Über-Ich unterstützten aggressiv-destruktiven Impulsen und 2. dem Willen, zu leben (und zu lieben) ist, wobei eine partielle oder lokale Selbstzerstörung dem Zweck dient, unwiderstehliche Triebe zu befriedigen und gleichzeitig deren prälogischen, aber erwarteten Folgen zu entgehen. Der reale Wert der Selbstverstümmelung variiert stark; der symbolische Wert ist vermutlich in allen Fällen nahezu derselbe. Insofern die psychischen Bedürfnisse durch symbolische Selbstverstümmelung ohne nennenswerte reale Konsequenzen befriedigt werden können, wie es bei sozial akzeptierten Formen wie dem Nägel- und Haarschneiden der Fall ist, handelt es sich um eine nützliche Maßnahme. Bei den Individuen hingegen, deren Realitätssinn beeinträchtigt ist oder deren Gewissen unerfüllbare Forderungen stellt, ist dieses Mittel buchstäblich selbstzerstörerisch.
Unter allen Umständen aber ist die Selbstverstümmelung, obgleich scheinbar eine Art gemäßigten Selbstmords, tatsächlich eine Kompromißbildung, um die totale Vernichtung, d. h. die Selbsttötung, zu vermeiden. In diesem Sinne stellt sie einen Sieg – wenn auch mitunter einen kostspieligen – des Lebenstriebes über den Todestrieb dar.

3. Simulantentum

Die Ärzte setzen ihre beruflichen Fähigkeiten zu dem Zweck ein, Leiden zu lindern und Krankheiten zu heilen; sie sind daher durch ein derart paradoxes Verhalten, wie es die Selbstverstümmelung darstellt, völlig verwirrt. Außerstande, irgendeinen materiellen Vorteil dieses Vorgangs zu entdecken, und in Unkenntnis über die unbewußten Befriedigungen, die wir im vorigen Kapitel skizziert haben, neigen sie dazu, solche Handlungen als *prima facie*-Beweise für »Geisteskrankheit« anzusehen. Wo aber aus der Selbstverstümmelung vom Patienten um offensichtlicher sekundärer Vorteile willen Kapital geschlagen wird, wandelt sich die Einstellung des Arztes von Verwunderung zu Entrüstung. Das Simulieren hat die Ärzte offenbar jahrhundertelang verwirrt, irritiert und empört.

Simulieren ist nicht immer Selbstverstümmelung; wenn wir aber Simulieren in Form von Selbstverstümmelung mit anderen Arten der Selbstverstümmelung vergleichen, erlangen wir eine gewisse Einsicht in ihre eigentümliche Psychologie. Wir erkennen darin eine Form der Selbstzerstörung trotz aller offenkundigen und mitunter beträchtlichen Gewinne, um deretwillen es angeblich geübt wird.

Lange Zeit machten die Ärzte keinen klaren Unterschied zwischen Simulanten und Neurotikern, und vielleicht glauben noch immer manche, daß Neurotiker absichtlich etwas vortäuschen. Insofern ein Neurotiker sich bewußt sekundäre Krankheitsgewinne zunutze macht, ist er natürlich ein Simulant, und in eben dem Maße, wie er das bewußt tut, verdient er die Verachtung, die dem Simulanten zuteil wird. Freud erörterte das in dem Bericht über Dora, seiner ersten veröffentlichten Fallgeschichte.[1] Dora erhob bittere Vorwürfe gegen ihren Vater, beschuldigte ihn unter anderem, daß er simuliere und daß er seine Tuberkulose zu Reisen mit einer Frau ausnutzte, die gleichzeitig seine Pflegerin und seine Geliebte war. Dieser Vorwurf entsprach zwar der Wahrheit, doch wies Freud darauf hin, daß er Doras eigenem schlech-

---

[1] S. Freud: *Bruchstück einer Hysterie-Analyse*. Ges. Werke V, S. 163-286.

ten Gewissen entsprang und zugleich einen Selbstvorwurf nicht nur wegen früherer Krankheitszustände – Aphonie, Husten etc. – war, sondern auch wegen neuerer Erkrankungen. Was sie durch ihre gegenwärtige Krankheit zu erreichen hoffte, war, wie Freud bemerkte, die Abwendung ihres Vaters von seiner Geliebten – etwas, was ihr auf keine andere Weise gelungen war. So simulierte sie also auch. »Ich sei überzeugt«, sagte Freud, »sie werde sofort gesund sein, wenn ihr Vater erkläre, er bringe ihrer Gesundheit Frau K. zum Opfer. Ich hoffe, er werde sich dazu nicht bewegen lassen, denn dann habe sie erfahren, welches Machtmittel sie in Händen habe, und werde gewiß nicht versäumen, sich ihrer Krankheitsmöglichkeiten jedes künftige Mal wieder zu bedienen.« (Eben dazu ermutigen neurotische Familien bekanntlich bestimmte Familienmitglieder.) Freud fährt fort, daß jenes »roheste und banalste Urteil« über hysterische Störungen, das heißt, daß sie durch irgendeine Katastrophe behoben werden könnten, in einem gewissen Sinne richtig sind, daß sie aber die psychologischen Unterscheidungen zwischen Bewußtem und Unbewußtem außer acht lassen. Man kann sagen, daß in der Neurose immer ein gewisses Maß an Simulation enthalten ist, das heißt, ein bewußter sekundärer Krankheitsgewinn, obgleich dieser in manchen Fällen sehr geringfügig sein mag.

Es gibt jedoch ein weiteres Element in der Simulation, die sie von jeder anderen Form der Selbstverstümmelung unterscheidet, und zwar das offene Auftreten der aggressiven Absicht. Denn indem er sich den sekundären Krankheitsgewinn zunutze macht, behindert und täuscht der Patient Ärzte und andere, deren Interessen das Weiterbestehen der Krankheit zuwiderläuft, während es für ihn notwendig ist. Der Patient befindet sich daher in der mißlichen Lage, daß er jene bekämpfen muß, die ihm zu helfen versuchen, und seine Aggressionen verschieben sich von demjenigen, der sie ursprünglich provozierte, auf den völlig unschuldigen, ahnungslosen Arzt. Und weil das so ungerechtfertigt und unerwartet ist, führt diese Aggression dazu, daß der Arzt in starke Versuchung gerät, sich zu rächen. Das kommt fast bei jedem Bericht über Simulanten in der medizinischen Literatur zum Ausdruck, den man distanziert und leidenschaftslos liest. Was einen am meisten beeindruckt, ist die offensichtliche Irritation, Feindseligkeit oder gar unverhüllte Entrüstung der Autoren gegenüber solchen Patienten.

In ihrer Monographie über das Thema kommen zum Beispiel Jones und Llewellyn[2] immer wieder auf die Unehrlichkeit, Schurkerei und Skrupellosigkeit des Simulanten zurück. Viele Seiten ihres Buches ebenso wie viele der Artikel in der medizinischen Literatur sind der Frage gewidmet, wie man böswillige von unbeabsichtigten Täuschungen bei Krankheiten unterscheiden könne. Die Autoren sehen es als erwiesen an, daß das Verhalten des Simulanten – und damit seine Absicht – moralisch verwerflich sei, um so mehr, wenn er damit Erfolg hat. Die moralische Verurteilung entspringt natürlich der Annahme, daß der unmittelbare und einzige Zweck der Simulation ein materieller Gewinn sei.

Es liegt auf der Hand, daß der Wissenschaftler hinsichtlich der moralischen Minderwertigkeit des Simulanten kein größeres Recht zur Verurteilung hat als bei irgendeinem anderen klinischen Phänomen. Der medizinische Wissenschaftler ist durchaus befugt zu beurteilen, ob ein bestimmter Zustand für die Gesellschaft schädlich ist; er hat zum Beispiel das Recht, einen Patienten in Quarantäne zu schicken, der die Pocken hat. Aber es war niemals Aufgabe des Arztes, über die moralische Qualität einer Krankheit zu urteilen. Er versucht zum Beispiel nicht, sich über die Sündhaftigkeit der Syphilis zu verbreiten. Der Wissenschaftler, der gegenüber seinem Forschungsobjekt wütend wird, ist insoweit kein Wissenschaftler mehr.

Wie kann man demnach die seltsame Haltung interpretieren, die bei denen festzustellen ist, die über das Simulieren schreiben, sowie die Art und Weise, in der Ärzte, Anwälte und Arbeitgeber über solche Fälle diskutieren?

Die erste Erklärung liegt in dem weitverbreiteten Irrtum, daß bewußte Motive menschliches Verhalten erklären können. Das wird insbesondere von medizinischen Autoren übersehen, die, daran gewöhnt, mit physiologischen Funktionen umzugehen, die kaum bewußt gesteuert werden können, sich bei seltenen Anlässen der Analyse von Verhalten zuwenden.

[2] A. Bassett Jones und Llewellyn J. Llewellyn: *Malingering*. Philadelphia 1917.

Verhalten läßt sich nicht allein im Sinne bewußter Absicht verstehen. Wenn man die unbewußten Motive außer acht läßt, die eine Handlung bestimmen, kann man die Bedeutung der Handlung für den Handelnden nicht begreifen.

Aber es gibt noch einen zweiten Grund für die Irritation. Ärzte erfassen intuitiv eines der Motive des Simulierens, ohne es klar als solches zu erkennen – sie reagieren darauf emotional. Daß sich ein Mensch verletzt, um einer Verantwortung zu entgehen oder weil er dafür Geld bekommt, ist vom Standpunkt des Arbeitgebers und der Gesellschaft insgesamt verwerflich. Es ist ein Angriff gegen die Gesellschaft, wenngleich in autoaggressiver Form. Aber das ist kein hinreichender Grund für die vielen beim Arzt geweckten Emotionen; er kennt allzu viele Beispiele für Aggressionen gegen die Gesellschaft in Form von Krankheit. Er ist verärgert, weil das Simulieren auch eine Aggression gegen den Arzt selbst darstellt. Es ist ein Versuch, ihn zu täuschen, zu verwirren, vielleicht seine diagnostische Scharfsinnigkeit und seine therapeutischen Bemühungen übermäßig zu strapazieren oder lächerlich zu machen. Bei den Fallgeschichten über Simulanten gewahrt man häufig, wie die zunehmende Besorgnis der arglosen Ärzte über wiederkehrende Verschlimmerungen der Wunde einem Verdacht, dem Ärger oder einem Triumphgefühl darüber weicht, daß sie den Betrug des Patienten aufgedeckt haben. Manche Autoren berichten sogar, wie der Patient getadelt und beschimpft, summarisch abgewiesen oder anderweitig bestraft wurde. Darin kommt klar zum Ausdruck, daß der Arzt intuitiv erkennt, daß ein Motiv des Patienten nicht so sehr der materielle Gewinn war, sondern vielmehr der unbewußte Wunsch, den Arzt zum Narren zu halten und beiläufig um Bestrafung zu bitten.[3]

Häufig wird einem derselbe Aspekt dieses Phänomens im Laufe einer psychoanalytischen Behandlung deutlich vor Augen geführt. Der Patient gibt zu erkennen, daß er die Be-

---

3 Das Eingeständnis der Täuschung wird starrsinnig verweigert, und die Patienten unterwerfen sich der Behandlung mit unglaublicher Entschlossenheit. Ich weiß vom Fall eines Mannes und einer Frau, die behaupteten, einen Selbstmordpakt geschlossen und Gift genommen zu haben. Sie wurden ins Krankenhaus gebracht und mit einem starken Gegengift behandelt, was zu ihrem Tod führte. Erst kurz davor gestanden sie, gar kein Gift genommen zu haben.

handlung als Rivalitätskampf mit dem Analytiker ansieht. Das kann in subtiler Form geschehen, der Patient kann es aber auch freimütig bekennen. »Sie müssen nachgeben«, sagte einer meiner Patienten, »ich werde es niemals tun«, wobei er klar erkannte – selbst als er es aussprach –, daß es sich um eine defensive und gleichzeitig aggressive Geste handelte. Solche Patienten sind wie der von Karin Stephen[4] beschriebene Skeptiker, der – über die Bedeutung des Versprechens aufgeklärt – sagte: »One or two instances like that would never convict me (convince me).«

Ein solcher Konkurrenzkampf mit dem Analytiker nimmt spezifische Formen an: »Sie mögen ein kluger und angesehener Analytiker sein, aber in mir haben Sie Ihren Meister gefunden. Ich werde Ihnen zeigen, daß Sie mich nicht heilen können.« Träume wie der folgende sind allen Analytikern bekannt: Ein Baseballspiel ist im Gange. Ein Mann, der dem Analytiker ähnelt, ist der Pitcher; er genießt einen hervorragenden Ruf. Bisher hat er nahezu jeden Gegner geschlagen. Der Träumer selbst schießt und landet ein Tor (er beendet die Analyse und geht nach Hause). Oder aber in einem anderen, noch spezifischeren Traum macht er ein Foul nach dem anderen, so daß der Pitcher trotz seines wunderbaren Renommees unfähig ist, ihm beizukommen, und andererseits durch den Kampf völlig erschöpft ist. Ein solcher Traum beweist fast automatisch, daß die Fouls die rücksichtslos angewandten Widerstandsmaßnahmen sind, die der Patient benutzt, um die Analyse zu verlängern, unwirksam zu machen, die Geduld des Analytikers zu erschöpfen und ihn zur Verzweiflung zu treiben.

Man kann demnach die Vermutung wagen, daß der ursprüngliche Simulationsakt hauptsächlich als provokative Aggression dient, d. h. daß es sich um einen geringfügigen Angriff auf das Selbst handelt, dazu bestimmt, einen schwereren Angriff durch eine andere Person auszulösen. Darin entspricht er dem Verbrechen aus Schuldgefühl, das von Freud[5] beschrieben und von Alexander[6] ausführlich dargestellt worden ist.

---

4 K. Stephen: *Psychoanalysis and Medicine: The Wish to Fall Ill.* New York 1933.
5 S. Freud: *Neue Folge der Vorlesungen zur Einführung in die Psychoanalyse.* Ges. Werke XV, S. 117 f.
6 F. Alexander: *Der Verbrecher und seine Richter.* Wien 1929, S. 67.

Klinische Beispiele

Da beim Simulieren gewöhnlich imitiert wird, lassen sich viele Krankheitsbilder darstellen, aber gewöhnlich handelt es sich um zwei Formen: solche, bei denen Krankheit aufgrund subjektiver Beweise behauptet wird (der Patient beharrt beispielsweise darauf, daß er zu krank zum Arbeiten sei), und solche, bei denen die Arbeitsunfähigkeit einer evidenten lokalen Verletzung zugeschrieben wird, die selbst herbeigeführt wurde. Nur die letztere kann als Illustration einer fokalen Selbstzerstörung dienen. Ich werde einige Beispiele anführen.

Beim ersten handelt es sich um eine 29jährige Frau, wegen der mich ein Chirurg konsultierte, der sicher war, daß sie einen Schädelbasisbruch hatte. Ihr Kopfkissen war blutgetränkt, und sie warf sich herum, als ob sie große Schmerzen hätte; auf Fragen antwortete sie in verwirrter, halbdeliranter Weise. Sie bat ständig um Morphium, das sie auch erhielt. Ich zog mir den Unmut des Chirurgen zu, weil ich ihm empfahl, eine Kraniotomie, die er für unbedingt erforderlich hielt, noch zu verschieben.

Nach mehrtägiger Beobachtung ertappten die Schwestern sie dabei, wie sie die Haut des äußeren Gehörgangs zerkratzte. Auf diese Weise hatte sie wahrscheinlich die starken Blutungen erzeugt, die mittlerweile fast zur Verblutung geführt hätten. Einige Tage später verschwand sie aus dem Krankenhaus, und einen Monat danach bat mich ein Kollege aus einer anderen Stadt, sofort zu einer Konsultation in einem Fall zu kommen, aus dessen Schilderung hervorging, daß es sich um dieselbe Patientin handelte. Später erfuhr ich auch von verschiedenen Stellen, daß es ihr gelungen war, einen tüchtigen Chirurgen zu einer Entlastungstrepanation zu bewegen, und daß sie in verschiedenen Städten Geld von Versicherungsgesellschaften kassiert hatte, denen sie hatte weismachen können, daß sie in irgendeiner Weise für ihre selbstzugefügten Verletzungen verantwortlich seien.

Die aggressiven, exhibitionistischen selbstbestrafenden Elemente sind in diesem Fall offensichtlich, obgleich nur kurze Zeit zu seiner Untersuchung zur Verfügung stand. Zu sagen, die Patientin sei darauf aus gewesen, Geld, Morphium, Zu-

wendung oder alles zusammen zu erlangen, hieße, gelinde
gesagt, die außergewöhnlichen Mittel außer acht zu lassen, die
sie anwandte, um es zu bekommen. Es hieße, angesichts der
auffallenden neurotischen Stigmata die der Wahrung des Ge-
sichts dienenden Rationalisierungen des Ichs zum Nennwert
zu akzeptieren.

Am erhellendsten an diesem Fall war die Wirkung, die die
Patientin bei den Fachleuten hervorrief, die sie sahen. Zunächst erweckte sie bei Pflegern und Ärzten großes Interesse
und Besorgnis. Als ihr bedenklicher Zustand deutlicher wurde,
wandelten sich diese Gefühle in Mitleid und das starke Bedürfnis, ihr Linderung zu verschaffen. Nachdem aber der
Charakter ihres Leidens bekannt wurde, verkehrten sich die
sehr positiven Empfindungen ins genaue Gegenteil. Der
Arzt war ärgerlich über die Täuschung und erheblich mit sich
selbst im unreinen, weil er soviel Zeit und Sympathie ver-
schwendet hatte und so vollkommen hereingelegt worden
war. Unter solchen Umständen ist man berechtigt, ein tech-
nisches Hilfsmittel in Anspruch zu nehmen, das sich bei der
klinischen Psychoanalyse als sehr nützlich erwiesen hat. Wenn
man trotz seiner wissenschaftlichen Ausbildung und des Bemühens, gegenüber den Verhaltenssymptomen des Patienten
eine objektive Haltung zu wahren, sich in einer bestimmten
Richtung stark emotional angesprochen fühlt – sei es in
Form von Mitleid, Ärger oder Verzweiflung –, empfiehlt
es sich zu fragen, ob der Patient nicht eben dieses Resultat
unbewußt hervorrufen wollte.

Einen sehr aufschlußreichen Beitrag zum Verständnis des
Simulierens liefern die deskriptiven Berichte von Dermatologen über ein offenbar recht alltägliches klinisches Syndrom:
die *Dermatitis factitia* oder *Dermatitis artefacta*. Hierbei
handelt es sich um ein Krankheitsbild, bei dem sich die Patienten absichtlich Hautverletzungen zufügen, und zwar mit
Hilfe ätzender Chemikalien oder mechanischer Mittel wie
Federmesser, Feuer (vorwiegend mit Streichhölzern), Zigaretten, der Finger oder anderer Gegenstände, vielleicht am häufigsten mit den Fingernägeln. Ich schließe jene Fälle aus, bei
denen ein eingestandener Zwang besteht, sich zu kratzen, bis
sich eine Wunde zeigt. Das ist kein Simulieren, da es in keiner
Weise verheimlicht wird, sondern vielmehr die Wirkung un-

bewußter Impulse, die der Patient nicht erklären kann, die er aber nicht leugnet. Was die *Dermatitis artefacta* kennzeichnet, ist nach Ansicht aller Dermatologen das beharrliche Leugnen der Selbstverursachung sogar angesichts unwiderlegbarer Beweise.[7]

»Bei vielen dieser Patienten«, schreibt Netherton[8], »werden wiederholte und umfangreiche chirurgische Eingriffe vorgenommen; sie können sogar nicht wiedergutzumachende Schaden und Verstümmelungen erleiden. Tatsächlich sind viele Fälle bekannt, bei denen ein Arm, ein Finger etc. mit voller Zustimmung des Patienten unnötigerweise amputiert wurde. In dreien meiner Fälle unterwarfen sich die Patienten mehrmaligen Bauchoperationen. Neben den mit solchen Fällen verbundenen wirtschaftlichen Einbußen sind die von unschuldigen Familienmitgliedern zu ertragenden Konsequenzen oft nahezu tragisch.«

Mit diesen wenigen Worten berührt dieser verständnisvolle Dermatologe jene psychologischen Faktoren, die ich als die wichtigsten beim Simulieren ansehe: den Wunsch zu leiden, zu verheimlichen, sich selbst zu verletzen und, in noch höherem Maße, anderen Schmerz, Kummer und Verlegenheit zu bereiten. Mit anderen Worten, wir finden hier alle Faktoren, die auch beim Selbstmord vorliegen: den Wunsch, sich selbst zu verletzen, verletzt zu werden und jemand anderen zu verletzen.

Wir werden später sehen, daß das Verlangen nach chirurgischen Eingriffen offenbar Ausdruck eines unbewußten Bedürfnisses nach Selbstverstümmelung durch einen anderen ist, und die Beobachtungen von Netherton und anderen, daß diese Form der Simulation häufig mit wiederholten chirurgischen Maßnahmen verbunden war, ist bereits ein Vorgriff auf das folgende Kapitel. In vier der von Netherton angeführten Fälle begann die Selbstverstümmelung mit einer unauffälligen Blinddarmoperation. Der erste Fall ist besonders erstaun-

---

7 Mediziner, die an der recht umfangreichen Literatur über dieses Thema interessiert sind, werden auf die bibliographischen Angaben in meinem Artikel *Psychology of a Certain Type of Malingering. Arch. of Neurology and Psychiatry*, März 1935, S. 507-515, verwiesen.

8 E. W. Netherton: *Dermatitis Artefacta, with a Report of Seven Cases. Ohio State Medical Journal*, März 1927, S. 215.

lich, weil dabei *sechs oder mehr größere Operationen auf die ursprüngliche Appendektomie folgten*, mit der die selbst verursachten Hautgeschwüre in der Umgebung der Narbe ihren Anfang nahmen. Es hatte den Anschein, als sei die Patientin gezwungen, Bauchoperationen vornehmen zu lassen. Sieben operative Eingriffe reichten nicht aus; sie mußte die Sache weitertreiben, indem sie unzählige Versuche machte, auf unbefriedigende und unvollkommene, in jedem Fall aber schmerzhafte Weise ihren Leib selbst zu öffnen. Nethertons Bericht läßt wenig Zweifel an der Belastung, die das fortgesetzte Leiden für die Eltern der Patientin bedeutete. Der errichtete *Circulus vitiosus* bestand darin, daß sie durch ihre Leiden zugleich den Eltern mit der ersehnten Aggression begegnete, dafür sühnte und sich für weitere Aggressionen rechtfertigte.

Ich bin Dr. Joseph Klauder dafür verbunden, daß er mir den folgenden ähnlich gelagerten Fall zur Verfügung gestellt hat. Die Patientin war eine 35jährige Frau, die sechs Monate lang an wiederkehrenden Dermatitisanfällen gelitten hatte. Ihr Mann bestand darauf, daß etwas für sie getan werden müsse, und der Hausarzt zog einen Dermatologen hinzu. Um ihre Handgelenke zogen sich merkwürdige bandförmige erythematöse Stellen, wie von einer Armbanduhr, und unterhalb der Knie wie von Strumpfhaltern. Das führte zur Diagnose einer *Dermatitis factitia*. Während die Patientin ein Bad nahm, wurde ihr Zimmer im Krankenhaus durchsucht, und man fand eine Flasche mit Kresollösung. Dr. Klauder beschuldigte sie, die Läsionen damit verursacht zu haben, aber sie leugnete energisch. Später gab sie zu, sich damit die Hände gewaschen und die Lösung auf die Haut aufgetragen zu haben, um die Hautkrankheit zu verhüten, von der man ihr gesagt hatte, daß es sich dabei um eine Streptokokkeninfektion handle. Dieses Eingeständnis entsprach zum Teil der Wahrheit. Ihr Gefühlstonus war normal, und sie zeigte keinen neurologischen Befund außer einer Unempfindlichkeit der Bindehäute und des Gaumens. Dies zusammen mit der *Dermatitis artefacta* führte zur Diagnose einer Hysterie.

Dr. Klauder entdeckte, daß ihre Krankheit in der Kleinstadt, in der sie lebte, zum »Stadtgespräch« geworden war. Ihr Hausarzt war gezwungen, ein tägliches Bulletin über ihren Krankheitsverlauf herauszugeben. Sowohl zu Hause als auch im Krankenhaus empfing sie viele Geschenke, Blumen und Karten. Sie hängte die Postkarten als eine Art Bildergalerie in ihrem Krankenzimmer auf.

Man bemerkt, daß die Patientin sich bemühte, die Ärzte in Verwirrung und Verlegenheit zu stürzen sowie auch Sympathie und Aufmerksamkeit zu erringen. Es verdient besondere Erwähnung, daß keinerlei pekuniärer Gewinn angestrebt wurde, was nach Ansicht von Betriebsärzten das einzige Motiv von Simulanten zu sein pflegt.

Die Hauptelemente der Simulation vom selbstverstümmelnden Typ sind: Die Zufügung einer Wunde, die zu Schmerz und Gewebeschädigung führt; Vorzeigen der Wunde gegenüber Personen, die emotional darauf reagieren und Sympathie, Aufmerksamkeit und andere Anstrengungen erkennen lassen, um zur Gesundung beizutragen; Täuschung des Beobachters über den Ursprung der Wunde und häufig deutliche Versuche, therapeutische Maßnahmen zu unterlaufen; Erlangung geldlicher oder anderer materieller Zuwendungen; oder aber es werden Entdeckung und Bloßstellung mit dauernder Demütigung, Vorwürfen und mitunter tatsächlicher Bestrafung angestrebt. Die genannten Fälle zeigen, daß man nicht einer so naiven Ansicht huldigen kann, wie sie der entdeckte Simulant bewußt vorschiebt, daß er nämlich bereit gewesen sei, einen Einsatz zu wagen, um aus einer selbstzugefügten Verletzung Nutzen zu ziehen. Nachdem so viele Menschen dem Glücksspiel huldigen, würde allein die Seltenheit von Simulanten dieser Interpretation widersprechen. Auch ist wohlbekannt, daß die erlittenen Schmerzen oft in keinerlei Verhältnis zum erwarteten geldlichen Gewinn stehen. Außerdem ignoriert eine solche Deutung die unbewußten Faktoren, die, wenngleich dem Simulanten und der Umwelt unbekannt, mittlerweile der medizinischen Wissenschaft doch durchaus vertraut sind.

Das wohlbekannte Mißverhältnis zwischen dem freiwillig erduldeten großen Leiden und dem objektiven Gewinn läßt sich auf zweierlei Grundlagen erklären: zunächst damit, daß der Gewinn nur zum Teil in der geldlichen Zuwendung besteht, sondern auch die Befriedigung umfaßt, die sich aus der Erregung von Sympathie, Aufmerksamkeit, Verwunderung oder Schrecken ergibt, und zweitens gehört der Schmerz nicht nur zu der Methode, die benutzt wird, um die Gewinne zu erzielen, er wird auch vom Gewissen als Preis für ihre Erringung gefordert. Taten sprechen lauter als Worte, und es ist klar, daß der Simulant, mag er noch so gewissenlos erscheinen (oder zu sein behaupten), sich unbewußt schuldig fühlt und sich seine Strafe selbst auferlegt. Leider gibt es bisher keine präzisen Instrumente, um Emotionen zu messen, wahrscheinlich gibt es aber eine präzise quantitative Relation, so daß die äußerlich erlittene Strafe zum Maß des selbstauferlegten Leidens in reziprokem Verhältnis steht. Je geringer das eine ausfällt, desto stärker ist das andere. Ein Mann, der sein eigenes Auge ausreißt, wird weniger getadelt und verurteilt als einer, der sich mit einem Streichholz verbrennt, obwohl beide denselben äußerlichen Zweck verfolgen mögen. Das hängt sicher mit unserem angeborenen Gerechtigkeitssinn zusammen, aber gerade aus diesem, der in jedem und auch in ihm selbst lebt, zieht der Patient seinen Vorteil, um ein Gleichgewicht emotionaler Kräfte zu erzielen.

Zusammenfassung

Simulation vom selbstverstümmelnden Typ kann demnach als eine Form lokalisierter Selbstzerstörung bezeichnet werden, die gleichzeitig als nach außen gerichtete Aggression in Form von Betrug, Raub und falschem Appell dient. Die Aggression ist von so zündender Art, daß sie dem Simulanten (zunächst) nicht nur Sympathie, Aufmerksamkeit und materiellen Gewinn beschert, sondern letztlich Bloßstellung, Verurteilung und »Bestrafung«. Beide Aspekte der induzierten Behandlung durch die Außenwelt sind stark von pervertierter erotischer Befriedigung nach Art von Masochismus und Exhibitionismus gefärbt.
Daraus kann man schließen, daß der ursprüngliche Simulationsakt dieses Typs hauptsächlich provokativer Aggression dient, das heißt, es handelt sich um einen geringfügigen Angriff gegen das Selbst, der dazu bestimmt ist, einen größeren Angriff (duldsamer wie strafender Art) durch andere Menschen zu provozieren, wobei der damit verbundene Schmerz

der Preis ist, der vom Gewissen für die unbewußten Befriedigungen sowohl erotischer als auch aggressiver Art gefordert wird.

4. Multiple Operationen (Polychirurgie)

Bei der Betrachtung der diversen Formen und der Bedingungen, unter denen Selbstverstümmelung stattfindet, und der Regelmäßigkeit, mit der Aggressivität, Erotisierung und Selbstbestrafung als tiefere Motivationen solcher Handlungen zu entdecken sind, wird dem Leser aufgefallen sein, daß in manchen Fällen praktischer Nutzen oder gesellschaftliche Notwendigkeit weit wichtigere Determinanten sein müssen als die Befriedigung dieser unbewußten Regungen. Unabhängig davon, ob es in der Vergangenheit Aggressionen auf seiten des Individuums gegeben hat oder nicht, sind Gesellschaft und materielle Realität so konstituiert, daß Selbstverstümmelung mitunter der Preis sein kann, den man zahlt, um zu leben, nicht wegen eigener Aggressionen, sondern wegen der damit verbundenen vorteilhaften Umstände. Es kann sich dabei um Erbe oder Tradition handeln wie bei den bereits beschriebenen Pubertätsriten der Wilden. Die Opfer solcher Verstümmelungen können selbst von Aggressionen völlig frei sein und die Selbstverstümmelung einzig aus Gründen sozialer Anpassung vorgenommen werden. Andererseits kann die Verstümmelung aus empirisch-wissenschaftlichen Gründen erfolgen. Das beste Beispiel hierfür ist die chirurgische Operation. In diesem Fall verstümmeln wir uns zwar nicht selbst, liefern uns aber dem Chirurgen aus und bitten ihn sogar, uns etwas wegzuschneiden, nicht aus unbewußter Aggressivität, Schuldgefühl oder perverser Lust, sondern wegen bewußter praktischer und gerechtfertigter Gründe, zu denen die medizinische Wissenschaft durch jahrhundertelange Erfahrung gelangt ist. Tatsächlich würde der Verzicht auf eine notwendige Operation deutlicher auf selbstzerstörerische Absichten hinweisen als die Zustimmung zur »Verstümmelung«. Dies wäre dann eine *reductio ad absurdum*, eine fokale Selbstzerstörung im engeren Sinne, aber keine Selbstzerstörung im psychologischen oder praktischen Sinn. Wir werden jedoch sehen, daß es auch hier Ausnahmen gibt, die die Regel bestätigen.

Wenn ein Patient sich einer Operation unterwirft, sind mindestens zwei Personen betroffen: der Patient und der Chirurg. Unbewußte Motive verbinden sich mit bewußten Absichten nicht weniger, wenn sich der Chirurg zur Operation entschließt, als wenn der Patient der Operation zustimmt. Wir nehmen im allgemeinen an, daß die bewußten und rationalen Motive beider stark überwiegen. Denn obgleich es auf der Hand liegt, daß es sich bei der Chirurgie um eine sehr unmittelbare Sublimierung sadistischer Impulse handelt, ist sie eben eine Sublimierung, und zwar eine außerordentlich verfeinerte und sehr nützliche, die bereits in ihrer relativ kurzen Laufbahn das Leben von Millionen verlängert und ihr Elend gelindert hat. Natürlich können Sublimierungen zusammenbrechen oder von Anfang an neurotische Verschleierungen sein. Dann kann der Entschluß, zu operieren, statt sich auf objektive Faktoren wie etwa Infektion, Deformierung, Blutungen etc. zu stützen, von einem Gefühl zwanghafter Notwendigkeit bestimmt werden. Der ideale Chirurg empfindet vor der Operation weder Angst noch Widerwillen; er geht einzig von der Beurteilung realer Faktoren aus. Leider ergibt sich aus der sorgfältigen Prüfung der chirurgischen Praxis, daß Chirurgen mitunter aus ganz anderen Gründen operieren, zum Beispiel aus dem Zwang, schneiden zu müssen. Manche Chirurgen sind geradezu davon besessen, Schilddrüsen oder Eierstöcke zu entfernen oder sonstige chirurgische Eingriffe im viszeralen Bereich vorzunehmen. Daß solche Operationen manchmal wissenschaftlich gerechtfertigt sind, steht außer Zweifel, doch die Art und Weise, wie bestimmte Chirurgen bei einem Patienten nach dem anderen Indikationen zu genau derselben Operation entdecken, entspricht so exakt dem neurotischen Wiederholungszwang auf anderen Gebieten, daß wir gute Gründe für die Vermutung haben, daß solche Chirurgen eher Neurotiker als Wissenschaftler sind.

An gelegentlichen Beispielen für offenen Sadismus bei Chirurgen fehlt es leider nicht. Ich selbst war besonders beeindruckt von der absoluten Unfähigkeit vieler, andererseits »guter« und fähiger Chirurgen, für das Leiden oder die Angst ihrer Patienten Verständnis oder Mitgefühl aufzubringen. Sicherlich gibt es nichts Barbarischeres und so stark mit der Gefahr eines späteren Unheils für die Persönlichkeit Belastetes wie die weitverbreitete Sitte, ein kleines Kind in einen fremden weißen Raum zu führen, wo es weißgekleidete Fremde mit sonderbaren Kopfbedeckungen umgeben, es merkwürdiges Drum und Dran sehen zu lassen – blitzende Messer und häufig blutbespritzte Tücher – und ihm dann auf dem Höhepunkt seines Schreckens und seiner Verwirrung eine Äthermaske auf das Gesicht zu drücken und ihm zu sagen, es solle tief atmen und sofort würden seine Mandeln »draußen« sein. Größere Angst als die durch solche Schrecken erzeugte wird das Kind wahrscheinlich in seinem ganzen späteren Dasein nicht erleben, und ich bin fest überzeugt, daß in der Mehrzahl der Fälle dieser Schrecken viel mehr Schaden anrichtet als der Zustand, den der Chirurg zu erleichtern unternimmt. Die Gleichgültigkeit gegenüber den Gefühlen des Kindes unter solchen Umständen, die Tatsache, daß sich die Chirurgen keine Gedanken darüber machen, daß das, was ihnen vertraut scheint, für das Kind unvertraut und erschreckend ist und ihm Schaden zufügt – all das läßt eine schwerwiegende psychische Abgestumpftheit mancher Chirurgen erkennen. Ich sehe diese im Zusammenhang mit einem neurotischen Impuls sadistischer Prägung, der – partiell sublimiert – einen geschickten Techniker, aber nicht unbedingt einen rücksichtsvollen Chirurgen hervorbringt.

Aber wir dürfen auch nicht die besonderen Schwierigkeiten der Position des Chirurgen aus dem Auge verlieren. Er wird als Wundermann angesehen, und oft wird von ihm erwartet, das Unmögliche zu vollbringen. Er muß die Operation beschließen und ausführen, Verantwortung und Vorwürfe auf sich nehmen, wenn sie mißlingt, und mitunter Tadel und Klagen selbst dann, wenn sie erfolgreich verläuft. Es ist daher kein Wunder, wenn Chirurgen eine gewisse Gefühllosigkeit entwickeln. Sie müssen den Mut haben, scheinbar grausam zu sein. Wir können sie daher nicht zu sehr tadeln, wenn sie gelegentlich aus neurotischen Gründen die Notwendigkeit der Grausamkeit schlecht beurteilen können.

Soviel über die unbewußten Motive, die ihre Verhüllung durchdringen und bei der Arbeit von Chirurgen in Erscheinung treten. Es wurde aber bereits erwähnt, daß bei der Durchführung von Operationen mindestens zwei Leute beteiligt sind: der Chirurg *und* der Patient; wir sollten uns überlegen, welche wechselseitigen Motive manche Patienten veranlassen, mit Chirurgen bei unnötigen Operationen zu kooperieren. Denn es ist keine Frage, daß manche Patienten viel zu oft operiert werden, viel öfter, als die striktesten medizinischen Kriterien rechtfertigen können. Es ist fast axiomatisch, daß der Patient desto weniger von irgendeiner Operation profitiert hat, je öfter er operiert wurde.

Aber haben wir das Recht, dies dem Chirurgen zur Last zu legen? Ich entsinne mich vieler Patienten, die eine oder mehrere chirurgische Kliniken aufgesucht hatten, um nacheinander Zähne, Mandeln, Blinddarm, Eierstöcke, Gallenblase, Kolon, Prostata, Schilddrüse oder mehreres zugleich entfernen zu lassen. Früher erblickte ich in ihnen wehrlose, leidende, verstörte Opfer raffinierter oder bestenfalls überenthusiastischer Chirurgen, die – sei es um des Geldes oder ihres Ansehens willen oder auch aus ehrlicher Überzeugung – eine verstümmelnde Behandlung anwandten, die den Leiden des Betroffenen nur eine weitere Last hinzufügte. Das war in jenen Tagen, bevor zumindest ich erkannte (was meines Erachtens inzwischen viele von uns getan haben), wie oft der neurotische Patient sich selbst dem Chirurgen aufdrängt und entweder verbal oder, was häufiger vorkommt, aus irgendwelchen physiologischen Gründen eine Operation fordert. Wir alle wissen, mit welcher Leichtigkeit der hysterische Patient Symptome produzieren kann, die seine unbewußten Bedürfnisse befriedigen, und wenn sich diese Bedürfnisse durch einen chirurgischen Eingriff noch besser befriedigen lassen, wird es ihm nicht an Mitteln fehlen, einen Zustand herbeizuführen, den selbst der gewissenhafteste Chirurg als Indikation, wenn nicht gar zwingenden Grund, zu einer Operation ansehen wird.

Mehrfache Operationen erregen verschiedene Reaktionen des Mitgefühls, des Verdachts oder der Lächerlichkeit, je nach der Durchsichtigkeit der unbewußten Motive für die polychirurgischen Anlässe. Nicht immer können sie als »unnötige«

Operationen bezeichnet werden, nur weil solche Patienten es verstehen, eine bestimmte Operation als zwingend erscheinen zu lassen. Außerdem besteht oft kein Zweifel an der Notwendigkeit der Operation; es fragt sich eben nur, ob es sich um eine psychische oder eine physische Notwendigkeit handelt. Solche Individuen, vom Wiederholungszwang beherrscht, verlangen immer aufs neue nach chirurgischen Verstümmelungen. Jelliffe beschreibt beispielsweise eine Frau, die er erstmals sah, als sie 21 Jahre alt war, und die bereits 28 verschiedene Operationen an verschiedenen Körperteilen hinter sich hatte. Vielleicht ist man daher berechtigt, dieses Phänomen als *polychirurgische* Sucht zu bezeichnen.[1]
Es wäre unwissenschaftlich, die Tatsache unerwähnt zu lassen, daß diese Operationen, so überflüssig sie vom physiologischen Standpunkt aus erscheinen und Placebo-Charakter haben mögen, nicht selten therapeutische Resultate haben. In *Jenseits des Lustprinzips* weist Freud darauf hin, daß organische Krankheiten oder Verletzungen oft zu Besserungen bei traumatischen Neurosen, Depressionen und Schizophrenie führen, indem sie unkontrollierbare Libidomengen binden, die durch einen unvorhergesehenen Reiz stimuliert wurden.[2] Er hätte hinzufügen können, daß auch chirurgische Eingriffe diese Wirkung haben. Es ist eine verwirrende Erfahrung jedes Psychiaters, einen psychiatrischen Fall erfolglos behandelt zu haben, um dann zu erleben, daß der Patient prompt nach einer Operation gesund wird, die der Psychiater für überflüssig oder gar unratsam gehalten hatte, manchmal sogar dann, wenn sie von einem Quacksalber ausgeführt wurde, weil konservativere und gewissenhaftere Chirurgen sie ebenfalls unangebracht fanden. Jelliffe[3] berichtet einen Fall, bei dem eine langwährende Psychoanalyse erst zu einem erfolgreichen Abschluß gebracht wurde, nachdem die Patien-

---

[1] Ich spreche hier natürlich nicht von schwierigen Operationen, die in zwei oder drei Etappen durchgeführt werden müssen, oder von den häufigen Operationen, die bei bestimmten Knochenerkrankungen oder plastischer Chirurgie notwendig sind, wo vielleicht um so verfeinertere und allmählichere Methoden angewandt werden müssen, je größer das Können des Chirurgen ist.

[2] Siehe Karl Menninger: *The Amelioration of Mental Disease by Influenza.* J. of the American Medical Association, Bd. 94, 1930, S. 630-634.

[3] Smith Ely Jelliffe: *The Death Instinct in Somatic and Psycho-Pathology.* The Psychoanalytic Review, Bd. 20, 1933, S. 121-132.

tin zu guter Letzt einen chirurgischen Eingriff durchgesetzt hatte. Es wäre ebenso unwissenschaftlich, wollten Psychoanalytiker die psychotherapeutische Nützlichkeit der Chirurgie leugnen, wie wenn Chirurgen den psychotherapeutischen Wert der Analyse bestritten. Wir müssen die wirkliche Bedeutung des chirurgischen Eingriffs richtiger beurteilen, was natürlich eine Betrachtung des gesamten Problems somatischer Konversionen einschließt.

Eine Zeitlang habe ich mich besonders für die Arbeit der plastischen Chirurgen interessiert, da einer von ihnen mir erklärt hatte, daß seine Erfolge ebensosehr auf psychologischen wie auf mechanischen Methoden beruhten. Es ist sehr erstaunlich, wenn man beim Studium der chirurgischen Literatur feststellt, daß die plastischen Chirurgen selbst »ein morbides neurotisches Verlangen auf seiten des Patienten, daß etwas getan werden müsse«, konstatieren, um einen Defekt zu beheben, den sie selten objektiv beurteilen. Blair und Brown[4] zum Beispiel raten zur Vorsicht gegenüber leichten Defekten, denen das Individuum eine übersteigerte Bedeutung beizumessen scheint. Sie erwähnen viele Fälle, bei denen die Operation klinisch erfolgreich war, der Patient aber so unzufrieden wie eh und je blieb. Andererseits zitieren sie Fälle ohne günstiges klinisches Resultat, das aber vom Patienten mit überraschender Befriedigung aufgenommen wurde. Im ganzen gesehen entnimmt man der Literatur, daß die chirurgische Korrektur von Gesichtsentstellungen gewöhnlich zu einer befriedigenden Besserung der seelischen Verfassung eines Patienten führt.

Der Eindruck von Klinikern, Chirurgen wie Psychiatern, scheint der zu sein, daß chirurgische Eingriffe mitunter zur Besserung einer Neurose oder Psychose führen, daß ein solches Resultat aber unsicher ist und seine Wirkung vorübergehend zu sein pflegt. Alles, was wir zum gegenwärtigen Zeitpunkt sagen können, ist, daß wir zu wenig Daten besitzen, um daraus schließen zu können, wie häufig chirurgische Eingriffe seelische Leiden verhindern oder erleichtern können.[5]

4 Vilray Papin Blair und James Barrett Brown: *Nasal Abnormalities, Fancied and Real.* Surgery, Gynecology and Obstetrics, Bd. 53, 1931, S. 797-819.

5 Natürlich sind viele Fälle von psychischen Erkrankungen bekannt, die durch

Ich hatte einmal eine Patientin mit einem hysterischen Stimmverlust, die dreimal durch eine größere Operation vorübergehend geheilt worden war und darauf bestand, daß eine weitere Operation das einzige sei, was ihr helfen könne. Ich bemühte mich, sie davon abzubringen, und versuchte vergeblich jede Art von Psychotherapie, außer einer Psychoanalyse. Sie konnte diesmal keinen Chirurgen finden, der bereit war, seinen Ruf zu riskieren, indem er aus einem ausschließlich psychologischen Grund operierte. Seither hatte ich Gelegenheit, mehrere Patienten ähnlichen Typs psychoanalytisch zu untersuchen. Außerdem habe ich psychiatrischen Fällen, die unsere Klinik durchliefen, besondere Aufmerksamkeit gewidmet, bei denen im Laufe einer früheren Behandlung chirurgische Eingriffe vorgenommen worden waren. Auf der Grundlage von Angaben über diese Fälle habe ich versucht, einige Schlußfolgerungen über die unbewußten Motive und Mechanismen zu formulieren, die Menschen in den Operationssaal führen, insbesondere jene, die immer wieder dorthin zurückkehren.

Unbewußte Motive bei der Wahl einer Operation

Eines der wichtigsten unbewußten Motive eines Menschen, sich einer Operation zu unterziehen, besteht darin, *daß er einer Sache aus dem Wege gehen will, die er mehr fürchtet als die Operation*. Das gleiche Motiv der Flucht vor dem Unangenehmen und, auf einer tieferen analytischen Basis, die Bestechung des Gewissens, kommt natürlich auch bei Erkrankungen zum Ausdruck, die nicht chirurgisch behandelt werden. Aber der besondere Vorteil einer Operation ist der, daß ein Zweiter ins Spiel gebracht wird, der die Verantwortung für das Ausweichen übernimmt. Während ich diese Zeilen schreibe, fällt mir der Grund für diese freie Stunde ein. Eine

chirurgische Eingriffe *ausgelöst* wurden. Siehe z. B. die folgenden Berichte: A. C. Washburne und M. L. Carns: *Postoperative Psychosis; Suggestions for Prevention and Treatment. J. of Nerv. and Ment. Dis.*, Nov. 1935, S. 508-513; P. R. Lehrman: *Postoperative Neuroses. Med. J. and Record* (Supp.), 1. Apr. 1925, S. 422-424; W. E. Gardner: *Postoperative Psychosis. Kentucky Medical Journal*, Okt. 1928, S. 537-546; P. P. Barker: *Neuropsychiatry in the Practice of Medicine. Med. Bull. of the Veterans' Administration*, Juni 1931, S. 571-582.

Patientin hat telefonisch mitgeteilt, daß sie eine kleine Operation am Ohr gehabt habe, und obwohl sie erklärt hatte, sie fühle sich wohl genug, um zur Analysestunde zu gehen, habe der *Chirurg* es nicht erlaubt! Ich wußte, daß sie diese Stunde gefürchtet hatte; der Chirurg wußte es nicht, aber sie benutzte ihn, um der Stunde zu entgehen.

Kürzlich verschob eine Patientin, die mit einem Akademiker verlobt war, ihre Hochzeit zum fünften Mal. Das empörte ihren Bräutigam, und er bestand darauf, daß sie sich bei uns untersuchen lasse. Die Vorgeschichte erbrachte viele Anfälle einer typischen Angsthysterie mit starken rechtsseitigen Leibschmerzen. Immer wieder war sie von Ärzten untersucht worden, die unschlüssig waren, ob sie operieren sollten oder nicht. Die Leukozytenzahl betrug gewöhnlich 12 000, aber es muß hinzugefügt werden, daß sie am folgenden Tag wieder normal war. (Es sind Fälle von Pseudoappendizitis berichtet worden, bei denen nicht einmal das Fieber fehlte.) Schließlich bettelte die Patientin buchstäblich um eine Operation, die auch vorgenommen wurde. Aber ihre Panik- und Schmerzanfälle im rechten Unterleib waren nur solange gebessert, bis der hinausgeschobene Hochzeitstermin nahte. Dann kehrten sie zurück, und wieder bestand sie darauf, ins Krankenhaus zu gehen.

In einem solchen Fall ist es ganz offenkundig, daß das Verlangen nach einer Operation nur die Wahl des kleineren von zwei Übeln darstellt, um einer heterosexuellen Beziehung auszuweichen, zu der sie aufgrund ihrer Infantilität unfähig war. Andere Motive kamen dazu, aber dieses sprang ins Auge.

Alle Psychoanalytiker kennen das folgende Phänomen: Ein Arzt überweist einen Patienten zur Behandlung einer Neurose; es wird eine Psychoanalyse empfohlen. Der Patient teilt die Ansicht, daß dies die aussichtsreichste Behandlung sei. Er beschließt, nach Hause zu gehen, um seine Angelegenheiten zu regeln und in zwei Monaten wiederzukommen, um mit der Analyse zu beginnen.

Wenige Wochen später kommt ein Brief von seinem Arzt, in dem er mitteilt, daß der Patient, den er uns geschickt und der geplant hatte, zur Behandlung zu kommen, unglücklicherweise eine Blinddarmentzündung (oder Gallensteine, Schilddrüsenüberfunktion, Hämorrhoiden) bekommen habe und operiert werden müsse. Das ist ein fast regelmäßiges Vorspiel zur Analyse eines bestimmten Patiententyps. Sehr oft kommen sie doch zur Analyse, nachdem sie sich von der Operation erholt haben, aber nicht immer.[6]

Daß die Flucht in die Operation manchmal eine versuchte Flucht in die Gesundheit ist, zeigen Fälle wie der folgende sehr deutlich. Ein 23jähriger Student, der zweimal in die Fußballelf seines Bundesstaates gewählt worden war, begann sich unwohl zu fühlen; er war leicht verwirrt, unfähig zu lernen und konnte nicht schlafen. Nach einigen qualvollen Monaten verließ er die Universität und bat seine Eltern, ihn zu verschiedenen Ärzten zu bringen. Sie konnten keinen organischen Befund erheben und sagten ihm das. Subjektiv schien sich sein Befinden zu verschlechtern. Er verlangte, daß ihm die Mandeln herausgenommen würden, was ein Arzt für unnötig hielt. Der Patient beharrte auf seinem Willen, und die Operation wurde vorgenommen. Danach fühlte er sich einen Monat lang entschieden besser, doch dann kehrten dieselben Symptome zurück und verschlimmerten sich, bis er auf eigenen Wunsch in eine psychiatrische Klinik gebracht wurde. Dort stellte man fest, daß er schizophren war.

In einem solchen Fall würde ich es für irrig halten anzunehmen, daß die Operation die Krankheit verschlimmert habe. Ich meine, wir dürfen dem Patienten – und seinen Angehörigen – glauben, daß sie ihm partiell vorübergehend Erleichterung verschaffte. Meines Erachtens kann man davon ausgehen, daß es sich um eine energische Anstrengung handelte, die geistige Auflösung abzuwehren, indem versucht wurde, mittels eines chirurgischen Eingriffs zur Gesundheit zurückzufinden. Die tieferen Bedeutungen einer Operation werden wir später diskutieren; hier möchte ich nur betonen, daß das Unbewußte zur Operation greifen kann, um der seelischen Erkrankung ebenso wie der entsprechenden Behand-

---

[6] In einem Fall, den ich beobachtete, wurde der Patient ebenfalls am Blinddarm operiert, kurz bevor seine Analyse beginnen sollte. Gegen Ende der Analyse traten (wieder) heftige Leibschmerzen ein, die an seine alte »Blinddarmentzündung« erinnerten. Sie waren so stark und behinderten ihn so sehr, daß man bestimmt eine Operation in Betracht gezogen hätte, wenn der Blinddarm nicht bereits entfernt worden wäre.

lung auszuweichen. Ich habe diesen Fall nur angeführt, weil er kurz ist. Zahlreiche andere Fälle wurden von uns beobachtet, bei denen nicht einmal, sondern wiederholt Operationen von Patienten verlangt wurden, bevor sie vor der psychotischen Regression vollständig kapitulierten. Das stimmt mit den Vorstellungen von Harry Stack Sullivan und anderen überein, wonach die von der Auflösung bedrohte Persönlichkeit wie rasend nach verschiedenen neurotischen Kompromissen greift, um der Katastrophe der Psychose zu entrinnen.
Ein zweites Motiv, das die Wahl von Operationen bestimmt, ist das *erotische*. Das hängt gewöhnlich mit einer (Vater-)Übertragung auf einen starken, dynamischen Chirurgen zusammen, der allwissend, allmächtig, freundlich und dennoch grausam ist. Schärfe, Festigkeit, Kraft – man möchte fast sagen: die Rücksichtslosigkeit – des Chirurgen und die allgemeine physische und geistige Überlegenheit, die so vielen Chirurgen eigen ist, müssen notgedrungen einen starken Einfluß auf die unbewußte Wahl des neurotischen Patienten ausüben. Dazu kommt der sadistisch-masochistische Komplex, der zweifellos bei manchen Patienten die (positive und negative) Übertragung auf solche Chirurgen verstärkt. Zu jenen, die sich nach der Liebe eines Vaters sehnen und sich sogar einer Operation unterziehen, um sie zu erringen, müssen wir diejenigen rechnen, deren Vaterliebe von Masochismus bestimmt wird, so daß sie Liebe nur von einem Vater annehmen können, der sie in Form von Schmerzen vermittelt. Es ist wohlbekannt, daß einige der erfolgreichsten Chirurgen am wenigsten wegen der *Zartheit* ihrer klinischen Maßnahmen berühmt waren.
Einer meiner Patienten hatte mehrere Nasenoperationen, von denen er jetzt überzeugt ist, daß sie völlig überflüssig waren, außer daß sie ihm dazu verhalfen, Gegenstand der Sorge und Angst seines Vaters zu sein. »Ich erinnere mich bis zum heutigen Tag«, sagte er, »wie das Blut, das mir nach den Operationen aus der Nase schoß, meinen Vater mit liebevoller Besorgnis erfüllte. Das wog den Operationsschmerz bei weitem auf und war entschieden besser als die Prügel, die ich vorher erhalten hatte.«
Bei der Betrachtung der Motive für chirurgische Eingriffe muß man natürlich zwischen dem primären und dem sekundä-

ren Gewinn unterscheiden. In die zweite Kategorie müssen wir die Annehmlichkeiten einreihen, die mit einem Krankenhausaufenthalt verbunden sind, insbesondere die Ruhepause vor und nach einer Operation, die Anteilnahme von Freunden und Verwandten, die Betreuung durch die Schwestern und die Versicherungen des Arztes. Ich bin jedoch nicht sicher, daß nicht einige dieser Faktoren tief in die primäre Motivation zur Operation eingehen, insbesondere in Verbindung mit dem Wunsch, Aufmerksamkeit, Sympathie und selbst Mitleid als einzig akzeptable Form von Liebe zu empfangen, und mit dem Wunsch, in seinem Leiden von besorgten Vater- und Mutter-Ersatzfiguren betreut zu werden. Das Interesse von Ärzten (einschließlich Chirurgen) wird oft wiederholt deshalb gesucht, wie es scheint, um dem Patienten die Befriedigung zu verschaffen, daß er wegen seines Leidens bemitleidet wird, statt daß er auf normalere Weise geliebt würde, was zu erbitten oder zu akzeptieren ihm sein Schuldgefühl verbietet.

In seiner extremen Ausprägung hat dieses Motiv eine enge Beziehung zum Exhibitionismus. In einem unten ausführlicher dargestellten Fall trat der exhibitionistische Wert der Operation in den eingestandenen Phantasien des Patienten zur Zeit der Operation klar zutage, als nämlich Perineum und Genitalien zu seiner großen Befriedigung entblößt vor den Augen des Chirurgen und der Schwestern lagen. Eine übertriebene Reaktion in Form von Scham und Ängstlichkeit im Zusammenhang mit der Entblößung sieht man natürlich in den Stunden vor einer Operation bei vielen Patienten. Einen überzeugenden Beweis für die weite Verbreitung solcher heimlichen Befriedigungen liegt in der Häufigkeit, mit der Operationserlebnisse in Gesellschaft berichtet werden, und in dem Erfolg, den zahlreiche Verwertungen dieser Tatsache haben, beispielsweise Irvin Cobbs *Speaking of Operations* oder Eddie Cantors Film (bzw. das entsprechende Bühnenstück) *The Nervous Wreck,* in dem zwei Männer darin wetteifern, sich gegenseitig ihre Operationsnarben zu zeigen. Psychoanalytisch müssen wir darin den Wunsch erblicken, zu beweisen, daß man kastriert ist, d. h. sich unterworfen, ausgeharrt, überlebt – und seinen Preis bezahlt hat. »Sieh mal«, so sagen sie unbewußt, »ich bin harmlos – du mußt (oder kannst) mich nicht töten.« Das ist die genaue Umkehrung des bewußten Inhalts der Phantasie meines obengenannten Patienten und des Gedankeninhalts beim offenen Exhibitionismus, nämlich: »Sieh her, ich bin nicht kastriert, ich bin wirklich ein Mann.«

Daß Operationen von Männern und Frauen gewünscht werden, um einen unerfüllten infantilen *Wunsch nach einem Kind* zu befriedigen, scheint sich daraus ebenfalls deutlich zu ergeben[7], insbesondere wenn der Patient als Kind viel vom Kaiserschnitt gehört hat, und bei Mädchen, die bezüglich der brennenden Frage, wo die Kinder herkommen, von den Eltern keinerlei Auskunft erhielten.[8] Ich hatte einmal eine jugendliche Patientin mit einer Konversionshysterie, deren Symptom darin bestand, daß sie täglich viele Male vergeblich versuchte, Stuhlgang zu haben, weil sie behauptete, daß etwas in ihrem Bauch sei. Dann verlangte sie eine Operation. Kurz davor hatte sie ein Liebeserlebnis mit einem Jungen gehabt. Sie hatte der Geburt eines Kalbs beigewohnt und geglaubt, es käme aus dem Rektum der Kuh. Außerdem wußte sie, daß eine Verwandte ins Krankenhaus gekommen war, um ein Kind zur Welt zu bringen. Ihre Theorie war nun offensichtlich die, daß sie ein Kind trage, das durch das Rektum oder den Bauch kommen müsse und daß ein Kaiserschnitt erforderlich werden würde, wenn sie sich nicht des Kots entledigen konnte.

Ein gründlich untersuchter Fall war der einer Frau, die in 13 Jahren 13mal operiert worden war. Ihre frühesten Kindheitserinnerungen drehten sich darum, daß sie sich über alle

---

7 Freud erkannte dies vor nahezu dreißig Jahren, wie aus seinem Bericht über die Behandlung von »Dora« hervorgeht. Kurz nach dem Tode einer Tante, die sie sehr geliebt hatte, war eine »Blinddarmentzündung« mit hohem Fieber und Leibschmerzen aufgetreten. Dora hatte vorher etwas über Appendizitis (und vielleicht auch über sexuelle Themen) im Lexikon gelesen, weil ein Cousin von ihr daran erkrankt war, und sie produzierte genau dieselben Symptome, von denen sie gelesen hatte. Sie traten außerdem *genau neun Monate* nach dem unsittlichen Antrag eines Mannes auf, von dem sie heimlich hoffte, wie sich später zeigte, daß er sie heiraten würde, und für dessen wirkliche Kinder (von seiner wirklichen Frau) Dora sorgte und die sie zärtlich liebte. Es war klar, erklärte Freud, daß die Appendizitis die Realisierung einer Gebärphantasie war.

8 Siehe Karen Horney: *The Denial of the Vagina. Int. J. of Psychoanalysis*, Bd. 14, 1933, S. 57-70.

Maßen Kinder gewünscht hatte. Sie wollte »ein Dutzend« Kinder haben. Als Mädchen war sie auch fest davon überzeugt, daß die Kinder mit Hilfe von Operationen geboren würden. Daher schloß sie, daß der Mann, der ihr viele Kinder geben könnte, höchstwahrscheinlich ein Chirurg wäre, und also heiratete sie einen Chirurgen. Und dann stellten sich Jahr für Jahr Symptome ein, die meisten in der Bauchgegend, die es erforderlich machten, daß sie operiert wurde. »Ich sehe jetzt«, sagte sie, »daß ich einfach immer wieder versucht habe, ein Baby nach den Vorstellungen zu bekommen, die ich als Kind hatte.«

Ein weiteres Motiv für das unbewußte Verlangen nach einer Operation ist *der Wunsch, kastriert zu werden* (genauer gesagt, der Wunsch, von Angst befreit zu werden, indem man sich der Kastration unterwirft). Wir erinnern uns, daß wir im 1. Kapitel dieses Teils in einem solchen Wunsch mindestens zwei Elemente entdeckten: 1. das Strafbedürfnis und 2. den erotischen Nutzwert daraus (Masochismus, Exhibitionismus etc.). Indem er sich der Kastration unterwirft, zahlt ein Mann die Strafe für seine Vergehen (schuldhafte Phantasien und Wünsche); gleichzeitig wird er in ein entmanntes, feminines Wesen verwandelt und damit fähiger, Liebe zu empfangen, d. h. sich stärker der beneidenswerten Position der Frau zu nähern, die »um ihrer selbst willen« geliebt und ersehnt wird – als das, was sie ist, und nicht das, was sie tut.

Bei psychotischen Fällen ist Selbstkastration, wie wir gesehen haben (2. Kapitel), sehr häufig, aber noch häufiger ist die Forderung, von jemand anderem kastriert zu werden. Bei neurotischen Fällen wird die Selbstkastration gewöhnlich nur indirekt erreicht, d. h. durch Impotenz, berufliches Versagen, Ehekatastrophen, Geschlechtskrankheiten. Wird eine tatsächliche Kastration in Betracht gezogen, wird sie gewöhnlich auf mehr oder weniger subtil verschleierte Weise gefordert, etwa in Form einer Sterilisation (Vasektomie) oder durch Beseitigung eines Hodens statt einer Penisamputation.[9]

---

9 Dr. R. M. Brian, ehemals am Topeka State Hospital tätig, erzählte mir von einem Patienten, der zunächst Chirurgen dazu überredete, die Epididymis auf der einen und dann auf der anderen Seite zu entfernen, später erst den einen, dann den zweiten Hoden. Dies erscheint mir als klares Agieren der polychirur-

Wie diese Maßnahme, die überraschend häufig ist, durch den *Arzt* rationalisiert wird, kann man in der modernen medizinischen Literatur erfahren; im *Index Medicus* wird die Kastration selbst in neuerer Zeit als eine Form der Therapie für Neurosen, Perversionen, Sexualvergehen, sexuelle Anomalien, Geisteskrankheiten und sogar Tuberkulose dargestellt.

Wie sie vom *Patienten* rationalisiert wird, ergibt sich deutlich aus den folgenden Fällen; für den Hinweis auf den ersten davon habe ich Dr. Henry Shaw aus New York zu danken.

Ein sehr begabter junger Wissenschaftler war entschlossen, bestimmte Forschungsvorhaben durchzuführen, bei denen er sich durch seine erotischen Impulse auf höchst unwillkommene Weise gestört fühlte, so daß er seine Unfähigkeit zur Beendigung seiner Untersuchungen darauf zurückführte. Er gelangte zu dem Schluß, daß seine sexuellen Wünsche sich legen würden und er seinen großen Vorsatz ausführen könnte, wenn ihm die Hoden entfernt würden. Er konsultierte verschiedene Chirurgen und bat um Durchführung der Operation. Einer von ihnen war dazu bereit, vorausgesetzt, daß ein Psychiater den Eingriff empfahl. Es fand sich aber kein Psychiater, der einer solchen fokalen Selbstzerstörung zustimmen wollte. Schließlich nahm aber doch ein Chirurg zur großen Genugtuung des Patienten die Operation vor; er berichtete später von der Erleichterung, die er empfand, als man ihm die abgetrennten Hoden tatsächlich vorwies. Die Fortsetzung der Geschichte ist recht erstaunlich. Die Männlichkeit des Patienten war seltsamerweise trotz der Operation nicht verlorengegangen, aber er bereute seine Entmannung außerordentlich, als er nach der Scheidung von seiner ersten Frau wieder heiraten und Kinder haben wollte.[10]

gischen Sucht in unverhüllter Form, wobei der Kastrationswunsch das beherrschende Motiv bildet.
10 Die Literatur enthält verschiedene Hinweise auf ähnliche Fälle, z. B. den folgenden aus dem Jahr 1843 (Chowne: *Castration for Neuralgia. London Lancet*, Bd. I, S. 131). Ein 33jähriger schrieb seine »große körperliche Schwäche und starke seelische Depression« einem »reizbaren Hoden« zu. Er wandte sich wegen einer Behandlung an verschiedene Ärzte und verlangte eine Operation. Ein Hoden wurde 1841 entfernt. Sein Befinden besserte sich, doch dann traten ähnliche Symptome in Verbindung mit dem zweiten Hoden auf, und es gelang

Ein anderes Beispiel, bei dem die Entmannung auf subtilere Weise erreicht wurde, soll das Thema weiter verdeutlichen. Ein junger Geistlicher, der vor seiner Verheiratung stand und dann als Missionar in den Dschungel gehen wollte, suchte einen Chirurgen auf, um sich sterilisieren zu lassen. Seine Rationalisierung für diese Operation bestand darin, daß er seine Frau vor der Gefahr einer Schwangerschaft im Dschungel behüten wollte. Der Chirurg kam seinem Verlangen schließlich nach und erklärte ihm, daß er eine Tubenligatur vornehmen würde, durch die das sexuelle Verlangen und die Potenz des Patienten in keiner Weise beeinträchtigt würden. Auf diese Versicherung erwiderte der Patient, daß es ihm nichts ausmache, wenn sein Geschlechtstrieb erlahmen sollte. Tatsächlich hatte er gehofft, daß das der Fall sein würde, da die Sexualität für ihn mit zu vielen Gefahren verbunden wäre, als daß er sie schätzen könnte, und er würde ohne weiteres auf sie verzichten. Zusammen mit der Tubenligatur wurden ihm die Gaumenzäpfchen entfernt und eine Schleimhautresektion an der Nase vorgenommen (d. h. verschiedene symbolische Kastrationen).

Als der Patient zehn Jahre später wegen eines »Nervenzusammenbruchs« eine Psychoanalyse aufnahm, zeigte das analytische Material sehr deutlich, daß nicht nur die Flucht in den geistlichen Beruf und damit in den Dschungel, sondern auch die Heirat selbst Zwangshandlungen gewesen waren, um sich vor starken Schuldgefühlen im Zusammenhang mit Masturbation und heftigen perversen und inzestuösen Trieben zu schützen. Der Patient hatte die Sexualität jahrelang als »schmutzig« empfunden und war tatsächlich meistens impotent. Diese Einstellung kam sehr klar in einem Traum zum Ausdruck, in dem der Patient am Rande einer Klippe stand, die so unterhöhlt war, daß er sich in gefährlicher Lage befand. Während er dort stand, bemerkte er, daß er etwas in

ihm schließlich 1842, auch diesen entfernen zu lassen. Wieder fühlte er sich kurze Zeit besser, wurde dann aber aufs neue von denselben Schmerzen, Schwächen, Erschöpfungszuständen und Depressionen gequält, über die er zu Anfang geklagt hatte.

Der Autor bemerkt dazu, daß die Symptome des Mannes sowohl vor als auch nach den Operationen aller Wahrscheinlichkeit nach von einem »krankhaften Geisteszustand« herrührten. Er sagt nichts über den Geisteszustand der Chirurgen, die der Patient dazu brachte, die Operation auszuführen.

der Hand hielt. Er blickte darauf nieder und stellte fest, daß es eine verdorbene Wurst war. Angeekelt warf er sie in die Schlucht.
Wir müssen uns also vergegenwärtigen, daß der Wunsch nach Kastration nicht, wie man annehmen könnte, mit dem nach Selbstzerstörung identisch ist. In einer Hinsicht ist er das genaue Gegenteil davon, wie wir bei der Untersuchung der Selbstverstümmelung gesehen haben: es ist der Wunsch, dem Tod zu *entgehen.* Die Genitalien werden anstelle der gesamten Persönlichkeit als Opfer dargebracht. Deshalb verlangt der Patient, der von einer Psychose bedroht ist, eine Operation, und ein Junge, der wegen seines Masturbierens beängstigt ist, geht zum Urologen, um sich beschneiden zu lassen. So wie die Beschneidung eine Opfergabe ist, die statt der ganzen Genitalien dargebracht wird, von denen der Knabe fürchtet, daß sie ihm weggenommen werden, weil er masturbiert hat, so wird der Penis geopfert, um für die selbstzerstörerischen Gelüste zu sühnen. Lokale Selbstzerstörung tritt an die Stelle totaler Selbstzerstörung. Es ist ein Versuch in letzter Minute, um das Ganze durch die Opferung eines Teils zu retten. Das erklärt auch, weshalb eine Erotisierung in masochistischer Form möglich ist: auf diese Weise können tatsächlich die Lebenstriebe triumphieren und nicht der Todestrieb.[11]
Kürzlich klagte ein psychotischer Patient in einem akuten Angstzustand seinen Vater folgendermaßen an: »Mein Vater hat an mir gesündigt, weil er mich nicht beschneiden ließ. Hätte er das getan, hätte ich nicht masturbiert. Wenn ich nicht masturbiert hätte, hätte ich nicht alles verloren.« Er betrachtete seine Krankheit offensichtlich als Folge und Strafe für seine Masturbation, und der Vorwurf gegen den Vater kann meines Erachtens so gedeutet werden: »Wenn mein Vater mir das kleinere Opfer auferlegt hätte (der Beschneidung, d. h. der symbolischen Kastration), müßte ich nicht den höheren Preis in Form einer Psychose, Einschließung, Schande etc. bezahlen.« Es ist genau das gleiche, wenn

---

11 Eine ausgezeichnete psychoanalytische Untersuchung darüber, wie eine Operation dazu benutzt werden kann, subjektive Bedürfnisse eines Individuums zu erfüllen, findet sich in der Arbeit von C. P. Oberndorf: *Submucous Resection as a Castration Symbol. Int. J. of Psychoanalysis*, Bd. 10, 1929, S. 228-241.

mir ein Patient in einem weiter fortgeschrittenen Zustand sagt: »Schneiden Sie mir den Penis ab, kastrieren Sie mich, sonst kann ich nicht leben. Sie werden mich töten (oder ich werde es tun)!«[12]

Das Schuldgefühl scheint in manchen Fällen eine sonderbare Neigung zur Unzufriedenheit zu haben und deshalb ein Organ nach dem anderen als Opfer zu fordern; oft hat man das Gefühl, daß das Unbewußte verzweifelte Anstrengungen macht, genügend Opfer zu bringen, um die drohende Vernichtung des Ganzen zu verhindern. Alle Teile des Körpers können nacheinander genitalisiert werden, so daß sich manche Menschen buchstäblich in Stücke schneiden lassen. Es sind diese zwanghaft wiederholten symbolischen Kastrationen, die meiner Ansicht nach im Phänomen der polychirurgischen Sucht so klar zum Ausdruck kommen.

Jedem Arzt kommen viele Beispiele sukzessiver Genitalisierung der verschiedenen Körperteile vor Augen, so daß die Notwendigkeit chirurgischer Eingriffe (wie der metastatische Fokus bei einer Sepsis) an wechselnden Orten auftaucht. In der Regel kommen solche Fälle jedoch nicht zu den Analytikern, weil offenbar ein Gleichgewicht hergestellt wird, so daß die unbewußten Strafbedürfnisse in der Schwebe bleiben, oder vielleicht deshalb, weil solche Patienten erst dann – wenn überhaupt – einer psychotherapeutischen Behandlung zugeführt werden, wenn es zu spät ist.

Ein weiteres Beispiel für dieses Verlangen nach Strafe mittels eines chirurgischen Eingriffs wird die Gründe für das Schuldgefühl klarer erkennen lassen und uns damit zur Betrachtung eines anderen bisher ignorierten Motivs führen.

Ein jüdischer Kaufmann[13] suchte den plastischen Chirurgen Dr. Updegraff auf, um eine Nasenkorrektur vornehmen zu lassen, nicht weil seine Nase semitisch aussah, sondern weil sie seiner Meinung nach wegen einer in der Kindheit erlittenen Verletzung wie eine Boxernase aussah. Er glaubte, daß er

---

[12] Ein anderer Patient, der sich in psychoanalytischer Behandlung befand, erhob beinahe den gleichen Vorwurf gegen seinen Vater, der Arzt war. Weil ihm die chirurgische Bestrafung (Beschneidung) verwehrt wurde, unternahm es der Patient, sich andere Bestrafungsarten zu verschaffen, einschließlich mehrerer Operationen.

[13] Siehe K. Menninger und H. L. Updegraff: *Some Psychoanalytic Aspects of Plastic Surgery*. American Journal of Surgery, Sept. 1934, S. 554-558.

dadurch auf seine Geschäftspartner einen erschreckenden Eindruck mache, der in direktem Gegensatz zu seinen friedlichen Absichten stand. Die Operation war erfolgreich; sie befreite ihn von den Gefühlen der Angst und »Isolation«, unter denen er zuvor gelitten hatte. Dieser Patient war sehr hilfreich bei dem Bemühen, diese Faktoren zu analysieren und erzählte spontan, er habe kurz vor der Operation geträumt, diese sei bereits ausgeführt worden und habe seine Nase noch größer und häßlicher gemacht, so daß er »entsetzlich entstellt« war. Das veranlaßte mich zu der Vermutung, daß er sich wegen irgend etwas schuldig gefühlt hatte und Bestrafung suchte, was er bestritt. Bei der Zurückverfolgung der Ereignisse, die zu der Operation geführt hatten, bekannte er jedoch wenig später, daß er kürzlich eine Liebesbeziehung zu einem jüdischen Mädchen abgebrochen hatte, um ein Verhältnis mit einer Nichtjüdin zu beginnen. Er behauptete ganz sicher zu sein, daß die Tatsache, Jude zu sein, für ihn keine Bedeutung habe und er sich nicht an die jüdischen Traditionen gebunden fühle. Aber unmittelbar nach seinem Verhältnis mit dem nichtjüdischen Mädchen (das seinerseits einen Versuch darstellen mochte, sein Judentum zu verleugnen oder aufzugeben) wurde er stark depressiv und suchte den Chirurgen auf. Man sah, daß er sich trotz seiner entgegengesetzten bewußten Gefühle in einem ernsten Konflikt wegen des jüdischen Problems befand und sich wegen seines Verhaltens gegenüber beiden Mädchen schuldig fühlte. Er erkannte, daß er beiden gegenüber sehr *aggressiv* gewesen war und Bestrafung gesucht und erhalten hatte, woraufhin er sich erleichtert fühlte.

Diese Aggressivität, die eng mit dem Strafbedürfnis zusammenhängt, war besonders offensichtlich bei einem Mann, dessen viele Operationen die Wiederkehr schwerer Depressionen nicht hatten verhindern können, deretwegen er in die Analyse kam. Weil sie seinen Bruder bevorzugte und ihn deshalb vernachlässigte, hatte sich bei dem Patienten eine starke Feindseligkeit gegenüber seiner Mutter herausgebildet, und er hatte seine Zuneigung gänzlich seinem sehr strengen Vater zugewandt. Vor diesem dominierenden Vater wiederum flüchtete er als Jugendlicher in einen orgiastischen Aufruhr. Er tat alles, was normale Jungen tun und ein bißchen mehr, indem er masturbierte, stahl und heterosexuelle Experimente machte. Er tat alle diese Dinge in einer sehr aggressiven Haltung, die sich vor allem gegen die Eltern, insbesondere gegen den Vater richtete. Das aggressivste und störendste Merkmal seines Verhaltens war jedoch seine Gleichgültigkeit hinsichtlich der Wünsche seines Vaters – er tat einfach nichts Nützliches.

Nachdem er einige Jahre lang ein freies Leben dieser Art geführt hatte, erwachte er eines Nachts aus dem schrecklichen Traum, daß alles in Stücke gegangen sei. Er fürchtete, daß er sich eine Gonorrhoe zugezogen habe und sein Penis eingeschrumpft sei. Er bekam Schüttelfrost, Schweißausbrüche, anhaltendes Herzklopfen, Extrasystolen und eine überwältigende Angst vor plötzlichem Tod. Seine Eltern brachten ihn sofort zu führenden Herzspezialisten und Internisten in mehreren größeren Städten. Man erklärte ihnen, daß ihr Sohn schwer krank sei, daß sein systolischer Blutdruck 240 betrage und er deshalb auf Alkohol, Tabak und Frauen verzichten müsse, nicht arbeiten und keinen Sport treiben dürfe; er müsse ein einfaches und bescheidenes Leben führen. Das führte jedoch nur dazu, daß er eine Depression bekam.

Die Depression verschwand, nachdem er sich mehreren Operationen unterzogen hatte. Zunächst wurde ihm der Blinddarm herausgenommen. Im folgenden Jahr sollte er am Kropf operiert werden, doch akzeptierte man statt dessen eine Bestrahlungstherapie. Kurz danach wurden Mandeln und Polypen entfernt und zwei Jahre später seine Hämorrhoiden. Während dieser Zeit war seine Depression abgeklungen, doch stellte sie sich mit dem Aufhören der chirurgischen Maßnahmen wieder ein.

Ein solcher Fall zeigt auch, wie durch die Strafe das Vergehen wiederholt wird. Der ständige Wunsch, kastriert (operiert) zu werden, bringt den erotischen Gewinn verstärkter weiblicher Unterwerfung mit sich, die wiederum für die subtileren Absichten passiver Aggression ausgenutzt wird. Im vorgenannten Fall waren die Verzichte und Bestrafungen des Patienten für den Vater tatsächlich kostspieliger und bedrückender als das Aufbegehren, für das sie die Sühne darstellten, und außerdem dienten sie dem Zweck, dem Patienten die Liebe seines Vaters zu verschaffen, die er so sehr ersehnte, sowie Gelegenheit zu Exhibitionismus und passiver Unterwerfung gegenüber dem Chirurgen zu bieten – sämtlich sekundäre Gewinne aus der Strafsituation.

In Verfolg dieses Themas (dem aggressiven Element in der Polychirurgie) möchte ich noch einmal auf die Frau zurückkommen, die in 13 Jahren 13 Operationen durchgemacht hatte. Einer ihrer Träume enthüllte deutlich, wie sich Aggressionen und Selbstbestrafung in den Operationen vermischten. Sie träumte, daß eine bösartige Kuh (sie selbst) mit einem Messer im Maul jeden angriff, der sich ihr näherte. Insbesondere verfolgte sie einen Menschen (den Analytiker) über eine Veranda, wo dieser Zuflucht gesucht hatte. Immer wieder trug sie über diese Veranda Angriffe vor (die täglichen Analysestunden; mein Sprechzimmer liegt über einer Veranda). Schließlich »fiel sie rückwärts in das Messer (Operation) und war tot«.

Sie deutete die Kuh sofort als sich selbst und das Messer als ihre spitze Zunge. Zur Zeit des Traums hatte sie den Analytiker tagelang heftig angegriffen und selbst festgestellt, daß sie auf eben diese Weise auch ihr eheliches Unglück herbeigeführt hatte. In ihren Mann, den sie oft auf ähnliche Art angriff, hatte sie sich kurz nach dem Tode ihres Bruders verliebt. Sie hatte den Bruder liebevoll gepflegt, aber als Kind hatte sie ihn heftig beneidet. Als sie ihren späteren Mann, den Arzt, kennenlernte, hatte sie das Gefühl, daß er »durch sie hindurchsehen könne«. Das war ihr bewußter Gedanke; die unbewußte Ausgestaltung lautete: »Er weiß, daß sich hinter der schwesterlichen Zuneigung für meinen Bruder viel Neid und Haß verbirgt, und er wird mich dafür bestrafen – nicht zu schwer, nicht mit dem Tode, wie ich es verdiene, sondern durch schmerzhafte Unterwerfung und den Verzicht auf etwas.«

Und so überredete sie ihren Mann noch vor der Hochzeit, sie wegen eines »chronischen Blinddarms« zu operieren. Darauf folgte die Entfernung der Mandeln, eine weitere Bauchoperation und dann – nach der Geburt eines Kindes – ein gynäkologischer Eingriff, der drei Jahre später wiederholt wurde. So folgte eine Operation der anderen.

Aus dem analytischen Material ergab sich einwandfrei, daß das vorherrschende Motiv in ihrer Kindheit Neid auf die

Brüder gewesen war, besonders auf den verstorbenen. Die Operationen, durchgeführt von dieser freundlichen, aber unerbittlichen Verkörperung ihres Gewissens (dem Ehemann), dienten dazu, sie für ihren Neid und Haß zu bestrafen. »Rückwärts ins Messer zu fallen« ist ein deutlicher Hinweis auf ihre polychirurgische Sucht, das Schicksal, das sie wegen ihrer eigenen chirurgischen (Kastrations-)Wünsche Männern gegenüber ereilte. Jede Operation war für sie ein Hinausschieben des unbewußt gefürchteten Todesurteils. Aus diesem Grunde begrüßte sie die Operationen und betonte oft, wie wenig sie litt, wie rasch sie sich erholte und wie wohl sie sich hinterher stets fühlte. Eine wirkliche partielle Selbstzerstörung war gewählt worden, um eine antizipierte (aber gewöhnlich nur phantasierte[14]) totale Zerstörung zu verhindern.

Operationen an der eigenen Person

Wir sind in diesem Kapitel durchweg davon ausgegangen, daß das Ertragen von Operationen eine Form (berechtigter oder ungerechtfertigter) Selbstverstümmelung *durch einen Stellvertreter* sei. Mitunter jedoch sind Operateur und Patient identisch; der Chirurg operiert sich selbst! Vor einigen Jahren waren die Zeitungen voll von Berichten über einen bekannten Chirurgen, der sich mit 59 Jahren unter lokaler Betäubung den Blinddarm entfernte und mit 70 Jahren in eindreiviertel Stunden seinen Leistenbruch selbst operierte. Zwei Tage danach betrat dieser Arzt den Operationssaal und assistierte einem Kollegen bei einem größeren Eingriff.[15] Alden, ein anderer amerikanischer Chirurg, nahm ebenfalls an sich selbst eine Blinddarmoperation vor.[16]
Die Ärzte Frost und Guy[17] in Chicago haben eine Reihe von Berichten über selbst vorgenommene Operationen gesammelt, darunter eine von ihnen selbst beobachtete. Sie erinnern

---

14 Ich sage *gewöhnlich*, weil *einige* Operationen dieser Patientin auch nach klinischen Maßstäben unbedingt erforderlich waren.
15 *Time*, 18. 1. 1932, S. 19.
16 M. Gille: *Autosurgery*. Echo Méd. du Nord, Bd. 37, 1933, S. 45.
17 John G. Frost und Chester C. Guy: *Self-performed Operations with the Report of a Unique Case*. J. of the American Med. Ass., 16. 5. 1936, S. 1708.

uns an die selbst ausgeführten Bruchoperationen des rumänischen Chirurgen Fzaicou und des französischen Chirurgen Regnauld sowie an den Pariser Chirurgen Reclus[18], der unter lokaler Betäubung eine Verletzung an einem Finger seiner rechten Hand operierte und später nicht nur über seinen eigenen Fall, sondern auch über zwei andere Chirurgen berichtete, die sich selbst operiert hatten. Ein weiterer Chirurg entfernte sich mit Hilfe eines Spiegels einen Blasenstein.[19] Mein Kollege Dr. Byron Shifflet berichtete mir von einem Kommilitonen an der Medizinischen Fakultät der Universität von Pennsylvanien, der sich 1931 selbst die Mandeln herausnahm.

Leider konnte keiner dieser Fälle psychoanalytisch untersucht werden, aber die bloße Tatsache, daß diese Operationen an der eigenen Person vorgenommen wurden, obgleich das Gegenteil allgemein üblich und anerkannt ist und so viele gute Chirurgen zur Verfügung stehen, deren Urteil und Können sehr wahrscheinlich objektiver waren als das der sich selbst operierenden Operateure, läßt stark vermuten, daß hauptsächlich unbewußte Motive im Spiel waren.

Zusammenfassung

Neben den objektiven wissenschaftlichen Gründen für chirurgische Eingriffe und jenen Zufallsmotiven, die gelegentlich manche Chirurgen beeinflussen mögen, scheint es auf seiten des Patienten eine unbewußt beabsichtigte fokale Selbstzerstörung zu geben, die (gewöhnlich) stellvertretend, d. h. durch einen anderen, erreicht wird. Die aggressiven, strafenden und erotischen Wurzeln, die man bei anderen Formen der Selbstzerstörung aufdecken kann, finden sich in verschiedenen Kom-

---

18 P. Reclus: *Local Anesthesia and Surgeons who Operate on Themselves.* La Presse médicale, Paris, 17. 8. 1912.

19 Mehrere Frauen haben wegen unerträglicher Schmerzen an sich selbst Kaiserschnitte vorgenommen und ihre Kinder ohne fremde Hilfe zur Welt gebracht. (Siehe Thomas Cowley: *London Medical Journal,* Bd. 6, 1785, S. 366.) Diese Frauen waren natürlich keine Chirurgen, ebenso wenig wie der Patient, von dem Frost und Guy berichten. Er war ein geistesschwacher Hausmeister, der viele Operationen an Menschen und Tieren beobachtet hatte. Er konnte keine Arztkosten bezahlen, und so operierte er sich einmal mit Erfolg selbst; das zweite Mal war weniger erfolgreich.

binationen auch hier. Das aggressive Element ist relativ unauffällig, das strafende weniger. Die Erotisierung des Leidens, der Übertragungsbeziehung zum Chirurgen, der passiven weiblichen Rolle oder der Phantasien, auf magische Weise ein Kind oder ein männliches Genitale zu erhalten, pflegt stark ausgeprägt zu sein.

Wir können demnach schließen, daß der Zwang, sich chirurgischen Eingriffen zu unterziehen, eine Form lokalisierter oder fokaler Selbstzerstörung ist, ein partieller Selbstmord, der mit dem wirklichen Selbstmord in den Motiven verwandt ist, sich aber insofern von ihm unterscheidet, als der Todestrieb weniger dominierend ist, so daß der Tod des Gesamtorganismus durch die Opferung eines Teils für das Ganze verhindert wird. Er unterscheidet sich sowohl vom Selbstmord als auch von der Selbstverstümmelung dadurch, daß die Verantwortung für die Tat teilweise einer anderen Person zugeschoben wird, und daß Gelegenheiten zur Erotisierung und Erreichung realer Vorteile in weit höherem Maße genutzt werden.

5. Absichtliche Unfälle

Weitere Beispiele für die Motive und die Mittel fokaler Selbstzerstörung ergeben sich aus dem Studium gewisser »Unfälle«, die bei näherer Untersuchung eine unbewußte Absicht erkennen lassen. Es fällt dem wissenschaftlich denkenden Menschen schwerer, das Paradoxon des *absichtlichen Unfalls* zu akzeptieren, als dem Laien, der im alltäglichen Sprachgebrauch von einer Handlung oft spöttisch sagt, sie sei »aus Versehen mit Absicht« geschehen.

In der Tat sind wahrscheinlich aufgrund der intuitiven Erkenntnis dieses Widerspruchs abergläubische Ängste in bezug auf gewisse »Unfälle« entstanden, etwa Salzverschütten, Zerbrechen von Spiegeln, Verlieren von Eheringen etc. Diese Ängste haben konventionellen Charakter angenommen und können daher keiner spezifischen Deutung mehr unterzogen werden, obwohl man sie manchmal noch ernst nimmt. Der Philosoph Zeno soll im Alter von 98 Jahren hingefallen sein und dabei den Daumen gebrochen haben; die Bedeutung dieses »Unfalls« habe ihn so beeindruckt, daß er Selbstmord beging (woraus wir auf die unbewußte Bedeutung von zufälligem Fall und Verletzung schließen könnten).

Wir müssen bei dieser Kategorie jede bewußte Täuschung ausschließen, d. h. *beabsichtigte* Unfälle. Aber ganz abgesehen davon gibt es das Phänomen von *scheinbar* fehlender (d. h. bewußter) Intention bei Handlungen, die tieferliegende Absichten befriedigen. Ich entsinne mich, daß ich einmal bei einem offiziellen Abendessen neben einer Dame saß, gegen die ich einen gewissen Widerwillen hegte, was ich aber energisch zu unterdrücken suchte, um die gesellige Stimmung nicht zu stören. Ich glaube, daß mir das ganz gut gelang, bis ich durch eine schlaue Ungeschicklichkeit ein Glas Wasser umstieß, das sich in ihren Schoß ergoß. Meine Bestürzung war um so größer, weil ich wußte, daß sie wußte, daß »Unfälle (um eine Versicherungswerbung zu zitieren) nicht passieren – sie werden verursacht«.

Bei vielen dieser Unfälle trifft der angerichtete Schaden niemand anderen als uns selbst. Der Körper wird dann infolge von Umständen beschädigt, die rein zufällig zu sein scheinen. Aber an gewissen erhellenden Beispielen kann gezeigt werden, daß sie den unbewußten Neigungen des Opfers vollkommen entsprechen, so daß wir annehmen müssen, daß sie entweder die Ausnutzung einer Gelegenheit zur Selbstzerstörung durch den Todestrieb darstellen oder aber auf irgendeine obskure Weise eigens zu diesem Zweck herbeigeführt wurden.

Solche Fälle sind häufig berichtet worden. In einer seiner ersten Fallgeschichten zitiert Freud[1] ein Beispiel. Herr K., ein früherer Liebhaber der Patientin Dora und später Gegenstand ihrer Anklagen und Feindseligkeiten, begegnete ihr eines Tages auf einer verkehrsreichen Straße. Konfrontiert mit ihr, die ihm soviel Kummer, Unannehmlichkeiten und Enttäuschung bereitet hatte, »blieb (er) wie verworren vor ihr stehen und ließ sich in der Selbstvergessenheit von einem Wagen niederwerfen«.

---

[1] S. Freud: *Bruchstücke einer Hysterie-Analyse*, op. cit., S. 285.

Freud bemerkt in dieser dreißig Jahre alten Arbeit, daß es sich hier um einen interessanten Beitrag zum Problem des indirekten Selbstmordversuchs handle.[2]
Das Spezifische des absichtlichen Unfalls liegt darin, daß das Ich sich weigert, die Verantwortung für die Selbstzerstörung zu übernehmen.[3] An manchen Fällen erkennt man deutlich

[2] Ebd., S. 285 FN 1. – Weitere Beispiele nennt Freud in seiner *Psychopathologie des Alltagslebens*, von denen das folgende (*Ges. Werke* IV, S. 199) sehr bezeichnend ist. Eine junge, verheiratete Frau gab eines Abends im Verwandtenkreis eine Tanzdarbietung. Ihr eifersüchtiger Mann war sehr ärgerlich darüber und beschimpfte sie, indem er sagte, sie habe sich wie eine Prostituierte benommen. Sie verbrachte nach diesem Vorfall eine unruhige Nacht und beschloß am nächsten Morgen auszufahren. Sie wählte die Pferde selbst aus, lehnte ein Paar ab und nahm ein anderes, und sie weigerte sich entschieden, das Baby ihrer Schwester und dessen Kindermädchen mitzunehmen. Während der Fahrt war sie sehr nervös und warnte den Kutscher, daß die Pferde scheu würden, und »als die unmutigen Tiere wirklich einen Augenblick Schwierigkeiten machten, sprang sie im Schrecken aus dem Wagen und brach sich den Fuß, während die im Wagen Verbliebenen heil davonkamen«. Freud bemerkt dazu, daß der Unfall sie lange Zeit am Tanzen hinderte.

Auch Abraham gibt in seinen *Psychoanalytischen Studien* (Bd. 2, Frankfurt a. M. 1971, S. 167-181) zahlreiche Beispiele. So beschreibt er u. a. ein Mädchen, das seit seiner Kindheit eine außerordentlich starke Zuneigung zu seinem Bruder hatte. Sie wuchs zur Frau heran und verglich jeden Mann mit ihrem Bruder. Nach einem unglücklichen Liebesverhältnis wurde sie depressiv. Kurz darauf geriet sie bei einer Kletterpartie durch ihren Leichtsinn zweimal in ernstliche Gefahr. Ihre Freunde, die sie als gute Bergsteigerin kannten, die nicht so leicht zweimal an sicheren und leicht zugänglichen Stellen fallen würde, waren darüber sehr verwundert. Später stellte sich heraus, daß sie um diese Zeit in einem Krankenhaus gewesen war, wo sie im Park Spaziergänge zu machen pflegte. Dort war ein Kanal angelegt worden; mit Hilfe einer Brücke aus Brettern überschritt sie den Graben, obgleich sie leicht hätte darüberspringen können. Zu dieser Zeit war ihr geliebter Bruder im Begriff, sich zu verheiraten, und daran dachte sie viel. Einen Tag vor seiner Hochzeit sprang sie über den Graben, anstatt wie üblich über das Brett zu laufen, und sie benahm sich dabei so ungeschickt, daß sie sich den Fuß verstauchte. »Auch später kamen solche Selbstbeschädigungen bei ihr öfter vor, so daß sogar die Wärterin Verdacht schöpfte, das irgend etwas Gewolltes im Spiele sein müsse. Offenbar brachte das Unbewußte durch diese kleinen Unfälle eine Absicht zum Selbstmord zum Ausdruck.«

[3] Die Art und Weise, wie das Individuum gezwungen werden kann, dem Diktat seines Über-Ichs zu gehorchen, indem es sich eines »Unfalls« bedient, wird durch folgende Zeitungsmeldung illustriert:

DREI WÜNSCHE

»In Detroit, Michigan, sagte Frau John Kulcznski zu John Kulcznski: ›Ich wünschte, du würdest ausgehen und einen Unfall haben.‹ Er wurde überfahren und verlor einen Teil seines Fußes. Dann sagte Frau John Kulcznski: ›Ich

wie entschlossen das Ich ist, diesen Umweg einzuschlagen. Das wird mitunter von Versicherungsgesellschaften und ihren Anwälten dem Wunsch zugeschrieben, für die Begünstigten höhere Entschädigungen herauszuschlagen. Aber es muß noch etwas anderes als dieser philantropische Wunsch dahinterstecken, selbst wenn dieser bewußt vorhanden ist, und ich wiederhole daher nochmals, daß ich nur die *unbewußte* Absicht im Sinn habe.

Wenn man an seine eigenen gelegentlichen gefährlichen Fehler im Straßenverkehr denkt, ist man geneigt, sie (wenn nicht dem Leichtsinn) seiner Impulsivität, Zerstreutheit etc. zuzuschreiben. Wenn sich aber jemand erlaubt, das Interesse an seiner persönlichen Sicherheit so geringzuschätzen, weil er gerade über die Aktienkurse oder den Kauf eines neuen Kleides nachdenken muß, dann verrät er sicherlich eine selbstzerstörerische Gleichgültigkeit gegenüber der Realität. Und was die Impulsivität anlangt, so könnten über die katastrophalen Folgen dieses Symptoms Bände geschrieben werden. Es hat so manches Geschäft, manche Ehe und manches Leben zerstört. Die Tragödie von Romeo und Julia zum Beispiel ist eine dramatische Schilderung, wie sich Impulsivität und Haß verbinden, um Selbstzerstörung herbeizuführen. Durch seine Impulsivität verlor Romeo seine Angebetete, kurz bevor er Julia in derselben Stimmung traf. Seine Impulsivität führte zum Tode seines besten Freundes; er mischte sich in das Duell ein, und zwar in einer Weise, daß dieser tödlich getroffen werden konnte. Nachdem er diesen Tod gerächt hatte, mußte er fliehen. Hätte er schließlich nicht so impulsiv seine Schlüsse gezogen, als er Julia in der Gruft erblickte, und hätte er nicht so überstürzt seinen Entschluß gefaßt, wären weder sein noch Julias Selbstmord notwendig gewesen.

Mancher mag fragen, ob solche Impulsivität, vorausgesetzt es handelt sich um ein Symptom einer unfertigen psychischen Organisation, nicht allein aus diesem Grunde auf selbstzerstörerischer Absicht beruht. Wir können darauf nur erwidern, daß die Erfahrung lehrt, daß ihre Folgen häufig selbstzer-

---

wünschte, du würdest den anderen Fuß auch verlieren.‹ So geschah es. Um Frau John Kulcznski daran zu hindern, einen dritten Wunsch zu äußern, hat John Kulcznski jetzt die Scheidung beantragt.« *Time*, 26. 3. 1934

störerisch sind; was ihre Ursprünge angeht, haben wir kein Recht, uns so generell und entschieden zu äußern. Jedoch sind zahlreiche Menschen infolge ihrer Impulsivität in so ernste Schwierigkeiten geraten, daß sie psychiatrische Behandlung aufsuchen mußten. Wir wissen, daß Impulsivität aus schlecht beherrschter, teilweise verschleierter Aggression entsteht. Das läßt sich fast mit Händen greifen bei bestimmten Individuen, die sich auf ihre Aufgabe oder Gelegenheiten stürzen, als wollten sie alles beiseite fegen und, wie sie selbst mitunter sagen, »sich hineinbeißen«, nur um am Ende die Sache vorzeitig fallen zu lassen oder sie irgendwie zu verderben. Oft scheinen sie die besten Absichten zu haben, aber ihre Freunde betrachten diese schließlich als inkonsequente Angeberei. Bei Liebesbeziehungen ist diese Voreiligkeit sowohl vom psychischen als auch vom physischen Standpunkt aus oft für beide Teile äußerst enttäuschend; die unbewußte aggressive Absicht schimmert durch.

Kehren wir nun von diesen klinischen Beobachtungen und Theorien zur Frage der Verkehrsunfälle zurück, die in neuerer Zeit alle mit Besorgnis erfüllen, die am Gemeinwohl interessiert sind. Wir besitzen nunmehr die statistische Verifizierung der Theorie, daß bestimmte Individuen mit größerer Wahrscheinlichkeit Unfälle erleiden als der Durchschnitt. Aufgrund einer Untersuchung über die Straßenbahnfahrer, die vom Policy Holders Service Bureau der Metropolitan Lebensversicherungsgesellschaft in Cleveland, Ohio, durchgeführt wurde, stellte man fest, daß 30 Prozent der Fahrer einer bestimmten Strecke 44 Prozent aller Unfälle hatten. Der National Safety Council hat die gleiche Unfallneigung bei Autofahrern entdeckt. Leute mit vier Unfällen traten 14mal häufiger auf, als es hätte der Fall sein dürfen, wenn man davon ausgehen würde, daß es sich bei Unglücksfällen um puren Zufall handelt, während Leute mit sieben Unfällen zur Zeit der Untersuchung 9000mal häufiger waren, als das Gesetz des Zufalls gefordert hätte. Ferner zeigten Personen mit mehreren Unfällen eine ausgesprochene Neigung, denselben Unfalltyp zu wiederholen. »Der Zufall spielt bei Unfällen eine geringe Rolle«[4], schließt diese Untersuchung

4 J. S. Baker: *Do Traffic Accidents Happen by Chance? National Safety News*, September 1929.

von J. S. Baker, Ingenieur für öffentliche Sicherheit im National Safety Council.

Autounfälle passieren oft unter Umständen, die in verdächtiger Weise auf eine zumindest unbewußt vorhandene Absicht hindeuten.[5] Von einem Menschen, der rücksichtslos Auto fährt, sagen wir mitunter, daß er sich anscheinend umbringen wolle. Im Laufe einer psychoanalytischen Behandlung erhält man manchmal sehr überzeugende Beweise für Vorfälle dieser Art.

Patienten gestehen oft Phantasien, in denen sie ihren Wagen »zufällig« auf Klippen steuern oder gegen Bäume fahren, um ihren Tod als Unfall erscheinen zu lassen. Eine solche Episode kommt beispielsweise in Michael Arlens Stück *Der grüne Hut* vor. Man kann nur mutmaßen, wie oft tödliche Unfälle durch mehr oder minder bewußte Selbstmordabsichten zustande kommen.

Daß sie mitunter durch unbewußte Selbstmordimpulse bestimmt sind, geht aus einem Zeitungsbericht[6] über einen Autounfall hervor, bei dem nicht der Fahrer einschlief, sondern sein neben ihm sitzender Begleiter. Dieser erwachte plötzlich, während sie mit einer Stundengeschwindigkeit zwischen 35 und 40 Meilen unterwegs waren. Er riß die Hände des Fahrers vom Steuer, wirbelte es herum, so daß sich der Wagen in der Straßenmitte überschlug und den Fahrer tötete. Der Beifahrer erklärte später, er habe lebhaft geträumt, daß das Auto direkt auf einen Telefonmast zurase. In großer Angst ergriff er das Steuer (so träumte er) und lenkte es von dem drohenden Mast ab. Unsere psychoanalytische Erfahrung mit Phantasien, bei denen jemand gerettet wird, läßt uns vermuten, daß dieser Traum in Verbindung mit der symbolischen Bedeutung des Telefonmasts, des Wagens, des Fahrens etc. gesehen werden muß, die nahelegt, daß nahe der Oberfläche Angst vor einer homosexuellen Zunei-

---

[5] Beim folgenden doppelt tragischen Beispiel kann man sich gut vorstellen, wie Kummer und Schuldgefühl wegen der Tat ihres Sohnes mit dem selbstzerstörerischen Unfall der Eltern nahezu an derselben Stelle zusammenhingen: »Leben um Leben«.

»In S., New York, nahe der Stelle, wo ihr Sohn verunglückte und zwei Menschen totfuhr, wurden Herr und Frau X. Y. Z. in ihrem eigenen Wagen getötet.«
Time, 10. 11. 1930.

[6] *Boston Globe*, 5. 9. 1932.

gung zum Fahrer bestand, woraus sich der Impuls ergab, dieser Situation zu entfliehen, sich gleichzeitig zu bestrafen und den Fahrer zu vernichten.

Welcher Unterschied besteht zwischen tödlichen Unfällen dieser Art und Unfällen, bei denen nur ein Teil des Körpers zerstört wird? Auch hier können wir annehmen, daß der Todestrieb nicht voll zum Zuge gekommen ist, und vermuten, daß er bestochen wurde. Wir hätten es also mit einer Situation zu tun, die anderen von uns untersuchten Formen fokalen Selbstmords entsprechen würde.

Solche Spekulationen werden durch die verläßlicheren Beweise gestützt, die psychoanalytisches Fallmaterial bietet. Eine Patientin hatte folgendes Erlebnis: Sie hatte wochenlang darüber geredet, wie teuer die Analyse und wie kleinlich ihr Ehemann sei. Er wolle ihr nicht erlauben, die Analyse fortzusetzen, sei schäbig und gemein in Geldangelegenheiten. Der Analytiker wiederum sei ein Krämer, weil er auf einer klaren geschäftlichen Vereinbarung in bezug auf das Honorar bestand. Es wurde klar, daß sie sich wegen ihrer eigenen Raffgier, die sie sich einzugestehen weigerte, sehr schuldig fühlte und es aus diesem Grunde nicht ertragen konnte, Geld von ihrem Mann anzunehmen, demgegenüber sie sehr aggressiv war. Sie zog es vor, Geld vom Analytiker zu nehmen und brachte das auf folgende Art fertig: Eines Tages kam sie in die Analysestunde und erklärte, daß es ihr gelungen sei, ein Darlehen von einem Freund zu bekommen, das es ihr ermöglichen würde, die Analyse fortzusetzen, ohne auf die Großzügigkeit ihres Mannes angewiesen zu sein. Sie müsse aber das Honorar fast um die Hälfte kürzen, vorausgesetzt, daß der Analytiker damit einverstanden sei. Als die Stunde sich ihrem Ende näherte, meinte der Analytiker nur, sie solle diesen Vorschlag selbst analysieren.

Nachdem sie sich verabschiedet hatte, fuhr die Patientin in ihrem eigenen Wagen nach Hause. Auf dem Weg stieß sie mit einem anderen Auto zusammen, und beide Fahrzeuge wurden schwer beschädigt. Ihre Träume, Assoziationen und kleinen Unfälle, die sie zu dieser Zeit hatte, zeigten deutlich, daß sie sich schuldig fühlte, weil sie dem Analytiker das Honorar gekürzt (von ihm Geld genommen) hatte, und daß ihr starkes Schuldgefühl und das daraus resultierende Strafbedürfnis sie veranlaßten, so zu fahren, daß ein Totalschaden entstand. Sie gab offen zu, daß es ihre Schuld gewesen war, obwohl sie normalerweise eine sehr gute Fahrerin war. Es schien auch als Bestrafung zu genügen, so daß sie die finanzielle Regelung ohne bewußte Gewissensbisse aufrechterhalten konnte.

Nicht nur Autofahrer, sondern auch Fußgänger zeigen oft durch ihr Verhalten, daß sie von starken Selbstzerstörungswünschen geleitet werden.[7] »Fußgänger bringen sich durch Leichtsinn ums Leben« lautet eine Zeitungsanzeige vom 14. Mai 1936, die in einer Kampagne gegen Verkehrsunfälle benutzt wurde. »Fast 7000 Menschen in den Vereinigten Staaten liefen im vergangenen Jahr *wie Hansguckindieluft in den Tod* [Hervorhebung von mir]. *Sie konnten nicht warten*, bis sie die Kreuzung und die damit gebotene Sicherheit

[7] Das folgende von Alexander zitierte Beispiel (*Psychoanalysis of the Total Personality*, S. 30) ist ein typischer Fall:
»Dieser sehr intelligente Mann litt in der Lebensmitte an einer schweren Depression, die sich infolge eines vergeblichen Existenzkampfes entwickelte. Er stammte aus einer wohlhabenden Familie von gesellschaftlichem Ansehen, heiratete aber in eine andere soziale Schicht. Wegen dieser Verbindung wollten sein Vater und seine Familie nichts mehr mit ihm zu tun haben. Sein viele Jahre währender aussichtsloser Existenzkampf endete (wegen neurotisch bedingter Hindernisse) mit einem totalen seelischen Zusammenbruch. Ich riet ihm zu einer Analyse bei einem Kollegen, weil ich selbst zu ihm und seiner Familie persönliche Beziehungen unterhielt und seine Vorgeschichte gut kannte. Die Entscheidung fiel ihm schwer. Eines Abends, als er sich endgültig wegen der Analyse hätte entscheiden sollen, wollte er mich aufsuchen, um noch einmal über das Für und Wider zu sprechen. Er traf aber nicht ein, weil er in der Nähe meines Hauses von einem Auto überfahren worden war. Er wurde mit schweren Verletzungen ins Krankenhaus gebracht. Erst am folgenden Tag hörte ich von dem Unfall. Als ich ihn in der dritten Klasse des Krankenhauses besuchte, war er bandagiert wie eine Mumie. Er konnte sich nicht bewegen, und alles, was man von seinem Gesicht sah, waren seine Augen, die in euphorischem Glanz erstrahlten. Er war guter Laune und frei von der bedrückenden Schwermut der letzten Zeit. Der Gegensatz zwischen seinem körperlichen und seinem seelischen Zustand war besonders auffallend. Er begrüßte mich mit den Worten: »Jetzt habe ich für alles bezahlt, und jetzt werde ich endlich meinem Vater sagen, was ich von ihm halte.« Er wollte sofort einen energischen Brief an seinen Vater diktieren und seinen Anteil am mütterlichen Erbe verlangen; er war voller Pläne und dachte daran, ein neues Leben anzufangen.
Die wirtschaftlichen Erwägungen liegen in diesem Fall klar auf der Hand. Er wünschte die Analyse mittels des Autounfalls durch eine andere Behandlungsform zu ersetzen, um sich vom Druck seines Schuldgefühls zu befreien. Statt diese Schuldgefühle zu erkennen, lebte er sie aus.«

durch Schutzleute oder Ampeln erreichten. Und so liefen sie zu Tausenden unbekümmert ihre ›letzte Meile‹ in die Ewigkeit ... Sie überquerten die Straße in der Mitte des Häuserblocks, an der Kreuzung entgegen den Signalen, spielten auf der Straße oder liefen auf der Fahrbahn – alles in direktem Gegensatz zum gesunden Menschenverstand, wenn nicht zu den Vorschriften.«

Entsprechend den Angaben des National Safety Council spricht die Statistik eine noch schlimmere Sprache. »Annähernd 340 000mal im Jahr rennen Fußgänger, die die Straßen und Autobahnen der Vereinigten Staaten benutzen, ins Unglück. Das ist die Zahl der Verletzungen, die jährlich durch Zusammenstöße von Motorfahrzeugen und Fußgängern hervorgerufen werden.« Über 16 000 davon waren tödlich.[8]

Wir sind sicher, daß an *einigen* dieser 16 000 Todesfälle die Opfer selbst schuld waren, und ich will zeigen, daß dies oft nicht mit Worten wie »Leichtsinn« hinwegerklärt werden kann. Mit dem eigenen Leben leichtsinnig umzugehen, ist schließlich ein Symptom an sich und von meinem Standpunkt aus ein Symptom, das unmittelbar mit dem Selbstzerstörungstrieb zusammenhängt. Was sonst könnte der Statistiker mit »im Gegensatz zum gesunden Menschenverstand« meinen, als daß solches Verhalten im Gegensatz zum natürlichen Selbsterhaltungstrieb steht?

Ein Beispiel für einen absichtlichen Unfall anderer Art verdanke ich Dr. G. Leonhard Harrington, einem Psychoanalytiker aus Kansas City. Ein zwanzigjähriges Mädchen litt unter so starken Angstzuständen, daß sie seit ihrem 10. Lebensjahr unfähig gewesen war, die Schule zu besuchen. Während der Analyse erwähnte sie eines Tages ihren Wunsch, sich nackt zu zeigen, und kurz danach kam sie auf die Idee, daß sie gern ihre Schamhaare *abschneiden* wollte. Dann gestand sie, daß sie am Vortage ihren Finger benutzt hatte, um

[8] Mr. Sidney J. Williams, Direktor der Abteilung Öffentliche Sicherheit im National Safety Council, von dem ich die obigen statistischen Daten erhielt (siehe *Accident Facts*, Chicago 1936), teilte mir mit, daß die Feststellung betreffs der obengenannten 7000 Personen nicht dem National Safety Council zugeschrieben werden sollte. Er glaubt, daß wir zu wenig über Unfälle wissen, um die Statistik dazu zu benutzen, in dieser Weise Tadel oder Verantwortung zuzuteilen, und damit hat er natürlich vollkommen recht.

zu masturbieren. Der Analytiker erinnerte sich, daß sie am selben Tag berichtet hatte, sie habe sich »zufällig« mit einer Rasierklinge *in den Finger geschnitten*. Hier haben wir also zweimal zwei verwandte Ereignisse derselben Art: eine verbotene sexuelle Handlung, auf die ein Schnitt erfolgt.

In einem anderen Fall hatte ein Patient, der dazu neigte, seine Aggressionen und Haßgefühle in dramatischer Weise an verschiedenen Mitgliedern der Gemeinde auszulassen, sich selbst genügend Grund zu der Annahme geliefert, daß er eine Gonorrhoe erworben habe. Er hatte das in Form eines sexuellen Angriffs auf jemand getan, den er mit seinem eigenen Bruder identifizierte, demgegenüber er homosexuelle Empfindungen wie auch großen Haß hegte. Er fühlte sich wegen dieser Episode sehr schuldbewußt und begann, sich auf vielerlei Art (abgesehen von der Gonorrhoe) zu bestrafen. Er wurde sehr deprimiert und versagte sich jedes Vergnügen; er gab unsinnige Beträge für Ärzte aus, aß wenig und blieb eine Zeitlang seinen sämtlichen Freunden fern, weil er sie anzustecken fürchtete. Außerdem hatte er viele Selbstbestrafungsphantasien. Er hörte von der Gefährlichkeit gonorrhoischer Infektionen des Auges und quälte sich mehrere Tage mit der Vorstellung, daß er ein Geschwür am Auge bekommen und blind werden könnte. Aus diesem Grund verzichtete er auf das Lesen, das ihm sonst große Freude bereitete. Er wusch seine Augen, achtete mit ängstlicher Sorgfalt auf sie und mit ständiger Angst, daß er eine Verletzung nicht verhindern könne.

Als er eines Abends vor sich hinbrütete, bemerkte er, daß sich die Tür seines Zimmers nicht leicht schließen ließ. Er ergriff eine Rasierklinge und ohne eine Vorrichtung, auf die er sich hätte stellen können, versuchte er das Holz soweit abzuschaben, daß die Tür besser schließen würde. Dabei brachte er es fertig, »zufällig« einen Holzsplitter oder etwas eingetrocknete Farbe in sein nach oben gewandtes Auge zu praktizieren, was eine schmerzhafte Verletzung zur Folge hatte.

Natürlich hatte er dadurch sofort Gelegenheit, sich wegen seines Auges noch mehr Sorgen zu machen, noch mehr Ärzte aufzusuchen, noch mehr Mitleid zu wecken und noch mehr Grund für Aggressionen. Er selbst erkannte das alles und nannte es einen absichtlichen Unfall. Er ist ein weiteres schlagendes Beispiel einer Selbstverstümmelung als Äquivalent einer Selbstkastration, da wir wissen, daß Angriffe auf die Augen ebenso wie Befürchtungen ihretwegen in direkter Beziehung zur Kastrationsangst stehen.

Während Unfälle, die in der Tagespresse berichtet werden, ein außerordentlich unbefriedigendes Material darstellen, um daraus wissenschaftliche Schlüsse zu ziehen, kann man nicht umhin, gewisse Implikationen in folgendem Umstand zu erblicken: *In einem Jahr* konnte ich ohne Zuhilfenahme eines Zeitungsausschnittbüros fünf Beispiele desselben bemerkenswerten Phänomens finden. Ein Mann will einem anderen unbekannten Mann, gewöhnlich einem Dieb oder Einbrecher, eine Falle stellen. Er stellt diese Falle, um sein häusliches Eigentum zu schützen, vergißt, daß er das getan hat, kehrt nach einiger Zeit zurück, geht an den Ort, den er so sorgsam geschützt hat und wird selbst getötet oder verwundet. Ich teile die Meldungen hier mit:

Stirbt in eigener Einbrecherfalle
Truthahnzüchter vergißt, daß er Selbstschüsse an der Tür zum Gehege gelegt hat

Compton, Kalif., 6. 12. (AP) – Nachdem ihm nächtliche Herumtreiber wiederholt Truthähne gestohlen hatten, legte E. M. M., 59 Jahre alt, an der Tür seines Geheges Selbstschüsse, die ausgelöst wurden, sobald man die Tür öffnete.

Am Sonntagmorgen eilte M. hinaus, um das Geflügel zu füttern, und vergaß die Falle. Der Schuß traf ihn in den Magen; er starb im Krankenhaus.

Topeka State Journal, 7. 12. 1931.

Stirbt in eigener Diebesfalle
Naturschriftsteller Dr. B. H. B. beim Öffnen der Tür getötet

Doylestown, Penn., 1. 6. (AP) – Der Naturschriftsteller Dr. B. H. B. wurde heute nacht tot in seinem Haus in der Künstlerkolonie im nahegelegenen Centre Bridge als Opfer einer seiner eigenen Einbrecherfallen aufgefunden.

Dr. B. war offenbar seit Freitag tot. Eine Schußverletzung hatte die rechte Seite seines Brustkorbes teilweise weggerissen. Er wurde getötet, als er die Tür eines Schrankes öffnete, in dem er Selbstschüsse als Einbrecherfalle gelegt hatte.

Topeka Daily Capital, 2. 6. 1931.

Falle

In Midland Beach, Staten Island, New York, montierte Kapitän Peter L., 63 Jahre alt, von der Barke *Landlive*, eine doppelläufige Flinte so, daß sie auf die Eingangstür seines Bungalows gerichtet war. Dann schloß er den Bungalow ab und machte eine Fahrt mit der *Landlive*. Nach seiner Rückkehr wollte er nach seinem Bungalow sehen. Ohne an die Falle zu denken, wollte er durch die Vordertür eintreten, wobei ihm ein Bein abgeschossen wurde.   *Time*, 1. 1. 1931.

Läuft in seine eigene Diebesfalle

Davenport, Iowa, 21. 12. (AP) – A. F., 71 Jahre alt, hatte genug von Hühnerdieben. Er montierte ein Gewehr in seinem Schuppen mit einer Vorrichtung zur Auslösung, sobald die Tür geöffnet wurde. Er vergaß es und öffnete selbst die Tür; er wurde am Bein verwundet. *Detroit Free Press*, 21. 12. 1931.

Das folgende weitere Beispiel wurde mir zugesandt:

In eigener Einbrecherfalle angeschossen

Eine Einbrecherfalle, die wirklich funktioniert, hält in der hiesigen Autoreifenhandlung Wache. Sie funktioniert so gut, daß C. L., ein Angehöriger der Firma, sich zur Behandlung im Krankenhaus befindet wegen einer Hüftverletzung, die er sich heute morgen zuzog, als er das Geschäft öffnete. Beim Öffnen der Tür, so wird berichtet, hatte Herr L. vergessen, den Schalter abzudrehen, der an der Falle angebracht war, die eine Pistole vom Kaliber 0,45 enthielt. Als er den Lichtschalter betätigte, entlud sich die Pistole.
Owensboro Messenger, 14. 5. 1933.

Das folgende Beispiel ähnelt insofern den Fällen mit den Einbrecherfallen, als der Mann sich versehentlich zum Opfer seines erklärten Feindes machte:

»In Chicago prahlte der Veteran und Schmied P. R. an seinem 63. Geburtstag, daß die Autos ihm niemals das Geschäft verderben würden. Schmied R. beschlug sein letztes Pferd, trat von der Bordkante zurück, wurde von einem Auto angefahren und starb.«   *Time*, 9. 11. 1931.

Solche Beispiele liefern starke Indizienbeweise dafür, daß diese Menschen sich aus einer unbewußten Absicht heraus selbst töten müssen, und zwar in der verhüllten Form eines

Unfalls, weil sie unbewußte Wünsche gegen andere hegen.⁹
Aus psychoanalytischen Untersuchungen wissen wir, daß der
unbekannte Marodeur in den unbewußten Phantasien dessen,
der die Falle stellt, eine bestimmte Person repräsentiert.
Ich untersuchte kürzlich einen Mann, der wegen eines Mordes verurteilt war, bei dem die besondere Bedeutung eines Unbekannten (des Opfers des Mörders) sehr anschaulich hervortrat. Der Mord war unter folgenden Umständen verübt worden: Der »Patient« (Gefangener) und zwei Gefährten waren über Land gefahren und hatten ihren Wagen wegen einiger Reparaturen in einer Garage stehenlassen. Sie gingen spät nachts die Straße entlang und erblickten einen schlafenden Mann in einem Auto, das am Straßenrand geparkt war. Ohne jeden Anlaß, ohne auch nur das Gesicht des Mannes zu sehen, auf den er schoß, hob der junge Mann sein Gewehr und tötete den Schlafenden. Er bekannte sich schuldig und wurde zu lebenslänglicher Haft verurteilt. Der Mord geschah vor mehreren Jahren, aber bis zum heutigen Tage kann der Mörder keinerlei Erklärung für seine Tat angeben. Eine Untersuchung seiner Lebensgeschichte enthüllte ihm jedoch, daß der Getötete (obgleich er sich dessen völlig unbewußt war) den Mann repräsentierte, der die geliebte ältere Schwester des Patienten geheiratet hatte. Natürlich sind uns solche Identifizierungen eines »Unbekannten« bekannt, aber es ist selten, daß der neurotische Zwang ohne jede Rationalisierung, ohne bewußte Identifizierung und ohne daß eine Psychose vorliegt, ein derartig kriminelles Ausmaß erreicht. In diesem

---

9 Theodor Reik (*Der unbekannte Mörder.* op. cit.) weist darauf hin, daß der Verbrecher sich durch einen absichtlichen Unfall selbst verrät oder tatsächlich seine Bestrafung herbeiführt, was auch von Alexander betont wurde. Von mehreren Beispielen Wulffens (*Kriminalpsychologie*) zitiert Reik den Fall von Franz Gal, der erfahren hatte, daß sein Nachbar Varga einen Ochsen für 900 Kronen verkauft hatte. Er wartete, bis Varga und seine Frau das Haus verlassen hatten, und stahl dann das Geld. Das sechsjährige Töchterchen war allein zu Hause, und Gal beschloß, die unliebsame Zeugin zu beseitigen. Er knüpfte einen Strick an einen Deckenbalken, machte eine Schlinge und forderte das Kind auf, seinen Kopf hineinzustecken. Sie bat ihn, ihr zu zeigen, wie sie das machen sollte; er stieg auf einen Stuhl und zeigte es ihr. Plötzlich fiel der Stuhl um, und er war in der Schlinge gefangen. Das erschreckte Kind rannte aus dem Haus. Als die Eltern zurückkamen, war der Mann tot. Das, so sagt Reik, ist ein Beispiel für eine Fehlhandlung, die als Unfall erscheint, ein Selbstmord, der als Ungeschicklichkeit getarnt ist.

Fall aber wurde der Fremde mit dem Fremden identifiziert, der in das glückliche Zusammenleben des jungen Mannes mit seiner Schwester eingedrungen war.

Presseberichte müssen auch deshalb als Beweise für Selbstmord in Gestalt unbewußt beabsichtigter Unfälle akzeptiert werden, weil solche Versuche, falls erfolgreich, klinischer Untersuchung nicht mehr zugänglich sind. Mitunter scheinen sie ganz offenkundig. Man kann zum Beispiel bei dem folgenden Bericht kaum daran zweifeln, daß der tödliche Unfall teilweise eine selbstauferlegte Strafe für fürchterliche Wut war:

Hurra!

Im New Yorker Stadtteil Bronx erhielt die 14jährige Rose McM. 25 Cents, um ins Kino zu gehen. Überglücklich tanzte sie herum und schrie: ›Hurra!‹ Ihr übermüdeter Vater, Thomas McM., bat sie, ruhig zu sein. Sie kreischte weiter. Zornbebend sprang Thomas McM. auf, fiel hin, stürzte der Länge nach in einen Porzellanschrank, wobei ihm die Kehle durchgeschnitten wurde und er einen Schädelbruch erlitt; er starb.

Time, 9. 2. 1931.

Man sollte im Zusammenhang mit einem solchen Vorfall ein häufigeres Beispiel lesen, bei dem die selbstmörderische Wutreaktion bewußt war, etwa das folgende:

Kind lacht: Vater von 11 Kindern bringt sich um

J. G., 52 Jahre alt, aus ... erschoß sich gestern nach einer Reihe kleiner Unannehmlichkeiten. Er war Bahnhofsvorsteher und verdiente einen angemessenen Lebensunterhalt für seine Familie mit 11 Kindern. Gestern war sein freier Tag, und er beschäftigte sich damit, einige kleinere Reparaturen im Haus vorzunehmen. Bei einer kleinen Fahrt, um Installationsmaterial einzukaufen, wurde sein Wagen leicht beschädigt, und dann stellte sich heraus, daß das Material fehlerhaft war. Eines der Kinder lachte, und das schien ihn zu irritieren.

Chicago Herald Examiner, 26. 11. 1930.

Es genügt nicht, darauf hinzuweisen, daß diese Unfälle einer unbewußten Absicht dienen. Es ist wichtig, genau zu wissen, um was für eine Absicht es sich handelte, und das können wir nach den Zeitungsmeldungen nur vermuten, während wir bei den psychoanalytisch untersuchten Fällen in der Lage sind, exakt zu erkennen, wie der Unfall dazu dient, das Individuum wegen seiner schuldhaften Taten oder Wünsche zu bestrafen. In jenen Fällen, die nicht tödlich ausgehen, stellt die Strafe nicht nur den Preis der Sühne dar, sondern auch die Erlaubnis, sich denselben schuldhaften Taten oder Phantasien weiterhin zu überlassen. Das ist in einem bereits angeführten Fall ganz klar. Die schuldhafte Handlung veranlaßt das Gewissen, vom Ich einen Preis zu fordern. In manchen Fällen ist dieser Preis die (selbst auferlegte) Todesstrafe. In anderen Fällen hingegen scheint er nicht so hoch und dennoch sonderbarerweise überhöht zu sein. Das läßt sich unter dem Gesichtspunkt der psychischen Ökonomie nur erklären, wenn wir davon ausgehen, daß die lokale Selbstzerstörung auf die eine oder andere Weise ein Lösegeld darstellt, das das Ich vor der Verhängung der Todesstrafe schützt. Dieses Opfer eines Teils für das Ganze, nicht allein als Buße für Vergangenes, sondern auch als Schutz vor Kommendem, ist in der amerikanischen Politik und im Gangstertum ebenso zu finden wie in den religiösen Opferritualen der alten Juden. Der Besitzer eines illegalen Geschäfts zahlt »Schweigegeld« an die Polizei seines Bezirks, die, um im Besitz der Bestechungsgelder zu bleiben, einen Teil davon an die nächsthöhere Dienststelle abführt usw. Aber gelegentlich bricht dieses ganze System zusammen, z. B. wenn der Besitzer sich weigert, den Preis zu zahlen. In einem solchen Fall werden die externen Kräfte von »law and order« angerufen, und dem illegalen Geschäft wird ein Ende bereitet.

Man kann das gleiche Prinzip periodischer Zahlungen für die fortgesetzte Befriedigung verbotener erotischer oder aggressiver Neigungen bei vielen neurotischen Patienten beobachten, und der Depression wird oft mit Hilfe verschiedener Zwangsrituale ausgewichen oder sie wird hinausgeschoben. Dieses Prinzip ist insbesondere bei jenen Patienten festzustellen, die man »neurotische Charaktere« nennt. Bei solchen Individuen pflegen die Aggressionen sich eher in Taten als in Phantasien umzusetzen, die denen wohlvertraut sind, die dem Patienten nahestehen. Man könnte dieselben Mechanismen im Leben mancher Individuen vermuten, die mit unheimlicher und mitunter fast unglaublicher Regelmäßigkeit immer neuen Katastrophen zum Opfer fallen.

Die zusammenfassende Darstellung des folgenden Beispiels erschien in *Time* (19. 3. 1934). Es handelte sich um einen Mann, der dreimal vom Blitz getroffen worden war; er war in einer Kohlengrube lebend begraben worden, wurde von einer Kanone durch die Luft geschleudert, wobei er einen Arm und ein Auge verlor, und man hatte ihn unter zwei Tonnen Lehm lebend begraben. »Als nächstes stürzte er neun Meter tief von einer Klippe; er wurde von einem Pferd geschlagen und durch einen Stacheldrahtzaun gezerrt. Dann fiel er von einem schnellfahrenden Bobschlitten und brach sich den Schädel. Mit 80 genas er von einer doppelseitigen Lungenentzündung; mit 82 wurde er von einem Pferdefuhrwerk überfahren, mit 83 von einem Auto.« Im selben Jahr glitt er auf dem Eis aus und brach sich die Hüfte!

Wir können kaum erwarten, daß es uns möglich sein wird, einen 83jährigen Mann psychoanalytisch zu untersuchen, der eine so stattliche Reihe von Unfällen überlebt hat. Aber angesichts der Fälle, die wir studiert haben, und der Prinzipien, die wir daraus ableiten konnten, sind wir in der Lage, einige Schlüsse über das unbewußte seelische Fassungsvermögen einer Persönlichkeit zu ziehen, die wiederholt in einen Wettkampf mit dem Tod hineingezwungen wurde, aber jedesmal siegreich daraus hervorzugehen vermochte, wenn auch um den Preis des Leidens.

Einer unserer früheren Patienten hatte 24 größere Unglücke erlebt, etwa die versehentliche Vergiftung seines Kindes und drei aufeinanderfolgende Autounfälle an derselben Stelle, wobei jedesmal sein Wagen völlig zerstört worden war. Er ruinierte hintereinander elf Autos. Es war möglich herauszufinden, daß seine Schuldgefühle zum Teil furchtbaren unbewußten Wünschen entstammten, bestimmte Angehörige seiner Familie zu töten.

Für diese anhaltende *Sucht nach Selbstzerstörung durch Unfall* gibt es meines Wissens keine sehr gute Bezeichnung, aber Journalisten haben solche Opfer des »Schicksals« recht treffend »Pech-Champions« genannt. Jeder von uns kennt solche Individuen: Menschen, die offenbar gezwungen sind, dauernd Pech zu haben, nicht deshalb, weil sie – wie im Fall des oben erörterten neurotischen Charakters – ihr eigenes Verhalten komplizieren, sondern infolge realer Konflikte, die zufällig aufzutreten scheinen.¹⁰ Ihr Dasein ist weiter nichts als eine Serie von Unglücken, Schicksalsschlägen¹¹, unliebsamen Zufällen. Es wäre schwer zu sagen, wieviele dieser Charaktere unbewußt diesen steinigen Pfad durchs Leben wählen, den zu gehen sie gezwungen zu sein scheinen, aber der Verdacht läßt sich nicht von der Hand weisen, daß es sich bei manchen Menschen tatsächlich um eine unbewußte Wahl handelt.

Beispiele für dieses Phänomen findet man eher in der Tagespresse als in der klinischen Praxis, da diese Menschen im allgemeinen nicht glauben, daß sie in irgendeiner Weise für ihr Mißgeschick verantwortlich seien und daher einer psychiatrischen Behandlung bedürfen. Es folgen hier einige typische Beispiele aus Zeitungen.

PETER SCHLÄGT DEM SCHICKSAL WIEDER EIN SCHNIPPCHEN
Fünfjähriger Pech-Champion überlebt weiteren Unfall
Blackburn, Eng., 30. 8. (AP) – Der fünfjährige P. L. hat einen weiteren Unfall überlebt.

Er wurde heute abend ins Krankenhaus gebracht, nachdem er von einem Pferd ins Gesicht getreten worden war. Bereits früher war er in seinem kurzen Leben von einem Pferd überrannt und später von einem Fahrrad überfahren worden. Kürzlich kletterte er auf das Dach einer Mühle und winkte einer erschreckten Menge mit seiner Kappe zu, bis er ausglitt und hinfiel. Er konnte sich jedoch an einem Sims festhalten und wurde gerettet.

Gestern abend fiel er zum zweiten Mal in einen tiefen Kanal und ertrank beinahe. *Topeka Daily Capital*, 30. 8. 1929.

Ein weiteres Beispiel:
Sioux Falls, South Dakota, 20. 11. – E. P. L., ein Reisender aus Sioux Falls, kann sich den traurigen Titel eines Weltmeisters der Unfallopfer beilegen. Es begann, als er elf Tage alt war; er fiel aus seiner Wiege und brach sich den linken Arm. Mit vier Jahren fiel er von einem Pferd und brach sich den

---

10 Die Zeitungen benutzen die Bezeichnung »Pech-Champion« für beide Typen.
11 Dr. Helene Deutsch hat die »Schicksalsneurose« in der *Revue Française de Psychoanalyse*, Bd. IV, Nr. 3 (Zusammenfassung in der *Psychoanalytic Review*, Juli 1935, 22, S. 315-316, Nr. 3) beschrieben, allerdings unter einem etwas anderen Aspekt.

rechten Arm. Mit sechs Jahren versuchte er mit einem Beil einen Pflock einzuschlagen und schnitt sich dabei bis zum Knochen in den linken Fuß. Ein Jahr später richtete ihn ein Bulle so böse zu, daß er fast umkam; ein Arm, vier Rippen, das Schlüsselbein und beide Beine wurden gebrochen.
Dann folgten einige ruhige Jahre. Als Heranwachsender ging er zum Zirkus. Eine seiner Aufgaben bestand darin, über drei Elefanten hinweg in ein Netz zu springen. Dabei fiel er einmal und brach sich erneut das bereits mehrfach gebrochene linke Bein.
Sein Star-Unfall kam 1906, als er als Bremser auf einem Güterzug fuhr. Er lief auf dem Dach eines fahrenden Zuges entlang, trat auf ein verfaultes Trittbrett und fiel auf die Schienen. 37 Wagen rollten über ihn hinweg, ohne ihn zu verletzen, bis der Bremswagen kam, in dessen Rädern sich seine Kleidung verfing und ihn drei Meilen mitzerrte. Sein linker Arm und neun Zehen waren abgerissen, der Schädel gebrochen, die linke Seite eingedrückt. Aber er lebte.
Erst 1925 passierte ein weiterer schwerer Unfall. Er fuhr in einem Personenzug, stolperte im Gang, brach sich einen Rückenwirbel und war zeitweise gelähmt. Während seiner Rekonvaleszenz machte er eine Autofahrt. Das Auto raste über eine $13^{1/2}$ Meter hohe Böschung in einen Fluß, wo er fast ertrank.
Im selben Jahr stolperte er wiederum im Gang eines Pullmanwagens, verrenkte sich das Rückgrat und verstauchte beide Knöchel. Dann erkrankte er an Scharlach und verbrachte sechs Wochen im Krankenhaus. Anschließend bekam er Rheumatismus und konnte 19 Wochen lang nicht gehen.
Darauf folgte die Explosion eines Gasofens in einem Zelt auf einem Campingplatz. L. war in Flammen gehüllt, und nur die sofortige Hilfe durch Freunde rettete ihn vor dem Verbrennen.
Trotz seiner vielen Unfälle ist er ein fröhlicher Mensch. »Sie müssen den bitteren Teil des Lebens kosten, um den süßen zu genießen«, sagt er. *Topeka Daily Capital*, 21. 11. 1927.

Diese zufälligen Beispiele wiederholter Unfälle sind von unserem theoretischen Standpunkt aus interessant. Obwohl so extreme Fälle wie die vorgenannten wahrscheinlich häufi-

ger sind als wir bemerken, können sie nur als Ausnahmen und in gewissem Sinne als grotesk angesehen werden.
Aber alle Unfälle sind in vergangenen Zeiten ziemlich gleich beurteilt worden, d. h. als »eben Unfälle« – unglücklich, zufällig, grotesk, doch abgesehen von wenigen Ausnahmen nicht sehr wichtig. Diese Einstellung wird jetzt von zahlreichen Organisationen und Individuen energisch bekämpft, für die die Tatsache, daß in den Vereinigten Staaten jährlich mehr als 100 000 Menschen bei Unfällen ums Leben kommen, nur eines von vielen erschreckenden Zeugnissen für die Unverantwortlichkeit einer so gleichgültigen Haltung ist. Der National Safety Council beziffert den finanziellen Verlust, den Todesfälle, Verletzungen und Fahrzeugschäden aufgrund von Unfällen verursachen, auf 500 Millionen Dollar jährlich. Es würde manchen überraschen zu erfahren, daß mehr Menschen täglich bei Unfällen sterben als an irgendeiner Krankheit, ausgenommen Herzkrankheiten, und daß Unfälle als Todesursache in den Vereinigten Staaten an dritter Stelle stehen. Von Personen im Alter von 3 bis 29 Jahren werden mehr durch Unfälle getötet als durch irgendeine Krankheit, und von seinem 3. bis zu seinem 40. Lebensjahr ist die Wahrscheinlichkeit größer, daß ein Mann durch einen Unfall ums Leben kommt als auf irgendeine andere Art.
Alle fünf Minuten wird in den Vereinigten Staaten jemand bei einem Unfall getötet, und während einer getötet wird, werden hundert andere verletzt. Es ist ein erschreckender Gedanke, daß allein in unserem Land mehrere Menschen getötet und mehrere hundert verletzt wurden, während Sie diese Zeilen gelesen haben.
Solche Statistiken müssen unsere Aufmerksamkeit auf die Schwere des Problems lenken. Zahlreiche Pläne werden ausgearbeitet, um die Unfallgefahr in Industrie, Verkehr, Landwirtschaft und Haushalt zu verringern. Aber alle diese Pläne und die Arbeit der meisten an dem Problem interessierten Stellen versäumen es, wie mir scheint, das selbstzerstörerische Element, das unbemerkt hinter vielen »Unfällen« lauert, ausreichend in Betracht zu ziehen.

Zusammenfassung

Abschließend kann gesagt werden, daß zwar die meisten dramatischen Beispiele absichtlicher Unfälle und gewohnheitsmäßiger »Opfer des Schicksals« in Zeitungen und Zeitschriften zu finden sind, daß es aber zu ihrem richtigen und umfassenden Verständnis detaillierter Angaben bedarf. Psychiatrisch untersuchte Fälle dieses Typs ermöglichen es hingegen, das Vorhandensein derselben Motive festzustellen, die wir von anderen Formen der Selbstzerstörung kennen, seien sie extrem (Selbstmord) oder partiell (Selbstverstümmelung, zwanghaftes Operierenlassen [Polychirurgie], Simulation). Zu diesen Motiven gehören Elemente der Aggression, Bestrafung und Sühne, wobei der Tod gelegentlich, aber ausnahmsweise die Folge ist. Die letzte Beobachtung führt uns zu der Annahme, daß das Prinzip des Opfers hier am Werk ist, so daß das Individuum sich in einem gewissen Sinn der Möglichkeit oder Gewißheit von Unfällen aussetzt, bei denen es zumindest die Chance des Entrinnens hat, statt eine Zerstörung ins Auge zu fassen, die es fürchtet, obgleich sie ihm vielleicht nur in der Einbildung von seinem Gewissen droht. Auf diese Weise wird eine partielle Neutralisierung der destruktiven Triebe erreicht. Neuerdings nimmt das Interesse an dem wichtigen Problem von Tod und Verletzung durch Unfall zu. Allerdings wurde bisher versäumt, sich die Forschungsergebnisse zunutze zu machen, die hinsichtlich dieses grundlegenden Aspekts vorliegen.

6. Impotenz und Frigidität

Eines der Resultate der Erforschung des unbewußten Seelenlebens war die Erkenntnis von etwas, das keinem Kind, keinem Wilden, keinem Tier und keinem einfachen, natürlichen Menschen erklärt werden muß, nämlich die Bedeutung der Geschlechtsorgane und des Sexuallebens für das Individuum. Es erscheint heutzutage sonderbar, daß sich über Freud ein solcher Strom von Beleidigungen von allen Seiten ergoß –

Beleidigungen, die ihre Urheber nur als ignorant, heuchlerisch oder neurotisch brandmarkten –, weil er auf diese offenkundige Tatsache hinwies und darauf, wie die Zivilisation sie zu verdunkeln und heuchlerisch zu verleugnen pflegt. Nichtsdestoweniger ist es noch immer möglich, Spuren dieser ehemals herrschenden Prüderie zu entdecken.

Man nehme beispielsweise die allgemeine Einstellung gegenüber der funktionalen Störung oder funktionalen *Zerstörung* der Genitalität, das heißt der sexuellen Impotenz und Frigidität. In höherem oder geringerem Grad sind diese Affektionen so weitverbreitet, daß manche Experten sie bei »zivilisierten« Völkern fast für universal halten und als unvermeidliches Opfer für den Fortschritt der Zivilisation ansehen.[1] Angesichts dessen ist es ein beredtes Zeugnis für das Fortbestehen viktorianischer (und früherer) Heuchelei, daß das Thema selbst in wissenschaftlichen Kreisen noch immer tabu ist. Schreibt oder spricht man darüber, stempelt man sich geradezu selbst als Scharlatan oder Sensationsmacher ab. Ein führendes Standardlehrbuch der Medizin zum Beispiel erwähnt Impotenz nur an drei Stellen und Frigidität überhaupt nicht; Hinweise auf Gehstörungen hingegen nehmen in demselben Buch *eine volle Seite des Index ein*!

Die Buchhandlungen werden neuerdings von gutgemeinten und gut geschriebenen Abhandlungen über Sexualität überflutet, und viele davon drücken sich sehr deutlich aus in bezug auf die ernstzunehmenden und weitverbreiteten Krankheiten Gonorrhöe und Syphilis. Impotenz und Frigidität sind weitaus häufiger und – vom Standpunkt des Patienten – ernster.

Impotenz als vorübergehendes Symptom ist eine fast universale Erfahrung – obgleich das oft bestritten wird. Habituelle, partielle oder völlige Impotenz ist viel häufiger als allgemein bekannt ist oder angenommen wird, selbst von Ärzten. Manche Männer fühlen sich deshalb ständig gedemütigt und deprimiert, während sie von anderen mit philosophischem Gleichmut als etwas Unerklärliches, aber Unheilbares hingenommen wird. Andere wieder sind sich dieses Faktums gar nicht bewußt. Manche Männer, die sich für potent halten,

[1] Vgl. S. Freud: *Beiträge zur Psychologie des Liebeslebens. Ges. Werke* VIII, und: *Das Unbehagen in der Kultur. Ges. Werke* XIV.

und den Geschlechtsakt in technisch korrekter Weise – oft zur völligen Zufriedenheit ihrer Ehefrauen – ausführen, erreichen dadurch nur ein minimales Lustgefühl; dieses Fehlen der Lust ist eine unerkannte Form der Impotenz. Eine andere Manifestation dieser Art psychischer Impotenz ist das Gefühl von Bedauern und Verlust nach Vollendung des Aktes. Ich erinnere mich z. B. an einen Patienten, der zunächst auf dem Geschlechtsverkehr bestand und danach seine Frau bitterlich tadelte, weil sie ihn erlaubt hatte, wobei er erklärte, daß er nun den ganzen Tag über nervös und erschöpft sein würde, sich erkälten und geistig geschwächt sein könnte. Eine andere Form der Impotenz, die oft nicht als solche erkannt wird, ist der vorzeitige Orgasmus.
Es liegt vielleicht nicht offen zutage, daß Frigidität bei Frauen psychologisch mit der Impotenz des Mannes identisch ist. Sicherlich sind sie nach volkstümlicher Auffassung nicht ein- und dasselbe. Impotenz wird als Ausnahme, Frigidität als häufig, aber weniger ernst angesehen. Es gibt zahlreiche statistische Untersuchungen über weibliche Frigidität, aber niemand denkt daran, eine solche Umfrage unter Männern zu machen. Das ist zum Teil auf die subtileren Formen zurückzuführen, die die männliche Impotenz oft annimmt, aber in höherem Maße, so meine ich, auf die stillschweigende Anerkennung der sexuellen Unterdrückung der Frau. Es gibt tatsächlich Menschen beiderlei Geschlechts, die nicht wissen, daß Frauen jemals bewußte sexuelle Empfindungen haben.
Totales Desinteresse an der genitalen Sexualität, die Duldung des Geschlechtsverkehrs »meinem Mann zuliebe«, vollkommene Gefühllosigkeit, die schmerzhaft oder auch angenehm sein kann, charakterisieren eine sehr große Zahl von Frauen, wenn man sich auf klinische Erfahrung und statistische Erhebungen einigermaßen verlassen kann. Frauen, die von diesem Mißgeschick betroffen sind, zeigen oft ein gewisses intellektuelles Interesse für die Sexualität, lesen sogar vielleicht Bücher darüber, in der Regel aber suchen sie ebenso wenig wie ihre männlichen Gegenstücke den Arzt auf oder diskutieren darüber mit Freunden oder Nachbarn. Das ganze Thema ist ein verschlossenes Buch, über das man so wenig wie möglich redet.
In scharfem Gegensatz zu der vorgenannten Gruppe stehen

jene Frauen, die im Zusammenhang mit dem Geschlechtsverkehr schwache oder wechselnde Lustempfindungen oder – ganz gelegentlich – einen Orgasmus haben. Diese Frauen sind in der Regel wegen ihres Problems ehrlich besorgt und machen energische Anstrengungen, normal zu werden. Sie lesen zahlreiche Bücher über das Thema, sprechen mit Freunden, Nachbarn, Ärzten und Kurpfuschern; sie machen alle Arten von Experimenten. Ich erinnere mich an ein Ehepaar, das wegen der Frigidität der Frau so verzweifelt war, daß es sogar einen Freund des Ehemannes zum Beischlaf mit der Frau veranlaßte, um zu sehen, ob das »einen Unterschied machen würde«. Wahrscheinlich hängen viele Fälle ehelicher Untreue bei Frauen zum Teil mit diesem Motiv zusammen.

Das Auftreten solcher Symptome bei Männern und Frauen ist auf vielerlei Art interpretiert worden. Gelegentlich (selten) wurden strukturelle, »organische« Veränderungen festgestellt und als Ursache angesehen; Operationen ohne Zahl und (meines Erachtens) ohne rationale Begründung wurden vorgenommen. Drüsentheorien wurden entwickelt und Behandlungen entworfen, die diesen Theorien entsprachen, und alle konnten – gelegentlich – therapeutische Erfolge aufweisen. Aber das konnten auch Hypnose und Schlangenöl. Es ist banal, aber notwendig hinzuzufügen, daß gelegentliche Therapieerfolge gar nichts beweisen.

Alle diese Theorien einer strukturellen oder chemischen Ätiologie sind korrekt, aber sie stimmen nicht. Sie sind *Teil* der Wahrheit, doch sie ignorieren den psychologischen Faktor. Physische Faktoren (strukturelle Veränderungen) tragen zur Pathologie bei, chemische Faktoren (mangelhafte Drüsenfunktion) tun es ebenfalls, aber eben auch psychologische Faktoren. Meiner Meinung nach sind sie es, die *bei diesem speziellen Leiden* leichter zu erkennen und zu ändern sind, und sie sprechen im Durchschnitt besser auf eine Behandlung an als die physischen und chemischen Faktoren. Aus diesem Grunde habe ich dieses Syndrom an den Anfang gestellt, um die Rolle der Psyche bei somatischen Erkrankungen darzustellen, die im nächsten Abschnitt ausführlicher behandelt werden sollen.

Wir können solche funktionellen Störungen als eine Hemmung, gewissermaßen als negatives Symptom ansehen und in einem gewissen Sinne als Verlust oder *Zerstörung* einer normalen Aktivität, normaler Lust. Es ist das funktionelle Äquivalent der tatsächlichen Selbstkastration, deren Motive wir bereits erörtert haben, insofern als die Genitalien zwar nicht geopfert, aber so behandelt werden, als existierten sie nicht. Und ebenso wie die Selbstkastration der Prototyp aller Selbstverstümmelungen ist, so ist die Impotenz der Prototyp aller funktionalen Hemmungen. In diesem Sinn könnte man sagen, daß sie das ursprüngliche Muster und die Exemplifizierung der Hysterie darstellt. Das charakteristische Merkmal der Hysterie besteht darin, eine Funktion anstelle des Organs selbst aufzugeben.

Wenn wir sagen, daß ein Symptom hysterischen Ursprungs sei, dann meinen wir, daß es durch Modifizierungen der Form oder Funktion eines Organs entstanden ist, um bestimmte unbewußte Zwecke und Absichten der Persönlichkeit durchzusetzen. Wir wissen, daß alle Funktionen des Organismus danach streben, Wünsche und Triebbedürfnisse des Individuums angesichts einer feindseligen oder gleichgültigen Umwelt zu befriedigen. Die Physiologen haben gezeigt, daß sich der Körper automatisch vorbereitet, wenn Gefahr droht und wir kämpfen wollen. Das Blut strömt *von* der Haut und *zu* den Muskeln, Glykogen wird in großen Mengen aktiviert, Adrenalin und Prothrombin werden ausgeschüttet, um die physiologische Verteidigung in Gang zu setzen. All das tut der Körper automatisch, um die Verwirklichung kämpferischer Absichten zu ermöglichen, Absichten, die kaum bewußt sein mögen.

Diese Verteidigungsreaktionen können komplexere Einheiten einbeziehen. So wird zum Beispiel ein Soldat im Schützengraben von einer »Kriegsneurose« erfaßt. Von Angst gelähmt, versagen passenderweise seine Beine den Dienst, um ihn nicht in den Bereich noch größerer Gefahr zu tragen. Diese ausgedehnten Verteidigungsreaktionen sind undifferenziert und regeln sich nicht automatisch selbst wie die älteren und einfacheren; so weigern sich die Beine dieses Mannes auch, ihn woandershin zu tragen, selbst an einen Ort, der größere Sicherheit bieten würde. Wir erkennen also, daß solche Verteidigungsreaktionen zwar einen Zweck erfüllen, dagegen andere Absichten der Persönlichkeit schädigen – und deshalb nennen wir sie Symptome. In einem gewissen Sinne sind Symptome immer destruktiv, und wenn sie auf diese Weise entstehen, kann man sie rechtmäßig als Produkte selbstzerstörerischer Kombinationen bezeichnen. Das trifft selbst dann zu, wenn der bestimmende »Wunsch« oder Impuls, der den Konflikt auslöste, und das Symptom selbsterhaltend sind. Der Soldat opfert (zeitweise) den Gebrauch seiner Beine, um (wie er meint) sein Leben zu retten. Selbsterhaltung siegt, aber um den Preis einer geringfügigen (zumindest geringeren) Selbstzerstörung.

Die Tatsache, daß es sich um einen unbewußten Konflikt handelt, ergibt sich aus seiner Erklärung. Mit einem *bewußten* Wunsch kann man sich rational auseinandersetzen; man kann ihn entweder befriedigen oder darauf verzichten und die Entscheidung akzeptieren. Unbewußte Wünsche hingegen (einschließlich Ängsten, denen wir entfliehen möchten) werden auf unbewußte automatische Weise oft außerordentlich irrational und zum Nachteil der Persönlichkeit mittels Symptomen und Hemmungen bewältigt. Dahinter verbirgt sich stets ein unbewußter Wunsch und ein Konflikt.

Impotenz und Frigidität können ohne weiteres mit der hysterischen Lähmung eines Beins infolge einer Kriegsneurose verglichen werden. Wir müssen uns fragen, weshalb der normale Zeugungsakt für so viele Menschen Schrecken und Gefahr eines Schlachtfelds beinhaltet, und zwar in einem Ausmaß, daß sie zum freiwilligen Verzicht (»Selbstzerstörung«) auf die Kraft und Lust des Aktes bereit sind. Welch große und irrationale Furcht mag im Unbewußten hausen, um diese automatische Abwehrreaktion angesichts so mächtiger, bewußter gegenteiliger Wünsche notwendig zu machen? Wir müssen auf große Schwierigkeiten bei der Klärung dieser Fragen gefaßt sein, da die Funktionen der Geschlechtsorgane in höchstem Maße Stolz und Scham erregen; sie werden daher am stärksten verschleiert.

Der praktizierende Arzt wird zunächst an das denken, was ihm viele seiner Patientinnen erzählt haben. »Ich möchte mich so gerne gehen lassen«, heißt es, »aber ich habe Angst vor einer Schwangerschaft.« Oder sie sagt, sie habe Angst, ihr Mann könne ihr wehtun. Männer klagen ebenfalls darüber, daß sie impotent wären, weil sie ihre Frauen zu verletzen

fürchteten, und daß sie zu große Angst vor Geschlechtskrankheiten hätten, um es mit einer anderen zu versuchen.
Aber wir dürfen diese *bewußten* Ängste nicht zu wörtlich nehmen. Natürlich können sie teilweise real begründet sein, aber eben nur teilweise. Es gibt stets Mittel und Wege, Schmerzen zu vermeiden, sich vor Geschlechtskrankheiten zu schützen und eine Schwangerschaft zu verhüten. Wir wissen aus Erfahrung, daß solche bewußten Ängste lediglich »Alibis« sind. Dahinter verbergen sich sehr heftige unbewußte Ängste, die verschiedenen Quellen entstammen. Wir haben Beweise dafür bereits bei der Analysierung von Märtyrertum, Polychirurgie und Selbstverstümmelung gesehen, wollen sie aber nun in einer besonderen Situation genetisch untersuchen, einer Situation, die unseres Erachtens von fundamentaler psychologischer Bedeutung ist.

Die Angst vor Strafe

Eine der mächtigsten Determinanten unbewußter Angst ist die Erwartung von Strafe. Der normale Erwachsene unterscheidet zwischen Dingen, die die Gesellschaft wirklich bestraft, und Handlungen, für die man eine Bestrafung nur aufgrund eines Mißverständnisses in der Kindheit erwartet. Für viele Menschen ist Sexualität noch immer eine Art Übeltat und daher strafbar.
Ein Mann, der mit einer Frau verheiratet ist, die für ihn unbewußt eine Neuauflage seiner Mutter darstellt, welche seine sexuellen Aktivitäten erfolgreich unterbunden hat, als er ein Knabe war, kann seine Angst möglicherweise nicht so weit überwinden, um seinem Körper zu gestatten, seine Triebbedürfnisse auszuleben. Der Hindu, der zwanzig Jahre lang auf einem Bein hockt, weil er das für seine religiöse Pflicht hält, kann wahrscheinlich selbst dann nicht aufspringen und zu laufen beginnen, wenn er von einem Feuer bedroht oder ihm eine große Belohnung in Aussicht gestellt wird.
Man ist unbewußt sein ganzes Leben hindurch von Kindheitsvorstellungen beherrscht. Der normale Mensch korrigiert durch seine späteren Erfahrungen die unseligen Mißverständnisse der Kindheit, aber es hat nichts mit Geistesschwäche zu tun, daß manche Individuen sie nicht überwinden können.

Die Reaktionen des Gewissens werden in früher Kindheit festgelegt und ändern sich durch die Erfahrung nur wenig. Demzufolge lebt im Unbewußten vieler Menschen, ganz unabhängig davon, ob bewußte Ängste vorhanden sind oder nicht, eine zwingende Furcht vor Strafe, die gerade dann große Aktivität entfaltet, wenn das Ich sich von lockender Versuchung einer Art bedroht fühlt, die einst mit schmerzhafter Strafe verbunden war; das Verbot dieser Lust ist zugleich die Strafe an sich.

Alle erdenklichen Mittel werden vom Unbewußten eingesetzt, um diese Furcht zu umgehen und die verbotenen sexuellen Genüsse psychologisch akzeptabel zu machen. Ich erinnere mich zum Beispiel an eine Frau, die den Geschlechtsverkehr mit ihrem Mann nicht genießen konnte, weil ihr während des Aktes stets das Bild ihres Vaters mit einem strengen, mißbilligenden Gesichtsausdruck erschien. Diese Frau und ihr Mann hatten selbst entdeckt, daß sie den Geschlechtsverkehr normal genießen konnte, wenn ihr Mann sie vorher geschlagen hatte, als ob er ärgerlich über sie wäre. Ich glaube, es ist ganz klar, daß diese Frau, ebenso wie viele Kinder, das Gefühl hatte, daß Strafe alles ins reine bringt und eine Strafe genauso gut (oder besser) ist wie die andere. Deshalb konnte sie das unmutige Gesicht ihres Vaters verscheuchen, indem sie die Strafe auf sich nahm, die sie ihrer Meinung nach verdiente, weil sie sich auf eine sexuelle Handlung einließ, die er verurteilte.

Genau das gleiche trifft bei Männern zu. In der Tat ist es dieses Strafbedürfnis, das die mitunter erzielten günstigen Resultate von Urologen und Gynäkologen erklärt, die die Geschlechtsorgane einer schmerzhaften Behandlung unterziehen – trotz der Tatsache, daß sich Impotenz und Frigidität selten, wenn jemals, auf eine strukturelle Pathologie zurückführen lassen, innersekretorische Drüsen- und neurologische Erkrankungen ausgenommen.

Wie ist diese Furcht vor Strafe mit dem Wunsch nach Strafe zu vereinbaren, dem wir bisher so oft begegnet sind? Ich möchte noch einmal wiederholen, was bereits oben gesagt wurde: die Hysterie, für die Impotenz und Frigidität typisch, ja prototypisch sind, läßt sich als ein Zustand definieren, bei dem die Funktion eines Organs aufgegeben oder modifiziert wird, um einer erwarteten Verletzung oder Beseitigung des betreffenden Organs vorzubeugen. Etwas allgemeiner ausgedrückt: das hysterische Organ fordert (oder wünscht) eine Bestrafung geringeren Grades, um einer schwereren aus dem Wege zu gehen.

Die aggressive Komponente

Hinter einer solchen Straferwartung brauchen nur diese falschen Vorstellungen und Assoziationen aus der Kindheit zu stehen. Klinische Erfahrung hat aber gezeigt, daß sie mit weniger unschuldigen Elementen verschmolzen zu sein pflegen. Eine bei Impotenz und Frigidität häufige – mitunter bewußte, öfter unbewußte – Furcht, und zwar bei Männern und Frauen, ist die, vom Sexualpartner verletzt zu werden oder ihn zu verletzen. Solche Ängste verraten sadistische Phantasien. Wir wissen, daß sich hinter vielem, was als Liebe angesehen wird, tiefer unbewußter Haß verbirgt – ein Haß, der die erotische Befriedigung verneint, die man bewußt sucht, und gleichzeitig mittels eben dieser Selbstverleugnung die Aggression zum Ausdruck bringt: Haß, Ablehnung, Verachtung des Partners. Das wird besonders bei jenem Zustand deutlich, den man als *Ejaculatio praecox* bezeichnet, bei dem der Mann die Frau nicht nur enttäuscht, sondern tatsächlich beschmutzt, wie ein wütendes Baby, das sein Kindermädchen naßmacht.[2]

Aber weshalb sollte ein Mann eine Frau hassen, die er zu lieben glaubt? Dafür gibt es drei häufige Gründe.

Eine der gewöhnlichen Grundlagen unbewußten Hasses ist der Wunsch nach Rache. Es kann sich um Rache für etwas handeln, das vor kurzem geschah, oder für etwas, das vor langer Zeit ein ganz anderer Mensch getan hat. Viele Menschen gehen durch das Leben und versuchen Gefühle an anderen auszulassen, die in ihnen geweckt wurden, als sie noch Kinder waren. Man erinnert sich, daß Don Juan, der große Schurke in den Augen der Welt, in früher Kindheit von seiner Mutter verlassen wurde. Er brachte sein ganzes

---

2 Karl Abraham (*Psychoanalytische Studien zur Charakterbildung.* Frankfurt 1971, S. 43-60) hat dieses Leiden untersucht und seine psychologischen Faktoren in einem meisterhaften Artikel analysiert.

Leben damit zu, andere Frauen so zu behandeln, wie seine Mutter ihn behandelt hatte, indem sie ihn zuerst liebte und dann verließ.

Ein Patient, der ein sehr erfolgreicher Mann war, befand sich wegen periodisch wiederkehrender Depressionen in psychoanalytischer Behandlung. Im Laufe der Therapie stellte sich heraus, daß er bei seiner Frau auf eine gewisse Weise impotent war. Seine erotischen Vorspiele waren voller Zärtlichkeit und Liebe und erregten seine Frau stark, während er entweder alles Interesse verlor oder an *Ejaculatio praecox* litt. In der Analyse wurde ganz klar, daß er damit seine Frau enttäuschen wollte, und das gelang ihm in der Tat vorzüglich. Intuitiv erkannte sie die Feindseligkeit in diesem Fehlverhalten; sie wurde hysterisch und so verzweifelt, daß sie weinte und mit den Fäusten nach ihm schlug. Das verursachte ihm Gewissensbisse und Depressionen.

Dieser Mann war als Kind einer Familie aufgewachsen, die von einer sehr tüchtigen, energischen Mutter beherrscht wurde, welche viel mehr Interesse für ihre Clubs und gesellschaftlichen Aktivitäten hatte als für ihre Kinder. Der Patient war der Erstgeborene und wahrscheinlich nicht geplant, denn er unterbrach ein Projekt, das seine Mutter eingeleitet hatte und dem sie sich noch mehrere Jahre nach seiner Geburt widmete, weshalb sie ihn meist einem Kindermädchen überließ. Während seiner Analyse erinnerte er sich mit großer Erregung, wie bitter er es empfunden hatte, daß die Mutter ihn so oft verließ, wogegen er schon als Kind durch wildes Geschrei und Wutausbrüche protestiert hatte. Wenn man ihn deshalb bestrafte, wurde er nur noch zorniger. Er war von seiner Mutter enttäuscht worden, und sein Leben lang hatte er gewünscht, sie deshalb seinerseits zu enttäuschen.

Ein anderer Grund für unbewußten Haß, insbesondere bei Frauen, ist der Wunsch nach Vergeltung, nicht so sehr ihretwegen, sondern um ihre Mütter zu rächen. Sie glauben als Kinder, daß die Mütter unter den Vätern leiden, und wenn sie etwas über Geschlechtsverkehr hören, interpretieren sie ihn als etwas Gewaltsames und Grausames. Natürlich begünstigen tatsächlich viele Frauen diesen Eindruck ihrer Töchter, spielen sie gegen den eigenen Vater aus und erzählen ihnen, daß alle Männer zu fürchten seien. Solche Mütter glauben, daß sie ihre Töchter beschützen, aber wir wissen, daß sie sich auch an ihren Ehemännern rächen. Aus diesen verschiedenartigen Gründen ist die heranwachsende Tochter entschlossen, den alten Groll gegen den Mann heimzuzahlen. Sie verbirgt diesen Geist der Rache hinter der Maske der Liebe, aber früher oder später fühlt ihr Ehemann die Konsequenzen.

Ein dritter Grund für Haß ist Neid. Unbewußt beneiden Männer Frauen und Frauen Männer in einem Maß, das sich der gewöhnlichen Erkenntnis entzieht. Das haben wir in vorangegangenen Kapiteln gesehen und wiederholt diskutiert. Die normale passive weibliche Rolle zu spielen, erscheint manchen Frauen als eine Art Demütigung, die sie nicht ertragen können. Wenn ein solcher von Neid diktierter Haß vorliegt, kann eine Frau nicht anders als frigid sein. Andererseits beneiden manche Männer die Frauen nicht nur um ihren behüteten Zustand und ihre gesellschaftlichen Vorteile, sondern (fundamentaler) um die Fähigkeit, Kinder zu bekommen. Diese Ablehnung der eigenen biologischen Rolle durch den Mann kann dadurch kompensiert werden, daß er eine andere Art von Kreativität entwickelt, jedoch in manchen Fällen verrät sie sich direkt, aber verschleiert in Kundgebungen des Hasses und des Neides auf die Frau.

Ich denke an einen Patienten, einen beliebten und scheinbar ganz normalen Mann, der sich einer langen Behandlung durch mehrere tüchtige Ärzte unterzog, weil er furchtbare Angstzustände bekam, sobald er zusätzliche familiäre Verpflichtungen erfüllen sollte. An erster Stelle stand dabei der Wunsch seiner Frau, Kinder zu haben. Verstandesmäßig stimmte er mit ihrem Wunsch überein; wenn er aber über den Plan nachdachte, geriet er in solche Verzweiflung, daß er seine Stellung aufgeben mußte und einige seiner Ärzte den Eindruck hatten, er stehe am Rande eines völligen seelischen Zusammenbruchs. Ähnlich lag der Fall eines Mannes, der in der Finanzwelt des ganzen Landes Ansehen genoß, in seinem Heim aber ein höchst jammervoller Mensch war. Seine Frau wünschte sich ein Kind, aber diese Aussicht erschreckte ihn dermaßen, daß er trotz heftigen sexuellen Verlangens und starker Gefühlskonflikte auf Monate hinaus alle Beziehungen zu ihr abbrach, anstatt das »Risiko« einzugehen. Die Situation spitzte sich so zu, daß seine Frau sich scheiden ließ. Er heiratete eine andere Frau, die schwanger wurde, aber der Mann starb vor der Geburt des Kindes!

Widerstreitende Gefühle

Aber Furcht und Haß sind nicht die einzigen Dinge, die Impotenz und Frigidität hervorrufen. Das Verlangen kann stattdessen von Liebesobjekten behindert werden, die zueinander im Widerspruch stehen und so die vorhandene erotische Energie verringern. Um es ganz einfach auszudrücken, ein Mann kann bei einer Frau impotent sein, weil er jemand anderen liebt und es nicht weiß. Die geliebte Person kann vor langer Zeit gelebt haben; sie kann ein Kindheitsideal gewesen sein wie im Fall des Mannes, der seine Frau nicht lieben kann, weil er »am Schürzenzipfel seiner Mutter hängt«, und der auch keine andere Frau lieben kann. Viele Männer, die heiraten, sind trotzdem tief in ihrem Unbewußten so stark an ihre Mütter gebunden, daß sie ihren Frauen nichts als die kindliche Liebe geben können, die ein Junge für seine Mutter empfindet. Sie können ihre Frau als Ehefrau und Sozialpartnerin nicht wirklich akzeptieren und sie so behandeln, wie sie behandelt werden möchte, vorausgesetzt natürlich, daß sie selbst normal ist. Oft sieht man solche Männer mit starker Mutterbindung sich in Frauen verlieben, die Mütter sein möchten. Solche Verbindungen können recht befriedigend sein; man kann sie jedoch nicht als normale sexuelle Verbindungen ansehen, und viele davon gehen in die Brüche.
Genau dieselbe Art der Fixierung besteht im Leben vieler Frauen. Ein Mädchen kann so sehr in seinen Vater verliebt sein, daß es ihm unmöglich ist, einen Ehemann sexuell zu akzeptieren. Sie mag mit ihm leben, ihn lieben, Geschlechtsverkehr mit ihm haben, aber so sehr sie ihn – und sich selbst – auch zum Narren halten mag, sie kann ihr Unbewußtes nicht in den Dienst dieser Täuschung stellen. Der Körper vermag nicht auf eine Liebessituation zu reagieren, die alle unterdrückten Gefühle der Frau als Untreue gegenüber dem ersten und wahren Liebesobjekt empfinden.
Es gibt noch eine andere Art widerstreitender Gefühle, die nicht so leicht durchschaut wird wie eine Fixierung auf El-

tern, Bruder oder Schwester, die aber fast ebenso häufig vorkommt. Wir wissen, daß das Kind während der Zeitspanne, in der es seine Zuneigung, die zunächst auf Vater und Mutter konzentriert war, auf andere Personen außerhalb der Familie überträgt, ein Stadium durchläuft, in dem es Personen des eigenen Geschlechts bevorzugt. Diese *homosexuelle Phase* in der individuellen Entwicklung wird schließlich verdrängt und tritt bei normalen Menschen nur noch in sublimierter Form in Erscheinung, die die Grundlage freundschaftlicher Beziehungen im späteren Leben bildet. Bei vielen Individuen bleibt das homosexuelle Element jedoch erhalten, weil es entweder überstark ist oder auf irgendeine Weise begünstigt oder genährt wurde. Solche Menschen bleiben stark, aber unbewußt an homosexuelle Liebesobjekte gebunden, obgleich sie sich bewußt für normale heterosexuelle Individuen halten. In der Tat sind es gerade diese unbewußt Homosexuellen, die mit Leporello-Listen[3] durchs Leben gehen, um ihre heterosexuelle Potenz zu beweisen, als wollten sie das Geheimnis verleugnen, das ihr Unbewußtes ihnen zuflüstert.

Schließlich gibt es noch ein widerstreitendes Gefühl, das mächtiger ist als alle genannten und auch häufiger: das ist die Liebe zum eigenen Selbst. Wir sollten nicht vergessen, daß alle Objektliebe – gelte sie dem Mann oder der Frau, Nachbarn, Brüdern, Schwestern und selbst den Eltern – nur ein Überfluß an Selbstliebe ist. Wir alle lieben uns selbst zuerst, zuletzt und am meisten. Der normale Mensch lernt jedoch durch Erfahrung erkennen, daß es vorteilhaft ist, den Schatz der Selbstliebe zu verwerten und etwas davon in die Liebe zu anderen zu investieren; bei einer ungeheuren Zahl von Individuen ist dieser Prozeß jedoch gehemmt, so daß dies aus verschiedenen Gründen – mitunter mangelndem Selbstvertrauen, Furcht vor dem Tadel anderer, wegen schmerzlicher Erfahrungen oder falscher Erziehung – nicht geschehen kann. Für solche Menschen ist eine echte und tiefe Beziehung zu einem anderen nicht möglich, außer auf der Basis, daß ihre Eigenliebe dadurch genährt und nicht beeinträchtigt wird. Solche Menschen verlieben sich, aber sie verlieben sich in Personen, die so sind wie sie selbst, ihnen schmeicheln, ihre Eitel-

[3] Leporello, der Diener Don Juans in Mozarts Oper, zählt in seiner berühmten Arie die vielen Frauen auf, die von seinem Herrn verführt wurden.

keit und ihr Selbstvertrauen durch ständige Gefühlsnahrung stärken. Wenn man so sehr in sich selbst verliebt ist, kann man keine Rolle übernehmen, in der man Liebe geben muß; man kann nur eine Rolle akzeptieren, in der man stets Liebe empfängt, wie ein kleines Kind, dessen Eigenliebe durch die Aufmerksamkeiten seiner Mutter angefacht und genährt wird.

Beim Geschlechtsakt können solche Menschen zeitweilig sehr potent sein, insbesondere wenn die Umstände des Aktes so beschaffen sind, daß er ihrer Eitelkeit schmeichelt, ihr Allmachtsgefühl gestärkt wird. Das ist jedoch keine echte sexuelle Potenz, und solche Individuen pflegen früher oder später in ihr Unglück zu rennen. Sie sind sehr stolz auf ihre Geschlechtsorgane, und man kann mit Recht sagen, daß sie die Masturbation dem Geschlechtsverkehr vorziehen. Der von ihnen ausgeübte Geschlechtsverkehr ist häufig nichts als intravaginale Masturbation und als solche wirklich eine Form von Impotenz, die über kurz oder lang manifest wird.

Die Prüderie in bezug auf sexuelle Probleme überschattet die Behandlung von Impotenz und Frigidität. Auf der einen Seite gibt es zahllose Menschen, die darunter leiden und nicht wissen, daß es irgendeine wirksame Behandlung gibt, während andere zur leichten Beute von Quacksalbern und Scharlatanen werden. Wieder andere werden von wohlmeinenden, aber, wie ich meine, irregeleiteten Ärzten behandelt, die alle Formen von Impotenz und Frigidität auf physikalische oder chemische Ursachen zurückführen und entsprechende Behandlungsmethoden anwenden. Es ist, wie Crookshank[4] in einem anderen Zusammenhang festgestellt hat, als ob ein Arzt beim Anblick einer weinenden Frau eine »Überfunktion der Tränendrüsen« feststellen und eine Behandlung mit Belladonna und adstringierenden Mitteln, Einschränkung der Flüssigkeitsaufnahme und salzlose Kost empfehlen würde sowie Vermeidung sexueller Exzesse, Tee, Tabak und Alkohol mit dem weiteren Vorbehalt, daß im Falle des Versagens dieser Maßnahmen eine Entfernung der Tränendrüsen unerläßlich sei.

Dennoch ist es wahr, daß mitunter der suggestive oder Straf-

[4] F. G. Crookshank: *Organ Jargon. Brit. J. of Medical Psychology*, Jan. 1931, S. 295-311.

wert solcher Therapien gute Resultate zeitigt, doch glaube ich, daß sie sehr viel öfter völlig nutzlos sind. Ein rationaler therapeutischer Ansatz würde den Patienten in die Lage versetzen, sich der unbewußten Einflüsse, die so abschreckend wirken, bewußt zu werden und sie abzuwehren. Wer die Frustration, die mit Impotenz und Frigidität verbunden ist, unterschätzt, wird kaum ein so ausgedehntes Behandlungsprogramm begrüßen, wie es die Psychoanalyse fordert. Er wird zu stolz sein, seine Enttäuschung einzugestehen, oder nur ungern der Tatsache ins Gesicht sehen, daß eine umfassende Charakterprüfung erforderlich ist, da Impotenz und Frigidität nur Symptome sind, die man isolieren und so behandeln möchte, als handelte es sich um eine nichtssagende Unbequemlichkeit und nicht um einen signifikanten Hinweis.[5]

Zusammenfassung

Die Hemmung sexueller Funktionen und Lust scheint eine weitere Form funktionalen fokalen Selbstmords zu sein, die durch eine Reaktion auf unbewußte Motive hervorgebracht wird, d. h. um unbewußte emotionale Konflikte zu lösen. Diese Konflikte entstehen aus Angst vor Strafe, Angst vor Repressalien, Angst vor der Bösartigkeit und den Folgen unbewußten Hasses, zusammen mit mangelndem erotischem Anteil am Geschlechtsakt infolge widerstreitender Ziele. Außerdem kann die Tendenz bestehen, die angemessene biologische Rolle zugunsten unbewußter »perverser« erotischer Befriedigungen abzulehnen oder aufzugeben. Das sind genau dieselben Motive, die wir zuvor bei Selbstzerstörungen anderer Art entdeckt haben: aggressive, selbstbestrafende und auf perverse oder unangemessene Art erotische.

Wir können demnach sagen, daß es sich bei Impotenz und Frigidität – der Zurückweisung normaler genitaler Lust – um fokale Selbstzerstörung handelt. Insofern Organe betroffen sind, könnte sie auch als »organische« Selbstzerstörung

---

[5] Viele Artikel in der psychoanalytischen Literatur beschäftigen sich mit diesem Thema. Eine neuere, fachkundige Arbeit ist die von Edmund Bergler: *Die psychische Impotenz des Mannes*. Bern 1937; ebenso vom gleichen Autor und E. Hitschman: *Frigidity in Women*. Washington D. C. 1936.

bezeichnet werden, doch entspricht das nicht der üblichen Bedeutung des Wortes. Gewöhnlich sind mit »organisch« strukturelle Veränderungen an einem Organ gemeint.

Aber – und das ist die Crux des Problems – viele Fälle von Impotenz weisen geringfügige strukturelle (»organische«) Veränderungen auf. Sind diese Ursache oder Wirkung? In jedem Fall sind sie mit selbstzerstörerischen *Motiven* verbunden und stellen *de facto* Selbstzerstörungen dar.

Dies führt uns zur Betrachtung unseres letzten Themas, den strukturellen *organischen* Schäden mit wahrnehmbaren selbstzerstörerischen Motiven. Diese sind Gegenstand des abschließenden Teils.

Teil V
Organischer Selbstmord

1. Das Gesamtheitskonzept in der Medizin

Bisher haben wir uns mit der partiellen Selbstzerstörung in Gestalt einer allgemeinen Persönlichkeitseinschränkung sowie in Form mittelbar oder unmittelbar ausgeführter fokaler Angriffe auf den Körper beschäftigt. Logisch gesehen, scheint es nur ein kleiner Schritt zu sein von diesen generalisierten und fokalisierten Selbstzerstörungen, die durch äußere Mittel hervorgerufen werden, zu jenen allgemeinen oder fokalen innerlichen Zerstörungsprozessen, die die Substanz der gewöhnlichen medizinischen Praxis bilden. Wenn man feststellt, daß sich hinter dem Impuls, sich ein Auge auszureißen oder ein Ohr abzuschneiden, tiefe unbewußte Absichten verbergen, wäre es dann nicht möglich, daß dieselben verborgenen Absichten mit Hilfe physiologischer Mechanismen in Krankheiten des Auges oder des Ohres ihren Ausdruck finden? Wenn, wie wir gesehen haben, bei vielen Menschen starke Impulse vorhanden zu sein scheinen, sich Hunger oder Schlägen auszusetzen, sich zu kasteien oder sich einem fortgesetzten Sterben zu überlassen, können wir dann nicht vermuten, daß z. B. für eine Lungentuberkulose nicht nur ein Bazillus verantwortlich sein mag, der bekanntlich weitverbreitet, aber sehr schwach ist und bei Menschen zu gedeihen pflegt, die weitere Merkmale von Lebensuntüchtigkeit aufweisen? Wir haben gesehen, daß manche Menschen darauf aus sind, sich ein Organ nach dem anderen chirurgisch entfernen zu lassen, und daß dieser Zwang zur Opferung eines Organs auf ganz unbewußten selbstzerstörerischen Motiven beruht, die als scheinbar selbsterhaltend ausgegeben werden. Ist es da nicht begründet zu fragen, wann dieser fokalisierte selbstzerstörerische Impuls Gestalt gewonnen und sein Werk begonnen hat? Denn nicht alle Operationen dieser Art sind vom physikalischen oder pathologischen Standpunkt »unnötig«. Ist es nicht denkbar, daß der chirurgische Eingriff, der als Opfer gewählt wird, nur eine plötzliche Beschleunigung oder den letzten Schritt eines fortschreitenden selbstzerstörerischen Prozesses darstellt, der sich auf ein Organ konzentriert hatte?

Solche Fragen pflegen bei Ärzten und Laien massiven Widerstand und Ungläubigkeit hervorzurufen. Einer der Gründe dafür ist sonderbarerweise theologischer Art. Viele Jahrhunderte hindurch wurde das Fehlverhalten eines Organs als vom »Willen« unabhängiges medizinisches Problem angesehen, das deshalb den Geboten von Kirche und Staat nicht unterworfen war. Das Funktionieren der Gliedmaßen hingegen war eine andere Sache. Die »zentralnervöse« Versorgung und die gestreifte Muskulatur dieser Körperteile bildeten die Grundlage, sie von wissenschaftlicher Immunität auszuschließen. Daher überantwortete einen das Fehlverhalten von Leber und Herz automatisch den Ärzten, während man durch das Fehlverhalten von Armen und Beinen der Gnade von Richtern und Priestern (später auch der Psychiater) ausgeliefert wurde. Erst viel später wurden manche dieser Fälle durch die medizinische (wissenschaftliche) Einstellung zum Verhalten ihren menschlichen, allzu menschlichen Hütern entrissen. In der Tat ist dies noch immer kaum allgemein bekannt; die Erkenntnis, daß das Verbrechen eine völlig logische, kausal vorbestimmte Reaktion auf gewisse Stimuli und Fähigkeiten ist, übersteigt das Verständnis des Durchschnittsbürgers.

Dennoch geht die gegenwärtige Strömung ganz in Richtung eines solchen Gesamtheitskonzepts. Die traditionellen moralistischen und legalistischen Methoden der Verhaltensbeobachtung werden allmählich durch eine wissenschaftliche psychiatrische Methodologie ersetzt. Sicherlich ist sie nach Ansicht vieler Psychiater noch immer auf die Behandlung des Psychotikers beschränkt, aber bei der Arbeit mit sogenannten »Geisteskranken« erkannten die Psychiater, daß diese leichter zu verstehen und weniger rätselhaft sind als die konventionelleren Gegenstände der allgemeinen medizinischen und soziologischen Forschung. Die Psychiatrie ist sogar so weit gegangen, ihre Methoden und Theorien auf den überlieferten Stoff der Allgemeinmedizin anzuwenden. Wir haben erst den Anfang gemacht, aber – gestützt auf einige praktische Ergebnisse – einen aussichtsreichen.

Wegen der eigentümlichen Dichotomien von Geist und Materie, Geist und Körper, die das menschliche Denken im Mittelalter beherrschten und gewisse praktische Vorteile haben – oder zu haben scheinen –, ist ein pathologisches Verhalten wie Selbstmord bisher kaum als medizinisches Problem erkannt worden. Die Einstellung von Staat und Kirche zum Selbstmord ist weit besser definiert als die der Medizin. In einer umfassenden Erörterung der verschiedenen Formen, in denen Selbstzerstörung praktiziert wird, können wir uns nicht auf die Arme-Beine-Methode beschränken; wir müssen auch andere Ausdrucksformen in Betracht ziehen, in denen diese Motive sich äußern, und das führt uns direkt in psychiatrische und medizinische Bereiche. Jeder Mensch hat eigene Zerstörungsmethoden, die zweckmäßig und manchmal auch absichtsvoll sein können. Vielleicht ist organische Krankheit *eine* solche Methode.[1]

Dieses Konzept widerspricht anatomischen oder physiologischen Tatsachen nicht. Seit Jahren wird diese Theorie von einigen scharfsinnigen und mutigen Medizinern vertreten, vor allem von Georg Groddeck in Europa und Smith Ely Jeliffe in diesem Land [den USA].[2] Wir wissen, daß die

[1] Ich habe irrtümlicherweise angenommen, daß der Ausdruck »organischer Selbstmord« im Sinne der Selbstzerstörung durch somatische Erkrankung meine eigene Schöpfung sei, doch ich stelle fest, daß er auch von mehreren anderen benutzt wurde; Hesnard und Laforgue (*Les Processus d'Auto-Punition*. Paris 1931) bemerken zum Beispiel: »Kranke Menschen begehen organischen Selbstmord«, und sie veranschaulichen das anhand von Fällen »aus allen Zweigen der Medizin, bei denen es den Anschein hat, als werde das organische Leiden zum Zwecke der Selbstbestrafung benutzt«.

[2] Vor über zwanzig Jahren hat Jelliffe zum ersten Mal diesen Gedanken geäußert, als er über einen Fall berichtete, bei dem eine Hautkrankheit mit einem Gefühlskonflikt verbunden war. Seither ist er seiner Ansicht treu geblieben und hat an seinen wissenschaftlichen Beobachtungen und Berichten festgehalten, trotz Skepsis und Widerspruch, und obwohl man ihn lächerlich zu machen versuchte. Untersuchungen über emotionale Faktoren bei Asthma, Bronchitis, Tuberkulose, Bluthochdruck, Nierenentzündung, Knochen- und Gelenkkrankheiten, Rückenmarksleiden, Fehlfunktionen der Schilddrüse und Sehstörungen entstammen seiner Feder. Es wäre unmöglich, hier die Titel seiner über 400 Arbeiten zu zitieren; außer den obengenannten seien hier nur noch *Psychopathology and Organic Disease*. Arch. of Neurology and Psychiatry, Bd. 8, 1922, S. 639; *The Death Instinct in Somatic and Psycho-Pathology*. The Psychoanalytic Review, Bd. 90, Apr. 1933, S. 121; *What Price Healing*. J. of the American Medical Assn., Bd. 90, 1930, S. 1393, genannt.

tiefen, beharrlichen Bedürfnisse des Individuums, die man neurologisch als »endogene Stimuli« bezeichnet, auf verschiedene Weise auf Organe und Muskeln einwirken. Die Übertragung kann auf chemischem oder physikalischem Wege erfolgen, etwa durch Hormone oder Nervengewebe. Neurale Übertragungen können durch willkürliche oder unwillkürliche Systeme erfolgen, die beide stimulierende und hemmende Fasern enthalten. Es ist daher theoretisch möglich, daß Impulse, die einem Trend oder einem grundlegenden Vorsatz zur Selbstzerstörung entstammen, über das vegetative Nervensystem vermittelt und von der längsgestreiften Muskulatur ausgeführt werden, so wie in der bekannteren Form Impulse des Zentralnervensystems an die quergestreifte Muskulatur weitergegeben werden. Dies würde dann zu einer Organschädigung führen, wie wir oben postuliert haben.

Die genaue Beschaffenheit der Schädigung, die einem Organ aus endogenen Ursachen widerfahren kann, ist die Crux der Frage nach der Psychogenese somatischer Krankheiten. Alle Ärzte wissen und stimmen darin überein, daß Lähmungen, Tremor, Geschwülste, Schmerzen, Schwächezustände, Krämpfe und andere »funktionale« Symptome an allen Körperteilen auftreten und unmittelbar mit psychischen Faktoren zusammenhängen können. Solche Symptome werden als *hysterisch* bezeichnet. Aber sie werden durchweg als reversibel betrachtet, d. h. sie führen nicht zu strukturellen Veränderungen im Organismus. Die Schädigung bzw. »Selbstzerstörung« des Organs ist eine funktionale oder gedankliche. So kennen beispielsweise alle Ärzte die hysterische Blindheit. Der Patient kann nicht sehen, obgleich eine Untersuchung der Augen keine feststellbare strukturelle Pathologie ergibt. In einem solchen Fall ist (meist vorübergehend) die *Sicht* zerstört, aber nicht das Auge. Praktisch gesehen ist dieser Unterschied jedoch ohne Bedeutung; nasses Schießpulver ist unbrauchbar, selbst wenn von seiner Substanz nichts verlorengegangen ist. Die meisten Ärzte glauben jedoch, daß solche funktionalen Störungen von der strukturellen Pathologie eines »organischen« Leidens völlig verschieden seien und nichts damit zu tun hätten.

Drei Dinge verhindern aber, daß wir uns mit einer so einfachen Erklärung zufriedengeben:

1. werden diese »hysterischen« Läsionen manchmal chronisch und strukturell.
2. Wirkliche, sichtbare Schädigungen des Körpergewebes können und sind durch Suggestion hervorgerufen worden, d. h. allein durch die Macht von Gedanken.[3]
3. Die gleichen Motive konnten bei beiden Krankheitsformen, hysterischen und organischen, nachgewiesen werden. Eine Untersuchung ergibt oft, daß die »organische« Krankheit nur Teil einer Erkrankung der Gesamtpersönlichkeit und in ein Schema eingefügt ist, das den definitiven Zweck zu haben scheint, das Selbst zu zerstören. Es kann sogar vorkommen, daß ein funktionales und ein organisches Leiden nebeneinander bestehen, die beide gleichsam demselben Bedürfnis dienen, oder aber eines tritt an die Stelle des anderen, je nachdem ob der selbstzerstörerische Impuls zu- oder abnimmt.

Diese drei Tatsachen zerstören die bequeme Illusion der Trennung des Geistes von der Materie, die im allgemeinen und im medizinischen Denken vorherrscht, wodurch der Arzt sich seiner Verantwortung enthoben fühlt, wenn nachgewiesen werden kann, daß ein Symptom psychische Ursachen hat. Er glaubt dann gern, daß der »Selbsterhaltungstrieb« kein biologisches Unheil dulden werde; daß man sich darauf verlassen könne, daß die »gesunden« *Körper*vorgänge gegen bösartige Umwelt- und psychische Kräfte korrigierend, aufbauend und abwehrend einschreiten werden, ganz gleich, was der »verrückte« *Geist* des Patienten tut. Er glaubt auch gern, daß der Patient zu ihm kommt, weil er Hilfe sucht, wenn ihn das Schicksal, Unglück, Bakterien oder irgendwelche anderen Eindringlinge überwältigt haben, gegen die er aufrichtig ankämpft, um seinen Körper intakt zu halten. Der Arzt möchte seine Augen vor der Tatsache verschließen, daß der Feind, gegen den der Patient kämpft, manchmal nicht von außen, sondern aus dessen Innerem kommt, ein Teil von ihm

---

[3] Das ist wiederholt klinisch und experimentell bewiesen worden, etwa bei der Entstehung von Pusteln (die Zeit zum Abheilen brauchten und Narben hinterließen) und anderen Läsionen wie auch bei der Entfernung von Gewebswucherungen (Warzen). Siehe H. F. Dunbar: *Emotions and Bodily Changes*. New York 1935, S. 374, 379-380 und 401 ff., sowie die umfangreiche Übersicht im *Journal of the American Medical Association*, 18. Jan. 1936, S. 235.

selbst und nur zu bereit ist, dem Arzt die Verantwortung für den Kampf zu übertragen und oft genug auch dazu, seine Bemühungen zu durchkreuzen. Bakterien, schlechte Ernährung und scharfe Ecken gibt es wohl, und sie verursachen Schäden, aber nicht selten kann man bemerken, daß diese Schäden provoziert wurden.

Die vorstehenden Bemerkungen könnten zu dem Schluß verleiten, daß ich den Beitrag der äußeren Realität zu den Krankheiten des Menschen zu leugnen versuche. Das ist nicht der Fall. Ich möchte vielmehr die Aufmerksamkeit darauf lenken, wie leicht es ist, die unbewußten Absichten des Individuums bei der Beurteilung seiner Krankheit zu vergessen oder zu vernachlässigen. Wir wissen, daß was als Unfall *erscheint,* oft der definitiven Absicht des Opfers entspringt; man wird sich erinnern, daß selbst eine nicht-psychoanalytische Körperschaft wie der National Safety Council sich fragt, ob es überhaupt »Unfälle« gibt. Die Menschen wählen Unheil – sie wählen Elend – sie wählen Strafe – sie wählen Krankheit. Nicht *immer,* nicht alle Menschen, nicht alle Krankheiten; aber es ist eine *Tendenz,* mit der man sich auseinandersetzen muß, die im allgemeinen von der Medizin nicht berücksichtigt wird, und die sich hinter verschiedenen plausiblen, aber falschen oder unzureichenden Erklärungen versteckt.

Man betrachte beispielsweise jene wohlbekannte organische Zerstörung, die wir Furunkel nennen. Als Ärzte sind wir dazu erzogen worden, Krankheit in physikalischem oder chemischem Sinne zu definieren. Wenn uns ein Patient mit einem Furunkel im Nacken vor Augen kommt, denken wir daher an alle möglichen Dinge, die wir aus Forschung und Erfahrung gelernt haben. Wir denken an die bakterielle Flora, mechanische Komplikationen, Blutzuckerkonzentration; wir denken an die Beteiligung chemischer Kräfte in Form von Immunität und Widerstand; wir denken an Leukozyten und Antigene, an die Konzentration des Wasserstoff-Ions im Blut; wir berücksichtigen die Dehnung der Haut, das Fieber, die Schmerzen und überlegen uns den besten Zeitpunkt und die beste Methode, dagegen anzugehen. Aber ich wage zu behaupten, daß die Gefühle, Wünsche, Enttäuschungen des Menschen mit einem Furunkel im Nacken uns (als Ärzten) nie in den Sinn kommen. Niemand, so vermute ich, glaubt ernstlich (ohne weiteres), daß es eine »Psychologie des Furunkels« gibt, oder daß emotionale Faktoren zu seinem Auftreten beitragen könnten. Ein konkretes Beispiel zeigt jedoch, daß das möglich ist. Ich wurde einmal von einer intelligenten, verheirateten, jungen Frau konsultiert, die unglücklich darüber war, daß sie den zahlreichen Verwandten ihres Mannes gegenüber nicht liebenswürdig sein konnte. Sie hatte es mit großer Anstrengung fertiggebracht, ihre Gefühle vor ihnen zu verbergen, aber offenbar nur, indem sie alle Feindseligkeit, die sie in ihr weckten, gegen sich selbst richtete. Als ihre Schwiegermutter sie drei Jahre vorher besucht hatte, waren »furchtbare Furunkel aufgebrochen, die jeder Behandlung widerstanden«, aber sofort verschwanden, nachdem die Schwiegermutter nach Hause gefahren war. Genau das gleiche geschah später mehrmals. »Immer wenn uns ein Familienmitglied besuchte, bekam ich prompt einen Furunkel!« Kurz bevor sie mich konsultierte – sie bereitete sich gerade auf den Besuch ihrer Schwiegermutter vor – bekam sie (statt eines Furunkels) einen »Nervenzusammenbruch«, der mit schwerem, zweieinhalb Monate dauerndem Ischias einherging.

Was bedeuten diese Phänomene? Man kann sie ignorieren oder behaupten, daß sie nichts zu bedeuten hätten, aber damit weicht man aus. Wir können sagen, daß wir nicht wissen, was sie bedeuten und damit einen löblichen wissenschaftlichen Freimut an den Tag legen, aber das schließt nicht aus, daß wir zu erkennen versuchen, was sie bedeuten *könnten.* Sie könnten natürlich als Zufall oder Simulantentum erklärt werden, doch diese Erklärungen erscheinen angesichts der relativen Häufigkeit des Phänomens wenig wahrscheinlich. (Ich meine natürlich nicht, daß Furunkel häufig durch Schwiegermütter bewirkt werden. Ich meine lediglich, daß wir sowohl in der medizinischen Literatur als auch in unserem Alltagsleben oft körperliche Krankheiten sehen, die in signifikantem Zusammenhang mit gefühlsgeladenen Ereignissen und Situationen stehen: die Stenotypistin, deren Hautausschlag im Gesicht verschwindet, wenn ihr verhaßter Chef in Urlaub geht; der Student, dessen Kopfschmerzen stets im Klassenzimmer eines bestimmten strengen Lehrers auftreten;

der Rechtsanwalt, der unerträgliche Schmerzen im rechten Arm bekommt, sobald er zur Linken seines Seniorpartners sitzt; der Konzertpianist, der an einer Karriere gehindert ist, weil er vor einem geplanten Konzert jedesmal einen starken Schweißausbruch an den Händen bekommt, sonst aber nie. Diese Liste könnte aus der Erfahrung jedes aufmerksamen Arztes ins Unendliche verlängert werden. Aber Furunkel kann man sehen und fühlen, und daher ist dieses Beispiel für uns sehr dienlich.)

Könnte es Hysterie sein? Das bedeutet, aus der Fachsprache übersetzt, daß es sich nicht um »wirkliche« Furunkel handelte, daß sie auf irgendeine unbestimmte Art unbewußt (nicht absichtlich) hervorgebracht und ihre Größe und Schmerzhaftigkeit übertrieben wurden. Worauf es ankommt, ist, daß es immer noch »Furunkel« waren, daß sie immer noch schmerzten, immer noch ihren Zweck erfüllten. Was ist damit gewonnen, wenn wir sie »hysterisch« nennen?

Bei der Untersuchung der Selbstverstümmelung (Teil III) und anderer selbst-zugefügter Verletzungen (man beachte, daß diese auch oft die Haut betreffen) stellten wir fest, daß die unbewußten Motive für solche Angriffe auf das Selbst ganz regelmäßig mit folgenden Umständen zusammenhängen: 1. Mit Impulsen, Groll oder Feindseligkeit gegen jemand oder etwas in der Umgebung zum Ausdruck zu bringen, die sich (auf andere Weise) nicht ausdrücken lassen; 2. Impulsen zur Selbstbestrafung als Reaktion auf das Schuldgefühl, das von solcher Feindseligkeit erzeugt wird, und 3. der erotischen Verwertung des Leidens in masochistischer Form. Außerdem gibt es natürlich die bekannten bewußten Motive für einen sekundären Krankheitsgewinn.

Nun sind wir durchaus in der Lage, diese Erklärung hypothetisch auf den eben genannten Furunkelfall zu übertragen. Die Vermutung erscheint völlig plausibel, daß die feindseligen Gefühle dieser Frau, deren Ursprung ganz verständlich war, nicht zufriedenstellend durch Wort oder Tat zum Ausdruck gebracht werden konnten, so daß sie zurückgehalten und gegen sie selbst gerichtet werden mußten, was aber nur dazu führte, daß sie durch einen unbekannten physiologischen Mechanismus organischen Ausdruck fanden. Wie in anderen Fällen diente dies dem erwähnten dreifachen Zweck.

Es brachte ihren Haß lebhaft zum Ausdruck; es bestrafte diese sehr gewissenhafte Frau dafür, weil sie die Feindseligkeit, deren sie sich schämte, zur Schau stellte, und es lieferte einen Grund für ein Selbstmitleid, das ihr sonst nicht erlaubt war. Schließlich schien es dem äußeren, sekundären Zweck zu dienen, den Besuch derjenigen zu verhindern, die sie zu sehen fürchtete. Auf diese Weise erreichte sie ihr Ziel, wenngleich um den Preis damit verbundener Unannehmlichkeiten.

Dies ist, so scheint mir, eine vollständigere und deshalb »wahrere« Erklärung für die Furunkel unter kausalen und therapeutischen Gesichtspunkten als die Analyse der verschiedenen Staphylokokkenarten, die an der Infektion beteiligt waren, wenngleich das eine das andere nicht auszuschließen braucht. Ich will nicht auf eine Psychogenese hinaus. Tatsächlich ist es nach dieser Konzeption – es sei denn aus praktischen Gründen – falsch, von Psychogenese zu sprechen, ebenso falsch wie die Beschränkung der »Genese« auf Physik oder Chemie. Die selbstzerstörerischen wie die selbsterhaltenden Tendenzen – seien sie psychischer, physikalischer oder chemischer Natur – scheinen im Organismus einen unausgesetzten Kampf auszufechten, und dieser Kampf spiegelt sich in den psychischen Erlebnissen und Empfindungen genauso wider wie in den physiologischen und strukturellen Prozessen, von denen wir etwas mehr wissen. Ich behaupte nicht, daß die psychischen Vorgänge ständig die *Vorherrschaft* hätten; ich meine lediglich, daß sie uns Gelegenheit geben, eine Art einheitliche Absicht in den physikalischen, chemischen, affektiven und Verhaltensmanifestationen der Persönlichkeit zu erkennen und zu interpretieren – vielleicht sogar, wie Freud vorgeschlagen hat, in allen biologischen Phänomenen.

Es hat den Anschein, als ob sich die unbewußten selbstzerstörerischen Tendenzen einmal bewußt und gewollt, ein andermal in unbewußten Angriffen gegen die inneren Organe oder einen Körperteil äußerten. Mitunter finden beide zu gemeinsamem Ausdruck. Nur gelegentlich und unter Schwierigkeiten sind wir in der Lage, die Beziehung zwischen beiden zu zeigen. In der Mehrzahl der Fälle ist dies wahrscheinlich ohne *praktische* Bedeutung, aber *theoretisch* bleibt es die

Aufgabe und Chance der Psychoanalyse, *die emotionalen Faktoren zu identifizieren und in spezifische Beziehung zu setzen, die zu somatischer Erkrankung beitragen.* Vielleicht wird das zukünftige Lehrbuch der Medizin eine systematische Darstellung der relativen Bedeutung der Umweltfaktoren und der inneren, emotionalen Faktoren bieten, die für das Auftreten jeder körperlichen Krankheit verantwortlich sind.[4] Das wird nur durch fortgesetzte, gemeinsame Anstrengungen von Internisten und Psychiatern möglich sein, wie sie in zunehmendem Maße zu beobachten sind.[5] Gleichgültig, ob sie die Hypothese verifizieren, daß die sogenannte organische Krankheit ihrem Motiv nach und faktisch eine Form der Selbstzerstörung darstellt oder nicht, können solche Untersuchungen nur zu einer umfassenderen Konzeption des Menschen als eines Produkts physikalischer, chemischer, psychischer und sozialer Kräfte beitragen.

Für den Augenblick wollen wir uns aber auf die Ausführung unserer Hauptthese beschränken, daß die in der organischen Krankheit implizite Selbstzerstörung eine psychische Repräsentanz besitzt, die sich manchmal feststellen läßt. Wir können auf die Formel für andere, bereits untersuchte Selbstzerstörungen zurückgreifen und einige organische Krankheitsfälle prüfen, wobei wir im Auge behalten wollen, ob die gleichen Elemente – Aggression, Schuldgefühl, Erotik – auch hier vorhanden sind (oder fehlen).

---

[4] Hinsichtlich des Nervensystems wurde das bereits von Jelliffe und White (*Diseases of the Nervous System.* 6. Aufl., Philadelphia 1935) getan. Im Vorwort stellen die Autoren fest:
»Ausgehend von der fundamentalen These, daß der menschliche Organismus ein offenes Energiesystem ist, das mit der Aneignung, Umwandlung und Lieferung von Energie beschäftigt ist, haben wir es unternommen, diesem Konzept auf der Basis der allgemeinen Prinzipien der Energieverteilung zu folgen, wie sie auf anderen Wissensgebieten erschlossen wurden.«
Mein Vorschlag bezog sich jedoch nicht nur auf das Nervensystem, sondern auf alle Bereiche der Medizin, Krankheiten des Herzens, der Lunge, der Verdauungsorgane, der Haut etc. Jelliffe selbst hat, wie erwähnt, viel zu der nunmehr rasch anwachsenden Literatur über dieses Thema beigetragen.

[5] Insbesondere im Institute for Psychoanalysis, Chicago, dem Presbyterian Hospital, New York, und der Menninger Clinic, Topeka, Kansas.

2. Der psychologische Faktor bei organischen Leiden

a) *Die selbstbestrafende Komponente*

Die Vorstellung, daß Krankheit eine Strafe sei, die die Götter den Menschen wegen ihrer Sünden auferlegen, ist Jahrhunderte alt. Vielleicht sind wir zu weit gegangen, als wir dies aus wissenschaftlichen Gründen als Aberglauben abtaten. Denn wir wissen, daß sich jeder Mensch seinen Gott oder seine Götter selbst schafft und ihnen gehorcht, und daß jeder Mensch sich Strafurteile auferlegt und sie ausführt. Die Behauptung, daß jede organische Krankheit eine solche Selbstbestrafung darstellen kann, wird wahrscheinlich keinen Widerspruch auslösen, doch würde nach allgemeiner Auffassung die Krankheit damit nur in den Dienst einer Sache gestellt werden, d. h. ein sekundärer Krankheitsgewinn bezweckt. Daß ein solcher Vorsatz bereits in die Ätiologie, die Wahl der Krankheit oder den Krankheitsverlauf eingegangen sein könnte, dürfte weniger Glauben finden.

Dennoch ist man beim Studium mancher organischer Leiden beeindruckt, wie stark und dominant dieses Strafbedürfnis des Individuums ist, was mitunter bereits vor dem Ausbruch der Krankheit in Erscheinung tritt. Man beobachtet, wie wichtig es für manche Menschen ist, ihr tägliches Maß an Strafe und Schmerz zu bekommen, und daß sie gezwungen zu sein scheinen, unverzüglich Ersatz zu schaffen, wenn es in der gewohnten Form von ihnen genommen wird. Manchmal tritt an die Stelle eines äußeren Kreuzes ein inneres, ein organisches Leiden, oder eine organische Krankheit tritt an die Stelle einer anderen.

Dickens *Little Dorritt* enthält ein gutes Beispiel für die intuitive Wahrnehmung dieses Prinzips durch den Schriftsteller. Mrs. Clenman, durch deren Missetaten in der Vergangenheit Mr. Dorritt lange Jahre im Schuldgefängnis zubringen mußte, ist nun selbst eine hilflose Kranke, die ihr Zimmer nicht verlassen kann. »Ein Gedanke schoß ihm [Mr. Dorritt] durch den Kopf. Entdeckte seine Mutter einen Ausgleich in der langen Gefangenschaft hier und ihrer eigenen langen Gefangenschaft in ihrem Zimmer? ›Ich gebe zu, daß ich an der Einkerkerung dieses Mannes mitschuldig bin. Ich habe

auf gleiche Weise dafür gelitten. Er ist in seinem Gefängnis verkommen, ich in meinem. Ich habe die Strafe bezahlt.‹«
Solche Beobachtungen führen uns zu der Vermutung – obgleich sie sie nicht beweisen –, daß dieses Bedürfnis und der Zwang, sich selbst zu bestrafen, als unbewußter determinierender Faktor hinter dem Auftreten des Symptoms und sogar der organischen Erkrankung steht. Wir wollen einige klinische Beispiele untersuchen.
Von einem 55jährigen Mann wußte sein Arzt, daß dieser seit mindestens zehn Jahren an essentiellem Bluthochdruck litt. In dem Jahr, das diesem Bericht vorausging, wurde er zunehmend zurückgezogener, ängstlich und leicht depressiv. Zugleich stieg sein Blutdruck trotz ausgezeichneter ärztlicher Behandlung langsam an und blieb meist auf 230. Eines Tages gestand er seinem Arzt, daß er in zahlreichen unbedeutenden finanziellen Angelegenheiten sehr nachlässig gewesen sei und bedauere, »nicht ein wenig moralischer« gelebt zu haben. (In Wirklichkeit war er stets äußerst gewissenhaft und, wie der Arzt sich ausdrückte, »anomal ehrlich« gewesen. Es war zum Beispiel seine Gewohnheit, zwei Cents in seine eigene Kasse zu legen, wenn er sich eine Briefmarke nahm.) Die zunehmende Depression gipfelte in einem extrem gewaltsamen und blutigen Selbstmordversuch, bei dem der Tod nur durch die Geschicklichkeit und Aufmerksamkeit seiner Pfleger verhindert wurde. In der Folgezeit unternahm er zahlreiche Selbstmordversuche.
Hier haben wir Beweise für einen unerträglichen oder nicht zu besänftigenden selbstzerstörerischen Drang, der hauptsächlich durch ein tyrannisches Gewissen bestimmt wurde. Psychologisch erscheint dieser als übergroße Gewissenhaftigkeit, die in Schuldgefühle und Selbstanklagen, dann in Depression und schließlich in offen selbstzerstörerisches Verhalten einmündet. Physiologisch sehen wir eine Angstreaktion, die sich in hohem Blutdruck und vermutlicher Schädigung des Herzens und der Nieren zeigt. Mit anderen Worten, dieser Mann versuchte Selbstmord auf zwei Arten zugleich: auf mechanischem und auf physiologischem Weg. Beide Methoden der Selbstzerstörung entsprangen wahrscheinlich derselben Quelle, nämlich einem hypertrophen, man möchte fast sagen krebsartig wuchernden Gewissen. Da wir nur wenige

Details dieses Falls kennen, können wir auch nur eine hypothetische Erklärung anbieten, von der wir aber wissen, daß sie auf ähnlich gelagerte Fälle anwendbar war. Unerträgliche Benachteiligung führt zu unerträglichem Groll, der wegen mangelnder Gelegenheit zu einer Rechtfertigung oder eines angemessenen psychologischen Rahmens, um äußeren Ausdruck zu finden, von der Administration des Ichs für eine Weile verdrängt, nach innen gerichtet, absorbiert wird, was aber schließlich die Überschätzung seiner Anpassungsfähigkeit bewirkt. Damit soll herausgearbeitet werden, daß unbewältigte selbstzerstörerische Impulse, die unzureichend auf die Außenwelt gelenkt oder durch äußere Möglichkeiten ungenügend befriedigt werden, sich gegen das Selbst richten. In manchen Fällen erscheinen sie in Form einer ständig unterhaltenen Angst, die am Ende eben jenes Resultat zeitigt, das antizipiert und gefürchtet wurde, nämlich die Vernichtung.

Ein Fall, der die Stärke des selbstbestrafenden Elements sehr gut erkennen läßt, wurde von meinem Bruder und mir[1] mitgeteilt: Der Patient war ein 61jähriger Mann, der an einer organischen Herzkrankheit litt, die nach unserer Meinung entschieden mit seiner Psychopathologie zusammenhing. Seit über vier Jahren hatte er starke Schmerzen in der Brust, die in beide Arme und bis in die Handgelenke ausstrahlten und mit starken Schweißausbrüchen verbunden waren. Er hatte viele Ärzte konsultiert, die alle darin übereinstimmten, daß es sich um ein schweres Leiden handelte, und ihm Ruhe verordneten. Er bekam dann heftige Kopfschmerzen. Er führte ein sehr ruhiges Leben. Anderthalb Jahre bevor er zu uns kam, hatte er aufgehört zu arbeiten. Er hielt sich streng an die ärztlichen Verordnungen: Er frühstückte im Bett, erhob sich zum Mittagessen, ruhte danach ein paar Stunden, machte dann eine Ausfahrt von wenigen Meilen mit seinem Chauffeur, kehrte nach Hause zurück und legte sich wieder ins Bett. Doch trotz allem klagte er darüber, daß er sich niemals wohl fühle und niemals gut schlafe. Die Untersuchung ergab, daß er an einer allgemeinen Arteriosklerose unter Einbeziehung der Hirn- und Herzgefäße litt.

Zugleich oder sogar vor dem Beginn der Herzanfälle dieses

---

[1] Karl und William Menninger: *Psychoanalytic Observations in Cardiac Disorders*. American Heart Journal, Jan. 1936, S. 10.

Patienten hatte sich eine unbestimmte Nervosität eingestellt; er fühlte sich unbehaglich in Gesellschaft anderer, und nachts quälten ihn Träume über die Vergangenheit (insbesondere alte Geschäftspartner). Viele Jahre lang litt er unter schlechter Verdauung und einer Vielzahl anderer »Dickdarm«-Beschwerden; sie hatten das Ausmaß einer beginnenden paranoiden Psychose angenommen. Er gestand dem Arzt, daß er masturbiert habe und glaube, alle Leute in der Stadt wüßten von seiner Gewohnheit und redeten über ihn. Er war auch sehr beunruhigt wegen erotischer Träume, in denen gewöhnlich ein männlicher Bettgenosse zum Gegenstand von Annäherungsversuchen wurde, während er schlief; dieser zankte ihn dann deswegen aus.

Der Patient war Geschäftsmann in einer Kleinstadt gewesen; er war Junggeselle im Präsenium. Seine ganze Vorgeschichte (einschließlich einer Vorliebe für Prostituierte und männliche Gesellschaft in Hotels sowie eines fehlenden ständigen, reifen Interesses für irgendeine Frau) deutete auf starke unbewußte homosexuelle Neigungen, gegen die er bis vor kurzem erfolgreich angekämpft hatte. In letzter Zeit hatte er eine ausgeprägte Neigung zu männlichen Angestellten in seinem Haus gezeigt, aber obgleich es niemals zu einer homosexuellen Betätigung gekommen war, hatte doch zweifellos das Vordringen dieser Neigungen ins Bewußtsein mit zu der Angst beigetragen, die in den Krankheitssymptomen zum Ausdruck kam. Alle seine Symptome besserten sich in bemerkenswerter Weise, sobald er ins Sanatorium kam, wo er selbstverständlich vor solchen Versuchungen geschützt war. Seine paranoiden Züge verloren sich völlig. Obgleich es beachtliche Beweise für das Vorliegen einer Erkrankung der Herzkranzgefäße gab, besserte sich die Herzfunktion in wahrhaft überraschender Weise. Aber jedesmal wenn er überlegte, ob er nach Hause zurückkehren solle, wurden die Symptome wieder ernster. Es war klar, daß dem Patienten nicht nur die Behandlung im Krankenhaus sehr gut getan hatte, sondern auch die Entfernung von den Einflüssen, die seine Homosexualität übermäßig stimuliert hatten. Er konnte eine akzeptable Übertragung auf einen Arzt herstellen und so viel von seinem Strafbedürfnis und seiner paranoiden und hypochondrischen Abwehr gegen die Homosexualität aufgeben.

Die Tatsache der Besserung des Patienten stand außer Frage, obwohl es schwierig ist, den Anteil der psychologischen Faktoren an seiner Krankheit genau zu bestimmen. Es ist natürlich durchaus möglich, daß die mit dem Präsenium zusammenhängenden somatischen und viszeralen Störungen als Initialtraumen dienten, die ein wohlversiegeltes psychisches System zusammenbrechen ließen und dann bestimmte, weitreichende Rollen innerhalb dieses Systems übernahmen. Die mächtige Wirkung der Schuldgefühle im Zusammenhang mit dem gestörten Sexualleben ist jedoch ganz offensichtlich.[2]

Das Schuldgefühl pflegt besonders in Verbindung mit Verletzungen sexueller Konventionen evident zu werden, und es ist nicht überraschend, daß organische Schädigungen des Urogenitalsystems in unmittelbarem Zusammenhang mit solchen Episoden auftreten. Ich habe mehrere derartige Fälle erlebt und ausführlich über sie berichtet.[3] Tatsächlich bin ich auch aufgrund meiner Beobachtungen davon überzeugt, daß selbst Geschlechtskrankheiten manchmal zum Teil erworben werden, weil das Opfer die Infektion provoziert, nicht nur durch sein Verhalten (z. B. Leichtsinn), sondern durch eine unbekannte subtile Modifizierung der Geweberesistenz.

Affektionen des Auges lassen sich oft auf starke unbewußte Schuldgefühle zurückführen, und das ist sehr verständlich, wenn wir uns erinnern, daß das Auge vielleicht enger mit dem Sexualleben verbunden und identifiziert ist als jedes

---

2 Der folgende Fall liefert zwar nur einen Indizienbeweis ohne medizinische Bestätigung, doch lassen die Tatsachen als solche stark vermuten, auf welche Weise das Herz dem Strafbedürfnis durch den Tod entspricht, wenn andere Mittel versagen:
»In Mexico-City machte Z. Y., der versucht hatte, Selbstmord zu begehen, indem er sich unter einen Zug warf (was verhindert wurde), sich in den Kopf schießen wollte (die Pistole versagte) bzw. durch Ersticken (Verwandte drangen in die Wohnung ein), Ertrinken (er wurde aus dem Fluß gezogen), Erhängen (er wurde abgeschnitten), einen weiteren Versuch. Er kletterte auf das Dach seines Hauses, sprang herunter und starb – nicht durch den Sturz, sondern an *Herzschlag*.« (*Time*, 27. 7. 1931)
Man vergleiche dieses Beispiel mit den in Teil II genannten Patienten, die zahlreiche derartige Versuche machten, denen aber der Wille zum Sterben zu fehlen schien.
3 Karl Menninger: *Psychological Factors in Urological Disease. Psychoanalytic Quarterly*, Okt. 1936, S. 488-512.

andere Organ, außer den Genitalien selbst. In der frühen Kindheit ist es (in der Vorstellung des Kindes) fast so schlimm, etwas Verbotenes zu sehen, wie wirklich etwas Verbotenes zu tun. Tatsächlich gibt es ja eine bestimmte Form sexueller Perversion (Voyeurismus), bei der die Befriedigung nur darin besteht, etwas Verbotenes zu sehen, gewöhnlich eine nackte Frau oder ein kohabitierendes Paar. Die Psychoanalytiker erblicken darin die persistierenden unbefriedigten Wünsche des neugierigen Kindes. Wenn das zutrifft – und dafür spricht vieles –, dann ist die Tendenz universal[4], und wir brauchen uns nicht zu wundern, häufigen »Bestrafungen« des Auges für Phantasievergehen dieser Art zu begegnen.
Augenärzte spüren in der Regel nicht den emotionalen Faktoren nach, die sich hinter einer Augenkrankheit verbergen mögen, und obgleich viele Patienten, die einen Psychiater konsultieren, Augensymptome haben, ist es mitunter schwierig, sie einer speziellen Untersuchung zu unterziehen. Ein britischer Ophthalmologe[5] hat sich über das Wesen vieler »Augen«-Leiden sehr freimütig geäußert:
»Ich habe immer wieder festgestellt, daß Kopfschmerzen, Augenschmerzen, Unfähigkeit, sich aufs Lesen, Nähen oder

---

[4] Wie nahe dieser Impuls an der Oberfläche liegt, sieht man an der Beliebtheit von Burlesken, Schönheitstänzerinnen und knappen Badeanzügen.

[5] W. S. Inman: *Emotion and Eye-symptoms. British Journal of Psychology,* Bd. 2, 1921, S. 47-67. »Während der letzten fünfzig oder sechzig Jahre war es üblich, Refraktionsanomalien als Ursache vieler Krankheitssymptome anzusehen. Kopfschmerzen, Tics, Schlaflosigkeit, Konzentrationsschwäche, Lichtempfindlichkeit, Rötung und Tränen der Augen, Neuralgie, Anorexie, Verstopfung, Anämie, geistige Trägheit, Schläfrigkeit und Mattigkeit, Schielen, Migräne, viele Formen der Hysterie sind nur einige Beschwerden, die in modernen englischen Lehrbüchern direkt oder indirekt auf eine Überanstrengung der Augen zurückgeführt werden. Einige amerikanische Ophthalmologen äußerten sogar noch ausgefallenere Ansichten und behaupteten, Unmengen anderer Übel kuriert zu haben, indem sie Brillen verschrieben. Der geistige und seelische Zustand des Patienten wurde nicht berücksichtigt, und die Möglichkeit, daß dieser Zustand die Augensymptome beeinflußte und nicht umgekehrt das Augenleiden die allgemeinen Erscheinungen hervorbrachte, scheint sowohl dem Augenarzt wie dem praktischen Arzt entgangen zu sein. In der vorliegenden Arbeit soll gezeigt werden, daß das Auge selten andere als Augensymptome hervorbringt, es sei denn, der Patient ist gefühlslabil, und daß sich sein Befinden häufig nicht durch Brillen bessert, sondern durch Suggestion oder aber weil ein Ausgleich in seinem Innenleben stattgefunden hat, von dem der Augenarzt gewöhnlich nichts weiß.«

feinere Arbeiten zu konzentrieren, zu einem Zeitpunkt begannen, als ein emotionaler Streß bestand. Sonderbarerweise ist sich der Patient dieser Tatsache nie bewußt und immer erstaunt, wenn man ihn darauf aufmerksam macht.«

Ich war jedoch einmal von einem 24jährigen Mädchen sehr beeindruckt, das in den vergangenen zwölf Jahren fast nichts anderes getan hatte, als von einem Augenspezialisten zum anderen in den ganzen Vereinigten Staaten zu eilen. Schule, Geselligkeit und andere Aktivitäten waren aufgegeben worden, entweder weil der Zustand ihrer Augen das nicht erlaubte oder weil sie ständig damit beschäftigt war, Ärzte aufzusuchen. Sie klagte über Schmerzen und immer wenn sie ihre Augen benutzen wollte, hatte sie das Gefühl, daß sie aus den Höhlen fallen würden. Viele der von ihr konsultierten Spezialisten hatten Übungen, Tropfen und andere Behandlungen verordnet, aber einige hatten ihr erklärt, ihr Zustand habe in erster Linie psychische Ursachen.

Das konnte bewiesen werden. Die Krankheit war nach der Nachricht vom Tod ihres Bruders im (Ersten) Weltkrieg akut zum Ausbruch gekommen. Sie hatte diesen Bruder als Kind sehr beneidet, so beneidet in der Tat, daß sie viele Phantasien hatte, wie sie ihn tötete oder kastrierte. Sein Tod machte ihr frühere Schuldgefühle wegen solcher Ideen bewußt.

Der Geschlechtsneid schien in ihrem Fall damit zusammenzuhängen, daß sie heimlich etwas angeschaut hatte. Sie wollte wissen, ob ihr Bruder von ihr verschieden war, und sie vergewisserte sich, indem sie heimlich an sein Bett ging und ihn betrachtete, während er schlief. Die Schuld hatte demnach nicht nur mit dem Neid auf den Bruder zu tun, sondern auch mit dem heimlichen Betrachten.

Seither habe ich zahlreiche Fälle etwa gleichartiger Augenbeschwerden gesehen, bei denen Angst zu verschiedenen Graden von Unfähigkeit, sich der Augen zu bedienen, sowie zu sekundären physischen Veränderungen führte, z. B. Blutandrang im Gehirn, Ödemen, Schmerzen und Muskelschwäche. Die unbewußte symbolische Identifizierung des Auges mit den Genitalien ist besonders geeignet, dieses Organ zur ersatzweisen Selbstbestrafung im Zusammenhang mit sexuellen Schuldgefühlen zu nutzen.

Daß funktionale Augenkrankheiten schwerere organische

Läsionen nach sich ziehen, ist meines Erachtens ziemlich sicher, doch klinische Beweise dafür sind selten. Das selbstbestrafende Element bei einer zweifellos organischen Augenerkrankung trat jedoch in einem von Groddeck[6] kürzlich berichteten Fall lebhaft in Erscheinung:

»Er (der Patient) war in einem Bergdorf fern aller Zivilisation aufgewachsen; er hatte niemals eine Schule besucht, sondern seine Kindheit als Hirtenjunge verbracht. Erst nachdem er in späteren Jahren von zu Hause fortging, lernte er lesen und schreiben. Mit vierzehn Jahren lernte er beim Dorfschuster das Schuhmacherhandwerk. Vom Morgen bis in die Nacht hinein mußte er schweigend bei seiner Arbeit sitzen, und seine einzige Zerstreuung war die Unterhaltung seines Meisters mit Vorübergehenden. Unter denen, die in den Laden kamen, war ein Blinder, den alle Dorfbewohner als Gotteslästerer bezeichneten. Sie waren so unwissend, daß sie fest daran glaubten, Gott habe ihn zur Strafe erblinden lassen, weil er nicht zur Kirche ging.

Dieser Mann hatte auf den Jungen einen unvergeßlichen Eindruck gemacht. Nach einiger Zeit gab er das Schuhmacherhandwerk auf und ging auf die Wanderschaft, denn er litt unter Netzhautblutungen, und der Arzt hatte ihn ermahnt, eine andere Arbeit zu suchen, die weniger schädlich für seine Augen wäre. Jahre später konsultierte er mich, denn seine Augen waren allmählich schlimmer geworden, und der Augenarzt hatte ihm gesagt, daß man nichts mehr für ihn tun könnte. Die Netzhautblutungen kehrten ständig wieder. Gerade an dem Tag, als er mich aufsuchte, hatte der Augenarzt eine frische Blutung entdeckt. Er erzählte mir, die schlimmste Zeit für die Blutungen sei der Herbst; auch litte er im Herbst – so wie jetzt im Oktober – unter starken Depressionen. Als ich ihn fragte, wie er sich das Auftreten der Blutungen im Oktober erkläre, meinte er, es könne etwas mit dem Sterben in der Natur zu tun haben. Das Fallen der Blätter mache ihn traurig, und es könnte gut sein, daß seine Augen aus diesem Grunde schwächer würden. Außerdem fiel ihm bei dieser Gelegenheit ein weiterer Grund für die Blutung ein: seine kleine Tochter hatte ihm beim Spiel ins Auge ge-

---

[6] Georg Groddeck: *The Unknown Self*. London 1929, S. 113-117.

schlagen. Zu jener Zeit neigte ich noch zu recht kühnen Assoziationen, und so sagte ich ihm, es müsse zwar eine Verbindung zwischen dem Herbst und seinen Netzhautblutungen geben, doch könne es offensichtlich nichts mit dem Sterben in der Natur zu tun haben, da Baden-Baden im Oktober nicht an den Tod denken ließe, sondern eher an glühendes, feuriges Leben. Ich fragte den Patienten, ob ihm jemals im Oktober etwas Schweres widerfahren sei, aber er verneinte das. Da ich nicht überzeugt war, bat ich ihn, eine Zahl zu nennen, und er nannte mir die »Acht«. Auf meine Frage, ob ihm etwas passiert sei, als er acht Jahre alt war, gab er wiederum eine negative Antwort. In diesem Augenblick fiel mir ein, daß er mir von dem Blinden erzählt hatte, der als Gotteslästerer bezeichnet worden war, und ich fragte ihn, ob er jemals Gott gelästert habe. Er lachte und sagte, daß er als Kind sehr fromm gewesen sei, aber seit vielen Jahren aufgehört habe, sich über solche Dinge wie Gott und die Kirche Gedanken zu machen. Sie seien nur Schreckgespenster, mit denen die einfachen Leute betrogen würden. Plötzlich stammelte er, wurde blaß und sank bewußtlos auf seinem Stuhl zusammen.
Als er wieder zu sich kam, fiel er mir weinend um den Hals und sagte: »Herr Doktor, Sie haben recht. Ich bin ein Gotteslästerer, genau wie der Blinde, von dem ich Ihnen erzählt habe. Ich habe keiner Seele jemals davon erzählt, nicht einmal in der Beichte, und wenn ich jetzt daran denke, finde ich es fast unerträglich. Und Sie haben auch mit dem Herbst und mit meinem achten Lebensjahr recht. Alles geschah im Herbst, als ich acht Jahre alt war. In meiner Heimat, die streng katholisch ist, gibt es hölzerne Kruzifixe an den Ortsausgängen. Gegen ein solches Kruzifix warfen meine Brüder, ich und noch ein paar andere Jungen Steine, und ich hatte das Unglück, die Christusfigur zu treffen, so daß sie herunterfiel und in Stücke sprang. Das war das furchtbarste Erlebnis in meinem ganzen Leben.«
Nachdem er sich ein wenig beruhigt hatte, erklärte ich ihm, daß ich die heutige Blutung nicht mit dem Schlag ins Auge, den ihm seine kleine Tochter beigebracht hatte, in Verbindung bringen könne. Es müsse eine andere Beziehung geben; er solle an den vorangegangenen Tag denken und mir irgendeine Stunde nennen. Er sagte: »Fünf Uhr.« Auf die Frage, ob

er sich erinnere, wo er zu jener Zeit gewesen sei, erwiderte er, er wisse es ganz genau, weil er um fünf Uhr an einer bestimmten Stelle in die Straßenbahn gestiegen sei. Ich bat ihn, diese Stelle nochmals aufzusuchen, und als er zurückkam, erzählte er mir einigermaßen aufgeregt, daß genau gegenüber der Stelle, wo er die Straßenbahn bestiegen hatte, ein Kruzifix stehe.

Ich erklärte ihm, daß es möglich sei, jede Krankheit als eine Schutzmaßnahme gegen ein schlimmeres Geschick anzusehen. So ließe sich der Gedanke nicht abweisen, daß Netzhautblutungen auftreten, um den Leidenden daran zu hindern, etwas zu erblicken – in diesem speziellen Fall, um den Patienten angesichts des Kreuzes nicht an seine Gotteslästerung zu erinnern.

Es ist gleichgültig, ob diese Vermutung zutrifft oder nicht, und ich weiß sehr wohl, daß sie keine vollständige Erklärung des Problems der Krankheit ist, aber für die Therapie ist es unerheblich, ob das Handeln des Arztes korrekt ist oder nicht; es kommt lediglich darauf an, daß der Patient von diesem Handeln Gebrauch macht, um gesund zu werden. Ich muß annehmen, daß der Patient von meinen Beobachtungen in dieser Weise Gebrauch machte, denn er hatte längere Zeit keine weiteren Blutungen, obwohl er seine Tätigkeit im Freien aufgab und eine sitzende Beschäftigung annahm, bei der er viel schreiben mußte. Zwei Jahre später hatte er einen neuen Anfall, von dem sich herausstellte, daß er mit dem Anblick eines Eisernen Kreuzes zusammenhing, das ein ehemaliger Soldat trug. Die Blutung hörte auf und seit jener Zeit vor nunmehr dreizehn Jahren kam es überhaupt nicht mehr zu Blutungen, obwohl er jetzt Buchhalter ist und seine Augen mehr gebrauchen muß als die meisten Menschen«.

Auf der Suche nach Beispielen aus einem weiteren medizinischen Bereich finden wir einige der dramatischsten Illustrationen für den Einfluß des Selbstbestrafungsmotivs in Fallberichten über Erkrankungen der Schilddrüse oder den Kropf. Es ist eine anerkannte medizinische Tatsache, daß die Schilddrüse Teil des physiologischen »Gefühls«-Apparates ist, und daß manche Formen des Kropfes im allgemeinen, wenn nicht immer, durch ungewöhnliche emotionale Reize und Streß *ausgelöst* werden. Der spezifische Charakter der durch solche Belastungen hervorgerufenen Emotionen wird gewöhnlich im Verlauf der dringenderen chirurgischen Kropfbehandlung übersehen, für unsere Untersuchung ist er jedoch von großem Interesse.

Bei vielen dieser Emotionen scheint die Angst (oder der Wunsch), bestraft zu werden, stark im Vordergrund zu stehen. Die Ärzte Newburgh und Camp[7] aus Ann Arbor berichteten den Fall einer 32jährigen Frau, die an hochgradiger Überfunktion der Schilddrüse und anderen Drüsensymptomen litt. Die Exploration der Patientin ergab, daß der Kropf sich entwickelt hatte, während sie ihre kranke Mutter pflegte. Sie war von dem Gedanken besessen, daß sie etwas getan habe, das zum Tode ihrer Mutter beitragen könnte, und als die Mutter nach einigen Monaten starb, in denen das Schuldbewußtsein der Patientin sich verstärkte, wurde sie eine Zeitlang von Angst überwältigt. Diese (und der Kropf) ging unter der Behandlung zurück, brach aber im Zusammenhang mit einem anderen Vorfall, der ethische Probleme aufwarf, aufs neue hervor. Durch eine psychotherapeutische Behandlung erholte sie sich, und aus einer persönlichen Mitteilung ihres Arztes geht hervor, daß sie sich noch nach einem Jahr bei guter Gesundheit befand.

Emerson[8] hat mehrere Fälle von Kropf mitgeteilt, die er unter psychologischen Gesichtspunkten untersucht hat, und bei denen sich einige erstaunliche Befunde zeigten, die mit unserem Thema in Beziehung stehen. So hatte eine Frau nach einer recht leichtlebigen Jugendzeit einen sehr moralischen Mann geheiratet, der sich wegen irgendwelcher von ihr eingestandener oder von ihm entdeckter Vergehen *in ihrer Gegenwart erschoß*. Die typischen Symptome ihres Schilddrüsenleidens, einschließlich der Schwellung der Drüse, stellten sich prompt ein und waren vier Wochen nach diesem Ereignis in voller Blüte!

Ein weiterer Fall ist der eines 22jährigen Mannes, bei dem unmittelbar nachdem er zum Vorarbeiter einer Kolonne ge-

---

[7] L. H. Newburgh und C. D. Camp: *The Influence of Anxiety States on the Thyroid Gland. Annals of Clinical Medicine,* Juni 1926, S. 1006-1011.

[8] Chas. P. Emerson: *The Emotional Life and Its Importance in the Production of Pathological Conditions. Journal of the Indiana Medical Association,* 15. 12. 1926, S. 475.

macht worden war, die einen wichtigen Bauauftrag ausführen sollte, eine typische Hyperthyreose auftrat. Die Furcht, bei dieser ersten Aufstiegschance zu versagen, scheint zur Bildung eines Kropfes geführt zu haben, der wenige Wochen nach der Beförderung auftrat. Außerdem berichtete der Patient, daß er sich in den Südstaaten verlobt hatte, während er dort arbeitete. Unmittelbar danach bekam er Streit mit dem Mädchen, *woraufhin sie einen Selbstmord vortäuschte, einige Tabletten schluckte und schreiend vor ihm zu Boden fiel.* Der Patient verließ daraufhin sofort diese Gegend und erfuhr erst später, daß das Mädchen ihn getäuscht hatte.

Bei einem dritten Fall handelt es sich um eine 22jährige Amerikanerin mit starkem Kropf, Exophthalmus, extremer Unruhe, Tremor, Schnellsprechen und Abmagerung, die vor kurzem einen wesentlich älteren Mann geheiratet hatte. Soweit man wußte, war die Ehe gut gewesen, bis sie eines Tages Schreie hörte, *aus dem Hause stürzte und sah, wie ihr Mann seine beiden Brüder erschoß.* Sie war die einzige Zeugin und mußte sich den Behörden zur Verfügung halten. Ihr Mann plädierte auf Notwehr und wurde zu lebenslänglichem Gefängnis verurteilt statt zum Tode, aber er machte seiner Frau Vorwürfe, weil ihre Aussage nicht so überzeugend gewesen sei, daß er freigesprochen wurde. Kurz danach wurde sie ins Krankenhaus eingeliefert. Die Patientin und ihre Mutter erklärten, der Kropf habe sich innerhalb von sieben Tagen nach dem Vorfall entwickelt.[9]

Kürzlich wurde ich von einer 45jährigen Frau konsultiert, die seit zwanzig Jahren einen Kropf hatte und während dieser Zeit von den besten Ärzten beraten worden war. Sie war mehrmals operiert und auch auf andere Weise behandelt worden, ohne anhaltende Erleichterung zu finden. Am interessantesten war für mich jedoch die Art des Ausbruchs der Krankheit und ihr bemerkenswertes Verständnis dafür. Ich fragte sie, weshalb sie nunmehr einen Psychiater konsultiere.

»Wegen meiner Nervosität«, sagte sie. »Die Ärzte behandeln

---

[9] Der Ausgang dieses Falls ist sogar noch überzeugender als die außergewöhnlichen Umstände seines Beginns. Unzufrieden mit der Entscheidung der Chirurgen, den starken Kropf nicht zu operieren, ging die Patientin in ein anderes Krankenhaus, wo sie einen Chirurgen fand, der zur Operation bereit war, aber die Patientin starb am Tage der Operation.

meinen Kropf, aber sie behandeln nicht meine Nervosität. Die Nervosität kommt vom Kropf.«

»Halten Sie es für möglich, daß das Gegenteil wahr sein könnte«, fragte ich, »daß der Kropf auf die eine oder andere Art von der Nervosität kommen könnte?«

»Ja, Herr Doktor, das habe ich immer geglaubt. Nämlich wegen der Art, wie es begann. Wissen Sie«, fuhr sie ohne zu zögern fort, »wir hatten nämlich eine Tragödie in der Familie.« (Hier brach sie in Tränen aus.) »*Mein Bruder hat meine Stiefmutter erschossen.* Ich glaube, daß das etwas mit meinem Kropf zu tun hat. Er stellte sich unmittelbar danach ein ... sie brachten ihn ins Gefängnis ... und später fanden sie ihn dort in einem Brunnen, ertrunken ... Vielleicht hat er es selbst getan.«

Es war sehr auffallend, daß mein Fall den drei von Emerson berichteten insofern so sehr ähnelte, als Mord mit dem Beginn des Kropfes einherging. Ich stellte weitere Nachforschungen an, die meines Erachtens die Mechanismen, die im eben genannten Fall wirksam waren, spezifischer erklären.

Der Bruder der Patientin war zwei Jahre jünger als sie; es gab keine weiteren Geschwister. Die Mutter war mit 35 Jahren gestorben, als die Patientin sieben Jahre alt war. Danach lebte sie bei ihren Großeltern, die den Jungen sehr verwöhnten und sich um die Patientin so gut wie überhaupt nicht kümmerten. Die Kinder kehrten später ins Haus des Vaters zurück, der inzwischen eine reizbare, strenge und herrschsüchtige Frau geheiratet hatte. Einige Jahre später – scheinbar ohne unmittelbaren Anlaß – hatte der Bruder die Stiefmutter getötet.

Es gibt natürlich keinen Beweis dafür, daß der Kropf durch den emotionalen Schock, den der Mord bedeutete, verursacht wurde, aber die chronologische Verbindung ist auffallend. Eine psychologische Rekonstruktion, die mit unseren Erfahrungen in anderen Fällen übereinstimmt (siehe insbesondere den Suizid à deux), würde besagen, daß dieses Mädchen sowohl die Stiefmutter als auch den Bruder haßte, und als einer der beiden den anderen tötete, fühlte sie sich ebenso schuldig, als hätte sie es selbst getan. Sie war von dem Opfer stets benachteiligt und für das schlechte Benehmen des später zum Mörder gewordenen Bruders verantwortlich gemacht worden.

Mit anderen Worten, da sie vorher stets für seine Missetaten bestraft worden war, erwartete sie nun unbewußt, wiederum bestraft zu werden.

Die Tatsache, daß in unseren eben genannten vier Fällen die Hyperthyreose anscheinend durch den Anblick eines gewaltsamen Todes ausgelöst wurde, mag nur ein Zufall sein. Ich muß gestehen, daß ich über diese Entdeckung sehr überrascht war. Diese Überraschung wurde noch größer, als ich bei der Lektüre von Therese Benedeks neuer Arbeit[10] feststellte, daß von zwei der dort vorgestellten Patienten mit einer Hyperthyreose der eine im Hause einer Frau lebte, die Selbstmord begangen hatte und die Schilddrüsenerkrankung unmittelbar danach auftrat, während im zweiten Fall die Patientin zwar nicht Zeugin eines gewaltsamen Todes war, aber unter der Zwangsvorstellung litt, an der Ermordung eines jungen Mädchens schuld zu sein, dessen Leiche man gefunden hatte, und die sich nicht von der Selbstanklage freimachen konnte: »Du bist die Mörderin! Du hast das Mädchen getötet.« Beide Patienten von Dr. Benedek betrachteten sich demnach als Mörder.

Das sind nur wenige Fälle, verschwindend wenige im Vergleich zu den Tausenden ähnlicher Erkrankungen, die täglich von Ärzten ohne psychologische Nachforschungen[11] untersucht und behandelt werden. Aber meine Absicht war es auch nicht zu zeigen, was *stets* vorliegt oder vorkommen kann, sondern an wenigen Beispielen darzustellen, was *manchmal* vorliegt. Eines fällt allerdings, wie ich meine, an diesen Beispielen ins Auge, nämlich das ungeheure Schuldgefühl und die entsprechende Furcht vor Strafe bzw. das zwingende Strafbedürfnis. Wir können natürlich nicht widerlegen, daß

---

10 Therese Benedek: *Mental Process in Thyrotoxic State. Psychoanalytic Quarterly,* April 1934, S. 153.

11 Es ist nur fair anzuerkennen, daß zahlreiche fortschrittliche Internisten die Bedeutung des psychologischen Faktors bei Kropf, Herzleiden, Magen-Darm-Störungen, verschiedenen Hautkrankheiten und anderen Erkrankungen erkannt haben. Manche von ihnen haben darüber hinaus sorgfältige psychologische Untersuchungen ihrer Patienten vorgenommen. Dunbar (*vide infra*) hat Tausende solcher Berichte gesammelt. Meine Absicht ist es nicht, eine Zusammenfassung der gesamten wissenschaftlichen Arbeiten über dieses Thema zu bieten, sondern anhand dieser wenigen Beispiele auf den Charakter der psychologischen Faktoren, die hier am Werk sind, hinzuweisen.

diese Patienten nur etwas als »Strafe« nutzten, was ohnehin aufgetreten wäre (z. B. der Kropf). Aber es gibt keine bessere Erklärung für den Beginn des Leidens; keinerlei Tatsachen widersprechen unserer Hypothese und das Bild entspricht dem, was wir bei jenen offenkundigeren Formen von Selbstzerstörung beobachtet haben, an denen das zentrale Nervensystem beteiligt ist.

b) Die aggressive Komponente

Es fällt nicht schwer zu glauben – wie es das einfache Volk stets getan hat –, daß Krankheit eine Strafe darstellt, und wir haben gesehen, daß durch wissenschaftliche Beweise diese Vorstellung insoweit unterstützt wird, als einem unbewußten Schuldgefühl ein Teil der Motivation bei organischen Krankheiten zugeschrieben wird. Aber es ist weniger offensichtlich, daß sich hinter Schmerz, Elend und Arbeitsunfähigkeit aggressive Motive verbergen. Dennoch müssen so starke Strafbedürfnisse eine Ursache, ein Motiv haben. »Wo Rauch ist, da ist auch Feuer.«
Unsere nächste Nachforschung sollte daher dem – realen oder phantasierten – Vergehen gelten, das zu dieser Form der Selbstbestrafung in Beziehung steht. Mit anderen Worten, welche Beweise gibt es, daß auch aggressive Impulse an der Entstehung organischer Leiden beteiligt sind?
Das Vorhandensein eines starken, aber verdrängten Hasses ist bei verschiedenen Formen somatischer Erkrankungen verblüffend deutlich; Beispiele dafür wurden psychologisch untersucht. Bei der Untersuchung von Herzleiden fanden mein Bruder und ich beispielsweise Gründe für die Annahme, daß sich in Herzsymptomen und vermutlich in Herzkrankheiten selbst starke aggressive Tendenzen, die *total* verdrängt worden waren, widerspiegelten und darin zum Ausdruck kamen. Wie bekannt, pflegen Herzkrankheiten sehr oft bei äußerlich sanften Menschen aufzutreten – in unserer Versuchsreihe bei Männern, die stark an ihre Väter gebunden waren und häufig ihren Müttern mehr oder weniger feindselig gegenüberstanden. Die bewußte Zuneigung zum Vater verwischt gewöhnlich die tiefverborgene Feindseligkeit ihm gegenüber völlig.

Wenn dann der Vater an einer Herzkrankheit oder entsprechenden Symptomen leidet, ist es für gewisse Söhne typisch, daß sie diese Symptome in ihre Identifikation mit dem Vater einbringen und die verbotenen vatermörderischen Impulse reflexhaft durch unbewußten fokalen (organischen) Selbstmord ausleben. (Einige Analytiker, die solche Fälle untersucht haben, gaben zu bedenken, daß die Identifikation nicht so sehr mit dem Vater erfolgt, sondern mit dessen bevorzugtem Liebesobjekt, d. h. seiner Frau, der Mutter des Patienten, und daß in diesem Sinne die Herzkrankheit gleichzeitig das durch Enttäuschung »*gebrochene Herz*« und den Mutterleib, d. h. das weibliche Sexualorgan, symbolisiert.)

Daß die aggressiven Tendenzen für die Entstehung eines Herzleidens von großer Bedeutung sind, wird durch die Tatsache erhärtet, daß die Arteriosklerose der Herzkranzgefäße bei Männern ganz unverhältnismäßig viel häufiger auftritt als bei Frauen.[12]

Einige anschauliche Fälle sollen hier angeführt werden. Stekel[13] berichtete zum Beispiel über einen 51jährigen Mann von herkulischer Gestalt, der in seinem Leben keinen einzigen Tag krank gewesen war, bis er eines Nachts mit dem Gefühl erwachte, gewürgt zu werden. Er rang nach Atem und glaubte sterben zu müssen. Der Anfall ging bald vorüber, und er meinte, er sei auf ein schweres Essen am Abend vorher zurückzuführen gewesen. Einige Nächte danach trat jedoch erneut ein Anfall auf, und von da an geschah dies häufig sowohl bei Tag als auch bei Nacht. Er suchte einen befreundeten Arzt auf, der seine Krankheit als Arteriosklerose diagnostizierte und ihm sagte, daß er bei entsprechender Vorsicht noch zwei Jahre leben könne. Auf Anraten seines Freun-

---

[12] Unsere Unterlagen reichten keineswegs aus, um etwas zu beweisen. Sie legten jedoch nahe, daß diese psychologischen Faktoren manchmal für die Entstehung einer Herzkrankheit von Bedeutung sind. Ob sie dadurch wirksam werden, daß sie eine Funktionsstörung auslösen, die ihrerseits zu einer organischen Pathologie führt, oder aber auf irgendeinem direkteren Wege, können wir weder beweisen noch haben wir dazu eine Meinung. Die therapeutische Wirkung einer psychologischen Exploration auf den Patienten muß ebenfalls bisher als sekundäre, wenngleich erfreuliche Nebenwirkung des Untersuchungsprozesses angesehen werden.

[13] W. Stekel: *Conditions of Nervous Anxiety and Their Treatment*. London 1923, S. 172-181.

des ging der Patient in ein Sanatorium. Er zog sich mehr und mehr zurück und fühlte, daß der Tod nahte. Schließlich übernahm Stekel die Behandlung, in deren Verlauf sich herausstellte, daß die Anfälle auf einem schweren Gefühlskonflikt beruhten. Er hatte die Frau, die er liebte und mit der er seit fünf Jahren ein Verhältnis gehabt hatte, an seinen besten Freund verloren. Dadurch war furchtbarer Groll gegen einen Mann geweckt worden, dem er wegen der Freundschaft mit ihm keinen Ausdruck verleihen durfte. Wochenlang vor dem Auftreten der Symptome hatte er insgeheim mit dem Wunsch gekämpft, den Freund wegen seines Verrats zu erwürgen. Die analytische Behandlung war erfolgreich, und die Anfälle hörten gänzlich auf. Zehn Jahre später war der Patient noch immer »vollkommen gesund, glücklich verheiratet und auf der Höhe seiner Leistungsfähigkeit«.

Kürzlich wurde von einem amerikanischen Forscher[14], der mit mehreren Kollegen zusammen am Presbyterian Hospital in New York die psychologische Seite verschiedener somatischer Leiden untersuchte, eine Arbeit veröffentlicht. Er zitiert den Fall eines unverheirateten Mädchens von 26 Jahren, die seit etwa sieben Jahren unter starken präkardialen Schmerzen litt. Sie hatte mit acht Jahren einen sogenannten »Sonnenstich« bekommen. Zu dieser Zeit litt sie unter Ohnmachtsanfällen und choreiformen Bewegungsstörungen. Diese Symptome traten jedoch nie zu Hause auf, und deshalb mußte sie jemand – gewöhnlich ihre Mutter – begleiten, wenn sie ausging. Nachdem diese Krankheit überwunden war, stellten sich ein Herzfehler und Verstopfung ein. Jahrelang nahm sie regelmäßig Abführmittel, und in den vergangenen zwei Jahren hatte sie täglich Einläufe bekommen. In den ersten sechs Monaten ihrer Psychotherapie war die Verstopfung verschwunden, aber die anginösen Anfälle erwiesen sich der Behandlung gegenüber als hartnäckiger. Hinter einem höflichen äußeren Verhalten verbarg sich ein beträchtlicher unterdrückter Groll gegen ihre Eltern und ihren jüngeren Bruder, auf den sie äußerst eifersüchtig war. Nach der Psychotherapie hörten die schweren Anfälle auf, und auch die leichteren Anfälle wurden seltener.

14 T. P. Wolfe: *Dynamic Aspects of Cardio-vascular Symptomatology. American Journal of Psychiatry*, Nov. 1934, S. 563-574.

Diese Fälle beweisen meines Erachtens klar genug, wie stark die verdrängte Aggressivität sein kann. Manchmal läßt sich die aggressive Absicht sekundär durch Krankheit befriedigen, wie bei Wolfes Beispiel des Mädchens, dessen Herzkrankheit Anstrengungen und Betreuung durch andere erforderlich machte. Das beweist nicht die ursprüngliche Stärke der feindseligen Impulse bei der Entstehung des Leidens, aber es zeigt die Stärke und Beharrlichkeit dieser mächtigen Tendenzen bei solchen Patienten.

Daß ein aus unerträglich großem Haß geborener Konflikt in erhöhtem Blutdruck zum Ausdruck kommen kann, ist beinahe Allgemeingut. Bei fettleibigen, jähzornigen alten Männern erwarten (wünschen?) ihre Angehörigen ständig, daß sie an einem Wutanfall sterben. Sie selber benutzen dies als Waffe gegen andere. War es nicht Clarence Days Vater, der Einladungen ablehnte, indem er seine schwergeprüfte Familie ermahnte, »an seinen Blutdruck zu denken«?

Um eine ständige Erhöhung des Blutdrucks zu erklären, muß natürlich von einer unaufhörlichen Serie solcher Stimuli ausgegangen werden, und in der Tat haben frühere Kliniker oft darauf hingewiesen, daß Bluthochdruck häufig bei solchen Menschen auftritt, die dauernden nervlichen Belastungen ausgesetzt sind, etwa Lokomotivführer. Andererseits ist ebenso bekannt, daß viele, wenn nicht die meisten Menschen, die solchen Belastungen unterworfen sind, keinen Bluthochdruck entwickeln und außerdem viele, wenn nicht die meisten, die an essentiellem Bluthochdruck leiden, weder so anhaltenden »nervlichen Belastungen« wie Furcht, Angst, Wut in höherem Maß ausgesetzt noch sich ihrer bewußt sind, als wir alle sie im Lauf des Lebens gelegentlich zu ertragen haben.

Gerade hier kann die Psychoanalyse aufgrund ihrer Explorationen des Unbewußten Hilfe anbieten. Wir wissen, daß viele, die sich oberflächlich ihrer verborgenen Angst, Wut und ihres Ärgers nicht bewußt sind, dazu gebracht werden können, ihnen ins Auge zu sehen, sie zu erkennen und einzugestehen. Dabei fällt mir ein besonders sprechendes Beispiel ein. Eine Frau kam zu uns, weil sie nicht mehr schreiben konnte, womit sie früher ihren Lebensunterhalt verdient hatte. Das war das einzige Symptom, über das sie klagte, obwohl ein

Blutdruck von über 200 bei ihr festgestellt wurde. Sie hatte seit zwei Jahren nichts geschrieben und war deshalb völlig entmutigt. Aber in meinem Sprechzimmer begann sie plötzlich zu schreiben – gewissermaßen automatisch, mit einer fremden Handschrift und mit einer fremden Unterschrift. Hunderte von Seiten füllte sie auf diese Weise. Was sie geschrieben hatte, erkannte sie erst *hinterher*. Was sie schrieb, sagte ihr – und mir –, wie verschreckt sie gewesen und noch war, wie sehr sie manche Menschen haßte, von denen sie uns zunächst berichtet hatte, daß sie sie zärtlich liebte, wie sehr sie gewünscht hatte, sie zu töten, und schließlich, wie nahe sie selbst dem Selbstmord und dem »Wahnsinn« war. Nachdem sie das niedergeschrieben hatte, mit allen Einzelheiten des Ursprungs dieser entsetzlichen Gefühle, stellte sie fest, daß es absolut wahr war, und sie war nunmehr völlig überrascht, daß sie es nicht (vorher) erkannt hatte! Damit ging, nebenbei bemerkt, das Absinken ihres Blutdrucks einher.

Es würde bei weitem über die Tatsachen hinausgehen, wollte man behaupten, daß es sich bei allen oder auch nur den meisten Fällen von Bluthochdruck um ständige innere Spannungen handelt, die mit *unbewußten* verdrängten Emotionen (insbesondere Angst) zusammenhängen, aber man darf wohl davon ausgehen, daß dies bei einigen der Fall ist.[15]

Ein Kollege[16] hat über einen Fall berichtet, bei dem durch Psychoanalyse ein außergewöhnliches therapeutisches Resultat erzielt wurde, indem ein seit langem bestehender hoher Blutdruck plötzlich und für immer verschwand. Es handelte sich um einen 32jährigen Mann, bei dem der Bluthochdruck vor vierzehn Jahren entdeckt worden war, und in dessen Familie es viele Fälle von kardiovaskulären Erkrankungen

---

15 J. A. MacWilliam (*Blood Pressure and Heart Action in Sleep and Dreams: Their Relation to Hemorrhages, Angina and Sudden Death. Brit. Med. J.*, Bd. 2, 1923, S. 1196-1200) zeigte, daß bei Menschen ohne organische Kreislaufbeschwerden der Blutdruck infolge Schlafstörungen (insbesondere durch Träume) weit über die normalerweise bei mäßiger Muskelbetätigung erreichten Grenzen ansteigen kann. So berichtet er beispielsweise über einen Anstieg von 130 auf 200 während eines Traumes. Man kann Spekulationen über die Wirkung eines so plötzlichen Blutdruckanstiegs sowohl in bezug auf organische Veränderungen als auch hinsichtlich der Verschlimmerung bereits bestehender Läsionen anstellen.
16 Lewis B. Hill: *A Psychoanalytic Observation on Essential Hypertension. Psychoanalytic Review*, Nr. 1, Jan. 1935, S. 60.

und Bluthochdruck gab. Sein eigener Blutdruck war bereits im Alter von 18 Jahren sehr hoch. Eine gründliche ärztliche Untersuchung ergab keinerlei Befund außer dem »essentiellen« Bluthochdruck; diese Diagnose war in zwei anerkannten Herzsanatorien gestellt worden.

In die Psychoanalyse kam er angeblich aus anderen Gründen, aber nach einer bestimmten Behandlungsstunde, über die Einzelheiten noch mitgeteilt werden sollen, wurde der Blutdruck normal und blieb es. Keine andere Behandlung war vorgenommen und seine Lebensgewohnheiten nicht verändert worden.

Natürlich würde man gern wissen, was in dieser außerordentlich folgenreichen Behandlungsstunde geschehen war. Der Patient berichtete einen Vorfall aus seiner Kindheit. Er begann ihn zu dramatisieren, wurde äußerst wütend, ergriff einen schweren Aschenbecher und tat so, als wolle er Dr. Hill angreifen, obgleich seine Äußerungen seiner Mutter zu gelten schienen. Seine Wut steigerte sich ungeheuer, er bekam ein hochrotes Gesicht, und die Adern im Nacken schwollen an. Dann wurde er bleich, begann zu schwitzen und konnte sich an den Vorfall nicht erinnern.

Allmählich kehrten nicht nur die Episode selbst, sondern auch die Einzelheiten des ursprünglichen Ereignisses in sein Gedächtnis zurück. Während des Anfalls hatte er etwas von einer Peitsche gesagt. Mittels Assoziation erinnerte er sich, daß er als Kind von seiner Schwester solange geneckt worden war, bis er sie geschlagen hatte. Daraufhin ergriff seine Mutter eine Pferdepeitsche, die gerade zur Hand war, mit der offenbaren Absicht, ihn damit zu bestrafen. In seiner Angst entriß er sie ihr, rannte davon; er wurde gestellt, wie er auf einem Bett stand und sich zur Wehr setzte, indem er die Mutter mit der Peitsche schlug. Sein Mut verließ ihn, und er gab die Peitsche in der Hoffnung zurück, der Strafe zu entgehen, aber die Mutter war zu ärgerlich und schlug ihn nun ihrerseits mit der Peitsche. Später hatte er das Erlebnis vollkommen vergessen.

Daß die Erinnerung an eine relativ simple Angelegenheit eine so grundlegende Veränderung eines seit langem bestehenden Zustands hervorbringen soll, scheint bemerkenswert. Man darf jedoch annehmen, daß der Vorfall die Kristallisierung einer Situation darstellte, die seit langem zwischen Mutter, Schwester und Bruder während einer kritischen Phase seiner Kindheit bestanden hatte. Dr. Hill glaubt, daß das Auspeitschen für das Selbstvertrauen und die Selbstachtung des Kindes schmerzhafter war, als es ertragen konnte. Außerstande sich zu verteidigen oder einen anderen anzugreifen und weil es seine Wut wegen seiner Angst und Schwachheit nicht einmal wirklich *empfinden* durfte, blieb ihm nichts übrig als sie zu verdrängen und sie von seiner übrigen Persönlichkeit abzutrennen, so daß sie zu einer Symptomatologie führte, die für gehemmte Wut typisch ist.

Wenn auch eine konstitutionelle Veranlagung zum Bluthochdruck in diesem Fall bestanden haben mag (wie sie die Familiengeschichte dieses Patienten nahelegt), so kann man doch erkennen, daß seine Reaktionen auf eine dominierende Mutter, gegen die er sich nicht wehren und der gegenüber er seine Wut nicht adäquat zum Ausdruck bringen konnte, ihr Teil beitrugen. Die Behandlung setzte ihn in die Lage, den ursprünglichen Vorfall in die Gesamtheit seiner Erfahrungen einzubeziehen, so daß er mit Hilfe seiner Intelligenz korrigiert und modifiziert werden konnte und sein vasomotorisches System von der übermäßigen Belastung durch eine konstante Reaktion auf eine enorme unbewußte, auf andere Art nicht auszudrückende Emotion befreit wurde.

Man pflegt von seinen eigenen Beobachtungen am stärksten beeindruckt zu werden, selbst wenn sie in manchen Einzelheiten weniger überzeugend sind. Ich erinnere mich insbesondere an einen Mann von 60 Jahren, den ich in dem Krankenhaus aufsuchen sollte, wo er fast ein Jahr zugebracht hatte. Zehn Jahre vorher war ihm wegen seines hohen Blutdrucks eine Lebensversicherung verweigert worden. Er hatte sich in sehr kompetenter ärztlicher Behandlung befunden, doch der Blutdruck war nicht zurückgegangen, ja, er hatte sogar einen leichten »Schlaganfall« erlitten, durch ein Blutgerinnsel im Gehirn, wodurch sein rechter Arm teilweise gelähmt wurde.

Wegen seines Alters und anderer Umstände kam eine reguläre psychoanalytische Behandlung nicht in Frage, doch wurde eine modifizierte Psychotherapie auf psychoanalytischer Grundlage eingeleitet, die höchst erstaunliche Ergebnisse zeitigte. Der Mann, der seine geschäftlichen Angelegenheiten abgeschlossen, seine Position im Geschäftsleben und alle Hoffnungen auf ein tätiges Leben aufgegeben hatte, verließ nach sechsmonatiger psychiatrischer Behandlung das Krankenhaus, nahm seine Arbeit mit großem Eifer wieder auf, machte bessere Geschäfte und verdiente mehr Geld als je zuvor. Sein systolischer Blutdruck war in der Zwischenzeit von 250 (1.1.1931) auf 185 (31.8.1931) zurückgegangen und blieb in den folgenden zwei Jahren, in denen er unter Beobachtung stand, auf dieser Höhe. Danach betrachtete er sich als vollkommen gesund und kam nicht mehr zur Behandlung. Er führt noch immer ein tätiges Leben und befindet sich trotz äußerer Schwierigkeiten und Sorgen bei guter Gesundheit.

Wie ich in diesem Fall feststellte, war der Bluthochdruck in erheblichem Maße auf einen gewaltigen Kampf mit sozialen und ökonomischen Faktoren zurückzuführen, in dem der Patient niemals einen Sieg errang, obwohl seine *scheinbaren* Erfolge alles überstiegen, was der Durchschnittsmensch sich träumen läßt. Seine Kindheit war von großer Armut geprägt. Der Vater verließ die Familie, er selbst begann mit 12 Jahren zu arbeiten und die Familie aufopfernd und unter ungeheuren Anstrengungen zu unterhalten. Eine Art unbekümmerter Freundlichkeit, verbunden mit harter Arbeit und einem ausgeprägten Geschäftssinn, verhalf ihm schließlich zu großem Wohlstand. Aber dann traten seine Widersacher in Aktion, die er alle besiegen konnte, außer einen – seinen eigenen Sohn, der energisch und wirkungsvoll gegen den Vater rebellierte. Mein Patient übertrug die Feindseligkeit, die er gegenüber seinem eigenen Vater empfand, auf diesen Sohn, und obgleich sie zusammenarbeiteten, war der Kampf zwischen ihnen nahezu mörderisch. Daß er sich vom Geschäft zurückzog, war eine teilweise Kapitulation, und die Lähmung seines rechten Arms hatte zweifellos etwas mit der unbewußten Abwehr des Wunsches, den Sohn niederzuschlagen, zu tun, wobei der Rückstoß des Wunsches fast den Vater zu Fall brachte. Mit seiner Frau war er nie glücklich, aber seiner Mutter bewahrte er die zärtlichste Liebe bis zu ihrem Todestag.

Ich glaubte, daß sein hoher Blutdruck die ständige Stimulierung seiner aggressiven Tendenzen repräsentierte, eine dauernde Kampfbereitschaft, die mit durchdringender Angst verknüpft war. Seine Besserung kann als physische und psychische Reaktion auf die Milderung dieser Angst angesehen werden, die ihm durch das Gefühl der Sicherheit zuteil wurde, das ihm der Arzt vermittelte, sowie – und das ist noch bedeutungsvoller – durch die quantitative Verringerung seiner Aggressivität, die daraus resultierte, daß sie verbalen Ausdruck fand.[17]

Heftige Aggressivität verbirgt sich nicht nur hinter kardiovaskulären Erkrankungen. So versteifen und schwellen zum Beispiel Gelenke durch das, was wir Arthritis und Rheumatismus nennen, denen alle möglichen Ätiologien und Pathologien zugeschrieben wurden. Manche Formen werden anscheinend *hauptsächlich* durch Infektion hervorgerufen (obgleich wir nicht wissen, weshalb die Infektion mitunter bestimmte Gelenke auswählt). Andere sind offenbar das Ergebnis innerer chemischer, metabolischer oder mechanischer Veränderungen. In sie alle, so können wir mit Recht vermuten, gehen emotionale Faktoren ein, auch wenn sie gewöhnlich nicht entdeckt werden. In letzter Zeit haben zahlreiche Ärzte ihre Beobachtungen zur Psychologie der Arthritis mitgeteilt[18], und wiederum ist die aggressive Komponente auffallend.

---

17 Viele Menschen könnten annehmen, daß der Psychiater an die Auswahl solcher Fälle mit einem eigentümlichen Vorurteil herangeht. Weil er hohen Blutdruck bei manchen seiner Patienten feststellt, ist er nicht berechtigt anzunehmen, daß ähnliche Mechanismen den hohen Blutdruck von Patienten beeinflussen, die nicht zum Psychiater kommen. Um diese mögliche Quelle des Irrtums auszuschalten, habe ich einige meiner Freunde, die praktische Ärzte sind, um ihre Mitarbeit gebeten. Sie haben mir freundlicherweise gestattet, einige ihrer Privatpatienten psychologisch zu untersuchen, die, abgesehen von diesem Versuch, nicht zum Psychiater gegangen oder als psychiatrische Patienten angesehen worden wären. In fast allen Fällen wurden signifikante psychische Spannungen festgestellt, die meines Erachtens in direkter Beziehung zu ihrem hohen Blutdruck standen; im allgemeinen entsprachen sie der oben ausgeführten generellen Formel.

18 Siehe z. B. H. A. Nissen und K. A. Spencer: *The Psychogenic Problem in Chronic Arthritis.* New England Journal of Medicine, 19. 3. 1936, S. 576-581; Giles W. Thomas: *Psychic Factors in Rheumatoid Arthritis.* American Journal of Psychiatry, Nov. 1936, S. 693-710, und S. E. Jelliffe: *Bodily Organs and Psychopathology.* American Journal of Psychiatry, März 1936, S. 1051.

Betrachten wir beispielsweise einen Fall, der mir brieflich von einer Frau mitgeteilt wurde, die ich niemals gesehen habe. Sie war Mutter zweier Söhne. Der jüngere Bruder war das Opfer einer »nicht-infektiösen Polyarthritis«, die offenbar alle Gelenke, einschließlich der Wirbelsäule, befallen hatte. Anscheinend wurde eine gründliche ärztliche Behandlung vorgenommen. Ein Zahn wurde gezogen, was eine vorübergehende Besserung zur Folge hatte. Dann trat das Leiden erneut auf und wurde später noch durch eine Blaseninfektion kompliziert. Es ist von einiger Bedeutung, daß der Patient als ein starker, hübscher junger Mann beschrieben wurde, der keinerlei Kinderkrankheiten gehabt hatte, außer »ein paar Windpocken«. Er war immer »sehr stark, anständig und sauber und bei allen sehr beliebt« gewesen. Sein zwanzig Monate älterer Bruder hingegen scheint, obgleich begabt, während ihrer ganzen Kindheit die Liebenswürdigkeit des jüngeren Bruders ausgenutzt zu haben, indem er ihn in jeder Weise ausbeutete, ihn verspottete und ihn um seine Rechte und sein Eigentum betrog. Er verließ das Elternhaus wohl um die Zeit, als der jüngere Bruder die Arthritis bekam – obgleich das nicht ausdrücklich berichtet wird –, kam vom Regen in die Traufe, trank in zunehmendem Maß, sank tiefer und tiefer und »demütigte uns in jeder Weise durch sein Verhalten und seine Kumpane«. Er beging Scheckfälschungen, für die der jüngere Bruder aufkam, und er rechtfertigte sich damit, daß seine Mutter den jüngeren Bruder bevorzugt habe. Zum Begräbnis seiner Großmutter kam er in betrunkenem Zustand. Finanziell lag er weiterhin der Mutter und dem kranken Bruder auf der Tasche, die einen kleinen Laden hatten.

Die Mutter schien eine sehr einfühlsame Frau zu sein. Sie erkannte, daß der jüngere Bruder selbst als kleiner Junge »nicht zeigen konnte, daß er tief verletzt war«, und daß »seine Liebe zum älteren Bruder zerstört und beiseite geworfen und er selbst lächerlich gemacht wurde. Jetzt ist er enttäuscht, verbittert und verdreht«.

Die Mutter schien fast zu ahnen, daß der jüngere Bruder in seiner höflichen, zurückhaltenden, vornehmen Art, zu äußerstem Haß aufgestachelt durch einen Bruder, den er zunächst geliebt und dem er geholfen hatte, diese Feindseligkeit in

Form von Krankheit gegen sich selbst gerichtet hatte, einer Krankheit, die, hätte sie den schuldigen Bruder getroffen, das die Familie in so hohem Maße beeinträchtigende Fehlverhalten weitgehend verhindert hätte.

Jelliffe (op. cit.) hat einen ähnlichen Fall eines begabteren, gehemmteren jüngeren Bruders mit einer schweren Arthritis berichtet; die Knochenveränderungen wurden durch die Röntgenaufnahme bestätigt. In diesem Fall war das Objekt des Hasses ein Schwiegersohn, mit dem er lange gerichtliche Auseinandersetzungen hatte. Einsicht in diese Zusammenhänge führte zu einer erheblichen Besserung der Arthritis.

Dr. John Murray aus Boston erzählte mir folgenden Fall aus seiner Praxis. Ein junger Mann, der unter dem Vergleich mit seinem sehr erfolgreichen Vater akut litt, wobei er eher innere als äußere Gründe für seine Feindseligkeit hatte, brachte seine Aggressionen indirekt zum Ausdruck, indem er die Absichten seines Vaters durch Ausflüchte, Faulheit und Extravaganz durchkreuzte. Diese Methoden wurden allmählich durch überaus heftige Migräneanfälle ersetzt, die er als Rechtfertigung für zunehmenden Alkoholismus benutzte, so daß er zeitweilig abwechselnd durch das eine oder andere von beiden völlig hilflos war.

Der nächste Schritt in dieser Entwicklung war seine Heirat, die erstaunlicherweise zur Folge hatte, daß Alkoholismus und Migräne aufhörten, aber nur, um durch eine progressive, schmerzhafte Arthritis ersetzt zu werden. Die Krankheit machte ihn völlig arbeitsunfähig, und keine Behandlung verschaffte ihm Besserung von einiger Dauer. Zwei Jahre bevor er zu Dr. Murray kam, hatte er sich damit abgefunden, daß er nie wieder laufen würde; obwohl seit dieser Zeit eine entschiedene Besserung eingetreten war, hatte er nicht die Fähigkeit wiedererlangt, sich selbständig zu bewegen. Es ist auch interessant, daß er sein Kind, seinen ältesten Sohn, den er sehr gern hatte, in brutaler, sadistischer Weise neckte, und zwar unter dem Deckmantel, es sei »alles nur Spaß«. Das kann als ein weiteres indirektes und unerkanntes Auftreten seiner Feindseligkeit angesehen werden, die ursprünglich gegen seinen Vater gerichtet war und sich nun gegen den Sohn richtete, das heißt, gegen einen symbolischen Teil seiner selbst.

Husten ist ein Symptom, das auf eine organische Erkrankung der Atemwege hinweisen kann oder auch nicht, jedoch häufig starke aggressive Tendenzen anzeigt. Jedermann hat darüber gelegentlich nachgedacht, wenn ein Konzert oder ein Redner durch einen hartnäckig Hustenden wiederholt gestört wird.

Der überaus einfühlsame und scharfsinnige Kliniker Georg Groddeck hat über die Psychologie des Hustens ausführlich geschrieben, wobei er sich selbst als Fallbeispiel benutzte.[19] Zum Zeitpunkt der Niederschrift litt er zufällig unter einer akuten Erkältung, aber auch »chronisch mein ganzes Leben lang. Meine ganze Familie hatte dieselbe Gewohnheit wie ich, nämlich auf unangenehme Eindrücke mit einem Hustenanfall zu reagieren«.

Er begann seine Beobachtungen mit der Bemerkung, wie sehr sein Husten sein neun Monate altes Baby entzückte, das durch die kraftvolle, laute expulsive Aktivität des Vaters sehr beeindruckt schien. »Nur mit Hilfe dieser Forschergabe ist das Kind in der Lage, jene Handlungen zu vervollkommnen, sei es durch Nachahmung oder selbständig, die jedermann erstaunen müssen, der sich einmal die Mühe macht, die verblüffende Menge geistiger Tätigkeit zu betrachten, die das Kind in seinen ersten drei Jahren leistet.« Groddeck glaubte, daß das Kind durch den Gesichtsausdruck des Hustenden ebenso wie durch den Husten selbst etwas von dessen Zweck erkannte, entweder: »den Wunsch, etwas wegzublasen, was als unangenehm empfunden wird, oder etwas loszuwerden, von dem man glaubt, daß es bereits in den Organismus eingedrungen sei, ob als Teil seiner selbst oder als Fremdkörper, ob geistiger oder körperlicher Art.« Er bestärkte dies durch den Hinweis, daß sein Stiefsohn, in keiner Weise mit ihm blutsverwandt, seine Gewohnheit teilte, auf Unangenehmes mit Husten zu reagieren, und ihm einmal im Laufe einer Unterhaltung, die überhaupt nichts mit medizinischen Angelegenheiten zu tun hatte, erzählte, welch erschreckende Wirkung Groddecks heftiger Husten auf ihn gehabt hatte, als er ein kleiner Junge war. Groddeck selbst erinnerte sich lebhaft, wie er als Kind die alarmierende

---

19 Georg Groddeck: op. cit., S. 131.

Wirkung des Hustens erkannt und auch davon Gebrauch gemacht hatte. »Eines Abends nahm meine Mutter aus irgendeinem Grunde meine Schwester und mich mit zu ihrem wöchentlichen Treffen. Da uns die Reden der Erwachsenen bald langweilten, wurden wir ins Nebenzimmer gebracht, um zu schlafen. Ich weiß nicht, wie mir der Gedanke kam, daß eine Krankheit desto eindrucksvoller sein würde, je mehr Zeugen vorhanden wären, jedenfalls hatte ich plötzlich die Idee, mit meiner Schwester ein Hustenduett anzustimmen, in der Hoffnung, daß dadurch für uns beide ein schulfreier Tag herausspringen würde. Der Plan glückte über alle Erwartung. Wir blieben nicht nur der Schule fern, sondern wir brachten auch unsere Mutter früher heim, als sie beabsichtigt hatte. Gewiß, wir mußten den ganzen folgenden Tag im Bett bleiben, aber das machte uns nichts aus, denn wir schliefen noch im selben Zimmer und teilten alle Freuden und Leiden miteinander.«

Bei einem Patienten, den ich mehrere Jahre lang behandelt hatte, stimmten meine Beobachtungen in erstaunlicher Weise mit denen Groddecks überein. Es handelte sich um einen 30jährigen Rechtsanwalt, der seine Analyse keineswegs wegen körperlicher Beschwerden begonnen und durchgeführt hatte, sondern wegen sehr wohl erkannter emotionaler Störungen, die zu ernsten Konflikten mit der Familie, Geschäftspartnern und anderen geführt hatten, und zwar in einem Ausmaß, daß er sich vorübergehend von seiner Praxis hatte zurückziehen müssen. Aber schon bald nach Beginn der Behandlung fing er an, über den ständigen Husten zu reden, unter dem er litt. Zuweilen wurde dieser Husten so heftig, daß das Gespräch mehrere Minuten oder noch länger unterbrochen werden mußte. Der Husten hatte sich so verschlimmert, daß er nach seiner eigenen Aussage kaum die halbe Nacht schlief, weil er davon geweckt wurde. Die Familie erklärte, sie würden ihn an seinem lauten, dröhnenden Husten, der ihnen so vertraut war, erkennen, wenn sie im Theater auf verschiedenen Plätzen saßen. In einem Wohnhaus beklagten sich andere Mieter über diese Familie, teilweise, wie man annahm, wegen des unaufhörlichen, geräuschvollen Hustens meines Patienten.

In den Analysestunden klagte er mitunter sehr bitterlich

über den Husten und erklärte, daß ich ihn überhörte oder zumindest kein Medikament verschriebe, so daß während der zweijährigen Behandlung keinerlei Besserung eingetreten sei und ich noch immer an der Idee festhielte, daß der Husten psychischen Ursprungs sein müsse. Nach meinen Beobachtungen verschwand der Husten für zwei oder drei Monate und kehrte zurück, sobald sich der Widerstand des Patienten erneut stärker manifestierte. Ich bemerkte auch, daß er selten ausspie, obgleich er laut und krampfhaft hustete und Gesicht und Körper verzerrt bzw. gekrümmt waren. Aber die charakteristischste Beobachtung war die, daß er oft überhaupt nicht hustete, bis ich bei Deutungen oder Erklärungen zu sprechen begann. Dann stellte sich der Husten sofort ein. In zahllosen Fällen reagierte er auf meine Deutungen mit einem Husten, der keinen Zweifel daran ließ, daß es sich um einen unbewußten Protest gegen die Erklärungen handelte, eine versteckte Beschimpfung, die mir so laut entgegentönte, daß ich nicht weitersprechen konnte.

Durch einen Traum wurde der weitere Nutzen dieses Hustens klar, den der Patient, obgleich im höchsten Maße abgeneigt, dessen psychologische Faktoren anzuerkennen, selbst zugab und interpretierte. Er träumte von einem Treffen im Kiwanis Club, wo ihm mit Ausschluß gedroht worden war. Er hustete heftig – ein »Todesrasseln«, wie er es nannte –, als wollte er sagen: »Seht ihr, das habt ihr getan – ihr seid daran schuld«, so wie er es gemacht hatte, wenn er seine Eltern traurig stimmen wollte, indem er ihnen erklärte: »Ich wünschte, ich wäre tot.« Der Patient selbst wies darauf hin, daß er sich in der Psychoanalyse ebenso wie in seiner Kindheit durch den Tod zu rächen drohte und den Arzt wegen seiner gefühllosen Haltung tadelte. Der Husten war in seinen Augen eine Bitte um Zuwendung, eine Abwehr gegen unerwünschte Deutungen und eine Strafandrohung, die in eine Bitte um Sympathie gekleidet war.

Der Patient hatte nicht weniger als zwanzig Ärzte aufgesucht, um eine Erklärung und Behandlung für diesen Husten zu finden. Die meisten versicherten ihm, sie könnten nichts feststellen, während einige ihn durch vage oder zweideutige Kommentare so beunruhigten, daß er dies als Begründung benutzte, um von immer mehr Ärzten eine Bestätigung, Verneinung oder eine positivere Diagnose zu erhalten. Einige Ärzte unserer Klinik untersuchten ihn bei mehreren Gelegenheiten; sie waren außerstande, Beweise für eine strukturelle Erkrankung zu finden. Man muß bei einem solchen chronischen, zweifellos psychogenen Husten immer daran denken, daß sich schließlich auch gewisse strukturelle Veränderungen einstellen können. Groddeck (op. cit.) drückte es folgendermaßen aus: »Inwiefern gewohnheitsmäßiges Husten, das zunächst der Abwehr diente, schließlich zu anatomischen und physiologischen Veränderungen und Schädigungen führt, wird sehr früh verheimlicht und ist später nicht leicht festzustellen. Bisher ist nicht versucht worden, dieses Problem zu erforschen.«*

Ein letzter Fall soll den aggressiven Faktor in der organischen Selbstzerstörung illustrieren. Es gibt ein Krankheitsbild, das als Sklerodermie bekannt ist; sie führt zu einer Verhärtung der Haut, wie man sie gelegentlich beim »Knochenmann« im Museum sieht. Dieses Leiden ist unbekannter Herkunft und wird gewöhnlich als hoffnungslos angesehen. Groddeck[20] hat einen Fall von Sklerodermie beschrieben, der mit einer Dermatitis einherging, die den größeren Teil des Körpers erfaßt hatte. Die Haut über den Ellbogengelenken war so zusammengeschrumpft, daß die Arme nicht voll ausgestreckt werden konnten. Von den vielen Details möchte ich nur die entscheidenden Determinanten des Symptoms erwähnen.

Sein Patient hatte als Junge während einer Zeit zahme Kaninchen gehalten, als er mit äußerst feindseligen Gefühlen gegenüber seinem Vater und seinem Bruder zu kämpfen hatte. Er pflegte die Kaninchen bei ihren sexuellen und sonstigen Aktivitäten zu beobachten; einem großen weißen Männchen erlaubte er jedoch nicht, sich mit den Weibchen zu paaren. Wenn das dem Kaninchen gelegentlich doch gelang, packte der Patient es bei den Ohren, schnürte es zusammen, hängte es an einen Balken und schlug es solange mit einer Reitpeitsche, bis ihm der Arm erlahmte. Es war der rechte

---

* Die Zitate von Groddeck wurden aus dem Englischen übersetzt, da eine deutsche Originalfassung des Buches *The Unknown Self* nicht aufzufinden war. Anm. d. Übers.
20 Georg Groddeck: *Das Buch vom Es*. Leipzig/Wien 1923.

Arm, der als erster von der Krankheit befallen wurde. Diese Erinnerung kam während der Behandlung gegen stärksten Widerstand zum Vorschein. Immer wieder wich der Patient ihr aus und brachte eine Vielzahl schwerer organischer Symptome vor. Eines davon war besonders signifikant; die sklerodermischen Flecken am rechten Ellenbogen verschlimmerten sich. An dem Tag, als die Erinnerung klar aus dem Unbewußten emportauchte, stellte sich eine Besserung ein. Die Flecken heilten vollständig ab, so daß der Patient von da an seinen Ellbogen wieder voll ausstrecken konnte, wozu er trotz gründlicher Behandlung zwanzig Jahre lang außerstande gewesen war. Und er hatte dabei keine Schmerzen.

Groddeck macht dann klar, daß das weiße Kaninchen, dem er die Geschlechtslust verwehrte, und das er für seine »Sünden« so grausam bestrafte, den Vater des Patienten symbolisierte, gegen den er genau vergleichbare Gefühle der Eifersucht wegen seiner sexuellen Privilegien und Haß wegen seiner eigenen Benachteiligung hegte (für den er sich ersatzweise an dem Kaninchen rächte). Was ich hier in erster Linie hervorheben möchte ist der Beweis, daß sich hinter der organischen Läsion furchtbarer Haß und Aggressivität verbargen.

Diese wenigen Fallbeispiele können nur zeigen, daß die aggressiven Impulse, die wir als reguläre Bestandteile der Selbstzerstörung in anderen Formen kennen, bei manchen organischen Leiden ebenfalls vorhanden sind.

Die Frage erhebt sich, ob verdrängte Aggressivität bei Menschen, die nicht erkranken, nicht ebenso stark sein kann, so daß Aggressivität nicht als Krankheitsdeterminante zu betrachten wäre. Wir müssen zugeben, daß dies möglich ist. Die Tatsache, daß bei manchen Fällen eine Krankheit definitiv und unmittelbar mit einem psychischen Konflikt zusammenhängt – beispielsweise bei dem eben zitierten Fall Groddecks oder dem Hills –, ist auch kein schlüssiger Beweis für die pathogenen Eigenschaften der Aggressivität, denn es ist immerhin möglich, daß die Krankheit durch etwas völlig anderes hervorgerufen wurde und sich nur als geeignetes Mittel anbot, um psychische Störungen in symbolischer Form zum Ausdruck zu bringen. Die Tatsache wiederum, daß psychologisches Verständnis therapeutischen Nutzen zu stiften vermag, kann nicht als positiver Beweis dafür gelten, daß der kausale Faktor erkannt wurde. Denn leider wissen wir (obwohl es von enthusiastischen Beobachtern nicht immer genügend in Rechnung gestellt wird), daß einige Krankheitsbilder, vor allem der hohe Blutdruck, auf viele verschiedene Behandlungsmethoden positiv reagieren, vorausgesetzt, daß der Arzt eine beruhigende Haltung an den Tag legt.

Das Zusammentreffen der somatischen Erkrankung mit den erwiesenen psychischen Bedürfnissen desselben Individuums kann natürlich ein bloßer Zufall sein. In der Tat schwebt das Schreckgespenst des Zufalls ständig über psychoanalytischen Beobachtungen, weil unser Material im Vergleich zu den Millionen von Fällen, die von anderen Ärzten gesehen und behandelt werden, so dürftig ist. Wir können nicht *beweisen,* daß die Ereignisse einen kausalen Zusammenhang haben; wir können nur darauf hinweisen, daß sie ihn zu haben *scheinen,* und daß dieser anscheinende Zusammenhang in wiederholten – wenngleich zahlenmäßig wenigen – Fällen auftaucht. Den schlüssigsten Beweis dafür, daß Aggressivität tatsächlich dazu beiträgt, Menschen krank zu machen, liefert meines Erachtens die Untersuchung der gesamten Persönlichkeit des Leidenden. Wenn wir einen Menschen sehen, der mit Spannungen und Gefühlskonflikten kämpft, die seine Kräfte übersteigen, wenn wir Anzeichen dafür erkennen, daß seine Verdrängungen zusammenbrechen, was sich in Schlaflosigkeit, Reizbarkeit, aggressivem, provokativem und selbstbestrafendem Verhalten aller Art äußert; wenn wir feststellen, daß körperliche Krankheit als Teil eines solchen Schemas bekannte Mechanismen ersetzt oder begleitet, die der Bewältigung starker aggressiver Tendenzen dienen – dann kann man vermuten, daß die Krankheit derselben Quelle entstammt wie die übrigen Symptome.

Außerdem kann man oft an sich selbst bei den kleinen Unpäßlichkeiten des Alltags beobachten, wie man von Ärger überwältigt wird, der sich oft als Depression tarnt, bis er einen wirklich krank macht, indem Wut als Kopfschmerz, Magenbeschwerden oder Erkältung in Erscheinung tritt. Man kann sich leicht vorstellen, daß schwerere und anhaltendere emotionale Belastungen derselben Art auch eine schwerere Pathologie zur Folge haben.

Der Ausdruck, daß jemand »mir Kopfschmerzen macht«, ist Bestandteil alltäglichen Denkens und Sprechens. In diesem Sinn ist die Allgemeinheit psychologischer eingestellt als jene Ärzte, die strikt physikalisch denken und beispielsweise erklären würden, daß Reizbarkeit und Unbehagen, die einer Krankheit vorausgehen, ein Symptom derselben seien, eine Folge des gestörten physiologischen Zustandes und nicht dessen Ursache.

Ich möchte hier gern wiederholen, daß es nicht meine Absicht war zu zeigen, daß die psychischen Symptome die physischen *verursachen*. Das wäre meines Erachtens genauso unzutreffend, als wenn man behaupten wollte, daß die physischen Symptome die psychischen verursachen. Ich wollte vielmehr darauf hinaus, daß selbstzerstörerische Tendenzen sowohl psychische *als auch physische* Ausdrucksformen haben. Die *Tendenzen* an sich sind nicht mehr (und nicht weniger) psychisch als physisch, aber ihre psychischen Ausdrucksformen sind mitunter leichter zu verstehen als die physischen. Deshalb bietet uns ein Fall mit psychischer Repräsentanz einer Tendenz, die sich auch physisch ausdrückt, eine bessere Möglichkeit des Verständnisses, als wenn wir lediglich eine isolierte Gewebeschädigung vor uns hätten. Zu diesen Ausdrucksformen gehört, wie wir in diesem Abschnitt gesehen haben, unbeherrschbarer Haß, der aber nicht zum Bewußtsein zugelassen werden darf.

c) *Die erotische Komponente*

Daß in einer organischen Erkrankung neben ihren sonstigen Funktionen eine Art Selbstliebe zum Ausdruck kommen kann, ist eine Schlußfolgerung, die wir aufgrund der in den vorigen Kapiteln enthaltenen Beobachtungen ziehen können. Das erkrankte Organ wird in den Augen des Patienten zum wichtigsten Gegenstand seines Interesses, seiner Sorge und – wie man ruhig sagen darf – seiner Zuneigung. Es handelt sich hier um einen lokalen *Narzißmus* im Gegensatz zum Narzißmus im allgemeineren Sinne, wie er der üblichen Vorstellung entspricht. Die Konzentration narzißtischer Zuneigung auf ein Organ führt nicht unbedingt zu einer Läsion; manche Menschen sind offensichtlich in ihre Nase, Hände, Gesicht oder Figur »verliebt«. Wenn wir aber irgendeinen Krankheitsfall genau überprüfen, stellen wir fest, was Freud, Ferenczi und andere beschrieben haben, nämlich einen Anstieg der Besetzung jenes Organs mit »Liebe« auf Kosten der gewöhnlichen Besetzungen von Objekten der Außenwelt. Entsprechend unserer Theorie ist eine solche narzißtische Besetzung die Folge davon, daß das betreffende Organ für den selbstzerstörerischen, selbstbestrafenden Angriff ausgewählt wurde. Der erotische »Zufluß« wird in erster Linie dorthin gelenkt, um die anderen Elemente zu neutralisieren oder in Schach zu halten und den angerichteten Schaden auf ein Minimum zu reduzieren. Wir müßten daher Beweise dafür finden, daß dieses Element in die grundlegende psychische Struktur jedes organischen Leidens eingeht.

Leider können wir nicht »alle« organischen Krankheiten untersuchen noch besitzen wir praktische Mittel zur einwandfreien Aufdeckung und Messung der »Organlibido«, d. h. der Liebesmenge, mit der ein bestimmtes Organ besetzt wird, und zur Feststellung ihrer quantitativen Abweichung von der Norm. Aber in manchen Fällen verfügen wir über definitive Beweise für bestimmte Tendenzen und können daraus auf quantitative Abweichungen schließen, wie ich es beispielsweise bei der Beschreibung aggressiver, selbstbestrafender Tendenzen getan habe. Ich möchte hier nur einige Beispiele für somatische Krankheiten hinzufügen, bei denen das erotische Element klar hervortrat.

Wir sollten nicht erwarten, etwas Derartiges nur bei jenen chronischen Leiden von endloser Dauer zu entdecken, die aus dem Betroffenen eine Art Märtyrer machen. Wahrscheinlich repräsentiert selbst die kürzeste vorübergehende Erkrankung diese Verkettung selbstzerstörerischer Impulse, die durch den Zufluß des erotischen Elements neutralisiert und »geheilt« werden – ein Element, das vielleicht von Anfang an vorhanden ist, aber erst zum Schluß wirksam wird. Man kann sagen, daß man so viel Liebe auf ein beschädigtes Organ verwendet, wie in einem bestimmten Fall psychotherapeutisch benötigt wird. Das kann mit einigen einfachen Beispielen besser erklärt werden. Ein Hund, der sein verletztes Bein stundenlang zärtlich leckt, tut dies wahrscheinlich nicht so sehr aus den normalerweise unterstellten rationalen Gründen, sondern weil die Verletzung dem Bein eine größere Libidomenge zuleitet, so daß der Hund es mit einer Zärtlichkeit betrachtet, die gewöhnlich nur einem stärker libidinös besetzten Teil seines Körpers vorbehalten ist. Derselbe Mechanismus ist auch beim Menschen zu beobachten. Der Mann, der ein Karbunkel am Nacken hat, kann kaum das rechte Interesse für seine Freundin aufbringen; sein schmerzender Nacken beansprucht und erhält seine ganze Aufmerksamkeit.

Das Sonderbare daran ist, daß diese erotische Besetzung, die dem nützlichen Zweck der Bekämpfung der destruktiven Folgen der aggressiven, selbstbestrafenden Besetzung des Organs dienen soll, sich am Prozeß der Selbstzerstörung ihrerseits beteiligen kann. Wir erinnern uns, daß bei unserer Untersuchung der Selbstverstümmelung, des Märtyrertums und anderer Formen der Selbstzerstörung die erotische Komponente diese Rolle ganz entschieden gespielt hat, und wir haben gesehen, daß es sich dabei gewöhnlich um eine Verzerrung oder Perversion des Triebes handelte, der dann versucht, quantitativ auszugleichen, was ihm an Qualität fehlt.[21]

Das gleiche geschieht bei organischen Leiden. Ich erinnere mich zum Beispiel an ein junges Mädchen, das von weither zu uns gebracht wurde, weil sie sich wegen eines Pickels auf ihrer Nase in höchster Erregung befand. Der Pickel selbst war gar nicht mehr sichtbar, aber sie hatte so sehr an ihrer Nase herumgedrückt, geklopft, gerieben und Dampfbäder genommen, daß diese rot und geschwollen war.

Das war natürlich eine »absichtlich« herbeigeführte narzißtische Selbstzerstörung; man beobachtet das gleiche aber auch bei der übermäßigen Reaktion mancher Organe auf Verletzungen. Das einfachste Beispiel, das mir dabei einfällt, ist die ungeheure Schwellung, die bei manchen Individuen infolge eines Insektenstichs auftritt; der Schmerz und das Jucken hat mehr mit dem Heilungsprozeß als mit der ursprünglichen Verletzung zu tun. Die exzessive Bildung von neuem Gewebe bei der Heilung eines Schnitts oder einer Geschwulst, das

---

[21] S. Freud: *Zur Einführung des Narzißmus. Ges. Werke* X: »Ein starker Egoismus schützt vor Erkrankung, aber endlich muß man beginnen zu lieben, um nicht krank zu werden, und muß erkranken, wenn man infolge von Versagung nicht lieben kann« (S. 151).

sogenannte »wilde Fleisch«, ist ein weiteres Beispiel dieser Art. Es mag nicht offensichtlich sein, daß hier etwas Erotisches im Spiel ist, obwohl das gesteigerte Interesse, das durch Anschwellen und Jucken der Wunde stimuliert wird, jedermann bekannt ist.

Ich hatte einmal Gelegenheit, die Entwicklung einer schweren Erkältung bei einer Frau zu beobachten, die eine ungewöhnliche intuitive Auffassungsgabe besaß und zu jener Zeit eine Psychoanalyse machte. Als die Erkältung bei dieser Frau auftrat, herrschte keine Epidemie. Sie war normalerweise nicht anfällig und sogar stolz auf ihre Immunität gegenüber Erkältungskrankheiten; in ihrem ganzen Leben hatte sie nur sehr wenige gehabt.

Ich habe die Einzelheiten dieses Falles in einem Aufsatz mitgeteilt[22], und meine Befunde sind von anderen Psychoanalytikern anhand anderer Fälle bestätigt worden. Es erübrigt sich hier, das gesamte Material zu zitieren; das Wesentliche ist, daß diese »Erkältung« einen Wendepunkt in der psychischen Wiederherstellung der Frau bedeutete – sie fing gerade an einzugestehen, wie sehr sie geliebt zu werden wünschte. Sie befriedigte diesen Wunsch offenbar in autoplastischer Weise, indem sie den destruktiv-erotischen Konflikt zunächst auf das eine und dann auf das andere Organ konzentrierte: Augen, Nase, Hals und schließlich die Brust wurden nacheinander in die Infektion einbezogen. In gewissem Sinn repräsentierte jedes dieser Organe ihre Gesamtpersönlichkeit, die Liebe ersehnte, sich aber zu schuldbeladen fühlte, um sie akzeptieren zu können, ohne durch Leiden dafür zu zahlen. Daß die Krankheit für sie eine psychologische Bedeutung hatte, ging aus einer Bemerkung hervor, mit der sie sich auf eine Deutung bezog, die ich zuvor im Hinblick auf ihre verdrängte Aggressivität gegeben hatte.

»Vielleicht hatten Sie wirklich recht damit«, sagte sie, »daß ich Dinge haben will, daß ich das so intensiv will, daß ich mich buchstäblich verrenke, um mir einzureden, ich wolle von niemandem etwas annehmen. Aber nun kommt diese Erkältung angeflogen, und ich spreche davon, eine Grippe zu ›nehmen‹. Die Verwendung dieses Ausdrucks fällt mir selbst

---

[22] Karl Menninger: *Some Unconscious Psychological Factors Associated with the Common Cold. Psychoanalytic Review*, Bd. 21, Apr. 1934, S. 201-207.

auf und läßt mich vermuten, daß ich mich vielleicht entschlossen habe, von nun an Dinge anzunehmen. Vielleicht hatte das etwas damit zu tun, daß sich die Beziehung zu meinem Mann am letzten Wochenende gebessert hat.«
Es steckte weit mehr dahinter, wie ich bereits sagte, und vielleicht wird der Leser mit der Erklärung unzufrieden sein, daß eine Frau, die die Liebe, die sie ersehnte, stets abgewehrt hatte, eine Infektion der Atemwege gerade in dem Moment entwickelte oder »akzeptierte«, wo sie beschlossen hatte, die Schranken ihrer Abwehr niederzureißen. Aber ich glaube, daß es so war.
Dasselbe Motiv liegt meiner Meinung nach bei vielen Tuberkulosefällen vor. Das ist in der Tat selbst von einfühlsamen Laien beobachtet worden. Robert de Traz[23] schrieb z. B. über die Tuberkulosekranken von Leysin: »Wir sehen, daß die Tuberkulose oft mit dem Seelenleben zusammenhängt und sich unter dem Einfluß von Kummer, seelischer Erschütterung und Sorgen entwickelt.« Er beschreibt die Psychologie dieser Patienten:
»Die Welt, an deren Schwelle sie stehen – selbst wenn sie es nicht wissen und niemals erfahren werden –, kann man sich leicht vorstellen. Sie haben weniger Erinnerungen als Pläne. Nachdem sie vor kleinen Fehlschlägen durch einen alles umfassenden Fehlschlag bewahrt, in überwältigender Weise desillusioniert statt Stück für Stück ihrer Illusionen beraubt wurden, sind sie nun wunderbar aufs Träumen vorbereitet. Endlose Tage auf ihren Chaiselongues ausgestreckt, schaffen sie sich ihre eigenen trügerischen Freuden und Scheinambitionen. Ihre Möglichkeiten sind unbegrenzt, weil sie niemals verwirklicht werden müssen. Kein anderer Patient ist ein größerer Träumer. So ist die Tuberkulose nicht so sehr eine Auflösung des Fleisches als vielmehr eine Erschöpfung, eine Glut, ein geistiger Siedezustand. Die zartesten Visionen, die reinsten Verzückungen, die der elenden Menschheit zuteil wurden, sind als Geschenk jener zu uns gekommen, die an Tuberkulose litten.
Sie brauchen so viel Liebe. ›Ebenso wie jeder andere‹, werden Sie sagen. Nein, mehr als jeder andere. Denn erstens

[23] Robert de Traz: *Les Heures de Silence*. Paris 1934.

sind sie allein, traurig und oft vergessen. Die Feigen unter ihnen wollen bemitleidet, die Enttäuschten verstanden werden. Und da sie zweitens außerstande sind, ein aktives Leben in der Gegenwart zu führen, schwanken sie zwischen Vergangenheit und Zukunft, zwischen Erinnerung und Erwartung. Sie leben mit dem Herzen. Und das Herz – viel gebraucht und übermäßig verfeinert – wird immer hungriger.«
Schließlich ist die Tuberkulose eine anmutige Art, sich selbst zu zerstören – langsam, tragisch, oft bei relativem Komfort, gutem Essen, Ruhe, Frieden und unter teilnahmsvollen Tränen aller. Sie tritt auch gern bei Individuen auf, deren Liebesbedürfnis offenkundig ist, z. B. bei jungen Frauen von einer gewissen wehmütigen, ätherischen Schönheit. Ein Freund von mir, der die Krankheit überwand, äußerte die Meinung, daß Lebhaftigkeit und Optimismus von Tuberkulosepatienten, die *spes phtisica*, oft nur die wirkliche Depression verbergen, unter der sie leiden. Es ist eine Verfassung, die in der Absicht aufrechterhalten wird, die so sehr benötigte Liebe zu bekommen, von der de Traz spricht. Sobald alle Ärzte und Besucher die Station verlassen haben, senkt sich aufs neue eine sichtbare Wolke der Depression herab.[24]
Einige Tuberkulosefälle sind psychoanalytisch untersucht worden, und dieses Liebesbedürfnis, dieser Ersatz für eine Liebesaffäre durch Krankheit, tritt bei manchen dieser Berichte ganz auffallend in Erscheinung. Ein 43jähriger Mann

---

[24] Psychologische Faktoren bei der Tuberkulose, von einem großen Künstler intuitiv erkannt, hat Thomas Mann in seinem Meisterwerk *Der Zauberberg* im Detail geschildert: »Aber auf Nummer fünfzig lag ... Natalie ... mit schwarzen Augen und goldenen Ringen in den Ohren, kokett, putzsüchtig und dabei ein weiblicher Lazarus und Hiob, von Gott mit jederlei Bresthaftigkeit geschlagen. Ihr Organismus schien mit Giftstoffen überschwemmt, so daß alle möglichen Krankheiten sie abwechselnd und gleichzeitig heimsuchten ... Kurzum, die Frau war gräßlich daran und außerdem ganz allein in der Welt; denn nachdem sie Mann und Kinder um eines anderes Mannes, das heißt eines halben Knaben, willen verlassen, war sie ihrerseits von ihrem Geliebten verlassen worden ... Aber seine Verwandten hätten ihn mit List und Gewalt von ihr losgemacht, und dann habe sich der Kleine wohl auch vor ihrer Krankheit geekelt, die damals vielfältig und stürmisch zum Ausbruch gekommen. Ob die Herren sich etwa auch ekelten, fragte sie kokettierend; und ihre Rasse-Weiblichkeit triumphierte über das Ekzem, das ihr halbes Gesicht überzog.« Stockholm 1959, S. 435 f.

wurde von Jelliffe und Evans[25] untersucht. Er war das jüngste von sechs Geschwistern; seine Mutter hatte ihm erzählt, daß er seit einem Keuchhusten im Alter von zwei Jahren immer ein zartes Kind geblieben sei. Er selbst erinnerte sich nicht daran, aber er erinnerte sich, daß es sehr angenehm war, von der Mutter vor der harten Landarbeit bewahrt zu werden. Mit etwa 10 Jahren bekam er eine schwere Erkältung, die es ihm ersparte, den Garten zu jäten und ihm besondere Zuwendung und Privilegien einbrachte. Er pflegte jedesmal stark zu husten, wenn er wußte, daß sein Vater ihn hören konnte. Der Husten bewirkte, daß er nicht aufs Feld mußte, obwohl der Vater dagegen war, daß der Junge die Farm verließ und zur Schule ging, wie er es wünschte. Als er aber im Alter von 26 Jahren aufs College kam und vom häuslichen Zwang befreit war, begann er ein neues Leben und wurde gesund. Nach drei Jahren hatte er kein Geld mehr und war gezwungen, nach Hause zurückzukehren, wo er krank wurde und unaufhörlich hustete. Nach zwei Jahren ging er aufs College zurück und schließlich mit Hilfe eines Stipendiums ins Ausland. Während der Studienjahre im Ausland hörte der Husten auf, und er fühlte sich wohl, obgleich er sich oft nach jemandem sehnte, der ihn liebte und für ihn sorgte, wie seine Mutter es getan hatte. Er bemühte sich, eine Frau zu finden, und verlobte sich im Ausland, entlobte sich aber einige Monate später wieder, worauf seine früheren Depressionen zurückkehrten und der Husten nicht mehr aufhörte. Er hatte zwei leichte Blutungen. Häufige Untersuchungen des Sputums erbrachten keinen Tuberkelbefall, aber sein Verlangen, sich umsorgen zu lassen, wurde größer, bis er in der Familie einer gelernten Krankenschwester ein Heim fand. Dort legte er sich häufig wegen Verdauungsstörungen und Fieber zu Bett. Ein Jahr später wurden Tuberkeln im Sputum entdeckt.

Die Psychoanalyse dieses Patienten zeigte deutlich seine infantile orale Abhängigkeit von der Mutter. Wie die Autoren sagen, hatte er »gehustet, um sie auch als erwachsener Mann an sich zu fesseln«. Die durch die Behandlung gewonnene Einsicht ermöglichte es ihm, diese infantile Einstellung zu

[25] Smith Ely Jelliffe und Elida Evans: *Psychotherapy and Tuberculosis. American Review of Tuberculosis*, Sept. 1919, S. 417-432.

erkennen und aufzugeben und nicht mehr vor jeder Unbequemlichkeit davonzulaufen, wozu ihn seine Mutter durch ihre übermäßig beschützende Haltung ermutigt hatte.
Am überzeugendsten, weil am unverblümtesten, ist der durch Magen- und Darmerkrankungen gelieferte Beweis. Es ist allgemein bekannt, daß unsere Verdauungsorgane sowohl psychische als auch physische Aufgaben erfüllen. Aber es ist dem nichtmedizinischen Leser vielleicht weniger bekannt, daß eine große Zahl von Patienten Ärzte aufsucht und über alle möglichen Beschwerden klagt, die mit dem Verdauungssystem zu tun haben. Die Symptome reichen von leichtem Unbehagen oder Übelkeit bis zu akuten Schmerzen und können in allen Phasen des Verdauungsvorgangs auftreten. Viele Patienten erscheinen beim Arzt mit einer selbstgestellten Diagnose, die gewöhnlich sehr vage und falsch ist: Magenschmerzen, Herzbeklemmung, Darmbeschwerden, gestörte Verdauung, Gallensymptome usw. Andere kommen (oder gehen) mit langen Listen von Nahrungsmitteln, die sie meiden müssen, wenn sie das Leben genießen wollen, weil diese ihnen »nicht bekommen«, sie »vergiften«, krank machen, ihnen Schmerzen, Durchfall oder Verstopfung verursachen. Zahl und Vielfalt solcher Verdauungsbeschwerden sind unendlich und die Patienten, die daran leiden, sind oft – obwohl in anderer Beziehung intelligente und umgängliche Leute – in bezug auf diese Symptome unlogisch, abergläubisch und in hohem Maße exzentrisch. Die Möglichkeit, daß Schmerzen, schlechte Verdauung oder Verstopfung mit psychischen oder emotionalen Faktoren zusammenhängen könnten, kommt ihnen niemals in den Sinn, und legt man es ihnen nahe, pflegen sie es energisch zu bestreiten.
Nichtsdestoweniger wissen einige scharfsichtige Mediziner seit längerer Zeit, daß manche dieser Patienten von ihren Symptomen befreit werden können, wenn man sie in eine Diskussion über ihre sonstigen »Beschwerden« – seien es geschäftliche Sorgen, Familienprobleme, persönliche Schwierigkeiten aller Art – verwickelt.[26] Aber es ist etwas anderes, ob man weiß, daß Symptome dieser Art durch ein Ge-

---

26 Siehe z. B. die Berichte von Hartman, Alvarez, Alkan, Draper, Touraine, Oppenheimer, Underwood, Sullivan, Chandler, Deutsch, Dreyfus, Heyer, Schindler und Bergman. – Wahrscheinlich gibt es viele andere, die dieses

sprach über die emotionalen Schwierigkeiten des Patienten, der diese Symptome aufweist, beseitigt werden können, oder ob man weiß, weshalb das geschieht und wie es überhaupt zu den Symptomen kam. Eine Gruppe von Forschern am Chicago Institute for Psychoanalysis[27] unternahm es, dieses Problem zu untersuchen; sie hofften zu entdecken, welcher Art die psychische Beschaffenheit von Patienten, die an gastrointestinalen Krankheiten litten, wirklich ist. Sie waren nicht (primär) bemüht, diese Patienten zu heilen, sondern herauszufinden, weshalb sie krank waren, und weshalb – wie bei den ersten Fällen Freuds – der Untersuchungsvorgang als solcher einen therapeutischen Wert zu haben schien. Nicht alle Fälle, die im Institut behandelt wurden, konnten geheilt werden, noch waren die Forscher in allen Fällen in der Lage, die psychologischen Faktoren und ihre Beziehung zueinander genau zu ermitteln. Andererseits entdeckten sie sehr wohl psychologische Tendenzen bei ihren Fällen, von denen man fast sagen konnte, daß sie sich auf eine bestimmte Formel bringen ließen.

Man stellte fest, daß es sich bei Fällen mit vorwiegend gastrischen Symptomen fast immer um Personen handelte, bei denen der Wunsch, geliebt zu werden, außergewöhnlich stark war, und daß dieser Wunsch einem infantilen Aneignungsmuster zu folgen schien. Es bestand jedoch bei diesen Fällen eine Reaktion gegen die starken oralen Bedürfnisse, eine Art trotzige, kompensatorische Unabhängigkeit, so als wollten sie sagen: »Ich bin ein tüchtiger, aktiver, produktiver Mensch; ich gebe allen, ernähre und unterstütze viele Leute, nehme Verantwortung auf mich, und es macht mir Freude, daß Menschen auf mich angewiesen sind; ich bin eine durch-

---

Prinzip kannten und anwandten, in der medizinischen Literatur aber nicht in Erscheinung getreten sind, während viele andere Berichte veröffentlicht haben, die ich hier aus Platzgründen nicht anführen kann. Eine sehr umfassende Liste findet sich in Dunbars ausgezeichneter Zusammenstellung (op. cit.). Sie zitiert Stiller, der vor über 50 Jahren schrieb: »Es ist eine alltägliche Erfahrung, daß bei manchen Leuten nach finanziellen Verlusten Magenbeschwerden auftreten, unter denen sie leiden, bis sich ihre finanziellen Verhältnisse wieder gebessert haben.«

27 Alexander, Bacon, Wilson, Levey und Levine: *The Influence of Psychologic Factors upon Gastro-Intestinal Disturbances. A Symposium. Psychoanalytic Quarterly*, Bd. 3, 1934, S. 501-588.

aus selbstgenügsame Führernatur, unternehmend und furchtlos.« Diese Einstellung kam verbal und im Verhalten zum Ausdruck. Man fand jedoch, daß sich dahinter eine Tendenz verbarg, die in genau die entgegengesetzte Richtung wies, d. h. ein extremes, mitunter sehr heftiges Verlangen, versorgt, gepflegt, ernährt, beschützt, geliebt, bemuttert, bedient zu werden; und dieses Verlangen machte sich über den Magen bemerkbar. Natürlich hegen viele Menschen solche Wünsche ganz bewußt, aber bei den vorgenannten Individuen waren sie völlig unbewußt, und sie verdrängten sie gewaltsam, indem sie sie als Pseudo-Unabhängigkeit, Selbstverleugnung und Selbstgenügsamkeit tarnten. Aber der Preis, den sie für die Verleugnung ihrer Wünsche zahlen, ist zu hoch, und gegen die unbewußte Doppelzüngigkeit der Persönlichkeit erhebt sich Protest in Form heftiger Magenschmerzen (und, wie ich meine, gastrischer Erotisierung).
Ich will hier eine Fallzusammenfassung praktisch wörtlich zitieren:
»In einem Fall von *Ulcus pepticum* (bei einem 46jährigen Mann, der einer dreiwöchigen anamnestischen Untersuchung unterzogen worden war) ... war es weit mehr die äußere Lebenssituation als eine tieferliegende Zurückweisung seiner unbewußten Wünsche, welche die Befriedigung der oral-rezeptiven Bedürfnisse des Patienten verhinderte. Während seiner Kindheit und Jugend verschaffte er sich reichlich rezeptive Befriedigungen; er war keineswegs eine Führernatur, vielmehr ließ seine Einstellung vollkommen jenen Ehrgeiz vermissen, der bei Fällen von *Ulcus pepticum* so häufig ist. Er heiratete eine äußerst tüchtige, intelligente, geistig überlegene, aktive Frau des Führertyps. Die Ehe enttäuschte jedoch bald alle seine Hoffnungen, in seiner Frau einen überlegenen Menschen zu finden, der als Ersatz für eine großzügige, gebefreudige Mutter dienen konnte. Seine Frau veränderte sich nicht etwa in der Ehe, widmete aber von Anfang an ihr Leben völlig der Förderung ihrer Karriere, dem Lernen, Arbeiten, Schaffen. Außerdem waren die sexuellen Beziehungen äußerst unbefriedigend. Die Ehefrau war frigide, und der Patient litt an *Ejaculatio praecox*. Der Mann erhielt nichts von seiner Frau, und da seine rezeptiven Bedürfnisse enttäuscht wurden, nahm er bald eine rivalisierende Haltung

gegenüber seiner Frau ein, die den Haushalt sogar finanziell in erster Linie bestritt. Statt sich von seiner Frau bemuttern zu lassen, trieb seine Unterlegenheit ihn zu Ehrgeiz und Anstrengung, die er zutiefst verabscheute und ablehnte. Seine Bemühungen blieben ohne jeden Erfolg, und in seinem Beruf war er stets nur mittelmäßig. Auf dem Höhepunkt dieser Konfliktsituation – nach zwanzigjähriger Ehe – kam es zu einer schweren Blutung infolge eines *Ulcus pepticum*. Aber während all dieser Jahre hatte er unter Magenbeschwerden gelitten, vornehmlich unter Schmerzen, die sich einige Stunden nach dem Essen einstellten und aufhörten, sobald er etwas zu sich nahm, sowie unter chronischer Superazidität. Das Geschwür war das Endergebnis eines achtzehnjährigen Magenleidens.

Kurz nach der Blutung nahm er eine sexuelle Beziehung zu einer Frau mütterlichen Typs auf, dem genauen Gegenteil seiner Ehefrau. Seine Frau, so klagte er, koche ihm niemals etwas, während die andere Frau das tat. Sie war eine nette, sanfte, alltägliche Frau, die ihn nicht zu unerreichbaren Leistungen trieb. Mit ihr konnte er das bescheidene Leben eines Kleinbürgers führen, was – wie er offen zugab – sein einziges Ideal war. Seitdem er mit dieser Frau ein Liebesverhältnis hat, sind alle Symptome verschwunden. Das Leben kurierte ihn, indem es ihm gestattete, seine rezeptiven Neigungen zu befriedigen.«

Alexander bemerkt dazu:

»Unter psychoanalytischen Gesichtspunkten ist es nicht schwer zu verstehen, weshalb die Nahrungsfunktionen besonders geeignet sind, verdrängte rezeptive Neigungen auszudrücken, die bei allen unseren Fällen im Vordergrund stehen. Der infantile Wunsch, etwas zu bekommen, versorgt und geliebt zu werden, von jemandem abhängig zu sein, wird in idealer Weise in der parasitären Situation des Säuglings befriedigt. So werden die Gefühlsmerkmale der Passivität (Rezeptivität), der Wunsch, geliebt und versorgt zu werden, in einem frühen Lebensabschnitt mit den physiologischen Funktionen der Ernährung in enge Verbindung gebracht, und folglich werden sie in ihrer ursprünglichen Gestalt als infantiler Wunsch, gefüttert zu werden, in Erscheinung treten, wenn sie später durch Verdrängung gehindert werden, sich

normal zu äußern. Solche verdrängten rezeptiven Neigungen können als chronische psychische Stimuli des Magens angesehen werden, die zu seiner Dysfunktion führen. Diese Stimulierung des Magens ist vom physiologischen Verdauungsvorgang unabhängig. Sie hat ihren Ursprung in Gefühlskonflikten, die mit dem physiologischen Hungergefühl in keinerlei Verbindung stehen.
Nach meiner gegenwärtigen Vorstellung verhält sich der Magen unter dieser unaufhörlichen chronischen Reizung ständig so wie während der Verdauung. Chronische Hypermotilität und Hypersekretion können die Folge sein. Der leere Magen wird so dauernd denselben physiologischen Reizen ausgesetzt, die unter normalen Bedingungen nur periodisch auftreten, nämlich wenn er Nahrung enthält oder aufzunehmen im Begriff ist. Die Symptome des nervösen Magens, epigastrische Schmerzen, Herzbeklemmung und Aufstoßen sind wahrscheinlich Manifestationen dieser chronischen Stimulierung, die manchmal sogar zur Geschwulstbildung führen kann.«
Zur Bekräftigung ihrer Schlußfolgerungen werden von diesen Forschern detaillierte Fallgeschichten mitgeteilt. Sie sind bei weitem zu umfangreich, um hier Aufnahme zu finden, doch soll eine davon zusammenfassend zitiert werden, um einen Eindruck von der Fülle des klinischen Materials zu vermitteln.
Bacon beschreibt z. B. eine Frau, die sieben Jahre lang unter epigastrischen Beschwerden litt, die zeitweise so qualvoll waren, daß sie Opiate erforderlich machten; daneben litt sie sehr unter heftigem Aufstoßen, Blähungen und gelegentlichem Durchfall oder Verstopfung. Sie hatte auch Anfälle von krankhaftem Heißhunger, der 10 bis 15 Tage anhielt, wobei sie 10 bis 20 Pfund zunahm.
Sie war verheiratet, 35 Jahre alt, sehr weiblich in ihrer äußeren Erscheinung, gut angezogen und sehr anziehend für Männer. Sie machte viele Bekanntschaften, die aber gewöhnlich nur kurze Zeit dauerten. Als jüngste von drei Schwestern in Europa geboren, kam sie nach dem Tod ihres Vaters nach Amerika. Die Eltern waren sehr wohlhabend gewesen, hatten aber alles verloren. Ihr Vater war ein gebildeter, in seiner Heimat geachteter Mann gewesen, doch erinnerte sie sich seiner kaum. Die Mutter hingegen, ungebildet und derb,

machte die Patientin zu ihrem Liebling. Gleichzeitig war sie aber grausam zu ihr und vernachlässigte sie. Die Patientin erinnerte sich an ein typisches Beispiel. Als sie acht Jahre alt war, versuchte ein Mann sie zu schlagen, und als sie um Hilfe rief, kam die Mutter heraus und schlug sie, ohne daß sie herauszufinden versucht hätte, weshalb das Kind geschrien hatte. Während ihrer ganzen Kindheit mußte sie hart arbeiten, indem sie der Mutter zur Hand ging. Sie beneidete ihre nächstältere Schwester, die sie als ein egoistisches, anspruchsvolles Mädchen ansah, das alles bekam, was es wollte.

Mit 20 Jahren hatte die Patientin einen Mann geheiratet, der 15 Jahre älter war als sie, und zum ersten Mal in ihrem Leben empfing sie in reichem Maße Zuneigung und Aufmerksamkeit. Ihr Mann war erfolgreich und ihr geistig überlegen, was der Position entsprach, die ihr Vater eingenommen hatte. Sie war mit ihm viel auf Reisen. Zwei Jahre lang schickte er sie auf ein Internat. In ihren sexuellen Beziehungen zu ihm war sie immer frigide, fühlte sich aber in ihrer abhängigen, kindlichen Position ganz glücklich.

Dieser angenehme Zustand wurde zunächst dadurch gestört, daß sie nach siebenjähriger Ehe ein Kind bekam, dem sie die Aufmerksamkeit zuwenden mußte, die sie vorher selbst empfangen hatte; zweitens dadurch, daß der Ehemann aus geschäftlichen Gründen öfter abwesend sein mußte, und drittens weil sie nach neunjähriger Ehe entdeckt hatte, daß ihr Mann Frau und Kind aus einer früheren Ehe unterhielt. Auf diese Entdeckung reagierte sie mit heftiger Wut und Groll; ihre Darmsymptome begannen zu dieser Zeit. Sie dauerten die nächsten sieben Jahre an, bis sie in die Analyse kam.

Die Angelegenheit wurde durch Schwierigkeiten ihres Mannes kompliziert. Er verlor seine Stellung sowie seine sexuelle Potenz; auf beides reagierte sie mit ungeheurem Ärger (und gastro-intestinalen Symptomen). Trotz dieses Ärgers gab sie sich aber die größte Mühe, ihren Haushalt gut zu führen, ihr Kind zu versorgen und ihrem Mann reichliche, gut zubereitete Mahlzeiten vorzusetzen, auch wenn sie so krank war, daß sie selbst nichts essen konnte.

Was ihre bewußte Selbsteinschätzung betraf, war sie mit sich zufrieden. Sie glaubte, daß sie anderen überlegen sei, Lob für ihre Bemühungen verdiene, stets etwas für andere zu tun,

was so weit ging, daß sie sie mit ihrer Freundlichkeit »fast erstickte«. Hinter dieser Einstellung konnte man aber eine starke Tendenz erkennen, Liebe und Aufmerksamkeit von anderen zu verlangen und sie sich anzueignen, wenn sie nicht von selbst gegeben wurden. Die Zurückweisung solcher Wünsche schien jenen destruktiven Ärger der Enttäuschung hervorzurufen, der so bezeichnend für den Persönlichkeitstyp ist, den die Psychoanalytiker den *oralen* nennen. Ihr bitterer Groll, weil ihr Mann sie in letzter Zeit nicht ernähren konnte, die Tatsache, daß er seinen Verpflichtungen gegenüber der früheren Ehefrau nachgekommen war, sein Unvermögen, sie sexuell zu befriedigen, und seine häufige Abwesenheit von zu Hause wurden bereits erwähnt. Ihre Wut nahm solche Ausmaße an, daß sie sich zu rächen versuchte, indem sie mehrere Liebesverhältnisse anknüpfte; bei keinem davon war die Zuneigung zu dem Liebhaber stärker als ihr Wunsch, den Ehemann zu verletzen. Ein scheinbar merkwürdiger, tatsächlich aber sehr charakteristischer Zug dieser außerehelichen Liebesbeziehungen bestand darin, daß sie auf ihre Liebhaber aus genau denselben Gründen wütend wurde wie auf ihren Ehemann: sie beklagte sich, daß sie sie nicht befriedigten, sich ein Vergnügen daraus machten, sie zu enttäuschen, Verabredungen nicht einhielten und ihr nichts gäben.
Ein Hinweis darauf, inwiefern orale Aktivitäten eine Art sexueller Befriedigung für sie darstellten, ist die Tatsache, daß ihr Heißhunger immer dann auftrat, wenn ihr unerfüllte sexuelle Wünsche bewußt wurden, das heißt, wenn einer ihrer Liebhaber das Verhältnis abbrach. Umgekehrt interessierte sie Essen während der kurzen glücklichen Zeiten in ihren Liebesbeziehungen in keiner Weise.
Diese Angaben genügen, um zu zeigen, daß die Patientin gewissermaßen mit dem Mund liebte, statt mit ihren Geschlechtsorganen, wie es der reifen, normalen biologischen Rolle der Frau entspricht. Sie war frigide, aber sie konnte essen und küssen und betteln und, um es einmal so auszudrücken: saugen; sie konnte auch tadeln, anklagen und beißen. Wenn man das gastro-intestinale System in dieser Weise benutzt, um Funktionen wahrzunehmen, die dem genitalen System zukommen, überlastet man es unter Umständen so

sehr, daß es zusammenbricht. Vom psychoanalytischen Standpunkt aus können die Symptome als eine regressive (orale) Methode angesehen werden, »Liebe« und – wegen des mit der oralen Aggressivität verbundenen Schuldgefühls – Selbstbestrafung zu erlangen.[28]
Solche ins einzelne gehenden Analysen lassen erkennen, daß Menschen dieser Art offenbar gezwungen sind (wie wir alle), zu lieben und geliebt zu werden, um leben zu können, daß ihnen das aber nicht auf normale Weise möglich ist. Statt dessen regredieren sie bei einem gewissen Grad von Enttäuschung auf primitive, infantile (daher »perverse«) Verhaltensweisen, die durch eine Mischung dieser Ersatzerotik mit Wut und Groll (d. h. Aggressivität) bestimmt werden. Diese Aggressivität wiederum wird vom Gewissen mißbilligt und verlangt nach Bestrafung. Alle diese Dinge – das orale Bedürfnis (und die mittelbare und unmittelbare »Liebe«, die ihm zuteil wird), die Aggressivität (sowohl der ursprüngliche Impuls als auch der aggressive Gebrauch, der von der Krankheit gemacht wird) und die Selbstbestrafung – werden durch die Entstehung des Magengeschwürs aufs beste befriedigt, »gelöst«.[29]
Auf den vorangegangenen Seiten haben wir einiges Material zusammengetragen, um auf das Vorhandensein der erotischen Komponente bei organischen Leiden hinzuweisen, einer

---

28 Die Behandlung dieser Patientin dauerte 1½ Jahre; alle Symptome wurden völlig beseitigt.

29 Aber ist das, so könnte man fragen, ein Beweis für die libidinöse Besetzung eines Organs? Vorausgesetzt, daß solche Menschen nach Liebe verlangen, kann daraus der logische Schluß gezogen werden, daß Erotik im Spiel ist, wenn ihre Erlangung solche organischen Konsequenzen nach sich zieht? Das ist eine schwierige Frage, und ich kann sie nicht so einfach beantworten, wie man erwarten mag. Jene, die nach Liebe hungern, um es simpel auszudrücken, pflegen sich in höherem Maße auf narzißtische Selbsttröstung zurückzuziehen, als es der Norm entspricht. (So weit wären wir uns alle einig.) Ich stelle mir vor, daß sich das Individuum bei dieser Einbeziehung des Organischen sozusagen mit dem betroffenen Organ in der Weise identifiziert, wie ich es in den ersten Abschnitten dieses Kapitels beschrieben habe, und diese lokale narzißtische Besetzung des Organs kompensiert das Defizit an Liebe, die von der Außenwelt empfangen (oder ihr gegeben) wird. Die Organe sind Teil der Persönlichkeit und müssen die Lieblosigkeit wie alle anderen Teile in Kauf nehmen. Aber das ist vorerst nur eine Hypothese, und ich bin mir bewußt, auf wie schwachen Füßen sie steht.

Komponente, die offenbar an jeglicher Selbstzerstörung in doppelter Eigenschaft beteiligt ist. Ihre normale Funktion sollte darin bestehen, die aggressiven oder selbstbestrafenden Elemente zu neutralisieren oder zu verringern, aber manchmal – in gewissem Umfang vielleicht immer – handelt sie ihren eigenen Absichten zuwider und verschlimmert das destruktive Ergebnis. Durch die erotische Komponente kann sich das Blatt wenden, indem sie heilende Kräfte mobilisiert, oder aber sie sucht in der Krankheit eine extravagante Erfüllung, indem sie an der Persönlichkeit zehrt. Im Augenblick können wir nur Mutmaßungen über die optimale Proportion oder Qualität dieser Komponente anstellen sowie darüber, was in manchen Fällen den Ausschlag zugunsten der aggressiven und selbstbestrafenden Kräfte gibt und es der erotischen Komponente überläßt, aus einem schlechten Geschäft das beste zu machen und sich mit der oben geschilderten heftigen, unreifen »Organliebe« zu trösten, und in anderen Fällen zugunsten der normaleren Funktion des erotischen Instinkts ausschlägt, die in der Neutralisierung der destruktiven Kräfte besteht, so daß diese im Heilungsprozeß unterliegen.

Zusammenfassung

Organische Krankheit ist das Ergebnis vieler zusammenwirkender Faktoren, nicht nur äußerer Elemente – etwa Bakterien –, sondern auch zahlreicher innerer Elemente, einschließlich der psychologischen Komponenten. Wenn die Reaktionen auf emotionale Stimuli die üblichen oder verfügbaren Ausdrucksmittel überwältigen, greifen sie auf die primitiveren »Abflußkanäle« des vegetativen Nervensystems zurück und »sagen es durch Symptome«. Wenn aber diese symptomatischen Ausdrucksformen habituell oder chronisch werden, pflegen wir alles zu vergessen, was wir über ihre psychologische Bedeutung wissen. Derselbe Arzt, der sofort verstehen würde, daß sich ein Mann im Augenblick großer Angst in die Hose macht, ist völlig überrascht und glaubt es nicht, wenn er hört, daß *chronische* Diarrhoe *chronische* Angst ausdrücken kann. Dennoch braucht man nur eine anhaltende Stimulierung zu postulieren, um eine anhaltende

Symptomatologie zu erwarten, die ihrerseits zu adaptiven (aber zerstörerischen) organischen Veränderungen führt.

Die Untertitel in diesem Kapitel wurden nur um der einfacheren Darstellung willen benutzt und implizieren nicht, daß bei manchen Krankheitsbildern nur ein Element der Trias vorhanden sei. Manchmal ist das eine auffallender als das andere, wie wir gesehen haben, aber vielleicht handelt es sich dabei nur um ein Artefakt. Sicher sind wir hinsichtlich der Schlußfolgerung, daß die Psychologie mancher organischer Leiden mit der bestimmter Verhaltensweisen parallel läuft, die wir als selbstzerstörerisch betrachten, daß sich in ihr dieselben Mechanismen manifestieren, dieselben Elemente darin enthalten sind. Daß es strukturelle Unterschiede gibt, ist sicher, und im nächsten Kapitel wollen wir zu zeigen versuchen, worin diese wahrscheinlich liegen.

3. Die Wahl des kleineren Übels

Die eingehende Untersuchung der gewöhnlich vernachlässigten psychologischen Krankheitsfaktoren ist geeignet, einen falschen Eindruck zu vermitteln. Dieser Eindruck wird sofort zerstreut, wenn wir einen Blick auf die langen Reihen der Leidenden an den Toren der Kliniken werfen oder auf die umfassende Forschungsarbeit medizinischer Wissenschaftler, die pathogene Bakterien, Traumen, Toxine, Neoplasmen und die traurigen Folgen ihres Wütens in den Körpern von Menschen und Tieren untersuchen. Kein vernünftiger Mensch würde leugnen, daß das Fleisch verletzlich ist oder daß das Individuum ohne sein Zutun von Kräften attackiert werden kann, die ihm Verletzungen beizubringen vermögen, die unter keinen Umständen als Selbstzerstörung interpretiert werden können. Andererseits sind diese Dinge so offensichtlich und so bekannt, daß man gern vergißt, daß selbst zu einer bakteriellen Infektion zwei gehören, d. h. daß herabgesetzte Immunität und Widerstandskraft sowie Impf- und Virulenzprobleme eine Rolle spielen. Das ist um so plausibler im Fall von Bakterien wie dem Tuberkelbazillus oder dem Pneumokokkus, von denen wir wissen, daß sie uns ständig umgeben und die meisten von uns ihnen gegenüber erfolgreich ihre Immunität wahren. Jeder von uns hat die Erfahrung gemacht, daß er sich ausgerechnet in einem kritischen Moment seines Lebens eine schwere Erkältung geholt hat, so daß die Vermutung eines Einflusses des Gemütszustands naheliegt.

Es ist daher sinnvoll, Krankheiten mindestens in drei Gruppen einzuteilen: jene, bei denen unerwartete Angriffe auf das Individuum aus der Außenwelt erfolgen und seine selbstzerstörerischen Neigungen in keiner Weise beteiligt sind; jene, bei denen ein gewisses Maß an Beteiligung oder Ausnutzung durch die selbstzerstörerischen Triebe bei einer Gelegenheit festzustellen ist, die vielleicht weitgehend oder vorwiegend von der Umwelt herbeigeführt wurde, und schließlich jene Krankheiten, zu denen die Umwelt nur in passiver Weise beigetragen hat.

Soweit es sich um die beiden letzten Gruppen handelt, bei denen das selbstzerstörerische Element in gewissem Umfang erkennbar ist, wird bei der Prüfung der von uns dargestellten Formen unmittelbar klar, daß sie in einer fortlaufenden

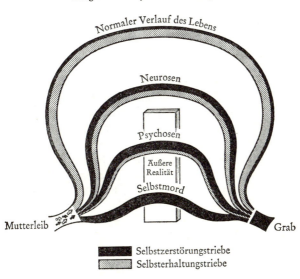

Diagramm I: Psychiatrische Kategorien

Serie arrangiert werden können, die vom Selbstmord als der vollendeten und irreversiblen Form über organische und hysterische Erkrankungen bis zu den milderen Formen von Selbstzerstörung reicht, die so weitverbreitet und unauffällig sind, daß man sie als »normal« bezeichnet, z. B. das Rauchen.

Dieses serielle Arrangement läßt sich in Form eines Diagramms darstellen (siehe Diagramm I), auf dem die Zerstörungstriebe (schwarz) von den opponierenden Realitätsfaktoren (weiß) und noch spezifischer durch innere Tendenzen zur Selbsterhaltung und Liebe zu anderen (grau) abgelenkt werden. Daraus ergibt sich normalerweise, daß solchen Hindernissen in weitem Bogen ausgewichen wird.

Die allgemeinen Vorstellungen über normales, neurotisches und psychotisches Verhalten sowie Selbstmord werden als fortlaufende Serie angeordnet. Dabei sehen wir, daß bei der Neurose ernsten Konflikten mit der äußeren Realität ausgewichen wird, die erotische Neutralisierung (grau) aber nicht ausreicht, um ein normales Leben voll ausschöpfen zu können. Die Psychosen zeigen andererseits einen schweren Konflikt mit der Realität, ein Merkmal, das sie gleichzeitig determiniert und definiert. Nur der Selbstmord ist noch einschränkender, noch selbstzerstörerischer als die Psychose.

Eine ähnliche Anordnung könnte vermutlich für jede Form modifizierter Selbstzerstörung getroffen werden, die verschiedene Grade der Neutralisierung repräsentiert. Man wird sich beispielsweise erinnern, daß Selbstverstümmelungen in relativ normaler, sozial akzeptierter Form auftreten können, etwa als Haar- oder Nägelschneiden. Dann gibt es Formen, die das Individuum zwar nicht in schwere Konflikte mit der Realität bringen, aber dennoch Auswirkungen unzureichender erotischer Neutralisierung zeigen; das sind die neurotischen Selbstverstümmelungen. Dann folgen jene, die sowohl den Widerstand der erotischen (selbsterhaltenden) Faktoren als auch die hemmenden Kräfte der Realität überwinden: die psychotischen religiösen Formen der Selbstverstümmelung. Und dann gibt es natürlich jene schweren Formen der Selbstverstümmelung, die fast einem Selbstmord gleichzusetzen sind.

Schließlich könnte man – entsprechend der hier zur Diskussion stehenden modifizierten Selbstzerstörung – ein Diagramm anfertigen, um die Beziehung zwischen hysterischen Erkrankungen und strukturellen organischen Leiden zu zeigen (s. Diagramm II).

In diesem Diagramm wird Gesundheit als Umgehung des Impulses zur Selbstzerstörung gezeigt, deren endgültige Durchführung auf diese Weise so weit hinausgeschoben wird, daß sie sich von den sogenannten normalen Abbauprozessen des Seniums kaum unterscheiden läßt. Weniger schwerwiegend sind jene funktionalen oder »hysterischen« Läsionen, die große Anforderungen an die inneren erotischen Reserven stellen, sich aber in der Praxis den äußeren Realitätsfaktoren anpassen. Die organische Krankheit hingegen überwältigt in einem gewissen Ausmaß beide und scheint daher eine Kurzschlußreaktion der selbstzerstörerischen Tendenz darzustellen, die bei den Psychosen über das zentrale Nervensystem erfolgt. Den letzten und äußersten Kurzschluß stellt natürlich der Tod selbst dar (vgl. Selbstmord auf dem Diagramm I).

Solche Analogien sind wertvoll, weil die Beziehung, die auf diese Weise offenbar wird, eine dynamische oder ökonomische Deutung impliziert. Diese Deutung, die die Frage nach der Wahl der Krankheit beantwortet, hängt mit dem Prinzip des Opfers zusammen, und zwar folgendermaßen:

Die Selbsterhaltungs- oder Lebenstriebe kämpfen bis zur Erschöpfung gegen die selbstzerstörerischen Tendenzen, und wenngleich sie letztlich unterliegen, ermöglichen sie es doch jedem von uns, durchschnittlich etwa 70 Jahre lang ein mehr oder weniger angenehmes Leben zu führen. Nun scheint es meist so, daß sie das nur tun, indem sie an bestimmten kritischen Punkten, um den Forderungen des Selbstzerstörungstriebs Genüge zu tun, gewisse größere oder kleinere Opfer anbieten. Krankheit jeder Art ist ein solches Opfer bzw. ein Kompromiß, und die Wahl einer Krankheit kann daher als Wahl des kleineren Übels angesehen werden.

Das Ich ist bestrebt, mit den widerstreitenden Kräften der Realität, der Triebe und des Gewissens das bestmögliche Geschäft zu machen. Manchmal muß für die Forderungen der Realität ein so hoher Preis gezahlt werden, daß Triebbefriedigungen durch libidinöse Besetzungen der Umwelt definitiv eingeschränkt sind. Dann entsteht ein inneres Problem, und die Spannung kann so groß werden, daß Aggressionen, denen eine andere Abfuhr verwehrt wird, so stark werden, daß sie die selbsterhaltende Abwehr durchbrechen, woraufhin die Aufgabe des Ichs darin besteht, die Selbstzerstörung auf das leichteste und billigste Opfer zu beschränken. Die für diese Aufgabe benötigte Kapazität und Klugheit des Ichs sind bei den einzelnen Menschen sehr verschieden ausgeprägt.

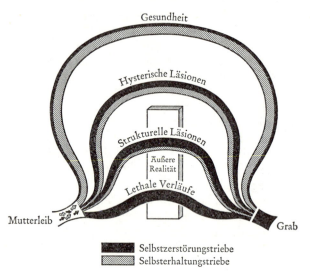

Diagramm II: Medizinische Kategorien

Die funktionale oder sogenannte »hysterische« Lösung ist deshalb von Nutzen, weil sie nahezu jede organische Krankheit an jeder beliebigen Stelle des Körpers zu imitieren vermag, aber gewöhnlich ohne große – wenn überhaupt irgendeine – Veränderung in der Gewebestruktur rückgängig gemacht werden kann. Es ist eine Art der Selbstzerstörung, die nicht wirklich (für immer) zerstört, so daß wir vermuten können, daß die Hysterie in derselben Beziehung zur organischen Krankheit steht wie die Selbstverstümmelung zum Selbstmord. Diese Beziehung stellt vielleicht einen Kompromiß dar: *Das Opfer eines Organs wird gebracht, um das Leben des Individuums zu erhalten – das hysterische Symptom entwickelt sich, um ein Organ am Leben zu erhalten.*

Manchmal jedoch geht in diesem Prozeß, bei dieser Pseudo-Zerstörung eines Organs die rettende Reversibilität verloren, und dann kommt es zu einer organischen Läsion.[1] Man schließt daraus, daß der Todestrieb auf die eine oder andere Weise stärker Fuß zu fassen vermag, wie das Unkraut in einem zeitweilig vernachlässigten Blumengarten den Gärtner besiegt. Es ist dann nicht länger möglich, den zeitweiligen »Tod« des Teils abzuschütteln; der wirkliche Tod (jenes Teils) beginnt zu drohen, und manchmal tritt er tatsächlich ein. Das ist, wie ich bereits erwähnte, wahrscheinlich auf überwältigend starke Selbstzerstörungstriebe zurückzuführen. Wir wissen aber, daß diese durch überwältigend starke Zerstörungswünsche gegenüber anderen geweckt werden, die sich jedoch durch den bedrohlichen Realitätsaspekt oder (und wahrscheinlich am stärksten) auf Betreiben des Gewissens wieder gegen das Selbst wenden.

An dieser Stelle scheinen wir verpflichtet, die Theorie des Opfers anhand klinischen Materials zu beweisen. Jeder Arzt kennt Krankengeschichten, in denen eine Krankheit eine andere ersetzt; manchmal scheint die Vermutung recht nahezuliegen, daß eine Krankheit anstelle einer anderen gewählt wird, die für den Patienten gefährlicher war oder schien. Aber es ist schwer zu beweisen, daß der Patient selbst mit der Wahl irgend etwas zu tun hatte. Einer unserer Patienten wechselte beispielsweise zwischen schweren Depressionen, voller körperlicher Gesundheit und schweren körperlichen Erkrankungen ohne Depression ab. Man kann daraus schließen, daß es sich um wiederholte Substitutionen handelte – beweisen kann man es kaum. Der Alkoholismus scheint oft von einem Patienten als unvermeidliche Alternative zur offenen Psychose akzeptiert zu werden. In unserer Untersuchung über die Polychirurgie (Teil IV) führte ich mehrere Beispiele an, bei denen ein Individuum einen chirurgischen Eingriff wählte oder tatsächlich forderte, um so seiner Mei-

---

[1] Jelliffe hat darauf wiederholt hingewiesen. »Im neurotischen Stadium der Fehlanpassung (Organneurose) sind die Prozesse noch reversibel... aber wenn solche Fehlanpassungen einige Jahre andauern... werden die Vorgänge irreversibel. Der schiefe Turm von Pisa hat sich zu stark geneigt, und eine organische Krankheit hat angefangen.« (S. E. Jelliffe: *Psychoanalysis and Internal Medicine*. In: *Psychoanalysis Today*, hg. S. Lorand, New York 1933, S. 300.)

nung nach einem noch schwereren Geschick zu entfliehen, entweder der Angst, die sein eigenes Gewissen in ihm weckte, oder einer äußeren Macht.

Patienten, die in eine Nervenklinik eingewiesen werden, erzählen oft, daß sie unter körperlichen Krankheiten litten, die mit dem Auftreten der Geisteskrankheit verschwanden. Ferner ist es im allgemeinen so, daß psychiatrische Patienten körperlich weit gesünder sind als der Durchschnitt. So waren einmal während einer leichten Grippewelle acht unserer Pfleger und mehrere Ärzte ernstlich krank und mußten das Bett hüten, während nicht ein einziger der Patienten, mit denen sie täglichen Umgang hatten, auch nur eine schlimme Erkältung bekam. Sorgfältige physikalische, neurologische und Laboruntersuchungen der meisten psychiatrischen Patienten erbringen gewöhnlich im wesentlichen normale Befunde. Dies würde vermuten lassen, daß die Psychose die Forderungen des Zerstörungstriebes befriedigt, so daß sich physische Opfer erübrigen.

Das wurde durch eine statistische Untersuchung[2] bestätigt, die zeigte, daß viele körperliche Krankheiten im Bevölkerungsdurchschnitt viel häufiger auftreten als bei psychiatrischen Patienten. So waren z. B. Koronarsklerose und Angina pectoris dreizehn- bis fünfzehnmal häufiger die Todesursache bei Patienten außerhalb staatlicher Heilanstalten als bei Patienten in staatlichen Heilanstalten; Diabetes fünfeinhalbmal so häufig, Kropf neunmal so häufig, Ulcus pepticum mehr als dreimal so häufig, Nierenentzündung dreimal so häufig, Krebs viermal so häufig (Arteriosklerose und Tuberkulose hingegen nur ein Viertel so häufig). Sogar Selbstmord kommt im Bevölkerungsdurchschnitt etwa doppelt so oft vor wie bei psychiatrischen Patienten!

Oft werden Patienten wegen mehr oder weniger akuter psychischer Symptome in die Klinik eingeliefert, z. B. wegen Depressionen. Ein paar Tage später sind alle Anzeichen einer Depression verschwunden, der Patient ist bester Laune, fröhlich, gesellig, kooperativ, von allem begeistert, aber unglücklicherweise wegen eines körperlichen Leidens – etwa einer schweren Erkältung, Glieder- oder Kopfschmerzen, Ischias –

2 Donald Gregg: *The Lethal Power of the Emotions. Mental Hygiene*, Jan. 1936, S. 30.

ans Bett oder an sein Zimmer gefesselt. Das passiert so oft, daß wir es nicht mehr als Zufall ansehen können.[3] Auch eine neuere statistische Untersuchung bestätigt diesen Eindruck.[4] Die sorgfältige Untersuchung einer Gruppe von

[3] Dr. George Wilson aus Chicago berichtete mir freundlicherweise in großen Zügen über einen Fall, der später in detaillierter Form veröffentlicht werden soll. An ihm ließ sich ein deutlich erkennbarer, schrittweiser therapeutischer Fortschritt ablesen, der vom »inneren Kreis« (vgl. Diagramm II) organischer Selbstzerstörung über das weniger gefährliche Zwischenstadium einer hysterischen Konversion bis zur zunehmenden Anpassung an ein normales Leben verlief.
Es handelte sich um eine junge Zahnärztin, die wegen verschiedener Frustrationen am Rand des Selbstmords gestanden und schließlich homosexuelle und autoerotische Befriedigungen durch ein normaleres Sexualleben ersetzt hatte. Jene hatten sich letztlich als unbefriedigend erwiesen, ja, sie stellten eine potentielle Gefahr für ihr berufliches und gesellschaftliches Ansehen dar und mußten aufgegeben werden. Dies geschah recht plötzlich, worauf sich unmittelbar ein röntgenologisch nachgewiesenes Zwölffingerdarmgeschwür einstellte. Das Leiden wurde medizinisch behandelt und war von kurzer Dauer (etwa 1 Monat). Nachdem es vollkommen geheilt war, begann ein schwerer Gelenkrheumatismus, der so gefährlich wurde, daß drei unabhängig voneinander konsultierte Orthopäden einen Gipsverband empfahlen. Dennoch zeigte die folgende Entwicklung, daß es sich fast sicherlich um eine hysterische Konversion handelte, deren besondere Bedeutung ich hier übergehen möchte. Es genügt die Feststellung, daß auch dieses Leiden völlig und ziemlich plötzlich verschwand, als die Patientin – nachdem sie endlich ihre Hemmungen in bezug auf ein normales Sexualleben überwunden hatte – sich verlobte und heiratete. Das letzte Überbleibsel ihrer Selbstzerstörungsneigung war sexuelle Frigidität, aber auch diese hörte schließlich auf, ohne daß andere Symptome oder Krankheiten an ihre Stelle traten. Das folgende Diagramm zeigt noch einmal die Entwicklung:

[4] Martha C. Hardy: *Some Evidence of an Inverse Relation Between Health History and Behavior Adjustments during Childhood. J. of Abnormal and Social Psychology*, Jan.–März 1937, S. 406.

Schulkindern aus Illinois zeigte, daß gut angepaßte Kinder mehr körperliche Krankheiten hatten als die schlecht angepaßten; sie waren öfter, schwerer und länger krank. Aus Explorationen von Schülern, die als schlecht angepaßt klassifiziert wurden, ergab sich doppelt so oft, daß sie nur wenige Krankheiten gehabt hatten als die gut angepaßten Schüler gleichen Alters und ähnlicher häuslicher Umgebung. Schwere Krankheiten wie Scharlach, Lungenentzündung, Meningitis und Appendizitis traten bei den gut angepaßten Kindern dreimal so oft auf wie bei den schlecht angepaßten. Von den Kindern, denen die Lehrer ein glückliches, fröhliches Naturell zuschrieben, waren weniger als 10 Prozent von Krankheiten relativ verschont geblieben gegenüber 23 Prozent der Kinder, die unglücklich und mürrisch wirkten.[5]

Psychoanalytikern ist das folgende Phänomen wohlbekannt: Ein Patient, der jahrelang unter einer neurotischen Erkrankung gelitten hat, wird dem Rat, eine psychoanalytische Behandlung zu beginnen, nur folgen, indem er schwere physische Symptome entwickelt, die ihn zeitweilig vor der gefürchteten Analyse bewahren. Einer meiner Patienten bekam eine Appendizitis, ein anderer einen Abszeß im Bereich des Rektums, wieder ein anderer eine Grippe etc. Oder aber der Patient beginnt mit der Analyse und scheint innerhalb weniger Monate von allen seit langem bestehenden Symptomen völlig befreit. In den Anfangszeiten der Psychoanalyse wurde diese sogenannte Übertragungsheilung trotz Freuds Warnung leider fehlgedeutet. Heute wissen wir, daß ein solcher Patient lediglich die Analyse selbst gegen die Neurose

---

[5] Wir kennen die Ursache der Hirntumoren nicht. Einige Ärzte und viele Laien waren der Meinung, daß schwere Kopfverletzungen zumindest eine prädisponierende Wirkung haben. Dagegen zeigte eine statistische Untersuchung von Parker und Kernohan von der Mayo-Klinik (*The Relation of Injury and Glioma of the Brain. Journal of the American Medical Association*, 22. 8. 1931, S. 535), daß es dafür nicht nur keinen Beweis gibt, sondern daß Hirntumoren und Kopftraumen in umgekehrtem Verhältnis zueinander stehen. Man kann zwar nicht sagen, daß Schläge auf den Kopf Hirntumoren verhüten, aber diese sorgfältig kontrollierten Beobachtungen ergaben, daß ein vorausgegangenes Kopftrauma seltener bei Patienten zu finden ist, die Hirntumoren entwickeln, als bei Patienten mit anderen Krankheiten oder bei der Gesamtbevölkerung.

eingetauscht hat und in diesem Sinne auf die Behandlung reagiert, als wäre sie eine Krankheit, die heiter und tapfer ertragen wird und das neurotische Leiden überflüssig macht. Dieses Phänomen beobachtet man am häufigsten bei masochistischen Menschen, die jede ärztliche Behandlung gern als eine Art heroisch ertragener Tortur interpretieren. Nicht-analytische Ärzte kennen solche Patienten ebenfalls. Sie gehen von einem Arzt zum anderen und erzählen, welche schrecklichen Leiden der vorige ihnen zugefügt hat. Auf diese Weise erwecken sie Teilnahme und Mitleid des zweiten Arztes, der dann allen Ernstes versucht, sie angemessen zu behandeln, was der Patient eine Zeitlang tapfer erduldet, merkliche Besserung zeigt, dann einen Rückfall erleidet und zum nächsten Doktor eilt, um sich bei diesem zu beklagen, wie falsch ihn die vorigen behandelt haben.

Diese Beispiele sollen nur zeigen, daß nach klinischer Erfahrung eine Krankheit oder ein Syndrom oft Ersatz für ein anderes sein kann. Daß dies wegen des unbewußten Wunsches geschieht, mit Leiden und Gefahr sozusagen sparsam umzugehen, ist eine Theorie, die wahrscheinlich nicht als Beweis anerkannt wird, aber eine hinreichende Erklärung für die beobachteten Fakten bietet und sich logisch aus unserer allgemeinen Theorie von Krankheit als einer Form von Selbstzerstörung entwickelt.

Zusammenfassung

Meine These besagt, daß manche organischen Leiden eine Strukturalisierung pervertierter Funktionen darstellen, die den betreffenden Organen aufgezwungen werden, um unbewußte Konflikte zu lösen, die ihrem Wesen nach mit Opposition und Interaktion aggressiver, selbstbestrafender und erotischer Komponenten des Selbstzerstörungstriebes zusammenhängen. Die Hypothese geht davon aus, daß organische Läsionen, die zu ihrer Initiierung so häufig direkte Vermittler aus der Umwelt – etwa Bakterien oder Traumen – benötigen, sich nicht nur in dieser Beziehung, sondern auch in bestimmten psychologischen Aspekten von sogenannten funktionalen Störungen unterscheiden, vor allem insofern, als das von den zerstörerischen Neigungen geforderte

Opfer größer ist und der Konflikt stärker und tiefer verdrängt wird, d. h. dem Bewußtsein weniger zugänglich ist.[6]

---

[6] Um diese Konflikte zu organischen Affektionen in Beziehung zu setzen, muß man davon ausgehen, daß sie sich durch komplizierte physiologische Mechanismen ausdrücken, die Psychoanalyse und Physiologie erst seit kurzem gemeinschaftlich zu verstehen suchen. Die physiologischen Mechanismen scheinen sich stark auf die Gesetze des bedingten Reflexes zu stützen, die Pawlow so eingehend experimentell untersucht hat. Die Anwendung dieser Prinzipien auf psychoanalytische Daten und Theorie ist von Dr. Thomas M. French aus Chicago (*Interrelations between Psychoanalysis and the Experimental Work of Pavlov. American Journal of Psychiatry*, Mai 1933, S. 1165–1203) mit viel Aussicht auf Erfolg untersucht worden. Es ist nicht unwahrscheinlich, daß wir in nicht allzu ferner Zukunft in der Lage sein werden, die physiologischen Details präziser zu definieren, die dem Ausdruck unbewußter Wünsche zugrunde liegen.

Inzwischen sind in dieser Richtung auch Fortschritte von Neurologen, Physiologen, Anatomen und Endokrinologen erzielt worden. Die Arbeit von Cannon über die chemischen Elemente der Persönlichkeit, insbesondere die Mechanismen der inneren Sekretion, hat uns in die Lage versetzt, mit einiger Bestimmtheit über manche Beziehungen zwischen Wunsch und Symptom, einschließlich einiger anatomischer Gegebenheiten, zu sprechen. Mein Kollege und ehemaliger Partner Dr. Leo Stone hat eine durchdachte Analyse dieser Möglichkeiten vorgelegt, soweit sie uns im Augenblick bekannt sind. (Leo Stone: *Concerning the Psychogenesis of Somatic Disease. Physiological and Neurological Correlations with the Psychological Theory. International Journal of Psychoanalysis.*

Teil VI
Rekonstruktion

1. Klinische Methoden im Dienste der Rekonstruktion

Wir haben eine Übersicht über die verschiedenen Möglichkeiten des Menschen, sich selbst zu zerstören, vorgelegt – angefangen beim Selbstmord und den verschiedenen chronischen und indirekten Formen seiner Ausführung bis zu dem Postulat, daß manche somatische Krankheiten als indirekte organische Selbstzerstörung anzusehen sind. Gleichzeitig haben wir gesehen, daß sowohl innere wie äußere Kräfte den selbstzerstörerischen Neigungen entgegenarbeiten, so daß das tatsächliche Ergebnis ein Kompromiß zwischen dem Willen zu leben und dem Willen zu sterben, dem Lebenstrieb und dem Todestrieb ist. Insoweit geht stets ein gewisses Maß an spontaner Selbst-*Rekonstruktion*[1] mit der

---

[1] In seinem großen Werk *Philosophy of the Unconscious* (New York 1931) erinnert uns Eduard von Hartmann daran, daß viele niedere Lebewesen in der Lage sind, verletzte Körperteile zu rekonstruieren oder regenerieren, und er weist sogar darauf hin, daß eine spontane oder willkürliche Abstoßung des verletzten oder gefährdeten Glieds der erste Akt des Rekonstruktionsvorgangs sein kann. Er machte auf die merkwürdige Anpassungsfähigkeit der *Holothuriae* (Organismen im Gebiet der Philippinen) aufmerksam, die große Mengen von Korallenstaub verspeisen. Wenn man sie von ihren Stammplätzen entfernt und ins klare Meerwasser legt, stoßen sie sofort aus dem Anus *ihre gesamten Darmkanäle mit allen daran hängenden Organen aus*, um neue Eingeweide zu bilden, die der veränderten Umwelt besser angepaßt sind.

Von Hartmann verwies auch auf den ungünstigen Umstand, daß die unbewußte Kraft zur Selbstheilung in der Regel desto geringer ist, je höher der Platz der Lebewesen in der Hierarchie ist. Er erklärt das teilweise damit, daß die organisierende Kraft (Regenerationsenergie) sich sozusagen immer stärker von der Maschinerie des Körpers abwendet und ihre ganze Energie auf das Endziel jedes Organismus, das Bewußtseinsorgan, richtet, um dieses zu höchster Vollkommenheit zu entwickeln. Er glaubte auch, daß die Organe der höheren Tierarten infolge ihrer Lebensweise weniger durch Frakturen bedroht wären; für die Mehrzahl der Wunden und Verletzungen, die sie sich zuziehen, ist die verfügbare Heilkraft der Natur ausreichend. Von Hartmann erinnerte an die Theorien von J. Mueller und Virchow (Kap. 6, S. 143 ff.) und führte sie in dem Sinne weiter, daß die erste Vorbedingung der Rekonstruktion die Entzündung sei.

Selbstzerstörung einher; die Einzelheiten dieser Interaktion habe ich an verschiedenen Beispielen erläutert. Vom Standpunkt eines Philosophen aus, der im Lehnstuhl sitzt und das Verhalten der Menschen mit distanzierter Neugier betrachtet, mag mit der vorgelegten Analyse die Aufgabe beendet sein.

Aber nachdem wir dem *Wunsch zu sterben*, der uns in den vorangegangenen Kapiteln beschäftigt hat, unsere konzentrierte Aufmerksamkeit gewidmet haben, dürfen wir nicht vergessen, daß es auch einen *Willen zu leben* gibt. Dem Todestrieb zum Trotz erblicken wir rings um uns Leben. Wenn uns destruktive Tendenzen bewußt werden, die die Vernichtung eines Menschen oder der menschlichen Rasse befürchten lassen, können wir sie nicht teilnahmslos und gleichgültig betrachten oder uns passiv verhalten, selbst wenn man uns sagt, es entspreche dem Wesen des Menschen, der Weisheit Gottes oder dem Befehl eines Diktators, das zu tun. Tatsächlich ist es das Ziel der Erkenntnis der selbstzerstörerischen Neigung, diese zu bekämpfen und die Lebenstriebe zu ermutigen und zu unterstützen.

Das ist die berufliche Aufgabe des Arztes, von dem die Massen der Menschen vom Bauern bis zum Präsidenten Rettung erwarten, Rettung vor ihrem eigenen Selbstzerstörungstrieb. Dieser Aufgabe stellt sich der Arzt mit hoffnungsvollem Optimismus, den er mit zahllosen Wissenschaftlern teilt, die, obwohl sie täglich durch ihre eigene Forschungsarbeit daran erinnert werden, daß all unser bescheidenes menschliches Streben und Wissen angesichts der ungeheuren Größe des Universums nur wenig ausrichtet, dennoch standhaft und unbeirrt weiterschreiten, damit wir dem Tod besser entgegentreten können.

Und obwohl man sich dessen nicht ohne weiteres sicher sein kann, hat es doch den Anschein, daß wir schon Ergebnisse unserer Arbeit und eine gewisse Grundlage für unseren Optimismus vorweisen können. Daß Selbstmord und Mord langsam zurückgehen, ist meines Erachtens weniger wichtig, als daß es uns in wenigen Augenblicken kosmischer Zeitrechnung offenbar gelungen ist, einige Möglichkeiten zu entdecken, wie der Tod hinausgeschoben werden kann, so daß die durchschnittliche Lebenserwartung heute erheblich höher ist als früher.[2] Und das trotz der erhöhten Sterblichkeitsrate junger Männer im Krieg, was uns daran erinnert, daß die Militaristen und andere ebenso entschlossen zu sein scheinen, Leben zu zerstören, wie die Wissenschaftler Leben retten wollen. Aber: *De gustibus non est disputandum.* Als Ärzte freuen wir uns, daß wir versuchen können zu retten; die Zerstörer werden weiterhin tun, was *ihnen* gefällt. Und vielleicht kann man trotzdem dem Willen zum Leben zu größeren Siegen verhelfen.

Dementsprechend wollen wir unser Interesse dem Problem zuwenden, ob es möglich ist oder nicht, die Hilfsquellen von Intelligenz und Erfindungsgabe bewußt einzusetzen, um die selbstzerstörerischen Tendenzen, die unsere Analyse zutage gefördert hat, zu bekämpfen. Ist es möglich, daß wir durch die Kraft unseres Denkens unser geistiges Format vergrößern? Können wir den Lebenstrieb in seinem Kampf gegen den Todestrieb unterstützen oder ermutigen und auf diese Weise eine beinahe göttliche Distanz zu uns selbst erreichen und in höherem oder vollkommenerem Maße zu Herren unseres Schicksals werden? Kurz gesagt, können wir den Tod noch weiter hinausschieben, und wie?

Wir haben gesehen, daß bei der praktischen Durchführung der Selbstzerstörung offenbar Aktivitäten und Funktionen am Werk sind, die von drei Motivationselementen abgeleitet sind: den aggressiven, den selbstbestrafenden und den erotischen. Es wäre logisch, die möglichen Methoden des Umgangs mit jeder dieser Komponenten zu untersuchen – beginnen wir mit der ersten.

a) Die Verringerung des aggressiven Elements

Wenn wir überlegen, welche Mittel im Kampf gegen das

---

[2] Die Lebenserwartung betrug im Staat Massachusetts 1850 etwa 40 Jahre (38,3 für Männer, 40,5 für Frauen); 1935 betrug sie etwa 60 Jahre (59,3 für Männer, 62,6 für Frauen). Es wird allgemein angenommen, daß dieses Ergebnis darauf zurückzuführen ist, daß weniger Menschen an Infektionen und ansteckenden Krankheiten starben, was der Anwendung der Grundsätze der Präventivmedizin zuzuschreiben ist. – Die obigen Zahlen wurden mir freundlicherweise vom Statistical Bureau of the Metropolitan Life Insurance Company zur Verfügung gestellt.

aggressive Element im menschlichen Verhalten zur Verfügung stehen, denken wir zunächst an den direkten Widerstand, der geleistet werden muß, wenn Aggressionen offen zum Ausdruck gebracht und gefährlich werden. Unter solchen Umständen läge es auf der Hand, daß man Gewalt mit Gewalt begegnen muß. Ein Mann, der entschlossen ist, jemanden zu töten, muß daran gehindert werden – wenn nötig durch körperlichen Zwang. Ein Mann, der entschlossen ist, sich selbst zu töten, muß ebenso daran gehindert werden. Wenn die von ihm gewählte Art der Selbstzerstörung so einfach und offensichtlich ist wie beispielsweise Selbstmord durch Ertrinken, können wir ihn von allen Gewässern fernhalten. Wir wissen jedoch, daß Methoden der Selbstzerstörung rasch austauschbar sind, und sollten darauf gefaßt sein, daß ein Mensch, der in seinen Selbstmordabsichten in einer Richtung behindert wird, schnell zum Messer oder zum Gewehr greifen kann. Aus diesem Grund muß unser Programm zur Abwehr solch offener Aggressivität allgemeiner sein. Es entspricht alltäglicher psychiatrischer Erfahrung, daß solche Individuen am besten eingeschlossen und unter strenger Beobachtung gehalten werden. Jedes Jahr geschehen zahllose Selbstmorde, die verhütet werden könnten, weil es Freunde, Angehörige und Ärzte versäumen, die Anzeichen einer bevorstehenden Selbstzerstörung ernst zu nehmen. Alle Psychiater sind mit einem Phänomen vertraut, für das man in der Öffentlichkeit schwer Glauben findet, nämlich daß viele Patienten darum bitten, in psychiatrische Krankenhäuser eingeliefert, hinter verschlossenen Türen gehalten und noch weitergehenden Sicherheitsmaßnahmen unterworfen zu werden, weil sie ihre eigenen selbstzerstörerischen Impulse fürchten. Ein so hohes Maß von Einsicht kann das Verständnis der Angehörigen und selbst des Arztes weit übersteigen; sie vermögen keinen Grund zur Hospitalisierung oder zum Schutz eines solchen Menschen zu erkennen.[3]

[3] Ich erinnere mich an viele derartige Fälle. Einer von amüsant paradoxem Charakter war der eines Patienten, der von seinen Angehörigen ins Krankenhaus gebracht worden war und unaufhörlich die Ärzte kritisierte, weil sie ihn festhielten. Nach einigen Monaten wurde er vorübergehend entlassen, geriet aber in so ernste Schwierigkeiten, daß er zurückgebracht wurde. Er drohte damit, das Krankenhaus zu verklagen, beschäftigte mehrere Anwälte, aber be-

Es darf jedoch nicht angenommen werden, daß die einzige Methode, direkte Beweise von Aggressivität zu bekämpfen, die Anwendung von Zwang sei; in der Tat ist es offensichtlich die primitivste. Außerdem ist sie nur bei jenen unmittelbar destruktiven Tendenzen anwendbar, die im Verhalten zum Ausdruck kommen, während sie jene destruktiven Formen völlig außer Betracht läßt, die in Gestalt von Hemmungen auftreten, oder an den Körperorganen, indem Infektionen herausgefordert oder andere somatische Mittel angewendet werden, wie wir es im vorigen Teil besprochen haben. Diesen gegenüber müssen wir einen chemischen Gegenangriff führen, wobei wir zuerst an Chinin gegen Malaria, Antitoxin gegen Meningitis und Arsphenamin gegen Syphilis denken. Auch die Chirurgie als direkter Angriff auf die Zerstörungsprozesse und die damit verbundene Stärkung der Heilkraft gesunder Gewebe gehört in diese Kategorie.

Aber nicht alle destruktiven Manifestationen können so frontal angegangen werden. Ein weiteres Beispiel aus der psychiatrischen Praxis: Ein Mensch kann zahllose Beispiele geringfügiger Irrationalität liefern, einschließlich aggressiver Handlungen gegen sich selbst und andere, ohne sich in eine Lage zu bringen, die seine Einschließung in einem psychiatrischen Krankenhaus oder in einem Gefängnis erfordert. Es gibt viele Mittel, um Aggressivität und Destruktivität zu rechtfertigen, so daß sie nicht erkannt werden oder es zumindest schwerfällt, sie unmittelbar zu bekämpfen. Das ist vielleicht immer dann der Fall, wenn die ersten Anzeichen für eine destruktive Entwicklung auftreten.

Wir wissen auf jeden Fall, daß solche Aggressionen auf verschiedene Art behandelt werden müssen. In erster Linie müssen sie erkannt werden, und war von dem, der sie begeht und der ja letztlich ihr Hauptopfer ist. Das ist manchmal schwer, manchmal leicht zu erreichen. Ist die in der Aggressivität enthaltene selbstzerstörerische Neigung einmal erkannt, besteht der nächste Schritt darin, sie vom Selbst oder einem anderen unschuldigen Objekt abzulenken und mittels Verschiebung ungeeignete durch geeignete Ziele zu ersetzen. Das

vor es zum Prozeß kam, floh er. Sechs Wochen später erschien er wieder im Krankenhaus – diesmal ohne seine Angehörigen – und bat um Aufnahme und weitere Behandlung!

geschieht bei der psychiatrischen Behandlung oft spontan vor unseren Augen: Wir sehen, wie ein Patient, der sich monatelang selbst angegriffen und beschimpft hat, der darauf beharrt hat, daß er unwürdig sei zu leben und um Erlaubnis gefleht hat, sich umzubringen, allmählich seine Anwürfe gegen das Krankenhaus, die Ärzte und Pfleger oder vielleicht gegen seine ängstlich wartenden Angehörigen richtet. Ein solcher Ausbruch von Haß ist unerfreulich, aber äußerst ermutigend; zur Wiederherstellung eines solchen Menschen gehört nur noch, daß er sein kriegerisches Verhalten auf angemessenere Gegenstände verlagert.[4] Gewöhnlich gibt es deren viele – es bedarf mancher energischer Kämpfe (dem physischen Ausdruck des Hasses), um seinen Platz und seinen Frieden in der Welt zu erringen. Das Streben nach Beseitigung aller direkten Aggressivität nach dem Vorbild von Amenhotep IV., Jesus von Nazareth und Mahatma Gandhi ist ein Ideal, das in der realen Welt noch immer Raum für Aggression in Gestalt der Selbstverteidigung läßt. William James hat zu Recht bemerkt, daß Pazifisten oft den Fehler machen, das positive Element im kriegerischen Denken herabzusetzen. Ungeachtet der Tatsache, daß sie oft von den Gierigen und Skrupellosen in katastrophaler Weise mißbraucht wird, hat die richtig eingesetzte Angriffslust auch nützliche Aspekte.

Wenn geeignete menschliche Ziele für den Einsatz dieser feindlichen Energie nicht ohne weiteres zu finden sind, lassen sie sich oft durch nichtmaterielle Objekte ersetzen, wobei die primäre Befriedigung, die aus der Zerstörung erwächst, durch sekundäre, indirekt anfallende Werte ergänzt wird. Es ist sicherlich erstrebenswerter für einen Mann, auf einen Punching-Ball zu schlagen oder ein paar Meilen hinter einem Golfball herzulaufen, als dieselbe Energie dazu zu verwenden, das Ansehen seines Nachbarn herabzusetzen, den Seelenfrieden seiner Frau zu stören oder seine eigene Herztätig-

---

[4] Man kann die psychoanalytische Behandlung z. B. auch als eine solche kontrollierte Übertragung von Aggression ansehen: zunächst auf den Analytiker selbst, der sie besser ertragen kann als der Patient (gegen das Selbst gerichtete Feindseligkeit), oder auf die Angehörigen. Wenn sie sich dort hat voll entfalten können, vermag sie sich mittels des besänftigenden Einflusses der Intelligenz geeignetere und kontrollierte Abfuhrmöglichkeiten zu suchen.

keit zu beeinträchtigen. Soweit es um sekundäre und materielle Vorteile geht, wäre es natürlich noch besser, seine aggressive Energie dem Land, der Gemeinde und der Wirtschaft zuzuwenden. Tatsächlich handelt es sich wahrscheinlich bei jeder Arbeit in hohem Maße um eine »Sublimierung« von Aggressionen, die gegen das gerichtet sind, was Ernest Southard »Das Königreich der Übel« genannt hat: Dummheit, Verbrechen, Laster, Krankheit, Armut – und wir wollen hinzufügen: Häßlichkeit und sogar die Aggressivität selbst.

Aus diesen Gründen müssen wir also diejenigen menschlichen Aktivitäten sehr wohlwollend beurteilen – sei es in Form von Spiel oder in Form von Arbeit –, die den Kampf- und Zerstörungsimpulsen zur Abfuhr verhelfen: Sport, Spiele, Politik, Geschäftsleben und die aggressiven Aspekte mancher Hobbys, etwa die Unkrautbeseitigung bei der Gartenarbeit[5], die manche Liebhaber, nebenbei bemerkt, vernachlässigen oder anderen übertragen. Alexander hat darauf hingewiesen, daß große Massendemonstrationen bei sportlichen Veranstaltungen, wie sie den Amerikanern vom Baseball und Football so vertraut sind, stellvertretend eine

---

[5] Ich sah zufällig ein sehr überzeugendes Beispiel dieser Art. Freunde von mir waren durch das aggressive, herausfordernde Verhalten ihres heranwachsenden Sohnes beunruhigt. Sie besuchten uns an einem Sonntag, und der Junge erbot sich, mir beim Hacken von Unkraut auf einem Fleck an der Ecke unseres Grundstücks behilflich zu sein. Ich begrüßte seine Hilfe, und er wurde stark durch diese Tätigkeit gefesselt, die er mit solcher Energie und Heftigkeit ausübte, daß man nicht daran zweifeln konnte, daß er irgendeinen Haß an diesem Unkraut ausließ. Es machte ihm offensichtlich Spaß, vielleicht um so mehr, weil es eine Tätigkeit war, für die er meine Anerkennung fand. Aber er übertraf alle Erwartungen. Er hackte nicht nur alles Unkraut an dieser Stelle, sondern er lief über viele Äcker, um nach mehr Unkraut zu jagen, das er vernichten konnte, und er tat das mit viel Energie, bis er zusammen mit seinen Eltern fortgehen mußte. Beim Abschied war er sehr zufrieden mit sich selbst trotz dreier großer Blasen an seinen Händen.
Die Allgemeinheit pflegt über dieses Phänomen in einer Weise zu sprechen, die eine partielle Einsicht erkennen läßt. Oft hört man: »Laß die Jungens ihre überschüssige Energie nur abarbeiten.« Die wirkliche Bedeutung geht jedoch verloren, wenn nicht klar erkannt wird, daß es sich um destruktive Energie handelt und daß die Ausbreitung der »Zivilisation« eine Verringerung der Gelegenheiten für manche Arten von Zerstörung mit sich gebracht hat, was sich nicht nur in der schnell zu weckenden Kriegsbereitschaft widerspiegelt, sondern auch im mutwilligen, beklagenswerten Ausleben solcher Impulse bei der Abschlachtung des Wilds auf diesem Kontinent.

Abfuhr aggressiver Energie ermöglichen und deshalb dem Individuum größere Befriedigung verschaffen.[6] Er erinnert an die Worte Juvenals über die Bedürfnisse des Volkes: *Panem et circenses*. Das hatte auch William James bei seinem berühmten Essay *The Moral Equivalent of War*[7] im Sinn: »Nichts empört uns mehr als die bloße Tatsache, daß das Leben hart ist, daß die Menschen sich plagen und Schmerzen erdulden sollen. Die planetarischen Bedingungen sind ein für alle Mal festgelegt, und wir können es ertragen. Aber daß das Leben so vieler Menschen durch bloße Zufälle der Geburt und der Chancen *nichts anderes* sein soll als Mühe, Schmerz, Härte und Minderwertigkeit, daß sie *niemals* ausspannen können, während andere, denen von Natur aus nichts anderes zusteht, von diesem Daseinskampf niemals berührt werden – das ist geeignet, bei nachdenklichen Geistern Zorn zu wecken. Es mag uns schließlich alle beschämen, daß manche nur zu kämpfen haben, während andere sich stets einer unmännlichen Bequemlichkeit erfreuen. Wenn nun – und das ist meine Idee – statt der Einberufung zum Militär eine Einberufung der ganzen männlichen Jugend eines Volkes erfolgen würde, um für einige Jahre *der* Armee anzugehören, die gegen die Naturgewalten kämpft, könnte diese Ungerechtigkeit behoben werden, und zahlreiche andere Wohltaten für das Gemeinwohl wären die Folge. Die militärischen Ideale der Härte und Disziplin würden in den Volkskörper einfließen; niemand würde hinsichtlich der Beziehungen der Menschen zu dem Erdball, auf dem wir leben, und der jederzeit schweren und harten Grundlagen seines höheren Daseins so blind bleiben, wie es die besitzenden Klassen heute sind. In Kohlen- und Eisenbergwerke, auf Güterzüge, Fischereiflotten im Dezember, zum Teller- und Kleiderwaschen, Fensterputzen, Straßen- und Tunnelbau, in Eisengießereien und Heizräume, auf die Gerüste von Wolkenkratzern würde unsere *jeunesse dorée* nach ihrer Wahl eingezogen, um ihr kindisches Wesen auszutreiben, damit sie mit gesünderen

---

[6] Franz Alexander: *Mental Hygiene and Criminology. Mental Hygiene*, Nr. 14, Okt. 1930, S. 880; ders. und Hugo Staub: *The Criminal, the Judge and the Public*. New York 1931, S. 34–35, 222–223.
[7] William James: *The Moral Equivalent of War*. In: *Memories and Studies*, New York 1912, S. 276.

Interessen und vernünftigeren Ideen in die Gesellschaft zurückkehrte. Sie hätte dann ihren Blutzoll gezahlt und ihren Teil zum nimmer endenden Kampf des Menschen gegen die Natur beigetragen; sie würde dann stolzer einherschreiten, die Frauen würden sie höher achten und sie würden bessere Väter und Lehrer der nächsten Generation sein.
Eine solche Einberufung und eine öffentliche Meinung, die sie fordern würde, der große moralische Nutzen, den sie stiften könnte, würden dann in einer friedlichen Zivilisation die männlichen Tugenden bewahren, von denen die Militärs so sehr fürchten, daß sie im Frieden verlorengehen könnten...«
In welchem Umfang die Ablenkung der aggressiven Tendenz vom Selbst auf diese sozial annehmbareren Ziele durch vorausschauende Maßnahmen der Ärzte oder gar, wie James es sich vorstellte, durch staatlichen Befehl statt aus eigenem Antrieb erreicht werden könnte, ist natürlich das Problem der Psychiatrie. Wir Psychiater glauben, daß es möglich ist, und wir glauben, daß wir das bis zu einem gewissen Grad bewiesen haben. Aus eben diesem Grund wendet das moderne psychiatrische Krankenhaus eine sorgfältig durchgeführte Beschäftigungstherapie an und nicht, wie selbst die Angehörigen manchmal annehmen, um den Patienten etwas zu geben, womit sie ihre Mußestunden ausfüllen können.[8] Richtig verstanden und angewendet, wird die Beschäftigungstherapie sorgfältig geplant, um jedem Individuum die beste Möglichkeit zur Abfuhr der Aggressionen zu bieten, die es am stärksten bedrängen und die doch zu gehemmt sind, um spontan auf irgendeine harmlose Art ausgelebt werden zu können. Spiele sind getarnte Kämpfe, wie jedermann weiß. Für einen Patienten, der an einem Übermaß verdrängten Hasses leidet, ist es noch notwendiger als für den durchschnittlichen Geschäftsmann, sich mit irgendeinem Spiel zu beschäftigen, bei dem er einen Gegner besiegen kann. Viele

---

[8] Siehe William C. Menninger: *Therapeutic Methods in a Psychiatric Hospital. J. of the American Medical Assn.*, 13. 8. 1932, S. 538-542; ders.: *Individualization in the Prescriptions for Nursing Care of the Psychiatric Patient.* Ebd., 7. 3. 1936, S. 756-761; ders.: *Psychoanalytic Principles Applied to the Treatment of Hospitalized Patients. Bulletin of the Menninger Clinic*, Nov. 1936, S. 35-43.

Mittel können angewendet werden, um das zu fördern, etwa indem man Golfbällen die Namen verhaßter Angehöriger gibt oder auf einen Punchingball Ohren und ein Gesicht malt. Wenn das kindisch wirkt, darf man nicht vergessen, daß unsere feindseligsten Gefühle in der Kindheit entstehen, und daß die wirksamsten Mittel zur Befreiung von Aggression im wesentlichen kindische sind. Das ist in der Tat eine der wichtigsten Funktionen des Spiels.

Selbst Spiel, das die Ernsthaftigkeit einer professionell geübten Kunst erreicht hat, kann benutzt werden, um diese Funktion wahrzunehmen, wie den Biographien vieler Künstler zu entnehmen ist. Vincent van Gogh hat seinen Selbstmord bestimmt lange Zeit hinausgeschoben, indem er sich leidenschaftlich der Kunst widmete, seine Passionen auf Leinwand zu bannen. Eins meiner eindrucksvollsten klinischen Erlebnisse war der Anblick einer Frau, die in den Tiefen ihrer Krankheit ihre Exkremente benutzte, um obszöne Verschen und verleumderische Schilderungen ihrer Ärzte und Schwestern an die Wand zu schmieren, und die nach und nach im Laufe ihrer Wiederherstellung – zunächst mit Bleistift, später mit Feder und Tinte – wundervolle Dichtungen zu schreiben begann. Man konnte hier in *statu nascendi* beobachten, wie eine primitiv aggressive Ausdrucksform durch eine gesellschaftlich akzeptable und nützliche ersetzt wurde. Diese Entwicklung muß jedes Kind durchlaufen, wenn es das Stadium überwindet, in dem es aus Schlamm Kuchen backt.

Die Beobachtung eines Kindes, das eine Jodflasche zerbrochen hatte und den Inhalt auf eine Waschschüssel aus Porzellan schmierte, veranlaßte Ruth Faison Shaw[9], darüber nachzudenken, daß Kinder gern bunte Substanzen auf glatte, glänzende Flächen auftragen. Auf der Suche nach geeigneteren Materialien kam sie zum Malen mit den Fingern, wobei der reine Spaß, den es bereitet, noch einen seiner geringsten Werte für die wissenschaftliche Untersuchung und Behandlung von Kindern darstellt. Es überbrückt die Kluft zwischen aggressivem und kreativem Schmieren durch eine Spieltechnik[10]. Das Kind selbst hat Vergnügen daran; es entlädt

---

9 Ruth Faison Shaw: *Fingerpainting*. New York 1934.
10 Siehe Jeanetta Lyle und Ruth Faison Shaw: *Encouraging Fantasy Expression in Children. Bulletin of the Menninger Clinic*, Jan. 1937, S. 78-86.

unbewußte Affekte, die infolge des Fehlens eines so flexiblen und geeigneten Mediums blockiert waren, und schließlich erleichtern die stimulierten Emotionen Übertragungsbeziehungen, und die ausgedrückten Ideen ermöglichen es den eingeweihten Erwachsenen in seiner Umwelt, die tieferen Absichten und Einschränkungen des Kindes zu verstehen. Ein sinnvoller Gebrauch des Spiels wird zunehmend auf wissenschaftlicher Ebene von Psychiatern, Psychoanalytikern, Psychologen und Lehrern[11] gemacht, um Rekonstruktionen, wie wir es nennen sollten, durch die Abfuhr von Aggressionen zu erreichen.

Noch eine weitere Methode, mit dem aggressiven Element umzugehen, muß erwähnt werden. Das ist der verstärkte oder freiwillige Verzicht auf bestimmte Liebesobjekte, die in Wirklichkeit Haßobjekte sind. Die Bindung eines Individuums an ein anderes (die stets sowohl Liebe als auch Haß impliziert) enthält manchmal ein zu großes Quantum Haß bzw. ein zu kleines Quantum Liebe – je nachdem wie der Leser es sehen will. Der wirkliche Liebesanteil kann groß sein, aber wenn der Haßanteil relativ höher ist, führt es nur zu Schwierigkeiten, wenn das Individuum solche Objekte weiterhin libidinös besetzt, weil die Aggressionen die schützende Hülle der erotischen Bande fortgesetzt sprengen. Und weil sich die Aggressionen nicht gegen das Objekt ihrer Sti-

---

[11] David Levy: *Use of Play Technique as Experimental Procedure.* American Journal of Orthopsychiatry, Juli 1933, S. 266-277; ders.: *Hostility Patterns in Sibling Rivalry Experiments.* Ebd., April 1936, S. 183–257; N. W. Ackerman: *Constructive and Destructive Tendencies in Children.* Ebd., Juli 1937, S. 301-319; Eric Homburger: *Psychoanalysis and the Future of Education.* Psychoanalytic Quarterly, Jan. 1935, S. 50-68; Robert Hemphill: *The Aims and Practices of Recreational Therapy.* Bulletin of the Menninger Clinic, März 1937, S. 117-122; Leona Chidester und Karl Menninger: *Application of Psychoanalytic Methods to Mental Retardation.* American Journal of Orthopsychiatry, Okt. 1936, S. 616-625; Edward Liss: *Play Techniques in Child Analysis.* Ebd., Jan. 1936, S. 17-22; J. E. Davis: *Principles and Practice of Recreational Therapy for the Mentally Ill.* New York 1936; W. J. Spring: *Words and Masses; A Pictorial Contribution to the Psychology of Stammering.* Psychoanalytic Quarterly, 1935, S. 244-258; M. Klein: *Personification in the Play of Children.* Int. J. of Psychoanalysis, Bd. 10, 1933, S. 193-204; R. Waelder: *The Psychoanalytic Theory of Play.* Psychoanalytic Quarterly, 1933, S. 208-224; M. Searl: *Play, Reality, and Aggression.* Int. J. of Psychoanalysis, Bd. 14, 1933, S. 310-320.

mulierung richten dürfen, werden sie gewöhnlich auf andere Objekte verschoben, am häufigsten auf das Selbst. Mit anderen Worten, ein Mensch, dem gegenüber wir ausgesprochen ambivalent eingestellt sind, d. h. ebenso starke Haß- wie Liebesempfindungen hegen, ist sehr geeignet, unsere Selbstzerstörung zu fördern, so wie eine Kugel, die auf eine dicke Ziegelmauer abgefeuert wird, abprallen und uns verletzen kann. Oft werden Liebes-(oder Haß-)objekte wegen ihres narzißtischen Werts gewählt, was stets Ambivalenz impliziert. Freud hat darauf hingewiesen, daß die heftigen Zankereien zwischen manchen Liebenden auf eben diesem Mechanismus beruhen, d. h. jeder dient als Zielscheibe für die destruktiven Energien des anderen.

Solche Liebesobjekte sollten lieber aufgegeben werden. Ebenso sollten verhaßte Objekte, denen eine logisch nicht zu begründende Feindseligkeit entgegengebracht wird, aus dem affektiven Zentrum eines Menschen gänzlich entfernt werden. Das ist weitaus leichter gesagt als getan. Wir wissen aus psychoanalytischer Beobachtung, daß solche Objekte der Haßliebe gewöhnlich Charaktere aus dem früheren Lebensdrama des Individuums repräsentieren, die (nach Ansicht des Kindes) reichliche Ursache geboten hatten, sie zu hassen, und zwar heftig. Die gegenwärtigen Objekte sind daher Zielscheibe von Aggressionen, die seit langem bestehen und oft von so unlogischer, heftiger Intensität, daß es schwerfällt, sie zu verschieben oder auf sie zu verzichten. Daß solche Menschen krank werden, weil sie so sehr hassen, ist daher gut möglich, und wäre man mit dieser sehr vernünftigen und zutreffenden Beobachtung nicht so stümperhaft umgegangen, hätte die »Christliche Wissenschaft« damit große Erfolge erzielen können. Diese Beobachtung war natürlich keineswegs eine Entdeckung von Mrs. Eddy, die eine der energischsten, aber ziellosesten Hasserinnen der Welt war.[12]

Und schließlich sollte, bevor wir das Thema der mäßigenden Aggressionen beenden, ein Wort über die wohltuenden Eigenschaften von Witz und Humor gesagt werden, die es manchen Menschen in so hohem Maße ermöglichen, feindselige Impulse abzureagieren. Daß sie mitunter in grausamer

12 E. S. Bates und J. V. Dittemore: *Mary Baker Eddy*. New York, 1932. Siehe auch W. M. Haushalter: *Mrs. Eddy Purloins from Hegel*. Boston 1936.

Weise benutzt werden, mindert nicht ihren großen Nutzen für jene, die so glücklich sind, diesen Ausweg gefunden zu haben. Wie Freud in seiner Untersuchung der Psychologie von Witz und Humor[13] gezeigt hat, beruht unser aller Lustempfinden auf der Abfuhr verdrängter Affekte, die ihrem Wesen nach unlustvoll sind. Gewöhnlich wird diese Unlust durch das im verdrängten Material enthaltene feindselige Element hervorgerufen; entlädt es sich aber in humorvoller Form, fühlen sich alle wohler, die solche Affekte teilen. Es ist kein Zufall, daß einer der größten Humoristen der Welt, dessen Pfeile die Höchsten und die Niedrigsten trafen, als Liebling des Volkes starb und zweifellos wahrheitsgemäß sagen konnte: »Ich habe niemals einen Menschen getroffen, den ich nicht mochte.«

b) *Die Verringerung des selbstbestrafenden Elements*

Wir können davon ausgehen, daß das strafende Element in der Selbstzerstörung durch alles verringert wird, was das unbewußte Schuldgefühl mindert, auf dem sie beruht. Das kann durch zahllose pathologische Mittel erfolgen, etwa durch Projektionen der Art: »Nicht ich habe diese Dinge getan oder wollte sie tun, sondern der, der sie mir angetan hat oder antun wollte.« Diese Methode der Erleichterung des Schuldgefühls ist jedoch wie wildes Fleisch bei der Heilung einer Wunde: Es ist der Beweis eines Kampfes um Genesung, bei dem jedoch die aufgewandte Mühe nahezu ebenso pathologisch ist wie die ursprüngliche Krankheit. Mitunter wird dieser Kampf zum hervorstechenden Krankheitsbeweis. Lange Zeit waren die Psychiater dadurch so verwirrt, daß zahlreiche Leiden, wie etwa die Paranoia, nicht nach ihrer zugrunde liegenden Pathologie benannt wurden, sondern nach den spontanen Selbstheilungsversuchen, die durch die errichteten Wahnsysteme repräsentiert werden. Die Paranoia ist in der Tat ein weniger schweres Leiden als andere Formen geistiger Erkrankung, bei denen keine Verfolgungsideen auftauchen, weil der Patient von seinen destruktiven Tendenzen

---

13 S. Freud: *Der Witz und seine Beziehung zum Unbewußten. Ges. Werke* VI.

und Schuldgefühlen so überwältigt wird, daß er keine spontane Abwehr gegen sie aufbauen kann. Andererseits ist die paranoide Lösung gewöhnlich vergeblich und unergiebig.
Chemische Methoden zur Reduzierung des Schuldgefühls kennen wir am besten in Gestalt von Alkohol, dessen Funktion in dieser Beziehung kein Abweichen vom phänomenologischen Standpunkt erfordert. Vielleicht beruht jedoch der Nutzen jeder sedativen Therapie auf demselben Prinzip. In der Tat mag es eben dieses Prinzip sein, das Alkohol und andere gewohnheitsbildende Drogen unter dem Gesichtspunkt der Sucht so gefährlich macht, weil jedes Mittel, das Schuld so leicht, schnell und vollständig verringert und so mühelos zu erhalten ist, die Möglichkeit des Mißbrauchs in bedenklicher Weise vergrößert. Die Ausnutzung dieser Möglichkeit ist bereits anhand der chronischen Formen von Selbstzerstörung erörtert worden.
Die Frage, wie verschiedene Drogen die verschiedenen Triebstrebungen und die verschiedenen strukturellen und funktionalen Eigenschaften der Psyche beeinflussen, ist fast gänzlich ungeklärt. In diesem Zusammenhang war einer meiner Kollegen[14] vor einigen Jahren besonders betroffen über die Veränderung des Über-Ichs durch Sodium Amytal bei einem Fall einer Progressiven Paralyse. Es ist eindrucksvoll zu beobachten, wenn die Verabreichung eines Medikaments einen Menschen plötzlich für die Anforderungen der Zivilisation empfänglich macht, der sich nur wenige Stunden vorher wie ein wildes Tier oder ein Schwachsinniger benommen hatte, und noch verblüffender ist es, wenn die Reaktion wieder aufhört, sobald die Wirkung des Medikaments nachläßt. Genau die entgegengesetzte Wirkung desselben Medikaments hatte ein befreundeter Anwalt beobachtet. Ein Bekannter von ihm, der etwas gegen seine Schlaflosigkeit tun wollte, hatte dasselbe Medikament benutzt wie er und wurde kurz danach von seinen Freunden gefunden, amüsiert neben seinem Bett sitzend, das er in Brand gesteckt hatte. Er beobachtete, wie die Flammen bis zur Decke schlugen und Vorhänge und Rolläden ergriffen[15].

---

14 Ralph M. Fellows: *Sodium Amytal in the Treatment of Paresis. J. of the Missouri State Medical Assn.*, Mai 1932, S. 194-196.
15 Neuere Untersuchungen legen nahe, daß Amytal bestimmte Hypothalamus-

Unter dem Gesichtspunkt von Vernunft und Effektivität wäre es logisch, zu erwarten, daß das Schuldgefühl verringert würde, wenn sich die Aggressionen verringern, die es ausgelöst haben. Eine Verringerung der letzteren führt dann zu einer Verringerung des ersteren, d. h. die »Reduzierung« ist insofern wechselseitig, als ein Mensch, der unter Schuldgefühlen leidet, oft zu aufreizendem Verhalten neigt. Das Schuldgefühl wegen früherer Aggressionen pflegt sozusagen weitere Aggressionen in der Hoffnung auf Vergeltung und Strafe zu wecken.

Die bei weitem überwiegende Methode zur Erleichterung unbewußter Schuldgefühle ist die Sühne. Wie wir bereits gesehen haben, wird diese manchmal durch ein Opfer erreicht. Solche Opfer können in Gestalt eines organischen Leidens dargebracht oder durch das Verhalten ausgedrückt werden. Sie können in Form materieller Opfer oder ritueller Ersatzleistungen erfolgen; sie können aber auch als neurotische Symptome oder neurotisches Verhalten in Erscheinung treten. Ich benutze »neurotisch« hier in dem Sinne, daß es sich um kostspielige, unbefriedigende und – unter realen Gesichtspunkten – unlogische Opfer handelt. Ein Mann kann z. B. mit dem Kopf gegen die Wand rennen, um dafür zu sühnen, daß er sich für den Tod seines Bruders verantwortlich fühlt. Aber das erweckt seinen Bruder nicht zum Leben noch nützt es irgendeinem anderen Lebewesen. Eine Frau kann so heftige Kopfschmerzen bekommen, daß sie auf Vergnügungen verzichten muß und ihren Verpflichtungen nicht nachkommen kann, und eines ihrer Hauptmotive können Schuldgefühle sein, weil sie ihre Mutter haßt. Aber weder die Mutter noch die Frau selbst hat von der Sühne in Form von Kopfschmerzen den geringsten Nutzen. In diesem Sinne ist sie neurotisch.

Man könnte meinen, daß es normalem Verhalten entspräche, eine derartige Sühne durch etwas Nützliches und sozial Wert-

---

funktionen beeinflußt. Diese Beobachtungen bestätigen somit eine These von Dr. Leo Stone über die Möglichkeit, daß das Es funktional diesem Bereich zuzuordnen sei. Dr. Lionel Blitzsten hat beobachtet, wie er mir mitteilt, daß Patienten, die Sodium Amytal nehmen, besonders aggressive Träume haben, was darauf hindeutet, daß das Amytal den Schlaf begünstigt, indem es eine Erleichterung in der Phantasie ermöglicht und verstärkt.

volles zu ersetzen, obgleich mancher sagen würde, daß das Gefühl, für etwas sühnen zu müssen, in jedem Fall neurotisch sei.[16] Vom praktischen Standpunkt aus können wir den Vorgang nur dann als pathologisch betrachten, wenn der Reinertrag der Sühne selbstzerstörerisch ist. Wenn ein Mann beispielsweise nach dem Tode seines Vaters ein ansehnliches Vermögen erbt und einen Teil dieser Erbschaft stiftet, um wissenschaftliche Forschungen oder die hungernden Menschen in seiner Gemeinde zu unterstützen, mag er für ein unbewußtes Schuldgefühl sühnen, weil er Geld von seinem Vater bekam, gegen den er einen unbewußten, wenn nicht gar bewußten Haß hegte. Aber eine solche Sühne kommt vielen Menschen zugute und verschafft dem Mann eine echte Befriedigung, die er sich ohne weiteres leisten kann. Wenn er hingegen, getrieben von seinem Schuldgefühl, in extravagantem Ausmaß sühnt und soviel von seinem Geld verschenkt, daß seine Familie tatsächlich in Not gerät oder unter finanzieller Unsicherheit zu leiden hat, würde man eine solche Sühne wegen ihres selbstzerstörerischen Reinergebnisses als neurotisch anzusehen haben.

Rekonstruktion wird also durch die Nutzbarmachung einer Sühne gefördert, die das Schuldgefühl erleichtert oder behebt, ohne Konsequenzen heraufzubeschwören, die nach Realitätsmaßstäben zu kostspielig sind. Je größer der soziale oder persönliche Nutzen der Sühne ist, desto größer ist natürlich der Reingewinn für die Gesellschaft, doch ist dies letztlich eine sekundäre Funktion der Sühne, da ihr Sinn primär darin besteht, das Gewissen zu beruhigen. Zu diesem Zweck genügen manchen Menschen auch Ritual oder Zeremoniell.

Deshalb, und weil wir es ständig vor Augen haben, müssen wir die ausgeprägte heilsame Wirkung des Sühnegedankens in der Religion erkennen. Wie wir später sehen werden, hilft die Religion den Menschen auch auf andere Weise. Aber Beichte und Symbolik, Ritual, Gelegenheit zu dienen, Reue und Vergebung – diese und andere Merkmale nahezu aller Religionen, der jüdisch-christlichen ebenso wie vieler öst-

---

[16] Mit dieser Definition stimme ich nicht überein. Ich sehe keinen Vorteil darin, vom Unbewußten bestimmtes Verhalten als »neurotisch« zu bezeichnen, solange es nicht selbstzerstörerisch ist.

licher Lehren, haben zweifellos für viele Menschen diese nützliche Funktion. Schließlich können Schuldgefühl und Strafbedürfnis dadurch verringert werden, daß die Macht des Über-Ichs reduziert wird, auf dessen Befehl sie entstehen. Aber das ist leichter gesagt als getan. Denn es trifft zwar zu, daß Erziehung und umfassendere Realitätserfahrung (-prüfung) die Macht des Gewissens bis zu einem bestimmten Grade schwächen können, doch wird davon hauptsächlich dessen bewußter Anteil, das »Ich-Ideal«, betroffen. Das unbewußte Gewissen, das in der Kindheit gebildete Über-Ich, steht mit der gegenwärtigen Realität in keinerlei Beziehung. Es übt seine Herrschaft auf der Grundlage der Kindheitsvorstellungen und der Autorität altehrwürdiger Maßstäbe. Um es plastisch auszudrücken, könnte man sagen, daß das Über-Ich in seiner ursprünglichen Form fixiert bleibt, die von den zur Zeit seiner Entstehung gültigen Regeln bestimmt wird, obwohl bewußtes Ich und Ich-Ideal in einer sich wandelnden Welt leben und sich dieser Welt anpassen. Dem Durchschnittsmenschen gelingt es, die irrationalen Forderungen seines Über-Ichs zu meistern und das Gewissen in brauchbarem Umfang durch Intelligenz zu ersetzen. Nicht so hingegen der Neurotiker, dessen schwächeres Ich gegen die Tyrannei einer ungeheuer mächtigen, aber unsichtbaren, unvernünftigen, unnachgiebigen Autorität in seinem Innern kämpft. Um krankhafte Auswüchse des Gewissens zu beseitigen, die stets mit einem entsprechend geschwächten Ich einhergehen, helfen nur technische Mittel. Es ist zwecklos, das Gewissen erziehen zu wollen, aber es kann zugunsten eines gestärkten Ichs entthront werden, wenn der Scheinwerfer der Intelligenz darauf gerichtet werden kann. Emotionale Umschulung ist nötiger als intellektuelle. Das ist das Ziel der psychoanalytischen Behandlung, das im folgenden eingehender behandelt werden soll.

c) *Die Stärkung des erotischen Elements*

Zusammen mit Methoden zur Verringerung oder Sozialisation der aggressiven und selbstbestrafenden Elemente sollten wir die daneben bestehenden Möglichkeiten der Ermutigung und Stärkung des erotischen Elements ins Auge fassen, das wir bereits als die rettende und neutralisierende Kraft erkannt haben, die den destruktiven Tendenzen entgegenwirkt, um die Erhaltung des Teils oder des Ganzen zu erreichen (soweit es erreicht werden kann).

Es ist eine große Versuchung, an dieser Stelle wieder philosophisch zu werden und sich in allgemeinen Termini darüber zu ergehen, daß mehr Liebe in der Welt benötigt wird, daß es wünschenswert ist, Kinder zu freimütigem Ausdruck ihrer Gefühle zu ermutigen, daß die Formen elterlicher Zuneigung verbessert werden müssen. Täte man das, so berechtigt es auch sein möge, würde man nur in den Chor religiöser, erbaulicher Ermahnungen, »einander zu lieben«, einstimmen. Wir alle wissen, daß das ein guter Rat ist, der nunmehr auch durch wissenschaftliche wie ästhetische und moralische Beweisführungen untermauert wird. Die Frage lautet, wie das zu erreichen ist, und worin die Spezifität der umfassenderen Liebe wirklich liegt. Franz Alexander hat oft eine Bemerkung des großen ungarischen Psychoanalytikers Sandor Ferenczi zitiert: »Sie *wollen* sich lieben«, sagte er, »aber sie wissen nicht wie!«

Es würde uns im Augenblick zu weit führen, alle Beeinträchtigungen der Entwicklung des Liebestriebs zu erörtern, die uns am Lieben hindern, am »Wissen, wie wir lieben sollen«. In gewissem Sinne war das das Ziel der gesamten psychoanalytischen Forschung, ein Problem, das Freud von Anfang an beschäftigte. Inwiefern die Zivilisation uns größere Beschränkungen auferlegt hat und wie dies sich in einem höheren Grad von Zivilisation ohne entsprechenden persönlichen Gewinn für das Individuum widerspiegelte, ist ein philosophischer Folgesatz des Problems, das von Freud in seinem Buch *Das Unbehagen in der Kultur* erörtert wurde. Für den Augenblick müssen wir aber auf so weitreichende allgemeine Überlegungen verzichten und uns an das Problem des Individuums halten.

An erster und wichtigster Stelle stehen unter den Hemmungen der erotischen Entwicklung die verdummenden, abstumpfenden Wirkungen des Narzißmus. Nichts hemmt Liebe so sehr wie Eigenliebe, und nichts verspricht bessere Resultate als der Abzug dieser Liebe von der Selbstbesetzung (vergleichbar der bereits diskutierten Selbstbesetzung des Hasses) und ihre Hinwendung auf äußere Objekte. Mit anderen Worten: so wie gegen das Selbst gerichtete Aggressionen wegen ihrer *unmittelbaren* Konsequenzen schädlich sind, ist es die auf das Selbst gerichtete Liebe wegen ihrer *sekundären* Konsequenzen, die sich aus der affektiven Mangelsituation ergeben. Der Narzißmus würgt und erstickt das Ich, das er zu schützen beabsichtigt – so wie ein Winterschutz auf einem Rosenbeet, der im Frühjahr nicht rechtzeitig entfernt wird, die Rosen daran hindert, sich richtig zu entwickeln oder überhaupt zu wachsen. So bestätigt die psychoanalytische Wissenschaft aufs neue die intuitive Beobachtung des großen religiösen Führers, der gesagt hat: »Wer sein Leben findet, der wird's verlieren; und wer sein Leben verliert um meinetwillen, der wird's finden.« Wir brauchen an die Stelle von »um meinetwillen« nur einen Ausdruck zu setzen, der die libidinöse Besetzung anderer bezeichnet, denn das hat Jesus vermutlich gemeint.

Wenn Liebe größtenteils in das Selbst investiert wird, kommt der stetige Fluß der lindernden, befruchtenden Substanz des erotischen Impulses, der sich über die nach allen Richtungen ausgestreckten waffenstarrenden Aggressionen ergießt, zum Stehen. Statt die Kontakte zur Außenwelt zu durchdringen und zu verbessern, bleibt die Libido, die einzig der Nahrung und dem Schutz des Ichs gewidmet ist, ein erstarrter Klumpen Narzißmus.

Es ist, als ob die Persönlichkeit ein wachsender Baum wäre, über dessen dunkle nackte Zweige, wie wir sie im Winter sehen, sich das sanfte Grün von Frühling und Sommer breitet und das Skelett mit lebendiger Schönheit umgibt. Wenn aber dieser Baum so nahe der Basis verletzt würde, daß der Saft in großen Mengen zur Heilung der Wunde ausfließen würde, bliebe für die Blattentwicklung an den Zweigen zu wenig übrig. Diese würden dann nackt, starr und aggressiv bleiben und sterben, während der Saft im Überfluß der Wunde an der Basis zugute käme.

Ein direkter Angriff auf die narzißtische Liebe erzwingt manchmal ihre Umverteilung, d. h. ein Teil davon wird in Objektliebe umgewandelt. Bei anderen Gelegenheiten wird dadurch nur eine negative Reaktion ausgelöst, die zu einem

Ansteigen des Narzißmus oder einem weiteren Rückzug von der Realität führt. Das geschieht oft bei der Behandlung von Geisteskranken. Manche Patienten, die in einer neuen Umgebung auf rechte Weise genährt, d. h. der liebevollen, sachkundigen Obhut eines Menschen übergeben werden, dem sie vertrauen, schlagen Wurzeln und wachsen. Der Narzißmus tritt allmählich zugunsten eines schöneren Blätterschmucks zurück. In anderen Fällen hingegen macht jeder Versuch, die narzißtische Krankheit zu behandeln – und sei er noch so geschickt – die Dinge nur schlimmer. Die Wunde ist unheilbar tief, die Angst vor weiterer Verletzung zu groß.

Wie der Narzißmus Hilfe zurückweist und Bemühungen zum Scheitern bringt, das, was er vergebens zu erreichen versucht, auf geschicktere Weise zu verwirklichen – so wie von Panik erfaßte Opfer eines Brandes oder eines Schiffsunglücks sich ihren Rettern widersetzen –, können wir sogar an uns selbst leicht feststellen. In der Tat entgehen nur wenige dem abscheulichen Handicap des Narzißmus, der wie ein klebriges Pflaster an einer seit langem verheilten Wunde hängt. Alle Eltern wissen, was es heißt, ein solches überflüssig gewordenes Hindernis vom Finger eines widerstrebenden Kindes zu entfernen.

Es ist derselbe Narzißmus in uns, der aus falschem Stolz oder bewußter Ignoranz manche selbstzerstörerischen Individuen daran hindert, die Hilfe zu erbitten, die sie brauchen: psychiatrische, chirurgische, Zahnbehandlung. Es ist buchstäblich wahr, wie ich Ihnen versichern kann, daß manche Patienten zu stolz, zu eitel, zu sehr an Selbstbehandlung und -befriedigungen gewöhnt sind, um gesund zu werden. Sie können keine Hilfe akzeptieren, die nicht ausschließlich (und natürlich vergeblich) ihrer Eitelkeit schmeichelt. Narzißmus ist ein Durst, der nie gestillt wird und der verhindert, daß man sich an irgend etwas wirklich erfreuen kann.[17] In pro-

---

17 Elizabeth Bates has been to Rome
And looked at the statues there;
Elizabeth Bates has scaled the Alps
And sniffed at the mountain air.

Elizabeth Bates has winced at Nice
And quibbled at gay Paree,

vinzieller Selbstgefälligkeit, in der Dummheit des Rassenvorurteils und der Diskriminierung, in der Hohlheit, die Göttern wie dem Nationalismus, dem sozialen Prestige und der Finanzaristokratie huldigt und ihnen alles unterordnet, erblicken wir dieselbe stumpfsinnige narzißtische Blutvergiftung.

Außer durch den direkten Angriff auf den Narzißmus kann die Rekonstruktion der Persönlichkeit meines Erachtens durch die bewußte, kluge Kultivierung befriedigender Liebesobjekte gefördert werden. Es gibt hierzulande eine sonderbare Propaganda, die sowohl von den intellektuell weniger Anspruchsvollen als von höheren Schichten betrieben wird, die mit einer Art zynischem Agnostizismus gegen die Kultivierung sinnvoller Freundschaften opponiert. Viele glauben, daß die angeborene menschliche Neigung zur Ambivalenz bei solchen Beziehungen zu groß sei, so daß man wegen der dem Triebleben auferlegten Einschränkungen einerseits und den Gefahren der Reaktionen auf Enttäuschungen andererseits nicht aus vollem Herzen zu lieben wagt. Mit Balzac (in *Das Chagrinleder*) halten sie dafür, daß es unser Schicksal sei, die Gefühle zu töten oder das Martyrium unserer Leidenschaften zu akzeptieren und jung zu sterben.

And lifted her delicate eyebrows at
Indelicate Barbary.

Elizabeth Bates has »done« the globe
From Panama back to the States,
But all she saw on the way around
Was Miss Elizabeth Bates.

Elizabeth Bates has been to Spain
And sampled her ego there,
And viewed the face of the thoughtful Sphinx
And paused to arrange her hair.

Elizabeth Bates can be no place
She hasn't been there before,
But never has yet been out of herself,
So I have traveled more!

Milo Ray Phelps,
New Yorker, 21. 12. 1929

Mit einer so halbherzigen, restriktiven Einstellung kann ich nicht übereinstimmen. Ich gebe zu, daß die Liebe Gefahren mit sich bringt, und daß in der Realität niemand Frustrationen und Enttäuschungen entgehen kann, aber ich glaube nicht, daß das unseren Vorsatz, zu »lieben und geliebt zu werden«, beeinträchtigen muß. Moral, Religion und Aberglauben haben sich vereinigt, um einer befriedigenden sexuellen Entfaltung Restriktionen aufzuerlegen. Heutzutage treten sie in gewissem Umfang den Rückzug an, so daß man hoffen kann, daß kluge Unterscheidung ohne übermäßige irrationale Faktoren die Aufgeklärteren und Emanzipierten leiten, aber selbst für sie wird es ökonomische, physiologische und psychologische Grenzen geben, die weder irrational oder irreal noch unbeträchtlich sind. Es ist daher unwahrscheinlich, daß das Bedürfnis nach Sublimierung oder Freundschaft abnehmen wird.

Was wir auch von einer biologisch und psychologisch gesünderen Sexualmoral erhoffen oder erreichen mögen, werden wir doch immer der Befriedigung bedürfen, die uns durch die Liebe und die Kommunikation mit unseren Freunden zuteil wird. Aber Freundlichkeit im allgemeinen unterliegt der Anämie, die alle Sublimierungen befällt, wenn sie sich mehr und mehr von direkten Triebbefriedigungen entfernen. Vieles, was als Freundschaft angesehen wird, ist gänzlich von Opportunismus und dem Wunsch, amüsiert zu werden, motiviert. Auch äußere Schranken stehen der Kultivierung von Freundschaften in einer Weise im Wege, die einer unserer Vorfahren sehr unbehaglich finden könnte, würde er aus seinem einfacheren, aber freundlicheren Leben in unser mechanistisches Dasein mit seiner Wertschätzung von Geschwindigkeit, Effizienz und Neuheit verpflanzt. Es ist noch sehr die Frage, ob alle mechanischen Erfindungen zur Beschleunigung von Kommunikation und Transport irgend etwas zum menschlichen Glück beigetragen haben; eher haben eben diese Erfindungen unsere Möglichkeiten, Freundschaften und freundlichen Umgang zu pflegen, verringert.

Aber die größte Schranke befindet sich in unserem Innern. Die Fähigkeit zur Freundschaft hängt von einer Art innerer Vitalität ab, die es erlaubt, eine starke erotische Komponente in alle menschlichen Beziehungen einfließen zu lassen. Wenn wir sagen, daß ein Mensch mit dieser Fähigkeit eine »robuste Natur« habe, dann haben wir erkannt, daß sich seine erotischen Triebe kraftvoll entwickelt haben. Theoretisch ist Freundschaft in ihrer schönsten Blüte nur möglich, wenn eine reife Sexualentwicklung stattgefunden hat.

Die Schaffung reicher und sinnvoller Freundschaften erfordert, daß zumindest einer der Beteiligten eine pflegerische Einstellung mitbringen muß als Schutz gegen Ambivalenz und narzißtische Ansprüche, die in jeder menschlichen Beziehung auftauchen. Das ist am besten in der Einstellung der Mutter repräsentiert, die eine stützende und behütende Rolle in ihrer Beziehung zum Kind einnimmt, ohne ihren eigenen Narzißmus befriedigen zu wollen, indem sie es nicht aus seiner Abhängigkeit von ihr entläßt oder auf alle seine Aggressionen defensiv reagiert.

Die meisten Menschen sind unfähig, unter diesen Bedingungen viele Freundschaften zu unterhalten. Die erotische Komponente mag zu schwach, ihre Ängste zu groß sein, oder es fehlt ihnen an Gelegenheit zur Pflege menschlicher Beziehungen. Für viele Menschen, vor allem solche von sensiblem, verschlossenem oder künstlerischem Temperament, machen die hemmenden Einflüsse der Zivilisation im allgemeinen und ihre eigene Erziehung im besonderen *alle* engen menschlichen Kontakte zu allzu schwerer Kost, weil zu viele Konflikte, zuviel Gefahr, enttäuscht und verletzt zu werden, zuviel Verantwortung für Wohlergehen und Glück eines anderen und – vielleicht – zuviel Gelegenheit zu Aggressivität damit verbunden ist. Bis zu einem gewissen Grade stellen alle Menschen solche Überlegungen an; für jedes Individuum ist die Zahl der Freundschaften, die es unterhalten kann, begrenzt.

Der erotische Trieb kann jedoch durch kreative Sublimierungen weiter gefördert und entwickelt werden, etwa durch Kunst, Musik, Handfertigkeiten und Hobbys. Vielen Menschen erscheinen solche Sublimierungen kostbarer als jede Freundschaft sein könnte. Das allein verweist auf die Neigung zur Vereinigung des Geistes mit der immateriellen Welt, aus der diese Dinge kommen. Aber es muß hier keinen schwerwiegenden Konflikt geben; es besteht eher eine Tendenz zu induktiver oder gegenseitiger Ermutigung. Viele werden damit beginnen, die Kunst zu lieben, und damit aufhören, daß sie einen anderen lieben. Und in jedem Fall – gleichgültig, wodurch die Liebesfähigkeit gesteigert und wodurch ihr befriedigende Gelegenheiten geboten werden, sich auszudrücken und auszudehnen – wird es schließlich den Würgegriff des Narzißmus lockern und zur zunehmenden Neutralisierung der zerstörerischen Neigungen führen.

Wie die Kunst diese Aufgabe erfüllt (ebenso wie die, Aggressionen abzuführen), ist von Künstlern, Philosophen und Psychoanalytikern untersucht worden; mit letzteren bin ich natürlich am vertrautesten. Ella Sharpe[18] zum Beispiel beschreibt diese Funktion in der von mir genannten Richtung. Sie zitiert van Gogh, der gesagt habe, daß seine ganze Arbeit ein Wettlauf mit dem Tode gewesen sei.

»Dieser Wettlauf mit dem Tode, den Kunst in extremen pathologischen Fällen darstellen kann, ist der verzweifelte Versuch, der Zerstörung nicht nur des guten Objekts sondern auch des Selbst aus dem Wege zu gehen. Wenn die Kraft, zusammenzufügen und rhythmisch zu schaffen, zu sehr nachläßt oder der Auseinandersetzung mit der Aggression nicht gewachsen ist, bricht die Sublimierung zusammen.

Die ungeheure Macht des Körper-Ichs, die subtile Vervollkommnung des Sehens, Hörens und Tastens, verbunden mit der Beherrschung der feinen Muskulatur, müssen selbst von Selbsterhaltungstrieben geleitet werden, die durch drohende körperliche Vernichtung verstärkt werden. Es sei nochmals wiederholt: Die Erhaltung des Körpers ist nur möglich, wenn die Koordination der rhythmischen Bewegung erhalten bleibt.«

Im Fall von van Gogh scheiterten alle Anstrengungen, den selbstzerstörerischen Prozeß aufzuhalten. Seine Bilder wurden immer wilder und chaotischer, er griff Gauguin körperlich an, schnitt sich selbst ein Ohr ab, bekam Krämpfe und brachte sich schließlich um. Wir sehen hier, wie die zerstörerischen Tendenzen nach und nach siegten: zunächst Versagen der Sublimierung, dann nach außen gerichtete Aggressivität, Selbstverstümmelung, schließlich Selbstmord. Ein anderer

---

18 Ella Freeman Sharpe: *Similar and Divergent Unconscious Determinants Underlying the Sublimations of Pure Art and Pure Science.* International Journal of Psychoanalysis, April 1935, S. 186-202.

Künstler, Alfred Kubin, errang durch seine Kunst den Sieg über die Selbstzerstörungstriebe. Seit seiner Kindheit an den Ufern eines österreichischen Waldsees zeichnete er Bilder. Als er zehn Jahre alt war, bekam er erstmals einen Hauch des Todes zu spüren, als sein Vater mit der Leiche seiner Frau auf den Armen wild durchs Haus stürmte. Dann folgten zwei Stiefmütter, ein Internat, eine Photographenlehre, einsame Abende ohne Aufsicht, schließlich ein Selbstmordversuch und danach mehrere Monate im Krankenhaus im Delirium, wie er es nannte. Als es ihm wieder besser ging, wurde er von der Atmosphäre der Kranken, Sterbenden und der gescheiterten Selbstmörder eingefangen. Er erreichte es, nach München zu gehen, um dort Kunst zu studieren, und zum ersten Mal sah er richtige Bilder. Bald begann er, die seltsamen, makabren Bilder zu zeichnen, die ihn berühmt gemacht haben.[19]

Aus dem Vorstehenden wird man entnehmen, daß ich die weite Verbreitung von Musik, Kunst und Schauspiel, die durch Radio, Schallplatte und Kino der Allgemeinheit zugänglich werden, nicht als bloße Vermehrung der Möglichkeiten zu flüchtigen Vergnügungen ansehe. Ich bin fest davon überzeugt, daß sie ein zusätzliches Bollwerk gegen die Selbstzerstörung darstellen. Niemand kann die Fünfte Symphonie, den Halleluja-Chor oder die Vorspiele zu *Lohengrin* und *Parsifal* hören – und es gibt vergleichbare visuelle Erlebnisse – und danach derselbe Mensch sein wie vorher. Ich denke dabei nicht an irgendeine spezifische Heilwirkung von Musik[20] oder Kunst – ich will lediglich sagen, daß Selbstzerstörung durch alles bekämpft werden kann, was uns mit jener Liebe erfüllt, die auch Bestandteil der Freude ist.

Ich habe bereits über die Rolle der Arbeit gesprochen, wenn es gilt, Aggressionen nutzbringend zu verwerten und sie vom Selbst abzulenken. Sie kann auch dann kreativer Sublimierung dienen, wenn sie außerhalb künstlerischer Bereiche liegt.

19 Aus: *Survey Graphic*, Mai 1930. Siehe *Demons and Night Visions*. Dresden o. J.
20 Sie mag vorhanden sein; siehe z. B. *The Use of Music in a Case of Psychoneurosis* (Willem van de Wall und Earl D. Bond, in: *The American Journal of Psychiatry*, Sept. 1934, S. 287-302). In einigen modernen psychiatrischen Krankenhäusern wird Musik zu Behandlungszwecken benutzt. Siehe Willem van de Wall: *Music in Institutions*. New York 1936.

Sozialarbeit, Unterricht, geistliche Ämter, Medizin und viele andere Berufe können eine Sublimierung des erotischen Triebes repräsentieren, eine Form von Liebe, die über das Selbst und die unmittelbaren persönlichen Liebesobjekte hinausreicht zum »Nachbarn«, von dem Jesus so oft gesprochen hat – dem Nachbarn, in dem unser Urtrieb einen Feind erblickt, mit dem wir uns aber im Interesse der Selbsterhaltung gut stellen müssen.

Therapeutische Methoden

Damit wollen wir den allgemeinen Überblick darüber abschließen, wie in der Theorie Aggressionen auf ungefährliche Ziele abgelenkt, das Schuldgefühl durch eine sozial annehmbare Sühne verringert und der neutralisierende Strom der erotischen Triebe dadurch stimuliert werden kann, daß narzißtische Strebungen zugunsten der Pflege echter Liebesobjekte aufgeopfert werden. Wir erblicken darin den Umriß des Rekonstruktionsprogramms. Aber diese Dinge sind weit leichter gesagt als getan, und der Arzt wartet mit dem Hut in der Hand und der Frage auf den Lippen: »Und was kann ich nun für meinen Patienten tun?«
Ich will dieser Frage nicht ausweichen, aber um das Thema Rekonstruktion angemessen zu behandeln, braucht man ein Buch und nicht nur ein Kapitel. An dieser Stelle kann ich nur die allgemeinen Prinzipien umreißen.
Gewiß, die Rekonstruktion der Persönlichkeit erfolgt oft spontan. Manchmal wird das den Ärzten zugeschrieben, mitunter Amuletten, Gebeten, den Sternen. Aber man muß in der Tat ein Fatalist sein, um zu glauben, daß man sich für die Rekonstruktion insgesamt ebenso auf spontane Heilungen wie auf Sterne oder Amulette verlassen könne. Niemand weiß besser als wir Ärzte, daß manche unserer Patienten nicht durch uns, sondern trotz unserer Maßnahmen gesund werden. Mitunter überschätzen wir auch unsere Kräfte und nehmen den Kredit für Genesungen in Anspruch, deren wirkliche Natur wir mißverstehen. Dieser Art Irrtum unterliegen wir zum Teil infolge unseres Optimismus, ohne den wir überhaupt nicht Ärzte sein könnten. Es hilft nichts, daß Optimismus wie Pessimismus philosophisch betrachtet irrige

Haltungen sind; es erscheint unvermeidlich, daß die Menschen dem einen oder anderen Irrtum verfallen, und sicherlich spricht mehr für den Irrtum des Optimismus, wenn es darum geht, etwas zu vollbringen, als für den Irrtum des Pessimismus.

Doch es ist keine bloße Vermutung, daß die Ärzte etwas tun können, um die Rekonstruktion einer Persönlichkeit zu fördern, die andernfalls ihren eigenen selbstzerstörerischen Impulsen zum Opfer fiele.

Wie überzeugt wir aber auch von der Vorstellung der Einheit von Körper und Seele sein mögen, bleibt zur Zeit doch ein sehr wichtiger praktischer Unterschied bestehen, insbesondere wenn es sich um Behandlungsmethoden handelt. Das habe ich bei der Erörterung der organischen Affektionen in Teil V klarzumachen versucht. *Die Ätiologie einer Affektion, sagen wir einer Selbstzerstörung, gibt keinen Hinweis auf die am besten geeignete Behandlung, und eine psychologische Behandlung schließt eine physikalische oder chemische Therapie nicht aus.*

Ein Mensch kann über seinen Nachbarn in solchen Zorn geraten, daß er ihn schlägt und sich dabei den Arm bricht. Was immer zu der Kette von Ereignissen geführt haben mag, die schließlich bei der Fraktur eines Knochens endete, die Behandlung basiert auf dem konkreten Resultat und nicht auf der Ätiologie. Eine genaue Untersuchung der psychologischen Gründe verhindert vielleicht, daß ein weiterer Arm gebrochen wird, aber den bereits gebrochenen Arm heilt sie nicht.

Ein so elementares Beispiel mag hier unangebracht erscheinen, aber es ist ein Punkt, der ständig von vielen mißverstanden wird, die ansonsten offenbar die Bedeutung des psychischen Faktors in der Krankheit erfassen. Für diese Verwirrung müssen wir zum Teil die bakteriologische Anschauungsweise verantwortlich machen. Die Bakteriologen haben uns gezeigt, daß es zwecklos ist, manche Krankheiten lediglich symptomatisch zu behandeln, und sie haben zu Recht darauf bestanden, daß wir unseren Angriff gegen das ätiologische Agens (oder vielmehr *ein* Agens) richten. Das ist manchmal das richtige Verfahren, jedoch nicht immer.

In der Medizin müssen wir Pragmatiker sein. Mitunter ist

das offensichtliche oder hervorstechende ätiologische Agens der richtige Punkt, um die Behandlung zu beginnen, während es in anderen Fällen das letzte ist, was wir angehen sollten. Die Wahl des richtigen Ansatzpunktes für das therapeutische Bemühen ist Teil der medizinischen *Kunst*; vielleicht ist es heute noch nicht möglich, sie zur bloßen Naturwissenschaft zu degradieren, aber allmählich erhalten wir immer mehr Informationen über sie, so daß es eines Tages möglicherweise so weit kommt.

Jedenfalls ist die angemessene Behandlung für alle Suizidformen – direkte, indirekte, chronische, organische – oft chemischer, physikalischer oder mechanischer Art. Sich einzig und allein auf psychologische Methoden zu stützen, wäre genauso absurd und unvernünftig wie wenn man sie völlig außer acht ließe. Es ist hier nicht der Ort für eine detaillierte Betrachtung der verschiedenen Behandlungsmethoden in der Medizin, der Chirurgie oder Psychiatrie. Physikalische, chemische und mechanische Mittel können angewandt werden, um den destruktiven Tendenzen entgegenzuwirken und die erotischen Tendenzen zu stärken, *aber auch psychologische Methoden können ins Feld geführt werden und verdienen, benutzt zu werden, denn sie besitzen eine Wirksamkeit, die leider wenig bekannt ist.* Aus eben diesem Grund möchte ich hier in kurzen Zügen die Prinzipien der Psychotherapie darstellen, insbesondere in Anbetracht dessen, daß das Schwergewicht dieses Buches auf dem psychischen Aspekt der Triebregungen liegt. Ich werde das Thema nicht einfach abtun, indem ich behaupte – wie manche zynischen Leser es vielleicht von mir erwarten –, daß die Psychoanalyse alle diese Leiden heilen könne, denn das ist ebenso absurd wie die Behauptung, die Chirurgie könne alles heilen. Aber sowohl die Chirurgie als auch die Psychoanalyse haben uns vieles gelehrt. Doch ich will die Chirurgie den Chirurgen überlassen und auf einige Dinge hinweisen, die uns die Psychoanalyse bezüglich der Anwendung der Psychologie als therapeutisches Mittel gegen viele Formen von Selbstzerstörung gelehrt hat.

Wir werden davon ausgehen müssen, daß das selbstzerstörerische Individuum, das wir behandeln wollen, ein gewisses Maß an Einsicht besitzt, das heißt, es weiß, daß es krank ist

und sich potentiell selbst gefährdet. Weiß es das nicht, muß die psychologische Behandlung ganz indirekt erfolgen, und zwar so indirekt, daß es den Anschein hat, als ob die sozialen oder chemischen Behandlungsmethoden im Vordergrund stünden.
Weiß ein Mensch aber, daß er krank und eine Gefahr für sich selbst ist, wenn nicht für andere, und hegt er außerdem noch den Wunsch, gesund zu werden (ein Wunsch, der leider in vielen Fällen der Zerstörung zum Opfer fällt, so daß es keinen echten Genesungswunsch mehr gibt, sondern nur noch den Wunsch, von der Krankheit und selbst dem Leiden zu profitieren), dann hat er gute Voraussetzungen für die Anwendung einer psychologischen Behandlung mit und ohne Zuhilfenahme physikalischer, chemischer oder mechanischer Behandlungsmethoden.
Jede Psychotherapie beruht auf dem Grundsatz, daß die bewußte Intelligenz, jener Teil der Persönlichkeit, den wir das Ich nennen, unter normalen Umständen in der Lage ist, die Triebregungen zu beherrschen und dabei die von der realen Welt gebotenen Möglichkeiten bzw. die von ihr erlassenen Verbote angemessen zu berücksichtigen. Beim Menschen, der eine Psychotherapie benötigt, ist das Ich in einem bestimmten Maße überwältigt worden, entweder durch seine eigene Schwäche oder durch die unverhältnismäßige Stärke der Triebe oder des Gewissens, d. h. des Über-Ichs. Die Psychotherapie ist deshalb darauf gerichtet, das Ich zu stärken und die Härte des Über-Ichs zu verringern oder zu mildern.[21]
Der erste Schritt in der Psychotherapie besteht darin, eine Beziehung zwischen dem Therapeuten und dem Patienten

---

[21] Das steht keineswegs im Widerspruch zu dem, was ich bereits über die Verringerung aggressiver und selbstbestrafender Tendenzen und die Stärkung der erotischen Elemente gesagt habe. So kann ein objektiver Außenstehender, der weiß, was zu tun ist, dem Ich durch angemessene, intelligente Unterstützung helfen, seine Funktionen wahrzunehmen. Er erkennt wahrscheinlich besser, was nottut, und ist eher imstande, dem Ich in dieser Richtung zu helfen, weil die speziellen Probleme nicht auf ihm lasten, zumindest nicht in der gleichen Weise. (So vermuten wir jedenfalls. Manchmal jedoch ist der Psychotherapeut am stärksten an den Fällen interessiert, deren Probleme seinen eigenen ähneln, und aus diesem Grund erweist er sich mitunter als schlechter Führer. Aus dieser Erkenntnis heraus unterziehen sich nunmehr alle Psychoanalytiker selbst einer Analyse, die einen wesentlichen Teil ihrer Ausbildung ausmacht, bevor sie selbst Patienten behandeln.)

herzustellen. Bis zu einem gewissen Grade trifft dieses Prinzip auf jede Behandlungsform zu. So muß ein Chirurg das Vertrauen des Patienten gewonnen haben, bevor er ihn operieren kann. Aber für eine Psychotherapie ist mehr erforderlich als das Vertrauen des Patienten zum Können und zur Integrität des Therapeuten. Es muß ein gewisses Maß an positiver affektiver Reaktion geschaffen werden; man könnte sagen, der Patient müsse so weit gebracht werden, daß er dem Therapeuten ein wenig Liebe schenkt und sie auch von ihm erwartet. Gewöhnlich ergibt sich das automatisch, wenn der Arzt auch bei Weitschweifigkeit Geduld zeigt, Sympathie selbst angesichts krassen Selbstmitleids und soviel Verständnis aufbringt, daß er sich mit dem Patienten hinreichend identifizieren kann, um die Art, wenn nicht das Maß seiner Leiden zu verstehen.

Denn die Wirkung jeder Psychotherapie hängt davon ab, in welchem Umfang der Arzt fähig ist, dem Patienten etwas zu geben, das er braucht und nicht bekommen oder akzeptieren kann: Liebe. Sicherlich benutzt der Patient eine falsche Methode, um Liebe zu erlangen, aber man kann diese Methode nur ändern, *nachdem* man dem Leidenden eine gewisse Erleichterung verschafft hat – nicht vorher. Dann – und nur dann – ist es möglich, seine Gefühls- und Vorstellungswelt umzugestalten. Daher ist die richtige Lenkung dieser Abhängigkeit vom Arzt der Schlüssel zu einer erfolgreichen Psychotherapie.

Wenn Hoffnung, Vertrauen und Glaube an den Arzt zunächst auch vernünftig und verständlich erscheinen, pflegt diese Haltung doch, wie wir alle wissen, mit der Zeit weit intensiver, veränderlicher und unvernünftiger zu werden. Ich glaube in der Tat, daß Karen Horneys Definition der Übertragung bisher nicht übertroffen worden ist, was die irrationalen Elemente in der emotionalen Einstellung zum Arzt angeht. Sie sind irrational, das heißt, sie stimmen nicht mit der Wirklichkeit überein, weil sie dem Unbewußten entstammen und mittels unbewußter Identifizierung oder Gleichsetzung des Arztes mit früheren *dramatis personae* im Leben des Patienten freigesetzt werden. Deshalb kann er so mürrisch sein, wie er es seiner Mutter gegenüber war, so rebellisch, wie er dem Vater gegenüber empfand, so erotisch

wie er gern seiner Schwester oder seiner Kusine gegenüber gewesen wäre. Er darf so sein, so fühlen, ja, es sogar *aussprechen*, weil es verstanden und nicht zensiert, sondern ihm gedeutet wird.
Mittels dieser gelenkten Beziehung wird demnach eine geistige und gefühlsmäßige Neuorientierung des Patienten ermöglicht, so daß das Ich – gestärkt, umfassender, elastischer und weniger zerbrechlich – in die Lage versetzt wird, die andernfalls nicht zu bewältigenden Komponenten der Persönlichkeit effektiver zu handhaben, die selbstzerstörerische Neigung zu verringern und die Fähigkeit zum Leben und Lieben zu steigern. Ein Vorteil der psychoanalytischen Behandlungsmethode liegt darin, daß die Übertragung bewußt entsprechend den anhand aufmerksamer Beobachtung gesammelten wissenschaftlichen Prinzipien beeinflußt werden kann. Das gleiche geschieht oft bei nicht-psychoanalytischer Psychotherapie auf der Basis von Intuition und Erfahrung. Bei dieser Art der Behandlung spricht meistens der Arzt oder spielt zumindest die aktive Rolle – das ist das genaue Gegenteil dessen, was in der Psychoanalyse vor sich geht. In jedem Fall ist das Ziel die emotionale Neuorientierung des Patienten; die intellektuelle Neuorientierung kann sowohl vorausgehen als auch folgen. Bei der nichtanalytischen Psychotherapie muß sie vorausgehen.
Es ist vielleicht von Nutzen, einige der praktischen Maßnahmen zur Erreichung dieser intellektuellen Neuorientierung etwas genauer zu untersuchen. Welche technischen Hilfsmittel stehen der Psychotherapie zur Verfügung? Ich beabsichtige keineswegs eine vollständige Aufzählung, sondern möchte nur auf die bemerkenswertesten hinweisen.
1. Sobald die Übertragung hergestellt ist, geht der erste Schritt gewöhnlich in die Richtung, daß man dem Patienten eine bessere Einsicht in die Realität und das Wesen seiner Selbstdestruktivität ermöglicht. Es gibt zahllose Methoden, um das zu erreichen, aber im wesentlichen bestehen sie im Vergleich der objektiven und subjektiven Vorstellungen vom Verhalten, der Lebenslage, der Einstellungen oder der moralischen Maßstäbe des Patienten, und zwar in der Weise, daß man ihm zeigt, inwiefern er sich wirklich von anderen unterscheidet und in welcher Hinsicht er es *nicht* tut. Das geschieht

nicht mit der Absicht, den Patienten dazu zu bringen, sich einer hypothetischen Normalität anzupassen, sondern um ihm etwas von der Angst um sich selbst zu nehmen, die sich auf einer neurotischen Grundlage entwickelt hat, und an ihre Stelle eine objektivere Besorgnis zu setzen, die sich einstellt, wenn er den Umfang und die Ernsthaftigkeit seines Problems ins Auge faßt: seine Selbstdestruktivität. Das Gelingen des letzteren hängt natürlich weitgehend von dem des ersteren ab. Später – je nach Art des Falls – kann die Aufgabe, seine Verschiedenheit von anderen zu erklären, dem Patienten zufallen oder vom Psychotherapeuten übernommen werden, oder aber man läßt sie aus praktischen Erwägungen auf sich beruhen.

2. Damit geht, teils implizit, teils explizit, eine Klärung der Absichten und Motive einher, die mit besonders bedrückenden Situationen oder Konflikten verbunden sind. Gewöhnlich führt das dazu, bewußte und unbewußte Absicht gegenüberzustellen, die sich aus dem Endresultat ergibt. Mitunter genügt die Möglichkeit, die Situation eingehend zu besprechen, um das automatisch zu erreichen; oft jedoch bedarf es einer beträchtlich stärkeren »Katharsis« und genauerer Erforschung des Persönlichkeitshintergrunds, mitunter auch des sozialen Hintergrunds, d. h. der Umwelt.

3. Als nächstes kommt die Erinnerung, Charakterisierung oder Betonung vernachlässigter Überlegungen. Dabei kann es sich entweder um Realitätsfaktoren handeln, die der Patient nicht in Betracht zieht, um Konsequenzen, die er nicht vorausgesehen hat, Aggressionen, die er nicht als solche erkennt, Erinnerungen, die er verdrängt hat. Es kann einige Stunden aber auch einige Jahre dauern, dieses Material (d. h. eine ausreichende Menge davon) ins rechte Licht zu rücken.

4. Betrachtet man diese verschiedenen Elemente als Ganzes, wird eine neue Selbsteinschätzung der Persönlichkeit möglich; dem Ich wird neue Kraft zuteil, weil defensive Aggressionen, die überflüssig geworden sind, aufgegeben werden können und die Entwicklung vorher gehemmter erotischer Besetzungen nunmehr möglich ist.

5. All das führt dann zu einer konstruktiveren, sinnvolleren Zukunftsplanung. An diesem Punkt können auch verschiedene aktive Befriedigungen durch andere ersetzt werden, und

zwar aufgrund bewußter Verordnung (wie in der Psychotherapie) oder aus freier Wahl (wie in der Psychoanalyse). Das Ergebnis ist eine größere oder geringere Änderung von Zielsetzungen, d. h. »schlechte« Gewohnheiten werden durch »gute« ersetzt – was wir alle gelegentlich tun, wenn es sich als nötig erweist.

Alle diese speziellen Elemente der Psychotherapie können bei jedem Fall und von jedem Therapeuten benutzt werden. Was ich hier geschildert habe, bezieht sich auf die intellektuelle Veränderung. Der Patient beginnt, sich selbst und die Welt in einem neuen Licht zu sehen und neuen Nutzen daraus zu ziehen. Zu gleicher Zeit jedoch tritt eine gefühlsmäßige Neuorientierung ein (oder sollte es tun), die auf der bereits erwähnten Übertragung beruht. Für einen Menschen, der von seiner eigenen Feindseligkeit und anderen emotionalen Konflikten überwältigt wird, ist selbst die unausgesprochene Versicherung, daß jemand ihn genügend liebt, um ihm zuzuhören, ihm etwas zu verordnen oder ihm zu raten, an sich schon eine ungeheure Beruhigung. Es ist daher kein Wunder, daß Menschen durch den bewußten oder unbewußten psychotherapeutischen Einfluß aller Arten von Quacksalbern, Scharlatanen und Fakiren ebenso gesund werden wie durch den angesehener Ärzte, Psychiater, Psychoanalytiker und anderer. Es ist aber wohlbekannt, daß solche Übertragungsheilungen illusorisch sind, da unsichere Menschen dazu neigen, solche Empfindungen wiederholt zu entwickeln und nach erneuten Versicherungen von Zuneigung und Liebe zu suchen. Kein Mensch ist bedeutend, beständig, allmächtig oder allgegenwärtig genug, um all die Liebe zu geben, die solche Individuen brauchen. Aus diesem Grund hat die Religion mit ihren positiven Aspekten von Glauben und Liebe für diese Menschen einen nicht abzuschätzenden therapeutischen Nutzen. Es ist zweifellos richtig, daß die Religion Jahrhunderte hindurch der Psychiater der Welt war. Daß die Religion ebenso viel Leiden verursacht wie geheilt hat, kann ebenfalls nicht bestritten werden, und man kann sich auch vorstellen, daß etwas gefunden wird, das besser geeignet ist, die Bedürfnisse des Menschen zu befriedigen. Leider können auch viele Menschen die Wohltaten oder Gebote der Religion nicht akzeptieren, weil ihre Intelligenz oder emotionale Konflikte es ihnen verbieten. Ihnen bietet die Religion wenig Hilfe, aber für Millionen anderer stellt sie jetzt und in Zukunft eine unentbehrliche Form der »Rettung«, d. h. der Rekonstruktion, dar.

Psychoanalyse als Behandlungsmethode

Ich finde es außerordentlich schwierig, eben jenen Kommentar oder eine Beschreibung der Psychoanalyse als einer Behandlungsmethode zu liefern, die in diesem Schlußkapitel angemessen erscheint. Es muß hier etwas gesagt werden, denn obwohl das ganze Buch auf psychoanalytischen Theorien und psychoanalytischen Fakten beruht, haben wir die psychoanalytische Therapie als solche nicht ins Auge gefaßt. Tatsache ist, daß wir noch nicht genau wissen, weshalb die Psychoanalyse Menschen heilt. (Sie ist keineswegs immer erfolgreich, selbst in Fällen, die richtig ausgewählt wurden und für die sie geeignet erscheint. Aber das gilt schließlich auch für jede andere Behandlungsform von der chirurgischen bis zum Salvarsan.) Diskussionen über therapeutische Dynamik erscheinen noch immer von Zeit zu Zeit in unseren psychoanalytischen Fachzeitschriften, ohne daß eine endgültige Übereinstimmung zu erzielen ist.[22]

Wir wissen aus der Praxis, daß die Psychoanalyse als Behandlungsmethode bei bestimmten Krankheitsbildern in ihrer Wirksamkeit von keiner anderen Methode erreicht wird. Psychoneurosen von jahrelanger Dauer, die jeder Form der Behandlung widerstanden, haben oft in aufsehenerregend erfolgreicher Weise auf die psychoanalytische Behandlung reagiert. Verschiedene Neurosen, einige leichte Psychosen im Anfangsstadium, Hemmungen wie Impotenz und Stottern, manche Charakterstörungen sowie mehrere andere Kategorien psychiatrischer Affektionen lassen eine psychoanalytische

---

22 Siehe z. B. das *Symposium on the Theory of the Therapeutic Results of Psycho-Analysis* von Glover, Fenichel, Strachey, Bergler, Nunberg und Bibring. *International Journal of Psychoanalysis*, Bd. 18, 1937, S. 125-189, sowie Franz Alexander: *The Problem of Psychoanalytic Technique*. *Psychoanalytic Quarterly*, Bd. 4, 1935, S. 588–611; René Laforgue: *The Curative Factor in Analytical Treatment*. *Internationale Zeitschrift für Psychoanalyse*, Bd. 23, 1937, S. 50-59; M. N. Searl: *Some Queries on Principles of Technique*. *International Journal of Psychoanalysis*, Bd. 17, 1936, S. 471-493.

Behandlung erfolgversprechend erscheinen. Viele andere Zustandsbilder befinden sich noch im »Versuchsstadium«: Alkoholismus, einige der in Teil V erörterten körperlichen Erkrankungen, Perversionen, Schizophrenie.

Es ist hier nicht der Ort, diese Versuche zu beurteilen oder sich über die therapeutischen Erfolge der Psychoanalyse zu verbreiten. Ich setze voraus, daß sie dem Leser im allgemeinen bekannt sind, und daß er Genaueres über sie aus den neueren Publikationen über das Thema erfahren kann.[23]

Ich möchte jedoch eine schematische Darstellung meines eigenen Entwurfs vorlegen, der vielleicht manchem dabei behilflich sein kann, sich den Wesensgehalt des psychoanalytischen Behandlungsverlaufs vorzustellen. Die Idee stammt nicht von mir, sondern beruht auf Alexanders Begriff der »Gesamtdeutung«. Die Idee zu den Diagrammen kam mir nach der Lektüre der anregenden Werke von Lewin[24] und Brown[25] über topologische Psychologie (womit ich aber nicht sagen will, daß sie meinen Diagrammen zustimmen).

Wenn wir den Verlauf der psychischen Entwicklung durch einen Pfeil (A) anzeigen und jedes akzeptierte Ziel des reifen Menschen in der realen Situation durch (Z), läßt sich der normale Lebenslauf von der Geburt (G) an wie folgt darstellen:

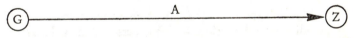

G = Geburt   A = Lebenslauf   Z = Ziel

Wenn nun während der Entwicklungsperiode traumatische Erlebnisse (T) eintreten, wird der Verlauf der nachfolgenden Entwicklung modifiziert, sogar wenn die Erlebnisse selbst vergessen bzw. verdrängt werden (V). Das führt zur Ablenkung vom Ziel des reifen Menschen zu einem verlagerten

---

23 Karin Stephen: *Psychoanalysis and Medicine: A Study of the Wish to Fall Ill*. New York 1933; Ives Hendricks: *Facts and Theories of Psychoanalysis*. New York 1934; Otto Fenichel: *Outlines of Clinical Psychoanalysis*. Albany 1934; Martin W. Peck: *The Meaning of Psychoanalysis*. New York 1931; Dorothy R. Blitzsten: *Psychoanalysis Explained*. New York 1936; und Karl Menninger: *The Human Mind*. New York 1937.
24 Kurt Lewin: *A Dynamic Theory of the Personality*. New York 1935.
25 J. F. Brown: *Psychology and the Social Order*. New York 1936.

und mitunter weniger wünschenswerten Ziel (Z'). Wenn dieses Ersatzziel tatsächlich unerwünscht ist, wie wir annahmen, d. h. wenn es von neurotischer Unzufriedenheit und selbstzerstörerischem Verhalten begleitet ist –, folgt daraus das Verlangen nach einer Umgruppierung.

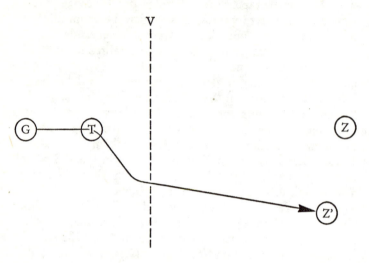

T = traumatische Erlebnisse   V = Verdrängung   Z' = falsches Ziel

Das obige Diagramm repräsentiert demnach einen behandlungsbedürftigen Menschen – einen, dessen Ziel in katastrophaler Weise verschoben ist. Wir wollen annehmen, daß er zur Psychoanalyse kommt, d. h. zu einer Behandlung, bei der das Material hinter der Verdrängungslinie von einem neuen, künstlich geschaffenen Angriffspunkt aus (P) erforscht werden kann (s. folgendes Diagramm).
Nun wird dem Psychoanalytiker und seinem Patienten klar, daß das Schema der Ereignisse, die er (der Patient) in seinem täglichen Leben so katastrophal empfand, seine Versuche zu leben (Z'), in seinen Beziehungen zum Psychoanalytiker (P) exakt wiederholt wird, und – was zutreffender ist – daß beide das zur traumatischen Periode (T) gehörige erfolglose Schema, das vor der Verdrängung bestand, genau wiederholen. Mit anderen Worten, der Patient behandelt den Analytiker so, wie er bestimmte wichtige Menschen in seinem

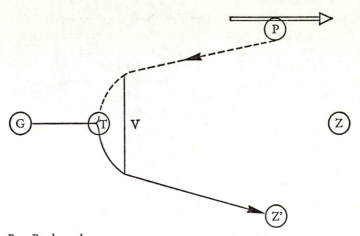

P = Psychoanalyse
(Die gestrichelte Linie bedeutet die Erinnerung.)
(Die Doppelpfeillinie repräsentiert Leben und Persönlichkeit der zweiten Person, des Therapeuten.)

äußeren Leben behandelt, und er stellt fest, daß dieses erfolglose Schema, das er sein Leben lang wiederholt hat, bei (T) begann, als sich eine Situation entwickelte, die seine *damaligen* Anpassungs- oder Lösungsfähigkeiten überstieg.

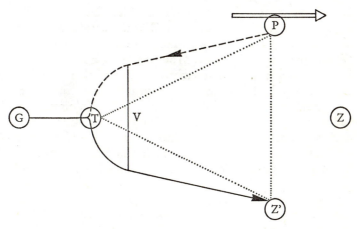

(Die punktierten Linien stellen die intellektuelle Korrelation von Z', P und T dar, d. h. die Korrelation der realen Situation des Patienten, die Übertragungsbeziehung und die Kindheitssituation.)

Die therapeutische Wirkung der Psychoanalyse scheint von der Gruppierung dieser drei topischen Gebiete abzuhängen; das ist es, was wir mit Einsicht meinen. Sie scheint aus Gründen, die zum Teil bekannt sind und erörtert wurden, zum Teil aber unbekannt sind, das *Ausmaß* der Verdrängung in der Weise zu reduzieren, daß die Ablenkung vom Ziel korrigiert werden kann, wie das folgende Diagramm zeigt.

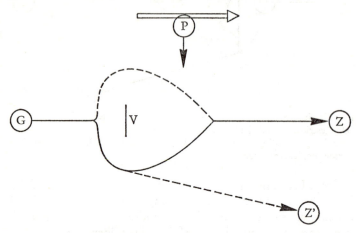

Dann können *sowohl* die analytische Situation (die Abhängigkeit vom Analytiker und der Gebrauch dieser Beziehung als »Feld« im topologischen Sinn) *als auch* das falsche Ziel (Z') zugunsten der Realität (Z) aufgegeben werden.
Um ein Beispiel in sehr schematischer Form (aber auf einem tatsächlichen Fall beruhend) zu geben, wollen wir uns ein Kind aus guter Familie mit durchschnittlichen Zukunftserwartungen vorstellen, das im Alter von 7 Jahren dem traumatischen Erlebnis ausgesetzt wird, Beweise für die Untreue seiner Mutter zu entdecken.[26] Durch diesen Schock wird seine Vorstellung von der Frau völlig verzerrt. Es erkennt zu die-

---

26 Es ist nicht nötig, daß die Mutter tatsächlich des Ehebruchs schuldig ist. Die prüde Einstellung der Gesellschaft zur Sexualität macht jedes Kind überempfindlich für Hinweise auf alles Sexuelle, so daß es häufig rechtmäßiges, richtiges Verhalten fehldeutet. Ein Kind, das wegen belangloser Sexspielereien bestraft wurde, kann z. B. annehmen, daß es von einer heuchlerischen Mutter betrogen wurde, wenn es sie kurz darauf heimlich bei Intimitäten mit dem Vater beobachtet.

sem Zeitpunkt nicht, wie verzerrt sein Bild ist. Wenn es älter wird, lernt es *intellektuell* und *bewußt*, daß nicht alle Frauen verlogen sind, und es kann sogar die frühe Enttäuschung über die Mutter völlig vergessen.

Dann heiratet der Mensch, und während er offenbar ein normales Eheleben führt, ist er in Wahrheit sehr unglücklich, weil er seine Frau aus Gründen, die er für rational hält, mit wachsendem Mißtrauen betrachtet. Er glaubt, daß er sich ein glückliches Heim wünsche, wird aber durch ständige Befürchtungen wegen ihrer Treue daran gehindert, es zu haben, trotz der Tatsache, daß sie ihre Pflichten redlich erfüllt und ihm wirklich sehr zugetan ist. Er behandelt sie schäbig, erkennt auch sein schlechtes Benehmen, kann es aber weder erklären noch abstellen. Sein Unglücklichsein zwingt ihn zu hektischen Anstrengungen, um sich bei Aktivitäten zu amüsieren, die ihm keinen Spaß machen. Schließlich begibt er sich in Behandlung, und im Laufe der Psychoanalyse entwickelt sich dieselbe Situation in bezug auf den Analytiker. Der Patient wünscht eine erfolgreiche Behandlung, glaubt aber, daß der Analytiker in dieser oder jener Weise nicht ehrlich ihm gegenüber sei, daß er ihm etwas verheimliche, andere Patienten bevorzuge oder ein »heimliches Liebesleben« führe.

Erst wenn die Gleichartigkeit seiner Einstellung zum Analytiker, zu seiner Ehefrau und seiner Mutter ihm in allen Einzelheiten und mit voller Deutlichkeit klar wird, gelingt es ihm, seine verzerrte Betrachtungsweise zu korrigieren und die falsche Beurteilung seiner Frau aufzugeben, die ihn unglücklich gemacht und zu kompensatorischen Manövern getrieben hatte. Gleichzeitig gibt er seine Abhängigkeit vom Analytiker auf, die vorwiegend aufrechterhalten worden war, um ihn in die Lage zu versetzen, seine verzerrte Einstellung ohne reale Konsequenzen zu agieren. Das alte »falsche Ziel« und das vorübergehende analytische Ziel werden zugunsten eines neu entdeckten, vorteilhafteren Zwecks aufgegeben.

Psychoanalytiker haben für manche Aspekte dieser Sachlage Fachausdrücke. Die *Wiederbelebung* traumatischer Kindheitssituationen steht in einer Wechselbeziehung zum *Agieren* und zur *Symptom*-(oder *Reaktions-*)*bildung*, wenn Versuche unternommen werden, sich der Umwelt anzupassen, und

diese spiegeln oder wiederholen sich in der *Übertragungssituation* mit dem Psychoanalytiker; zu dieser Wechselbeziehung gehört die *Abreaktion,* durch die *Einsicht* gewonnen wird.
Aber welche Bezeichnung man auch gebraucht, das Prinzip ist folgendes: Mit Hilfe eines Führers, der den Patienten ermutigt, sich selbst zu betrachten, und der die gefühlsmäßige Abhängigkeit des Patienten von ihm dazu benutzt, ihn auf das hinzuweisen, was der Patient nicht sehen will, vermag das Opfer einer verfehlten seelischen Entwicklung deren Auswirkungen zu Beginn und am Ende zu erkennen, und schließlich braucht es sich nicht mehr an den Therapeuten zu klammern, weil es nun besser in der Lage ist, mit der Umwelt zurechtzukommen. Diese Besserung kommt durch abnehmende Aggressivität und die sich daraus ergebende Verringerung der Macht des Über-Ichs zustande, dereistische und irrationale Bußen und Lösegelder zu fordern, sowie durch an Umfang und Intensität gesteigerte libidinöse Besetzungen, einschließlich der weiteren Isolierung nach außen gerichteter Aggressionen.
Es ist sicherlich bei weitem zu früh vorauszusagen, in welchem Maß die Psychoanalyse der Behandlung organischer Formen von Selbstzerstörung nutzbar gemacht werden kann. Wir besitzen viel raschere und sicherere Behandlungsmethoden für einige dieser Formen, und bei anderen wissen wir noch nicht, ob die Psychoanalyse bessere Resultate erzielen kann als unsere derzeitigen unbefriedigenden Methoden. Viele der Forschung und Überlegung gewidmete Analysestunden müssen vorausgehen, ehe man zu gültigen Schlußfolgerungen auf diesem Gebiet gelangen kann. Bis jetzt müssen wir die psychoanalytische Therapie organischer Leiden als Forschungsproblem betrachten, dem wir uns gerade erst nähern. In ihrem gesicherten Rahmen wird die Psychoanalyse allerdings von keiner anderen Therapie übertroffen.
Noch wichtiger vielleicht als die unmittelbare therapeutische Hoffnung, die die neueren psychiatrischen Methoden bieten, ist der Wandel in der Einstellung der Öffentlichkeit gegenüber psychisch Kranken und Krankheit im allgemeinen, den diese Entdeckungen und Wechselbeziehungen herbeizuführen pflegen. Wenn allgemein anerkannt wird, daß Magenschmer-

zen, Herzbeschwerden, Ekzeme der Haut und Seh»schwächen« ebenso Symptome sind, die psychiatrisch gedeutet (und gelindert) werden können, wie Depressionen, Trinken oder Streitereien mit der Ehefrau, dann wird etwas von dem Stigma, das in den Augen der Allgemeinheit so lange der Funktion des Psychiaters anhaftete, verblassen. Ein sehr intelligenter Patient drückte es folgendermaßen aus: »Wenn ich auf die vielen Monate zurückblicke, in denen ich darüber nachgrübelte, wie ich hierhergelangen könnte, ohne daß es jemand erfuhr, und auf die Umwege, die ich in Betracht zog und tatsächlich einschlug, um das zu erreichen, nur um schließlich zu erkennen, daß einige der Symptome, unter denen ich leide, achtbar genug sind, um überall akzeptiert zu werden und mein Kommen zu erklären, dann erscheint das alles absolut lächerlich. Ich betrachtete die Menschen, die ich hier traf, verstohlen aus dem Augenwinkel in der Erwartung, daß sie sich schämten oder ein sonderbares Wesen an den Tag legten, und ich entdeckte lediglich, daß ich oft diese Patienten nicht von den Ärzten oder anderen Besuchern unterscheiden konnte. Für Sie ist das wahrscheinlich eine so alltägliche Erfahrung, daß Sie sich gar nicht vorstellen können, wie verblüffend das für einen naiven Laien wie mich ist – sogar für einen, der mancherlei gelesen und etwas von dem Provinzialismus und den Vorurteilen abgelegt hat, die uns alle bis zu einem gewissen Grad blind machen. Ich sehe, daß da etwas Gefühlsmäßiges mitspielt. Wenn sich ein Patient deprimiert, schuldig oder verwirrt fühlt, betrachtet man es als beschämend, daß er seine Zuflucht zum Psychiater nimmt. Wenn sich aber diese Symptome an einem Körperorgan manifestieren, dann schwindet alle Scham. Das ist zwar sinnlos, aber so ist es. Ich habe ein Dutzend Briefe geschrieben, um den Leuten mitzuteilen, wo ich bin – denselben Leuten, denen gegenüber ich in den vergangenen sechs Monaten versucht hatte, meine Behandlungsbedürftigkeit zu verbergen.«

2. Sozialtechniken im Dienst der Rekonstruktion

Wir gingen bisher von der Annahme aus, daß für die Selbstrekonstruktion bzw. die Verhütung der Selbstzerstörung einzig und allein das Individuum verantwortlich sei. Aber niemand lebt in einem luftleeren Raum; Selbstzerstörung ist die Folge (scheinbar) unüberwindlicher Schwierigkeiten bei der Anpassung an die Komplexität der Umwelt. Wir alle wissen, daß das Leben trotz aller mechanischen Hilfsmittel täglich schwieriger, komplizierter und einengender wird. Es ist daher angebracht, einem anderen Gesichtspunkt Beachtung zu schenken, nämlich dem, daß ein gewisser Wandel in der Organisation oder Struktur der Gesellschaft für die Individuen, aus denen sie zusammengesetzt ist, von Nutzen sein könnte, indem sie die Notwendigkeit der Selbstzerstörung verringert. Das ist das Postulat der Religion (in ihren sozialen Aspekten), und es ist auch das Postulat bestimmter politischer Richtungen, die die wirtschaftliche Unsicherheit und andere Ängste zu verringern streben, so daß äußere und innere Aggressionen im gleichen Ausmaß abnehmen würden. Ebenso ist es das Postulat verschiedener sozialer Programme, von denen einige kürzlich Gegenstand politischer Kontroversen wurden. Die Psychiatrie ist am stärksten an einer besonderen Form derartiger sozialer Methoden interessiert, in deren Mittelpunkt der Mensch, vor allem der kranke Mensch, steht, die aber weitreichende soziale Implikationen hat. Dieser Aspekt der Rekonstruktion in verschiedenen Formen bildet das Programm der psychohygienischen Bewegung.
Auf den ersten Blick könnte es scheinen, daß wir die nichttechnischen sozialen Veränderungen, wie sie in den Idealen der Religion oder im Sozialismus zum Ausdruck kommen sowie in dem, was wir in Amerika nunmehr soziale Sicherheit nennen, den Soziologen, Wirtschafts- und politischen Wissenschaftlern überlassen sollten, zu deren spezieller Interessensphäre solche Massenphänomene gehören. Bei der evident nahen Verwandtschaft des untersuchten Materials würde es völlig logisch erscheinen, daß diese Wissenschaftler mit den Medizinern, insbesondere den Psychiatern, eng zusammenarbeiten. Es gereicht jedoch keiner Gruppe zur Ehre, daß eine

solche Zusammenarbeit in nennenswertem Ausmaß weder in der Theorie noch in der Praxis existiert. Die Situation ist etwa mit dem Konflikt zwischen dem staatlichen Gesundheitswesen und der privaten medizinischen Praxis zu vergleichen; beide haben dieselben Ideale, aber keine Seite scheint die andere richtig zu verstehen. Die Soziologen glauben, daß die Psychiater (einschließlich der Psychoanalytiker und Psychologen) den Wald vor lauter Bäumen nicht sehen. Andererseits werden sie von den Geisteswissenschaftlern beschuldigt, esoterischen, vorfabrizierten utopischen Prinzipien anzuhängen, die philosophische Gültigkeit besitzen mögen, wenn man sie auf große Menschenmassen anwendet, von den wirklichen Fakten der Einzeleinheit der Masse jedoch zu weit entfernt sind, um einen praktischen Nutzen zu haben.

Ab und zu sieht man Bemühungen um ein *Bündnis*. Harold Lasswell[1] zum Beispiel hat dargestellt, wie Politik und Politiker in hohem Maße von den psychopathologischen Impulsen gewisser Individuen bestimmt werden. Frankwood E. Williams war tief beeindruckt von der konstruktiven Wirkung des politisch-sozialen Experiments in Rußland auf die Menschen, und er hat seine Eindrücke aufgezeichnet.[2] J. F. Brown hat vor kurzem eine Interpretation der Gesellschaftsordnung unter dem Aspekt moderner psychologischer Theorie versucht.[3] Und natürlich ist der Beruf der psychiatrischen Sozialarbeiterin ein wirkungsvolles, reales Beispiel für die Möglichkeit einer praktischen Zusammenarbeit. Es ist der Stolz der amerikanischen Medizin, daß die Anregungen von Richard Cabot (bezüglich medizinischer Sozialarbeit) und Ernest Southard (bezüglich psychiatrischer Sozialarbeit) zur wirksamen Nutzung sozialer Techniken zur persönlichen Rehabilitation geführt haben.

Psychohygienische Einrichtungen, Einrichtungen für verhaltensgestörte Kinder und ähnliche Gruppenformen amerika-

---

1 Harold D. Lasswell: *Psychopathology and Politics*. Chicago 1930.
2 Frankwood E. Williams: *Can Russia Change Human Nature?* Survey Graphic, März 1933, S. 137–142; ders.: *The Challenge of Red Medicine*. Ebd., März 1934, S. 78–80; ders.: *Russia, Youth and the Present Day World*. New York 1934.
3 J. F. Brown: *Psychology and the Social Order*. Siehe auch Reuben Osborn: *Freud and Marx*. New York 1937, und das Symposion im *American Journal for Sociology*, Mai 1937.

nischer psychiatrischer Praxis besagen, daß dem Individuum in gewissem Umfang bei seiner Rekonstruktion geholfen werden kann, wenn Psychiater, Ärzte, Psychologen und Sozialarbeiter gemeinschaftlich arbeiten. Oft jedoch ist es erforderlich, gewisse Änderungen vorzunehmen, die weder so schwierig, wie die einen meinen, noch so leicht zu erreichen sind, wie andere stillschweigend voraussetzen. Bei einem Konflikt zwischen Individuum und Umwelt muß bei mangelnder Flexibilität eines von beiden eintreten: entweder die Persönlichkeit bricht zusammen oder die Umwelt erleidet Schaden. Es ist Aufgabe des Psychiaters, das Individuum zu untersuchen, um die Stellen zu entdecken, an denen es am empfindlichsten und starrsten ist, und mit Hilfe der psychiatrischen Sozialarbeiterin zu versuchen, jene Umstände in der Umgebung zu verändern, denen sich der Mensch nicht anzupassen vermag. Er kann eine übereifrige Mutter zur Vorsicht mahnen, einen allzu strengen Vater in die Schranken weisen, die Hilfe eines nachlässigen oder gedankenlosen Lehrers gewinnen, einen voreingenommenen oder oberflächlichen Richter aufklären. Die Umwelt besteht zum großen Teil aus Individuen, von denen manche mehr Flexibilität besitzen als der Patient; bemüht man sich in der richtigen Weise, mag es gelingen, sie in dem Sinne zu beeinflussen, daß sie Reibungen vermeiden und damit Abwehr und Aggressivität des Patienten sich verringern und alle glücklich und zufrieden sind. Mit anderen Worten, der *Circulus vitiosus* kann manchmal dort unterbrochen werden, wo der direkte Ansatz beim Patienten selbst niemals ein solches Resultat gezeitigt hätte.

Dinge dieser Art kann der Psychiater mitunter ohne die Hilfe der Sozialarbeiterin vollbringen. Die Erfahrung hat aber gezeigt, daß viele Ärzte zwar sehr geschickt mit einem Patienten umgehen können, der zu ihnen zur Behandlung kommt, daß sie aber sehr unbeholfen denen gegenüber sind, die sich nicht bewußt sind, Hilfe zu benötigen, und an die es zu appellieren gilt, um sie als Helfer im Interesse des Betroffenen zu gewinnen. Ich will nicht unterstellen, daß das die einzige Funktion der psychiatrischen Sozialarbeiterin ist, sondern ich möchte ihr Anerkennung für die Geschicklichkeit bei der Durchführung einer Aufgabe zollen, deren spezielle Schwierigkeiten vom Arzt oft völlig ignoriert wird. Das Vorurteil mancher Mediziner gegen psychiatrische Sozialarbeiterinnen entstammt zum Teil mangelndem Verständnis für ihre Tätigkeit, zum anderen gelegentlich vorkommendem anmaßendem Verhalten einzelner. Aber niemand von uns ist vollkommen; anmaßende Leute gibt es auf jedem Gebiet, und sie verkörpern nicht das Ideal.

Die psychohygienischen Einrichtungen haben sich weitgehend aufgrund dieser Idee entwickelt und verdanken ihren Erfolg in hohem Maße jenen geschickten und hervorragend ausgebildeten Frauen, die infolge ihrer Kenntnis der »guten Seiten« von Psychiatern und Soziologen imstande waren, psychiatrische Prinzipien im sozialen Raum anzuwenden. Die Zusammenarbeit von Fachleuten auf medizinischem, psychologischem und sozialwissenschaftlichem Gebiet ist damit praktisch erreicht. Und da man sie an ihren Früchten erkennen wird, erübrigt es sich, die Errungenschaften solcher kooperativen Gruppen eingehender darzustellen. Nichtsdestoweniger mag es noch immer so sein, daß wir Psychiater zeitweilig versäumen, den sozialen und ökonomischen Faktoren als solchen ausreichend Beachtung zu schenken.

Es wurde z. B. darauf hingewiesen, daß die Ergebnisse psychiatrischer Beratungen und psychohygienischer Maßnahmen zwar für einzelne sehr interessant und befriedigend sein mögen, daß aber solche Anstrengungen ein so geringes Ausmaß haben und zudem durch die verworrenen und verzweifelten sozialen und ökonomischen Verhältnisse so beeinträchtigt werden, daß der Reingewinn unerheblich ist. »Wozu soll es gut sein«, fragt der Soziologe, »einer Handvoll Menschen mit ungeheuren Kosten für die Allgemeinheit zu helfen, wenn unendlich viel größere Gruppen infolge der Verhältnisse weiterhin hoffnungslos leiden, die keine psychohygienische Einrichtung, keine psychiatrische Beratung, keine psychiatrische Erkenntnis jemals ändern wird? Trotz allem, was Sie über die Erwünschtheit von sozial wertvollem Ersatz für Aggression und Sühne gesagt haben und womit wir völlig übereinstimmen, bleibt die Tatsache bestehen, daß unsere derzeitige sozioökonomische Struktur es John Doe oder Jane Roe nicht erlaubt, solche Ersatzlösungen zu finden. Sie erlaubt es einem Arzt oder einer Sozialarbeiterin, eine solche Lösung für einen bestimmten Menschen zu erwirken; Mr.

Rockefeller, Mr. Mellon, Mr. Morgan und andere, die nicht ganz so reich sind wie sie, können sie vielleicht möglich machen. Der Durchschnittsmensch kann es nicht. Ihr Psychiater gebt zu, daß die Hilfe, die ihr leisten könnt, teuer ist, allzu teuer. Doch eine kollektivistisch organisierte Gesellschaft, in der die Mehrzahl der Menschen solche Vorteile wahrnehmen dürfte und könnte, wird noch immer von vielen als Bedrohung ihrer wirtschaftlichen oder politischen Existenz angesehen. ›Rote Schreckgespenster‹ treten noch immer endemisch und epidemisch auf. Das scheint eure These zu erhärten, daß ein selbstzerstörerischer Trieb alle Menschen beherrscht, der sie sogar daran hindert, etwas zu akzeptieren, das sie in die Lage versetzen würde, ein volleres und normaleres Leben zu führen. Das sollte aber den Psychiatern nicht die Sicht dafür verstellen, daß es in unserem gegenwärtigen System so etwas wie Psychohygiene nicht geben kann, sondern lediglich eine Art therapeutischer Unterstützung für einige Bevorzugte.«[4]

Ich bezweifle nicht, daß all das der Wahrheit entspricht. Vielleicht habe ich bei der Entwicklung der in diesem Buch enthaltenen Ideen solche Überlegungen vernachlässigt. Das rührt aber daher, daß meine wissenschaftliche Ausbildung darauf abgestellt war, daß ich das Individuum studiere, um zum Verständnis des Makrokosmos zu gelangen, indem ich den Mikrokosmos Mensch analysiere.

Es ist auch keine Entschuldigung, auf die Anklagen der Soziologen zu erwidern, daß sie ihrerseits die Psychologie des Individuums allzu sehr ignoriert hätten. Aber ich glaube, daß die Zeichen doch ein wenig mehr zu unseren Gunsten sprechen, nicht wegen der obengenannten praktischen Ausnahmen und weil manche Psychiater ausgeprägte Überzeugungen und Hoffnungen hinsichtlich der Durchführung radikaler sozialer Veränderungen geäußert, sondern weil einige von uns präzise Vorschläge unterbreitet haben, wie man

---

[4] Dr. Frankwood E. Williams, ehemals Direktor des National Committee for Mental Hygiene, zog in seinem Artikel *Is There a Mental Hygiene? (Psychoanalytic Quarterly*, Bd. 1, 1932, S. 113) diese Schlußfolgerung, allerdings auf empirischer Grundlage. Er bejahte zwar den sozialen und therapeutischen Wert von psychohygienischen und ähnlichen Einrichtungen, wies jedoch darauf hin, daß es sich dabei nicht um Verhütung handle, d. h. vorwiegend nicht um »Hygiene«, sondern um Medizin.

psychiatrische Prinzipien anwenden könnte, um soziale Situationen in einer Richtung zu verändern, die das Dasein des Individuums angenehmer und produktiver machen würde.
Edward Glover[5], Forschungsdirektor am Londoner Institut für Psychoanalyse, hat z. B. ein Forschungsprogramm zum Problem des Kriegs entworfen. Würden Armut und Arbeitslosigkeit weniger entfernt erscheinen als Krieg (und das ist durchaus fragwürdig), bedürfte es meines Erachtens lediglich einer Aufforderung an psychologisch (psychiatrisch) ausgebildete Mediziner, um sie zur Zusammenarbeit mit nationalen und lokalen Behörden oder Universitäten und Stiftungen zum Zweck eines besseren Verständnisses bewußter und unbewußter psychologischer Faktoren zu bewegen, die bei einem Übelstand wie der Arbeitslosigkeit eine Rolle spielen. Es ist ein etwas sardonischer Kommentar zur Blindheit von irgend jemand, daß die Allgemeinheit zur Zeit das Vorhandensein solch psychologischer Faktoren besser erfaßt als jene, die so ernsthaft damit beschäftigt sind, zahlreiche Pläne für die öffentliche Wohlfahrt auszuarbeiten und durchzuführen. Selbst die Mediziner haben möglicherweise noch nicht bemerkt, was jeder, der auch nur einen Funken psychologischen Verständnisses besitzt, längst bemerkt haben muß, daß nämlich kein Mediziner, kein Psychiater, kein Psychoanalytiker oder Psychologe jemals in jene Gremien berufen wurde, die die sozialen Probleme unseres Landes auf nationaler Ebene zu lösen versuchen.[6] (Das ist in Mexiko und vielleicht einigen anderen Ländern nicht der Fall.)
Ein überzeugender Beweis für die relative Isolierung der Psychiatrie ist in der vorherrschenden Behandlung der Kriminalität zu erblicken. Noch immer glaubt nicht nur die Allgemeinheit, daß Verbrechen in erster Linie ein soziales Problem sei, sondern diese Meinung wird auch von den meisten Kriminologen, Soziologen, Anwälten, Richtern und Gesetzgebern geteilt. Obwohl das Thema in immer weiteren

---

5 Edward Glover: *War, Sadism and Pacifism*. London 1933.
6 Hier und da haben sich bei der Betreuung von Arbeitslosen und Fürsorgeempfängern die Verantwortlichen von psychiatrischer Inspiration, wenn nicht Beratung, leiten lassen, z. B. hinsichtlich rekonstruktiver Maßnahmen wie den CCC-Lagern, den Aufforstungs- und Naturschutzprogrammen und (wie im Falle der Indianer) der Selbstverwaltung.

Kreisen diskutiert wird, gilt die Ansicht nach wie vor als radikal, wenn nicht gar ketzerisch, daß es wichtiger sei, die Verbrecher zu studieren als das Verbrechen. Sämtliche Programme zur Bekämpfung oder Verringerung der Kriminalität beruhen auf der Vorstellung, daß die Gesellschaft selbst ebenfalls ein Individuum und das Verbrechen eine Form gegen das Selbst gerichteter Verletzung sei, die man im Sinne dieses Buches als fokale Selbstzerstörung bezeichnen würde. Manche behandeln das Verbrechen in philosophischer Abgeklärtheit als notwendiges Übel, das durch gewisse allgemeine Grundsätze der Strenge, Unnachgiebigkeit, Einschüchterung oder durch Versprechungen auf ein Minimum herabgesetzt werden kann. Die große Mehrheit der Leute glaubt an den traditionellen Mythos, daß Strafe die stärkste Abschreckung vor weiteren Verbrechen sei, und zwar trotz aller Beweise des Gegenteils, deren offensichtlichster die Tatsache ist, daß es sich beim Gros der Gefängnisinsassen in den Vereinigten Staaten um Rückfalltäter handelt. Gewiß, in den letzten Jahren ist man dem psychiatrischen, d. h. dem *medizinischen* Gesichtspunkt etwas nähergetreten. Die Berufsorganisationen der amerikanischen Anwälte und Ärzte haben sich mit der der Psychiater zusammengeschlossen, und es wurden gemeinsame Resolutionen aller dieser Körperschaften angenommen, des Inhalts, daß ein Mediziner mit individualpsychologischer Spezialausbildung jedem Gericht angehören sollte. Seine Aufgabe sollte es sein, aufgrund der Untersuchung der Motive, Eigenschaften und individueller Lebensumstände ein Urteil über die charakterliche Disposition jedes Verbrechers abzugeben. Diese mutigen Resolutionen sind nun seit einigen Jahren in Kraft, jedoch ohne daß irgend jemand besonders viel Notiz davon genommen hätte. Es gibt in der Tat einige Gerichte, die regelmäßig Psychiater heranziehen, und natürlich einige Richter von hervorragender Intelligenz, die Vorzüge und Erfolge einer solch revidierten Einstellung zum Verbrecher proklamiert haben. Aber diese Leute werden von nur wenigen gehört, und die Wirkung ihres Beispiels ist geringfügig, da ihnen einerseits die Starrheit des Gesetzes und andererseits die Dummheit von Gesetzgebern entgegensteht und im Hintergrund Lethargie, Gleichgültigkeit und Mißtrauen der Allgemeinheit.

Um schließlich zum Hauptpunkt zurückzukehren, sollte darauf hingewiesen werden, daß die Soziologen selbst einem solchen Plan nur Lippendienste leisten können, da sie sich Prinzipien der Massenorganisation verschrieben haben und für das psychologische Studium des Individuums kein Interesse aufzubringen vermögen. Und weil sie dieses tieferreichende psychologische Studium des Individuums ignorieren, gelingt es ihnen auch nicht, gewisse Aspekte des Handelns der Massen zu begreifen.

Ich weiß nicht, ob es zutrifft, daß die Gesellschaft als Ganzes die Ontogenese der Einzelnen, aus denen sie zusammengesetzt ist, wiederholt; anders ausgedrückt, ob die Gesellschaft mit einem gewissen Maß an logischer Stichhaltigkeit als Individuum gedacht werden kann. Wäre dies der Fall, dann könnten die Sozialwissenschaftler vielleicht durch das Studium der Gesellschaft als Ganzes all das entdecken, was wir Psychiater durch das Studium des Individuums entdecken, so daß wir nach langen Jahren zu denselben Schlußfolgerungen und Zielen gelangen mögen. In der Zwischenzeit brauchen wir Mediziner zwar nicht unser Geständnis zu widerrufen, daß wir den soziologischen Faktoren zu wenig Beachtung geschenkt haben, doch bleibt es unsere Aufgabe, für die wir am besten ausgerüstet sind, so sorgfältig und umfassend wie möglich die Ausdrucksformen und Verdrängungen der Triebe des Individuums zu untersuchen. Das ist es, was ich in diesem Buch darzulegen beabsichtigte.

Als dramatischster Beweis für meine Hauptthese beeindruckt uns das Phänomen des Krieges in allen seinen sozialen und ökonomischen Phasen.

Es wird sicherlich von keinem denkenden Menschen mehr bezweifelt, daß es so etwas wie Sieg im Krieg nicht gibt, daß Sieger wie Besiegte nicht wiedergutzumachenden Schaden erleiden. In diesem Sinne ist Krieg allem Anschein zum Trotz Selbstzerstörung. Dieser selbstmörderische Hang der Völker wird kaltblütig von Elementen ausgenutzt, die es in jedem Lande gibt und deren internationale Organisation einer bösartigen Krebsgeschwulst gleicht, die unter dem Schutz des Volkes gedeiht, zu dessen Vernichtung sie existiert. Man hat darauf hingewiesen, daß im (Ersten) Weltkrieg Deutsche mit Handgranaten niedergemetzelt wurden, die aus den Rohren von Geschützen kamen, die in Deutschland hergestellt worden waren, daß britische Schlachtschiffe mit britischen Minen versenkt wurden, die man an die Türken verkauft hatte. In der Schlacht um Jütland richteten deutsche Matrosen ihre Geschosse gegen Panzerplatten, die in ihrem eigenen Lande und von derselben Firma hergestellt worden waren, aus deren Gewehren sie schossen. Während des ganzen Krieges wurden Männer aller Länder von Waffen niedergestreckt, die von ihren eigenen Landsleuten erfunden, entwickelt und an den Feind verkauft worden waren.[7]

Es könnte kein besseres Beispiel für einen partiellen Selbstmord großen Stils geben als das Deutschland, das, durch die grausamen Bedingungen des Versailler Vertrags zu unerträglicher, aber hilfloser Wut gereizt, einen Teil seiner destruktiven Feindseligkeit in fokale Selbstzerstörung umwandelte, indem es viele seiner interessantesten und intelligentesten Persönlichkeiten ausstieß und verfolgte. Es ist, als ob das deutsche Volk die Rolle jener Individuen spielte, von denen in einem früheren Kapitel die Rede war und die das Bibelwort: »Wenn dich deine rechte Hand ärgert, hacke sie ab«, folgendermaßen umwandelten: »Wenn dich dein Nachbar beleidigt, dann hacke du dir deinen rechten Arm ab.« Es wäre aber in der Tat ein Irrtum anzunehmen, daß Deutschland, weil sein entsprechendes Verhalten am auffälligsten ist, das einzige Land sei, dessen Politiker eine Art fokaler Selbstzerstörung betrieben oder eine noch größere Katastrophe vorbereiteten.

In der Tat erhebt sich vor uns der Schatten eines weltumspannenden Krieges, während ich dies schreibe, der alle kleinliche, individualistisch-nationalistische Selbstzerstörung durch einen neuen krampfhaften Versuch ersetzt, den Selbstmord der Welt herbeizuführen, der noch gewaltsamer ausfällt als der des Krieges von 1914 bis 1918. Das Schauspiel dieser beinahe freudigen Vorbereitung auf den Selbstmord, die jetzt im Gange ist, kann den nachdenklichen Beobachter nur mit Schrecken erfüllen. Der mutige Appell der nieder-

---

[7] Siehe H. C. Engelbrecht und F. C. Finighen: *Merchants of Death. A Study of the International Traffic in Arms.* New York 1934; George Seldes: *Iron, Blood and Profits. An Exposoure of the World-Wide Munition Racket.* New York 1934; *Arms and the Men. Fortune,* März 1934.

ländischen Psychiater[8], in dem auf den Widerspruch zwischen medizinischer Wissenschaft und Destruktivität hingewiesen wird, ist so einleuchtend, daß er alle Gegenargumente zu widerlegen scheint, aber wir sind uns im klaren, wie vergeblich so schwache Proteste sind, verglichen mit dem gedankenlosen Massenhaß, der so leicht zu wecken ist und sich in Aktionen des Pöbels entlädt. Wenn es um die Lösung weltweiter Probleme geht, erscheint es in der Tat als absurder Anspruch, daß Wissenschaftler mit Vorschlägen aufwarten wollen, wäre man nicht davon überzeugt, daß man durch eingehenderes Studium der Psychologie des einzelnen, durch Analyse des Ursprungs und der Lenkung der zerstörerischen Neigungen den Schlüssel zur Rettung der Menschheit finden könnte.

Wir sind uns selbst in der gegenwärtigen Krisensituation der schwachen, aber beharrlichen Kriegsgegnerschaft einzelner sowie intelligenter Minderheiten bewußt. Zu solchen intelligenten Minderheiten sollten sämtliche Ärzte gehören, da sie in ihrem täglichen Leben an zahllosen Miniaturkriegen zwischen Leben und Tod teilnehmen und ständig bestrebt sind, ihre Kräfte zu stärken, um der Selbstzerstörung entgegenzutreten, die sich entweder im Innern des Patienten oder in der Welt im großen abspielt.

Jeder Arzt und jeder Laie sollte die folgende Erklärung der niederländischen Psychiater lesen:

»Wir Psychiater, deren Pflicht es ist, den normalen wie den kranken Geist zu erforschen und der Menschheit mit unserem Wissen zu dienen, sehen uns veranlaßt, ein ernstes Wort an Sie in Ihrer Eigenschaft als Ärzte zu richten. Uns scheint, daß in der Welt eine Denkweise herrscht, die große Gefahren für die Menschheit in sich birgt, da sie zu einer manifesten Kriegspsychose führen kann. Krieg bedeutet, daß die Menschheit alle zerstörerischen Kräfte gegen sich selbst hetzt. Krieg bedeutet die Vernichtung der Menschheit durch die Technik. Wie bei allen Dingen, die den Menschen angehen, spielen psychologische Faktoren auch im Hinblick auf das komplizierte Problem des Krieges eine sehr große Rolle.

---

8 Herausgegeben 1935 unter den Auspizien der Netherlands Medical Society, die ein Komitee zur Kriegsverhütung gegründet hat; der Appell wurde von 339 Psychiatern aus 30 Ländern unterzeichnet, denen sich später viele weitere anschlossen.

Wenn der Krieg verhütet werden soll, müssen die Völker und ihre Führer ihre eigene Einstellung zum Krieg verstehen. Durch Selbsterkenntnis kann vielleicht eine Weltkatastrophe verhindert werden.

Deshalb machen wir auf folgendes aufmerksam:

1. Es besteht ein scheinbarer Widerspruch zwischen der bewußten Abneigung des einzelnen gegen den Krieg und der kollektiven Bereitschaft, Krieg zu führen. Die Erklärung dafür liegt in der Tatsache, daß das Verhalten, die Gefühle und das Denken eines unabhängigen Individuums sich grundlegend von denen eines Menschen unterscheiden, der Teil eines gemeinschaftlichen Ganzen ist. Der Kulturmensch des 20. Jahrhunderts besitzt noch immer starke, ungestüme, zerstörerische Triebe, die, nicht oder nur zum Teil sublimiert, entfesselt werden, sobald die Gemeinschaft, der er angehört, sich von Gefahren bedroht fühlt. Der unbewußte Wunsch, den primitiven Instinkten die Herrschaft zu überlassen, ohne Furcht vor Strafe und sogar mit Aussicht auf Belohnung, fördert in hohem Maße die Kriegsbereitschaft. Wir sollten erkennen, daß der Kampfinstinkt, wenn er in die richtigen Bahnen gelenkt wird, die Kraft zu vielem gibt, das gut und schön ist. Aber derselbe Instinkt kann ein Chaos heraufbeschwören, wenn er sich von allen Fesseln befreit und dabei von den größten Entdeckungen des menschlichen Intellekts Gebrauch macht.

2. Es ist erschreckend zu sehen, wie wenig sich die Völker der Realität bewußt sind. Volkstümliche Kriegsvorstellungen, wie sie in prächtigen Uniformen, militärischen Schauspielen etc. zum Ausdruck kommen, haben mit der Wirklichkeit des Krieges nichts mehr gemein. Die Gleichgültigkeit im Hinblick auf die Machenschaften und Intrigen im internationalen Waffengeschäft überrascht jeden, der die Gefahren erkennt, die dieses Geschäft heraufbeschwört. Man sollte sich klarmachen, wie unsinnig es ist, bestimmte Personengruppen gewähren zu lassen, die aus dem Tod von Millionen Menschen privaten Profit ziehen. Wir wenden uns an Sie mit dem dringlichen Rat, bei den Völkern Verständnis für die Tatsache und den Sinn kollektiver Selbsterhaltung zu wecken, da dieser mächtige Trieb der stärkste Verbündete bei der Abschaffung des Krieges ist. Die Stärkung des moralischen und

religiösen Empfindens in unserem Volk verfolgt das gleiche Ziel.

3. Äußerungen bekannter Staatsmänner haben wiederholt bewiesen, daß viele von ihnen Vorstellungen über den Krieg hegen, die mit denen des Durchschnittsmenschen übereinstimmen. Argumente wie: »Der Krieg ist die höchste Berufungsinstanz« oder »Der Krieg ist das unumgängliche Ergebnis der Darwinschen Theorie« sind irrig und gefährlich angesichts der Realitäten moderner Kriegführung. Sie verschleiern primitive Machtgelüste und sind dazu bestimmt, Kriegsbereitschaft bei den Landsleuten des Redners zu wecken. Die suggestive Kraft von Reden führender Staatsmänner ist ungeheuer und kann gefährlich werden. Der kriegerische Geist, der so leicht durch die Behauptung erregt werden kann, das Land sei in Gefahr, ist dann nicht zu zügeln, wie 1914 gezeigt hat. Unter dem Einfluß derartiger Suggestionen können Völker ebenso neurotisch werden wie Einzelmenschen. Sie können von Halluzinationen und Wahnideen fortgerissen werden und sich so in Abenteuer verstricken, die die Sicherheit ihres eigenen Volkes und die anderer bedrohen.

Wir Psychiater erklären, daß unsere Wissenschaft soweit fortgeschritten ist, daß wir zwischen realen, vorgetäuschten und unbewußten Motiven unterscheiden können – selbst bei Staatsmännern. Der Wunsch, nationalen Militarismus durch fortgesetzte Friedensreden zu verschleiern, wird die politischen Führer nicht vor dem Urteil der Geschichte bewahren. Die geheimen Förderer des Militarismus sind verantwortlich für das namenlose Elend, das ein neuer Krieg fraglos mit sich bringen wird.«[9]

Es entspricht dem Genie Albert Einsteins, daß er auf den Gedanken kam, eine Anfrage bezüglich der mit dem Krieg verbundenen psychologischen Probleme an Sigmund Freud zu richten.[10] »Wie ist es möglich«, fragt er, »daß die soeben ge-

---
9 Dieses Dokument ist inzwischen von Psychiatern aus 30 Nationen unterzeichnet worden. Es wurde an Regierungsbeamte, Zeitungen und Privatpersonen in der ganzen Welt gesandt. Offizielle Erwiderungen kamen von 19 Regierungen, und es ist bezeichnend, daß zu denen, die nicht antworteten, Deutschland, Italien und Japan gehörten.
10 A. Einstein und S. Freud: *Warum Krieg?* Zürich 1972 und *Ges. Werke* XVI, S. 12.

nannte Minderheit [der Herrschenden] die Masse des Volkes ihren Gelüsten dienstbar machen kann, die durch einen Krieg nur zu leiden und zu verlieren hat? ... Wie ist es möglich, daß sich die Masse durch die genannten Mittel [i. e. die Minderheit der jeweils Herrschenden habe vor allem die Schule, die Presse und meistens auch die religiösen Organisationen in ihrer Hand] bis zur Raserei und Selbstaufopferung entflammen läßt? ... Im Menschen lebt ein Bedürfnis zu hassen und zu vernichten. Diese Anlage ist im gewöhnlichen Zustand latent vorhanden; sie kann aber verhältnismäßig leicht geweckt und zur Massenpsychose gesteigert werden ... Gibt es eine Möglichkeit, daß sie den Psychosen des Hassens und des Vernichtens gegenüber widerstandsfähiger werden?«

Freud antwortete darauf, indem er die in langen Jahren klinischer Beobachtung gewonnenen Schlußfolgerungen rekapitulierte, auf denen die im vorliegenden Werk dargestellten Prinzipien beruhen. Es sei ein Fehler, so führte er aus, die Tatsache zu übersehen, »daß Recht ursprünglich rohe Gewalt war und noch heute der Stützung durch die Gewalt nicht entbehren kann«. Die Frage, ob es einen Trieb zum Hassen und Vernichten gebe, wurde von Freud natürlich bejaht. »Wenn also die Menschen zum Krieg aufgefordert werden, so mögen eine ganze Anzahl von Motiven ihnen zustimmend antworten, edle und gemeine, solche, von denen man laut spricht, und andere, die man beschweigt ... Die Lust an der Aggression und Destruktion ist gewiß darunter ... Die Verquickung dieser destruktiven Strebungen mit anderen, erotischen und ideellen, erleichtert natürlich deren Befriedigung. Manchmal haben wir, wenn wir von den Greueltaten der Geschichte hören, den Eindruck, die ideellen Motive hätten den destruktiven Gelüsten nur als Vorwände gedient, andere Male, z. B. bei den Grausamkeiten der heiligen Inquisition, meinen wir, die ideellen Motive hätten sich im Bewußtsein vorgedrängt, die destruktiven ihnen eine unbewußte Verstärkung gebracht.«

Er sagt ferner: »Der Todestrieb wird zum Destruktionstrieb, indem er mit Hilfe besonderer Organe nach außen, gegen die Objekte, gewendet wird. Das Lebewesen bewahrt sozusagen sein eigenes Leben dadurch, daß es fremdes zerstört ...

Das diene zur biologischen Entschuldigung all der häßlichen und gefährlichen Strebungen, gegen die wir ankämpfen. Man muß zugeben, sie sind der Natur näher als unser Widerstand dagegen... Aus dem Vorstehenden entnehmen wir für unsere nächsten Zwecke soviel, daß es keine Aussicht hat, die aggressiven Neigungen der Menschen abschaffen zu wollen.«

Das ist unberechtigterweise als Pessimismus gedeutet worden. Eine solche Einstellung entspricht weder Freuds Theorie noch seiner Praxis. Er hat *nicht* so gelebt, als ob »es keine Aussicht hat, die aggressiven Neigungen der Menschen abschaffen zu wollen«; und mit demselben Scharfblick, der ihn befähigte, den Todestrieb zu erkennen, erforschte und demonstrierte er Mittel, ihn zu bekämpfen. Auf der Basis von Freuds Werk haben andere (z. B. Glover) Vorschläge unterbreitet, wie unser psychologisches Wissen bei der Abschaffung des Krieges und der wissenschaftlichen Erforschung des Verbrechens angewandt werden kann.

Aber das Wichtigste von allem, die therapeutische Wirksamkeit der Psychoanalyse selbst, verbietet solche pessimistischen Deutungen.[11] Denn wenn es möglich ist, *ein* Individuum zu

---

[11] Dieser Punkt wird von Vertretern der feldtheoretischen Richtung der Psychologie stark betont. Es handelt sich dabei um ein modernistisches Konzept, das mit psychoanalytischen Vorstellungen übereinstimmt, mit Ausnahme der Zuordnung der Triebstrebungen. Wenn diese im Individuum ihren Ursprung haben, angeboren und genotypisch sind, dann ist der Pessimismus, den Freuds spätere Schriften erkennen lassen, berechtigt. Wenn andererseits, wie die Feldtheoretiker glauben, die Triebe nicht angeboren, nicht Bestandteil der menschlichen Natur sind, sondern vielmehr Bestandteil der Natur insgesamt, d. h. sozial, biologisch und psychologisch bedingt, etwas, von dem jedes Individuum sozusagen Gebrauch macht, und das nicht lediglich einem *fons et origo* innerhalb des Selbst entspringt, dann kann eine weit optimistischere Schlußfolgerung hinsichtlich zukünftiger Möglichkeiten gezogen werden, da äußere Manipulationen erheblich leichter durchzuführen sind. Die richtigen ökonomischen Veränderungen könnten beispielsweise die Psychiatrie in die Lage versetzen, sowohl präventiv als auch therapeutisch wirksam zu werden. Mit anderen Worten, eine echte Psychohygiene ließe sich theoretisch entwickeln. Man sagt, 200 000 Dollar im Jahr würden genügen, um in Detroit die Tuberkulose für immer zu besiegen. Das ist etwa 1/175 der Kosten für ein neues Kriegsschiff. Die sozioökonomische Organisation ist jedoch so beschaffen, daß das Kriegsschiff gebaut wird und die Tuberkulose weiterbesteht. (Paul DeKruif: *Why Keep Them Alive?* New York 1936, S. 121 ff.) Das kann nach Ansicht der Feldtheoretiker nicht dem Zerstörungstrieb der Angestellten des Kriegsministeriums oder der Behörden von Detroit zuge-

ändern, gleichgültig wie mühsam das sein mag, wenn *einem* Menschen durch eine der von mir beschriebenen Methoden geholfen werden kann – dann besteht Hoffnung für die menschliche Rasse. Die psychoanalytische Methode ist deshalb besonders ermutigend, weil sie die Intelligenz des Individuums selbst nutzbar machen kann, um es zu einer besseren Anpassung, zur Verringerung seiner selbstzerstörerischen Neigungen führen kann. Wenn es sich auch um einen langwierigen Prozeß handeln mag, kann doch die Umleitung selbstzerstörerischer Energie in konstruktive Kanäle allmählich die ganze Menschenwelt erfassen.

Die Quintessenz von allem ist, daß unsere Intelligenz und unsere Gefühle die verläßlichsten Bollwerke gegen die Selbstzerstörung sind. Der erste Schritt, um sie unter Kontrolle zu bekommen, ist die Erkenntnis, daß eine solche Kraft in uns lebt. Das Gebot »Erkenne dich selbst« muß bedeuten, daß wir ebenso wohl die Bösartigkeit der eigenen Triebe als auch unsere Kraft, sie zu besiegen, erkennen. Blindheit oder Gleichgültigkeit gegenüber den selbstzerstörerischen Neigungen sorgen für ihren Fortbestand.

Aber wir dürfen nicht nur unsere Intelligenz ins Feld führen, sondern wir müssen auch bewußt und in voller Absicht unsere Liebesfähigkeit fördern. Unsere größte Hoffnung müssen wir auf die Freundschaft setzen, jene konventionelle Bezeichnung für eine kontrollierte libidinöse Besetzung. Sie bleibt das machtvollste Instrument derer, die sich selbst, als auch jener, die andere retten wollen. Durch ein ermutigendes Lächeln, eine mitfühlende Frage, geduldiges Zuhören, wenn jemand sein Herz ausschütten will, kann jeder Beliebige, ebenso wie der Psychiater oder Sozialarbeiter, Depressionen aufhellen, die Qualen freiwilligen oder unfreiwilligen Märtyrertums lindern und den Drang zur Selbstzerstörung so manch eines Leidenden vereiteln.

Und so muß unsere letzte Schlußfolgerung lauten, daß uns die Betrachtung von Krieg und Verbrechen ebenso wie die von Krankheit und Selbstmord zur Bestätigung der Hypothese Freuds führt, daß der Mensch ein Wesen ist, das vom Todestrieb beherrscht, gleichzeitig aber mit dem entgegengesetzten Trieb gesegnet ist, der heroisch und mit wechselndem Erfolg gegen seinen endgültigen Überwinder kämpft. Diese grandiose Lebenstragödie bildet gleichzeitig unser höchstes Ideal: geistigen Adel angesichts sicherer Niederlage. Aber einen bescheideneren Sieg können wir erringen, indem wir das Spiel einfach verlängern und ihm eine Würze verleihen, die nicht auf Täuschung beruht, und in diesem Spiel im Spiel siegen die einen, während die anderen verlieren; der Drang zur Selbstzerstörung endet nie. An dieser Stelle ist die Wissenschaft an die Stelle der Magie getreten, um zu retten, was wir an Leben gewinnen können. Wenn es darum geht, dem grausamen selbstzerstörerischen Trieb Halt zu gebieten, die vorzeitige Kapitulation vor dem Tod zu verhindern, dann können wir vielleicht manchmal – und koste es ungeheure Mühe! – eine hilfreiche Hand bieten.

---

schrieben werden; es ist vielmehr eine Folge des Gesellschaftssystems. Siehe J. F. Brown: *Psychology and the Social Order*.

Register

Abälard 301 Fn.
Achilles 309
Abraham, Karl 28, 56, 141 Fn., 289, 301 Fn., 352 Fn., 377 Fn.
Ackerman, N. W. 467 Fn.
Ädesius 151
Äschylos 70
Äsop 51
Agdistis s. Cybele
Aggression 39 ff.
 – und Alkoholismus 192
 – und Arbeit 463
 – gegen Familienangehörige (s. Märtyrertum) 145 ff.
 – und Impulsivität 354
 – und Märtyrertum 113, 142 ff.
 – passive 198, 218 ff.
 – provokante 150 ff.
 – und Selbstverstümmelung 315 f.
 – Sublimierung von A. 463
 – Unterdrückung von A. 51 f.
Aggressives Element
 – in Alkoholismus 192
 – in Homosexualität 234 f.
 – in Impotenz und Frigidität 377 ff.
 – in organischen Erkrankungen 411 ff.
 – in Polychirurgie 345 ff.
 – in Simulation 318 ff.
 – Verringerung des 459 ff.
Alden 348
Alexander, Franz 19 Fn., 28, 61, 94, 211, 217, 226, 228, 262 Fn., 290 Fn., 321, 357 Fn., 362 Fn., 436 Fn., 438, 463, 474, 490 Fn., 491
Alkan 435 Fn.
Alkohol, soziale Funktion 182 f.
Alkoholiker
 – und Familie 184 ff.
 – oraler Charakter des 191 f.
 – pathologischer Optimismus des 188
 – Persönlichkeit des 183 f.
 – und Psychiatrie 187 ff.
Alkoholismus 103, 180 ff., 245, 250 Fn.
 – als Flucht vor inneren Konflikten 190
 – als Rachereaktion 192 f.
 – Motive für 189 ff.
 – und sexuelles Verhalten 202 f.
 – Therapie 204 ff.
Alvarez, W. 435 Fn.
Ambivalenz 56 ff.
 – des Alkoholikers 192
Amenhotep IV. 462
Amphithymie 88 Fn.
Amytal 470 Fn.
Andree, R. 284 Fn.
Andrée, Salomon 94 Fn.
Angst
 – in Impotenz und Frigidität 375 f.
 – Prüfungsangst 86
Anhedonie 116
Apphian 151
Arlen, Michael 355
Arthritis, psychologische Momente bei 419

Askese 103 ff.
- aggressives Element in 142 ff.
- erotisches Element in 154 ff.
- historische Asketen 129 ff.
- klinische Untersuchungen 107 ff.
- als Selbstbestrafung 137 ff.
- und Zivilisation 163

Asoziales Verhalten 208 ff.
- als Aggression gegen Familie 212 ff.
- Kriminalität und 208, 210
- aus Minderwertigkeitsgefühlen 213 f., 223
- und neurotischer Charakter 208, 210 ff.
- sexuelle Perversion als 208

Astronae 278
Athene 280
Attis-Kult 278 f.
Auge
- Identifizierung mit Genitalien 401 f.

Augenkrankheiten, psychologische Momente bei 401 ff.
Autenrieth, von 302 Fn.

Baal 279
Bacon, Catherine 95, 435 Fn., 439
Baker, J. S. 355
Balzac, Honoré 477
Baring, Maurice 134 Fn.
Barker, P. P. 334 Fn.
Barton 284 Fn.
Bates, E. S. 468 Fn.
Bellevue Hospital New York 181 Fn.
Benedek, Therese 410
Bergler, Edmund 383 Fn., 490 Fn.
Bergman 435 Fn.
Bergsteiger, Todestrieb bei 94
Bermann, G. 64 Fn.
Berridge, W. L. 35 Fn.
Beschneidung 284 ff., 343

Bibring, E. 490 Fn.
Bierstadt, Edward H. 303 Fn.
Blair, Vilray Papin 333
Bleuler, Eugen 87 Fn.
Blitzsten, Dorothy R. 491 Fn.
Blitzsten, H. Lionel 88 Fn., 471 Fn.
Blondel, C. 298 Fn.
Bluthochdruck, psychologische Momente bei 414 ff.
»Blutige Maria« (»Bloody Mary«) 69
Bonaparte, Marie 302 Fn.
Bond, Earl D. 481 Fn.
Bosch, Hieronymus 139 Fn.
Bowman, Karl M. 181 Fn.
Bragman, Louis J. 80
Brian, R. M. 340 Fn.
Brill, A. A. 91 Fn., 266
Bromberg, W. 92 Fn.
Brown, James Barrett 333
Brown, J. F. 39 Fn., 491, 499, 512 Fn.
Brown, John 69, 145 f.
Brunswick, Ruth Mack 275
Bryan, D. 262 Fn., 303 Fn.
Bryant, William Cullen 91 Fn.
Bryk, Felix 287, 289, 290 Fn., 302 Fn.
Bunzel, Bessie 28
Burden, Edward 162
Burhan, Scheik 135 Fn.
Burrows 271 Fn.
Burton 284 Fn.
Byron, Lord 91 Fn.

Cabot, Richard 499
Calvin 54
Camp, C. D. 407 Fn.
Campbell, Charles M. 160 Fn.
Cannon 454 Fn.
Cantor, Eddie 338
Cardigan, Gräfin von 75
Carns, M. L. 334 Fn.
Cather, Willa 131

Catull 279 Fn.
Cavan, Ruth S. 28, 92 Fn.
Chabanel, Noel 133 f.
Chandler 435 Fn.
Chidester, Leona 33 Fn., 467 Fn.
Chirurgie und Geisteskrankheiten 243 f., 258, 328 ff.
Chirurgie s. auch Polychirurgie
Chirurgische Eingriffe
 – unbewußte Motive für Wunsch nach 324 f., 334 ff.
 – und psychische Heilwirkung 332 f.
 – selbst vorgenommene 348 f.
Chowne 341 Fn.
Cicero 136
Cobb, Irvin 338
Cocteau, Jean 31
Conn, Jacob F. 305
Corneille, Pierre 159
Cowley, Thomas 349 Fn.
Cowper, William 89
Crawley 284 Fn.
Crookshank, F. G. 382
Cybele-Kult 278 f.
Cyprian 155
Czekanowski, Jan 302 Fn.

Dalilah 312
Darmerkrankungen, psychologische Momente bei 435 ff.
Daumenlutschen 268
David, H. 271
David, König 302 Fn.
Davidson, Henry A. 28 Fn.
Davis, J. E. 467 Fn.
Day, Clarence 144, 414
De Groot 280
De Kruif, Paul 511 Fn.
Delirium tremens 180 f.
DeMassary 298 Fn.
Dembo, T. 39 Fn.
Depersonalisierung 240, 242 ff.
Depression s. Melancholie

Dereismus 87, 238 ff.
Dermatitis factitia durch Simulieren 323 f.
Destruktivität 98 f.
 s. auch Zerstörungstrieb
Deutsch, Felix 435 Fn.
Deutsch, Helene 366 Fn.
Diarrhoe und Angst 443
Dickens, Charles 83, 106, 397
Dittemore, J. V. 468 Fn.
Don Juan 377
»Dora« (Freud-Fall) 317 f., 339 Fn., 351
Dos Passos, John 186
Dostojewskij, Fedor 69 f.
Douglas, Lord 234
Doyle, William 160
Draper 435 Fn.
Dreyfus 435 Fn.
Dublin, Louis I. 28
Dunbar, H. F. 391, 410, 436 Fn.

Eckert 298 Fn.
Eddy, Mary Baker 468 Fn.
Eder, M. D. 141 Fn.
Ehrlich, Leonhard 156 Fn.
Einstein, Albert 509
Ejaculatio praecox, psychologische Faktoren bei 377 f.
Emerson, Chas. P. 407
Encephalitis und Selbstverstümmelung 304, 307 Fn.
Engelbrecht, H. C. 506 Fn.
Engle, Bernice 278 Fn.
Erfolg
 – Unfähigkeit, zu ertragen 20, 61, 120
Erkältungen, psychologische Momente bei 431
Erotisches Element
 – in Askese 154 ff.
 – in chirurgischen Eingriffen 337, 346
 – in Impotenz u. Frigidität 380 f.

– im Märtyrertum 114 ff., 154 ff.
– in organischen Erkrankungen 428 ff.
– im Selbstmord 82 ff.
– in Selbstverstümmelung 315 f.
– Stärkung des 473 ff.
Erotische Neutralisierung 446
Erotisierung
– der Grausamkeit 41
– der Selbstdestruktivität 43
Ersatzobjekte b. Selbstverstümmelung 295 ff.
Eshmun 278
Essen 177
s. auch Nahrungsaufnahme, Kannibalismus
Essener 130 Fn.
Euripides 280
Evans, Elida 434
Exhibitionismus 83, 154 ff., 327, 338 f.

Fairbank, Ruth 28 Fn.
Farrow, E. P. 262 Fn.
Fellows, Ralph M. 470 Fn.
Fenichel, Otto 141 Fn., 490 Fn., 491 Fn.
Ferenczi, Sandor 19 Fn., 56, 429, 474
Ferrer, C. O. 298 Fn.
Fetischismus 295
Fielding, Henry 137 Fn.
Finighen, F. C. 506 Fn.
Fitzgerald, Scott F. 186
Flagellanten 280
Flatt, Prälat von 302 Fn.
Flaubert, Gustave 155 Fn.
Flügel, J. C. 313 Fn.
Forsyth, D. 165
Frazer, James George 278, 279 Fn., 284 Fn., 289, 290
French, Thomas M. 454 Fn.
Freud, Sigmund 17 f., 19 Fn., 28, 39 Fn., 40, 46 Fn., 56, 61, 70, 77, 79, 85 Fn., 88, 92, 98, 120, 141 Fn., 161, 233, 275, 289, 301 Fn., 317 f., 321, 332, 339 Fn., 351 f., 369 f., 395, 429, 430 Fn., 436, 452, 468, 469, 509 f., 512
Frigidität 259, 369 ff., 375 ff.
Frost, John G. 348
Furunkulose, psychologische Momente bei 392 f.
Fzaicou 349

Galant, I. B. 298 Fn.
Gandhi, Mahatma 462
Gardner, W. E. 334 Fn.
Gauguin, Paul 147
Gebärphantasien
– als Motiv für chirurgische Eingriffe 339 f.
Geburtstrauma 39
Geisteskrankheiten
– Heilung durch chirurgische Eingriffe 332 f.
– Heilung durch physische Erkrankungen 332
s. auch Melancholie, Neurose, Psychose etc.
Gesamtheitskonzept in der Medizin 387 ff.
Gewissen
– und Anpassung der Triebforderungen 68
– und Aggressivität 66 ff.
– chronische Hyperplasie des 68
– hypertrophiertes 61
– Macht des 51, 67
– und organische Erkrankungen 398
– Zerstörung des 246 ff.
Gide, André 234
Gille, M. 348 Fn.
Glover, Edward 68, 490 Fn., 503, 511

Glueck, Sheldon und Eleanor 228
Goethe, J. W. 91 Fn.
Gogh, Vincent van 466, 480
Goldberg, B. Z. 281 Fn., 282
Goodhart, S. P. 304
Gray, L. 284 Fn.
Gregg, Donald 450 Fn.
Gregor von Tours 158 Fn.
Groddeck, Georg 86, 389, 404, 422 f., 425 f.
Guy, Chester C. 348

Haar als Symbol sexueller Stärke 310 f.
Haarausreißen 271 ff.
Haarfetischismus 296, 311
Haarschneiden 273 ff., 309 f., 446
Hamlet 30, 70
Hardy, Martha C. 451 Fn.
Harnik, Eugen J. 313 Fn.
Harries 303 Fn.
Harrington, G. Leonhard 358
Hartman, H. 435 Fn.
Hartmann, Eduard von 457 Fn.
Hartmann, H. 294 Fn.
Hase, Charles Berthond 105 Fn.
Haß s. Liebe und Haß
Hastings, James 135 Fn.
Hatim, Miyan, von Sambal 135 Fn.
Hausfrauen als Märtyrerinnen 116 ff., 147
Haushalter, W. M. 468 Fn.
Healy, William 211 Fn., 217, 226, 228
Heilige:
— Abraham 158, Alexis 158, Ammon 157, Antonius 139 Fn., 155 Fn., Augustin 105 Fn., Besarion 130, Eusebius 130, Franz von Assisi 104, Hieronymus 130, Ignatius 161, Johannes 131, Makarius 130, Marcian 130, Melanie 157, Nilus 157, Optatus 105 Fn., Pachomius 130, Perpetua 149, Poemen 147, Sabinus 130, Stylites, Simeon 148
Hemingway, Ernest 186
Hemphill, Robert 467 Fn.
Henderson, Alice Corbin 134 Fn.
Hendricks, Ives 491 Fn.
Herodot 135 Fn.
Herzerkrankungen, psychologische Momente bei 411 ff.
Heyer 435 Fn.
Hill, Lewis B. 415 Fn., 416
Hiob 171
Hitler, Adolf 137 Fn.
Hitschman, E. 383 Fn.
Holdin-Davis 271 Fn.
Homosexualität
— aggressives Element in 234 ff.
— und Alkoholismus 202, 204
— in Impotenz und Frigidität 381
— und organische Erkrankungen 400
— als Form von Selbstzerstörung 234 ff., 299 f.
Horney, Karen 262 Fn., 339 Fn., 486
Houdini, Harry (Ehrich Weiss) 79
Hungerstreiks
— als Aggression 143
Husten, psychologische Momente bei 422 ff.
Hypochondrie
— und Märtyrertum 164
Hypomanie s. Manie
Hysterie 334, 373, 376
hysterische Läsionen 391, 447 f.

Identifizierung 46
Impotenz 259, 369 ff.
s. auch Frigidität
Impulsivität
— als Selbstzerstörung 353 f.
Inepegut 137

Ingegnieros, J. 298 Fn.
Inman, W. S. 402 Fn.
Introjektion 46 ff.
Inuvayla'u, Legende von 283
Inzesttabu 289
Irokesen 133

James, William 462, 464 f.
Jameison, Gerald R. 28 Fn.
Jelliffe, Smith Ely 332, 389, 396 Fn., 419 Fn., 421, 434, 449 Fn.
Jeremias 284 Fn.
Jesaiah 130 Fn.
Jesus 86, 124 f., 130 Fn., 462, 475, 482
Jones, A. Bassett 319
Jones, Ernest 93, 141 Fn., 258 Fn.
Jüdische Religion 135, 153 Fn., 288, 313
Julia 353
Jung, Carl G. 77
Juvenal 135, 464

Kannibalismus, unbewußter 54 ff., 141
Karesau-Insulaner 288
Kastraten s. Skopzen
Kastration
 – als »Behandlungs«-Methode 303 Fn.
 – im römischen Recht 286
 – als Strafe 302 Fn.
 – symbolische 301 Fn., 302, 344
 s. auch Selbstkastration
Kastrationsangst 285 f., 289, 360
Kastrationswunsch und Polychirurgie 340 ff.
Keats, John 91 Fn.
Kennan, George 76 Fn.
Kernohan, James 452 Fn.
Keschner 294 Fn.
Klauder, Joseph 325
Klein, Melanie 39 Fn., 54, 141 Fn., 268 Fn., 467 Fn.

Knight, Robert P. 190 Fn., 268 Fn.
Konzil von Illiberis 151
Koppers, W. 284 Fn.
Kraus 302 Fn.
Krieg als Selbstzerstörung der Völker 505 ff.
Kriminalität 208, 224 ff.
 – Einstellung dazu in den USA 225 ff.
 – krimineller und neurotischer Charakter 216, 228
 – und Psychoanalyse 503 f.
 – und Selbstzerstörung 227 ff.
Kubin, Alfred 481

Laforgue, René 490 Fn.
Lagrange 284 Fn.
Lasswell, Harold D. 499
Lebenserwartung 458 f.
Le Ber, Jeanne 131 f.
Lecky, W. E. H. 105 Fn., 131, 148, 153 Fn., 157 Fn., 158 Fn., 161 Fn.
Lehrman, P. R. 334 Fn.
Leopardi 91
Leporello 381
LeKoy, A. 289 Fn., 298 Fn.
Leroy-Beaulieu, Anatole 281 Fn.
Levey, H. B. 436 Fn.
Levine, M. 436 Fn.
Levy, David 268, 467 Fn.
Lewin, Kurt 39 Fn., 491
Lewis, Nolan D. 141 Fn., 262 Fn., 297 f.
Liebe und Haß, Zusammenhang von 52, 56, 173 f., 192, 193 f., 239, 337 ff., 474 ff.
Liss, Edward 467 Fn.
Llewellyn, L. J. 258 Fn., 319
Longfellow, Henry W. 31, 142
Luscombe 258 Fn.
Lustprinzip 238
 s. auch Dereismus
Lyle, Jeanetta 466 Fn.

MacKenna, R. M. B. 293 Fn.
MacWilliam, J. A. 415 Fn.
Märtyrer, historische 129 ff.
— Vergleich mit heutigen 170
Märtyrertum
— aggressives Element im 142 ff.
— erotisches Element im 154 ff.
— und Exhibitionismus 156 ff.
— bei Hausfrauen 116 f.
— und Hypochondrie 164 ff.
— klinische Untersuchungen 107 ff.
— Motive 113 f.
— als Selbstbestrafung 137 ff.
Magaret, Helene 277 Fn.
Magenerkrankungen, psychologische Momente bei 435 ff.
Malcove, Lillian 141 Fn.
Malinowski, Bronislaw 282 f., 289
Mallet 298 Fn.
Mandan-Indianer 288
Manie 245 ff.
Manisch-depressives Syndrom 141 f., 245
s. auch Melancholie
Mann, Thomas 31 Fn., 433 Fn.
Martin, T. P. 280
Masefield, John 80
Masochismus 65 f., 82 f., 107, 150, 158 ff., 179, 327, 337
— moralische Form des 161
— religiöser 159 ff.
Mason, Arthur James 105 Fn., 149 Fn., 150 Fn., 151 Fn., 153 Fn., 155 Fn., 156 Fn., 159 Fn., 161 Fn., 162 Fn.
Masturbation 84 ff., 271
— und Selbstverstümmelung 266 ff., 272 f., 306
Mather, Cotton 69
Mayo-Klinik 271, 452 Fn.
McLean, Helen 280 Fn.
Melancholie 55 ff., 141 f., 239, 261
Menninger, William C. 33 Fn., 399 Fn., 465 Fn.
Mohammed 130 Fn.
Mohammedaner
— Kastration von Gefangenen 302 Fn.
Moley, Raymond 227 Fn.
Mommsen, Theodor 286
Momovala, Geschichte des 282
Money-Kyrle 135 Fn., 290
Montaigne 91
Moore, Merrill 28 Fn.
Moritz 290 Fn.
Moses 130 Fn.
Müller, Edwin 94 Fn.
Mueller, J. 457 Fn.
Multiple Operationen s. Polychirurgie
Munthe, Axel 91 Fn.
Murray, John 421
Musonius 104
Mussolini, Benito 137 Fn.
Mutterbindung
— als Ursache für Impotenz und Frigidität 380 f.
Myerson, Abraham 116

Näcke 298 Fn.
Nägelkauen 257 f., 265 ff.
Nägelschneiden 308 f., 446
Nahrungsaufnahme
— Verweigerung aus Askese 140 f.
— Verweigerung aus Aggression 143
Narzißmus 87, 155 f., 178, 428 ff., 474 ff.
Nearchus 159
Neid, unbewußter
— in Impotenz und Frigidität 379 f.
Nero 309
Netherton, E. W. 324
Neurosen
— und passive Aggression 218 ff.

- »Schicksalsneurose« 366 Fn.
- und Simulation 317 f.

Neurotischer Charakter 210 ff.
- und asoziales Verhalten 208, 210 ff.
- und Unfälle 364 ff.

Neurotische Krankheiten 164 ff.
Neurotische Selbstverstümmelung 262 ff.
Newburgh, L. H. 407 Fn.
Niederländische Psychiater, Erklärung gegen den Krieg 507 f.
Nietzsche, Friedrich 104
Nissen, H. A. 419 Fn.
Nunberg 490 Fn.

Oberndorf, C. P. 240 Fn., 262 Fn., 343 Fn.
Objektbeziehungen 44 ff.
Ödipuskomplex 316
- in Impotenz u. Frigidität 380
- in Pubertätsriten 289

O'Hara, John 31 Fn., 186
Omnipotenzphantasien 87
O'Neill 310
Oppenheimer 435 Fn.
Opfer, Prinzip des
- in organischen Krankheiten 447 ff.
- Theorie des 449 ff., 471
- Statistische Belege 450 ff.

Oppler, W. 92 Fn.
O'Rahilly, Alfred 160 Fn.
Oraler Charakter 53, 57 ff., 199, 441 f.
- und Alkoholismus 191 f.
- und Selbstmordmethoden 81 f.

Orest 309
Organische Krankheiten 397 ff.
- aggressives Element in 411 ff.
- erotisches Element in 428 ff.
- psychologische Faktoren bei 397 ff.
- als Selbstbestrafung 397 ff.
- als Selbstzerstörung (Zusammenfassung) 453 f.
- Umwelteinflüsse bei 445 ff.
s. auch unter den einzelnen Krankheiten

Organische Selbstzerstörung 383, 387 ff.
Organlibido 429
Osborn, Reuben 499 Fn.
Ossorgin 74
Ovid 278 Fn.
Owen, Russell 95 Fn.

Parker 452 Fn.
Pars pro toto-Symbolismus 285, 290, 364
Pawlow 454 Fn.
Pawnee-Indianer 310
Pazifismus 462
Peck, Martin W. 491 Fn.
Pelikan, E. 302 Fn.
Penitentes (Los Hermanos) 78, 134, 280
Perpetua 149 f.
Perverse Persönlichkeit 208
s. auch Neurotischer Charakter
Perversionen 232 ff.
Peter der Große 303 Fn.
Phelps, Milo Ray 477 Fn.
Plastische Chirurgie, unbewußte Motive für 333
Plato 86, 136
Ploss-Renz 284 Fn.
Poe, Edgar Allan 91 Fn.
Pollen, John H. 162 Fn.
Polychirurgie 257 f., 328 ff., 449 f.
Polychirurgische Sucht 332
Polyeuktus 159
Power, S. H. 35 Fn.
Psychiatrische Kategorien, Diagramm 445
Psychoanalyse
- als kontrollierte Übertragung von Aggression 462

- bei Alkoholismus 206 f.
- Darstellung in Diagrammen 491 ff.
- und Krieg 503, 505 f.
- bei organischen Erkrankungen 496 f.
- Tuberkulose und 432 ff.
- Ziele 251 f.

Psychopathische Persönlichkeit s. Neurotischer Charakter

Psychose 237 ff.
- Heilung durch Chirurgie 243
- und Selbstverstümmelung 291 ff.

Psychotherapie 484 ff.
- mittels Chirurgie 332 f.
- und Kriminalität 503 f.
s. auch Psychoanalyse

Pubertätsriten 287 ff.

Quäker 153 Fn., 303 Fn.

Rache, unbewußter Wunsch nach
- bei Alkoholismus 192
- bei Impotenz und Frigidität 377
- bei Selbstmord 48, 64

Rado, Sandor 190 Fn., 290 Fn.
Rank, Otto 39 Fn., 289, 290 Fn.
Raphael, T. 35 Fn.

Rasieren
- als konventionelle Form der Selbstverstümmelung 309, 312

Realitätsprinzip 238 ff., 252 f.
s. auch Dereismus

Reclus, P. 349
Regnauld 349
Reider, Norman 125 Fn.
Reik, Theodor 40 Fn., 289, 290, 301 Fn., 362 Fn.

Rekonstruktion 457 ff.
- durch Verringerung der aggressiven Elemente 459 ff.
- durch Stärkung der erotischen Elemente 473 ff.
- Selbstrekonstruktion 457 f.
- durch soziale Methoden 498 ff.
- durch Verminderung von Schuldgefühlen 469 ff.

Religion 489 f.
- Realitätsverleugnung in 238 Fn.
- therapeutische Wirkung von 472, 489
s. auch Märtyrertum

Rennfahrer, Todestrieb bei 94
Ridge, Mark 95 Fn.
Roheim, Geza 54, 289, 301 Fn.
Rolph, Gouverneur 225
Romeo 353
Rosenzweig, S. 39 Fn.

Sadger, J. 86
Sadismus 41 f.
- bei Chirurgen 329 f.

Sadistische Phantasien
- bei Impotenz und Frigidität 377

Samson 52, 312
Savitsky, Nathan 304
Sklerodermie, psychologische Momente bei 425 f.
Seabrock, William 200
Searl, M. N. 467 Fn., 490 Fn.

Selbstbestrafung
- durch Alkoholismus 203 f.
- durch Asketen- und Märtyrertum 137 ff.
- durch organische Erkrankungen 397 ff.
- durch Polychirurgie 344 ff.
- durch Unfälle 363 f.
- durch Selbstverstümmelung 359
- durch Simulation 322 f.
- Verminderung des Bedürfnisses nach 469 ff.

Selbsterhaltungstrieb 445 ff.

Selbstkastration 314 f.
- Motive für 297 ff.
- in der Mythologie 283
- Riten der 277 ff.

Selbstliebe
- in Impotenz und Frigidität 381 f.

Selbstmord
- aggressives Element im 39 ff.
- chronischer 103 ff., 155, 163
- erotisches Element im 82 ff.
- und Exhibitionismus 83
- als Flucht 29 f.
- fokaler 257 ff.
- und Hypochondrie 165
- klinische Untersuchungen 28
- drei Komponenten des 37 ff.
- in der Literatur 31
- Methoden 76 ff.
- Motive 29 ff.
- organischer 385 ff.
- partieller 104, 301, 310
- passiver 66
- Persönlichkeitstypen 62
- als Rache 64
- im Schlaf 36 Fn.
- Statistik 25, 27 f., 50, 76, 92 Fn.
- aus Bedürfnis nach Strafe 65 ff.
- Tabu auf 25 ff.
- durch Unfälle 335 ff.
- und Vererbung 74 ff.
- bei Wilden 63

Selbstverstümmelung 257 ff., 446 f.
- alltägliche, konventionelle 308 ff.
- Bedeutung der Wahl bestimmter Körperteile 293 ff.
- und Masturbation 266 ff., 272 f., 306 f.
- neurotische 262 ff.
- bei organischen Erkrankungen 303 ff.
- psychotische 291 ff., 301 f.
- religiöse 277 ff.
- als partieller Selbstmord 301
- bei Tieren 308 Fn.
- Zusammenfassung 314 ff.

Selbstzerstörung, phantasierte
s. Depersonalisierung

Selbstzerstörungstrieb 445 ff.
- Kunst als Sublimierung des 480 f.

Seldes, George 506 Fn.

Sexualität
- und Alkoholismus 202
- Identifizierung von Augen und Genitalien 401 f.
- bei Märtyrern 124, 154 ff.
- partielle 42
- Perversionen 208
- und Religion 277 ff.
- Sexuelle Bedeutung des Haars 310 f.
- Tabus auf 370

Shakespeare, William 70
Sharma, H. R. 293 Fn.
Sharpe, Ella Freeman 480
Shaw, Henry 341
Shaw, Ruth Faison 466
Shelley, Percy Bysshe 79, 91 Fn.
Shifflet, Byron 349
Simmel, Ernst 190 Fn., 297 Fn.
Simulantentum 317 ff.
Simulation 257 f.
- und Aggression 318, 321
- klinische Beispiele 322 ff.
- Verhalten der Ärzte gegenüber 319 ff., 323

Skopzen 134, 281 ff., 295
Smith, J. Allen 303 Fn.
Sophokles 70
Southard, Ernest 463, 499
Spencer, K. A. 419 Fn.
Spring, W. J. 467 Fn.
Sublimierung 41, 329, 478 ff.
Substitutionen 449 ff.

Sühne, durch Wiederholung des Verbrechens 301 Fn.
Sullivan, Harry Stack 337, 435 Fn.
Symbolismus des pars pro toto 285, 290, 364
Symptome, als Verteidigungsreaktionen 373 f.
Schelivanoff 281
Schilddrüsenerkrankungen, psychologische Momente bei 406 ff.
Schilder, P. 92 Fn.
Schiller, Friedrich 135 Fn.
Schindler 435 Fn.
Schizoide Persönlichkeit 62, 239
Schizophrene Psychose 239, 253
Schjelderup, Kristian 130 Fn.
Schmidt, W. 284 Fn.
Schmidt-Petersen 298 Fn.
Schopenhauer 92
Schuldgefühle
– durch Erfolg 20, 61, 120
– und organische Erkrankungen 397 ff.
– und Rekonstruktion 469 ff.
s. auch Selbstbestrafung
Staub, Hugo 211 Fn., 228 Fn.
Stärcke, A. 262 Fn.
Steinmetz 284 Fn.
Stekel, Wilhelm 85 Fn., 116, 412
Stephen, Karin 321, 491 Fn.
Stepniak, Michael Dragomanoff 134
Stiller 436 Fn.
Stone, Leo 313, 454 Fn., 471 Fn.
Strachey 490 Fn.
Strock, D. 298 Fn.

Tertullian 105 Fn., 150
Therapie
– Ätiologie und 483 f.
– Beschäftigungstherapie 465
– Methoden 482 ff.
s. auch Psychotherapie
Thlinkets, Selbstmord bei den 63
Thomas, Giles W. 419 Fn.

Tidd, Charles W. 245 Fn.
Tinklepaugh, O. L. 308 Fn.
Todestrieb 17 f., 93 ff., 179 f., 445 ff., 510 f.
Todestrieb
– und Kastration 290 Fn.
s. auch Selbstzerstörung, Selbstverstümmelung etc.
Tonga-Insulaner 280
Torquemada 69
Touraine 435 Fn.
Traz, Robert de 432 f.
Trichotillomanie 271 f.
Trotzki, Leo 137 Fn.
Tuberkulose, psychologische Momente bei 432 ff.

Über-Ich s. Gewissen
Übertragung 487, 489
Übertragungsheilung 452 f.
Ulcus pepticum, psychologische Momente bei 437
Underwood 435 Fn.
Unfälle 350 ff.
– neurotische Charaktere und 364 ff.
s. auch Verkehrsunfälle
Updegraff 344
Urechia, C. I. 293 Fn.

Valeton 284 Fn.
Verkehrsunfälle 136, 354 ff.
– Statistik 368
Virchow 457 Fn.
Voltaire 31

Wälder, R. 467 Fn.
Wall, O. A. 281 Fn.
Washburne, A. C. 334 Fn.
Watson, J. B. 39 Fn.
Watson, Rosalie R. 39 Fn.
Wechsler, David 267 Fn.
Weiss, Ehrich (Harry Houdini) 79

Westermarck, Edward 63 Fn., 135 Fn., 138 Fn., 143 Fn., 157, 280
White, W. A. 396 Fn.
Wholey, Cornelius C. 242 Fn.
Wilde, Oscar 84, 234
Wilde, Selbstmord bei 63
Wilken, H. 284 Fn.
Williams, Frankwood E. 499, 501 f.
Williams, Sidney J. 358 Fn.
Wilson, George 436 Fn., 451 Fn.
Winslow, Forbes 89
Wolfe, T. P. 413 Fn.
»Wolfsmann« (Freud-Fall) 275 ff.
Woltman, Henry W. 271
Woollcott, Alexander 31

Wulffen 362 Fn.

Zaborowski 284 Fn.
Zähne
 – ausschlagen 288
 – ziehen als Selbstverstümmelung 275 f., 304
Zarathustra 135 Fn.
Zeller, Moritz 290 Fn.
Zeno 351
Zerstörungstrieb 39 ff.
Zilboorg, Gregory 28 Fn., 62 Fn.
Zivilisation
 – und Askese 163
Zyklothymie 93

Literatur der Psychoanalyse
Herausgegeben von Alexander Mitscherlich

Hermann Argelander, Der Flieger
Eine charakteranalytische Fallstudie

Michael Balint, Paul H. Ornstein und Enid Balint
Fokaltherapie
Ein Beispiel angewandter Psychoanalyse

L. Bellak / L. Small
Kurzpsychotherapie und Notfallpsychotherapie

Helmut Dahmer, Libido und Gesellschaft
Studien über Freud und die Freudsche Linke

Françoise Dolto
Psychoanalyse und Kinderheilkunde
Die großen Begriffe der Psychoanalyse
Sechzehn Kinderbeobachtungen

Edith Jacobson
Das Selbst und die Welt der Objekte

Ernest Jones
Zur Psychoanalyse der christlichen Religion

Heinz Kohut, Narzißmus
Eine Theorie der psychoanalytischen Behandlung narzißtischer Persönlichkeitsstörungen

J. Laplanche / J.-B. Pontalis
Das Vokabular der Psychoanalyse
Einleitung von Daniel Lagache

Theodore Lidz, Das menschliche Leben
Die Entwicklung der Persönlichkeit im Lebenszyklus

Alfred Lorenzer, Sprachzerstörung und Rekonstruktion
Vorarbeiten zu einer Metatheorie der Psychoanalyse

Gérard Mendel, Die Generationskrise
Eine soziopsychoanalytische Studie

Objekte des Fetischismus
Herausgegeben von J.-B. Pontalis

Paul Parin, Fritz Morgenthaler und Goldy Parin-Matthèy
Fürchte deinen Nächsten wie dich selbst
Psychoanalyse und Gesellschaft am Modell der Agni in Westafrika

Psychoanalyse und Justiz
Theodor Reik, Geständniszwang und Strafbedürfnis. Probleme der Psychoanalyse und der Kriminologie (1925)
Franz Alexander und Hugo Staub, Der Verbrecher und sein Richter. Ein psychoanalytischer Einblick in die Welt der Paragraphen (1929)

Psycho-Pathographien I
Schriftsteller und Psychoanalyse
Einleitung von Alexander Mitscherlich

F. C. Redlich und D. X. Freedman
Theorie und Praxis der Psychiatrie

Theodor Reik, Der eigene und der fremde Gott
Zur Psychoanalyse der religiösen Entwicklung

Paul Roazen, Politik und Gesellschaft bei Sigmund Freud

Paul Schilder, Entwurf zu einer Psychiatrie auf psychoanalytischer Grundlage
Vorwort von Helm Stierlin

Charles W. Socarides, Der offen Homosexuelle

Jean Starobinski
Psychoanalyse und Literatur

Helm Stierlin
Das Tun des Einen ist das Tun des Anderen
Versuch einer Dynamik menschlicher Beziehungen

58,- RR - 30.9.75
U 2609/7